리치 원전 【2권】

Fonti Ricciane

그리스도교의 중국 진출기

리치 원전 【2권】

Fonti Ricciane

—

1판 1쇄 인쇄 2024년 10월 30일
1판 1쇄 발행 2024년 11월 15일

—

저 자 | 마태오 리치, 파스콸레 마리아 델리야
역주자 | 김혜경
발행인 | 이방원
발행처 | 세창출판사
　　　　신고번호 제1990-000013호
　　　　주소 03736 서울시 서대문구 경기대로 58 경기빌딩 602호
　　　　전화 02-723-8660 팩스 02-720-4579
　　　　이메일 edit@sechangpub.co.kr 홈페이지 www.sechangpub.co.kr
　　　　블로그 blog.naver.com/scpc1992 페이스북 fb.me/Sechangofficial 인스타그램 @sechang_official

—

ISBN 979-11-6684-332-7 94230
　　　　979-11-6684-330-3 (세트)

—

이 역주서는 2018년 대한민국 교육부와 한국연구재단의 지원을 받아 수행된 연구임.
(NRF-2018S1A5A7029259)

이 책은 한국연구재단의 지원으로 세창출판사가 출판, 유통합니다.

리치 원전 【2권】

Fonti Ricciane

마태오 리치의 원전과
유럽-중국 간 첫 번째 관계사

(이탈리아 왕립 학술원 주관)
파스콸레 마리아 델리야 발행 및 주석
김 혜 경 역

세창출판사

2책
I. 조경(肇慶) = 소흥 수도원
(1583년 9월 10일부터 1589년 8월 초순까지)

제3장 신부들을 어떻게 조경으로 불렀는지에 대해, 수도원을 지을 작은 땅을 얻고 중국에 체류할 수 있는 허가를 얻다(1583년 8월 15일 즈음에서 1583년 9월 말까지) ·· 120

제4장 신부들이 서서히 중국인들에게 성교회에 관해 말하기 시작하다(1583년 10월부터 대략 1584년 11월 25-29일까지) ······················· 148

III. 남창(南昌) 수도원
1595년 6월 28일부터 1598년 6월 25일까지

제9장 중국의 미신과 몇 가지 나쁜 풍속들

제10장 종교와 관련한 중국의 여러 종파

2권

2책

I. 조경(肇慶) = 소흥 수도원(1583년 9월 10일부터 1589년 8월 초순까지)

제1장 우리가 어떻게 중국에 처음 들어가게 되었는지에 대해(1552년부터 1582년까지)

제2장 1년이 채 안 되어 3명의 신부가 중국으로 들어갔으나 체류 허가를 받을 수 없었던 것에 대해(1582년 3월 9일부터 1583년 8월 10일경까지)

제3장 신부들을 어떻게 조경으로 불렀는지에 대해, 수도원을 지을 작은 땅을 얻고 중국에 체류할 수 있는 허가를 얻다(1583년 8월 15일 즈음에서 1583년 9월 말까지)

제4장 신부들이 서서히 중국인들에게 성교회에 관해 말하기 시작하다(1583년 10월부터 대략 1584년 11월 25-29일까지)

제5장 미켈레 루지에리 신부가 마카오에 가고, 마태오 리치가 조경에 오다
청동으로 된 시계와 중국어로 표기한 지구본을 통감에게 주다(1583년 12월부터 1584년 10월까지)

제6장 신부들이 어떻게 스페인 왕의 대사 자격을 획득하여 중국에 왔는지, 그리고 프란체스코 카브랄 신부가 어떻게 조경에 왔는지에 대해(1584년 5월 2일부터 1584년 11월 26일경까지)

제7장 이 사업을 위해 두 명의 신부가 어떻게 인도에서 왔는지에 대해: 한 사람은 두아르테 데 산데 신부로 선교회의 원장으로 있다가 조경 체류 허가를 받았고, 다른 한 사람은 안토니오 달메이다 신부로 미켈레 루지에리 신부와 함께 절강성으로 가다(1585년 4월 1일부터 1586년 4월까지)

제8장 신부들이 절강성으로 돌아오고 루지에리 신부가 광서에서 나가다: 그 밖에 이 시기에 일어난 사건들에 대해(1586년 7월부터 1587년 7월까지)

제9장 신부들이 조경에서 나쁜 일에 연루될까 두려워 두아르테 데 산데 신부를 마카오로 돌아가게 한 영서도; 이 일이 있고 난 뒤 신부들이 겪은 큰 어려움에 대해(1587년 7월 27일부터 1587년 12월까지)

제10장 미켈레 루지에리 신부가 어떻게 마카오에 가서 그곳에 남게 되었는지에 대해; 두아르테 데 산데 신부가 조경에 온 경위, 백성을 위해 그 집에서 겪은 또 다른 어려움(1588년 1월부터 1588년 7월까지)

제11장 알렉산드로 신부가 미켈레 루지에리 신부를 로마로 보내 교황이 신부들을 중국 황제에게 보내는 대사로 임명해 달라고 청하고, 안토니오 알메이다 신부는 조경으로 가는 길에 새로운 여러 난관에 부딪히다(1588년 8월부터 12월까지)

제12장 조경 수도원에서 우리가 거둔 성과에 대해(1583년 9월 10일부터 1589년 8월 초순까지)

제13장 조경 수도원에서 우리가 겪은 마지막 난관과 도당 유절재(劉節齋)에 의해 쫓겨난 이유에 대해(1589년 4월부터 8월 초까지)

3책

★ 제1부(제1장~제9장)

II. 소주(韶州) 수도원(1589년 8월 26일부터 1595년 4월 18일까지)

제1장 소주 수도원을 어떻게 지었는지에 대해, 중국선교에 대해 새로운 계획을 세우게 된 것에 대해(1589년 8월 초부터 10월 초까지)

제2장 새로 부른 신부들이 마카오에 어떻게 오게 되었는지, 그들이 모두 기뻐하게 된 일에 대해, 중국에 있는 신부들의 도움으로 순찰사 알렉산드로 발리냐노 신부가 두 명의 중국인 청년들에게 예수회 입회를 허락하고 중국선교에 투입하게 된 일에 대해(1589년 9월부터 1590년 6월 20일쯤까지)

18

★ 제1부(제1장~제10장)

IV. 남경 수도원(1597년 7월 20일부터 1600년 5월 19일까지)

제1장 마태오 리치가 상서 왕충명(王忠銘)의 도움으로 라자로 카타네오 신부와 함께 남경으로 돌아가게 된 것에 대해(1597년 7월 20일부터 1598년 7월 10일경까지)

제2장 신부들이 처음으로 북경 황궁에 가고, 마태오 리치가 어떻게 남경 총독의 부름을 받게 되었는지에 대해, 그리고 북경으로 가는 길에서 겪은 일에 대해(1598년 7월 10일경부터 1598년 9월 7일까지)

제3장 신부들이 이번에는 북경에서 어떻게 행동해야 하는지를 몰라 다시 남경으로 되돌아가게 된 일에 대해서(1598년 9월 8일부터 1598년 12월 5일까지)

제4장 라자로 카타네오 신부가 어떻게 짐을 가지고 임청(臨淸)에서 겨울을 났는지, 마태오 리치 신부가 소주와 남경에서 어떻게 거주하게 되었는지에 대해(1598년 12월 5일부터 1599년 2월까지)

제5장 마태오 리치가 어떻게 남경에서 수학 강의를 하게 되었는지, 그것이 우리에게 얼마나 큰 공신력을 안겨 주고 열매를 가져다주었는지에 대해서(1599년 2월 6일 이후부터 1600년 5월 19일 이전까지)

제6장 남창의 많은 주요 인사들이 마태오 리치와 대화하고 싶어 한 것에 대해(1599년 초)

제7장 마태오 리치가 우상 종파의 한 유명한 승려와 거룩한 신앙에 관해 논한 것에 대해(1599년 초)

제8장 임청에서 겨울을 지낸 우리 형제들이 황제에게 줄 물건을 가지고 어떻게 남경에 도착하게 되었는지, 남경에서 어떻게 좋은 집을 매입할 수 있게 되었는지에 대해(1599년 2월부터 6월 5일경까지)

제9장 라자로 카타네오 신부가 마카오에 어떻게 귀환하게 되었는지에 대해, 남창에서도 그

리스도인들이 점차 생겨나기 시작한 것에 대해서(1599년 6월 20일 무렵부터 1600년 3월경까지)

제10장 마태오 리치 신부가 디에고 판토하 신부와 두 명의 수사 종명인 페르난도와 에마누엘레 페레이라와 함께 어떻게 다시 북경으로 돌아오게 되었는지, 어떻게 산동의 제녕에 도착하게 되었는지에 대해(1600년 3월부터 6월까지)

★ 제2부(제11장~제20장)
V. 북경 수도원(1601년 1월 21일부터 1602년 9월 21일까지)

제11장 우리가 임청(臨淸)과 천진위(天津衛)에서 겪은 일에 대해(1600년 6월부터 1601년 1월까지)

제12장 어떻게 중국의 황제가 신부들에게 진상품을 가지고 북경에 들어오라고 했는지, 첫 입성에서 일어난 일에 관해(1601년 1월부터 2월까지)

제13장 우리가 어떻게 주객사(主客司)의 지시를 받게 되었고, 외국 사절단들이 묵는 사이관(四夷館)에 들어가게 되었는지에 대해, 그리고 어떻게 거기에서 나오게 되었는지에 대해(1601년 2월 25일경부터 5월 28일까지)

제14장 신부들이 직접 황제에게 탄원서를 쓰게 된 경위, 예부의 관리들이 신부들에게 사이관 밖에 거주하도록 허락하고 북경의 고위 인사들이 방문하여 위로하다(1601년 6월부터 12월까지)

제15장 우리가 북경에서 사귄 풍모강(馮慕岡)과 이아존(李我存), 이 두 인사와의 깊은 우정(1601년 6월부터 12월까지)

제16장 이 시기에 우상 종파가 겪은 커다란 수치와 하느님께서 우리에게 닥쳐오는 엄청난 고통으로부터 구해 주신 것에 대해(1602년부터 1604년 5월 25일까지)

제17장 그동안 소주(韶州) 수도원에서 일어난 일에 대해(1599년 7월 초부터 1603년까지)

제18장 그동안 소주(韶州) 수도원에서 겪은 몇 가지 어려움에 대해(1599년부터 1603년까지)

제19장 남경 수도원의 발전과 서 바오로 박사의 개종에 대해(1600년 5월부터 1604년 2월까지)

제20장 마카오 콜레지움의 새 원장 발렌티노 카르발료 신부가 어떻게 마누엘 디아즈 신부를 중국 내륙으로 보내게 되었는지에 대해, 마태오 리치가 그의 편으로 선교 물품을 보내기

위해 그를 북경으로 부르게 된 것에 대해, 황궁에서 그리스도교가 순조롭게 출발하게 된 것에 대해(1600년 2월 1일부터 1602년 9월 21일까지)

5권

Abbozzo della Storia dei Min: 왕홍서(王鴻緖)의 『명사고(明史藁)』.

AFH: Archivum Franciscanum Historicum[프란체스코회 역사 고문서고], Quaracchi.

AHSI: Archivum Historicum Societatis Iesu[예수회 역사 고문서고], Roma.

AIA: Archivum Iberico-Americano[이베리아-아메리카 고문서고], Madrid.

ALENI[1]: 『대서리서태선생행적(大西利西泰先生行蹟)』[서방 끝에서 온 마태오 리치 선생의 생애][진원(陳垣), 1919].

ALENI[2]: 『직방외기』[북경, 1623], in 『천학초함』[북경, 1629], XIII, XIV.

AMCL: 『인광임(印光任)과 장여림(張汝霖)의 오문기략(澳門記畧)』[마카오 역사], 재판.

Annali del distretto di Kaoyao: 『고요현지(高要縣志)』.

Annali della Prefettura di Fengyang: 『강희봉양부지(康熙鳳陽府志)』.

Annali della Prefettura di Nanchang: 『동치남창부지(同治南昌府志)』.

Annali della Prefettura di Shiuchow: 『소주부지(韶州府志)』.

Annali della Prefettura di Shiuchow: 『광서조경부지(光緒肇慶府志)』.

Annali Generali del Fukien: 『동치복건통지(同治福建通志)』.

Annali Generali del Kiangnan: 『건륭강남통지(乾隆江南通志)』.

Annali Generali del Kiangsi: 『가경광서통지(嘉慶廣西通志)』.

Annali Generali del Kwangtung: 『도광광동통지(道光廣東通志)』.

Annali Generali di Tsaoki: 『조계통지(曹谿通志)』.

ARSI: Archivio Romano della Compagnia di Gesù[예수회 로마 고문서고] — 별도의 명시가 없는 한, 이것들은 항상 미간행 필사본임.

BARTOLI[1]: *Della Cina*, in *Opere del P*. Daniello Bartoli, Torino, 1825, voll. XV-XVIII. 이 책에서 인용한 장과 페이지만 언급함.

BARTOLI[2]: *Del Giappone* in *Opere del* P. Daniello Bartoli, Torino, 1825, voll. X-XIV. 이 책에서 인용한 장과 페이지만 인용함.

BCP. Bulletin Catholique de Pékin [북경천주교 회보], Pachino.

BD. Herbert A. Giles, *A Chinese Biographical Dictionary*, Londra, 1898.

BDM. Boletim eclesiàstico da diocese de Macau [마카오교구 교회 회보], Macao.

BECCARI: *Rerum Aethiopicarum scriptores occidentales inediti a saeculo XVI ad XIX*, Roma, 1903-1917. voll. 15.

BEFEO. Bulletin de l'Ecole Française d'Extrême Orient [극동아시아 프랑스학교 회보], Hanoi.

BELTCHENKO: *Present Day Political Organization of China* by H. S. Bruneert and V. V. Hagelstrom, Revised by N. T. Kolessoff. 러시아 원어에서 번역 A. Beltchenko and E. E. Moran, Scianghai, 1912.

BERNARD[1]: *Aux Portes de la Chine*, Tientsin, 1933.

BERNARD[2]: *Le P. Matthieu Ricci et la Société Chinoise de son temps 1610*, Tientsin, 1937. voll. 2.

BIERMANN: *Die Anfänge der neueren Dominikanermission in China*, Münster i. W., 1927.

BP. 북당(北堂)도서관, *Biblioteca dei gesuiti a Pechino* [북경예수회도서관], ossia antica biblioteca dei gesuiti a Pechino, ora presso la chiesa del nord o Péttam nella stessa città.

BRETSCHNEIDER: *Medieval Researches from Eastern Asiatic Sources,* Londra [1887]. voll. 2.

CARDIM: *Batalhas da Companhia de JEsus na sua gloriosa provincia do Japão* (edito da Luciano Cordeiro), Lisbona, 1894.

CARLETTI: *Viaggi di Francesco Carletti da lui raccontati in dodici ragionamenti* e novamente editi da Carlo Gargioli, Firenze, 1878.

CCS. Collectanea Commisionis Synodalis (시노드 회의록), 북경.

CFUC. 앞의 Aleni [2] 참조.

CHAVANNES[1]: *Les deux plus anciens spécimens de la cartographie chinoise. Estratto da Bulletin de l'Ecole Française d'Extrême Orient*, Hanoi, 1903, aprile-giugno, pp.

214-247.

CIAMUEIHOA: 장유화(張維華)의 『명사불랑기려송화란의대리아서전주석(明史佛郞機呂宋和蘭意大里亞西傳注釋)』, 북경, 1934. Yenchin Journal of Chinese Studies, Monograph Series, N. 7.

CIAMSIMLAM: 장성랑(張星烺)의 『중서교통사료휘편(中西交通史料彙篇)』, 북경, 1926, 전 6권.

CICZI: 엄종간(嚴從簡)의 『수역주자록(殊域周咨錄)』, 1920년의 개정판, 북경.

Codex novitiorum: *Codex novitiorum Societatis Iesu, qui Romae tirocinium posuerunt ab anno MDLXVI ad annum MDLXXXVI. Si conserva nella casa di Noviziato della Provincia romana della Compagnia di Gesù in Galloro (Ariccia).*

CORTESÃO: *Cartografia e Cartógrafos portugueses dos séculos XV e XVI*, Lisbona, 1935, voll. 2.

COULING: *The Encyclopedia Sinica*, Scianghai, 1917.

COURANT: *Catalogue des livres chinois, coréens, japonais* etc., Parigi 1902-1910. voll. 3.

COUVREUR: *Choix de documents*, Hokienfu, 1906.

COUVREUR, *Chou King*: Séraphin Couvreur, 『서경(書經)』, Sienhsien [이하 "獻縣天主堂印書館"으로만 표기], 1916.

CP: *Labor Evangelica. Ministerios Apostolicos de los obreros de la Compañia de Jesùs.* Fondaciòn y progressos de su Provincia en las islas Filipinas, historiados por el P. Francisco Colin S. I. Nueva ediciòn por el P. Pablo Pastells S. I. Barcellona, 1900-1902. voll. 3.

Cronaca dei Mim: 손극가(孫克家)의 『명기(明紀)』.

CUZUIÜ: 고조우(顧祖禹)의 『독사방여기요(讀史方輿紀要)』.

DALGADO: *Glossario Lúso-Asiatico*, Coimbra, 1919-1921. voll. 2.

DB: *Dizionario biografico*, 『중국인명대사전(中國人名大辭典)』, 상해(上海), The Commercial Press [이하 "商務印書館有限公司"로 표기], 1933.

DE BARROS: *Da Asia de João DE BARROS*, Nova edição, Lisbona, 1778, Voll. 24.

D'ELIA[1]: *Il Mappamondo cinese del P. Matteo Ricci S.I., commentato, tradotto e annotato,* Città del Vaticano, 1938. Volume in-figlio grande con XXX tavole geografiche. — Le note della Parte III sono citate con un numero arabo in grasetto, preceduto da un N. minuscolo.

D'ELIA[2]: *Le origini dell'arte cristiana cinese* (1583-1640), Roma, Reale Accademia d'Italia, 1939.

DE MAILLA: *Histoire générale de la Chine*, Parigi, 1777-1783, voll. 12.

DE MOIDREY: *La Hiérarchie catholique en Chine, en Corée et au Japon* (1307-1914), Shanghai, 1914.

DERK BODDE: *A History of Chinese Philosophy* by Fung Yu-Lan, translated by Derk Bodde, Pechino, 1937.

DE URSIS: *P. Matheus Ricci S.I. Relação escripta pelo seu companheiro*, P. Sebarino De Ursis S. I., Roma, 1910.

DG: 『중국고금지명대사전(中國古今地名大辭典)』, Shanghai, The Commercial Press, 1933.

DORÈ[1]: *Recherches sur les superstitions en Chine*, 1911-1934. Voll. 16.

DORÈ[2]: *Manuel des superstitions chinoises*, 1926.

DU HALDE: *Description géographique, historique, chronologique, politique et physique de l'Empire de la Chine et de la Tartarie chinoise*, Parigi, 1735, Voll. 4.

Duvigneau: *Saint Thomas a-t-il porté l'Evangile jusqu'en Chine?*, Pechino, 1936.

Dyer Ball: *Things Chinese or Notes connected with China* by E. Chalmers Werner, Shanghai, 1925.

EI: *Enciclopedia Italiana*, 1929-1937, voll. 37.

Forńieulan, 풍우란(馮友蘭), 『중국철학사(中國哲學史)』, Shanghai, 1935.

Franke[1]: *Geschichte des chinesischen Reiches,* Berlino, 1930-1937. voll. 3.

Franke[2]: *Li Tschi. Ein Beitrag zur Geschichte der chinesischen Geisteskämpfe im 16. Jahrhundert* in *Abhandlungen der Preußischen Akademie der Wissenschaften* 1937, Phil.-hist. Klasse, Nr. 10.

Franke[3]: *Li Tschi und Matteo Ricci* in *Abhandlungen der Preußischen Akademie der Wissenschaften,* Jahrgang, 1938, Phil.-hist. Klasse, Nr. 5.

Gaillard: *Nankin d'alors et d'aujourd'hui. Aperçu historique et géographique*, Shanghai, 1903.

Gemelli-Careri: *Giro del Mondo*, Napoli, 1700, voll. 6.

Gibert: *Dictionnaire historique et géographique de la Mandchourie*, Hongkong, 1934.

Gennaro: *Saverio Orientale overo Storie de' cristiani illustri dell'Oriente*, Napoli, 1641, Tomo I, Parti I, II, III.

Havret: *La Stèle chrétienne de Sin-ngan-fou*, Shanghai, 1895, 1897, 1902. voll. 3.

Hennig: *Terrae incognitae. Eine Zusammenstellung und kritische Bewertung der wichtigsten vorkolumbischen Entdeckungsreisen an Hand der darüber vorliegend Originalberichte*, Leida, 1936, 1937, 1938, 1939. voll. 4.

Herrmann: *Historical and Commercial Atlas of China*, Cambridge, Massachisetts, Harvard University Press, 1935.

Heyd: *Storia del commercio del Levante nel medio evo*, Torino, 1913, in Jannaccone, *Biblioteca dell'economista*, V ser., voll. X.

HJ: Yule-Burnell, *Hobson Jobson. A glossary of colloquial anglo-indian words and phrases, and of kindred terms, etymological, historical and discursive.* New edition by W. Crooke, Londra, 1903.

Homueilien: 홍외련(洪煨蓮)의 『고리마두적세계지도(考利瑪竇的世界地圖)』, in 우공(禹貢) *The Chinese Historical Geography Semi-monthly Magazine*, 제5권, nn. 3-4, 1936, 4월 11일, 북경, pp.1-50.

INTORCETTA, ecc.: *Confucius Sinarum philosophus, sive Scientia sinensis, latine exposita* studio et opera Prosperi INTORCETTA, Christiani HERDTRICH, Francisci ROUGEMONT, Philippi COUPLET, Parigi, 1687.

Iücom. 앞의 홍외련(洪煨蓮) 참조.

JA: *Journal Asiatique*, Parigi.

JNCBRAS: *Journal of the North China Branch Royal Asiatic Society*, Shanghai.

LIVR: 황비묵(黃斐黙)의 『정교태포(正敎泰褒)』, Shanghai, 1904.

Litae: 주환졸(朱桓拙)의 『역대명신언행록(歷代名臣言行錄)』[ediz.di c.1807]

Maas: *Die Wiedereröffnung der Franziskanermission in China in der Neuzeit*, Münster i, W., 1926.

Martini: *Novus atlas sinensis* [Amsterdam, 1655].

Mayers[1]: *The Chinese Government*, 1897.

Mayers[2]: *The Chinese Reader's Manual*, Shanghai, 1924.

MHSI: *Monumenta Historica Societatis Iesu*, Madrid, Roma.

Mimgiu Sciiòngan: 『명유학안(明儒學案)』[개정판. della Commercial Press, Shanghai, 1933, voll. 2].

Montalto: *Historic Macao²*, Macao, 1926.

Moule: *Christians in China before the year 1550*, Londra, 1930.

MS: *Monementa Serica. Journal of Oriental Studies of the Catholic University of Peking*, Pechino.

MSOS: *Mitteilungen des Seminars für Orientalische Sprachen an der Königlichen Friedrich-Wilhelm-Universität zu Berlin*, Berlino.

MÜNSTERBERG: *Chinesische Kunstgeschichte²*, 1924, Esslingen a.N. voll. 2.

Musso: *La Cina ed i Cinesi*, 1926, Milano, voll. 2.

MX: *Monumenta Xaveriana*, in *Monumenta Historica Societatis Iesu*, Cf. 앞의 MHSI.

Nazareth: *Mitras Lusitanas no Oriente²*, Nuova Goa, Tomo II, 1924.

Pantoja[1]: *Lettera del P. Diego Pantoja al P. Provinciale di Toledo*[디에고 판토하 신부가 톨레도 관구장 신부에게 쓴 편지], 북경, 1602.03.09, 안토니오 콜라코(Antonio Colaço) 신부의 스페인어 텍스트는, *Relación annual de las cosas que han hecho los Padres de la Compañía de Jesú, en la India Oriental y Japón en los años de 600 y 601 y del progresso de la conversión y christiandad de aquellas partes*, Valladolid, 1604, pp.539-682.

Pastells: *Catalogo de los documentos relativos a las islas Filipinas existentes en el Archivo de Indias de Sevilla*, Barcellona, 1925-1932, voll. 7.

Pastor: *Geschichte der Päpste seit dem Ausgang des Mittelalters*, Friburgo, 1901-1931, voll.16.

Pauly: *Real-Encyclopädie der klassischen Altertumswissenschaft*, herausgegeben von Georg Wissowa, Stuttgart, 1893.

PCLC: 이지조(李之藻)의 『천학초함(天學初函)』[북경, 1629].

Pereira-Rodrigues: *Portugal, Diccionario historico, chorograhico, heraldico, biographico, bibliographico, numismatico, e artistico*, Lisbona, 1904-1915, voll. 7.

Pfister: *Notices biographiques et bibliographiques sur les Jésuites mission de*

Chine(1552-1773), Scianghai, 1932-1934. voll. 2.

Ramusio: *Navigationi e viaggi*, 1550, 1556, 1559. Voll. 3.

Richard[2]: L. Richard's, *Comprehensive Geography of the Chinese its dependencies*, translated into English by M. Kennelly S. I., Shanghai, 1908.

Rodrigues: *A Companhia de Jesus em Portugal e nas missões* (1540-1934), 2ª ediz., Porto, 1935.

Sacchini: *Historiae Societatis Iesu Partes I-V*, 1614-1661.

Saeki[1]: *The Nestorian Monument in China*, Londra [1928].

Saeki[2]: *The Nestorian Documents and Relics in China*, Tokio, 1937.

Seccu: 『사고전서 총목제요(四庫全書 總目提要)』, 1933, Shanghai, 商務印書館有限公司. voll. 4.

SF: *Sinica Franciscana* di A. van den Wyngaert O.F.M., Quaracchi, 1929-1936. voll. 3.

Soothill-Hodous: *A Dictionary of Chinese buddhist terms with sanskrit and english equivalents*, Londra, 1937.

SPT: 장천택(張天澤)의 『중국어-포르투갈어 1514에서 1614까지』, Leida, 1934.

*Storia di Macao. AMCL*을 보라.

Storia dei Mim: 『명사(明史)』.

Stele dei dottori: 『제명비록(題名碑錄)』.

Streit: *Bibliotheca Missionum*, Münster-Aachen, 1916.

Tacchi Venturi: *Opere Storiche del P. Matteo Ricci S.I.*, Macerata, 1911-1913, voll. 2.

TSCCLPS: 고염무(顧炎武)의 『천하군국리병서(天下郡國利病書)』 [ediz. del 1823].

TMHT: 『대명회전(大明會典)』[1587년경 판].

Tobar: *Inscriptions juives de K'ai-fong-fou*, Shanghai, 1912.

TP. *T'oung Pao. Archives concernant l'histoire, les langues, la géographie et les arts de l'Asie Orientale*, Leida.

TRIGAULT: *De Christiana Expeditione apud Sinas suscepta ab Societate Iesu. Ex P. Matthaei Ricij eiusdem Societatis Commentarijs Libri V. Auctore P. Nicolao Trigautio, belga, ex eadem Societate*, Asburgo, 1615.

Werner[1]: *Myths and Legends of China*, Londra, [1928].

Werner[2]: *A Dictionary of Chinese Mythology*, 상해, 1932.

WIEGER, *HC: Histoire des croyances religieuses et des opinions philosophiques en Chine*[3], 獻縣天主堂印書館, 1927.

WIEGER, *TH: Textes histoques*[3], Sienhsien, 1929.

WIEGER, *TPH: Textes philosophiques*[2], Sienhsien, 1930.

WILLIAMS, *China: China yesterday and to-day*[5], Londra [1932].

WILLIAMS, *History: A short History of China*, Londra [1928].

Wylie: *Notes on chinese literature*, 상해, 1922.

Yule-Cordier, *MP*: *The Book of Ser Marco Polo*, Londra [1919-1929]. voll. 3.

Zottoli: *Cursus Litteraturae Sinicae*, Shanghai, voll. 5.

Zueiueilu: 『죄유록(罪惟錄)』.

Zzeiüen: 『사원(辭源)』, Shanghai, 16ª ediz., 1933.

각주에 표시된 N.이나 NN. 이하 숫자는 아래의 텍스트를 말한다.

NN. 1-1000 그리스도교의 중국 진출기, 전 2권.
NN. 1001-2000 리치의 서간집.
NN. 2001-4000 리치 동료들의 서간집.
NN. 4001-5000 연차 보고서와 같은 일반 문서들.
NN. 5001-6000 여러 문서 또는 기타문서들.

특히 이 책에서는 아래의 번호에 해당하는 문건들을 주로 인용했다.

NN. 1-500, 그리스도교의 중국 진출기, 제1부, 제1권.
NN. 501-1000, 그리스도교의 중국 진출기, 제2부, 제2권.

NN. 1018-1021, 리치가 마셀리(L. Maselli)에게 보낸 편지, 코친, 1580년 11월 29일.
NN. 1022-1026, 리치가 마페이(G.-P. Maffei)에게 보낸 편지, 코친, 1580년 11월 30일.

NN. 1027-1031, 리치가 아콰비바(Acquaviva) 총장[1]에게 보낸 편지, 고아, 1581년 11월 25일.

NN. 1046-1057, 리치가 M. 드 포르나리(de Fornari)에게 보낸 편지, 마카오, 1583년 2월 13일.

NN. 1058-1064, 리치가 아콰비바 총장에게 보낸 편지, 마카오, 1583년 2월 13일.

NN. 1066-1085, 리치가 로만(G.-B. Romàn)에게 보낸 편지, 조경, 1584년 9월 13일.

NN. 1086-1093, 리치가 아콰비바 총장에게 보낸 편지, 광주, 1584년 11월 30일.

NN. 1094-1110, 리치가 아콰비바 총장에게 보낸 편지, 조경, 1585년 10월 20일.

NN. 1111-1119, 리치가 마셀리(L. Maselli)에게 보낸 편지, 조경, 1585년 11월 10일.

NN. 1120-1133, 리치가 풀리가티(G. Fuligatti)에게 보낸 편지, 조경, 1585년 11월 24일.

N. 1134, 리치가 데 산데(E. de Sande)의 파견에 관해 로마에 보낸 편지, 조경, 1586년 9월 30일.

NN. 1135-1146, 리치가 마셀리에게 보낸 편지, 조경, 1586년 10월 29일.

NN. 1147-1167, 리치가 발리냐노(A. Valignano)에게 보낸 편지, 소주, 1589년 9월 9일.

NN. 1168-1178, 리치가 발리냐노에게 보낸 편지, 소주, 1589년 10월 30일.

NN. 1179-1203, 리치가 파비(F. de' Fabii)에게 보낸 편지, 소주, 1592년 11월 12일.

NN. 1204-1218, 리치가 부친(父親) 조반니 바티스타(Giovanni-Battista)에게 보낸 편지, 소주, 1592년 11월 12일.

NN. 1219-1253, 리치가 아콰비바 총장에게 보낸 편지, 소주, 1592년 11월 15일.

NN. 1254-1259, 리치가 데 산데(E. de Sande)에게 보낸 편지, 소주, 1593년 10월 ??일.

NN. 1260-1264, 리치가 부친(父親, G.-B.)에게 보낸 편지, 소주, 1593년 12월 10일.

NN. 1265-1275, 리치가 아콰비바 총장에게 보낸 편지, 소주, 1593년 12월 10일.

NN. 1276-1285, 리치가 코스타(G. Costa)에게 보낸 편지, 소주, 1594년 10월 12일.

NN. 1286-1291, 리치가 파비에게 보낸 편지, 소주, 1594년 11월 15일.

NN. 1292-1370, 리치가 데 산데에게 보낸 편지, 남창, 1595년 8월 29일.

NN. 1372-1376, 리치가 벤치(G. Benci)에게 보낸 편지, 남창, 1595년 10월 7일.

NN. 1377-1402, 리치가 코스타(G. Costa)에게 보낸 편지, 남창, 1595년 10월 28일.

---

1 예수회 총장은 로마에 거주.

NN. 1403-1426, 리치가 코스타에게 보낸 편지, 남창, 1595년 10월 28일.

NN. 1427-1485, 리치가 아콰비바 총장에게 보낸 편지, 남창, 1595년 11월 4일.

NN. 1486-1495, 리치가 폴리가티에게 보낸 편지, 남창, 1596년 10월 12일.

NN. 1496-1501, 리치가 동생 안토니오(Antonio Maria)에게 보낸 편지, 남창, 1596년 10
월 13일.

NN. 1502-1518, 리치가 아콰비바 총장에게 보낸 편지, 남창, 1596년 10월 13일.

NN. 1519-1525, 리치가 코스타에게 보낸 편지, 남창, 1596년 10월 15일.

NN. 1526-1539, 리치가 파씨오네이(L. Passionei)에게 보낸 편지, 남창, 1597년 9월 9일.

NN. 1540-1544, 리치가 클라비우스(C. Clavio)에게 보낸 편지, 남창, 1597년 12월 25일.

NN. 1545-1566, 리치가 코스타에게 보낸 편지, 남경, 1599년 8월 14일.

N. 1567, 리치가 론고바르도(N.Longobardo)에게 보낸 편지, 북경, 1602년 9월 6일.

NN. 1571-1586, 리치가 파비에게 보낸 편지, 북경, 1605년 5월 9일.

NN. 1587-1602, 리치가 부친 조반니-바티스타에게 보낸 편지, 북경, 1605년 5월 10일.

NN. 1603-1614, 리치가 코스타에게 보낸 편지, 북경, 1605년 5월 10일.

NN. 1620-1628, 리치가 총장 비서 알바레스(G. Alvares)[2]에게 보낸 편지, 북경, 1605년
5월 12일.

NN. 1630-1656, 리치가 마셀리에게 보낸 편지, 북경, 1605년 5월 12일(?).

NN. 1674-1695, 리치가 아콰비바 총장에게 보낸 편지, 북경, 1605년 7월 26일.

NN. 1696-1709, 리치가 줄리오(G.)와 지롤라모 알라레오니(G. Alaleoni)에게 보낸 편지,
북경, 1605년 7월 26일.

NN. 1710-1727, 리치가 아콰비바 총장에게 보낸 편지, 북경, 1606년 8월 15일.

NN. 1809-1844, 리치가 아콰비바 총장에게 보낸 편지, 북경, 1608년 3월 8일.

NN. 1845-1884, 리치가 아콰비바 총장에게 보낸 편지, 북경, 1608년 8월 22일.

NN. 1895-1900, 리치가 동생 안토니오에게 보낸 편지, 북경, 1608년 8월 24일.

NN. 1901-1917, 리치가 파시오(F. Pasio)에게 보낸 편지, 북경, 1609년 2월 15일.

NN. 1918-1926, 리치가 총장 비서 알바레스에게 보낸 편지, 1609년 2월 17일.

N. 2001, 미켈레 루지에리(M. Ruggieri)가 메르쿠리아노(E. Mercuriano) 총장에게 보낸

---

2   수도회[예수회] 총장 비서로 있으며, 포르투갈과 포르투갈령 선교를 담당하고 있었다.

편지, 코친, 1579년 5월 1일.

NN. 2002-2007, 루지에리가 메르쿠리아노 총장에게 보낸 편지, 마카오, 1580년 11월 8일.

NN. 2008-2009, 루지에리가 메르쿠리아노 총장에게 보낸 편지, 마카오, 1580년 11월 8일.

NN. 2010-2017, 고메즈(P. Gomez)가 메르쿠리아노 총장에게 보낸 편지, 마카오, 1581년 10월 25일.

NN. 2018-2019, 알바레즈(D. Alvarez)가 메르쿠리아노 총장에게 보낸 편지, 마카오, 1581년 10월 25일.

NN. 2020-2029, 루지에리가 메르쿠리아노 총장에게 보낸 편지, 마카오, 1581년 11월 12일.

NN. 2046-2056, 산케즈(A. Sanchez)가 아콰비바(Acquaviva) 총장에게 보낸 편지, 마카오, 1582년 8월 2일.

NN. 2057-2058, 루지에리가 아콰비바 총장에게 보낸 편지, 마카오, 1582년 12월 14일.

NN. 2064-2066, 파시오(F. Pasio)가 아콰비바 총장에게 보낸 편지, 마카오, 1582년 12월 15일.

NN. 2067-2069, 발리냐노가 아콰비바 총장에게 보낸 편지, 마카오, 1582년 12월 17일.

NN. 2070-2074, 멕시아(L. Mexia)가 아콰비바 총장에게 보낸 편지, 마카오, 1582년 12월 20일.

NN. 2075-2085, 파시오가 고메즈에게 보낸 편지, 조경, 1583년 1월 10일.

NN. 2086-2092, 고메즈가 아콰비바 총장에게 보낸 편지, 마카오, 1583년 1월 28일.

NN. 2093-2094, 루지에리와 파시오가 고메즈에게 보낸 편지, 조경, 1583년 2월 1일.

NN. 2095-2096, 파시오가 아콰비바 총장에게 보낸 편지, 조경, 1583년 2월 5일.

NN. 2097-2099, 파시오가 산케즈에게 보낸 편지, 조경, 1583년 2월 6일.

NN. 2100-2101, 루지에리가 산케즈에게 보낸 편지, 조경, 1583년 2월 7일.

NN. 2102-2120, 루지에리가 아콰비바 총장에게 보낸 편지, 조경, 1583년 2월 7일.

NN. 2121-2126, 루지에리와 파시오가 고메즈에게 보낸 편지, 조경, 1583년 2월 10일.

NN. 2127-2129, 루지에리와 파시오가 고메즈에게 보낸 편지, 조경, 1583년 2월 12일.

NN. 2130-2131, 멕시아가 아콰비바 총장에게 보낸 편지, 마카오, 1583년 2월 13일.

NN. 2132-2136, 파시오가 고메즈에게 보낸 편지, 조경, 1583년 2월 18일.

NN. 2137-2140, 파시오가 아콰비바 총장에게 보낸 편지, 조경, 1583년 6월 27일.

NN. 2141-2144, 카브랄(F. Cabral)이 아콰비바 총장에게 보낸 편지, 마카오, 1583년 11월 20일.

NN. 2145-2148, 루지에리가 아콰비바 총장에게 보낸 편지, 마카오, 1584년 1월 25일.

NN. 2153-2154, 멕시아가 총장비서 로드리게즈(E. Rodriguez)에게 보낸 편지, 마카오, 1584년 1월 28일.

NN. 2155-2160, 루지에리가 아콰비바 총장에게 보낸 편지, 조경, 1584년 5월 30일.

NN. 2172-2173, 산케즈가 코엘료(G. Coelho)에게 보낸 편지, 마카오, 1584년 7월 5일.

NN. 2174-2177, 카브랄이 아콰비바 총장에게 보낸 편지, 마카오, 1584년 10월 6일.

NN. 2178-2182, 루지에리가 아콰비바 총장에게 보낸 편지, 마카오, 1584년 10월 21일.

NN. 2183-2192, 카브랄이 발리냐노에게 보낸 편지, 마카오, 1584년 12월 5일.

NN. 2193-2203, 카브랄이 아콰비바 총장에게 보낸 편지, 마카오, 1584년 12월 8일.

NN. 2204-2207, 멕시아가 아콰비바 총장에게 보낸 편지, 마카오, 1584년 12월 22일.

NN. 2208-2227, 산케즈가 아콰비바 총장에게 보낸 편지, [마닐라], 1585년 4월(?).

NN. 2228-2236, 발리냐노가 아콰비바 총장에게 보낸 편지, 고아, 1585년 4월 1일.

NN. 2237-2244, 발리냐노가 세데노(A. Sedeno)에게 보낸 편지, 고아, 1585년 4월 8일.

NN. 2245-2249, 데 알메이다(A. de Almeida)가 총장비서 로드리게즈에게 보낸 편지, 마카오, 1585년 9월 4일.

N. 2250, 루지에리가 아콰비바 총장에게 보낸 편지, 조경, 1585년 10월 18일.

NN. 2251-2253, 데 산데가 아콰비바 총장에게 보낸 편지, 조경, 1585년 10월 18일.

NN. 2254-2263, 데 알메이다가 총장비서 로드리게즈에게 보낸 편지, 1585년 11월 5일.

NN. 2264-2268, 나바로(P. Navarro)가 사르디(B. Sardi)에게 보낸 편지, 마카오, 1585년 11월 6일.

NN. 2269-2271, 페라로(M. Ferraro)가 아콰비바 총장에게 보낸 편지, 마카오, 1585년 11월 15일.

NN. 2280-2289, 발리냐노가 아콰비바 총장에게 보낸 편지, 고아, 1585년 12월 27일.

NN. 2290-2294, 발리냐노가 펠리페 2세에게 보낸 편지, 고아, 1585년 12월 28일.

NN. 2295-2309, 데 알메이다가 데 산데에게 보낸 편지, 소흥(紹興), 1586년 2월 10일.

NN. 2310-2316, 루지에리가 아콰비바 총장에게 보낸 편지, 조경, 1586년 11월 8일.

NN. 2317-2323, 데 산데가 총장비서 로드리게즈에게 보낸 편지, 조경, 1586년 11월 10일.

N. 2324, 멕시아가 총장비서 로드리게즈에게 보낸 편지, 마카오, 1586년 12월 8일.

NN. 2328-2332, 발리냐노가 아콰비바 총장에게 보낸 편지, 코친, 1587년 1월 14일.

NN. 2333-2334, 멕시아가 아콰비바 총장에게 보낸 편지, 마카오, 1587년 1월 23일.

NN. 2335-2350, 데 알메이다가 총장비서 로드리게즈에게 보낸 편지, 마카오, 1587년 2

월 4일.

NN. 2351-2353, 멕시아가 총장비서 로드리게즈에게 보낸 편지, 마카오, 1587년 2월 6일.

NN. 2399-2400, 멕시아가 아콰비바 총장에게 보낸 편지, 마카오, 1587년 6월 19일.

NN. 2401-2402, 로페즈 디 폰세카(A. Lopez di Fonseca)가 부-주교에게 보낸 편지, 마카오, 1587년 6월 30일.

NN. 2403-2407, 예수회에 관한 판사보 로보(B. A. Lobo)의 증명서, 마카오, 1587년 8월 6일.

NN. 2408-2409, 발리냐노가 아콰비바 총장에게 보낸 편지, 고아, 1587년 11월 20일.

N. 2410, 마르티네즈(P. Martinez)가 아콰비바 총장에게 보낸 편지, 1587년 12월 19일.

NN. 2413-2416, 데 산데가 아콰비바 총장에게 보낸 편지, 마카오, 1588년 1월 3일.

NN. 2417-2421, 데 산데가 총장비서 로드리게즈에게 보낸 편지, 마카오, 1588년 1월 4일.

NN. 2422-2425, 멕시아가 총장비서 로드리게즈에게 보낸 편지, 마카오, 1588년 1월 15일.

NN. 2430-2440, 데 알메이다가 데 산데에게 보낸 편지, 조경, 1588년 9월 8일.

NN. 2445-2495, 발리냐노가 아콰비바 총장에게 보낸 편지, 마카오, 1588년 11월 10일.

NN. 2496-2502, 발리냐노가 아콰비바 총장에게 보낸 편지, 마카오, 1588년 11월 21일.

NN. 2503-2506, 발리냐노가 아콰비바 총장에게 보낸 편지, 마카오, 1588년 11월 23일.

N. 2507, 데 페트리스(F. De Petris)가 아콰비바 총장에게 보낸 편지, 마카오, 1589년 1월 8일.

NN. 2508-2511, 멕시아가 총장비서 로드리게즈에게 보낸 편지, 마카오, 1589년 6월 8일.

NN. 2513-2515, 멕시아가 아콰비바 총장에게 보낸 편지, 마카오, 1589년 6월 10일.

NN. 2516-2517, 발리냐노가 아콰비바 총장에게 보낸 편지, 마카오, 1589년 6월 12일.

NN. 2518-2522, 발리냐노가 총장비서 로드리게즈에게 보낸 편지, 마카오, 1589년 9월 24일.

NN. 2523-2526, 발리냐노가 아콰비바 총장에게 보낸 편지, 마카오, 1589년 9월 25일.

NN. 2527-2528, 데 산데가 아콰비바 총장에게 보낸 편지, 마카오, 1589년 9월 28일.

NN. 2529-2531, 멕시아가 아콰비바 총장에게 보낸 편지, 마카오, 1589년 10월 8일.

NN. 2532-2534, 발리냐노가 아콰비바 총장에게 보낸 편지, 마카오, 1589년 10월 10일.

NN. 2535-2538, 발리냐노가 아콰비바 총장에게 보낸 편지, 마카오, 1589년 11월 10일.

NN. 2539-2545, 로씨(P. Rossi)가 피렌체 콜레지움의 원장에게 보낸 편지, 로마, 1590년 7월 14일.

NN. 2550-2553, 데 산데가 아콰비바 총장에게 보낸 편지, 마카오, 1591년 1월 29일.

NN. 2554-2560, 데 산데가 코레아(G. Correa)에게 보낸 편지, 마카오, 1591년 1월 30일.

NN. 2561-2570, 황명사(黃明沙)가 데 산데에게 보낸 편지, 소주, 1591년 11월 21일.

NN. 2571-2575, 데 산데가 아콰비바 총장에게 보낸 편지, 마카오, 1592년 1월 27일.

NN. 2576-2579, 멕시아가 아콰비바 총장에게 보낸 편지, 마카오, 1592년 2월 2일.

NN. 2583-2590, 데 산데가 아콰비바 총장에게 보낸 편지, 마카오, 1592년 11월 9일.

NN. 2591-2596, 데 페트리스가 아콰비바 총장에게 보낸 편지, 소주, 1592년 11월 15일.

NN. 2597-2598, 데 페트리스가 N.N.[수신자 불명]에게 보낸 편지, 소주, 1592년 12월 15일.

NN. 2599-2601, 데 페트리스가 데 파비(F. de' Fabj)에게 보낸 편지, 소주, 1592년 12월 15일.

NN. 2602-2607, 발리냐노가 아콰비바 총장에게 보낸 편지, 마카오, 1593년 1월 1일.

NN. 2608-2612, 발리냐노가 아콰비바 총장에게 보낸 편지, 마카오, 1593년 1월 13일.

NN. 2613-2615, 발리냐노(A. Valignano)가 아콰비바 총장에게 보낸 편지, 마카오, 1593년 1월 13일.

N. 2617, 마르티네즈가 아콰비바 총장에게 보낸 편지, 마카오, 1593년 1월 17일.

NN. 2618-2621, 데 산데가 총장비서 로드리게즈에게 보낸 편지, 마카오, 1593년 1월 20일.

NN. 2622-2625, 멕시아(L. Mexia)가 아콰비바 총장에게 보낸 편지, 마카오, 1593년 1월 20일.

NN. 2627-2636, 데 산데가 아콰비바 총장에게 보낸 편지, 마카오, 1593년 11월 15일.

NN. 2637-2641, 데 산데가 총장비서 로드리게즈에게 보낸 편지, 마카오, 1593년 11월 17일.

N. 2642, 안투네즈(D. Antunez)가 아콰비바 총장에게 보낸 편지, 마카오, 1594년 1월 3일.

NN. 2667-2669, 데 산데가 총장비서 알바레즈(G. Alvarez)에게 보낸 편지, 마카오, 1596년 1월 2일.

NN. 2670-2672, 데 산데가 총장비서 알바레즈에게 보낸 편지, 마카오, 1596년 1월 2일.

NN. 2673-2679, 데 산데가 아콰비바 총장에게 보낸 편지, 마카오, 1596년 11월 4일.

NN. 2680-2690, 데 산데가 총장비서 알바레즈에게 보낸 편지, 마카오, 1596년 8-10월.

NN. 2691-2694, 발리냐노가 아콰비바 총장에게 보낸 편지, 고아, 1596년 12월 3일.

NN. 2695-2700, 발리냐노가 파비(F. de' Fabii)에게 보낸 편지, 고아, 1596년 12월 15일.

N. 2701, 발리냐노가 아콰비바 총장에게 보낸 편지, 고아, 1596년 12월 16일.

NN. 2713-2714, 데 산데(E. de Sande)가 총장 비서 알바레스(G. Alvares)에게 보낸 편지, 마카오, 1597년 10월 25일.

NN. 2715-2721, 발리냐노가 아콰비바 총장에게 보낸 편지, 마카오, 1597년 11월 10일.

NN. 2722-2725, 데 산데가 아콰비바 총장에게 보낸 편지, 마카오, 1597년 11월 12일.

NN. 2729-2730, 발리냐노가 아콰비바 총장에게 보낸 편지, 고아, 1597년 12월 3일.

NN. 2731-2733, 발리냐노가 데 파비에게 보낸 편지, 고아, 1597년 12월 15일.

NN. 2734-2797, 론고바르도(N.Longobardo)가 아콰비바 총장에게 보낸 편지, 소주, 1598년 10월 18일.

NN. 2798-2807, 론고바르도가 총장 비서 알바레스(G. Alvares)에게 보낸 편지, 소주, 1598년 11월 4일.

NN. 2808-2812, 데 산데가 총장 비서 알바레스에게 보낸 편지, 마카오, 1598년 11월 15일.

NN. 2813-2815, 론고바르도(N. Longobardo)가 데 부체리스(A. De Bucceris)에게 보낸 편지, 소주, 1598년 11월 30일.

NN. 2816-2821, 데 산데가 총장 비서 알바레스에게 보낸 편지, 마카오, 1598년 12월 3일.

NN. 2822-2825, 디아즈(E. Dias)가 총장 비서 알바레스(G. Alvares)에게 보낸 편지, 마카오, 1599년 1월 9일.

NN. 2826-2829, 디아즈가 아콰비바 총장에게 보낸 편지, 마카오, 1599년 1월 10일.

NN. 2830-2831, 론고바르도가 마셀리에게 보낸 편지, 소주, 1599년 9월 20일.

NN. 2832-2846, 카타네오(L. Cattaneo)가 아콰비바 총장에게 보낸 편지, 마카오, 1599년 10월 12일.

NN. 2847-2852, 론고바르도가 아콰비바 총장에게 보낸 편지, 소주, 1599년 10월 18일.

NN. 2853-2864, 소아레스(M. Soares)가 아콰비바 총장에게 보낸 편지, 마카오, 1599년 10월 26일.

NN. 2865-2870, 디아즈가 아콰비바 총장에게 보낸 편지, 마카오, 1599년 12월 12일.

NN. 2871-2883, 디아즈가 아콰비바 총장에게 보낸 편지, 마카오, 1599년 12월 19일.

NN. 2886-2891, 디아즈가 총장 비서 알바레스에게 보낸 편지, 마카오, 1600년 1월 11일.

NN. 2892-2911, 디아즈가 아콰비바 총장에게 보낸 편지, 마카오, 1600년 1월 16일.

NN. 2912-2921, 론고바르도가 N.N.에게 보낸 편지, 소주, 1600년 10월 20일.

NN. 2924-2935, 발리냐노가 아콰비바 총장에게 보낸 편지, 나가사키, 1600년 10월 21일.

NN. 3005-3013, 디아즈(E. Dias)가 아콰비바 총장에게 보낸 편지, 마카오, 1601년 1월 17일.

NN. 3034-3043, 리치의 북경 입성에 관한 보고서, 1601년 3월-4월.

NN. 3056-3062, 카르발호(V. Carvalho)가 아콰비바 총장에게 보낸 편지, 마카오, 1601년.

NN. 3063-3064, 로키(M. Rochi)가 총장 비서 알바레스에게 보낸 편지, 마카오, 1602년 1월 20일.

NN. 3072-3171, 판토하(D. Pantoja)가 톨레도(Toledo)의 관구장에게 보낸 편지, 1602년 3월 9일.

NN. 4004-4017, 데 산데(E. de Sande)가 쓴 1589년도 연감, 1589년 9월 28일

NN. 4018-4031, 데 산데가 쓴 1591년도 연감, 1592년 1월 28일.

NN. 4032-4050, 데 산데가 쓴 1594년도 연감, 1594년 10월 28일.

NN. 4051-4071, 데 산데가 쓴 1595년도 연감, 1596년 1월 16일.

NN. 4072-4083, 디아즈(E. Dias)가 쓴 1597년도 연감, 1597년 11월 12일.

NN. 4084-4096, 디아즈가 쓴 1597년도 연감, 1598년 7월, 1599년 1월-2월.

NN. 4097-4151, 카르발호(V. Carvalho)가 쓴 1601년도 연감, 1602년 1월 25일.

NN. 4162-4183, 안투네즈(D. Antunez)가 쓴 1602년도 연감, 1603년 1월 29일.

NN. 4184-4261, 디아즈가 쓴 1606-1607년도 연감, 남창, 1607년 10월 5일과 18일.

NN. 5001-5009, 마카오에 관한 발리냐노의 발언, 고아, 1580년 8월-1582년.

N. 5010, 중국어 공부를 시킨 4명의 선교사에 관한 발리냐노의 회고록, 일본, 1582년 2월 12일.

NN. 5011-5012, 중국에 관한 산케즈의 메모, 1585년 이후.

NN. 5113-5124, 광주에서 소흥(紹興) 여행에 관한 루지에리의 보고서, 1590-1591년.

NN. 5173-5238, 중국에 관한 루지에리의 설명, 1590-1591년(?).

NN. 5241-5258, 마카오 원장에게 보내는 발리냐노의 회고록, 1594년.

NN. 5289-5458, 루지에리의 중국 선교사 생활에 관한 회고록, 1596년(?).

N. 5460, 아콰비바 총장이 발리냐노에게 보낸 편지, 로마, 1597년 12월 20일.

❶ 본서는 다음과 같이 나뉘어져 있다. 리치 수기본은 책(冊), 델리야 신부의 구분은 Volume, 세창출판사 편집은 권(卷)이다. 다시 말해서 리치 수기본은 1-5책까지, 델리야 신부의 구분은 Volume I-II, 세창출판사 편집은 1-5권까지다. 목차에서 확인할 수 있다.

❷ 텍스트가 두 개 언어[이탈리아어와 한문]인 경우, 이탈리아어를 번역하고 한문을 아래에 병기했다. 저자가 이탈리아 사람인 점을 고려하여, 저자의 의도를 최대한 살리기 위해서다.

❸ 중국어 고유 명사들, 곧 지명, 인명 등은 모두 고전 한자어로 명기했다.

❹ 본고에서 인용한 『천주실의』, 『교우론』, 『기인십편』 등 마태오 리치의 저술 중 한국어로 번역된 것은 참고만 하고, 인용하지 않았다. 모두 이 책에 있는 이탈리아어 원문에서 새로 번역했다.

❺ 가독성을 높이기 위해 [ ] 안에 있는 말은 문장의 이해를 돕기 위해 대부분 역자가 넣은 말이다. 이탈리아어에서 많이 나타나는, 고유명사를 반복하기보다는 대명사로 대체하거나 삭제가 많아 한국어로 옮겼을 때 이해가 안 되는 경우가 많기 때문이다.

❻ 화폐 단위

두카토(ducato), 스쿠디(scudi), 리브르(libre), 크루자도스(cruzados) 마라베디(maravedi), 볼로니니(bolognini), 피오리노(fiorino), 바이오키(baiocchi) 등 당시 유럽에서 통용되던 모든 화폐가 등장한다. 대부분 그대로 썼지만, 문맥에 따라서 역자가 확실하다고 생각되는 부분은 중국의 은화나 금화로 썼다. 마태오 리치는 대부분 환산하지 않고 동량으로 언급했지만, 텔(teal)의 경우만 간혹 금화 두 배로 환산해서 말하곤 했다. 이 점 역시 확실하다고 판단되는 부분만 환산해서 번역했다. 필요하다고 판단되는 경우 역주를 넣었다.

❼ pagano라는 단어는 '이교도'라는 의미지만, 서양에서 이교도는 비그리스도인 전체를 대상으로 할 뿐 아니라, '야만인', '교양 없는 사람'을 일컫는 의미로도 쓰인다. 따라서 문맥에 따라 이교도, 비교인, 비신자(그리스도인이 아니라는 뜻) 등으로 번역했다.

❽ litteris sinicis의 번역은 문맥에 따라서 '중국 문학' 또는 '중국 인문학'으로 번역했다. 건륭제 때 나온 『사고전서四庫全書』도 litteris sinicis로 소개된다는 점을 근거로 했다.

❾ 이름과 지명 등 그리스도교 성경책에 등장하는 고유명사는 저자가 가톨릭교회 사제인 점을 고려하여 한국가톨릭 주교회의 발행 성경을 따랐고, 나머지는 출신이나 해당 지역의 언어 발음으로 명기했다.

❿ 참고도서 약어표와 각주에서 표기한 N., NN.이라는 번호는 본문에서 아라비아 숫자로만 표기했다.

2책

古今人毋儀萬世

神聖主
目悴視厄娃子孫

I. 조경(肇慶) = 소흥 수도원

1583년 9월 10일부터 1589년 8월 초순까지

제1장

우리가 어떻게 중국에
처음 들어가게 되었는지에 대해

(1552년부터 1582년까지)

- o 예수회의 중국 진출
- o 성 프란치스코 하비에르의 시도
- o 프란체스코회와 도미니코회의 헛수고, 그리고 특히 예수회의 30년간의 헛된 시도
- o 알렉산드로 발리냐노, 중동 지역과 극동아시아의 순찰사
- o 미켈레 루지에리 신부가 마카오에 도착하다
- o 포르투갈령 마카오에 수도회를 설립하다
- o 루지에리가 원주민 화가로부터 중국어를 배우다
- o 루지에리가 포르투갈 상인들과 함께 광주를 방문하다
- o 광주의 젊은 승려가 그리스도인이 되다; 매우 힘든 경우
- o 광주의 첫 번째 가톨릭교회 소성당
- o 리치가 인도에서 중국 마카오로 부름을 받다

200. 예수회의 중국 진출

앞의 책 마지막 부분에서 언급했듯이,[1] 이렇게 우상을 숭배하는 중국

---

1   NN.175, 197, cf. N.1499.

에서 세 명의 명망 있는 사람은 자랑거리가 될 만하다. 많은 영혼이 침묵 속에서 학대를 받고 수백만의 영혼이 지옥으로 보내지는 상황에서 우리 예수회원들은 가만히 있을 수가 없어 대장정의 길에 올랐다.[2] 영원한 세

---

2   이 책의 원래 제목이 "예수회와 그리스도교의 중국 진출"이라는 것을 리치는 N.1에서 이미 이야기했기 때문에 이곳에서는 그에 관한 언급은 없다. 중국을 그리스도교로 개종시키기 위해 예수회 이전에도 큰 노력이 있었다는 것을 재차 언급하지 않으려는 것 같다. 1294년에서 1368년까지 프란체스코 회원들에 의한 중국 가톨릭 선교(N.802를 보라)는 완전히 외면하는 것 같다. cf. *SF*, I. 이것은 놀랄 만한 일은 아니다. 이전의 선교에 관해서는 1635년, 아일랜드 워터포드 출신의 프란체스코회 루크 워딩(Luke Wadding, O.f. M., 1588-1657)이 수도회의 역사를 기록하여 발간하면서 새롭게 알려졌고, 계속해서 프란체스코회가 진출을 시도했고, 1579년, 1582년과 1583년에 시도했던 중국 진출은 허사로 끝났고, 1633년 이후에야 자리를 잡을 수 있었기 때문이다. cf. *SF*, II, III. 따라서 근대 프란체스코 수도회의 중국 선교 역사는 반 덴 웨인샤르트(Van Den Wyngaert)가 기록한바, "1579년 프란체스코 수도회도 중국 진출을 시도한 바 있으나 성공하지 못했습니다"(*SF*, II, p.96)로 정리할 수 있다. cf. *Ibid.*, p.240; *AHSI*, 1932, pp.293, 298.
       성 토마스 사도가 중국에 처음으로 복음을 전했다는 말을 전해 듣고, 리치는 그것에 대해 알고 싶어 했으나 알 수가 없었다. 그는 —논쟁거리가 되는(cf. Duvigneau, pp.38-58)— 성 바르톨로메오에 의한 인도 북쪽과 성 토마스에 의한 인도 남쪽의 전통을 수용하고(N.182), 당연히 중국 민족이 수천 년 동안 "거룩한 복음의 아무런 빛 없이 이교도의 어둠 속에서"(N.149) 살아왔다고 단언하면서, "그리스도교"에 대해서 "중국인들은 한 번도 들어 보지도, 알지도 못했음"(N.253)에도 불구하고 그들은 "오랫동안 닫혀 있던 거대하고 우수한 왕국"(N.275)으로 남을 수 있었다고 말한다. 그곳은 "아주 오래전"부터 하느님의 이름을 "알지도 듣지도 못했고"(N.1374), 그래서 "대부분 하느님의 이름을 한 번도 듣지 못한 곳"(N.1499)이 되었다. 게다가 리치는 앞서 많은 선교사가 했던 것처럼, 중국인들의 달마(達磨)에서 성 토마스를 보지도 않았다. 그는 두 사도가 인도에서 설교했다는 것만 인정하며, "중국인들이 거룩한 복음에 관해 들었고, 그래서 권력가를 통해 가르침을 얻고자 [사람을] 보냈을 것"(N.183)이라고 생각했다. 다시 말해서, 인도로 사람을 보냈으나, 그들은 거기에서 불교를 가지고 돌아갔다는 것이다. 1590년 중국에서 돌아온 루지에리를 잘 알고 지낸 적이 있는 포세비노는 1603년에 내놓은 한 출판물에서 수년간의 경험이 중국 예수회 선교사들에게 확신을 준 것은 중국에서 성 토마스 사도에 관해 언급하고 있는 유럽 서적들이 정확하지 않다는 것이다. "성 토마스 사도가 중국 근방에서 설교했다고 전하는 유럽의 책들은 우리의 몇 년간에 걸친 현지의 경험에 비추어 볼 때 맞지 않습니다"(*Bibliotheca Selecta*,

---

Venezia, 1603, p.457). 루지에리는 그에 관한 전설을 기꺼이 수용했던 사람들 가운데 한 사람이었음에도 말이다.

이런 전설과 관련하여 우리가 수집한 증거들은 다음과 같이 함축할 수 있다. 트리고(Trigault, S.I.)가 1613년 인도를 경유하는 동안 시리아어에서 번역한 리치의 작품 중 중국의 '많은' 교회의 설립자가 성 토마스라는 전설에 의문을 제기하였다(Trigault, pp.124-126). 1601년과 1609년 사이 구베아(De Gouvea, O.S.A.)는 성 토마스가 칸발릭[북경]에 갔다는 것에 대해 의구심을 제기했다(*Histoire Orientale*, Anversa, 1609, pp.3, 4, 6-9). 다시 말해서, 최소한 형식상 혹은 매우 큰 시대적인 착오가 생긴 셈인데, 그것은 칸발릭이 1264-1267년에 쿠빌라이 칸에 의해 세워진 도시가 아니라는 것이다. 1590년경, 예수회의 루지에리는 리치의 동료로 이미 중국에 와 있었고, 거기에서 인도 아르메니아 교회에 대해 기록하면서 성 토마스가 "중국을 거치며 중국인들에게 복음을 선포했으나, 그 성과가 적어 몰레포르로 돌아갔고, 일부 그의 제자들도 그 지역을 회개시키기 위해 떠났습니다"(N.5233)라고 했다. 1584년 알칸타라[역주_ 스페인 서부 엑스트레마두라 지방 카세레스주에 있는 도시] 출신의 프란체스코회 마르틴 이냐시오 데 로욜라 역시 똑같은 전설을 인정하고 있다(*SF*, II, p.206). 1556-1569년, 다 크루즈(Gaspar Da Cruz, O.p.) 신부는 1556년에 중국으로 들어가고자 시도하며 성 토마스가 중국에서 한 일은 겨우 서너 명의 제자를 만든 것뿐이라고 하였다(Gonzales De Mendoça, *Historia della China*, ed. it., pp.26-27). 성 토마스 교회의 주교 자코모 아부나(Giacomo Abuna)는 1548년, 중국교회는 초창기 아르메니아 교회의 그리스도인들에 의해 설립되었다고 하였다(Schurhammer, *Die Zeitgenössischen Quellen zur Geschichte Portugiesich-Asiens und seiner Nachbarländer*, Lipsia, 1932, NN.4100, 4101). 성 프란치스코 하비에르 역시 1546년에 같은 말을 한 적이 있다(*MHSI, MX*, I, pp.407, 414). 1533년 페레이라(Michele Ferreira)는 인도의 통감 누노 다 쿤하(Nuno da Cunha, 포르투갈 출신)를 언급하며, 성 토마스의 아르메니아 그리스도교 한 주교는 성 토마스 사도가 "칸발릭"에 갔고, "거기서 많은 사람을 개종시키고 성당을 세웠다"라고 전했다. cf. De Barros, dec. III, par. II, pp.232-233. 1518년경, 성 토마스의 네스토리우스 교회 마르 토마스(Mar Thomas) 주교도 같은 말을 되풀이했다(Schurhammer, *ibid.*, N.70). 결국 14세기 중반에 이르러 니시비스(Nisibis, 역주_ 현 튀르키예의 누사이빈으로, 시리아와 국경에 있어 옛날부터 교통과 군사의 요충지였고, 네스토리우스 교파의 신학 연구의 중심지였다) 수도 대사교의 예벳예수(+1318) [역주_ 본명은 압드-이쇼 바 베리카(Abdh-isho bar Berikha)이다. 마지막 네스토리우스파 신학자로 1284, 1285년 시가(Sigar)와 아라바제(Arabâjê)의 주교가 되었고, 5년 후에는 아르메니아(Armenia)의 수석 주교가 되었다. 그는 대부분 철학, 과학, 성서 주해, 온갖 종류의 이단설을 논박하는 글들을 썼는데, 모두 시리아어로 적었다]는 성 토마스를 "중국인들의 박사"(Mai, *Scriptorum veterum nova colletio*, Roma, 1838, X, A,

를 건너야 했다. 하느님의 자비와 약속을 믿었기에 위험에 대한 어떠한 두려움도 없었다. 외국인들을 향한 강한 통상 수교 거부정책(通商修交拒否政策)으로 봉쇄된 나라로 들어가는 난관도 두렵지 않았다. 그들의 실수를 막기 위해 많은 사람이 필요했다. 그러므로 거룩한 십자가의 표징과 무기는 어떤 세속적인 힘도, 지옥 같은 상황도 견딜 수 있게 해 주었다.

201. 성 프란치스코 하비에르의 시도

이런 투쟁을 시작하기에 앞서 벽을 허물기 시작한 것은 우리의 복자 프란치스코 하비에르 신부[3]다. 그는 인도와 말루쿠 지역의 모든 그리스

———

pp.7, 154)라고 불렀다.

예벳예수 전에는 중국인 야발라하(Iahballaha) 3세 수도 대사교의 영향 아래서 기록된 것으로 보이지만 관련 내용은 발견되지 않고, 두 차례에 걸쳐 시리아 성무일도서에 등장하는데, 그중 하나는 말라바르(Malabar) 교회의 것이다. 말라바르 성무일도서에는 성 토마스를 통해서 "중국인들이 진리로 회개하였다", "하느님의 나라가 중국인들 사이에서 날아올랐다"라고만 적혀 있을 뿐, 구체적으로 어떤 사도가 중국으로 들어갔는지는 적혀 있지 않다. 한편 이 성무일도서는 네스토리우스인들이 중국으로 들어간 635년 이후 647-657년에 수정한 것이다. 또 다른 시리아 성무일도서에는 중국인들이 "토마스를 기억하며" 하느님을 숭배하고 있다고만 적고 있다(Moule, p.11). 그러므로 결론적으로 성무일도서들의 모호한 정보에만 의지한 이런 전설은 14세기에 대두되어 15-16세기에 특히 인도에서 발전한 것으로 추정된다. 따라서 리치가 이 점을 염두에 두지 않은 것은 매우 타당하다. cf. Duvigneau, pp.38-58.

3   프란치스코 하비에르(Francis Xavie, 1506-1552)가 시복된 것은 1619년으로, 리치가 이 저서를 쓴 지 10년이 지난 후였다. 그래서 리치는 여러 곳에서 복된 자 프란체스코라고 칭함으로써 개인적으로 위대한 사도를 향한 존경심을 드러내고 있다. cf. NN.398, 913; [역주_ 이 성인의 성을 이탈리아식으로 '사베리오'라고 부른다. 앞서 델리야 신부도 언급했지만, 그는 1619년 10월 25일 교황 바오로 5세에 의해 시복되고, 1622년 3월 12일 교황 그레고리오 15세에 의해 시성이 되었다. 따라서 텍스트에서 말하는 '복된 자'는 당시에 그가 '복자'라서가 아니라, 리치의 개인적인 존경심에 더해, 이탈리아에서 전통적으로 '하느님 품에서 쉬고 있는 자'라는 의미로 흔히 망자를 일컫는 칭호로도 쓰고 있어 이를 지칭한다고 봐야 할 것이다.]

도교 공동체를 설립했고, 마지막으로 사도의 정신으로 희망에 차서 기꺼이 일본에도 그리스도교 공동체를 세우고자 했다.[4] 그러나 그곳에서 선교 활동을 하면서 그는 일본인들의 지혜에 대해 큰 의구심이 생겼다. "성교회의 믿음이 좋고 이치에 맞는 거라고 설교했을 때, '그렇다면 중국이 알고 있어야 한다'라는 것입니다. 중국은 모든 동방 국가들 가운데 가장 지식이 풍부한 나라인데, 왜 그것을 아직도 모르고 있을까요?'라는 말을 들었기 때문이다. 복되신 신부님은 일본[5]의 모든 법규와 전례를 잘 알고 있었고, 모두 중국에 기원을 두고 있다는 것도 잘 알고 있었다. 만약 먼저 중국을 개종시킬 수만 있다면, 방대하고 고상한 나라를 얻을 뿐 아니라, 그것을 통해 일본의 남은 지역까지도 쉽게 얻을 수 있을 거라고 생각했다.[6] 이런 이유로 일본에 있는 다른 형제들에게도 그 점을 주지시키고

---

4   성 프란치스코 하비에르는 1549년 8월 15일에 일본의 가고시마(鹿兒島)에 도착했다. cf. *MHSI, MX*, I, p.675; Bartoli, *Opere*, Torino, 1825, vol. VII, *Asia*, III, c.7, pp.25-31.

5   리치는 종종 형용사로서 단수 "일본(여성형이 함의)", 복수 "일본(남성형이 함의)"을 "일본인(여성 복수와 남성 복수를 함의)"의 의미로 쓰고 있다. "중국"을 "중국인"이라고 쓰는 것처럼 말이다. cf. N.116, 본서 1권, p.365, 주(註) 321.

6   우리가 얻은 짧은 정보에 의하면, 성 프란치스코 하비에르가 중국에 대해 너무 과장해서 생각하는 것 같다. 이것은 일본의 종교, 도덕, 예술, 문학 등 모든 것이 중국으로부터 들어왔기 때문이고, 그래서 일본을 개종시키기 위한 효과적인 수단으로 중국을 개종시키면 된다고 생각한 걸로 보인다. 그가 1552년 1월 29일 코친에서 쓴 편지에는 "중국 대륙은 일본에서 가깝고, 중국을 통해 종교가 들어왔습니다. 중국 대륙은 매우 크고, 어떤 전쟁도 하지 않는 평화로운 곳이고, 정의가 살아 있는 땅입니다"라고 적고 있다(*MHSI, MX*, I, p.694). 같은 편지에서 그는 일본인들의 반응에 대해 강조해서 언급하며 그것을 위해 해야 할 일을 제안하였다. 그의 말은 그가 두 번째 야마구치를 찾았을 때, 세상의 창조와 특히 인간 영혼에 관해 설명하자, "그들[일본인]은 하나같이 크게 놀라워했습니다. 그들의 고전에는 창조주에 대해 한 번도 언급한 적이 없었고, 그래서 모든 것을 창조하신 존재에 대해 생각할 수가 없었습니다. 더욱이 세상의 모든 것들이 기원을 지니고 있다면, 중국이 그 사실을 알아야 하고 그 규범이 어디에서 오

인도로 돌아왔다.[7] 그는 인도의 총독[8]과 친분을 쌓았고, 그를 통해 포르

는지 알고 있어야 한다고 했습니다. 일본인들은 중국인들을 매우 현명한 민족으로 인식하고 있었고, 다른 세계의 것은 물론 국가를 통치하는 것에 대해 모두 알고 있다고 생각하고 있었습니다." 중국에 대해 이렇게 말하고 난 뒤, 그는 중국인들에 대해 "매우 진지하고, 지성적이며, 일본은 그의 영향을 많이 받고 있어서 상당히 가부장적입니다"라고 적고 있다. 하비에르는 "1552년 올해 [저희는] 중국으로 가려고 합니다. 우리의 주님이신 예수 그리스도께 중국을 봉헌할 수 있다면 믿지 않는 일본의 다른 지역을 전교하는 데도 큰 도움이 될 것입니다"(*MHSI, MX*, I, pp.684, 694-695)고 덧붙였다. 같은 날, 이냐시오 성인에게 보낸 편지에서도 하비에르는 "1552년, 올해는 중국으로 들어갈 수 있기를 희망합니다. 우리 하느님께 더 큰 봉사를 하기 위해 일본에서 돌아와 중국으로 가려고 합니다. 일본인들을 통해 [알게 된 것은] 하느님의 율법이 중국에서 받아들여진다면 이른 시일 안에 전교가 이루어질 것이라는 점입니다"(*ibid*, I, p.672). 계속해서 같은 편지에서 "우리는 세상의 창조와 그리스도의 생애를 담은 신비에 관해 일본어로 된 책을 만들었습니다. 그리고 중국에 가게 되면, 거기에서 중국어로 말할 수 있을 때까지 의사소통을 할 수 있도록 그 책을 한문으로 번역하겠습니다"(*Ibid.*, I, p.674).

여기 본문에서 리치는 하비에르를 중국 선교로 인도한 동기에 대해 언급하며, 같은 맥락에서 발리냐노를 명시하고 있다. "(하비에르가 중국으로 가게 된) 이유는 … 일본이 문자는 물론 통치에 이르기까지 (중국인들을) 의식하며 대단히 높게 평가하고 있다는 것입니다. 모든 법제와 문자가 그곳에서 나와야 한다는 것입니다. 이런 이유로 스승이신 프란치스코(하비에르) 신부님은 일본을 떠나 중국에 가서 설교하기를 열망했습니다. 그러나 현실은 그렇지 못했고, 중국에 관한 정보를 편지로 남겼습니다. 그러므로 그 땅(중국)에서 거두게 될 결실 외에도, 신부님이 생각한 것처럼, 우리의 율법(그리스도교)이 중국에서 다시 생명을 얻게 되면 일본 사람들에게도 큰 신뢰와 존중을 받게 될 것입니다"(*Ibid.*, I, pp.139-140). cf. *MHSI, Chrinicon*, II, p.418.

7   하비에르는 야마구치를 떠나면서 데 토레스(Cosma de Torres) 신부를 그 지역 선교의 "장상"으로 임명하고 페르난데즈(Giovanni Fernandez) 수사를 보냈다. cf. *MHSI, MX*, I, p.140.

8   일본에서 인도로 돌아오는 길에 하비에르는 상천도 항구에서 디에고 페레이라(Diego Pereyra)라는 이름의 포르투갈 사람을 알게 되었는데, 그는 인도로 가는 상선의 주인이며 매우 존경받는 사람이었다. 하비에르는 즉시 자신을 도와줄 수 있을 걸로 판단하고 "매우 반가워했다." 즉, 무역을 통해 자연스럽게 중국의 항구로 들어갈 수 있을 것으로 생각한 것이다. 두 사람은 가장 좋은 방법으로 포르투갈의 왕이 파견하는 사절단으로 가는 걸 생각했다. "또한 이 일이 신속히 진행되도록, 디에고 페레이라는 자신의 모든 것을 내어 주며 같은 배를 타고 내년에 중국으로 가서 황제에게 외교 서한을 전달하겠다고 하였다. 그리고 이 모든 일을 자기가 부담하겠다고 하였다"(*MHSI, MX*, I,

투갈의 왕이 중국 황제에게 보내는 사절로 간다면 그 방대한 땅으로 들어갈 기회를 얻을 수 있고, 그곳에서 거룩한 복음을 선포할 수 있게 될 거라는 말을 들었다.

믈라카에서 일어난 논쟁을 중단하고,[9] 중국과 교역을 하는 포르투갈 상인들과 함께[10] 상천上川이라고 하는 중국의 외진 섬에 도착했다.[11] 이곳에서 그는 포르투갈인들이 칸톤廣州[12]이라고 부르는 광동廣東성으로 들어갈 수 있는 여러 가지 길을 모색했으나 밤에 몰래 잠입하는 것 외에는 달리 방법이 없었다. 강기슭에 배를 두고[13] 도시의 성벽을 넘어야 했다.

---

pp.141-142). 그는 1552년 2월, 고아에 도착했고, 이런 계획을 데 알부케르케(Giovanni de Albuquerque) 주교와 데 노로냐(Alfonso de Noroña) 총독에게 제시하는 것은 어렵지 않았다. 그들은 "디에고 페레이라를 대사로 임명하고 예상되는 필요한 것들을 해 주며 중국과 친분을 쌓아 합법적으로 무역을 할 수 있게 하는 한편"(Ibid., MX, I, p.143), 하비에르는 "주교가 중국 황제에게 쓴 편지" 한 통을 들고 떠났다(Ibid., MX, I, p.929). 동시에 총독은 디에고 페레이라에게 "염두에 두어야 할 것은 … 중국 황제에게 (자신은) 대사라고 하고", 하비에르는 "그의 동료"(Ibid., MX, I, p.767)라고 하라고 일렀다. cf. Ibid., p.758.

9 믈라카의 함장 데 아타이데(Alvaro de Ataide)에 반대한 디에고 페레이라와 하비에르 성인 간 분쟁을 말한다. MHSI, MX, I, pp.148-150, 928-930; Brou, S. François Xavier, Parigi, 1922, II, pp.321-327; 또 다른 믈라카시(市)에서 발행한 오래된 대영박물관에 있는 Sloane ms, 197을 보라; 이것은 Boxer, The affair of the "Madre de Deus"에서 인용했고, The Translations of the Japan Society, Londra (XXVI), 1929, p.24에 요약되어 있다.

10 중국에 들어간 첫 번째 포르투갈인들은 1513년 조르조 알바레스(Giorgio Alvares)와 동료들이었다. 여기에 관한 우수한 연구는 D. Ferguson, Portuguese Intercourse with China in the First Half of the Sixteenth Century이다. 이것은 비에이라(Vieyra)와 칼보(Calvo)의 서간집 "Indian Antiquary"(pp.421-451) 서문에 있다.

11 상천도다. 중국어로 상천(上川)이며, 주강(珠江, Pearl River) 삼각주 남서쪽에 있다. 광동만에서 그리 멀지 않다.

12 칸톤은 중국어로는 광주(廣州)로 광동(廣東)성의 도읍이다. 광주는 유럽어로 '칸톤(Canton)'이라고 한다.

13 앞서 언급한 주강(珠江)을 말한다.

중국인들에 의해 발각되거나 담을 넘다가 흔적을 남기게 되면 재판에 넘겨져 처벌을 받아야 하는 두려움도 있었다. 결국 중국인들의 죄가 위대한 사도에 의한 개종 혜택을 받지 못하도록 했다. 그렇지 않았다면 하비에르 신부가 중국선교의 어려움을 그렇게 겪지는 않았을 것이고, 그의 뒤를 이어 들어간 모든 사람이 이룩한 거룩한 사업의 결과가 이토록 허망하지는 않았을 것이다. 그런데도 우리가 믿는 것은, 하느님께서는 비록 당시에는 그의 입국을 허락하지 않았어도, 30년이 지난 후, 천상에서 모든 인간적인 바람과는 달리, 그의 형제들이 들어가는 것을 허락하셨다는 사실이다.

하비에르는 상천도에서 중국으로 들어가기를 기다리며 1552년에 사망하였다.[14] 그의 유해는 고아로 옮겨졌는데, 그 과정에서 하느님은 많은 기적을 일으키셨다. 하비에르의 일생을 통해 충만히 이야기해 온 것처럼 말이다.[15]

---

14 12월 2일 자정이 조금 지난 시간인, 3일의 일이다. cf. *MHSI, MX,* I, p.191; II, pp.791-794, N.3: pp.813, 930. 같은 해인 1552년 10월 6일, 마체라타에서는 마태오 리치 신부가 태어났다. 하비에르의 이상을 진정으로 실현한 인물이다. 1552년 초, 하비에르도 희망했고(*Ibid., MX,* I, p.672), 그해 돌아가시기 얼마 전에 자신의 형제들이 중국으로 들어가리라는 것을 확신하기도 했다. 1552년 11월 13일의 편지에는 이렇게 적혀 있다. "예수회원들이 중국에 진출하는 것에 대해 사탄이 얼마나 반대하는지 잘은 모르지만, 확신컨대 의심할 여지가 없습니다. 우리가 그 왕국으로 들어가는 것이 우리의 원수들에게는 최고의 부담이 되는 것 같습니다. … 그러나 분명한 것은 우리 주님의 도움이 있을 것입니다. 그러면 사탄은 우리 주 예수님으로 말미암아 혼란 속에 빠질 것이고, 부족하고 나약한 우리 같은 도구로 거대한 사탄의 의도를 흩어 놓는 것은 그분께 큰 영광이 될 것입니다"(*Ibid., MX,* I, p.806).
15 하비에르의 삶과 관련하여 여기에서 리치가 암시하는 것은 투르셀리니(Tursellini)[**역주**_성 프란치스코 하비에르가 성 이냐시오에게 보낸 편지에서(e vita francisci xaverii, auctore h. tursellini, romae, 1596, lib. 4, epist. 4[1542] et 5[1544]) 영인본의 저자의] 다음 두 가지 자료 중 하나에 있다. *De vita Fr. Xaverii qui primus e Societatis Jesu in*

202. 프란체스코회와 도미니코회의 헛수고, 그리고 특히 예수회의 30년간의 헛된 시도

하비에르 이후 다른 많은 유명한 사람들이 도착했고, 중국으로 들어가기 위해 하느님의 도움이 필요했다. 특히 성 프란체스코[16]와 성 도미니코의 수도회가 있었고, 그 외 여러 사람이 인도 동부 지역의 길을 따라 들어왔고, 뉴 스페인[17] 서부와 필리핀에서도 왔다.

그러나 복자 프란치스코[하비에르]의 뒤를 이어 이 일에 뛰어든 사람으로 가장 심금을 울린 사람들은 예수회 신부들이었다. 그들은 포르투갈 상인들과 함께 큰 열정을 가지고 이곳으로 왔고, 손수 지은 집에 거주하며 중국의 문 앞에서 끈기와 인내로 [때를] 기다렸다.[18]

———

India et Japonia Evangelium promulgavit, Roma, 1594, o *De vita Fr. Xaverii qui primus e Societate Jesu Evanggelium in Indiam et Japoniam invexit Libri VI*, Roma, 1596. 그렇지만 리치는 1609년에 나온 루체나(Lucena)의 저서에 대한 인식도 배제하지 않았다. *Historia da vida do Padre Francisco de Xavier e do que fizerão na India os mais religiosos da Companhia de Jesus, composta pelo Padre Joam Lucena da mesma Companhia, Portuguez natural da villa de Trancoso*, Lisbona, 1600.

16 프란체스코회와 아우구스티노회 신부들의 여행에 관해서는 데 멘도사(Giovanni Gonzales de Mondoça)의 역사서 중 마지막 세 권에서 언급하고 있다. 리치는 아우구스티노회에 대해서는 전혀 언급하지 않았다. 데 멘도사의 책은 1585년에 로마와 발렌시아에서 동시에 스페인어로 출판되었고, 이후 여러 언어로 번역되었다.

17 멕시코를 일컫는다. Cfr. D'Elia¹, Tavola VIII, Cg.

18 하비에르 이후(1552년)부터 리치 이전(1583년)까지 여러 선교사가 한 [많은] '헛된 시도'를 나열하면 다음과 같다.

1555년 7월 20일, 포르투갈 출신의 예수회 관구장 바레토(Melchior Nuñez Barreto)가 빌렐라(Gaspare Villela) 신부와 4명의 예수회원, 곧 멜키오르와 안토니오 디아즈, 루도비코 프로에스와 스테파노 디 고즈과 함께 왔다. 그들은 일본으로 가는 중에 상천도에 도착했고, 그곳에서 미사를 드렸다. 8월 3일, 바레토는 낭백공(浪白澎, Lampaçao)[**역주**_ 중국 주강 델타에 있는 작은 섬](*TP*, 1934, p.71, N.2; Hermann, p.56, C, 3; Ciamueih'oa, pp.18, 61-62)과 마카오 서쪽 28개의 호수에 도착하여 그곳에서 1555년 8월과 11월 사이 광주에 두 번 갔다. 갈 적마다 한 달씩 머무르며 중국인들의 포로로 있던 3명의 포르투갈인과 3명의 원주민을 해방하고자 노력하였다(*MHSI, Chronicon*, IV, p.652: V, pp.715-723); 그들은 1556년 사순절에도 그곳으로 갔다. 1556년 6월 5일, 바레토는 일본으로 떠나면서 고에즈(Stefano Goes) 수사에게 중국어를 배우라며 중국에 두고 떠났다. 후에 그들은 병이 들어 1557년에 고아로 돌아와야 했다. cf. Acosta, *Rerum a Societate Iesu in Oriente gestarum*, Dillingen, 1571, ff.107v-114v; 1555년 11월 23일, 마카오에서 포르투갈과 로마에 관해 누네즈(Nuñez)가 인도에 있는 수사들에게 보낸 편지에는 "1551년에서 1558년(1558년, 베네치아)까지 포르투갈령 인도에서 있었던 여러 가지 개별적인 주의사항"(f.271v)이 있고; 1558년 1월 8일 코친에서 총장에게 보낸 같은 편지도 있다. in *ARSI, Jap.-Sin.*, 4, ff.82-89; 같은 사람이 같은 총장에게 보낸 것으로 서명이 된 글, 코친, 1558년 1월 13일, in *ARSI, Jap.-Sin.*, 4, ff.90-94도 참조하라.

1556년에 다 크루즈(Gaspar da Cruz) 신부가 광주에 도착해서 한 달간 체류했다. cf. Biermann, pp.2-4; *MHSI, Chronicon*, V, p.723.

1560년 11월 21일, 예수회의 가고(Baldassarre Gago) 신부가 일본에서 돌아오는 길에 풍랑을 만나 해남(海南)섬에 발이 묶여 1561년 5월까지 있었다. 그곳에 있으면서 30일간 마카오를 여행했고, 1562년 1월 1일까지 머물렀다. 1562년 12월 10일, 그가 코임브라, 고아에서 총장에게 쓴 편지를 보라. in *ARSI, Jap.-Sin.*, 4, ff.290-298v.

1562년 8월 24일, 이탈리아 출신 예수회의 데 몬테(Giovan Battista De Monte) 신부가 포르투갈인 예수회 프로이스(Luis Fróis)와 마카오에 도착하여 1563년 중반까지 있었다. 데 몬테 신부가 로마의 예수회 신부에게 보낸 편지를 보라. 1562년 12월 29일, 마카오, in *ARSI, Jap.-Sin.*, 4, ff.311r-312r.

1563년 7월 29일, 예수회의 페레즈(Francesco Perez) 신부와 테세이라(Emanuele Texeira) 신부가 핀토(Andrea Pinto) 수사와 함께 마카오에 도착했고, 이어서 포르투갈 왕이 중국 황제에게 보내는 대사로 페레이라(Diego Pereira)가 도착했다. 이 외교단은 2년을 기다리다가 그냥 돌아갔다. 1564년 1월 3일, 페레즈 신부가 마카오에서 인도의 관구장에게 보낸 편지를 보라. 1564년 12월 3일, 페레즈 신부가 마카오에서 총장 라이네즈 신부에게 보낸 편지를 보라. 1564년 12월 3일, 페레즈 신부가 마카오에서 곤살베즈(Luigi Gonsalvez) 신부에게 보낸 편지를 보라. 1565년 12월 1일, 테세이라(Emanuele Texeira) 신부가 마카오에서 유럽의 신부와 형제들에게 보낸 편지를 보라. in *ARSI, Jap.-Sin.*, 5, ff.101, 152r-156r, 161r-162v, 164r-169r: 6, ff.93r-99v. cf. *ibid.*, Goa, 38, ff.284r, 292r.

1565년 11월 15일 스페인 출신의 예수회원 데 에스코바(Giovanni de Escobar)와 페레즈(Francesco Perez)가 광주에 도착했고, 그달 21일, 페레즈 신부가 중국에 체류 허가를 요청했으나 받아들여지지 않았다. cf. *ARSI, Jap.-Sin.*, 6, ff.86r-87v, - 1565년 11월 22일, 데 에스코바가 광동에서 테세이라에게 보낸 편지는 필자[델리야]가 이탈리아어로 번역하여 *Rivista degli Studi Orientali*, Roma, 1936(XVI), pp.223-226에 소개한 바 있다.

1565년 페레즈(Francesco Perez) 신부와 테세이라(Emanuele Texeira) 신부가 마카오에 예수회 집[수도원]을 마련하였다.

1568년 5월 9일, 스페인 출신의 예수회원 데 리베라(Giovan Battista de Ribera) 신부가 다른 두 명의 예수회원과 함께 마카오에 도착했고, 1568년 8월 15일, 광동에 도착하여 남경으로 가려고 하였다. 그러나 결국 되돌아와야 했고, 그달 16일에 마카오로 귀환하였다. 1568년 10월, 데 리베라가 마카오에서 총장 보르자(Francesco Borgia)에게 보낸 편지를 보라. in *ARSI, Jap.-Sin.*, 6, ff.236r-240r.

1568년 10월 이전에도 예수회의 보나벤투라(Bonaventura X) 신부가 포르투갈 상인들과 함께 광주를 다녀간 적이 있었다.

1569년에는 또 다른 예수회원[아마도 카르네이로(Melchior Carneiro) 주교로 추정]이 얼마간 광주에서 살기도 했다. 1569년 10월 29일, 오르간티노 신부가 마카오에서 마드리드 신부에게 보낸 편지를 보라. in *ARSI, Jap.-Sin.*, 6, ff.257-258. cf. De Moidrey, p.6.

1574년 2월 7일부터 3월 20경까지 예수회의 안토니오 바즈 신부가 광주에 머물기도 했다. 예수회의 스테파노니우스 신부가 1574년 10월 6일, 고토(五島)에서 쓴 편지를 보라. in *ARSI, Jap.-Sin.*, 7, I, f.241r.

1575년 예수회의 다 코스타(Cristoforo da Costa, 1581년 사망) 신부가 포르투갈 상인들과 함께 두 차례 광주에 갔는데, 한 번은 두 달간, 또 한 번은 한 달간 체류했다. 그러나 계속해서 체류할 수 있는 허락은 얻어 내지 못했다. 다 코스타 신부가 1575년 11월 17일, 마카오에서 총장 메르쿠리아노에게 쓴 편지를 보라. in *ARSI, Jap.-Sin.*, 7, II, ff.291-292v.

1575년경 예수회 출신의 주교 카르네이로는 광주에 체류하기 위해 모든 노력을 했으나 허사였다. 1575년 10월 18일, 데 리베라(G. B. de Ribera)가 리스본에서 총장 메르쿠리아노에게 쓴 편지를 보라. in *ARSI, Jap.-Sin.*, 7, I, f.287r. cf. De Moidrey, p.6.

같은 해인 1575년 두 명의 아우구스티노회 스페인 출신의 데 라다(Martin de Rada)와 멕시코 사람 마린(Girolamo Marin)이 필리핀에서 출발하여 7월 3일 아모이(Amoy, 廈門)에 도착했다. 그곳에서 복건(福建)의 천주(Quan Zhou, 泉州)와 복주(福州)로 가려고 했으나, 그들은 9월 14일 그곳을 떠나야 했다. cf. *Revista Augustiniana*, 1884, 1885; CP, I, pp.303-304, 각주; Pastells, II, pp.XXXIV-XLIV. 여기에서 파리국립도서관에 있는, 데 라다의 필사본을 소개할 필요가 있을 것 같다. *Relacion verdadera de las cosas del Reyno de Taibin* [= *Tamin* 大明], *por otro nombre China, y del viaje que a el hizo el muy R.do Padre Fraij Martin de Rada, Provincial que fue de la orden de lo glorioso doctor de la Iglesia S.to Augustin, que lo vio y anduvo en la provincia de Hoquien* [= *Fukien*] *año de 1575, hecha por el mesmo* (ms. espagnol 325, antico numero 550, ff.14-30). 이 보고서에서 데 라다는 자신의 여행 경험을 언급하며, 중국의 방대함과 지리적인 위치와 행정 구역, 도시의 숫자, 군사, 국가에 대한 의무, 역사, 풍습, 건물, 종교에 관해 묘사하고 있다. 같은 도서관에는 데 라다가 직접 쓴 6통의 편지도 있다. ① 1577년 7월 15일, 칼롬피트에서 쓴 크루자트(Giovanni Cruzat)에게 보낸 편지, ② 1576년 6월 3일 마닐라에서 뉴스페인의 아우구스티노회 관구장 다 베라 크루즈(Alfonso da Vera Cruz)에게 쓴 편지: 1577년 6월 8일, 마닐라: 1577년 7월 15일 칼롬피트: 1577년 7월 16일 칼롬피트: 1578년 4월 25일 버니(ms. espagnol 325, ff.31-46 v; 79-80). 같은 도서관에서 다음 자료도 보라(mss. italien 203, ff.192-287). *Relacion de el viaje que hezimos alla China desde la ciudad de Manila en la yslas del Poniente, el anno de Mil y quincientos y 75, por mandado y con acuerdo de Guido de Tabazadore, Governador y Capitan general que a la sazon era en estas yslas Philipinas.*

1579년 2월, 일부 예수회원들, 적어도 두 명이 광주에 갔던 것 같다. ―"1579년에 우리는 광주에 도착했고, 배에서는 무슨 일이 있었는지 알 수가 없습니다."― 1579년 11월 20일, 데 챠베스(Francesco de Chaves)가 믈라카에서 쓴 연차 편지에 이렇게 적혀 있었다. cf. *ARSI, Goa,* 38, f.177r.

같은 해인 1579년 6월 23일, 4명의 작은형제회 수사들과 3명의 재속회원이 프란체스코회의 수도복을 입고 광주에 도착했다. 신부들은 이탈리아 출신의 다 페사로(Giovanni Battista Lucarelli da Pesaro, 1540-1604)(*AIA,* II, p.223, N.3)와 3명의 스페인 사람 다 알파로(Pietro da Alfaro, 1580년 사망)(*AIA,* VIII, p.282, N.1), 다 토르데실라스(Agostino da Tordesillas, 1528-1629)(*AIA,* VIII, p.282, N.4; *SF,* II, pp.103-143)와 다 바에자(Sebastiano da Baeza, 1579년 사망)(*AIA,* VIII, p.282, N.3)다. 다 바에자는 그해 10월 광주의 항구에서 사망하였다. 3명의 재속회원 중 두 명은 스페인 군인들로, 디 두에냐스(Francesco di Dueñas)(*SF,* II, p.47, N.6)와 디아즈 파르도(Giovanni Dias Pardo, 1615년 사망)(*SF,* II, p.47, N.6)인데, 멕시코 사람 다 빌라로엘(Pietro da Villaroel)과 함께 왔다. 6월 24일, 다 알파로는 광주에서 미사를 봉헌하였다. 8월 21일, 조경(肇慶)에 도착하여 9월 1일에 떠났다. 다 토르데실라스(Agostino da Tordesillas) 신부는 광주에서 50일간 묶여 있다가 11월 10일에 마닐라로 출발하여 1580년 2월 12일에 도착하였다. 한편 다 알파로와 다 페사로 신부는 11월 10일에 마카오로 출발하여 15일에 도착했고, 즉시 성당 건축과 '천사들의 성모 마리아' 수도원 공사를 시작하였다. cf. 1580년 8월 28일, 즐진(櫛津)에서 발리냐노가 메르쿠리아노에게 보낸 편지, in *ARSI, Jap.-Sin.,* 8, ff.280-281; *CP,* I, pp.307-308; *SF,* II, pp.XXXIII-XXXIV, 46-68, 97, 103-160, 165-183; *AIA,* 1914, I, pp.305-324; 1915, IV, pp.225-244; Pastells, II, pp.CXVII-CXXV. 토르데실라스의 여행 보고서는 예상컨대

잃어버린 것 같고,『시니카 프란치스카나(*Sinica Franciscana*)』[역주_ "프란체스코 수도회의 중국선교 활동기"로 프란체스코 수도회에서 발행]에서 출판한 것이 파리국립도서관에 다음과 같은 제목으로 소장되어 있다(ms. italien 203, ff.416-461). *Relacion de el viaje que hezimos a la China, nuestro Hermano fr. Pedro de Alfaro con otros tres frailes de la orden de el seraphico Padre S. Francisco de la provincia de S. Joseph en el año de el Señor 1579, fecha por mi fr. Augustin* de Tordesillas, *testigo de vista de todo lo que aqui va escrito.*

1580년 부활절(4월 3일), 이탈리아 출신의 예수회 루지에리(Michele Ruggieri) 신부가 광주로 들어가 강 근처에 있는 집에서 묵었다. cf. NN.2108, 2210, 5299, 5311.

루지에리는 1581년에도 두 차례 갔는데, 한 번은 피레즈 수사와 다른 한 번은 예수회의 핀토(Andrea Pinto) 신부(N.5317)와 10월 25일 이전에 갔다. 마카오[수도원]의 원장 알바레즈(Domenico Alvarez) 신부는 1581년 10월 25일, 마카오에서 [총장]메르쿠리아노 신부에게 이렇게 편지를 썼다. "올해 미켈레 루지에리 신부님은 광주에 두 번 다녀오셨습니다. 몇몇 관리들이 그를 만났고, 신부님은 그들과 이야기를 나누었습니다. 신부님이 직접 총장 신부님께 그곳에서 무슨 일이 있었는지를 편지로 쓰실 것입니다. 비록 중국어가 어려워도 루지에리 신부님은 중국어로 의사소통이 잘 되고 계속해서 좋아지고 있습니다"(*ARSI, Jap.-Sin.*, 9, I, f.49r). cf. NN.2018, 2028, 2056, 2107, 2108, 2210, 5301, 5312, 5313, 5316, 5317. 거기에서 머문 기간은 한 번은 3개월, 다른 한 번은 2개월간 시암의 대사관저에서 묵었다. cf. N.2028.

1582년 4-5월, 루지에리는 네 번째 광주를 찾았고(NN.2050, 2053, 2072) 거기에서 한 달 보름을 체류했다. 그러나 파스텔스가 말하는 것처럼(Pastells, II, p.CLIII) 파시오 신부와 함께 가지는 않았다. 왜냐하면 파시오는 1582년 8월 7일에 마카오에 오지 않았기 때문이다(N.2064). 그곳에서 5월 2일, 루지에리는 예수회 산케즈(Alfonso Sanchez) 신부와 갈라르도(f. Gallardo, S.I.) 신부, 그리고 두 명의 프란체스코 회원을 맞이하였다. 그중 한 사람은 재속회 디아즈 파르도(Giovanni Dias Pardo)로 두 번째 방문하는 것이었다. 그들은 필리핀에서 왔기 때문에 광주의 북동쪽 항구를 지나왔다(4월 6일). cf. *TP*, 1938, p.206; NN.2046-2049. 산케즈는 5월 2일부터 29일까지 광주에 남아 있었다(*CP*, I, p.269, N.1). 1582년 7월 3일, 산케즈가 마카오에서 총장 메르쿠리아노에게 쓴 편지를 보라. in *ARSI, Jap.-Sin.*, I, 9, ff.87-93. 루지에리는 파넬라가 오기 전에 광주에서 조경(肇慶)으로 들어가려고 시도했다(NN.214, 2053, 2110). 후에 12월 28일, 루지에리는 예수회의 파시오(Francesco Pasio) 신부와 다시 시도했다(NN.2111, 2131). 그러나 두 사람 모두 1583년 3월에 귀환했고, 두 명의 프란체스코 회원들은 마카오로 갔다가 일본으로 향했다.

1582년 6월 28일, 작은형제회의 다 부르고스(Girolamo da Burgos, 1593년 사망)(*AIA*, VIII, p.283, N.1; *SF*, II, p.73, N.1)와 성 이냐시오의 친척, 정확하게는 그의

조카며 1605년 부에노스아이레스에서 사망(어떤 사람들은 1612년에 사망했다고도 함)한 카스카스, 곧 볼리비아 플라타의 대주교 디 로욜라(Martin Ignazio di Loyola)(AIA, II, pp.220-228: V, pp.396-412; SF, II, p.75; TP, 1938, pp.194-195)와 다 토르데실라스(Agostino da Tordesillas)가 두 번째로, 다 아귈라르(Girolamo da Aguilar, 1591년 사망), 다 빌라노에바(Antonio da Villanueva, 1582년 9월 사망)(AIA, II, p.210, N.3), 그리고 모든 사제와 두 명의 평신도 형제들, 곧 다 코르도바(Francesco da Cordova)와 고메즈(Cristoforo Gómez)(AIA, II, pp.207-211)가 갔고, 데 페리아(Giovanni de Feria)(CP, III, p.310, 각주)를 포함한 3명의 군인이 마카오를 가려다가 복건(福建)의 천주(泉州)에 도착했다. 며칠 후에야 그들은 잘못 왔다는 것을 알아차리고 광주로 가는 길을 모색하였다. 마카오 상선의 최대 지주 데 미란다(Arias Gonzales de Miranda)와 파넬라(Mattia Panela)는 예수회 루지에리(Ruggieri) 신부의 도움으로 마카오로 무사히 돌아왔다. 하지만 안토니오 신부는 마카오로 돌아오지 못했다. 그해 9월 광주에서 사망했기 때문이다. cf. Maas, pp.33-36; AIA, II, pp.207-210; SF, II, pp.XXXV, 72-73, 191-205; CP, I, pp.284, 301-303: II, pp.686-687; Pastells, II, pp.CCVII-CCVIII; N.1056.

1583년 5월, 또 다른 작은형제회 회원들이 갔는데, 거기에는 다 오로페사(Diego da Oropesa) 신부, 루이즈(Bartolomeo Ruiz)(SF, II, p.306, N.1) 신부, 다 몬틸라(Francesco da Montilla, 혹은 몬틸리아, 1602년 사망) 신부와 오르티즈(Pietro Ortiz)(SF, II, p.306, N.2) 카베자즈(AFH, 1920, p.201, N.2) 신부가 있었고, 4명의 평신도 형제들로 고메즈(Cristoforo Gómez), 지메네스(Diego Jiménes), 빌라리노(Francesco Villarino)와 지원자로 산티아고의 에마누엘레(혹은 미켈레?)가 있었다. 그들은 안남에서 돌아오는 길에 풍랑을 만나 해남도에 던져졌다. 그곳에서 도둑과 간첩으로 의심받으며 고통 중에 많은 후회를 하는 사이에 광주로 보내졌고, 포르투갈의 후원자들과 함께 온 예수회원들에 의해 구조되었다. cf. NN.233, 2222; CCS, 1936, p.432; AIA, II, pp.24-29; SF, II, p.XXXVI.

그러므로 마카오에서 사는 예수회원들을 제외하고라도 많은 사람이 한 번 이상의 시도를 한 것을 계산하면, 32명의 예수회원이 있었고, 그중 23명의 사제와 9명의 협력자가 있었으며, 24명의 프란체스코 회원 중 13명의 사제와 11명의 평신도 혹은 재속회원들이 있었다. 그리고 2명의 아우구스티노회 수사와 1명의 도미니코회 회원이 있었다. 그리고 그들이 중국으로 들어가려고 시도한 횟수를 보면 예수회가 25회에 걸쳐 17명의 사제와 8명의 협력자가 있었고, 22명의 프란체스코회 회원 중에 12명의 사제와 10명의 평신도 혹은 재속회원이, 그리고 성 아우구스티노와 성 도미니코 수도회의 선교사들도 시도했다. 이 목록도 완벽하거나 최종적인 것이 아니다. 1552년부터 1583년까지, 이 모든 행적은 신중하고 맹렬한 용기로 이루어 낸 결과지만 중국의 항구는 여전히 들어갈 수 없어 모두 쓸모없는 일이 되었다. cf. Pastells, III, pp.LII-LIII.

203. 알렉산드로 발리냐노, 중동 지역과 극동아시아의 순찰사

선교사들은 계속해서 중국으로 들어가고자 시도했고, 그들의 노력은 여러 가지 이유로 수포가 되기를 반복했다. 그러면서도 그들은 매일 중국을 바라보고 있었다. 이에 우리의 총장 신부는 알렉산드로 발리냐노를 아시아 지역 전체를 담당하는 순찰사로 파견했다. 그[발리냐노]는 일찌감치 인도를 둘러보고, 유럽인들이 갠지스강이라고 부르는 곳에도 가서 강 너머에 있는 그들의 예술까지 살폈다. 일본을 거쳐서 와야 했기에 배가 일본으로 출항할 때까지 기다려야 했고, 그래서 10개월 이상을 마카오澳門에 머물러야 했다.

[발리냐노는] 그곳에서 중국으로 들어가는 다양한 정보를 구하며, 그 대륙의 고상함과 방대함은 물론, 평화롭고 신중하게 통치되고 있다는 걸 깊이 인식했고, 백성들은 예의가 바르고 학식이 높다고 판단했다.[19] 그

---

19 순찰사는 1579-1580년 당시 사람들과는 달리 낙관적인 사람이었다. 당시 마카오에 있던 사람들은 중국이 개종한다는 것은 "절망적인 사업"이고 "불가능한 일"로 간주하였다. cf. NN.203, 204, 2004. 루지에리가 마카오에 도착하기 전에 있었던 사람들도 중국의 개종은 인간적으로는 불가능한 일이라고 보았다. 1578년 12월 2일, 로렌조 멕시아(Lorenzo Mexia) 신부는 마카오에서 이런 편지를 보내왔다. "중국에 들어가 복음을 전하는 일은 인간적으로는 불가능한 일로 보입니다. 하느님께서 그 민족을 향한 자비의 눈길을 포기하지 않으셨다면 모든 사람이 하느님과 그분에 관해 전했을 것입니다"(*ARSI, Goa*, 38, f.178r). "매우 거룩한 모든" 사제들의 이런 반대 견해는 1579년에서 1582년 사이, 루지에리를 "반(半) 순교자"로 만들었다. 이것을 1583년 2월 13일, 리치는 편지로 남겼다. cf. N.1064. 1583년 4월 19일, 마닐라의 주교 데 살라자르(Francesco Domenico de Salazar, O.p.)는 중국에 다녀온 포르투갈 사람들과 카스틸리아 사람, 그리고 중국인 18명을 불러 자문한 뒤, 교황과 포르투갈의 왕에게 중국에 있는 선교사들이 중국과 중국인을 만나는 일은 매우 어려운 일이라고 보고하였다. cf. *CP*, I, p.309, N.1.

필리핀의 세금징수원 로만(Giovan Battista Román)도 크게 기대하지 않은 여느 사람들과 마찬가지로 1584년 6월 25일 자, 마카오에서 펠리페 2세에게 보낸 편지에서 이

래서 몇몇 사제들에게 생활이 투철하고 그들의 언어와 문자를 모르면 중국으로 들어가서는 안 된다고 하였다.[20] 그리고 우리의 율법이 결코 그들의 것에 반하는 것이 아니라, 오히려 그들이 이루고자 하는 좋은 통치에 큰 도움이 되고, 그들 삶의 여정에 함께함으로써 천국 문을 열어 영혼들에 영원한 생명을 준다고 확신하였다.[21]

렇게 썼다. "선포자들을 통해… 드러나는 것은 그들이 말하는 구원으로 이 사람들을 개종시키려는 것인데, 그것은 무모한 짓입니다. 하느님이 눈에 띄는 기적을 보여 주지 않는다면, 그들의 오만함이 신앙을 받아들이지 않을 것이고, 이미 그들이 알고 있는 것보다 더 많은 것이 있다는 사실조차 알려고 하지도 않을 것입니다"(*CP*, II, p.521, 각주).

한편 중국의 개종은 사도 시대 이후 최고의 사업이라고 말한 사람도 있었다. 예컨대 로페즈(Matteo Lopez) 신부는 1578년 11월 29일, 루지에리가 도착하기 몇 개월 전에 마카오에서 편지를 보내 "언젠가 우리 눈으로 [중국의] 문이 열리는 것을 보게 되면, 우리는 초대교회 시대부터 지금까지 일어난 최고의 개종을 보게 될 것입니다"(*ARSI, Goa*, 38, ff.167v-168r)라고 말했다.

20 중국어에 대한 이런 무지는 원칙적으로 1555년 이후 리치가 오기 전까지, 모든 선교사의 노력에도 불구하고 성공하지 못한 이유가 되었다. 가령 1565년 11월 21일, 예수회의 페레즈(Francesco Perez) 신부가 광주의 관청에 중국 체류 허가를 요청했을 때, "포정사(布政司)는 즉시 신부에게 중국어를 아느냐고 물었고, 모른다고 대답하자, 바로 이것이 중국 땅에 들어올 수 없는 이유라고 했습니다. 통역자를 쓰는 것보다는 언어를 알면 어디든 갈 수 있다고 했습니다." cf. *Rivista degli Studi Orientali*, Roma, 1936 (XVI), p.225.

21 위대한 순찰사에 관해 기록한 사람 중 일부를 제외하고는 대부분 발리냐니(Valignani)라고 쓰고 있다. 가령 파스텔리(Pastelli in *CP*, III, p.343 이하), 브루커(Bruker in *Etudes*, 1910, t. 124, p.193), 브로우(Brou in *S. François Xavier*, I, pp.145, 221, *passim*, Van den Wyngaert in *SF*, II, pp.70, N.4: 208, N.3) 등이다. 15세기의 한 문헌에는 "이렇듯 [그의] 성(姓)을 일관성 있게 쓰지 않았다. 어떤 사람은 발리냐노라고 쓰고, 어떤 사람은 발리냐노와 발리냐니를 같이 쓰기도 한다"라고 했다. 키에티[**역주**_ 발리냐노가 태어난 이탈리아 중부 아브루초 지방]의 몬시뇰 안토니오 발두치(Antonio Balducci)는 *Registro delle Pergamene e Codici del Capitolo Metropolitano di Chieti*, Casalbordino, 1929, p.32, N.1에서 이렇게 밝히고 있다. cf. *Ibid.*, pp.32-34, 42, 49. 그러나 알렉산드로는 분명히 '발리냐노(Valignano)'라고 서명했고, 간혹 발레냐노(Valegnano)라고도 썼다. 물론 라틴어 형식인 발레냐누스(Valegnanus 혹은 Vallegnanus)를 제외하고는 말이다. 이탈리아어로도 끝을 i가 아니라 o로 쓰는 것으로

알고 있다. 이 부분이 16-17세기 저자들의 이름 기록에서 계속 제기된 문제가 아니라는 것을 고려할 때, 다른 사람의 이름뿐 아니라 자신의 이름을 쓰는 데도 결정적인 의미를 갖는 것은 아니다. 그러나 알렉산드로는 이 이름에 대해 자신이 쓴 260번의 기록에서 한 번도 발리냐니라고 쓰지 않았다. 동시대 사람들도 ─리치 이전의 모든 사람─ 계속해서 그를 발리냐노라고 불렀다. 당시의 400여 개 문건을 검토하여 필자가 쓰고 있는 것처럼 말이다. 하지만 오늘날 그의 먼 친척들은 한결같이 발리냐니로 쓰고 있다. 이것은 토스카나 언어의 영향을 받아 특히 사용하는 복수의 형태라기보다는 가부장적인 가문에서 사용하던 양식이라고 할 수 있다. 같은 영지의 작은 마을에는 1,000명이 조금 넘는 사람들이 거주했다. 해발 310m 정도의 위치에 세워진 키에티는 최근에 인구가 줄어들어 페스카라 행정 구역으로 편입되었다. 11-12세기의 문헌에서부터 등장하는 키에티는 고맙게도 몬시뇰 발두치가 언급한 것처럼(Balducci, *ibid.*, pp.22, 32), 15세기까지 투리(Turri), 오늘날에는 투리발리냐니(Turrivalignani)라고 불렸다. 영지가 발리냐노가 발리냐니로 바뀐 가문으로 넘어간 것은 아닐 것이다. 아무튼 바르톨리(Bartoli, 1663)가 고집한 것과는 달리, 필자는 본인이 평소에 썼고, 동시대의 사람들이 사용한 것과 같은 이름으로 사용하기로 하겠다.

알렉산드로 발리냐노는 성 프란치스코 하비에르 이후 극동아시아 선교의 두 번째 설립자라고 할 수 있다. 그리고 "이 [중국] 선교의 첫 번째 저자"(N.275)며, 이 역사서의 제5책 9장 제목에서 리치가 말하고 있는 것처럼 "중국 선교의 첫 번째 설립자"라고 할 수 있다. cf. N.776. 그가 없었더라면 중국은 마태오 리치를 가질 수 없었을 것이다.

[그는] 분명 아브루초의 키에티에서 1539년에 태어난 것 같다. 그가 1604년 4월 10일, 총장 신부에게 보낸 편지에서 그해에 자신은 66세에 접어들었다고 말하고 있기 때문이다. "올해 저는 66세에 접어들었습니다"(*ARSI, Jap.-Sin.*, 14, ff.168-169). 바르톨리가 말한바, 발리냐노가 1606년 1월 20일 세상을 떠났을 때 "한 달이 모자라는 67세"(Bartoli[2], III, c.27, p.135)라고 한 것이 정확하다면, 발리냐노는 1539년 2월 20일에 태어난 것이다. 1557년 파도바에서 법학으로 학위를 받고 키에티로 갔다가 다시 로마로 갔다. 로마에서 1504-1524년, 1537-1550년까지 키에티의 대주교였던 조반니 바티스타와 친구가 된 교황 바오로 4세의 도움을 받고자 했다. 1559년 바오로 4세가 사망하고, 발리냐노는 새로 교황이 된 비오 4세의 조카 시티코 디 알템스(Sittico di Altemps) 추기경의 감사관이 되었다. 그 후 파도바로 돌아왔다. 그곳에서 1562년 11월, 발리냐노는 소설 같은 황당한 일을 겪었다. cf. *Civiltà Cattolica*, 1906, II, pp.154-158. 1566년 5월 27일(Bartoli[2]가 III, c.27, p.135에서 말한 것처럼 5월 6일이 아니라), 발리냐노는 성 프란체스코 보르자의 수락으로 로마 예수회에 입회하였다. 성 안드레아의 '수련원 문서철(*Codex novitiorum*)'에는 그에 대해 이렇게 말하고 있다. "1566년 5월 27일, 알렉산드로 박사에 대한 심사. 다섯 가지 항목 중 장애 요소는 아무것도 없음. 앞서 언급한바, 27세, 아브루초 지방의 키에티시(市) 출신. 부모님이 살아

계시고, 세례자 요한 발리냐노로 불렀음. 그 외 다른 접수된 장애 요소도 없음. 250 두카토의 빚이 있지만 지급할 돈이 있음. 명령하는 모든 것에 있어 거룩한 순명을 지킬 준비가 되어 있는 것으로 보임. 알렉산드로 발리냐노(서명)." 수도원에서 1년가량 지원기를 보내고, 1567년 5월 10일, 자필로 '알렉산드로 발리냐노'라고 서명하고 수도서원을 하였다. 거기에서 발리냐노는 "어디든 보내지는 곳에서 좋은 수도자로 살겠습니다"(*Ibid.*)라고 약속했다. 그리고 콜레지움 로마눔에 들어가 철학을 공부하기 시작했다. 1570년 아직 신학도임에도 불구하고 1567년에 문을 연 퀴리날레의 성 안드레아 수도원의 원장으로 임명되었다. 성 비오 5세의 교서에 따라 사제품을 받기 전에 수도서원을 해야 했기 때문에 1570년 2월 12일, 발리냐노는 '예수' 성당에서 세 가지[역주_청빈, 정결, 순명] 서원식을 했다. 그가 직접 서명하여 지금까지 보관된 문서다(*manu propria, ARSI*, Ital., 3, f.291). 그리고 1571년, 9월에 잠시 동료 파비 신부에게 수련장 자리를 맡기고 서품을 받았다(N.969). 1572년 1월, 아직도 콜레지움 로마눔의 '신학부 청강생'으로 있으면서(*ARSI, Rom*, 78b, f.94r), 그곳의 고해사제직까지 맡았다(*ARSI, Rom*, 78b, f.107r). 그해에 발리냐노는 [마르케 지방] 마체라타 콜레지움의 원장으로 파견되었고(*ARSI, Rom*, 78b, f.100r), 그곳에 1년가량 머물렀다(*ARSI, Goa*, 13, f.226r). 1573년 8월, 본인도 직접 밝힌 바 있듯이(*ARSI, Jap.-Sin.*, 14, f.168), 메르쿠리아노 총장으로부터 동인도 전 지역의 순찰사로 임명되었다(*ARSI, Jap.-Sin.*, 25, f.293). 그러므로 본인이 직접 기록, 서명하여 지금까지 보존되어 오고 있는 것은(*ARSI, Ital.*, 3, ff.157, 158), 1573년 9월 8일, 성 안드레아 수도원 성당에서 4대 서원[역주_ 예수회에서 4가지 서원을 한다는 것은 종신서원을 의미하는 것이다. 흔히 3대 서원 —청빈, 정결, 순명— 을 수도 생활 서원이라고 하는데, 예수회는 거기에 하나를 추가하여 네 번째 서원으로 '선교 서원', 즉 '교황이 가라고 하는 곳이면 어디든지 간다'는 것으로, 교황에 대한 '충성 서약'으로도 알려진, 예수회 종신 서원자에게만 요구하는 특별 서원이다]을 했고, 그달에 다섯 가지 소(小) 서원을 하고 9월 24일, 리스본으로 떠났다. 이듬해인 1574년 3월 21일에 다른 40명의 예수회원과 함께 [아시아로 향하는] 배에 올랐다. 17명의 사제, 13명의 학생과 10명의 협력자가 탄 배는 리스본에서 닻을 올려 모잠비크에서 20일가량 머물렀다가 8월 9일에 다시 출항하여(*ARSI, Goa*, 12, ff.184, 186, 199), 1574년 9월 6일에 고아에 도착했다[1575년 12월 25일, 고아에서 발리냐노가 총장신부에게 보낸 편지, in *ARSI, Jap.-Sin.*, 7, I, f.295; 1574년 12월 29일, 바자임에서 발론(B. Ballon)이 총장 신부에게 보낸 편지, in *ARSI, Goa*, 12, f.202a; cf. *ARSI, Jap.-Sin.*, 7, III, ff.217-218, 221-222].

인도 방문(1575-1577)을 마치고, 1577년 9월 20일 고아를 떠나 믈라카로 향했다. 10월 19일에 [믈라카에] 도착했다(*ARSI, Jap.-Sin.*, 8, II, f.181). 이듬해에 발리냐노는 마카오를 향해 여행을 시작하여 1578년 8월 초에 도착한 걸로 추정된다. 그곳에 1579년 7월 7일까지 머문 것으로 보인다. 일본으로 가기 위해 마카오를 떠나기 전에 그는 인

도 관구장 로드리고 비첸테(Rodrigo Vicente) 신부에게 편지를 보내 중국선교를 위해 몇 명을 더 보내 달라고 요청했다. 이 편지 이후, 1579년 7월 20일에 루지에리가 마카오에 왔지만, 그달 7일에 발리냐노는 이미 일본으로 출발한 후였다. 그가 일본에 도착한 것은 7월 25일이었다[1579년 12월 4일, 구치노쓰(ロノ津)에서 멕시아(Mexia)가 메르쿠리아노 총장에게 보낸 편지, in *ARSI, Jap.-Sin.*, 8, I, f.248r]. '떠오르는 태양'의 나라 방문을 마치고 부관구장(1581-1590)이며 일본의 부관구장으로 선출된 가스파레 코엘료(Gaspare Coelho) 신부와 함께 발리냐노는 1582년 2월 20일, 이번에는 마카오로 떠났다. 그곳에서 3월 9일부터 그해 12월 31일까지 머물렀다. 그곳에 있는 동안 발리냐노는 인도에 있던 리치를 마카오로 불렀다. 앞서 말한 날짜에 발리냐노는 로마로 가게 될 4명의 일본인 사절단과 함께 인도로 출발했다. 1583년 4월 7일, 코친에 도착했고, 그해 1월 4일 자 총장의 편지를 1583년 10월 20일에야 받았다. 거기에는 로드리고 비첸테를 대신하여 발리냐노를 인도 관구장으로 임명한다는 내용이 적혀 있었다. 그가 바랐던 대로 순찰사 직분을 내려놓고 로마로 사절단과 동행할 수 있게 된 것이다 (1583년 10월 28일, 코친에서 발리냐노가 아콰비바에게 보낸 편지, in *ARSI, Jap.-Sin.*, 9, II, ff.173-176). 발리냐노는 1583년 12월 4일 고아에 도착했다. 1587년 1월 13일이나 14일, 두 번째 순찰사로 임명되었을 때, 그는 여전히 관구장 직책도 가지고 있었고 (*ARSI, Jap.-Sin.*, 10, f.227v) 4월 17일 순찰사로서(*ARSI, Jap.-Sin.*, 10, f.255v) 두 번째 일본 방문을 위해 1588년 4월 22일 고아를 출발했다(*ARSI, Jap.-Sin.*, 10, f.327). 16명의 다른 선교사들과 로마에서 돌아온 일본인 사절단이 그와 동행했다. 그들은 1588년 7월 28일 마카오에 도착했고(*ARSI, Jap.-Sin.*, 11, ff.18, 25, 46), 그곳에서 한 해 전 10월에 얻은 각혈로 고생하던 중에도 일본어를 배우며 1590년 6월 23일까지 남아 있었다(*ARSI, Jap.-Sin.*, 11, ff.18, 25, 46). 일본 황제에게 파견되는 인도 통감 대사 자격으로 마카오를 떠나 나가사키(長崎)로 향했고[*ARSI, Jap.-Sin.*, 11, ff.202v, 210, 218v, 240-241, 272), 7월 21일에 도착했다(1590년 8월 25일, 발리냐노의 편지, in *ARSI, Jap.-Sin.*, 11, f.218v; 1590년 8월 25일, 사쓰마(薩摩)에서 데 마타(de Mata)가 아콰비바에게 보낸 편지, in *ARSI, Jap.-Sin.*, 11, f.202v; cfr. *ibid.*, f.210r]. 그리고 1592년 10월 9일에 다시 일본에서 출발하여(1593년 11월 12일, 마카오에서 쓴 프로에스의 편지, in *ARSI, Jap.-Sin.*, 12, f.112) 그달 24일에 마카오로 돌아왔다(1593년 1월 1일, 발리냐노가 마카오에서 아콰비바에게 쓴 편지, in *ARSI, Jap.-Sin.*, 12, f.41; 1590년 1월 8일, 마카오에서 쓴 똑같은 편지, *ibid.*, f.63; N.2625). 마카오에 머무는 동안, 체류 기간을 1594년 11월 15일 또는 16일까지 연장했고, 발리냐노는 리치의 사도직 방법의 변혁(수염, 긴 머리, 유학자의 옷 등)을 승인해 주며, 북경으로 들어갈 것을 조언했다. 그런 다음, 고아를 향한 배에 올랐고, 1595년 3월 4일에 도착했다(N.2697; 1595년 11월 10일, 발리냐노가 고아에서 아콰비바에게 쓴 편지, in *ARSI, Jap.-Sin.*, 12, f.295). 1595년 9월 22일, 1595년 1월 17일 자 총장의 명령으로 발리냐노는 인도 순찰사직에서 물러

나고, 1596년 10월 25일, 그해 10월 이제 막 고아에 도착한 니콜로 피멘타(Nicolò Pimenta) 신부가 그 일을 맡았다. 중국과 일본 순찰사직은 여기에 포함되지 않았다 (NN.501, 2713; 1595년 11월 27일, 발리냐노가 고아에서 아콰비바에게 쓴 편지, in *ARSI, Jap.-Sin.*, 12, ff.323-324; 1596년 12월 15일, 발리냐노가 고아에서 데 파비스에게 쓴 편지, in *ARSI, Jap.-Sin.*, 13, f.44v). [중국과 일본의 순찰사라는] 새로운 자격으로 발리냐노는 1597년 4월 23일, 인도를 영원히 뒤로 하고, 코친(4월 27일)과 믈라카(6월 16일)를 거쳐 그해 7월 20일, 마카오에 도착했다[1598년 11월 4일, 론고바르도가 소주(韶州)에서 G. 알바레즈에게 보낸 편지, in *ARSI, Jap.-Sin.*, 13, ff.221-222; N.2799]. 발리냐노는 이 세 번째 마카오 체류 시기를 1598년 7월 16일까지 기간을 연장하여 (1598년 10월 18일, 발리냐노가 나가사키에서 아콰비바에게 쓴 편지, in *ARSI, Jap.-Sin.*, 13, ff.166-168), 마카오 콜레지움과 수도원을 합쳐서 한 사람의 원장 통솔하에 두고 에마누엘레 디아즈(Emanuele Diaz il Vecchio) 신부를 원장으로 임명했다. 그리고 중국선교의 수장으로 리치를 임명하고(N.501), 그에게 애정을 담아 북경으로 들어갈 것을 당부했다. 리치는 1598년 9월-11월에 처음 북경 진입을 시도하였다. 그사이에 발리냐노는 루이지 체르케이라(Luigi Cerqueira) 주교와 데 산데(de Sande) 신부의 도움으로 리치가 쓴 중국어 『교리서(*Catechismo*)』의 라틴어 텍스트를 검토하고 승인하였다(N.4092). 1598년 7월 14일, 발리냐노는 일본을 향한 마지막 길에 올랐고, 8월 5일, 22일간의 여행 끝에 일본에 도착했다(1598년 10월 16일, 발리냐노가 나가사키에서 아콰비바에게 쓴 편지, in *ARSI, Jap.-Sin.*, 13, ff.166-168; 1598년 10월 18일, 여행의 동행자 L. 체르퀘이라가 나가사키에서 G. 알바레즈에게 보낸 편지, in *ARSI, Jap.-Sin.*, 13, ff.185-186; cfr. *ibid.*, f.214; 1598년 9월 13일, 고메즈 신부가 나가사키에서 G. 알바레즈에게 보낸 편지, in *ARSI, Jap.-Sin.*, 13, ff.143-144; 1598년 9월 21일, 데 마타가 나가사키에서 아콰비바에게 쓴 편지, in *ARSI, Jap.-Sin.*, 13, ff.147-148). 1603년 1월 15일, 발리냐노는 다시 그곳을 떠나 2월 10일 마카오에 최종 도착하였다. 27일간의 사투를 한 여행이었다(1603년 10월 6일, 발리냐노가 마카오에서 아콰비바에게 쓴 편지, in *ARSI, Jap.-Sin.*, 14, f.137). 그곳에서 발리냐노는 마카오로부터 완전히 독립된 선교를 생각하며(N.699), 중국 선교지를 방문할 준비를 하는 동안 1606년 1월 20일, 세상을 떠났다(1606년 2월 6일, 카르발호가 마카오에서 아콰비바에게 쓴 편지, in *ARSI, Jap.-Sin.*, 14, ff.233; 1606년 2월 9일, 데 우르시스가 마카오에서 아콰비바에게 쓴 편지, in *ARSI, Jap.-Sin.*, 14, ff.234-235; N.775). cf. Bartoli[2], I, cc.38-47, 66, 68, 72-75, 91-100; II, cc.9, 30-31, 39, 41, 69; III, cc.27-29; Batoli[1], I, cc.149-151, 154; II, cc.29, 194, 196; Ginnaro, I, Parte II, Lib. VIII, cc.18-41, pp.156-216; CP, I, p.288 nota: III, pp.443-447; *AIA*, IX, pp.71-76; *I Grandi Missionari*, Seconda serie, Roma, 1940, pp.119-170.

발리냐노가 쓴 작품들은 다음과 같다.

① 『일본의 관습과 특성에 관한 묘사(*De la descripción, costumbres, y qualidades de Japón*)』 (필사본 소개, *Civiltà Cattolica*, 1906, II, p.414 sq.);

② 『동인도 지역 예수회의 시작과 발전의 역사(*Historia del principio y progresso de la Compañia de Jesus en las Indias Orientales*)』, 이 책의 제1부는 *ARSI, Jap.-Sin.*, 49, ff.1-147에서 가져왔고, 1900년 in *MHSI, MX*, I, pp.158-188에 소개된 바 있다. 그리고 제2부는 *ARSI, Jap.-Sin.*, 67에 보관되어 있다. 제1부는 1552년으로 소급되어 1583년 6월 13일에 끝났고, 제2부는 1564년까지 거슬러 올라간다. 이 글은 1583년에 시작하여 루지에리가 유럽으로 가져간 1588년 사이에 쓴 것으로 보인다. Cf. *ARSI, Jap.-Sin.*, II, f.27r-v: 12, I, f.119: 14, ff.156-157, 333r; *AHSI*, 1938(VII), pp.275-285. 제1부의 I, cc.26-28과 제2부의 cc.3, 15은 중국에 대해서 다루고 있다. Cf. N.2118.

③ 『일본 그리스도교의 시작과 발전에 관해, 그리고 우리 주님께서 새 교회에 베푸시는 특별한 섭리에 관한 첫 번째 책(*Libro Primero del principio y progressi de la Religion Christiana en Japon, y de la especial Providencia de que Nrō Señor usa con aquella nuova Iglesia*)』(1601년 나가사키에서 씀), 작품은 리스본의 아유다(Ayuda) 도서관 수집목록 "Jesuitas na Asia", Cod. 49-IV-53에서 찾아볼 수 있다. cf. Cortesão, II, pp.361-362.

④ 『일본과 중국의 예수회 신부들을 공격하는 각종 비방에 대응하는 변론서(*Apologia en la cual se responde a diversas calumnias, que se escrivieron contra los Pp. de la Compañia de Japon y de la China*)』, 마카오에서 쓰기 시작하여 1598년 10월 9일 일본에서 마쳤다. 특별히 프란체스코회의 디 로욜라(Martin Ignacio di Loyola)를 겨냥한 대답이었다. Cf. *CP*, I, pp.288-289; II, pp.682-692.

⑤ 『동인도 관구와 그 지역 통솔에 속하는 것들에 대한 지침서(*Sumario de las cosas que pertenecen a la Provincia de la India Oriental y al govierno della*)』, 1580년 8월에 써서 1584년에 로마로 보냈다. 그러나 출판된 적은 없다; 22×16.6cm.in *ARSI, Goa*, 6, pp.1-59; 7; cf. *Ibid., Jap.-SiN.*, 14, f.145a.

⑥ 『이전의 지침서에 대한 추가 "지침서에 기록된 내용을 더 광범위하게 선포"(*Addiciones* al precedente *Sumario* "*en que declarava mas por extenso lo que se avia escrito en el Sumario*")』, 1591-1592년경 일본어로 써서 1593년에 로마로 보냈다. cf. *ARSI, Jap.-Sin.*, 14, f.145r.

발리냐노의 편지들은 거의 출판되지 않았다. 적어도 260여 통이 원문 그대로 있는데, 그중 몇 개는 특별히 길게 쓴 것으로 행정에 관한 진정성 있는 내용이 담겨 있다. 매년 중국에 있는 사제들에게 보낸 편지들에는 "사랑이 가득"(N.278) 담겨 있었다.

발리냐노는 1586년 리스본에서 자신의 저서 『우리 종교의 진리를 보여 주고 일본의 종파를 논박하는 그리스도교 신앙 교리서(*Catechismus Christianae Fidei, in quo veritas nostrae religionis ostenditur et sectae Japonenses confutantur*)』를 출판하도

[그림 6] 중동과 극동아시아 예수회 선교의 순찰사

• 알렉산드로 발리냐노(Alessandro Valignano S.I.) 신부(1539-1606)

[그림 7]

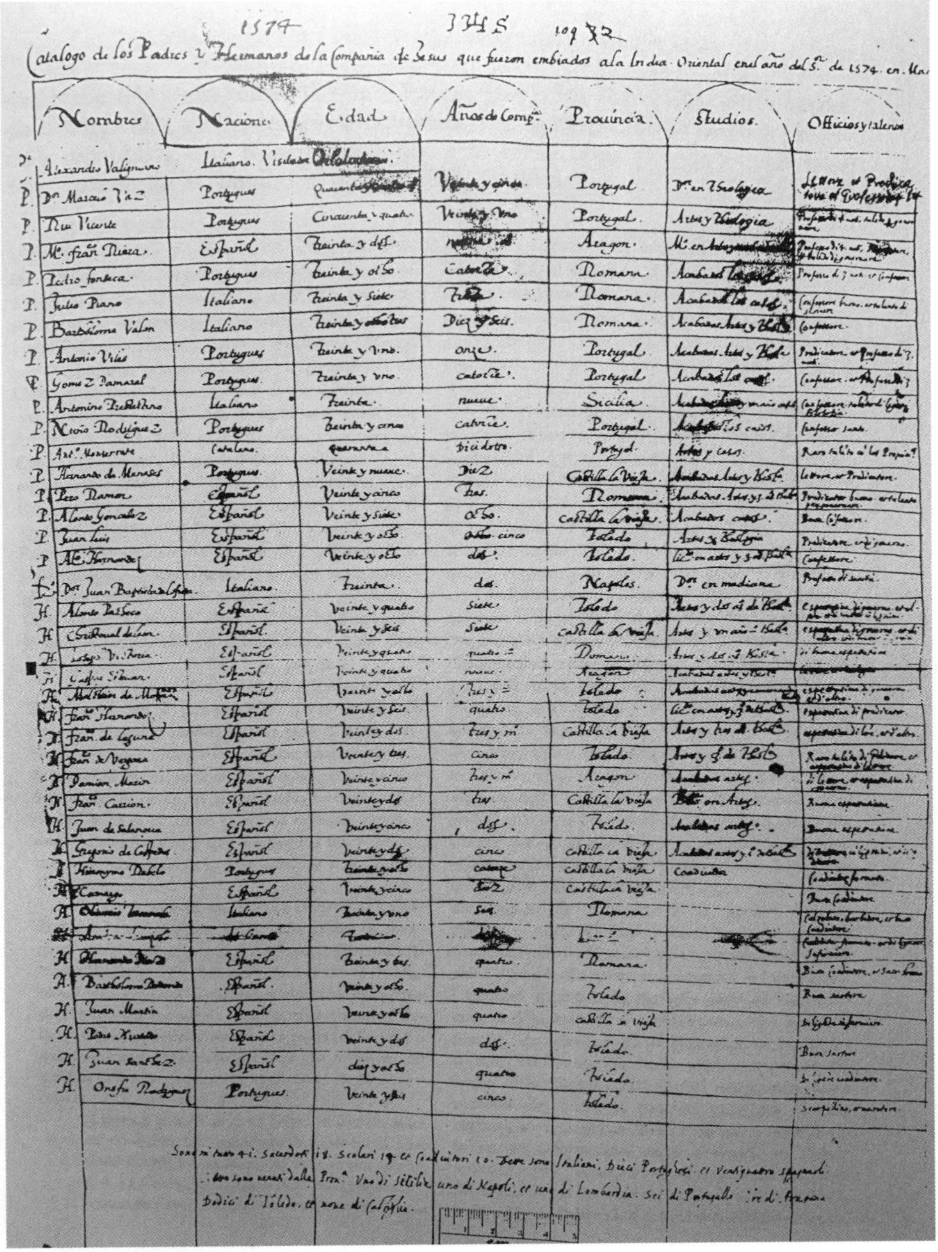

Catalogo de los Padres y Hermanos de la Compañia de Jesus que fueron embiados a la India Oriental en el año del S.r de 1574.

Nombres	Naciones	Edad	Años de Comp.a	Provincia	Studios	Officios y talentos

• 발리냐노(A. Valignano) 신부의 인도로 1574년 인도로 파견된 예수회 선교사 40명 명단

출처: *ARSI*, *Goa*, 24, f.74.

204.

그래서 몇몇 사제들이 마카오에서 중국 문자와 언어를 배우기 시작했고, 중국으로 들어가는 방안을 찾는 동안 차곡차곡 준비하도록 했다. 이 사업이 불가능하다고 말하는 원로 사제들과 중국을 경험한 일부 사제들의 반대 의견에도 불구하고, 발리냐노 신부는 냉정하게 이 일을 행동으로 옮겼다. 인도 관구장인 빈첸시오 로드리고 신부[22]에게 편지를 보내

록 했다. cf. Streit, IV, N.984. 이것은 일본인들을 위해 만든 라틴어 교리서의 번역본으로, 발리냐노는 자신의 또 다른 저서 『인사말(*Saluto*)』에서 밝힌바, 대화의 원칙에 따라 일본인 사절단들이 읽었으면 하는 바람에서 만든 것이다. cf. N.276, 본서, pp.204-205, 주(註).

그 밖에 발리냐노에 관한 글들은 *CP*, I, p.288에서도 찾아볼 수 있다. 발리냐노가 쓴 일본인 사절단의 로마 여행에 관한 보고서는 데 산데가 라틴어로 번역하여 1590년 마카오에서 출판했다. cf. N.276, 본서, p.202, 주(註) 352.

22 루이(Rui)라는 이름의 이 사제의 이름은 로드리고이고, 성은 비첸테로, 1521년 포르투갈의 엘바스 교구 올리벤까에서 태어났다. 수년간 문법과 두 가지 기술(arte)을 배우고, 1543년에 사제로 서품받았다. 1553년에 예수회에 입회하여, 1555년에 첫 서원을 했고 4년간 신학 공부를 더 했다. 1569년 5월 29일, 코임브라에서 4대 서원을 했다. 이 문건은 자필서명으로 예수회 고문서고에 남아 있다(*ARSI, Lus.*, I, f.33rv). 포르토 콜레지움의 원장을 역임하고, 1574년에 발리냐노와 함께 인도로 떠났다. 이듬해에 그는 바로 인도 관구장이 되어 1583년 10월 20일까지 임무를 수행하였다. 발리냐노는 그에게 계속해서 그 일을 맡아 달라고 요청하였다. 1583년 12월 14일 자 발리냐노가 총장에게 보낸 편지 내용이다. "루이 비첸테 신부님을 잘 대우해 드리는 것이 마땅합니다. 총장님께서도 특별히 서신으로 고마움을 표해 주시기 바랍니다. 비첸체 신부님이 관구장으로 계시는 동안 많은 어려움이 있었지만 모두 지나갔습니다. 신부님의 높은 덕행으로 기대한 것보다 더 많은 일을 하셨습니다. 이곳 관구의 통솔은 너무도 위험하고 힘이 듭니다. 신부님도 이제 나이가 들고 병이 들었습니다만, 그분을 도와주는 사람은 적습니다"(*ARSI, Jap.-Sin.*, 9, f.218r). 이듬해인 1584년 12월 12일, 발리냐노는 다시 비첸테 신부에 관해 총장에게 편지를 썼다. "덕행과 영성, 기도에 맡기는 분입니다만, 성미가 급하고 교섭에서 참을성이 없습니다"(*ARSI, Goa*, 13, f.215v). 파시오도 1579년 11월 15일, 고아에서 총장 메르쿠리아노에게 쓴 편지에서 비첸테를 언급하고 있다. "그는 성미가 매우 급하고 화를 매우 잘 냅니다", "많은 사람이 그를 엄한 사람으로 봅니다." 그러면서도 이렇게 좋게 칭송도 하고 있다. "그는 대단히 덕망 있고 모범적이

이 일에 적합한 사제 한 명을 보내 달라고 요청하였다. 그런 후, 발리냐노는 이 목적을 위해 무엇을 해야 할지를 적은 메모를 남기고 일본으로 떠났다.[23]

205. 미켈레 루지에리 신부가 마카오에 도착하다

관구장은 이 사업을 위해 1578년 로마에서 인도로 온 미켈레 루지에리 신부[24]를 선출했다. 그는 페스카리아 해변에서 고생하고 있었다. 이

며, 그의 앞에서는 아무도 반대 의견을 낼 수가 없습니다. 매우 신중하며, 예수회 정신을 잘 이해하고 있습니다. 그는 많은 경험을 갖추고, 특별히 바르고 거룩한 지향점을 갖고 있으며, 수도자로서 규칙과 가르침을 매우 준수하며, 다른 사람의 의견을 기꺼이 듣고 해야 할 일에 대해 자문합니다"(*ARSI, Goa*, 12, f.490r).

비첸테와 관련하여, 리치는 자신을 마카오로 보낸 사람이고 그래서 1582년에 그를 만났을 때, 받은 인상을 "시계 바퀴와 같은 분, 이 선교사업에 도움을 주실 아주 좋은 분"(N.216)으로 기억하고 있다. Cf. *ARSI, Goa*, 24, ff.73r, 74, 85, 94. 그에 관한 편지들은 여러 통이 보관되어 있는데, 그중 1575년 1월 15일, 코친에서 발리냐노에게 보낸 편지(*ARSI, Jap.-Sin.*, 7, II, f.244), 또 다른 것으로 1576년 12월 4일, 고아에서 메르쿠리아노에게 보낸 편지(*ARSI, Jap.-Sin.*, 8, II, ff.59-60)가 있다. 편지에는 총장에게 간청하는 발리냐노의 지혜와 덕망이 온전히 담겨 있다. "우리는 물론 밖에 있는 모든 외부인으로부터 큰 사랑을 받고 존경을 받았습니다."

23 1579년에 발리냐노는 마카오를 떠났기 때문에 1578년 8월 이전에 그곳에 왔던 것으로 추정된다. 인도에서 오는 배들은 보통 그 시기에 도착하기 때문이다.

1598년 1월, 발리냐노는 다시 한번 기억을 떠올렸다. "제가 일본으로 가기 위해 처음 이곳 중국[마카오]의 항구에 왔을 때[1578년 8월]부터 저는 거룩한 복음에 문을 열게 하려고 갖은 방법을 모색했습니다. 그때까지도 그곳의 문은 닫혀 있었고, 저는 몇 명의 사제들을 보내 그곳에서 살게 하려고 했습니다. 제가 보기에 이 일은 중국의 언어와 문자를 배우기 전에는 어떤 방식으로든 불가능한 걸로 판단했고, 마카오의 항구에서 중국선교를 위해 두 명의 사제를 뽑아 중국의 언어와 문자를 배우라고 명했습니다. 그들에게는 다른 어떤 소임도 직무도 맡기지 않았고, 다만 [언어와 문자를 배우는] 목적에 필요한 스승을 찾아 주고 모든 편의를 제공해 주도록 했습니다"(*CP*, II, p.686). 1582년 2월 12일 자 발리냐노가 직접 쓴 텍스트는 1579년 초에 썼던 것을 그대로 쓴 것이다. 예수회 고문서고에 그대로 보관되어 있다(N.5010). Cf. NN.2023, 2103.

24 미켈레 루지에리 신부는 리치에 앞서 중국으로 가는 길을 준비했고, 조용히 무대에서

듬해인 1579년 6월에 루지에리 신부는 마카오에 도착했다.[25]

사라졌다. 1543년 풀리아 주(州) 베노사 교구 스피나쫄라에서 아버지 루도비코와 어머니 줄리아 사이에서 태어났다. 나폴리에서 '법학(utroque jure)'으로 학위를 받고, 콜레지움 로마눔에서 논리학을 1년간 청강했다. 나폴리에 있을 때 펠리페 2세 정부에서 "여러 가지 공무를 수행"(CP, I, p.280)하였다. 1572년 10월 27일, 로마에서 예수회에 입회하며 폼필료라는 이름을 미켈레로 바꾸었다. 성 안드레아의 '수련소 문서철(Codex novitiorum)'(f. 19v)에 적힌 그에 관한 기록은 다음과 같다. "1572년 10월 28일, 폼필료 루지에리. 검토한바, 장애 없음, 29세, 베노사 교구 나폴리 왕국의 스피나쫄라에서 태어남. 부친의 이름은 루도비코로 그라비나 공국에서 오랫동안 공무원으로 일했고, 어머니 줄리아 포넬라는 나폴리 출신의 여성. 모두 사망하고 부모님의 재산으로 생활하다가 수도회에 입회. 나폴리에서 민법을 공부했고, 10년가량 교구 참사회원으로 일했으며, 교회법 학사학위도 취득. 후에 콜레지움 로마눔에서 논리학을 1년 정도 청강. 하느님의 은총으로 모든 규범, 회칙과 예수회의 생활양식을 지킬 것과 장상의 명령에 언제나 준비된 자세로 임할 것을 다짐. 신앙에 따라 아래의 내용을 직접 작성. 3년간 순결 서원함. (서명) 폼필료 데 루지에리." 1573년 10월 18일, 성 안드레아[수련소]에서 수도서원을 했고(Ibid., ff.157r, 231r), 바로 그날 콜레지움 로마눔으로 옮겨 철학을 공부하고 1년간 신학을 공부하였다. 1577년 11월, 루돌프 아콰비바(Ludolfo Acquaviva)와 함께 로마를 뒤로하고 리스본으로 향했다. 그때 그는 이미 서품을 받았고, 1578년 3월 24일 다른 12명의 예수회원들과 함께 인도로 가는 배에 올랐다. 배에는 리치도 있었고, 함께 1578년 9월 13일에 고아에 도착했다. 루지에리는 고아에서 두 달간 신학을 더 공부하고, 1578년 11월 30일, 말라바르로 파견되었다(프란체스코 파시오가 그의 형 로렌조에게 보낸 편지, in ARSI, Goa, 12, f.472). 그곳에서 6개월간 집중하여 언어를 배운 덕분에 고해성사를 줄 수 있을 정도가 되었다. 순찰사 발리냐노는 중국을 위해 칼라브리아 로싸노의 데 페라리스(Bernardino de Ferraris) 신부를 요청했으나 코친을 떠날 수 없다고 했다. 코친에는 인도 관구장 로드리고 비첸테(Rodrigo Vicente)가 있는 곳으로(NN.2103, 5306), 그는 루지에리를 대신 보내 주었다. 이에 루지에리는 5월 3일, 코친을 떠나(N.2001) 1579년 7월 20일경 마카오에 도착했다. Cf. NN.205, 2022, 2103. 1580년 4월 3일, 그는 포르투갈 상인들과 함께 처음 광주에 도착하여 배 위에 머무르지 않고 강변에 집을 마련하여 그곳에서 지냈다. Cf. NN.2108, 2210, 5299, 5311. 1581년 10월 25일 이전에도 루지에리는 마카오를 두 번 더 방문했는데, 한 번은 3개월, 다른 한 번은 2개월간 시암의 대사관저에서 머물렀다. Cf. NN.2018, 2056, 2107, 2108, 5301, 5312, 5313, 5316, 5317. 1582년 4-5월에는 네 번째 광주를 찾아 머물다 돌아갔고(N.2110), 5월 2일 알폰소 산케즈가 광주에 왔다가 그달(5월)에 감사원인 파넬라와 함께 조경(肇慶)까지 갔다(N.215). 그해 12월 27일 동료 파시오와 함께 다시 한번[두 번째] 조경으로 향했다(NN.2072, 2111, 2131). 1583년 9월 10일, 루지에리와 리치는 조경에 자리를 잡고 오늘날까지 내려오는 가톨릭 선교의

기틀을 잡았다(N.232). 1584년 11월 말, 루지에리의 중국어 교리서가『천주실록(天主實錄)』(N.253)이라는 이름으로 출판되었는데, 이는 유럽인이 중국에서 발간한 최초의 책이다.

1585년 11월 20일, 루지에리는 동료 데 알메이다와 함께 광주를 떠나 절강(浙江)의 소흥(紹興)으로 향했는데, 수로를 이용해 1586년 1월 23일 그곳에 도착했다. 4개월을 머문 뒤, 두 사람은 광동의 조경으로 돌아와야 했다. 루지에리는 1586년 7월에 이미 조경에 와 있었던 걸로 보인다. 1587년 1월 말경, 루지에리는 광서(廣西)의 계림(桂林)과 지금의 하남(河南)에 있는 백수(白水)까지 들어가려고 시도했다가 그해 7월 7일 조경으로 되돌아왔기 때문이다(N.291).

발리냐노와 리치는 선교사들이 더 쉽게 북경에 들어가기 위해서는 교황이 중국 황제에게 파견하는 대사 자격이 유용할 걸로 생각했고, 그것을 위해 루지에리를 로마로 보냈다. 루지에리는 1588년 11월(26일 이후) 마카오에서 출발하여 매우 고단한 항해 끝에 이듬해 9월 13일 리스본에 도착했다. 그 뒤 에보라와 마드리드를 거쳐, 발렌시아에서 다시 배를 타고 제노바로 갔다. 그리고 다시 나폴리로 배를 돌려 1590년 6월 14일 나폴리에 도착했다. 계속해서 그달 29일 로마에 도착했다. 교황은 루지에리를 매우 따뜻하게 맞이해 주었으나, 그해 8월 27일 시스토 5세는 사망하고, 9월 27일, 시스토 5세의 뒤를 이은 우르바노 7세마저 사망했다. 1591년 10월 15일까지 루지에리는 놀라(Nola)의 콜레지움에 머물고 있었고, 새로 선출된 그레고리오 14세 교황이 루지에리를 불러 알현할 때 루지에리는 자신이 쓴 라틴어『교리서』를 선물로 드렸다. 교황은 대사 문제를 훗날 인노첸시오 9세 교황이 되는 파키네띠 추기경에게 일임하였다. 바로 그때 스페인의 펠리페 2세와 프랑스 왕의 불화가 촉발했고, 영국 여왕은 인도 분쟁으로 골치를 앓고 있었다. 곧이어 스페인에서는 펠리페 2세가 사망하자 여러 가지 어려운 일이 겹쳐 스페인 왕실은 다른 일에 신경 쓸 겨를이 없었다. 이에 예수회 총장 아콰비바는 이 일을 다른 좋은 시기로 미루는 것이 좋겠다고 판단했다. 그동안 루지에리는 살레르노로 돌아가 1591년 놀라에서 하던 일을 다시 조금씩 하기 시작했다. 1593년 루지에리는 살레르노 수도원에서 조언자, 전문상담사, 영성지도 사제직을 맡고 있었다. 게다가 1597년에는 살레르노 수도원 원장과 총장 대리인까지 맡았다. 결국 루지에리는 1607년 5월 11일, 유명을 달리했는데, 정확하게 리치보다 3년 먼저 세상을 떠났다. 1591-1592년 자신이 중국에서 번역한 라틴어『사서(四書)』를 수정(N.2543)했으나, 이 번역서는 라틴어『교리서』처럼 출판되지는 못했다. 왜냐하면 발리냐노는 이 번역서의 출판에 대해 매우 강한 반대 의견을 냈기 때문이다. Cf. Bartoli[1], I, cc.150-164, pp.255-290; II, cc.7, 15-27, 30-31, pp.16-17, 27-35, 60-65; CP, I, pp.321-322.

25 1579년의 연차보고서는 1579년 10월 26일 고아에서 쓴 것으로 안토니오 몬세라테(Antonio Monserrate)가 쓴 것이다. 편지는 루지에리가 중국으로 떠난 것에 대해 "관

[그림 8]

• 발리냐노(A. Valignano) 신부의 인도로 1574년 인도로 파견된 40명 예수회 선교사들에 관한 정보
  출처: *ARSI, Goa*, 24, ff.73r-v.

206. 포르투갈령 마카오에 수도회를 설립하다

마카오는 광동성의 바다 가장자리에 있는 포르투갈의 도시로, 주변 2-3마일 정도의 반도 면적이 전부다. 그 덕분에 포르투갈인들은 일찌감치 중국의 크기와 풍요를 알았고, 중국과 무역을 하기 위해 계속해서 많은 공을 들였다. 그러나 중국인들은 항상 외국인들에 대한 두려움을 갖고 있었고, 특히 무장한 군인들이 올 때는 더욱 그랬다. 그들은 무장한 포르투갈인들이 자신들은 한 번도 보지 못한 대형 선박을 타고 오는 것을 자주 보았다.[26] 그들이 가장 놀란 것은 중국에서는 한 번도 보지도 듣지도 못한 엄청난 크기의 대포였다. 여기에서 터져 나오는 불을 보자 광주廣州에 와 있던 마호메트의 사라센인들은 중국인들에게 이 사람들[포르투갈인]이 프랑크족이라고 말했다.[27] 이에 중국인들도 마호메트인들처럼

어(官語, 관리들이 쓰던 언어)를 배우기 위해서"라고 말하며, 그가 뽑힌 것은 "나이에 맞게 덕행과 품격과 기질을 갖춘 사람이었고, 필요한 다른 모든 것에 있어서 그가 적합한 인물이었기" 때문이라고 말하고 있다. 실제로 그는 페스케리아에 몇 달간 머물면서 만족할 만큼의 타밀어를 배워 고해성사를 줄 수 있을 정도가 되었다. 같은 편지에서 어떤 '유명한 사람'이 그에게 중국으로 갈 배를 내주기도 했다고 말하고 있다(*ARSI, Goa*, 31, ff.412v-413r). 루지에리는 발리냐노가 일본으로 떠난 지 15일도 채 안 되어 마카오에 도착했는데(N.2022), 그날이 7월 7일이었다(*ARSI, Jap.-Sin.*, 8, I, f.248r). 따라서 마카오에 루지에리가 도착한 것은 1579년 7월 20일 즈음이라고 할 수 있다.

26 1513년 주강(珠江, Pearl River) 하구에 있는 둔문(屯門)섬에 도착한 조르조 알바레즈(Giorgio Alvarez)가 해상로로 중국 근처까지 온 최초의 포르투갈인이었다. 1515년, 믈라카에서 온 이탈리아인 라파엘레 페레스트렐로(Raffaele Perestrello)가 중국을 방문하였다. 그러나 그에 관한 다른 여행 정보는 전혀 없다. 1517년 8월 15일, 데 안드라데(Ferdinando Peres de Andrade)가 둔문에 도착했고, 9월 많은 군인이 광동에 주둔하였다. 그리고 얼마 안 가 포르투갈인 중 한 사람인 조르조 마스카렌하스(Giorgio Mascarenhas)가 복건(福建)의 천주(泉州)에 첫발을 디뎠다. Cf. *SPT*, pp.32-46; De Barros, dec. III, par. II, pp.18-21; dec. III, par. I, pp.185, 205-224.

27 특별히 십자군 전쟁 시기에 근동지역의 그리스도인들이 '프랑크'라는 이름으로 알려진 바 있다. 십자군 전쟁 시기 프랑스의 지배를 받았던 지역의 여러 언어권에서도 의심의

유럽의 그리스도인들을 그렇게 불렀다[중국인들은 r 발음을 할 수가 없다. 중국

여지 없이 그렇게 불린 바 있다. 알레니(Aleni[2])의 『직방외기(職方外紀)』에 이 말의 기원이 적혀 있다. 실제로 알레니는 프랑스(拂郞察)와 프랑스 왕 성 루이의 십자군에 대해 말하면서 마호메트[이슬람교]인들을 반박하여 이렇게 덧붙였다. "그의[프랑스 왕 루이의] 나라는 유럽에 있고, 마호메트인들은 모든 서양인을 불랑기(弗郞機)라고 불렀고, 그 이름은 후에 무기의 이름에도 사용했다. 因其國在歐邏巴內 回回遂槩稱西土人爲弗郞機, 而銃亦沿襲此名"(PCLC, XIII, c.2, f.14b). 그러나 용어는 5세기 비잔틴 연감으로 거슬러 올라간다. cf. Bretschneider, I, p.142, N.391. 1317년 이전 작품인 『네스토리우스 총대주교 마르 이아발라바(혹은 이아발라하) 3세와 수도사 라반 사우마의 이야기(Storia di Mar Iabbalaba III, Partiarca nestoriano, e del monaco Rabban Sauma)』에는 나폴리 사람은 물론 로마인들을 시리아어로 '프랑크인들'이라고 칭했다. Cfr. J. B. Chabot, Histoire de Mar Jabalaba III et du moine Rabban Çauma, Parigi, 1895, pp.53, 61-62. 현재 중국의 수원성(綏遠省)인 동승(東勝)에서 태어난 총대주교 이아발라하(Iahbalaha)는 이미 1309년 이전에 자신은 네스토리우스교의 신자가 아니라고 고백하면서, 저서에서 "프랑크인, 네스토리우스인의 적(敵)"을 다룬 바 있다. 여기에서 프랑크인은 명확하게 가톨릭 신자들을 의미했다. Cf. Chabot, ibid., p.35, N.2. 1340년경 페골로티(Pegolotti)는 루마니아에서 서방까지 펼쳐진 지역에 사는 모든 그리스도인을 프랑크족이라고 했다(Yule, Cathay and the way thither, p.292). 이 용어가 그 일대 지역에서부터 인도까지, 인도에서 중국까지 도달한 걸로 보인다. 1325년경 다 포르데노네(B. Odorico da Pordenone)는 절강의 항주(杭州)에서 아타(Atha), 곧 사제(TP, 1914, p.449; CCS, 1935, pp.66, 70)로 "종교적인 사람"(SF, I, pp.465-466)이라는 뜻에서 '라반 프랑크'라고 부른다고 했다. 1336년쯤에는 어떤 안드레아 프랑코라는 사람이 순제(順帝)의 사절단 단장으로 베네딕토 12세를 알현했는데, 그는 사보나 출신의 안달로 데 니그로(Andalò De Nigro)라는 제노바 사람으로 밝혀졌다(Golubovich, Biblioteca Bio-bibliografica della Terra Santa e dell'Oriente Francescano, Quaracchi, IV, 1923, p.255). 이 사절단의 한 사람으로 1338년 피렌체 사람 데 마리뇰리(Giovanni De' Marignolli)가 칸(Khān)에게 파견되었다는 기록도 있다. 칸의 호위를 담당했던 3만 명의 그리스도인 병사들에 대해 말하면서, 그 병사들은 "교황의 노예"로 불리기를 명예롭게 생각하고 신앙 때문에 기꺼이 죽을 각오가 되어 있음을 "프랑크를 위해 죽을 준비가 됨"이라고 천명했다. 이 말의 의미를 설명하며, 데 마리뇰리는 "우리에게는 같은 발음이지만 프랑스가 아니라 프랑크를 가리킨다"(SF, I, p.526)라고 덧붙였다. 1342년 8월 19일, 데 마리뇰리가 교황의 이름으로 서양에서 가져온 좋은 말(馬) 한 필을 선물하자 중국의 학자들이 불랑(拂郞)의 나라에서 중국에 보낸 "천마(天馬)"라며 산문이나 시(詩)를 짓는 문장대회를 열었다(Ciamsimlam, II, pp.222-231; VI, pp.567-570; 元史, cc.40, 118). 여기에서 불랑은 불름(拂菻, Fúlǐn), 곧 로마**역주**_ 정확하게는 '東羅馬帝國东(동로마제국)'을 부르는 호칭이었다]와 동의어

어에는 없기 때문이다. 그래서 그들은 지금도 '프랑크족(Franchi)'을 '팔랑기(佛郞機, Falanchi)'라고 부른다. 지금은 대포만 '팔랑기'라고 부를 뿐[28] 다른 것에는 사용하지 않고

다. Cf. D'Elia[1], pp.130-131. 희망봉과 포르투갈인들의 첫 인도 정복 이후 파랑기(Paranghi), 페렌기(Ferenghi), 피린기(Firingī) 등의 말은 인도에서는 그리스도인과 포르투갈인을 의미했다. Cf. Dalgado, pp.406-407. 포르투갈인들은 중국인들을 처음 접촉했을 때, 그들이 불람기(Fulamchi), 拂(佛) 郞(朗) 機에 대해 말하는 것을 들었다고 했는데, 그것은 포르투갈인들을 가리키는 것이었다. 명나라 역사서(『明史』, c.325 拂郞機)에는 이 용어의 기원이 1518년으로 거슬러 올라간다며"비로소 그 이름이 알려졌다(始知其名)"고 함으로써 포르투갈인 톰마소 피레스와 페르난도 페레스가 중국에 '명의 사절로'(『明史』의 使臣加必丹末) 온 것에서 유래한다고 했다. 다시 말해서, 피레스는 대사로 왔고, 페레스는 선장으로 왔던 것이다(SPT, p.43, N.5; De Barros, dec. III, par. I, p.217). 그러나 당시 중국인들에게 '불람기의 나라'는 일부에서 남부리(喃勃利國)(CICZL, c.9, f.8a) 국가들과 동의어로 인식하고 있던 것처럼, 믈라카 근처(近滿剌加)(『明史』, c.325)나 자바섬 남쪽(佛朗機國在爪哇南)(TSCCLPS, c.119, f.13b, f.14a), 혹은 참파 남서쪽(佛郞機在占城西南)(AMCL, II, f.6a)에 있는 나라로 알려지기도 했다. 데 소우사(Lionel de Sousa) 선장이 돈 루이즈(Don Luiz) 왕자에게 보낸 편지에 의하면, '프랑크인들'을 대신하여 '포르투갈인들'이라는 말을 사용하기 시작한 것은 1554년경부터라고 한다[BDM, 1939-1940 (XXXVII), pp.384-392; TP, 1934, p.69, N.2: p.73, N.1]. 1565년 예부(禮部) 상서 문건에는 포려도가(蒲麗都家)(Ciamueihoa, p.59;『明史』, c.325)라고 쓰고 있는데, 이는 분명 포도가려(蒲都家麗), 곧 포르투갈인일 것이다. 후에, 1576년경, 카스틸리아인들도 '불랑기'라는 이름으로 썼고(Ciamueihoa, pp.59-60, 69-70, 102-103), 필리핀인들 역시 불랑기라는 이름을 사용했다(呂宋實爲佛郞機)(明史, c.323, 呂宋). 1579년 6월 21일, 광주에 도착한 프란체스코 수도회원 중 6명이 스페인 사람이고 한 명이 이탈리아인이었는데, 모두 '불랑기'로 불렸다(SF, II, p.56). 1602년 리치의 세계지도에도 불랑기(佛朗幾)라는 말이 등장하는데, 포르투갈인은 물론 [국가로서] 포르투갈(波爾杜瓦爾)를 의미했다.
    중국어로 불랑기는 티베트어 페(p'e) 란(raṅ)과 새-인도어 피란가(phiranga), 실론어 파랑지(parangi), 타밀어 파-랑지(p'arangi), 아랍어 알-파랑(al-faranğ), 페르시아어 파랑(farang)과 연관 지어 사용하곤 했다. TP, 1916, p.482를 보라. Cfr. D'Elia[1], nN.96, 421, 446, 472.

28 리치가 주장하는바, 중국인들이 '파랑기'라고 하는 것은 포르투갈의 대포로, 여기에 관해서는 명나라 역사서 『明史』, c.325, f.5a에 자세히 설명되어 있다. 거기에는 1523년 중국인들이 포르투갈과 분쟁을 할 때, "대포를 확보하자 즉각 불랑기라고 불렸고, 그것을 왕실에 보냈다(得其礮即名爲佛郞機 … 進之朝)"고 말하고 있다. 대포는 두 가지 크기였다. 작은 것이 20 중국 파운드(1파운드는 16온스)의 무게 정도 나가거나 그보다

있다). 그리고 다른 나라에서 온 권력자와 정복자들도 그렇게 불렸는데, 이는 믈라카와 그 외, 인도 지역 나라들에서 그들이 무기를 앞세우고 왔기 때문이다.[29]

그래서 중국은 그 불화를 여전히 기억하고 있었고, 자기들도 이제 겨우[30] 타타르족의 지배와 억압에서 벗어났기 때문에 포르투갈인들의 행보를 두려워하고 있었다. [포르투갈인들은] 처음에는 우정을 앞세워 중국 남부지역으로 들어왔고, 짧은 시간에 온 중국에 퍼져 살면서 장기간 주인행세를 하며 이 나라[중국]에서 명예를 많이 실추시켰다. 그 시절에는

———

조금 적게 나갔고, 도달거리는 600보 정도 되었다. 그러나 큰 것은 70파운드 혹은 그보다 더 나갔고, 5리 혹은 6리(3 혹은 4km)까지 날아가기도 했다. cf. Mayers, *Introduction of Gunpowder and Firearms among the Chinese in JNCBRAS*, 1869. 과거 인도 사람들도 포르투갈인들이 가져온 칼과 대포를 두고 팔항기(farhangi), 피랑기(phirangi), 피링기(piringi)라고 불렀다. cf. *HJ*, pp.352-353. 중국어 문헌에서 대포를 '불랑기'라고 부르기 시작한 것은 적어도 1510년부터다. cf. Ciamueihoa, pp.31, 151.

29 포르투갈 사람들과 중국인들의 관계는 처음에는 우호적이었으나 1519년 8월 시모네 데 안드라데(Simone de Andrade)와 톰마소 피레스(Tommaso Pires, 1524년 사망)가 오면서부터 관계가 틀어지기 시작했다. 그들은 1520-1521년 사절단을 북경까지 인도하였다. 고위 관리들이 포르투갈인들을 상대로 소송을 제기한 이유 중 하나는 1511년 알폰소 알부케르케(Alfonso di Albuquerque)가 자신의 군대로 마호메트 술탄의 지휘 하에 중국의 지배권으로 인정된 믈라카를 점령했기 때문이다(明史의 蘇端媽末, c.325). 바로 이 술탄의 아들인 '미스터 모함마드'가 1520년 자신의 부친이 망명한 적이 있는 빈탕(Bintang) 라야(Raja)의 대사가 되어 포르투갈인들을 상대로 불만을 전달하기 위해 북경에 갔다. 결과는 북경에서 광주에 명령하여 포르투갈인들과의 무역을 전면 중단하고, 피레스 일행을 투옥해 믈라카와 인도의 포르투갈인들이 술탄의 영토에서 물러나지 않는 한 풀어 주지 말라고 한 것이다. 그동안 여러 차례 있었던 해상 전투(1521-1522)는 광주 인근에서 벌어진 이 두 세력 간의 충돌이었다. cf. *SPT*, pp.47-61; De Barros, dec. III, par. II, pp.1-25.

30 원(元)나라의 타타르 왕조는 1368년에 중국의 명(明)에 자리를 내어주었다. 따라서 리치가 이 책을 쓰는 1609년에는 중국이 타타르로부터 해방된 지 겨우 2세기 반이 조금 넘은 시점이었다. 그러다 보니 '이제 겨우'라고 말할 수밖에 없는 것이다. cf. N.77.

중국 황제에게 파견하는 외국의 대사가 중국에 들어오기가 쉬웠고 선물을 회사하기도 쉬웠지만, 후에 포르투갈인들의 이런 태도가 알려지면서 모든 것이 중단되고 말았다.[31]

그런데도 특별히 포르투갈 상인들과의 무역이 큰 소득과 이익을 가져다주었기 때문에,[32] 그것만은 허용하고 있었고, 그것을 통해 관리들도 여러 경로로 돈을 챙겨 안락한 생활을 하고 있었다. 그래서 시장이 열리는 몇 개월 동안 입국을 허용하지만, 그곳에 와서 살지는 못하게 했다. 잠시 그곳에 머물렀던 사람들은 그 반도를 '아마阿媽'라고 부르는[33] 파고다[34]를 신봉하는 곳이라고 했다. 이런 이유로 그곳을 '아마카오Amacao, 阿媽澳'[35]라고 불렀는데, 우리 서양어로는 '아마의 품'[36]이라는 뜻이다. 중국

---

31 cf. N.272.
32 광주 항구가 [포르투갈인들을 제외한] 외국인들에게 재개방된 것은 1530년부터다. 하지만 포르투갈인들은 1550년까지 중국 땅에 절대 발을 들여서는 안 되었다. 중국-포르투갈 간의 무역은 1554년부터 공식적으로 재개되었다.
33 복건의 여신 아마(阿媽)는 뱃사람들의 수호신으로, 음력 3월 23일에 아마를 위한 제사를 지낸다. 媽祖婆, 天妃, 天后, 天后聖母라고도 부른다. Dore[1], XI, pp.914-920, figg. 255, 256; Dore[2], pp.123, 129, 133, 149; De Groot, *Les fêtes annuellement célébrées à Emoui* (trad. Chavannes), Parigi 1886, pp.261, 267; *TP*, 1938-1939, p.344, N.1. 카를레티(Carletti)는 자신의 저서 p.332에서 마카오의 아마 축제는 '음력 3월 1일'에 있다고 적고 있다. cf. Bernard[1], p.41; Pastells, III, pp.LX, LXI, Idolo de Mar(바다의 신).
34 즉, 여신이다. 그러나 이탈리아어로 '파고다'는 전적으로 불교 사찰[리치는 '우상들의 신전'이라고 말한다]을 뜻한다. 스페인어와 포르투갈어는 '우상 자체'를 뜻하기도 하는데(NN.646, 658, 659), 이런 점에서 리치는 종종 남성형으로 '신들[역주_ 남성 복수]의 파고다(un pagode)'(N.579; cf. NN.182, 198, 335, 344, 396, 593, 633)라고 쓰고 여성형으로는 이곳에서처럼 una pagoda를 쓴다. 스페인-포르투갈어에서 이 용어를 쓰기 시작한 것은 1544년 성 프란치스코 하비에르 때부터다. cf. *MHSI, MX*, I, p.312; *Ibid.*, I, p.680를 보라. Dalgado, II, pp.130-131. 그 외의 언급은 이전에도 있었고, 1525년까지 거슬러 올라간다.
35 '아마카오(Amacao, 阿媽澳)'는 원래 '아만가오(Amangao)'로, 중간 ng의 비음이 강하

밖의 상인들, 곧 포르투갈인들은 유럽에서 인도, 말루쿠와 인근 국가들을 거치면서 이문을 남겼고, 대부분 은화[37]를 가지고 중국의 상품 박람회로 물건을 사러 왔다. 그 시기가 되면 중국의 여러 도시에서도 장거리 상인들이 마카오의 바다와 육지로 몰려들었다.

많은 포르투갈인이 아내와 함께 마카오에서 살고 싶어 했다. 그들은 인도에서 오거나 중국과 일본에서 여자를 얻어[38] 자녀를 데리고 와 반도

다. 나중에 첫 글자 '아(a)'도 빠지면서 '만가오(Mangao)', '마카오(Macao)'가 된 것으로 추정된다. '아마카오'는 16세기에 출판된 혹은 출판되지 않은 여러 문건에 종종 나온다. cf. SF, II, 49, 51, 67. 펠리옷(Pelliot) 교수는 ng의 소리에 주목한 바 있다. 매우 약하여 광동 지역 방언에서는 거의 존재감이 없어 페구(Pegu)에서 마카오라는 이름이 이미 알려져, 광주에서 마카오라는 이름을 사용하는 걸 굳이 마다하지 않았다고 했다. cf. TP, 1934, pp.67, 77-78: 1914, p.201. 다른 사람들은 마카오를 '마콕-미아오(媽閣廟)'로 보려고 한다. '마(Ma)' 여신의 사당은 오늘날 바라(Barra) 파고다라는 이름으로 알려져 있고 내항(內港)의 입구에 있다. 파고다는 포르투갈인들이 도착하기 전부터 있었다. cf. BDM, 1938-1939(XXXVI), pp.161, 335. 또 다른 마카오의 어원은 광동어로 마키아오 혹은 마카오 절벽, 마교석(馬交石)으로, 오늘날 반도 혹은 땅속 지명을 일컫는다. cf. SPT, p.86.

이 책에서 리치가 말하는 마카오라는 지명은 1598년 카를레티(Carletti, p.332)가 제시한바, "이 섬은 아마카오(Amacao)라고 하는, 곧 아마(Ama)라는 신, 혹은 방이나 장소에서 유래한 것으로 '카오(cao)'라는 음절이 강하게 소리가 난다"라고 적고 있다. 리치-루지에리 신부가 쓴 출판되지 않은 『포르투갈어-중국어 사전』은 1589년 이전에 나온 것으로(cf. N.526을 보라) 마콰오(蠔鏡澳)(pp.170r-171r)로 읽고, 거기에서 蠔은 濠로 대체했다. 중국인들은 마카오를 '만(灣)의 문, 澳門(아오먼, Aomén)이라고 불렀는데, 이 어원은 확실하지 않다. cf. AMCL, c.1, 上, f.1a.

36 품[Seno, '가슴'으로도 번역은 만(灣, baia)이라는 뜻이다.

37 은화, 곧 텔(tael), 兩, 銀의 사용은 포르투갈과 중국 간 무역 거래의 수단으로 1582년부터 쓰기 시작했다. cf. NN.22, 1054; SPT, p.108. 당시에 텔(tael)의 가치는 카스틸리아의 1두카토(ducato)에 해당되고, 15레알(real)(Pastells, II, p.LXXXVI) 혹은 15 나폴리 카를이 조금 못 되었다(Gemelli-Careri, p.5). cf. Ciamueihoa, pp.103, 112.

38 산케즈(A. Sanchez) 신부가 펠리페 2세를 위해 쓴 『호기심에 대해서(Trattato curiosissimo)』는 어느 집의 큰 정원 안에 있는 방을 언급하며 이런 말을 하고 있다. "마카오의 포르투갈인들은 포르투갈인 여성들보다 각종 장신구로 치장하기를 좋아하

에 집들을 채웠다. 그 밖에도 외국에서 온 상인들과 중국인 장인들도 이곳에 와서 살았다.[39] 마찬가지로 재속사제[40]와 여러 수도회도[41] 이곳에 들어와 각기 수도원을 세웠는데, 그중 우리 예수회 신부들도 와서 '천주의 모친'이라는 이름의 성당을 세웠다.[42]

는 그들[중국인 여성]과 결혼하기를 선호한다"(Pastells, III, p.LIX).

39 마카오의 기원에 관한 논쟁이 있고 난 뒤, 펠리옷 교수가 내린 결론은(*TP*, 1934, pp.67-79, 92-94) 1557년 이전에는 마카오가 포르투갈의 영토가 아니었고, 그래서 1557-1565년에는 큰 소란 없이 서서히 발전을 거듭할 수가 있었다. cf. *BDM*, 1938-1939 (XXXVI) pp.273-293; Ciamueihoa, pp.49-59. 그러나 1563년에 이르러 포르투갈의 힘은 900명의 포르투갈인을 포함하여 믈라카와 인도와 아프리카에서 온 사람들로 수천 명을 헤아렸다. cf. *SPT*, p.97. 리치가 주목하는 것은 포르투갈인들이 중국인들의 뜻과는 반대로 마카오에 자리를 잡았다는 사실이다(N.257). 1578년 12월 2일, 로렌조 멕시아(Lorenzo Mexia) 신부는 반도의 길이가 북쪽에서 남쪽까지 14리그가 되고 도시의 "길이는 4분의 1마일(1km) 이상"(*ARSI*, *Goa*, 38, f.177r) 된다고 하였다. 1578년 말경, 그해 11월 29일 자 마태오 로페즈(Matteo Lopez) 신부가 제공한 정보에 의하면 마카오에는 그리스도인들과 이교도들을 포함하여 일만 명 정도가 거주하고 있었다고 한다. cf. *ARSI*, *Goa*, 38, f.167a. 중국과 마카오 사이의 담은 1573년 중국 정부에서 세웠다. cf. Montalto, pp.40-41. 1579년 11월 24일, 스페인의 관리로 온 이탈리아 사람 제시오(Giovanni Battista Gesio)는 마카오의 역사적인 기원은 물론 지리적인 위치를 이렇게 설명했다. "북위 22도, 카나리아의 경도 160도, 그리고 자오선에서 산 안토니오 디 카보 베르데 섬을 나누어 서쪽으로 191°에 있다. 노선을 표시한 지도와 고대 포르투갈의 지도가 일치한다"(Cortesão, II, p.280, N.2). cf. N.5001.

40 **역주_** 수도회 소속이 아닌, 교구에 소속의 사제로 세상 속에서 사목활동을 하는 사제를 일컫는다.

41 스페인 출신 프란체스코회의 데 알파로(Pietro de Alfaro)와 이탈리아 출신 다 페사로(Giovan Battista Lucarelli da Pesaro)는 광주에 머물지 못하자, 1579년 11월 10일 그곳을 떠나 마카오로 와서 즉시 수도회의 초석을 다지고 '천사들의 성모 마리아(Nuestra Señora de los Angeles)' 성당을 세웠다.

   아우구스티누스회는 1584년 3월, 마닐라에 진출하기로 했고, 이듬해 그곳에 가기 위해 1584년에 벌써 마카오에 두 명의 수사를 파견했다(NN.2190, 2207).

   도미니코회는 1587년 9월 1일 마카오에 도착하여, 그해 10월 16일, 기존의 건물을 수도원으로 바꾸고 '로사리오의 성모' 성당을 열었다. cf. N.2424; *BDM*, 1938-1939 (XXXVI), p.346, N.28: p.350: 1939-1940 (XXXVII) pp.33, 125-126.

42 예수회원들이 거주한 곳은 1565년 프란체스코 페레즈(Francesco Perez) 신부와 에마

포르투갈의 왕은 전全 인도에서 가장 아름다운 핵심 도시를 차지한 경험을 토대로,[43] 중국은 물론 일본과 플라카, 그리고 말루코, 시아노,[44] 코친차이나와 다른 여러 국가에 도시를 건설하고,[45] 거기에 주교를 파견하여[46] 상주하는 포르투갈인과 해외에서 이주해 온 새 신자[그리스도인]들

———

누엘레 테세이라(Emanuele Texeira) 신부가 지은 성 안토니오 소성당에서 가까운 '천주의 모친' 성당이다(N.4072). cf. Sousa, *Oriente conquistado*, I, pp.372-373. 이곳에 있던 수도원은 1594년에 성 바오로 콜레지움으로 바뀌고, 그래서 중국의 예수회원들은 고아와 플라카에서처럼 '성 바오로의 사제들'(*CP*, I, p.321)이라는 이름으로 알려졌다. 1579년 11월 7일, 데 산테(Eduardo de Sante) 신부가 고아에서 코임브라로 보낸 편지는 "이 지역에서는 예수회원들을 성 바오로의 사제들이라고 부릅니다"(*ARSI*, *Goa*, 38, f.174r)라고 적고 있다. 성 바오로 성당은 1800년 이전까지 마카오의 삼파사(三巴寺)로 불렸다. *AMCL*, c.2, ff.23b-24b를 보라. cf. N.202.

　　1578년 말, 마카오에는 "다섯 개의 성당에서 매일 미사가 봉헌"되고 있었는데, 이는 그해 11월 29일 마테오 로페즈 신부가 쓴 기록에도 나온다(*ARSI*, *Goa*, 38, f.167a).

43　갠지스강 너머 인도를 말한다. cf. N.203. 갠지스강 이남의 인도는 톨로메오의 영토였고 훗날 우리가 말하는 인도가 되었지만, 갠지스강 이북의 인도는 인도의 동쪽 아시아 대륙 국가들의 영토였다. 중국, 일본 등과 같은 나라다. cf. Pauly, IX, cll. 1268, 1274, 1290.

44　시암, 포르투갈어로는 샴, Sião이다. **역주**_ 시암은 타이의 옛 이름으로, 오늘날의 타이, 태국을 일컫는다.

45　1586년에 마카오는 공식적으로 "중국 마카오항, 하느님 이름의 도시(*Cidade do Nome de Deos do Porto de Macao na China*)"라는 이름을 사용하기 시작했다. 그때부터 포르투갈인들은 마카오를 대도시로 만들어 나갔다.

46　마카오 교구가 설립된 날짜는 확실히 1576년 1월 23일이지, 1575년이 아니다. 교황의 칙사(부총장) 필사 기록에는 다음과 같이 적혀 있다. "로마, 1576년 1월 23일 월요일 성 베드로에서 열린 추기경 회의는 포르투갈 국왕의 통치 아래에 있는 마카오시와 그 주변 지역의 행정 및 동인도 지역의 사도직을 위해 일본선교를 통해 참 신앙으로 변모된 것을 거울삼아 국왕의 영토인 동시에 우리 주 예수 그리스도의 명에 의한 사도좌의 행정 구역임을 천명한다. 포르투갈 국왕에게 소개하는바, 마카오 교회의 첫 번째 목자로 디에고 누네즈 피궤라(Didaci Nuñez Figuera)를 임명하여 사목적 배려와 미사 등을 집전하도록 하는 바이다. …"(Archivio secreto vaticano, Archivio Consist., Acta Vice-cancell. 11, f.64a). cf. Pastells, II, pp.LVIII-LX. 여섯 개의 문건 모두 —아니면 적어도 그중 다섯 개가— 마카오 교구의 설립과 관련된 것이다. 즉, 설립 교서로서 두 개의 교서가 선임 주교에게 주어졌는데, 하나는 교구 설립을 선포하는 것이고, 다른

에게 그리스도교 신앙을 가르치고 보존하도록 했다.

207. 루지에리가 원주민 화가로부터 중국어를 배우다

우리 수도원[47]에는 미켈레 루지에리 신부가 도착하여[48] 발리냐노 신

하나는 교황청과의 연대를 통해 모든 것에 축복한다는 내용이다. 교서는 세바스티아
노 왕과 고아의 대주교와 마카오의 교계에 주어졌는데, 모두 "교황직 4년"(설립 교서)
혹은 "로마 성 베드로의 후계자 재위 4년 2월 10일"(다른 다섯 개의 교서)이라는 날짜
가 적혀 있다. 그레고리오 13세는 1572년 5월 13일에 선출되었고, 5월 25일에 착좌식
을 했기에 교황직 4년이라고 하면 1575년 5월 25일이 될 수가 없다. 따라서 이 모든 문
건을 종합해 보건대, 1576년 1월 23일이어야지 1575년이 될 수 없는 것이다. 난관은
설립 교서 *Super specula* 하나로 인한 것인데, 교황직 몇 년인지 연차를 적기 전에 그
리스도 탄생을 기준으로 "주님 강생 1575년, 교황직 4년, 2월 10일"(*Corpo
Diplomatico Portuguez*, Lisbona, 1891, X, p.503), 혹은 "주님 강생 MDLXXV, 교황
재위 4년, 2월 10일"(*Bullarium Patronatus Portugalliae Regum*, Lisbona, 1868, I,
p.245)이라고 적고 있기 때문이다. 그러나 강생의 연도들이 그해 1월 1일부터 12월 31
일까지가 아니라, 그해 3월 25일[역주: 이날은 지금도 가톨릭에선 주님탄생예고 혹은
수태고지 기념일로 지낸다]부터 이듬해 3월 24일까지로 추정되기에 1월 1일부터 3월
24일까지를 강생의 해로 잡기에는 늦는 것이다. 그러므로 1575년 "강생의 해" 1월 23
일은 우리가 1576년이라고 부르는 해 1월 23일과 일치하는 것이다. 교서 *Super
specula* 외에 다른 모든 문서는 1576년 1월 23일을 마카오 교구설립 날짜로 명시하며,
바로 그날, 1576년 1월 23일을 "오늘(hodie)"이라고 말하고 있다. 이 점은 필자가
Ereção da diocese de Macau in BDM, 1936-1937(XXXIV), pp.707-723에서 정리하
며, 내린 결론이다.

  (마카오 교구의) 첫 번째 주교로 중국, 일본 및 주변 섬들에 관한 법령에 따라 데 피
궤라(Diego Nunez de Figueroa)가 선임되었으나 본인이 수락하지 않았다. 1578년 10
월 27일(혹은 22일), 그 자리에 시토회의 데 사(Leonardo Fernandez de Sá) 신부가 임
명되어 1581년 마카오에 도착했다(NN.2019, 2110). 그리고 오랫동안(1586-1594) 말
레이시아 해적들에게 포로로 잡혀 있다가 1597년에 사망하였다. 그러나 교구가 설립
되기 전에 에티오피아 총대주교의 보좌관으로 있던 예수회의 카르네이로(Melchior
Carneiro) 주교가 1568년 6월부터 영토에 대한 정확한 지정 없이 중국과 일본의 주교
로 마카오에 와서 살았던 적이 있다.

47 1579년 11월 4일 로렌조 피네이로가 쓴 고아의 「연차 보고서」에 따르면(*ARSI, Goa*,
   12, f.477rv), 1579년에 루지에리가 마카오에 도착하여 시내 안에 있는 집으로 갔는데,
   거기에는 두 명의 사제와 세 명의 수도자들이 있었다고 했다. 두 사제 중 한 사람은 마

부의 명령에 따라[49] 중국 문자와 '관화官話, 만다린어'라고 하는, 중국에서 가장 보편적으로 사용하는 말을 배우기 시작했는데,[50] 어려움이 매우 컸

태오 로페즈 신부일 가능성이 크다. 1578년 11월 29일, 그가 마카오에서 쓴 편지가 그 것을 증명하기 때문이다. 그러나 로페즈는 이 편지에서 "통상 이곳에 머무는 우리 예수회원들은 6-7명 정도 됩니다. 신부는 다섯 명이고 나머지는 수사들입니다. 우리가 하는 일은 기도하고, 고백성사를 주고, 어린이들에게 읽고, 쓰고, 계산하는 것을 가르 칩니다"(*ARSI, Goa,* 38, ff.167-168)라고 말하고 있다. 2년 후인 1581년, 피에트로 고메즈 신부가 마카오에 왔다. 순찰사로 수도원 방문을 목적으로 일본에 앞서 그해 7월 에 방문한 것이다. 그 외 도메니코 알바레즈 신부, 포르투갈 출신, 46세; 미켈레 루지 에리 신부; 페르난도 마르티네즈 신부, 포르투갈 출신, 38세; 안드레아 핀토 신부, 포르 투갈 출신, 45세; 협력자로 안토니오 파에즈 형제, 46세가 있었다. 이것과 관련한 정보 는 NN.2011-2017을 보라.

　　필자델리야가 찾은 1575년 10월의 옛 목록(*ARSI, Goa,* 24, f.89v-98r)에는 도메니 코 알바레즈 신부의 신상에 관해 눈에 띄는 몇 가지 정보가 있었다. 1535년 포르투갈 의 코일라오(Couillão)에서 태어나 1555년에 예수회에 입회하였다. 1558년 코임브라 에서 첫 서원을 했고, 3년간 논리학과 신학을 공부한 뒤 1562년에 사제서품을 받았다. 그리고 1567년에 인도로 파견되었다. 1571년 혹은 조금 후에 바자임(Bazaim)의 부원 장이 되었고, 나중에 다만(Daman)의 총원장이 되었다. 1577년부터 최소한 1581년까 지 마카오의 원장을 지냈다. 1581년 10월 25일에도 마카오에 있었다. cf. *ARSI, Goa,* 12, f.487v: *Jap.-SiN.,* 9, II, ff.49-50. 아마도 1582년 12월 31일 발리냐노와 함께 인도 로 떠난 걸로 추정되고, 1584년에 믈라카의 콜레지움에 있었던 걸로 보인다. cf. *ARSI, Goa,* 24, f.545r.

48　1579년 7월 20일경이다. 그는 5월 3일에 코친에서 출발했다. cf. *ARSI, Goa,* 12, ff.532-533; N.2001.

49　cf. N.2023. 1582년 2월 12일 자로 발리냐노가 썼다고 하는 것은 1579년 6-7월에 쓴 것을 그대로 옮겨 적은 것으로 보인다. cf. N.5010.

50　cf. N.53. 당시 순찰사 발리냐노의 사람 중 하나였던 로렌조 멕시아 신부가 로마의 포 르투갈 보좌관 다 폰세카 신부에게 보낸 편지가 있다. 1580년 9월 1일 자, 일본 구시노 쓰(口之津)에서 쓴 편지에는 다음과 같은 내용이 있었다. "큰 열정으로 교리를 배우는 것처럼 중국어를 공부하러 간 아마카오(마카오)에서 미켈레 루지에리 신부님에 관해 편지를 씁니다. 그곳에는 중국인 예비신자를 위해 마련한 집이 있고, 거기서 큰 성과 를 기대하며 우리 주님께 봉사하고 있습니다. 그분의 선하심으로 오랫동안 닫혀 있던 중국이 마법처럼 풀어지기를 바랍니다"(*ARSI, Jap.-Sin.,* 8, II, f.258r). 1580년 12월 3 일, 믈라카에서 바즈 고메즈가 쓴 편지에도 루지에리가 만다린어를 배우고 있다고 적 고 있다. "우리 신부님들의 편지 덕분에 우리는 미켈레 루지에리 신부님이 열정을 가

다. 수도원을 찾아오는 중국인 중에는 자기네 문자를 잘 아는 학자들이 많지 않았고, 그리스도인이 된 일부 중국인들은 우리처럼 머리를 자르고 [서양식] 옷을 입고 다녔다.[51] 그들은 포르투갈 상인들을 대상으로 통역을 해 주지만 사실 중국의 문자에 대해서는 전혀 알지 못했고 포르투갈어도 겨우 하는 정도였다. 하지만 [루지에리 입장에서는] 일단 시작하는 게 중요했기 때문에 포르투갈어를 겨우 아는 중국인 화가한테 [문자를] 배우기 시작했다. 화가는 자주 수도원에 왔고, 신부에게 어떤 글자를 가르쳐 주기 위해서 말하고자 하는 것의 이미지를 종이에 그렸다.[52]

208. 루지에리가 포르투갈 상인들과 함께 광주를 방문하다

포르투갈 상인들이 이 도시[마카오]에 들어오자, 인도에서도 많은 사람이 들어오기 시작했다. 일 년에 두 차례 마카오에서 도읍지 광주[53]로 배가 떠났고, 마카오 반도의 입구에 있는 강[54]을 따라 도보로 하루나 이틀

지고 중국어와 만다린어를 배우고 있고, 큰 진전이 있는 걸로 알고 있습니다"(*ARSI, Goa*, 13, f.18r).

51 초창기 중국인들에게 그리스도인이 된다는 것은 어떤 방식으로든 포르투갈인들처럼 옷을 입고 마카오 정복자들의 성(姓)을 따르는 것을 의미했다. 루지에리가 개종시킨 젊은이들이 20명 정도 되었고, 그들은 포르투갈어를 배우고 중국어를 가르쳐 주었다. cf. NN.5297, 5308. 포르투갈인의 성을 쓰거나 유럽인의 성을 쓴다는 것은 [세례] 대부들의 성을 쓰는 것으로 중국인에게는 개종을 의미했다. 그 전통은 오랫동안 이어져 18세기까지 내려왔다.

52 cf. N.2104.

53 광주다. 광동성의 도읍이다. 1578년, 포르투갈인들은 정기적으로 광주를 가기 시작했는데, 이전에는 산발적으로 가던 것이었다. 1580년까지 시장[박람회]이 매년 한 차례씩 열렸다. 1581년 이후부터 일 년에 두 번 열렸다. cf. N.2008. 1월에 상인들은 필리핀과 인도와 유럽에서 물건을 샀고, 6월에는 일본에서 물건을 사들였다. cf. *SPT*, p.102; N.5310.

54 서쪽 강이다. 즉, 서강(西江)이다. 마카오는 광동에서 100㎞ 정도 거리에 있다.

걸리는 거리까지 상인들이 가져온 물건을 사러 왔다. 인도와 일본으로 떠나는 배는 일 년에 한 번 혹은 두 번 있었고, 마카오에 머물 때는 매번 배 위에서 생활해야 했는데, 그 기간이 두 달 혹은 때에 따라 그보다 더[55] 긴 때도 있었다. 루지에리 신부는 그곳에서 매번 만나는 사람을 중심으로 중국의 관리들과 내륙에서 온 중국인들을 사귀기 시작했다.

209. 광주의 젊은 승려가 그리스도인이 되다; 매우 힘든 경우

처음에는 많은 어려움이 있었다. 얼마 전에 한 신부가 상인을 따라 그곳에 가서 우상 종교의 한 젊은 스님에게 입교를 권하여 그리스도인으로 개종시키기 위해 마카오로 데리고 온 일이 있었다. 젊은 스님도 일을 확실히 하기 위해 마카오로 오기를 원했다. 그러나 그가 중국을 벗어나는 일은 비밀리에 해야 했다. 그의 스승이 이 사실을 알고 관리들을 심하게 질책하며 신부가 자기 제자를 빼앗아 갔다고 고발하였다. 젊은이의 친척과 관리들까지 한패가 되어 우리의 입장이 매우 난처해졌다. 그들은 젊은이를 강제로 끌고 갔고 아무도 저지하지 못했다. 더 나쁜 것은 우리가 젊은이를 속였다는 엄청난 스캔들에 휘말리게 했다.[56]

55　루지에리가 말하는 것은 3개월이다(N.2106). 광주에서 열리는 시장은 두 달, 석 달, 때로는 넉 달, 다섯 달, 혹은 여섯 달씩 이어지기도 했다. cf. N.211.

56　예수회의 다 코스타(Cristoforo da Costa) 신부는 1575년에 광주에 갔다가 한 선사의 제자로 있던 20세의 젊은이와 친구가 되었다. 얼마 후에 젊은이는 마카오로 신부를 찾아왔고 예비 신자가 되겠다고 했다. 이에 1575년 12월 25일 바오로라는 이름으로 세례를 주었다. 이것을 두고 광주의 선사는 백성들을 충동하여 포르투갈들의 배를 억류하고, 물품들을 몰수하며, 마카오를 파괴하겠다고 협박하였다. 1576년 상품 박람회를 위해 광주에 왔던 포르투갈인들은 젊은이를 인질로 잡고 있다가 돌려주겠다고 약속했다. 일은 카르네이로 주교에게 위임되었고 그가 광주까지 왔지만, 아무런 권한이 없어 결국 예비 신자는 두 대의 곤장을 맞고 쫓겨 갔다. cf. Bernard[1], pp.100-101;

루지에리 신부는 이 모든 것을 신중하고 온화한 자세로 바라보며, 모든 의심을 불식시키고 이른 시일 안에 사회적으로 지위가 있는 사람과 친분을 쌓으려고 했다.

특히 외국인을 담당하는 높은 직책의 한 관리인 해도(海道)[57]는 (루지에리) 신부가 학식이 높은 사람이라는 걸 알고 있었다. 포르투갈인들이 광주에 오면 그들의 사제며 스승으로 존경하고 복종하는 것도 알고 있었다. 그가 중국의 문자와 언어를 배우는 것에 대해서도 크게 존중하고 있었다. 루지에리 신부가 다른 포르투갈 상인들과 함께 해도를 방문하면 중국의 풍습에 따라 모든 사람이 그에게 무릎을 꿇어야 하지만, 신부에게는 그냥 한쪽에 서 있으라고 했다.[58]

210. 광주의 첫 번째 가톨릭교회 소성당

그 밖에 루지에리에게 주어진 또 하나의 특권은 뭍으로 올라와[59] 시안[60] 왕국의 사절단들이 머무르던 건물에서 묵을 수 있게 해 준 것이다.

NN. 2003, 2106, 5307.

57   원래 호칭은 해도부사(海道副使)다. 즉, 해안을 맡은 '부-총감(해군사령관)' 정도로 번역할 수 있을 것 같다. 광주에서 14년간 억류되었다가 풀려난 인사로 페레이라의 1562년 보고서에 따르면, 해도는 "바다와 외국인들에 관한 업무를 담당"(ARSI, Jap.-Sin., 4, f.296v)하고 있다고 했다. 해도는 통감으로 조경(肇慶)에는 없고, 광동성의 도읍인 광주에 있다.

58   cf. N.121.

59   **역주_** 당시 광주를 찾은 외국인들은 육지로 올라오지 못하고 배에서 밤을 보내야 했는데, 루지에리에게는 다른 사람들과 달리 배에서 밤을 보내지 않아도 되는 특혜를 주었다.

60   시안이다. 1580년 루지에리가 처음 살았던 곳은 "강 가까이에 있는 집"(N.5311), "성벽 밖에 있는 한 관료의 집"(N.2210)이었으나, 두 번째인 1581년에는 시안의 대사관저에서 살았다. cf. NN.2056, 2108, 5312, 5313. 그곳에서 루지에리와 그를 동행하여 10월

시암의 사절단은 삼 년마다 황제를 방문하여 복종을 서약하고 선물을 희사하는 관례가 있었다. 루지에리는 대사관저에 소성당을 만들어 매일 미사를 봉헌했고, 밤낮으로 중국 책을 읽으며, 포르투갈인들이 광주에 오면 언제든지 방문할 수 있게 했다. 주일과 그 밖의 축일에는 그곳에서 미사 참례를 할 수 있고 성사도 받을 수 있었다.[61]

루지에리는 총병總兵[62]과도 사귀었는데, 그는 광동Cantone, 廣東[63]성의 군대와 병사들을 총괄하는 최고 사령관이었다. 그에게 톱니바퀴 시계를 하나 선물한 적이 있었는데, 이후 매번 여러 차례 그의 사무실을 방문하면 많은 호의를 베풀어 주곤 했다.

211. 리치가 인도에서 중국의 마카오로 부름을 받다

이렇게 신뢰를 얻은 루지에리는 업무차 마카오를 찾는 중국인들과 만

25일 이전, 같은 날 도착한 피레스 수사는(*ARSI, Jap.-Sin.*, 9, ff.49-50) 건물에 있는 불교 사당[파고다]에 "우리 방식대로" 제단을 만들어 소성당으로 꾸몄다. 제단 위에는 광주에서 몰래 가지고 온 청동으로 된 다섯 뼘 정도 크기의 "아기를 가슴에 안은 복되신 동정 마리아" 동상을 올렸다(N.5301). 이 소성당(N.233)은 "성모님께 봉헌되었다." 1575년 이전까지 포르투갈인들을 광주로 데려온 사제는 주강(珠江) 한복판 도시의 섬에 있는 사당에서 미사를 봉헌했는데, 상인들은 아직도 거기에 닻을 내리고 있다고 했다. cf. N.4104. 1567-1572년 시암의 왕은 중국 황제에게 편지를 보내 1376년 중국의 홍무제(洪武帝)가 당시 시암의 군주에게 준 인장(印章)을 1570년의 화재로 잃어버렸다고 말했다(더 확실한 것은 1556년과 1569년에 있었던 아유타 약탈로 추정된다). 그러면서 그는 다른 걸 하나 더 요구했다. cf. *BEFEO*, 1904, p.251.

61 cf. NN.2056, 2028, 2053, 2106.
62 여단장에 해당한다. cf. Mayers[1], N.441. 그를 두고 황응갑(黃應甲)이라고 불렀다. cf. *Cronaca dei Mim*, c.40, f.18a.
63 광동(Kwangtung)이다. [**역주**: 정확하게는 광동의 주도 광주다. 본문에서 리치는 광주라고 알파벳으로 쓰고 한자로 광동이라고 적고 있어, 역자도 그대로 따랐다. 광동성을 일컫는다.]

나기 시작했고, 그중 많은 사람이 거룩한 신앙으로 개종하였다.[64] 예비신자는 날로 늘었고, 포르투갈인들의 기부로[65] 우리 성당의 뒤편 산 위에 집을 하나 마련하였다. 거기에는 성 마르티노에게 봉헌된 소성당이 있어 예수회 다른 사제들을 성가시게 하지 않아도 되었다. 그곳에서 새로 개종한 사람들에게 교리를 가르쳤다. 집 밑에선 포르투갈인들이 대기하고 있었다. 루지에리는 이곳에서 자신의 [중국어] 선생과 여러 통역자를 편안하게 만나고 공부했다. 이곳의 생활비는 수도회에서 지급해 주었다.

이것은 몇 가지 희망을 품게 하는 것이지만 두 가지 큰 장애도 내포하고 있었다. 하나는 마카오의 사제 수는 적은데[66] 포르투갈인들을 돌보는 일이 많아졌다는 것이다. 그러다 보니 루지에리 신부가 중국어를 공부하는 데 지장이 컸다. 다른 하나는 혼자서 이 일을 하다 보니 포르투갈 사람들과 광주Quantone, 廣州[67]에 체류하게 되면 마카오에서 학업을 이어 갈 수 없다는 것이다. 그의 부재가 때로는 6개월간 지속되기도 했기 때문이다.[68] 이 일 외에도 문자와 언어를 배우는 일은 혼자보다는 여럿이 하는

---

64 1581년 11월 12일, 루지에리는 "이곳(마카오)에서 [자기가 세례를 준] 몇몇 중국인 그리스도인"에 대해 말한 적이 있다. cf. N.2024.
65 집[수도원]의 기원에 관해서는 리치보다 루지에리가 더 잘 알았고, 그래서 그것을 잘 기억하고 있었다. 그는 최근에 일어난 일이라며 쓴 한 편지에서 1581년 11월 12일, 집은 한 자비로운 이탈리아인에 의해 완성되었고, 그 사람은 마카오에 있는 프란체스코 수도회 회원이 되었다고 했다. 그의 이름에 대해서는 입을 다물고 있다. cf. N.2024. 수도원 공사는 1580년 중반쯤에 이미 시작되었다. cf. N.207, 본서, p.82, 주(註) 50.
66 네 명의 사제와 한 명의 수사가 있었다. cf. N.207, 본서, p.81, 주(註) 47.
67 광주(Canton)다. **역주:** 앞쪽의 각주 63번과 정확하게 반대로 적고 있다. 리치의 글은 이런 오류가 매우 많다. 본문에서 알파벳으로 광동이라고 성의 이름을 쓰고, 한자로는 광주라로 표기하고 있다. 광주를 말하려는 거다.
68 일 년에 두 차례 열렸고, 통상 한 번에 3개월가량 이어졌다. cf. N.208, 주(註).

게 더 좋겠다는 생각이 들었다.

이에 루지에리는 일본에 체류하고 있던 발리냐노 신부에게 인도에 있는 마태오 리치 신부를 보내 달라고 요청하기에 이르렀다. [리치는] 루지에리와 함께 로마에서 출발하여 공부를 끝내고 고아에 머물고 있었다.[69] 발리냐노는 리치에게도 중국어 공부를 하도록 했고,[70] 마카오에서 중국

---

69 1579년 루지에리는 발리냐노에게 '고집스럽게' 리치를 요청하였다(N.2005). 이 요청에 따라 발리냐노는 1580년 인도 관구장 로드리고 비첸테에게 중국선교를 위해 리치를 보내 달라고 편지를 썼다. 1581년 11월 12일, 루지에리는 다음에 올 사람으로 분명히 리치를 언급했고(N.2024), 리치는 (1582년) 4월 26일에 고아를 출발하여 1582년 8월 7일에 마카오에 도착했다. cf. N.216, 본서, p.98, 주(註) 100.
    리치 시절 고아 콜레지움에 대한 묘사는 1575년 12월 25일 발리냐노가 메르쿠리아노에게 쓴 편지에 잘 나타난다. 편지에는 콜레지움이 도시의 한쪽 끝자락, 호수 가까이에 있어 건강을 해친다고 적고 있다. 47개 혹은 48개의 방과 아주 작은 거실이 하나 있었고, 한 방에 두 사람씩 써야 했기에 방은 매우 비좁았다. 콜레지움 옆에는 수련소가 있었다. 성당은 새로 지어 예뻤다. cf. *ARSI, Jap.-Sin.*, 7, I, f.297. 1580년 8월에 쓴 『동인도 관구와 그 지역 통솔에 속하는 것들에 대한 지침서(*Sumario de las cosas que pertenecen a la Provincia de la India Oriental y al govierno della*)』, 제4장 〈고아의 성 바오로 콜레지움에 대해(Del Colegio di S. Paolo de Goa)〉에서 발리냐노는 리치 시절의 고아에 대해서, 콜레지움과 성당 등의 특징까지 묘사하고 있다(*ARSI, Goa*, 6, ff.1-10v). 1578년 11월 22일, 고아에서 쓴 파시오의 편지, in *ARSI, Goa*, 12, f.496v와 1580년, 1581년의 고아 「연차보고서」 in *ARSI, Goa*, 31, ff.431-432, 443-446을 보라. 발리냐노가 리치를 중국으로 불렀을 때 리치는 고아에서 신학 3년을 마치고, 1580년 7월 26일 코친에서 첫 미사를 봉헌한 후였다. cf. NN.1021, 1026, 1028.
70 1582년 2월 12일, 발리냐노는 1580년 6월에 임명된 일본선교의 수장으로서 마카오에 4개 과목을 지시했는데, 거기에는 중국과 관련한 과목과 만다린어가 포함되어 있었다. 물론 매일 읽고 쓰기도 빠지지 않았다. 그래야만 불가능하다는 중국으로 들어갈 수 있을 거라고 했다. "우리 중 누군가 만다린어를 습득하기 전까지는 중국을 개종시키려는 노력에 아무도 자신할 수가 없습니다"(N.5010). 분명 그 이후가 되는 1582년 8월 7일, 알려진 그의 *Sumario* 가장자리에 중국어의 어려움 외에 다음과 같은 내용을 추가하여 적고 있다. "이곳에 있는 우리 신부님 두 분이 이미 중국어를 배우고 있고 큰 진전도 있습니다. 그분들의 일이 헛되지 않도록 기다려야 합니다. 그분들은 이 언어를 배우는 것 외에 다른 건 하지 않습니다. 가르쳐 줄 선생을 찾았고, 집[수도원]에서는 다른 일[사도직과 분리하여 중국어를 배우는 데 필요한 모든 편의를 제공하고 있습니다"

으로 들어갈 좋은 기회를 기다리며 루지에리가 시작한 일을 도와주라고 명했다. 그리고 마카오에 편지를 보내 중국선교를 준비하는 사제들에게 는 다른 일을 시키지 말라고 명했다.[71]

(*ARSI, Goa*, 6, f.23r). cf. N.5009.

71   cf. NN.2068-2069.

제2장

1년이 채 안 되어 3명의 신부가 중국으로 들어갔으나 체류 허가를 받을 수 없었던 것에 대해

(1582년 3월 9일부터 1583년 8월 10일경까지)

○ 발리냐노가 일본에서 마카오로 귀환하다
○ 원주민들을 위해 '예수성명회'를 설립하다
○ 광동과 광서 지역 총독 진서(陳瑞)가 마카오의 주교와 시장을 부르다
○ 루지에리가 조경의 총독을 접견하다: 선물 교환
○ 마태오 리치 신부가 마카오에 도착하다
○ 루지에리가 병이 들어 조경으로 돌아갈 수 없게 되다
○ 주도(主都)에 수도원과 성당을 세우도록 총독이 부르다
○ 프란체스코 파시오 신부가 동행하여 조경으로 돌아오다
○ 총독이 루지에리와 파시오를 마카오로 돌려보내다. 파시오가 일본으로 떠나다
○ 루지에리와 리치가 광주에 정착하려고 시도했으나 실패하다
○ 총독의 반(反)외국인 칙령

212. 발리냐노가 일본에서 마카오로 귀환하다

1582년, 발리냐노 신부가 일본에서 마카오로 오면서[72] 로마에 있는 그리스도인 왕과 제후들에게 파견할 4명의 인사人士와 함께 왔다. 대사 자

격으로 로마를 방문하고 교황에게 복종을 표하기 위함이었다.[73] 마카오

---

72 1582년 3월 9일에 일본에 도착하여 그해 12월 31일에 일본을 떠났다.

73 그들은 제후[純]들로, 휴가(日向, Hyūga)[**역주**_ 일본 미야자키현(宮崎縣) 북동부 휴가
    나다(日向灘)에 면해 있는 도시]의 왕 바르톨로메오 요시가타(義賢)의 조카 이토만쇼
    (伊藤滿所), 분고(豊後)의 왕 프란체스코 오토모 요시시게(大友義鎭)], 아리마(有馬)의
    왕 프로타시오 하루노부(晴信)[**역주**_ 아리마 하루노부(1567-1612)라는 이름으로 알려
    진 그는 에도 초기의 다이묘로 13세에 세례를 받아 그리스도인이 되었다. 18세에 시마
    즈씨(島津氏)의 지원으로 당시 세력을 넓히던 류죠지 다카노부를 오키타나와테에서
    격파하고 도요토미 히데요시와 도쿠가와 이에야스를 섬겼다]의 조카 미켈레 기지와
    (千岩清左衛門) 총독, 바르톨로메오 수미타다(純忠)의 총독의 사촌 오무라(大村) 왕자
    가 그들이다. 두 왕자는 마르티노 하라(原凡知野)와 히젠(肥前)의 봉후 줄리아노 나카
    우라(中浦壽理安)가 보좌했다. 그들의 이름은 이탈리아어와 중국어-일본어로 표기되
    어 직접 한 서명과 함께 베네치아 공화국 1585년 8월 2일 자 문서로 보관되어 있다. 현
    재 로마에 보관된 문서는 도키히데 나가야마(永山時英)에서 출판한 것이다.
    *Collection of Historical Materials connected with the Roman Catholic Religion in
    Japan*, N.8. 문서는 이렇게 시작된다. "천주의 도우심과 호혜로(天地萬物之御作者),
    그분의 외아들이며 우리 구세주 예수 그리스도의 도우심으로(御扶計世主子), 우리는
    휴가의 프란체스코 왕의 대사로 피운가 왕의 조카 만쇼, 아리마의 왕 프로타시오의 조
    카 미켈레과 그 사절단, 히젠 왕국의 봉후들을 대표한 나카우라 줄리아노와 마르티노
    하라가 로마로 가기 위해 일본에서 왔습니다. 왕의 이름으로, 일본 그리스도인의 이름
    으로, 3년이라는 시간을 들여 로마 교황의 발에 입을 맞추기 위해 왔습니다." 문서 끝
    에 발리냐노는 1583년 12월 15일 자 친서로 그레고리오 13세 교황에게 이렇게 적었
    다. "성하께 몇 명의 일본인들을 직접 소개해 드리고, 일본인도 교황 성하의 영광과 성
    교회의 믿음을 알도록 유명한 몇몇 귀족 출신 일본인 자제들이 로마를 방문하는 게 좋
    겠다고 생각했습니다. 그중 한 명은 휴가 왕의 조카이고, 분고 왕의 친척이며, 아리마
    왕의 조카와 오무라 가문의 주인 바르톨로메오가 있습니다. 모두 그리스도인입니다.
    이 사람들을 보내는 것은 편지에서 언급한 것처럼, 교황 성하께 복종 서원을 하고 (일
    본 왕과 제후들의 이름으로) 성하의 발에 입 맞추게 하기 위함입니다. 그들은 로마와
    유럽에서의 일에 만족하고 흡족해했습니다. 그들이 우리 성교회에 대한 평판과 신임
    을 얻는 데 도움 주기를 바랍니다"(Archivio secreto vaticano, aa. arm. I-XVIII,
    N.1834).

    같은 편지에서 발리냐노는 일본선교를 위해 매년 4,000스쿠디씩 주기로 결정한 교
    황께 감사드렸다. 일본에는 "200개의 성당에 15만 명이 넘는 그리스도인이 있고", "80
    명이 넘는 예수회 사제들과 형제들이 일본 현지인 귀족의 자제들을 위한 여러 개의 학
    교"를 운영하고 있다는 보고도 했다.

    일본인 사절단들은 1582년 2월 20일, 포르투갈의 이냐시오 데 리마 함선 위에 올라

에 있으면서도 발리냐노의 최대 관심은 중국선교에 있었다.

213. 원주민들을 위해 '예수성명회'를 설립하다

이것을 위해 우리의 성당 안에 '예수성명회'를 설립하여, 해야 할 것에
대한 올바른 규칙과 질서를 마련하여 같은 신앙을 고백하는 형제들과 새

일본 나가사키에서 출발하여 1582년 3월 9일 마카오에 도착했다. 그리고 다시 1582년
12월 31일 마카오에서 출발하여 1583년 1월 27일에 믈라카에 도착했고, 4월 7일에 코
친, 12월 4일에 고아에 도착했다. 1584년 1월 1일 코친으로 돌아왔다가 2월 20일에 다
시 출발하여 1584년 8월 10일 리스본에 도착했다. 그리고 그해 10월, 마드리드를 거쳐
1585년 3월 22일 로마에 도착했다. [로마에 도착한] 다음 날 모든 사람[사절단 전체]이
추기경회의에서 그레고리오 13세 교황을 성대하게 알현하였으나, 줄리아노 나카우라
는 병이 들어 참석하지 못했다. 그레고리오 13세 교황이 사망한 후, 그들은 시스토 5세
교황의 선출과 즉위식에 참석했고, [새 교황은] 1585년 4월 26일 저녁 시간이 다 되었
음에도 기꺼이 알현을 허락했다. 소년단의 여정과 관련해서는 1585년 8월 10일과
1586년 4월 26일 자 미공개 두 개의 보고서를 보라. *ARSI, Jap.-Sin.*, 22, ff.59-76,
76-83. 이 보고서 이전에는 포르투갈 출신의 예수회원 디에고 메스퀴타(Diego
Mesquita)가 일본에서 왕자들을 데리고 로마에 온 적이 있었다. *Ibid.*, ff.84-85를 보
라. 시스토 5세 교황이 허락한 알현에 관해 메스퀴타가 기록한 메모들도 있다. 1585년
3월 23일에 있은 추기경회의에서 특히 흥미로운 것은 프란체스코 무칸치오(Francesco
Mucanzio)라는 당시 사도좌 전례 담당 지휘자가 남긴 기록인데, 그는 자기 눈으로 직
접 사절단을 보았다고 했다. 사절단이 가지고 온 편지들을 라틴어로 번역한 것과 함께
있는 그의 일지를 보라. A. Theiner, *Annales Ecclesiastici ab anno 1572*, Roma, T.
III, 1856, pp.637-641, NN.XXI, XXII. 사절단의 로마 여행에 관한 자세한 보고서는 추
기경회의와 연설들, 그리고 왕의 편지들과 교황의 답변서들이 이탈리아어로 번역한
문서에 함께 있다. *Relazioni / Della Venuta/ de gli Ambasciatori / Giaponesi / a
Roma, sino alla partita di Lisbona /* ··· Guido Gualtieri, In Venetia, Appresso
Giolitti, MDLXXXVI 수집. 발리냐노가 바란 여행과 관련한 모든 보고서는 라틴어로 적
은 것을 교황청에서 가지고 와서 1590년 마카오에서 출판하였다. 제목은 다음과 같다.
*De missione / legatorum japonen / sium ad romanam curiam rebusque in /
Europa, ac toto itinere animadversis, / dialogus ex ephemeride ipsorum legatorum
col / lectus, in sermonem latinum versus.* 이 책에 관해서는 N.276을 보라. cf.
Boncompagni-Ludovisi, *Le prime due ambasciate dei Giapponesi a Roma*, Roma,
1904.

로 입교한 모든 사람을 도와주고자 했다. 모임은 점차 자리를 잡아 갔고, 포르투갈 사람들은 받아 주지 않았지만, 중국인, 일본인 그 외 아시아 지역 사람들은 모두 받아 주었다. 모임은 계속해서 성장했고, 이 도시에서 하느님께 많은 봉사를 했다. 발리냐노는 중국선교를 담당하는 신부 중한 명을 이 모임의 전담 사제로 임명했고, 그에게는 수도회의 직무 가운데 하나인 '새 신자를 지도하는 임무'도 맡겼다. 그는 새 신자들과 우리의 거룩한 신앙을 받아들이기를 원하는 예비 신자들을 도와주고 보살펴주는 일을 했다.[74]

214. 광동과 광서 지역 총독 진서(陳瑞)가 마카오의 주교와 시장을 부르다

광동Quantone, 廣東[75] 지역의 도당都堂[76] 혹은 총독은 전체 중국에서 가장 막강한 권력자 중 한 사람이다. 이 지역은 북경에서 아주 멀리 떨어져 있고, 이 왕국의 끝에 위치한데다 모두 바다로 둘러싸여 자주 강도가 출몰하고 일본 해적들이 침입하곤 했다.[77] 그래서 이 지역의 총독이 광서 Quansi, 廣西[78] 지역까지 함께 담당하고 있었다. 필요한 군사들을 양쪽 지역에서 조달할 수 있고, 그래서 더 큰 군대와 잘 무장된 군사력을 확보할

---

74 1582-1583년, 이 일은 리치가 담당하기도 했다. cf. N.219. 이 직무를 맡은 사람을 "Padre pae dos christãos"라고 불렀는데, "pae"는 아버지(사제, 신부), 보호자 혹은 후견인을 의미한다. 즉 '그리스도인들의 보호 사제'라는 뜻이다. cf. Cardim, p.22. "그리스도인들의 아버지"라는 직무는 1723년까지 있었다. cf. Pastor, XV, 1930, p.777.
75 광동(Kwangtung)이다.
76 cf. N.105.
77 16세기 일본 해적들이 중국의 해안을 습격하곤 한 사례는 드문 일이 아니었다.
78 광서(Kwangsi)다.

수 있기 때문이다(광서에도 다른 지역들과 마찬가지로 그 지역 장관이 있음에
도 불구하고 말이다). 이런 이유로 총독부를 조경肇慶[79]에 두고 있었는데,
이는 다른 지역의 총독이 주로 거주하는 도읍[80]이 아니라 광서 지역에서
가깝기 때문이다.[81]

그 시기에 두 지역의 총독으로 복건福建성의 한 도시에서 진서陳瑞[82]라
는 총명하지만, 돈을 밝히는 사람이 부임해 왔다. 그는 마카오에서 뭔가
얻을 속셈으로,[83] 마카오의 주교[84]와 시장[85]에게 사람을 보내 자기가 있

---

79 샤오칭(Sciaochin), 더 정확하게는 샤오침(Sciaocchim), 조경(肇慶)이지, 종종 저자조
    차 혼용하여 기록하듯이 챠오침(Caiocchim)이나 쨔오침(Cciaocchim)이 아니다. 조
    (肇)만 혼자 읽을 경우, 샤오(sciao)와 챠오(ciao)로 발음하고, 사전과 지도에는 두 가
    지를 모두 사용하고 있다. 물론 당시의 선교사들은 자기들이 살던 도시를 어떻게 읽는
    지 정도는 알고 있었고, 그래서 계속해서 이탈리아어는 물론 포르투갈어와 스페인어
    로 샤오(sciao)로 기록했다. 오늘날 이 도시는 시우힝(Shiuhing)으로 음성화했다. 총
    독부는 1664년까지 이곳에 있었다. cf. Richard², p.207. 리치 시절에는 1만에서 1만 2
    천 명의 인구가 살았다. cf. NN.347, 1155. 리치 시절, 1579년 알파로(Alfaro)가 데리
    고 갔던 프란체스코 재속회 출신으로 군인이었던 프란체스코 데 두에냐스(Francesco
    de Dueñas)가 묘사한 조경을 보라. in SF, II, p.136, N.1. cf. ibid., pp.137-138.
80 즉, 광주(Canton)다.
81 대부분의 총독부는 각 성(省)의 도읍에 있었다.
82 그의 성은 진(陳)이고 이름은 서(瑞)고, 아명은 공린(孔麟), 호는 문봉(文峯, Aleni¹,
    f.1b)이다. 1513년 복건성의 복주(福州) 장락(長樂)의 한 군인 가정에서 태어났다
    (N.2112). 1553년에 가장 낮은 성적으로 학위를 받았으나 출세는 그리 늦지 않았다.
    감찰어사(監察御史), 염과(鹽課), 천진(天津)과 산동(山東)에서 산시의 안찰사첨사(按
    察使僉事), 같은 성(省)의 판관의 부사(副使), 하남의 석참정(石參政), 안찰사(按察使),
    그 후 병부상서(兵部尙書)의 직책으로 호광(湖廣)의 총독과 우부도어사(右副都御史)
    를 지냈다. 그러다가 1582년에 광동과 광서의 총독(總督)이 되어 조경으로 왔다. 리치
    는 그를 두고 "총명하지만, 돈과 친한 사람"(N.214)이라고 불렀다. cf. Annali della
    Prefettura ai Shiuhing, c.12, f.3b; Annali Generali del Fukien(同治福建通志), c.152,
    f.39a; Annali Generali del Kwangtung, c.18, f.24a-24b: c.20, f.13b; Cronaca dei
    Mim, c.40, f.18a; NN.2057, 2065, 2160.
83 때에 따라서 "포르투갈 사람들을 중국 밖으로 추방하라"(N.2110)라는 명령도 황제로
    부터 받아 둔 상태였다. 그래서 그는 "얼마나 많은 양의 돈을 얻을 수 있을지에 대한

는 조경으로 와서 심사를 받으라고 명했다. 마카오의 주교와 시장이 마카오에 체류하고 있는 외국인들을 통솔하고 있다는 걸 알았기 때문이다.

　두 사람 중 아무도 가고 싶어 하지 않았다. 그렇다고 안 가는 위험한 행동을 할 수도 없었다. 결국 마카오의 시민들은 (총독의 명령에 복종하지 않는다는 인상을 주지 않는 선에서) 그들을 대신하여 두 명의 대리인을 파견하기로 했다. 한 사람은 발리냐노의 명에 따라 주교 대리인 자격으로 루지에리 신부[86]를 보내 그곳에 정착할 수 있는지를 살피도록 했고, 다른

――

기대 외에 다른 어떤 것에도 관심이 없었다"(N.5314). 외국인들에 대한 그의 의심은 1582년 5월 2일 알폰소 산케즈(Alfonso Sanchez)가 광동에 올 때부터 시작되었다 (N.2053). 산케즈와 그의 동료들의 신분을 물었을 때, 통역관이 대답하기를 스페인에서 온 도둑과 간첩이라고 대답했기 때문이다. cf. Pastells, II, p.CLV.

84　마카오의 주교는 레오나르도 데 사(Leonardo de Sá)로 *CP*, I, p.287에 적힌 것처럼 "학식이 풍부하고 고귀한 혈통"의 사람이었다. cf. *Ibid.*, p.291 nota; Pastells, II, p.CLIX. 1578년 10월 22일 혹은 27일에 마카오의 주교로 임명되었고, 1581년 10월 25일 전에 도착한 것으로 추정된다. 마카오의 원장 도미니코 알바레즈(Domenico Alvarez) 신부가 메르쿠리리아노에게 쓴 편지에 "총장님, 올해 이곳 성당에도 레오나르도 주교님을 맞이했습니다"(*ARSI, Jap.-Sin.*, 9. f.49r)라고 적혀 있기 때문이다. cf. NN.2062, 2110. 그는 1586년에서 1594년 사이, 제3차 고아 공의회(1585년 7월 9일-11월 24일)에서 돌아오자마자 수마트라섬의 아힘에서 포로로 잡혔다. 이 소식은 1593년 초에야 비로소 고아에 전해졌다. cf. *ARSI, Jap.-Sin.*, 12, ff.156-157, 166-167. 1596년 11월 13일 이전에 마카오로 돌아왔고(*ARSI, Jap.-Sin.*, 12, f.26), 그곳에서 1597년(9월 15일)에 사망하였다. cf. NN.780, 4076; Nazareth, pp.280-281; *BDM*, 1938-1939 (XXXVI), p.339, N.18: p.340, N.20. 그가 마카오에서 사망할 때 일본에는 두 명의 주교가 있었는데, 피에트로 마르티네즈(Pietro Martinez)와 보좌주교 루이지 체르케이라 (Luigi Cerqueira)다.

85　1582년 6-7월에는 조반니 데 알메이다(Giovanni de Almeida)가 시장으로 있었는데, 몇 개월 지나지 않아, 늦어도 12월 18일 이전에 아이레스 곤잘레즈 데 미란다(Ayres Gonzalez de Miranda)가 그의 뒤를 이었다. cf. Pastells, II, pp.CLVII, CLIX-CLXI, CLXIV, CLXVI; *CP*, I, pp.290-291, 294-296, 300, 310. *CP*, I, pp.286-289에서 1582년 마카오시 행정관들과 교회 인사들의 명단을 보라.

86　당시 루지에리는 광주를 네 번째 방문하는 중이었고(N.2110), 그곳에서 파넬라에 합류하라는 발리냐노의 명이 적힌 편지를 받았다(N.5315). 조경을 향한 여정은 8월 이전

한 명은 마카오시의 배석판사 마티아 펜넬라(Mattia Pennella)[87]를 보냈다. 총독은 마카오에 어떤 제재를 가하지도 않았고 이미 활발하게 이루어지고 있는 상업 활동을 방해하지도 않았다. 마카오 공동체는 그에게 보낼 선물로 비단, 주름 잡힌 외투, 수정 거울과 그 외 중국인들이 좋아하는 것들을 1천 두카토가 넘는 비용을 들여 마련했다.[88]

215. 루지에리가 조경(肇慶)의 총독을 접견하다: 선물 교환

두 대표는 총독으로부터 크게 환대를 받았는데, 이는 총독이 위압감을 조정하여 자기 권력을 과시하려는 의도가 배경으로 작용했기 때문이다.[89] [총독은] 그들이 가지고 온 선물을 보고는 금세 순해져서 흡족해하며,[90] "처음과 마찬가지로 계속해서 그 도시[91]에 거주하며 관(官)의 질서를

(N.215), 그러니까 1582년 6월에 시작한 걸로 보인다. 산케즈가 5월 2일 광주에 도착했고 그달 29일까지 그곳에 남아 있었다고 한다면, 그사이 발리냐노의 명이 루지에리에게 전달되어 조경으로 향했을 것이고, 보름 후에 그곳에서 출발하여 광주로 돌아와 산케즈를 만났다고 볼 수 있다. 5월 중순 조금 전에 조경을 떠났다고 하겠다(N.2053).

87 그의 진짜 이름은 파넬라(Panela)다. 가톨릭교회 선교 후원자들의 명부에는 그에 관한 흥미 있는 정보가 많다. *CP*, I, pp.287, 301-303, 310, 316-317. cf. N.2110. 그는 마카오 평화재판에서 힘을 쓰는 오위도(Owidor)라고 부르는 (리치가 정의한바) 배석판사였다. 따라서 식민지역에서 가장 영향력 있는 시장과 주교와 함께 주요 인사 세 명 중 하나였다. 중국의 상황에 대해 매우 밝았고, 중국어를 완벽하게 구사했으며, 관리 및 총독들과 매우 좋은 관계를 유지하고 있었다. 조경에는 '시장 대리인 자격으로'(N.5315) 갔다.

88 cf. N.2110.

89 총독은 "거창한 옥좌에 앉아 있었고, 그의 주변에는 300명의 대장과 군인들이 무장한 정복 차림으로 신부들에게 위압감을 주려는 듯 서 있었습니다"(N.5319).

90 총독은 "신부를 가까이 불러 매우 다정하고 친근하게 신부의 수염을 쓰다듬었는데, 중국인들은 서양 선교사들의 수염을 부러워했습니다. 그들에게는 없기 때문입니다"(N.5319). 하지만 루지에리는 이 수염을 1583년 10월 이전에 모두 깎아 버렸다.

91 마카오다.

준수하시오. 그리고 선물에 관해서는 모두 잘 계산하여 합당한 대가를 지급하게 하면 받겠소"라고 말했다. 이후에 통역자에게 그 물건들은 각각 어느 정도 값어치가 나가느냐고 물었고, 공개석상에서 은을 달아 보라고 사람을 보냈다.[92] 그리고는 신부와 배석 판사에게 그 비용을 지급하며 마카오로 가지고 가라고 했다.

신부는 통역관을 통해 자신은 중국에 와서 지금껏 중국 문자와 언어를 배웠다고 전했다.[93] 이에 총독은 매우 기뻐하며, 그가 요청한 것[94]에 대해 기대할 만하다며 다음번 방문[95]에는 실현될 수 있을 거라고 했다. 그러면서 융숭하게 음식을 대접했고 은전까지 주었다.[96] 은은 이곳에서 화폐에 해당한다고 [앞서] 말했다.[97] 그리고 그들을 돌려보냈는데,[98] 관리들과 군인, 악대가 온 도로를 행진하며 연주하는 가운데 성대하게 예를 갖

---

92 돈이 없었기 때문에 은을 달아서 그것을 대가로 지급했다. cf. N.22. cf. N.206, 본서, p.77, 주(註) 37. 총독은 "커다란 세 개의 은도금 판에 자신의 군직(軍職)을 새겨서"(N.2053) 주었다.

93 cf. NN.204, 207. 루지에리의 탄원서 내용은 1583년 2월 1일 그와 파시오가 조경에서 쓴 편지에 담겨 있다. cf. N.2093; Pastells, II, p.CLXXI.

94 루지에리는 광주에 성당과 수도원을 지을 수 있게 허락해 달라고 요청했는데, 6-8명의 예수회원과 일부 교리 교사들을 위한 크기면 충분하다고 했다. cf. N.2053.

95 총독은 먼저 그들에 관한 충분한 정보를 얻고자 했고, 그즈음 신부들에게 승복을 입도록 허락해 주었다. cf. N.2053.

96 그리고 "비단과 중국 책(3권)도 주었다"(N.2110). 파시오에 따르면, 선물 꾸러미에는 "밀가루와 쌀 각 한 자루씩, 포도주 1갤런[역주_ 갤런은 야드파운드법에 의한 부피의 단위로, 1갤런은 1쿼트의 4배, 1파인트의 8배로 영국에서는 약 4.545리터, 미국에서는 약 3.785리터에 해당한다]과 신선한 돼지고기 한 조각씩, 닭 두 마리와 오리 두 마리씩"(N.2078)이 들어 있었다고 했다.

97 cf. N.22.

98 조경에서 보름을 머문 후, 두 방문객은 강요 없이 알아서 출발했다(N.2110). 그들은 조경에서 돌아와 5월 말경에 벌써 광주에 도착해 있었다. 광주에서 그들은 산케즈를 만났고, 그달 31일에 그곳을 떠났다.

추어 그들을 배까지 배웅했다. 그러나 사절단 중 한 사람이 비밀리에 말하기를 공개석상에서 은을 달아서 준 건 돌아가서 다른 물건들을 사 오라는 것이고,[99] 후에 다시 올 때 그것들을 가지고 와서 총독[자기]에게 달라는 뜻이라고 했다.

216. 마태오 리치 신부가 마카오에 도착하다

8월 초, 인도에서 마카오로 배가 들어왔다. 거기에는 마카오에서 살게될 우리 형제들이 몇 명 도착했는데, 일본선교에 투입될 몇 명의 신부와중국선교를 위해[100] 부른 마태오 신부[101]가 있었다. 마태오 신부는 이 선

---

99 총독은 그에게 요청하기를 "북경으로 보낼 열 개의 아주 좋은 깃털 장식의 펜"(N.2082)을 사 달라고 했다.

100 리치가 고아를 출발한 것은 1582년 4월 26일이었고, 믈라카에 도착한 것은 6월 14일이었다. 파시오 신부와 일본으로 갈 다른 다섯 명의 신부가 함께 왔다. 파시오 신부가아콰비바에게 쓴 1582년 6월 22일 자 편지에는 "거기에는 조아니 제라르디노(Gioani Gerardino)와 놀라(Nola)의 화가 조안 콜라(니콜라오, Gioan Cola) 수사가 있었는데그들은 올해(1582년) 로마에서 왔습니다"라고 적었다(ARSI, Goa, 13, f.122 a b). 한사람이 더 추가되어 7월 3일, 모두 7명이 믈라카에서 출발했고, 8월 7일 마카오에 도착했다. "풍랑이 없는 좋은 항해였고, 두 사람이 가벼운 여독에 걸렸는데 그중 한 사람이마태오 리치 신부였습니다." 1582년 12월 15일 자 파시오가 아콰비바에게 보낸 편지내용이다(N.2064). cf. N.219. 그러나 리치의 병은 파시오가 생각한 것보다 훨씬 심각했고, 그에 대해 1583년 2월 13일, 리치는 직접 이렇게 썼다. "계속해서 여행하기에는너무도 힘들었습니다. 하지만 하느님의 은총으로 육지에 도착하자 호전되었습니다"(N.1046).

101 리치의 자질은 중국인들을 향한 미래 사도직에 적지 않은 영향을 미쳤다. 산케즈 신부는 1582년 11월 3일에서 1583년 2월 13일까지 마카오에서 그를 보았고, 이렇게 묘사했다. "마태오 리치는 이탈리아 사람이지만 모습이 그들[중국인들] 중 한 사람처럼 느껴졌고, 중국인들이 깊이 존경할 만큼 부드럽고 진솔하고 온화한 인품을 지니셨습니다. 특히 그분의 천재성과 기억력은 놀라울 정도입니다. 그분은 훌륭한 신학자일 뿐만아니라 탁월한 천문학자로, 그들은 그런 신부님을 좋아하고 그에 대해 알고 싶어 했습니다. 신부님은 짧은 시간 안에 그들의 언어와 수많은 문자를 배워 통역관 없이 관리

교에 도움이 될 만한 것으로 관구장[102] 빈첸시오 로드리고 신부[103]가 들고 있던 매우 아름다운 기계시계[104]를 가지고 왔다.

217. 루지에리가 병이 들어 조경으로 돌아갈 수 없게 되다

배석판사와 시장, 그리고 마카오시의 인사들이 함께 총독이 요청한 물건들을 모두 구매하여 루지에리 신부와 함께 조경으로 돌아가려고 했다. 그러나 출발할 때가 다 되어 루지에리 신부가 위험하기까지 한 심각한 병에 걸렸고,[105] 그가 출발할 수 없는 상황에서 배석판사를 계속해서 기다리게 할 수도 없었다. 그래서 루지에리는 병 때문에 오지 못했다고 총독에게 전해 달라고 했다. 그는 시간마다 자동으로 소리가 나는, 중국에서는 한 번도 보지도 듣지도 못한 아주 예쁜 시계를 하나 가지고 왔다.[106]

배석판사가 총독에게 모든 선물을 내놓자, 총독은 왜 신부가 오지 않았느냐고 물었고, 그가 아프다는 것을 알고 크게 유감을 표명했다. 그리고는 신부가 시계를 가지고 오려고 했다는 말을 듣고는 큰 흥미를 보이

들과 대화를 했고, 그로 인해 중국인들은 신부님을 가장 존경하고 사랑하게 되었습니다"(*CP*, I, p.322, nota).

102 인도 관구장이다.

103 로드리고 비첸테(Rodrigo Vicente)다. cf. N.204, 본서, p.68, 주(註) 22.

104 "청동으로 만든 시계"(N.1182)로 유럽의 시간에 맞추어 소리가 났다(N.1061).

105 고열과 왼쪽 팔에 상처를 동반한 출혈이 있었다. cf. N.2111.

106 루지에리는 파넬라를 통해 총독에게 안경도 선물했다. cf. NN.2093, 2111. 중국에 렌즈가 도입된 것과 관련해서는 다음을 보라. Kaiming Chiu, *The introduction of spectacles into China* in *Havard Journal of Asiatic Studies*, Cambridge, Mass., 1936, pp.186-193. cf. *TP*, 1915, pp.169 이하. 중국에서 총기 렌즈는 기원전 11세기부터 시작되었다. cf. Biot, Tscheouli [周禮], II, p.381; Forke, *Burning Glasses and Moon Mirros* in *MSOS*, 1911, Supplementary volume, pp.496-498.

면서 그것을 갖고 싶어 했다.

218. 주도(主都)에 수도원과 성당을 세우도록 총독이 부르다

이에 총독은 비서에게 명하여 루지에리 신부에게 최대한 빨리 오라는 내용이 담긴 초청장을 마카오에 보내도록 했다. 편지는 마카오에 '총독의 허가'[107]라는 이름으로 도착했고, 그것은 곧 예수회 신부들이 중국에

---

107 리치는 허가서를 샤파(*chapa*, **역주_** 은으로 만든 얇은 판에 인물에 대한 각종 정보를 새긴 일종의 신분증을 겸한 '통행증'이다)라고 했는데, 분명하지는 않지만, 인도어, 포르투갈어, 혹은 독일어에 기원을 두고 있는 것으로 포르투갈과 스페인 사람들이 자주 사용한 말이다. 즉 여권과 같은 신분증이나 자격증처럼 공식 문서에 이런 이름으로 적혀 있었다. 이 용어[샤파]는 1518년부터 사용했고, 1552년 10월 22일 자 프란치스코 하비에르의 편지에서도 찾아볼 수 있다(*MHSI, MX*, I, pp.784, 795). cf. Dalgado, pp.259-261. 포르투갈 출신의 안토니오 페레이라(Antonio Pereira)는 1562년까지 광주에서 14년이나 포로로 잡혀 있은 적이 있었는데, 그에 대해 예수회 발다사레 가고 (Badassare Gago) 신부가 포르투갈어와 이탈리아어로 쓴 중국 관련 보고서에서(포르투갈어 텍스트 *ARSI, Jap.-Sin.*, 4, f.297v: 이탈리아어 텍스트 f.306v) 이렇게 적고 있다. "아무도 허가서(포르투갈어로 샤파, *chiapa*) 없이는 이 지역에서 저 지역으로 갈 수 없다. 거기에는 어디서 어디로 가는지, 얼마간 있을 건지가 모두 기록된다. 수염을 기를 건지 자를 건지 등 개인의 고유한 표시가 있는지도 기록한다. 허가서를 갖고 있지 않은 사람은 즉시 체포하여 포박한 뒤 추방한다. 누구든지 허가서 없이는 이 지역에서 저 지역으로 물건을 가지고 갈 수도 없다. 허가서를 통해 그 사람이 어디에서 출발했고 그곳에서 세금을 얼마나 냈는지도 확인한다. 허가서 없이는 물건을 압수당하고 추방된다." 1564년 12월 3일, 예수회의 프란체스코 페레즈 신부는 마카오에서 루이지 곤살베스 신부에게 이렇게 썼다. "이곳은 너무도 폐쇄된 곳으로, 누구든지, 신분이 높은 사람이건 낮은 사람이건, 어디로 가는지, 왜 왔는지 등을 알 수 있는 개인 허가서 없이는 전혀 다닐 수가 없습니다"(*ARSI, Jap.-Sin.*, 5, f.169r). 아울러 알폰소 산케즈는 이렇게 적고 있다. "허가서 혹은 통행증은 은으로 도금한 두 개의 얇은 판인데, 포르투갈어로 도금을 '샤파'라고 부른다"(*CP*, I, p.281). 또 다른 곳에서도 "샤파(*chiapa*), 곧, 은으로 된 판에 쓴 허가서"(N.2211)에 대해서 언급하고 있다. 산케즈는 1582년 광주에서 그것을 보았고, 이렇게 묘사하고 있다. "이곳에는 은으로 된 '샤파'라는 것이 있어 그 위에 통행을 허락한다는 글자가 적혀 있습니다. 도당(都堂)이 루지에리에게 마카오와 광주와 조경에 오고 갈 수 있도록 허락한 것입니다. … 그러면 경비원이 그를 막지

체류할 수 있고 성당과 수도원을 세울 수 있도록 허락한다는 것을 의미했다. 그래서 수도회 안팎의 동요는 컸고, 발리냐노 신부에게 큰 숙제를 안겨 주었다. 왜냐하면 두 사람 외에는 아무도 중국어를 할 줄 몰랐고, 루지에리 신부조차 이런 중대한 외교를 할 만큼 중국 문자를 충분히 아는 것이 아니었다. 그래서 이 기회를 그냥 흘려보냈고, 신부들이 어느 정도 준비가 된 후 다른 기회를 기다리기로 하였다. 그러나 모든 신부가 이렇게 좋은 기회를 놓쳐서는 안 된다고 했고, 이보다 더 좋은 기회는 다시 없을 수도 있다고 했다.[108]

219. 프란체스코 파시오 신부가 동행하여 조경으로 돌아오다

일본으로 갔던 신부 중에 프란체스코 파시오 신부가 있었다. 중국선교를 위해 두 명의 신부[109]가 로마에서 인도로 올 때 함께 왔다. 매우 신중하고 현명하며 통솔력 있는 신부였다.[110] 그래서 발리냐노 신부는 이

않습니다"(CP, I, p.322v). cf. TP, 1928-1929, p.47; N.2131. 1583년 2월 10일, 마티아 파넬라도 "샤파, 허가서(que es provión)"(CP, I, p.302)에 대해서 말한다. 한편 (CP, I, p.269) "허가서로서 샤파는 매우 방대하게 사용되고 거기에는 많은 정보가 기록되어 있다." cf. CP, II, pp.146, 149. 1582년 11월 20일, 더 정확하게는 5월 14일 광주에서 산케즈가 언급하고 있는 '샤파'는 CP, I, pp.285-286 각주에서 볼 수 있고, Pastells, II, pp.CXLIX, CLIV-CLVII, 더 정확하게는 cf. TP, 1929, p.47: 1938, pp.199-201, 206-207 에서 찾아볼 수 있다. cf. TP, 1938, p.215. 1599년 12월 19일, 디아즈 신부는 남경에서 한 관리가 리치에게 말하기를 "수도원을 설립하기 위해서는 샤파를 구입하라"(N.2875)고 했다고 한다. 1590년 루지에리가 로마로 돌아왔을 때도, 그는 일부 신학생들에게 "황제와 총독의 인장이 찍힌 중국어로 된 허가서"(N.2543)를 보여 주었다. cf. N.274, 본서, p.199, 주(註) 347.

108 cf. N.2088.
109 루지에리와 리치다. 루지에리는 1577년 11월에 로마에서 출발했고, 리치는 5월 18일에 출발했기 때문에 파시오가 로마에서 리스본으로 리치와 루지에리와 함께 갈 수는 없었다. 하지만 리스본에서 고아로 함께 올 수는 있었다. 이어지는 각주를 보라.

일에 적임자라고 판단하여 루지에리 신부와 함께 총독[111]에게 파견하였

---

110 프란체스코 파시오(Francesco Pasio)는 1554년 11-12월, 볼로냐에서 줄리아나 디 본
필리와 보니파시오 사이에서 태어났다. 어머니를 일찍 여의고 사제가 되어 교회 문서
관리를 맡아서 했다. 콜레지움 로마눔에서 2년 6개월간 문학 수업을 듣고, 2개월간 논
리학을, 그리고 2년간 법학을 공부한 후, 1572년 10월 24일, '검정색 외투' 하나만 들고
퀴리날레에 있는 성 안드레아 수도원에 지원자로 들어갔다(*ARSI, Rom.*, 171, A, f.23r,
N.181). 이튿날 그곳에서 심사를 받고 예수회에 입회하였다. 그에 관해 성 안드레아의
'수련소 문서철(*Codex novitiorum*)'(f. 19r-e)에는 이렇게 적혀 있다. "무기명 심사 결
과 장애 없음. 18세, 볼로냐에서 태어남. 부친은 보니파시오 파시오인데, 일찍 아내를
잃고 홀아비가 됨. 사제가 되어 교회 문서 관리 담당. 모친은 줄리아나 디 본필리였음.
[현재] 두 분 모두 사망. 2년 반 동안 콜레지움 로마눔에서 인문학과 수사학을 공부, 그
리고 2개월간 논리학을 공부함. 그 후 2년간 청강생으로 법학을 공부. 하느님의 은총
으로 예수회의 모든 규범, 회헌과 생활양식을 준수하기로 함. 그리고 죽을 때까지 장
상이 명령하는 모든 것을 지키겠다고 약속. 신앙 안에서 직접 작성함. 프란체스코
파시오 (서명)."
　　1573년 10월 4일, 성 안드레아 수도원에서 수도서원을 했고(*Ibid.*, f.157r), 같은 날
콜레지움 로마눔에 들어갔다(*Ibid.*, f.230v). 거기에서 리치, 루지에리와 함께 살았고,
마지막 해에는 로바니오에서 돌아온 성 로베르토 벨라르비노와도 함께 살았다(*ARSI,
Jap-SiN.*, 14, f.71). 1577년 5월 18일 로마에서 리스본으로 리치와 함께 떠났고, 후에
신학자 1년 차지만 이미 젊은 사제가 되어 1578년 3월 24일 인도로 출발했다. 그리고
그해 9월 13일 고아에 도착했다(N.219). 처음 2년간 고아에서 소임을 맡았고 1580년
말, 감찰관으로 신학을 가르쳤다(N.1020). 그곳에서 리치와 함께 1582년 4월 26일, 고
아를 떠나 중국으로 향하는 배에 올랐다. 그리고 그해 8월 7일, 마카오에 도착했다
(N.2064). 일본으로 가게 되었으나 루지에리를 동반하여 조경으로 향하는 여행길에
올랐고, 1582년 12월 27일 감동에 젖어 그곳에 도착했다(NN.2088, 2095). 조경의 총
독이 바뀌자 두 사제는 마카오로 돌아가야 했고, 1583년 6월 27일 이전
(NN.2137-2140), 아마도 3월에 벌써 마카오에 있었던 걸로 추정된다. 결국 파시오는
원래 가려던 일본으로 가기로 하고, 1583년 7월 14일 마카오에서 출발하여 그달 25일
에 나가사키에 도착했다(*ARSI, Jap.-Sin.*, 9, II, f.230). 그는 1591년 6월 30일까지 일본
에 머무르며 학생들을 가르쳤다. 1600년 8월, 그는 중국과 일본 예수회 관구 부관구장
이 되었고(N.685), 1608년 3월 6일까지 맡았다(N.1803). 1608년 12월 9일, 발리냐노
의 후임으로 일본-중국 부관구의 감찰관으로 임명되었고(*ARSI, Jap.-Sin.*, 25, II,
f.293; cf. *Ibid.*, f.31, N.9), 발렌티노 가르발호(Valentino Carvalho, 1566-1623.03.
23.)가 부관구장이 되었다. 1612년 4월, 파시오는 마카오로 갔고, 얼마 지나지 않아 병
에 걸려 그해 8월 30일 사망하였다(*ARSI, Jap.-Sin.*, 15, f.204; Bartoli[2], III, c.50,
p.276). 그가 일본에서 한 일과 수도회 내부 장상이 공석일 때 했던 통솔에 관해서는

다. 총독이 보기에 신부들은 중국어와 중국 문자에 부족함이 있지만 다른 좋은 면들이 있었다. 그사이에 마태오 신부는 성 마르티노 수도원에 남아 예비신자와 새 신자들을 돌보며 예수성명회 책임을 맡고 있었다. 중국으로 들어갈 수 있게 되면, 중국에 수도원을 세우고 그곳에서 하던 일을 계속할 생각이었다.

배가 인도로 떠날 시기가 되었고, 발리냐노 신부는 일본인 인사들과 함께 배에 오르며,[112] 조경에서 신부들이 돌아와 중국에 수도원을 세울 수 없다고 한다면, 프란체스코 파시오 신부는 즉각 원래 있던 일본으로 떠나라고 명령하였다.

신부들은 총독을 만나 시계와 베네치아 유리로 만든 여러 빛깔의 프리즘과 다양한 물건들[113]을 선물했다.[114] 총독은 아주 좋아했고, 천녕사天寧

Bartoli[2], III, cc.30, 46, p.154-160, 251-252에서 자세하게 설명하고 있다. 리치는 파시오가 중국선교를 위해 한 업적을 인정하고 있다(NN.220, 685). 리치와 파시오 사이의 우정은 1580년에 쓴 글에서 잘 나타난다. "두 사람은 언제나 함께 누가 먼저랄 것도 없이 서로를 보살펴 주었습니다"(N.1019).

111 루지에리와 파시오 신부가 함께 도착했지만, 총독이 루지에리만 부르자 발리냐노는 수도회 규범상 항상 두 사람씩 다녀야 한다고 말했다. 그러면서 [가기로 한 사람 중에는] "아무도 포르투갈어와 카스틸리아어를 할 줄 아는 사람이 없지만(그래서 모두 크게 걱정하고 있었음), 다른 먼 곳에서 온 사람이 한 사람 있습니다"(N.2090)라며 항의하기도 했다.

112 발리냐노는 1582년 12월 31일, 새로 사제가 된 디에고 데 메스퀴타(Diego de Mesquita) 신부와 함께 마카오에서 출발하여 고아로 향했다. 디에고 신부는 일본인 협력자의 동생으로 2년 남짓 예수회에 입회하여 올리비에로 토스카넬로(Oliviero Toscanello) 수사와 함께 일했고 일본 사절단을 대표했다. 1583년 2월 13일, 로렌조 멕시아(Lorenzo Mexia) 신부가 아콰비바에게 보낸 편지에서 언급하고 있다. in *ARSI, Jap.-Sin.*, 9, f.147a. cf. NN.212, 2057, 2088.

113 cf. N.269, 본서, p.191, 주(註) 329.

114 신부들은 발타사르와 곤잘로 수사가 동행했다(N.2098; cf. NN.2100, 2128). 수사는 분명 중국인도 마카오 사람도 아니었고, 필리포 멘데스라는 중국인 통역자에 의하면

寺[115]라고 하는 우상 종파[불교]의 사찰에 있는 방을 그들에게 내주었다. 총독 관저에서 그리 멀지 않은 곳에 있었고, 많은 관료와 제국의 인사들이 찾는 곳이었다.[116] 총독은 그들에게 많은 먹을 것을 보내 주었고, 신부들도 그곳에 있으면서 종종 총독 관저를 방문하곤 하였다.

신부들은 4-5개월[117]을 그곳에 머물렀고, 언제나 중국에 체류할 수 있

이미 그리스도인이었다고 한다. 그들은 12월 18일 수요일에 마카오에서 출발하여 오늘날 중산(中山)이라고 부르는 향산(香山)에 도착했다. 20일 아침, 지역 관리에게 가지고 온 시계를 보여 주었다. 21일 다시 그곳을 출발하여 24일 광주에 도착 뒤 성탄 자정미사를 세 대 드렸다. 성탄절 아침 8시에 다시 짐을 챙겨 27일 아침 조경에 도착했다. 29일 늦게 이제 막 광주에서 돌아온 총독의 비서관으로부터 영접을 받았다. 30일 큰 감동 속에 총독의 방문이 있었다. 1583년 1월 1일, 조경에서 첫 미사를 봉헌했고, 주의공현대축일이 지난 후, 그들은 조경에 머물러도 좋다는 허락을 받았다(NN.2075-2085). cf. NN.1058-1063. 이 모든 날짜는 그즈음에 일어난 다른 일들처럼 그레고리우스 달력 개혁 이전의 것을 따른 것이다. 그레고리우스 달력은 1582년 10월 4-15일 로마에서 있었고, 고아에서는 1년 후 같은 날(Sousa, *Oriente conquistado à Jesu Cristo pe los Padres da Companhia de Jesus da Provincia de Goa*, Lisbona, 1710, II, p.184)에 반포되었다. 그러나 스페인과 포르투갈은 1582년에 이미 개혁을 받아들였다.

115 천녕사(天寧寺)라는 이름으로 사용하고 있는 이 사찰은 1104년에 안락사(安樂寺)라는 이름으로 불리던 곳이었다. 동쪽 성문 근처, 성벽에서 동쪽으로 1리 정도 거리에 있었다. 1930년경 이 사찰은 성벽과 함께 허물었다. cf. *Annali della Prefettura di Shiuhing*, c.8, 16 b; *Annali del distretto di Kaoyao*, c.15, f.12b, 신부들은 1583년 2월 8일, 더 조용한 장소에 집을 마련할 때까지 그곳에서 살았다. cf. N.2100; Pastelli, II, p.CCXX.

116 1583년 1월 24일, 진서 총독은 루지에리에게 환영 시(詩)를 한 편 써 주기도 했다. cf. N.2160.

117 이 시기에 —1583년 2월 10일 이전은 아닌 듯한 어느 날, "십자가를 기억하려고 사각형 모자"(N. 1372)를 그렸는데 너무 높게 그려 '거의 4분의 1 정도'(N.2190), 대략 21cm 정도가 되게 그린 날(N.2128)이 있었다. 그날— 두 명의 선교사들은 총독의 요청에 따라 승복으로 바꾸어 입었다. 하지만 1583년 2월 7일 자 루지에리가 기록한 간략한 소식은 "우리가 중국인이 되었고, 그리스도가 중국에서 다시 태어나셨습니다"라고 했다(N.2115). cf. N.1133.

원사료에는 선교사들이 마카오로 돌아오는 정확한 날짜에 관한 정보는 없고, 있어도 그것이 확실한지 명확하지 않다. 루지에리에 의하면 당시 체류는 '6개월' 정도 되었

는 큰 희망을 품고 있었다. 그들은 총독으로부터 마태오 신부도 불러들일 수 있는 허락까지 이미 받아 둔 상태였다.[118] 물론 마태오 신부도 마카오에서 중국으로 들어갈 채비를 갖추고 있었다. 바로 그때 총독이 해임되어[119] 쫓겨나 집으로 돌아가고[120] 새로운 총독 파키노가 임명되었다.

고(NN.5320, 5322), 리치는 '4개월 내지 5개월'(N.219)이라고 하고, 발리냐노는 '4개월'(*CP*, II, p.687)이라고 했다. 확실한 것은 그들이 마카오에 1583년 6월 27일에 있었고(NN.2137, 2140), 1582년 12월 28일 조경에 도착했다는 것이다. 다른 한편, 리치가 3-4월에 조경에 가려고 했다가(N.1063) 가지 못했는데, 그것은 두 신부가 벌써 마카오로 돌아왔기 때문일 것이다. 따라서 1583년 3월에 그들이 마카오로 돌아온 걸로 보인다. 루지에리와 파시오가 마카오로 돌아온 날짜가 정확하다면 더 구체적인 상황을 알 수 있을 테지만 ―그럴 상황은 아닌 것 같고― 파시오가 총장에게 보낸 편지도 1583년 2월 5일의 것과는 다르다(NN.2095-2096). 그러나 곧이어 새로 개척한 '뉴 스페인 길', 곧 멕시코로 편지를 보냈고(N.2137), 그때가 2월이었다(NN.2102, 2145). 알다시피 총독이 바뀌었다는 소식이 조경에 당도한 것은 파시오가 이 잃어버린 편지를 쓰기 "열흘 전"(N.2137)인, 2월 20-25일쯤이다. 그러므로 그들의 귀환은 포르투갈 상인들이 출발하기 조금 전인 3월 초순에 있었고, 그래서 리치도 광주의 시장 박람회에 참석할 수가 있었다.

118 이 허가서는 1583년 2월 5일 획득했다. cf. N.2116. 루지에리와 파시오가 1583년 2월 12일 자 고메즈에게 보낸 편지에 허가서를 획득한 것은 정말 하느님의 섭리에 의한 것이었다고 전하고 있다. cf. NN.2127-2129.

119 그는 일부 학자들과 학생들을 무고하게 죽게 했다는 것 외에 "다른 것은 알 수가 없다"라는 이유로 해임되었다. 선교사들은 한 달 안에 그곳을 떠나야 했다. cf. N.5321.

120 중국의 전통적인 표현으로는 '귀전(歸田)'[**역주_** 벼슬을 내놓고 고향으로 돌아가 농사(農事)를 지음을 의미]이라고 한다.

[그림 9] 조경(肇慶)시 지도

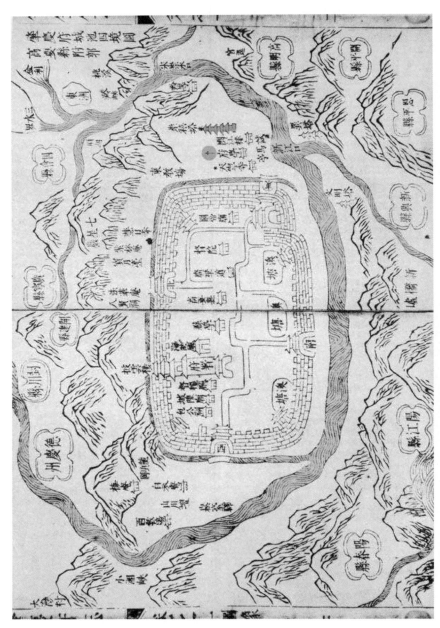

• *Annali della Prefettura di Shiuchow* 광서조경부지(光緒肇慶府志)(1673년)
† 리치의 수도원 위치. 그 옆에 *천녕사(天寧寺) (cf. NN,219, 236).

220. 총독이 루지에리와 파시오를 마카오로 돌려보내다. 파시오 가 일본으로 떠나다

해임된 총독[121]은 새 총독이 신부들을 그 도시에 체류하지 못하도록 할까 봐 걱정되어 자신의 인장이 찍힌 허가서를 신부들에게 주었다. 거 기에는 광동廣州의 해도海道[122]에게 명하여 도시[123]에 성당을 지어 [신부들 이] 머무를 수 있게 해 주라는 내용이 담겨 있었다.

신부들의 처지에서 볼 때 가장 바라던 것이 무산되었기에 이것은 큰 위로가 되지 못했고, 아무것도 없는 것보다는 낫다는 희망으로 광동의 도읍으로 가 보기로 했다. 광동의 관리들은 관직을 잃은 총독의 허가 서[124]를 거들떠보지도 않았다. 그 바람에 그들이 광주에 왔으나 마침 해 도까지 출장 중이다 보니 중국인들은 그들에게 상륙을 허락하지 않았 고,[125] 아무도 인정해 주지 않는 허가서는 보여 줄 필요도 없게 되었다.

신부들은 마카오로 돌아갔고, 프란체스코 파시오 신부는 순찰사 신부 가 명령한 대로 얼마 후 원래의 소임지인 일본으로 떠났다.[126] 그는 그곳 에 오랜 세월 있으면서 그리스도교의 많은 결실을 가져왔고, 후에 그 지

---

121 진서(陳瑞)다. cf. N.214, 본서, p.94, 주(註) 82.
122 cf. N.209, 본서, p.86, 주(註) 62.
123 광동의 도읍, 광주를 말한다.
124 이 문서에는 관직을 잃은 총독의 서명이 있었고, 그래서 아무런 가치가 없었다.
125 두 선교사는 상륙할 수가 없어서 배에 남아 있어야 했다.
126 파시오는 7월 14일에 마카오를 떠나 같은 달 25일에 나가사키에 도착했다. 도착한 날 짜는 파시오가 루도비코 마셀리(Ludovico Maselli) 신부에게 쓴 편지로 알 수 있다. 1583년 12월 22일 나가사키에서 썼다(*ARSI, Jap.-Sin.*, 9, II, f.230). 출발한 날짜는 함 께 여행한 피에트로 고메즈(Pietro Gomez) 신부가 우스키(臼杵)에서 1583년 11월 2일 발리냐노에게 쓴 편지에서 유추해 볼 수 있다(*ARSI, Jap.-Sin.*, 9, II, ff.177-178). 여행 은 11일 걸렸다고 말한다.

역 선교의 중책을 맡은 부관구장[127]이 되었다. 그는 자신의 직무상, 할 수 있는 모든 도움을 아끼지 않았고, 그때의 경험을 토대로 훗날 현명한 통솔을 했다.

221. 루지에리와 리치가 광동에 정착하려고 시도했으나 실패하다

중국은 관례적으로 관리들이 발급하는 모든 허가서를 한 부씩 관사 문서보관실에 보관해야 한다. 발급된 문서가 어떻게 활용되었는지, 그 결과는 어떠했는지 등이 기록되는데 관청에서 하는 모든 일을 바로 알 수 있도록 하기 위해서다. 조경의 관사에 새 총독[128]이 부임해 오고, 그는 자신의 문서발송대장에서 실체가 없는 이 허가서를 발견했고, 이 문서가 무엇인지를 알기 위해 광주의 해도에게 사람을 보냈다. 해도는 이 문서에 대해 아는 바가 없다며 향산香山[129]의 지현知縣[130]에게 물어보라고 했다. 그곳은 마카오 행정 구역이었다. 그러나 향산의 지현마저 그곳으로 새로 부임해 오는 바람에 아는 것이 없다고 하자, 마카오에 계속 거주하

---

127 파시오는 1600년에 피에트로 고메즈 신부의 뒤를 이어 일본-중국 부관구장이 되었다 (*ARSI, Jap.-Sin.*, 14, f.34v). 아마도 이 소임은 발렌티노 카르발호 부관구장의 통솔하에서 중국과 일본 순찰사가 된(12월 9일) 발리냐노에게로 넘어가는 1608년까지 한 것으로 보인다. N.685.

128 곽응빙(郭應聘)이다. cf. N.227, 본서, p.118, 주(註) 149.

129 향산은 중산(中山) 손일선(孫逸仙)[역주_ 쑨원(孫文)이라는 이름으로 잘 알려진 손일선은 근대 중국의 혁명가로 공화제를 창시했다. 중국 본토의 공산당이나 대만의 국민당은 물론, 모든 중국인에게 국부(國父)로 추앙받고 있는 인물이다. 대한민국임시정부를 지원한 공으로 건국훈장 대한민국장이 추서되기도 했다]의 고향으로, 지금은 그의 호를 따서 중산현(中山縣)이라고 부른다.

130 향산의 군수 지현(知縣)은 사천(四川)의 중경(重慶) 지역 대족(大足)현 출신의 풍생우(馮生虞)였다. 1577년에 진사가 되고 1581년에 임관(任官)했는데, 아주 젊은 나이에 출세한 셈이다. cf. *Annali Generali del Kwangtung*, c.22, f.39a.

며 지상을 감시하는 군인 중 그 지역의 중국인 장인匠人과 상인들을 통치하던 몇몇 장군에게 사람을 보냈다. 그 사람은 주교[131]를 찾았고, 주교는 우리 수도원으로 그를 보냈다.

총독의 허가서는 그들의 방식대로 개봉하지 않은 채 그대로 있었고, 관리들은 자기네 총독이 발급한 외국인을 위한 허가서가 더는 효력이 없어서 그것을 회수하려고 애쓰는 것 외에 달리 관심을 가지는 것 같지 않았다.

222.

그때 일본에서 온 배는 출항을 준비하고 있었고,[132] 마카오에는 일본에서 온 예수회 소속 마카오 수도원의 원장과 이 지역 선교 책임자 프란체스코 카프랄Francesco Caprale[133]이 있었다. 그리고 그때까지 일본 수도원

---

131 분명 레오나르도 데 사(Leonardo de Sá) 주교였을 것이다. 왜냐하면 나중에 언급하겠지만(N.222) 몬시뇰 카르네이로가 마카오의 주교로 온 이후 일선에서 물러나 예수회 "수도원"에 머물고 있었고, 그래서 주교관저에는 총독이 보낸 사람을 보낼 수 없었을 것이다. 1582년 7월 마카오에 두 명의 주교가 동시에 있었다는 것은 산케스가 증언하는바, '마카오의 주교는 스페인과 포르투갈의 권한을 통합하여 펠리페 2세를 수장으로 해야 한다'라고 선언했다는 것이다. 이렇게 말하는 대목도 있다. "주일, 저녁 식사를 마치고 에티오피아의 총대주교(카르네이로)는 예수회 수도원에 머물고 있는 마카오의 주교(데 사)를 찾아왔습니다"(*CP*, I, p.290, nota). 1582년 12월 18일, 여전히 마카오에는 두 명의 주교가 있었다. cf. *Ibid.*

132 배는 1583년 7월 14일에 출항했다. 마카오에서 파시오와 함께 일본으로 떠난 "장상 신부들"은 피에트로 고메즈(Pietro Gomez), 크리스토포로 모레이라(Cristoforo Moreyra), 멜키오르 데 모라(Melchior de Mora), 지롤라모 카르발할(Girolamo Carvalhal)과 알바로 디아스(Alvaro Diaz)이고, 세 명의 교수 신부로 조반니 제라르디노(Giovanni Gerardino), 프란체스코 피레이(Francesco Pirey)와 조반니 니콜라오(Giovanni Nicolao)가 있었다. cf. *ARSI, Jap.-Sin.*, 9, ff.177-178.

133 프란체스코 카브랄(Francesco Cabral) 신부는 1528년 [포르투갈의] 성 미카엘섬에서

의 원장으로 있던 피에트로 고메즈 신부도 있었다.[134] 또 에티오피아의

태어났다. 그의 가족은 포르투갈의 과르다시(市) 코빌하[Covilhã, 혹은 코빌함 (Covilham)]에서 살았다. 리스본에서 학업을 시작했고, 인문학을 공부한 후 튀르키예 인들을 물리치기 위해 인도로 떠났다. 항해 중 안토니오 바스(Antonio Vaz) 신부의 권 유로 수도자가 되기로 했다. 그리고 1554년 12월 고아에 있는 예수회에 입회하고, 지 원기를 보낸 후 아직 사제서품을 받지 않은 상태에서 지원자 양성관으로 임명되었다. 이후 바자임과 코친 수도원의 원장이 되었다. 1568년 8월, 마카오로 가서 이듬해인 1569년에 수도서원을 했다. 1570년 6월, 일본으로 떠나 1581년 10월 8일까지 12년간 (1570-1581) [일본 수도원] 원장직을 수행했다(*ARSI, Jap.-Sin.*, 9, ff.37-38). 1581년 말 이나 1582년 초에 일본에서 부관구장 선출이 있었다. 카브랄이 원장으로 있는 동안 일 본인 성직자의 지적 양성 문제를 두고 순찰사인 발리냐노와 크게 대립했다. 카브랄은 (일본인 성직자를) 하위 성직자로 임명하고자 했다. cf. Bartoli[2], I, c.47, p.172.

1583년 초, 발리냐노는 그를 마카오로 보냈고(N.2092), 그곳에서 고메즈 신부를 대 신하여 원장이 되었다. 따라서 중국선교가 태동하는 시점에서 (마카오 수도원의) 원장 을 지낸 것이다(N.270). 그의 통솔하에서 루지에리 신부와 리치 신부가 1583년 9월 10 일, 조경에 자리를 잡을 수가 있었다. 이듬해 11월 21일, 카브랄 신부는 직접 조경으로 와서 첫 두 명의 중국인 청년에게 한 사람은 조반니, 다른 한 사람은 바오로라는 이름 으로 성대하게 세례식을 거행하고 선교사들을 격려했다. cf. NN.273-274, 2183-2192. 1585년 그는 중국을 떠나 고아로 갔고, 그곳 '예수' 수도원의 원장으로 있으면서 인도 관구의 관구장(1593-1596)과 서원소의 참사회장을 겸했다. 1609년 21시 30분 고아에 서 81세로 사망하였다. 그가 남긴 몇 통의 편지는 다음 자료에서 보라. *Colleção das cartas do Japão*, Evora, 1598, I, ff.209, 338, 355: II, f.5; Rebello, *Compendio d'algumas cartas*, I, N. A. 275. cf. Pfister, p.18, N.1; Pereira-Rodrigues, Portugal, II, p.567; Ginnaro, I, Parte II, L. VIII, cc.42-47, pp.216-226. 그의 사망고지서는 1609년 인도의 연례 편지에 함께 있다(*ARSI, Goa*, 33, ff.293r-294r).

그가 일본선교의 원장으로 있을 때 발리냐노는 『1579년 12월, 일본에 있는 신부와 수사들 목록(*Catalogo de los Padres y Hermanos que están en el Japón, nel mes de deziembre en el año de 1579)*』(*ARSI, Goa*, 24, f.124)에서 그를 이렇게 평했다. "그 는 착하고 덕이 있으며 신중한 수도자입니다. 활동적이고 인간관계에서 사교적이며 무엇보다도 용감하고 대담한 사람입니다. 그의 리더십(많은 편지에서 이렇게 말하지 는 않는다)은 특별히 이곳 [아시아]지역에서 필요합니다. 자기에게 복종하는 사람들을 잘 보살피고, 그래서 복종하게 할 줄을 압니다. 그러나 조금은 거만하고 자기 뜻대로 통솔하려고 합니다. 과도하게, 때로는 격하게 화를 내는데, 특히 일본에 대해 그렇습 니다. 우리 수도회와 회헌에 대해 제대로 모르거나 전혀 아는 바가 없습니다. 하지만 자기 능력 그 이상을 발휘했기에 관구장으로서 그의 활동은 능동적이었다고 평가하는 바입니다. 제가 보기에 그는 회헌에서 명시하는 것을 실천하기보다는 인도 관구장으

총대주교 멜키오르 카르네로Melchior Carnero도 마카오에 와 있었다. 그는

___

로 활동하는 데 역점을 두고 있는 것 같습니다. 게다가 일본어를 알고 일본에서의 여러 가지 경험에도 불구하고 관구장으로서 자기 직무에 맞게 수도회를 잘 통솔하고 있는 것 같지 않습니다. 상황을 이해할 좋은 때가 올 걸로 생각합니다." 1595년 11월 11일과 23일, 카브랄이 인도 관구장으로 있을 때, 총장에게 보낸 두 통의 긴 편지에서도 (*ARSI, Jap.-Sin.*, 12, ff.298-301) 발리냐노는 카브랄에 관한 생각을 종합적으로 이렇게 평했다. 카브랄이 일본선교의 총책임자로 있을 때, 그는 유럽의 선교사들이 하는 방식과 다르게 일본인들을 대하며 '엄중하게(in virga ferrea)' 통솔하였다. 더욱이 일본의 관습에 적응하려고 하기보다는 일본인들을 유럽의 관습에 적응시키려고 하였다. 그에 따르면 일본인 예수회원들은 포르투갈어와 라틴어를 배워서는 안 되었다. 그들은 서양인 선교사들이 자기네끼리 하는 말을 알아들어서도 안 되고, 일본인 중에서는 한 사람도 사제서품을 받아서도 안 되었다. 유럽인 선교사들도 일본어를 잘 배울 필요가 없다고 생각했다. 그래서 6년간 일본어를 공부하고도 겨우 고해성사만 줄 수 있을 정도였고, 15년간 공부해도 겨우 설교를 할 수 있을 정도였다. 그는 자질도 공부할 열의도 없으면서 자기는 항상 충분히 알고 있다고 생각했다. 그래서 그가 인도의 관구장으로 있는 동안 2년간 지원소는 문을 닫았고, 유럽에 편지를 보내 3년간 새 선교사를 한 명도 파견하지 말아 달라고 했다. 선교사로서 포르투갈인과 이탈리아인을 원하지 않았다. 카브랄은 자신의 엄격한 통솔 방식을 고집했고 장상들의 뜻을 이해하지 못했다. 자신의 결정에 대해 굽힐 줄 몰랐고, 그의 자문단은 언제나 자기와 같은 뜻을 지니고 있어야 한다고 생각했다. 화를 잘 내고 업무를 신속하게 처리하는 데는 무능했다. 그런데도 발리냐노가 직접 인도의 관구장으로 추천했던 것은 다른 사람들이 그보다 못했기 때문이고, 어느 정도 시간이 지나도 그가 변하지 않는다면, 다른 사람의 주목을 더 받기 전에, 1596년 9월 그의 3년 임기가 끝나기를 기다리라고 했다는 것이다.

134 피에트로 고메즈(Pietro Gomez) 신부를 리치는 "하느님의 충실한 종"(N.1064)이라고 불렀고, 1579년 알베르토 레르치오(Alberto Laerzio) 신부는 "카스틸리아노 출신의 대단히 거룩한 신부"(*ARSI, Goa*, 12, f.511v)라고 표현했다. 중국선교의 태동기에 있었던 훌륭한 인물 중 한 사람이다. 1535년 스페인의 말라가 지역 안테케라에서 태어나 1553년 12월 21일에 예수회에 입회했다(*ARSI, Lus.*, 43, I, f.237v: II, f.439). 그는 코임브라에서 철학을 가르쳤고(1555-1563), 사제가 된(1559) 후에도 개인적으로 계속해서 신학을 공부했다(1564-1566). 1567년 1월 25일, 네 가지 서원식[역주_ 일반적으로 수도서원은 청빈, 정결, 순명의 세 가지 서원을 하는 것과는 달리 예수회는 1540년 교황 바오로 3세가 승인한 기본법, 제3조에 따라 네 번째 서원으로서 '교황에 대한 충성 서약('선교서약[circa missiones]'이라고도 함)'이 하나 더 있다. 여기에는 '교황께서 모든 영혼의 유익과 신앙의 전파에 관련된 어떤 일을 명령하면, 우리가 할 수 있는 한, 어떤 핑계나 망설임도 없이, 즉시 이행해야 하며, 우리를 특정 지역으로 파견할 경우, 튀르키예인들이나 인도라 불리는 지방에 사는 사람들을 포함하여 다른 어떤 비신자들

이곳의 주교관저에서 통솔하고 있었다.[135] 프란체스코 파시오와 다른 많

___

혹은 이교인(異敎人)들이나 열교인(裂敎人)들에게 보낸다 하더라도 즉시 떠나야 한다'
는 내용이 담겨 있다]를 했고, 이후 설교에 매진했는데, 특히 1570년부터 아조레의 테
르체이라섬 앙그라 도 헤로이스모에서 활동했다. 1578년 포르투갈의 에보라에 있을
때 인도와 일본으로 가서 콜레지움(기숙학교)을 세우라는 명을 받았다. 1579년 4월 4
일, 리스본에서 출발하여 1년간 인도에서 병을 치료했다. 1581년 4월 다시 항해를 시
작하여 인도 관구장 이름으로 수도회를 방문하는 목적으로 마카오에 왔다. 같은 해 7
월(ARSI, Jap.-Sin., 9, I, f.108; cf. ibid., ff.51-53, 85), 64일간의 항해 끝에 플라카에서
20일간 머물렀다(N.2010). 당시 마카오 수도원의 원장은 포르투갈 출신의 도미니코
알바레즈 신부였는데, 건강이 좋지 않아(N.2012) 인도나 플라카로 되돌아가려고 했
다. 그래서 그를 대신하여 (임기) 중간에(Ad interim)(N.222) 고메즈 신부를 남겨
1582년 7월 6일 그가 처음 일본으로 떠날 때까지 소임을 맡겼다. 그러나 그달 16일 포
르모사섬에서 배가 난파되어(N.231) 그해 11월 3일 마카오로 돌아가 중간에 원장직을
다시 맡았다. 후에 프란체스코 카브랄 신부가 원장직을 그만두고 1583년 7월 14일에
일본으로 돌아가자 '떠오르는 태양의 나라[일본]'로 영원히 떠났다. 7월 25일에 출항하
여 그해 9월 20일 현재의 대분(大分, 오이타)인 부내(府内, 후나이)에 도착했다. 그곳
에서 1585년부터 분고(豊後)의 원장으로 있으면서 신학을 가르쳤다. 1590년부터 1600
년 2월 1일 그가 사망할 때까지 부관구장 가르파레 코엘료(Gaspare Coelho, 1590년 5
월 25일 사망) 신부를 대신하여 일했다. 그동안(1592-1593) 그는 1586년부터 발리냐
노가 그토록 원했던 일본인 성직자의 지적 양성을 위한 세 권의 책을 완성했다. 과학
서로 De Sphaera, 철학서로 Breve compendium eorum quae ab Aristotele in tribus
libris de anima et parvis rebus dicta sunt, 신학서로 Compendium catholicae
veritatis in gratiam Iapponicorum fratrum Societatis Iesu이 그것이다. cf. Biblioteca
Vaticana, Reg. Lat. 426. 1600년 2월 1일 뇌출혈로 갑작스럽게 사망하였다. cf.
NN.685, 3005.

고메즈는 발리냐노가 매우 존경했던 인물이었다. 1593년 1월, 그가 총장에게 보낸
글에는 이렇게 묘사되어 있다. "그는 수년간 철학과 신학을 가르친 교수답게 대단히
박학다식합니다. 그의 통솔은 원만하여 외국인은 물론 우리도 잘 따릅니다. 그는 영성
적이고 덕망 있고, 모두가 좋아할 만한 인품을 갖추고 있으며, 우리의 주님과 긴밀한
관계를 유지하고 있습니다. 굴욕적인 상황에서도 겸손하고, 온유하게 받아들이고 가
난을 벗으로 여깁니다. 비록 지금은 나이가 들어 거동이 불편하고 체력적인 한계에 부
딪혀 할 수 없지만, 예전에는 언제나 고행하는 자세로 자기를 혹독하게 대했습니다.
그런 차원에서 음식도 항상 절제하여 먹곤 했습니다. 큰 사랑과 신중함, 분별력과 온
화함을 갖춘 분으로 자기를 돌보지 않고 헌신하셨습니다. 우리 회헌을 잘 알고 있었
고, 회헌에 따라 자신은 물론 다른 사람들을 통솔하고자 할 뿐 어떠한 선입견이나 배
타적인 자세는 찾아볼 수가 없었습니다. 모든 국가가 공유하는 친구이자 믿는 이들의

은 신부가 일본으로 가기 전의 일이다. 카브랄 신부는 이 사람들과 함께

영혼을 돌보려는 강한 열망을 가진 분이었습니다. 완전한 순명, 곧 장상들을 향한 절대 순명은 마치 자기의 판단이나 의지가 전혀 없어 보이기까지 했습니다. 그의 통솔에선 어떠한 야심도 보이지 않았습니다. 늘 하던 것을 했고, 거대한 요구사항들은 통솔에서 제외시켰습니다. 그러면서도 좋은 통솔을 위해 다음과 같은 주의사항을 제시하기도 했습니다. 첫째, 피로와 질병으로 크게 나약해지는 것입니다. 특별한 치료를 계속해서 해야 할 경우, 상황을 알면서도 그것을 실행할 힘이 없게 됩니다. 둘째, 통솔에서는 아무도 강요해서도, 필요하다고 해서 사람들을 지적하려고 해서도 안 됩니다. 셋째, 다른 사람들이 원하는 대로 내버려 두는 게 쉽다고 생각하는 것입니다. 넷째, 말하고 싶어 하는 사람하고만 편애하여 말하는 것입니다. 그것은 규범에서 명시하는 가르침을 약화하는 원인이 됩니다"(*ARSI, Jap.-Sin.*, 25, f.48r-v). cf. Ginnaro, I, Parte II, L. VIII, cc.15-17, pp.152-156; *ARSI, Jap.-Sin.*, 9, II, f.179: 10, I, f.1: 11, f.202: 25, f.31; Pfister, p.15, N.1; CP, I, 289; *AHSI*, 1939, pp.235-242.

135 멜키오르 카르네이로(Melchior Carneiro) 혹은 카르네로(Carnero)는 1519년 코임브라에서 태어났다. 1543년 4월 25일, 코임브라 예수회에 입회하여 1551년 새로 지은 에보라 콜레지움의 첫 번째 원장이 되었다. 1553년 에보라에서 리스본의 성 안토니오 콜레지움의 원장으로 자리를 옮겼다. 그곳에서 포르투갈의 전(前) 관구장 시모네 로드리게즈(Simone Rodriguez)를 호송하여 로마로 향했고, 1553년 11월 11일에 도착하여 그의 재판을 참관했다. 1554년 6월 24일, 로마의 라테라노 성 요한 대성당에서 4번째 서약식을 했고(*ARSI, Ital.*, 3, f.19), 이듬해 1월 23일, 니케아의 정식 주교가 되었다. 또한 예수회의 안드레아 오비에도(Andrea Oviedo) 신부와 함께 아비시니아의 총대주교며 예수회원인 조반니 누녜즈 바레토(Giovanni Nuñez Barreto)의 협력자로 갔다. 비상시 후임으로 지목된 오비에도가 사망하게 되면 그의 뒤를 잇게 하기 위해서였다. 1555년 4월 1일, 다른 9명의 예수회 선교사들과 함께 로마에서 출발하여 프랑스 리옹을 경유, 리스본으로 갔다. 그중 세 사람이 포르투갈에서 고아로 오는 항해 중에 바다에서 사망했고, 그해 9월 6일(어떤 이는 7일 혹은 9일이라고도 함) 고아에 도착하여 아비시니아로 갈 기회를 엿보며, 신학을 가르치고 사도직을 수행하는 가운데 고아 혹은 코친에서 때를 기다렸다. 5년 후인 1560년 12월 15일에 고아의 주교로 선임되었다. 1562년 12월 22일, 누녜즈 바레토 총대주교가 사망한 후, 오비에도는 아비시니아의 총대주교로 그의 뒤를 이었다. 그러나 아비시니아의 선교에 대한 미래가 불투명해지자 1566년 2월 1일 성 비오 5세는 새로운 총대주교 오비에도를 그의 협력자 카르네이로와 함께 일본과 중국으로 보낼 생각을 했다. 그러는 사이 1567년 오비에도는 아비시니아로 갈 준비를 해야 한다며 고아에 남을 명분을 확보하였다. 뒤에서 성 프란체스코 보르자의 조언이 호기(好期)를 준비하게 했고, 카르네이로에게 '순명에 따라' 새로운 소임지로 갈 것을 명했다. 1567년 11월 19일 차기(?) 아비시니아의 총대주교 후임을 포기하고 믈라카를 떠나 1568년 6월 주교로 마카오에 도착했다(*ARSI, Jap.-Sin.*, 6,

이번 외교에서 얻을 것이 있다고 보았고, 그 허가서를 (중국) 관리들에게 넘겨주지 않기로 했다. 신부들은 해도[136]를 직접 찾아가기로 했다.[137] 모두의 의견은 중국에 들어가기가 너무도 어려워 들어갈 수 있을 때까지 모든 기회를 활용해야 한다는 것이었다. 그래서 총독의 허가서를 가지고 루지에리 신부와 마태오 신부가 그것을 해도에게 보여 주고 총독이 명한 것을 그 도시에서 할 수 있게 해 달라고 요청할 계획이었다.

　　마카오의 관리들은 신부들에게 허가서를 주면서 해도에게 갈 통행증을 발급해 주고 향산까지 동행해 주었다.

———

f.240r). 그러나 교구 소속이 아니라, 중국과 일본선교를 위한 주교였고, 마카오에 독립적인 교구가 설립되기 이전 7년이 넘는 동안 책임자였다. 마카오 교구는 1576년 1월 23일에 설립되었고, 이날 디에고 누네즈 피게로아(Diego Nuñez figueroa)가 첫 번째 주교로 임명되었다. 그러나 이 주교는 자신의 성소를 받아들이지 않았고, 1578년 10월 27일(혹은 22일), 레오나르도 데 사(Leonardo de Sá)가 사실상 첫 번째 정식 주교로 임명되었다. 그러나 그 역시 마카오로 곧장 오지 않다가 1581년 10월 25일(N.2019)에야 왔다. 카르네이로는 이 시기에 자신의 소임에서 물러나(일부 역사가들이 말하듯이 1569년은 분명히 아니다) 마카오의 수도원에 머물렀다. 1582년 6월에도 소임에서 물러난 지 얼마 지나지 않은 것처럼 보였다(Pastells, II, p.CLIX). 1576년 광주에서 한 젊은 신자를 보호하기 위해 분쟁에 개입하기도 했고, 1580년에는 마카오에서 몇몇 예수회 동료 수사들의 서품식을 준비하기도 했다. 그는 1583년 8월 19일 마카오에서 숨을 거두었다(N.2154). 총대주교 멜키오르 누네즈가 한 카르네이로에 대한 평가는 용의주도하고 신중하며 좋은 조언자였다는 사실이다. 때로 성미가 급하기도 하지만 자기를 희생할 줄 알고 덕망이 있으며 겸손한 사람이라고 했다. 그는 천식과 결석을 앓았다. cf. *MHSI, Epist. Mixtae*, II, pp.618-621: III, pp.297, 320, 362: IV, pp.181-183, 902; *MHSI, Chrinicon*, I, p.120: II, pp.378, 691-694: III, p.16: IV, pp.8, 15: V, pp.607-608: VI, p.770; *MHSI, Polanci Complementa*, II, pp.657-659; Beccari, X, p.101: XV, pp.85-86; Ginnaro, I, Parte II, L.VII, c.11, pp.102-105; Nazareth, p.279; Dudon, *S. Ignace de Loyola*, 1934, p.468; *TP*, 1911, p.542; *SF*, II, p.51, N.4; *Il Pensiero Missionario*, Roma, 1931, p.359; *BDM*, 1938-1939 (XXXVI), pp.31-36.

136 해도를 찾아간 것은 7월 14일 이전으로[cf. N.220, 본서, p.107, 주(註) 126.; N.222, 본서, p.109, 주(註), 132.], 아마도 7월 초순께로 짐작된다.

137 cf. N.221, 본서, p.108, 주(註), 130.

223.

두 신부는 향산에 갔고, 지현을 접견하자 그는 문서를 보여 달라며, 자기가 해도에게 보내 주겠다고 했다. 신부들은 그건 좀 곤란하다며 문서를 해도에게 직접 보여 주겠다고 했고, 지현은 통행증을 바닥에 던지며 "해임된 총독의 허가서가 무슨 소용이 있느냐?"고 고함을 질렀다. 그리고 그들[신부들]의 대도시[138]행을 막으며 마카오로 돌아갈 것을 명령했다.

224.

신부들은 여정이 가로막히는 상황을 보면서 매우 낙담하여 숙소로 돌아왔고, 통행증 없이 광주로 가기로 했다. 향산에서 손님들을 싣고 광주로 가는 배는 매일 있었다. 선장은 외국인들이 배에 오르는 것을 두려워했으나 민첩하고 똑똑한 젊은 통역관[139]이 총독의 허가서를 보여 주었고, 그 덕분에 모든 짐을 싣고 배에 오를 수가 있었다.

이제 밤이 되었고 배가 출항할 시각이 되었다. 그때, 다른 승객들이 선장에게 와서 외국인들이 배에 타고 있어 겁이 난다고 말하며, 그들을 배에서 내리게 하라고 요구했다. 선원들은 마지못해 신부들의 짐을 모두 해안가에 내렸고, 결국 신부들은 숙소로 되돌아와야 했다.

225.

바로 그때 향산의 지현이 부친상을 당했다는 소식을 들었다. 중국의

---

138 즉, 광주다.
139 아마도 중국인 필리포 멘데스(Filippo Mendes)로 보인다. cf. N.217, 본서, p.103, 주(註) 114.

관습상, 그는 잠시 관직을 내려놓고 고향으로 돌아가[140] 3년상을 치러야 했다. 그로 인해 신부들은 그곳에 더 머물 수 있게 되었고, 해도의 관사로 가서 총독의 허가서를 직접 보여 줄 수 있게 되었다. 허가서는 공증인을 통해 적은 비용으로 공증도 받아 두었다. 그사이에 다른 지현이 향산을 통치하기 위해 부임해 왔다.[141] 향산에서 두 외국인 신부를 만났던 공증인은 그들이 어떻게 광주로 오게 되었는지에 대해 모르는 척했고, 공문에 두 신부가 향산에 억류되어 있다가 총독의 허가서를 지니고 있어 상부[142]로 오게 되었다고만 적었다.

226.

압송 공문에도 불구하고 해도[143]는 그들을 친절하게 맞이했고, 허가서를 열지도 않은 채 신부들에게 원하는 것이 무엇인지를 물었다. 이에 신부들은 청원서에 쓴 것을 떠올리며 이렇게 대답했다.

"중국 정부에 대한 좋은 명성을 듣고 (멀리) 서역에서 온 수도자들로, 중국에서 살다가 죽으려고 합니다. 해도께 청하는 것은 천제天帝[144]를 위한 작은 성당과 머무르며 봉사할 수 있는 집을 지을 만한 조그마한 땅을 하사해 주십사 하는 것입니다. 저희는 오로지 기도에만 전념하며, 누구

---

140 사천(四川)에 있는 대족(大足)현일 것이다. cf. N.221, 본서, p.108, 주(註) 130.
141 풍생우(馮生虞)가 부재중일 때 중간에(interim) 소임을 맡은 사람은 복건(福建)의 민현(閩縣) 출신 등사계(鄧思啓)였다. cf. *Annali Generali del Kwangtung* [광동통지(廣東通志)], c.22, f.39a.
142 해도(海道)다.
143 광주에 있는 그의 관사다.
144 cf. NN.170, 176, 193.

에게도 폐를 끼치지 않을 것이고, 본국으로부터 도움을 받아 생활할 것입니다."

여기에서 설교한다는 말은 전혀 언급하지 않았다. 그들의 체류에 장애가 될 수도 있기 때문이다. 중국인들은 외국인들이 자기네보다 뭔가 더 알고 있다는 걸 쉽게 이해하려고 하지 않는다. 그래서 새로운 종교에 대한 설교를 매우 두려워한다. 과거 중국에서 일어난 많은 반역과 폭동의 경험에 비추어, 어떤 반란은 새로운 종교를 가르치고 자기 종파를 따르는 많은 제자와 추종자들을 만든다는 구실로 시작되었기 때문이다. 해도는 신부들이 바라는 것에 대해 기쁨을 감추지 않으면서도 자기는 힘이 없어 그것을 허락할 수가 없다고 했다. 그것은 새 총독[145]이나 찰원察院[146]만 해 줄 수가 있다며, 그것을 위해서는 약간의 외교가 필요하다고 했다.

그래서 신부들은 포르투갈의 상선이 물건을 사러 올 때까지라도 광주에 머무를 수 있도록 허락해 달라고 요청하며, 루지에리에게 주었던 시암 대사의 관사[147]를 사용할 수 있게 해 달라고 했다. [신부들은] 몇 사람을 새 총독[148]에게 보내 허가서를 받으려고 했고, 이에 해도는 [기존의 허가서를] 즉각 수용했다. 그러나 바로 그날 다시 사람을 보내 약속을 철회했는데, 이유는 찰원이 광주로 오고 있다는 소식을 들었기 때문이다. 모

145　군종(君寶)이었다. cf. N.227, 본서, p.118, 주(註) 149.
146　**역주_** 명나라 초기에 만들어진 것으로 종래의 어사(御使)를 대신하여 감찰관 기능을 하는 행정관이다. 관료들의 비리를 들추어 탄핵하기도 하고 행정이나 군사권을 견제하기도 했다.
147　cf. N.210.
148　군종(君寶)이다. 이어지는 각주를 보라.

든 관리가 찰원을 두려워했는데, 해도 역시 포르투갈 사람이 아닌 신부들을 이곳에 머무르게 하여 찰원의 눈 밖에 날 것이 두려워 신부들에게 속히 마카오로 돌아갈 것을 권했다.

227. 총독의 반(反)외국인 칙령

새 총독의 부임은 신부들을 매우 슬프게 했다. 그들이 향산에 도착해 보니 성문에는 칙령과 곽郭[149]씨 성의 새 총독의 명령이 붙어 있었다. 거기에는 관직 초기에 공약하는 모든 것들이 그렇듯이 해당 성(省)의 통치에 필요한 많은 것을 언급하고 있었다. 칙령에는 마카오에서 일어난 일

---

149 이 높은 관리는 성은 곽(郭)이고 이름은 응빙(應聘), 호는 군종(君賓)이다. 복건(福建)의 흥화(興化) 근처 보전(莆田)에서 태어났다. 1550년 진사에 급제하여 바로 호부(戶部)에서 주사낭중(主事郎中)에 임명되었다. 광서성의 남녕(南寧) 지부(知府)와 사천의 위원(威遠)에서 병비부사(兵備副使)가 되었다. 얼마 후 광동의 참정(參政)으로 부임하여 시정사(市政使)를 맡았는데, 당시 그 일은 오계방(吳桂芳)이 하던 것이었다. 시정사로 있으면서 반란 진압에 공을 세워 안찰사(按察使)로 승진했고, 얼마 안 가서 광서성의 통감이 되었다. 1570년 복건의 석전(石田)에서 일어난 7천 명이 넘는 반란군을 제압한 공으로 석부도어사(石副都御史)가 되었다. 만력 황제는 군종이 광서성에서 이룬 여러 부족의 제압에 매우 흡족해하며 1573년 석부도어사(石副都御史) 직과 함께 병부우시랑(兵部右侍郎)으로 임명했다. 이듬해 호부(戶部) 차관으로 임명되었으나 얼마 못 가 부친이 사망하는 바람에 관직에서 물러났다. 1580년 광서성의 통감으로 있으면서 석부도어사(石副都御史) 직을 유지하며 병부(兵部)로 자리를 옮겼는데, 머지않아 국무장관이 되었다. 1583~1586년, 광동성과 광서성의 총독을 지냈는데 그때 나이가 이미 60세였다. 1583년 9월 10일을 전후로 리치와 루지에리는 조경에 주력하고 있었다. 그 뒤, 총독자리는 오문화(吳文華)가 물려받았고, 그는 남경의 도어사(都御史)가 되었다. 얼마 후 그곳에서 병부상서(兵部尙書)로 임명되었다. 몇 년 후, 모든 관직에서 물러났고, 7개월 후에 사망하였다. 사후 그에게 내려진 시호는 양정(襄靖)이었다. 중국 자료들은 광동과 광서의 총독으로 있으며 부정을 일삼던 그의 전임들과 달리 그의 청렴함을 강조하고 있다. cf. *Annali Generali del Kwangtung*, c.242, f.29a-b: c.18, f.24b; *Storia dei Mim*, c.221, f.2b; *LIVR*, I, f.3b; *Annali Generali del Kwangsi*, c.31, f.1b; *Cronaca dei Mim*, c.40, f.18a.

과 마카오에 체류하는 외국인들을 보니 거짓이 난무하고 그들이 저지른 나쁜 일에 관한 뉴스가 많다며 그 탓을 마카오에 거주하는 통역관들이 외국인들에게 그렇게 하라고 가르쳤기 때문이라며, 자국민들을 탓하고 있었다. 먼저 통역관들이 외국인 신부들에게 중국 문자와 언어를 가르치고 그들에게 광동의 도읍[150]에 수도원과 성당을 지으라고 설득했다며, 외국인들을 입국시키는 일은 안전한 일도 도움이 되는 일도 아닐뿐더러 매우 안 좋은 일이라며, 이런 통역관들이 다시 나올 시에는 엄중하게 처벌할 거라고 겁을 주었다.

228.

이로써 한 달 동안[151] 신부들이 한 일은 모두 물거품이 되었고, 중국인이 외국인을 향해 갖는 믿기지 않는 반감을 안은 채 신부들은 마카오로 되돌아와야 했다. 중국에 입국해서 살겠다는 모든 희망은 접어야 했다. 적어도 이 총독의 임기 동안에는 말이다. 왜냐하면 자기가 공표한 칙령을 번복할 수는 없을 것이기 때문이다.

---

150 광동의 도읍은 광주다.
151 대략 7월 10일부터 8월 10일까지다. cf. N.222.

제3장

신부들을 어떻게 조경으로
불렀는지에 대해, 수도원을 지을 작은 땅을
얻고 중국에 체류할 수 있는 허가를 얻다

(1583년 8월 15일 즈음에서 1583년 9월 말까지)

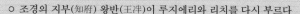

- ○ 조경의 지부(知府) 왕반(王泮)이 루지에리와 리치를 다시 부르다
- ○ 다시 부른 이유: 총독의 시종이 신부들의 요청에 개입하다
- ○ 선교를 시작하는 단계에서 가스파레 비에가스의 큰 도움
- ○ 선교가 시작된 날
- ○ 광주에서 스페인 사람과 프란체스코회 회원들을 만나다
- ○ 지부(知府) 왕반(王泮)의 환영
- ○ 행운의 탑 또는 화탑(花搭)의 건설
- ○ '참 하느님'의 이름으로 '천주(天主)'의 기원
- ○ 1583년 9월 14일에 승인한 공사를 허락하다
- ○ 탑 근처에 마련된 공사장
- ○ 신부들을 보기 위해 또 유럽에 대한 호기심으로 방문객들이 경쟁하듯 몰려오다
- ○ 문인들의 반대로 첫 번째 공사가 중단되고 다른 곳에서 다시 시작하다
- ○ 통감과 다른 관료들이 신부들을 좋아하다

229. 조경의 지부(知府) 왕반(王泮)이 루지에리와 리치를 다시 부르다

두 신부가 마카오로 돌아온 지 일주일도 채 안 되어[152] 조경肇慶에서 총독 관저의 시종이 조경 총독의 허가서를 가지고 왔다.[153] 총독[154]이 있

---

152 이 일은 1583년 8월 19일 카르네이로가 사망하기 전에 있었다. 왜냐하면 여기에 관한 그의 견해가 1583년 11월 20일 자, 카브랄이 아콰비바 신부에게 쓴 편지에 담겨 있기 때문이다. "총대리 신부님은 두 신부가 조경(肇慶)으로 귀환하게 된 것을 좋게 생각하셨습니다"(N.2143). 이유는 파시오가 7월 14일 일본으로 떠났고, 루지에리와 리치 신부는 향산(香山)과 광주(廣州)에서 아무런 소득 없이 "한 달을 꼬박 보낸"(N.228) 터라 8월 10일 즈음에는 마카오로 돌아올 수 있었기 때문이다. 그리고 15일쯤 "두 신부가 마카오로 돌아온 지 일주일도 채 안 되어" 새로운 소임을 받았다. 카브랄은 같은 편지에서 총독의 비서가 마카오로 와서 "2-3개월에 한 번씩 배가 일본으로 출항합니다"(N.2143)라고 했다. 그들을 태우고 온 배는 이제 막 떠났고, 아직 두 달이 되지 않았기에 갈 수가 없었다.

153 조경의 지부(知府)가 직접 가지고 왔다(N.230). 그의 성은 왕(王)이고 이름은 반(泮), 호는 종로(宗魯)다. 1539년경 절강(浙江)성 소여(紹興) 소속 산음(山陰)(N.280)에서 신분이 낮은 부모 슬하에서 태어나(N.2541) 1550년 11살에 결혼을 하고(N.5323), 1574년 우수한 성적으로 진사가 되었다. 전체 순위 5위로 1580년 조경의 총독이 되었다. 4년 후, 조경에 거주하며 광동성과 광서성 영서도(嶺西道)의 행정장관으로 승진했다. 이것은 예외적인 일이었다. 대개 승진은 다른 지역에서 임명되어 오기 때문이다 (N.113). 문인으로서, 시인이며 문필가로 바르고 공정하게, 강하면서도 자애롭게 모든 사람을 대했다. 1588년 그가 참정(參政)이 되어 호광(湖曠)의 행정부로 이동할 때, 조경의 백성과 학자들이 울며 사당을 지어 주었다고 한다. cf. *Annali della Prefettura di Shiubing*, c.12, f.8, a, f.15a: c.16, ff.39b-40a. 그는 초창기 중국 생활을 하는 선교사들에게 큰 벗이 되어 주었다(NN.230, 234). 루지에리는 1590년 7월 2일, 로마에서 자신이 세례를 준 두 번째 아들이라고 불렀다. "왕반은 (미켈레) 루지에리 신부님이 세례를 준 사람으로 맏아들처럼 든든한 힘이 되어 주었습니다"(N.2541). 그러나 1586년 8월(N.290), 그는 갑작스레 선교사들을 차갑게 대하기 시작했고, 신부들의 책 표지 (NN.254, 290)와 리치의 세계지도(N.290)에서 자신의 이름을 지워 달라고까지 했다. 그리고 1587년 8월 리치와 루지에리에게 마카오로 돌아가라고 명령했다. cf. NN.292-293. 중국선교의 태동기에 왕반의 도움이 컸다. 여기에 관해서는 다음을 보라. NN.234, 242, 243, 254, 260, 2194, 2216.

154 곽응빙(郭應聘)이다. 총독부는 조경에 있었다. cf. N.227, 본서, p.118, 주(註) 149.

는 조경에 예수회 사제들의 수도원과 성당을 짓도록 허락한다며 다시 부른 것이다.

230. 다시 부른 이유: 총독의 시종이 신부들의 요청에 개입하다

어떻게 이런 일이 일어났는지, 신부들의 중국 체류를 거부했던 총독의 칙령[155]을 어떻게 이렇게 쉽게 뒤집을 수 있는지, 신부들을 한 번도 보지 못한 행정관이 어떻게 찾아왔는지 우리는 결코 알 수가 없었다. 다만 생각건대, 때가 이르렀고, 자비하신 하느님께서 이 불쌍한 나라에 눈을 돌리셨다는 것과 당신 손을 펼치시어 복음 선포자들에게 굳게 닫힌 문을 여시고, 그리스도교 신앙의 씨앗을 뿌릴 수 있게 하셨다는 것이다.[156] 이것과 관련하여 알려진 것은 신부들이 조경에 두 번째 갔을 때,[157] 해임된 총독이 광주[158]로 돌아가면서[159] 새 총독의 몇몇 하인들에게 신부들을 그곳으로 다시 올 수 있게 해 준다면 뒷돈을 넉넉히 주겠다고 약속했다는 사실이다.[160] 그 하인 중에 더 궁핍한 사람이 하나 있었는데 그는 성문을 지키는 군인이었다.[161] 그는 신부들의 통역자 이름으로 곽(郭) 총독

---

155 cf. N.227.
156 "때가 되어" "자비하신 하느님께서" 중국의 "닫힌 문을 여신다"라는 표현은 특별히 기쁨을 강조하기 위한 것이다.
157 루지에리와 파시오 신부가 조경에 머문 것은 1582년 12월 27일부터 1583년 3월 초까지다. cf. N.219, 본서, p.104, 주(註) 117.
158 광동성의 도읍, 광주다. 해도(海道)가 있는 곳이다. cf. N.220.
159 진서(陳瑞)다. cf. N.214, 본서, p.94, 주(註) 82.
160 파시오는 뒷돈의 효과를 예상하는 것 같다. 1583년 6월 27일 자 총장에게 쓴 편지에서 그와 관련한 일을 언급하며, 조만간 중국선교가 다시 시작될 수 있을 거라는 희망 섞인 말을 하고 있다. "일이 매우 쉽게 될 것 같습니다. (루지에리) 신부님이 도당(都堂)에게, 혹은 이 일에 관여하고 있는 사람에게 얼마간 돈을 줄 수 있으면 말입니다. 중국에서는 돈만 주면 안 되는 일이 없습니다"(N.2138).

에 대한 기억을 상기시키며, 신부들이 그 도시에 체류할 수 있도록 허락해 주고 집과 성당을 지을 수 있게 해 달라고 요청하였다.[162] 총독은 조경의 지부知府, 절강浙江 사람 왕반王泮[163]에게 이 사실을 통보했고, 총독의 그 군인이 허가서를 들고 마카오로 온 것이다.

231. 선교를 시작하는 단계에서 가스파레 비에가스의 큰 도움

이런 새로운 소식은 우리에게 엄청난 기쁨이었다. 기대하지 않았던 만큼 기쁨은 배가 되었다. 그리고 방식이 인간의 일이라기보다는 하늘에서 내려온 것처럼 보였다.

그리하여 두 신부는 여행에 필요한 것들을 챙기기 시작했는데 그것은 매우 힘든 일이었다. 이미 네 차례 오가는 동안 친구들의 도움을 받았고,[164] 얼마 지나지 않아 신부들이 다시 가기는 하지만 이번 역시 무익한

---

161 우리가 신앙을 전해야 하는 사람이고, 1590년 7월 2일 자 루지에리가 로마에서 말한 사람이라면, 이 군인이 바로 "루지에리 신부님이 세례를 준"(N.2540) 사람일 것이다. 1596년경 루지에리 신부가 잘 생각나지는 않지만, 그에 대해 "신부님들의 친구이자 세례 지원자"(N.5322)라고 말하고 있기 때문이다.

162 기록에는 이렇게 말하고 있다. "두 명의 거룩한 서양인 신부가 6개월간 조경에 있을 때, 전(前) 총독의 많은 관심과 총애를 받았습니다. 그는 신부들을 중국에 머물 수 있게 해 주겠다고 약속했는데, 이는 중국에 그들이 필요하고 좋아할 것으로 판단했고, 그렇게 될 거라고 기대했기 때문입니다"(N.5322). 그 군인은 특별히 루지에리로부터 "지구본, 지도, 시계 혹은 그와 유사한 공학기기들과 같은 수학적 산물과 학문에 주목했습니다"(N.2540)라고 적고 있다.

163 지부(知府) 왕반이다. cf. N.229, 본서, p.121, 주(註) 153.

164 첫 번째 방문은 1582년 루지에리가 파넬라와 함께 조경에 간 것이고(N.215), 두 번째는 1582년 12월 27일 루지에리가 파시오와 함께 갔고(N.219), 세 번째는 1583년 7월 10일에서 8월 10일 사이 루지에리와 리치가 광주에 자리를 잡기 위해 간 것이다(NN.221-228). [역주_ 본문에서 리치는 네 차례 갔다고 말하고, 각주에서 델리야 신부는 세 차례 간 것만 언급하고 있다.]

것으로 끝나지 않을까 하는 두려움이 있었다. 특히 당시 마카오는 많은 해상사고로 가난에서 헤어나지를 못하고 있었다. 배가 난파되거나, 작년처럼 일본을 오가던 배가 유구(琉球, '류큐'로 발음, 역주_ 오늘날의 타이완[臺灣])섬에서 실종되면 마카오에서 모든 걸 지원해 주어야 했기 때문이다.[165]

마카오에는 가스파로 비에가스Gasparo Viegas[166]라는 훌륭한 포르투갈 사람이 있었다. 부자인 그는 항상 많은 후원금으로 선교를 지원하고 있었다.[167] 이번에도 그는 호기를 놓쳐서는 안 된다고 판단하고 후원금을

---

165 cf. N.701. 1582년 일본으로 향하던 배가 난파된 사건은 인도와 마카오에 20만 두카토 이상의 손실을 가져다주었고, 일본선교에도 8천 두카토가 넘는 피해를 주었다. 1582년 12월 20일, 로렌조 메시아가 아콰비바 총장에게 쓴 편지를 보라. *ARSI, Jap.-Sin.*, 9, I, ff.126-127. 배는 바르톨로메오 베즈 란데로(Pastells, II, pp.CLXXVI-CLXXVIII)의 것으로 7월 6일 마카오에서 출발했다. 일본으로 가기 위해 필리핀에서 돌아온 알퐁소 산케즈(N.2071)와 피에트로 고메즈, 멜키오르 데 모라, 알바로 디아즈와 일본으로 가는 또 다른 협력자 한 사람을 태우고 있었다. 그러나 7월 16일, 배는 리치 시절 고산국(高山國)이라고 불렀고 멀리서 볼 때 형태가 サツマイモ(고구마)와 같이 생겼다고 하여 (cf. Ciamueihoa, p.108) 리치도 대유구(大琉球, 오키나와의 류큐와 혼동하지 말라)라고 했던 대만(臺灣)섬에서 난파되었다. 그들은 2개월 반을 섬에 머물다가 큰 거룻배에 얹혀 9월 30일에 다시 출발하여 1582년 11월 3일 마카오에 도착했다. cf. N.255; CP, I, pp.298-300; *ARSI, Jap.-Sin.*, 9, II, ff.179-181. 1582년 12월 11일 마카오에서 고메즈 신부가 아콰비바에게 보낸 편지를 보라. in *ARSI, Jap.-Sin.*, 9, I, ff.108-109.

166 그는 이전에도 고아(Goa)에 지원소를 지어 주었고(cf. N.2607) 코친차이나[역주_ 베트남 남부 메콩강 삼각주를 중심으로 한 지역으로, 이 책에서는 베트남의 일부 지역에 해당하기에 그냥 코친차이나로 쓰기로 하겠다. 오늘날의 베트남은 이 코친차이나와 안남, 곧 베트남 중부 지역 일대를 통합하여 1954년에 프랑스에 의해 세워졌다] 선교를 시작하라고 9천 페소스를 후원해 주었다. cf. *CP*, I, p.307. 발리냐노는 그를 명예 예수회원으로 받아 주었고(N.1065), 1584년 말경 그는 마카오를 떠나 인도로 갔다. cf. N.2190. 리치의 수기 필사본 가장자리에 적힌 내용으로 봐서 임종 시 예수회원으로 사망한 것 같다.

167 마카오에 있는 성 마르티노 수도원이다. cf. NN.211, 1065, 2190. 오랫동안 그는 수도원에서 초창기 중국선교를 준비하는 선교사, 교리교사, 시종 등 9-10명의 생계를 모두

많이 내어[168] 신부들이 이 일을 시작할 수 있게 해 주었다. 다른 일을 위해 프란체스코 카브랄 신부[169]와 그의 동료들에게도 얼마간의 후원금을 주었다. 덕분에 신부들은 이 일을 추진하는 데 큰 희망을 품게 되었다.

232. 선교가 시작된 날

1583년 9월 1일, 신부들은 조경을 향해 출발했고[170] 그달 10일에 도착했다. 모든 지방을 지나면서도 여정은 매우 순조로웠는데, 총독의 그 군인 덕분이었다.

233. 광주에서 스페인 사람과 프란체스코회 회원들을 만나다

신부들은 두 차례에 걸쳐[171] 성省의 대도시[172]에서 필리핀에서 온 스페인 사람들을 만났다. 처음 만난 세 사람은 자기네 배로 필리핀에서 뉴 스페인[173]으로 가다가 바람이 광동성의 한쪽 지역, 곧 그들이 남두南頭라고 부르는 곳으로 몰아쳐서 떠밀려 왔다고 했다. 그들은 자기네 수도회 입장에서 도당都堂과 해도海道에게 그곳에 온 이유를 대야 했고, 그들은 자

지원해 주었다. cf. *CP*, I, p.307.

168 루지에리는 "중국에 관심이 많은 부자 상인들"과 그의 동료들이 조경에 집을 마련하라고 마카오에서 준 돈은 "일백 스쿠도"라고 말하고 있다. N.2145.

169 프란체스코 카브랄은 마카오의 원장이다. cf. N.222, 본서, p.109, 주(註) 133. [**역주**_ 리치는 그의 이름을 카프랄레(Caprale)로 쓰고, 델리야는 카브랄(Cabral)이라고 쓰고 있다.]

170 그들은 "좋은 통역관"을 데리고 갔다고 하는데, 아마도 중국인 필리포 멘데스인 것 같다. cf. N.219, 본서, p.103, 주(註) 114. NN.238, 241, 249, 2143.

171 1582년 12월 27일과 1583년 3월 사이에 한 번 만났고, 이번 1583년 9월 10일 이전에 만난 것이다.

172 광동성의 도읍 광주다.

173 **역주**_ 노바 스파냐(Nova Spagna), '새로운 스페인'이라는 뜻으로 멕시코를 말한다. 이하 '뉴 스페인'으로 표기하겠다.

기네 배로 마카오로 돌아갈 수 있도록 허락해 달라고 요청했다.[174]

두 번째 방문에서 그들이 만난 것은 성 프란체스코 수도회 소속 여덟 내지 열 명의 수사들로, 그중 몇 명이 필리핀에서 코친차이나 왕국으로 갔다. 그들은 그곳 국왕이 그리스도교 교회를 세우고 사제들을 요청했기 때문이라고 했다.[175] 그러나 현지인들이 그들을 기꺼이 받아들이지 않아 결국 본국으로 되돌아가야 했고, 가는 길에 해남海南섬에서 큰 풍랑을 만나 배가 난파되었다. 그곳에서 중국 군인들에게 나포되어 갖고 있던 모든 걸 빼앗기고 도둑으로 의심까지 받아 광주의 관리들에게 보내졌다.[176] 예수회 신부들이 광주에 왔을 때, 프란체스코회 수사들을 만났고,

---

174 1583년 3월이 가고, 필리핀의 디에고 론킬로(Diego Ronquillo) 통감은 뉴 스페인으로 산 마르티노라는 이름의 겔리온을 보내 그해 1월 말에서 2월 초에 걸쳐 마닐라에서 일어났던 화재 소식과 필리핀의 통감 곤잘로 론킬로 페냐로사(Gonzalo Ronquillo Peñalosa)가 그해 3월 7일에 사망한 소식을 전하게 했다. 배는 리치가 말하는 것처럼 풍랑 때문이 아니라 탑승원들이 가지 않으려고 했기 때문이다. 그래서 남두성(南頭城), 즉 홍콩(香港) 앞에 있는 파안(寶安)에 묶여 있었다. "그렇게 된 것은 그들이 모반을 도모했기 때문이고, 그래서 마카오로 오게 되었다." 탑승원들은 명령을 거역했고, 그들을 처벌하기 위해 마카오로 갔고, 거기에서 다시 뉴 스페인으로 향했다. 거기에는 세금을 징수하는 일을 맡은 필리핀 사람 조반 바티스타 로만(Giovan Battista Román)이 알폰소 산케즈(두 번째 방문)를 동행하고 있었다. 1584년 3월 18일이 지난 다음이었다. cf. *CP*, I, p.169, N.4. 1583년 7월 광주에서 리치와 루지에리 신부를 만난 세 사람은(N.220) 산마르티노 수도원 소속의 사람들로 추정된다.
175 왕은 동시에 포르투갈 사람들의 도움도 받으려고 했다. cf. Pastells, II, p.CCX.
176 8명의 프란체스코 수도회 회원들이었다. 디에고 데 오로페사(Diego de Oropesa) 신부, 바르톨로메오 루이즈(Bartolomeo Ruiz) 신부, 프란체스코 다 몬틸라(몬틸리아)(Francesco da Montilla) 신부와 피에트로 오르티즈 카베자스(Pietro Ortiz Cabezas) 신부(*AFH*, 1920, p.201, N.2), 그리고 크리스토포로 고메즈(Cristoforo Gomez) 수사, 디에고 지메네즈(Diego Jiménez) 수사, 프란치스코 빌라리노(빌로리노)(Francisco Villarino) 수사와 산티아고의 에마누엘레(혹은 미켈레)(Emanuele di Sant'Iago) 수사가 아직 수도회 지원자인데도 함께 왔다. 그들은 1583년 5월 1일, 마닐라에서 출발하여 코친차이나로 향했다. 중국 입국은 금지되어 있었기 때문이다. 두

외인들 가운데서 그들을 볼 수 있다는 것이 큰 위로가 되었다. 예수회 신부들은 그들을 매우 따뜻하게 맞아 주었고, 자기네 경당에서 미사를 드릴 수 있게 해 주었다. 예수회 신부들은 시암 대사[177]의 숙소에 경당을 두고 있었지만, 그전까지 그들 역시 한동안 미사를 드릴 수 없었던 터였다. 따라서 그것[함께 미사를 드리는 것]은 예수회 신부들에게도 큰 위로가 되었다. 예수회 신부들은 중국인들에게 프란체스코회 수사들은 나쁜 사람이 아니고, 그들도 수도승이라며 의심을 풀라고 좋게 말해 주었다. [그러면서] 오히려 그들을 잘 대해 달라고 부탁했다. 그러면서 경비는 모두 마카오에서 지급할 거라고 했다. 그리고 얼마 지나지 않아 그들을 풀어 주어 마카오로 보냈다.

234. 지부(知府) 왕반(王泮)의 환영

조경에 있는 왕반 통감[178]의 사저에서는 바로 알현이 진행되었다. 왕반이 크게 환대하며 그들[예수회 신부들]을 맞이한 것이다. 그러나 다른 모든 사람과 마찬가지로 예법에 따라 지부와 만나는 동안 무릎을 꿇고 앉아야 했다.[179] 지부는 그들에게 누구며, 어디에서 왔으며, 무엇을 원하

번에 걸쳐 풍랑을 만났는데, 처음에는 코친차이나 해안 근처에서, 두 번째는 해남도(海南島)에서였다. 해남도에서 그들은 간첩과 도둑으로 몰려 감옥에 갇히게 되었다. 거기에서 광주로 이송되었고, 9월 초에 광주에서 루지에리와 리치를 만났다. 그리고 마카오로 보내졌다. *SF*, II, pp.XXXV-XXXVI, pp.202-204; Maas, p.37; *CP*, I, p.307; *AIA*, 1915, II, pp.24-29; *AFH*, 1920, p.185: 1923, pp.405-406; Pastells, II, pp.CCIX-CCXIV.

177　cf. N.210, 본서, p.85, 주(註) 60.
178　cf. N.229, 본서, p.121, 주(註) 153. (**역주**_ 리치는 본문에서 종종 왕반의 신분을 '통감[Governatore]'과 '지부[Prefetto]'로 함께 쓰고 있다. 왕반은 분명 '총독[Vicerè]'은 아니지만, 통감과 지부의 직분을 가지고 있었던 것 같다.)

느지를 물었다. 통역자를 통해 대답한 것은 "우리는 하늘의 주인[上帝], 천주님을 섬기는 수도자로[180] 멀리 서방 끝에서[181] 3-4년 걸려서 왔습니

---

179 이것이 관리들 앞에서 행하는 예법이다.

180 아직 하느님을 "하늘의 주인, 천주(天主)"라고 쓰지는 않은 것 같다. cf. N.236. "하늘의 임금, 상제(上帝)"로 쓰고 있는 걸 보면 말이다. cf. NN.129, 170, 176.

181 1588년 11월 10일, 발리냐노가 아콰비바 총장에게 보낸 장문의 편지를 보면 선교사들이 조정에 도착하여 자신들을 "천축국(天竺國)"에서 왔다고 소개하고 있다. 천축국은 인도를 가리키지만, 이곳에서는 유럽, 더 정확하게는 루지에리가 말하고 있는 것처럼(N.2145) '로마'를 의미하는 걸로 사용하고 있다. cf. AHSI, 1934, pp.209-218. 발리냐노는 고대 중국인들과 그들의 고서들에서 천축국이 거룩한 가르침이 있는 나라, 영혼을 구원하는 나라, 성수(聖水)가 흐르는(그곳에 몸을 담그면 죄가 씻긴다는 갠지스강을 일컬음: cf. Aleni², Geografia, c.I, f.7a, in PCLC, XIII) 나라로 적고 있다. 그곳은 좋은 유리와 큰 말(馬)이 있고, 사람들은 깨끗하며, 남자들은 짧은 양말과 긴 양말에 장화를 신고 소매가 길고 큰 옷을 입으며, 여자들은 머리에 베일을 쓰고 다닌다고 했다. 그 나라는 중국에서 아주 먼 서역에 있고 거기에서 오는 사람을 중국인들은 '성자(聖者)'라고 부른다고 했다. 그 사람들과 그의 후계자들이 올 때 "중국인들이 모르는 여러 언어로 적힌 경전들을" 가지고 왔다. 바로 그 산스크리트가 남경에서 크게 존중받고 있는 책으로 짐작된다. 아무튼 발리냐노는 중국인들에게 천축(天竺)은 말 그대로 천(天), 곧 하늘, 축(竺), 곧 '나라'를 뜻하는 "거룩하고 흠 없는 나라"를 말한다고 한다. "신부들에 따르면 '축'은 '나라'라는 뜻 외에 다른 뜻이 있을 수가 없습니다"라고 덧붙이고 있다. 다시 말해서 순찰사는 천축국은 '하늘나라'를 의미한다는 것이다.

계속해서 발리냐노는 [중국인들이] 선교사들을 "천축국의 아버지"라고 부르고 있다고도 전한다. 천국축이 우리가 의도하는 것처럼 유럽의 나라를 의미하지 않는다면 그들이 말하는 나라와 일치하지 않는다. 사실 로마와 유럽의 국가들은 모두 중국의 서쪽에 있기 때문이다. 그곳에는 축복받은 물[성수] 외에도 효력이 뛰어난 세례의 물이 있고, 그곳에는 참되고 거룩한 가르침이 있으며, 시민들은 '거룩하고 순수하며', 유리와 질 좋은 말(馬)이 있다. 그곳에는 사제와 여성들이 앞에서 언급한 것과 같은 옷을 입고 있다. 아무튼 중국인들은 천축국에 대한 존중이 컸지만 아는 바가 적어서 다른 나라[외국]를 경시하고 있었다. 선교사들은 "이 나라(천축국)의 이름을 자기네 나라로 사용하였다." 그래야만, 그런 방법으로만 중국으로 들어갈 수 있기 때문이다(N.2467). 여하튼 '천축국 = 인도 = 유럽'을 동일시하는 것은 1583-1588년에 유행했었다. 1586년 초 절강성(浙江省) 북동부 소흥(紹興)에 있던 루지에리가 말하기를 하루는 통감부 관청에 가게 되었는데 "매우 차가운 얼굴로 묻기를, 당신들은 어디에서 왔는가[那裡시]?", 이에 루지에리 신부가 대답하기를, "총독님, 저는 천축이라고 하는 나라에서 온 신부입니다[爺爺, 天竺國僧]"(N.5414)라고 했다고 한다. 1588년 9-10월 리치가 편집한

다.[182] 중국 정부에 대한 좋은 소문을 듣고 왔습니다. 우리에게 마카오의

시스토 5세 교황이 중국 황제에게 보낸 자의교서에도 자신은 천축국에 살고 있고, 교서도 천축국의 수도, 곧 로마(天竺國京師)에서 보냈다고 적고 있다. 이 이름은 1595년 4월 24일까지 사용한 걸로 추정된다. 리치가 유럽을 처음으로 구라파(歐羅巴)라고 사용할 때까지 말이다. cf. D'Elia[1], N.19. 발리냐노도 앞서 언급한 편지의 뒷부분에서 "천축국은 유럽을 말합니다"(N.2472)라고 적고 있다. 유럽을 천축국이라고 부른 것은 루지에리의 최초의 교리서『천주실록(天主實錄)』(1584)에서부터 리치의『교리문답』(1583-1588)에 이르기까지 지속적으로 사용한 걸로 보인다(*ARSI, Jap.-Sin.,* I, 198, ff.13-16v; *Civiltà Cattolica*, 1935, II, pp.40-52). cf. *AHSI*, 1934, pp.209-218.

182 리치와 루지에리가 리스본에서 마카오로 온 항해 기간은 모두 8개월 내지는 9개월 걸렸다. 리스본에서 고아까지 5개월 20일(3월 24일-9월 13일) 걸렸고, 인도에서 마카오까지 2개월 반에서(루지에리가 코친에서 출발한 것은 5월 3일이고, 마카오에 도착한 것은 7월 20일쯤이었다) 3개월 반(리치가 고아를 출발한 것은 4월 26일이고 마카오에 도착한 것은 8월 7일이었다.)이 걸렸다. 대략 '3-4년'이 걸린다고 하는 것은 리스본(1578년 3월 24일)에서 보낸 시간까지 포함했기 때문일 것이고, 더 구체적으로는 로마(1577년 5월 18일, 혹은 11월)에서 조경(1583년 9월 10일)까지 오는 데 걸린 시간일 것이다. 그러나 리치가 당시에 의도한 것은 엄청난 거리에 대해 놀라지 않는 중국인들에게, 중국에서 멀리 떨어진 유럽은 중국까지 오는 데만 '3년'이 걸린다거나 '5년' 혹은 좀 더 심하게 '6년'이 걸린다고 말하는 편이 낫다는 사실이다. 결론적으로 선교사들이 말하는 유럽에서 중국까지 오는 데 3년 혹은 4년이 걸린다는 것은 그만큼 전혀 다른 기준을 적용해야 이해할 수 있었기 때문이다.

먼저 다음의 보도를 보라. 1583년 1월 루지에리가 조경의 총독에게 말하기를 자신은 오는 데 3년이 걸렸다고 했다(N.2121). 1584년 말까지 루지에리가 편찬한 중국어『교리서』에서 복건(福建) 출신으로 훗날 바오로라고 불리게 될 사람이 루지에리의 입을 빌려 이렇게 적고 있다. "저는 천축(天竺, 인도 = 유럽)에서 태어나 중국의 놀라운 통치에 관해 이야기하는 걸 듣고 풍랑에도 불구하고 항해를 시작하여 3년 만에 명(明) 왕국에 도착했습니다. 三戰方到明朝"(ed. 1584, f.4b). 이듬해에 에두아르도 데 산데(Eduardo de Sande)가 조경에 도착했다. 그는 1578년 3월 24일 리치와 루지에리와 함께 리스본에서 출발했고, 그들과 함께 그해 9월 13일 고아에 도착했다. 그리고 다시 1585년 5월 1일, 고아를 출발하여 그해 7월 31일 마카오에 도착했다. 모두 9개월이 조금 안 걸렸으나, 1585년 8월에 조경 지역 영서도(嶺西道) 앞에서 스스로를 소개하는 자리에서 데 산데의 체류 허가를 받기 위해 "그는 우리와 함께하기 위해 3년간 여행을 했고, 다시 돌아갈 방법도 없습니다"(N.1104)라고 보고했다. 그즈음에 리치는 유학자들과『교리문답』을 쓰고 있었다. 거기에서 리치는 "저는 [그리스도교] 신부입니다. 천축(天竺, 유럽)에서부터 진심으로 중국의 가르침을 사랑했고 믿지 않으시겠지만, 일만 리(里)가 열 번이 넘는 거리를 3년간 바다를 항해하여 광동선(船)[아마도 항(航)을 잘

시장(market)이나 그런 유사한 장소에서 조금 떨어진 곳에 수도원과 성

___

못 표기한 것 같음] 조경에 도착했습니다(海三年前到廣東肇慶)." cf. *Civiltà Cattolica*, 1935, II, p.48. 1586년 왕반(王泮)도 두 명의 외국인을 돌려보낼 생각을 하다가 그들이 "기적을 행한다는 걸 알았고, 3년간 걸어서 왔다는 말을 듣고"(N.1139) 그런 생각을 접었다고 했다. 1583년부터 1587년 말까지, 모든 것을 넘어서, 중국인들이 궁금한 것은 "신부들의 나라가 중국에서 2년 또는 3년간 걸어야 하는 거리에 있는데"(N.295) 그들은 어떻게 생계를 이어 가느냐는 것이었다. 1588년 리치가 중국의 관리들에게 소개한 기억할 만한 것은 "자신은 천축국(天竺國) —그래서 그들은 유럽을 '하늘나라'로 부름— 에서 온 수도자로 그곳이 몹시 위험한 길을 3년간 순례 끝에 가 닿을 수 있는 곳으로서, 조경의 유적지를 방문하기 위해 왔습니다"(N.2437)라고 했다. 1592년, 순찰사가 소주(韶州)에 사제관을 짓기로 한 이유 중 하나도 "그들은 외국인들로 중국에서 3년간 여행을 해야 하는 아주 먼 곳에서 왔기"(N.1186) 때문이었다. 그러므로 그들의 사도직이 성공한 데 대해, 1595년 11월 4일, 리치는 그 첫 번째 이유로 "너무도 먼 외국 땅에 대해 중국인들이 한 번도 보지 못했고, 소문처럼 3년 걸리는 6천 리그 거리에 있다는 데 있습니다. 그 점이 그들을 놀라게 했습니다"(N.1466). 1601년 1월 27일, 리치가 만력(萬曆) 황제 앞에서도 "중국에 오기 위해 3년간 배를 타고 왔습니다(航海而來, 時歷三年)." cf. Couveur, p.82. 1608년 승려 우순희(虞諄熙)에게 리치가 대답하기를 "중국에 오기 위해 3년간 길고 위험한 항해를 했습니다(泛海三年出萬死而致之闕下哉)"라고 했다(*PCLC*, VII, f.3b). 1611년 이지조(李之藻)가 디에고 판토하의 이름으로 리치가 묻힐 땅을 요청할 때도 판토하의 말을 빌려 "저는 먼 나라에서 왔습니다. 당신의 나라에 대한 좋은 평판을 듣고 왔습니다. 위험한 바닷길을 3년간, 6천 리그 거리를 왔습니다"(N.972). 1614년 11월 16일, 판토하 역시 자신은 동료들과 함께 중국까지 3년 걸려 왔다고 적고 있다. 涉海三載而抵中華[칠극(七克) 서문, *PCLC*, VIII, f.3a].

이런 진술을 하게 된 것은 중국인들이 거리를 이야기할 때 어느 정도 걸리느냐에 따라 계산을 하기 때문이다. 당시에는 알려지지 않은 미지의 '거대한 서방 세계'와 중국 간 거리는 적어도 2년 내지는 3년이 걸리지 않을 수 없었다. 조경에서 유행하던 말은 "신부들의 나라는 중국에서 2년 혹은 3년은 걸어야 하는 거리에 있다"(N.295)라는 것이다. 18세기 중반에 쓴 『마카오 역사(*Storia di Macao*)』(AMCL, 下, f.18a)에도 "거대한 서방은 중국에서 3년의 거리에 있다(此大西洋去中國遠三年)"라고 적고 있다.

이런 모든 보도는 선교사들만 전하는 것이 아니라 중국인들 자신도 유럽과 중국의 거리가 2년, 3년, 하다못해 4년의 항해가 필요하다고 했다. 선교사들이 중국 관리들 앞에서 자신들을 소개하기 위해서라면 중국인들의 관점에서 설명해야 했을 것이고, 더할 수 없을 정도의 항해를 했다는 것은 중국인들에게는 불가능한 걸로 받아들여졌다. 주목할 것은 루지에리와 리치 이전에도, 앞서 언급했듯이, 1579년에 프란체스코 회원들도 중국 진출을 시도했다고 중국인들이 말하며, 그들이 중국에 오기 위해 "3년"(*SF*, II, p.59)이 걸렸다고 기록하고 있다.

당을 지을 수 있도록 허락해 주시면 그곳에서 죽는 날까지 살며 천주님을 섬기겠습니다. 이것을 위해 힘을 써 주시고 도와주시기를 간절히 청

—

그 밖에 1623년 알레니[2]가 쓴 『지리서』에서도 이런 설명이 나온다. 이탈리아와 유럽의 여러 나라에서 리스본까지 오는 데 한 해가 걸리고, 그 이듬해에는 리스본에서 고아까지, 3년차에 고아에서 광주로 온다고 했다. 당시 여행자들은 이들 지역의 항구에서 배를 기다리거나 계절풍[동남아시아 지역의]이 불 때를 기다려야 했기 때문이다. 알레니의 보도를 보자. "나와 유럽 여러 국가의 내 동료들이 온 거리는 모두 다릅니다. 그들은 각기 다른 경로로 왔는데, 어떤 사람은 육로로 어떤 사람은 해로로 왔습니다. 그러나 대부분 1년 안에 모두 항구에 집결했습니다. 즉 포르투갈의 수도 리스본 항구에 집결하여 봄에 대양을 횡단하는 공용 무역선을 기다려야 했습니다. 적도 북쪽 23.05도에서 하지선이 행운의 섬(Fortunate Isles) 북쪽을 지난 후에 적도를 지나 남쪽으로 돌면 북극이 사라지고 남극이 점차 크게 나타납니다. 적도 남쪽 23.05도에서 동지선을 지나 대랑산[大浪山, Drakensberg, '다랑산'으로 불림][역주_ 최한기의 『해국도지』에는 알레니의 『직방외기』를 빌려 아프리카를 리미아(利未亞)라고 했다. 중국에서 서남쪽에 있다는 말로, 당시 중국에서는 그 지역을 서남양(西南洋)이라고 지도에 표기했다. 따라서 아프리카의 범위는 북쪽 경계로 지중해가 있고, 서쪽 경계로 상투메(聖多默, Sao Tome)에 이르고, 대랑산을 남쪽 경계로 두고, 동쪽 경계로 마다가스카르(Madagascar, 聖老楞佐)와 홍해가 있다. 옛 지도에서 대랑산(Drakensberg, 즉 '大浪山'이라고 하는 것은 오늘날 명확하게 밝혀진 바가 없는데, 어떤 지도에는 케이프타운 희망봉이 있는 동남쪽을 섬으로 그려 놓기도 한 것으로 보아 희망봉을 대랑산으로 보고 있는 것 같다(曰西南洋. 卽利未亞. 南至大浪山. 北至地中海. 東至西紅海聖老楞佐島. 西至聖多默島)(淇東崔漢綺著 氣測體義 推測錄卷2 推氣測理 地球右旋)]을 끼고, 희망봉을 지나면 남극이 보이는데 기온이 30도가 넘습니다. 거기에서 동지선을 반대로 돌면 흑인국(黑人國)과 로렌조섬(마다가스카르) 사이 좁은 해협을 지나고, 적도를 다시 지나면 소서양(小西洋, 인도양)에 도달합니다. 그러므로 인도 남쪽 고아는 적도 북쪽에서 16도 지점에 있습니다. 바람이 온화하거나 그렇지 않거나, 대개는 1년 안에 인도양에 도착할 수가 있습니다. 거기에는 많은 섬이 있어 바닷길이 험하고 좁고 힘이 듭니다. 그래서 중국 배를 타고 봄에 출발해야 합니다. 세일론에 도달한 후, 벵갈라해를 지나, 수마트라와 믈라카 사이를 통과하고, 참파 왕국[역주_ 베트남 중부 지방에 있던 인도네시아계의 참족이 세운 왕국, 192-832년]과 시암(오늘날의 베트남 남부) 해안을 지나 싱가포르의 좁은 해협을 뒤로 하고 나면 북쪽으로 향하는 길에 들어서게 됩니다. 그러므로 3년간의 항해 끝에 중국에 도착하게 됩니다(閱三年方抵中國). 중국 광동성의 광주에 도착하는 것입니다. 서방에서 중국까지의 거리는 모두 9만 리(里) 입니다"(*CFUC* in *PCLC*, XIV, c.5, ff.11b-12b).

합니다. 저희는 어떤 피해도 드리지 않을 것이고, 평생 생계와 의복도 직접 후원을 받아 해결할 것입니다."[183] 지부는 크게 인품을 갖춘 사람으로, 그 말을 들은 즉시 신부들에게 애정을 느꼈고, 할 수 있는 모든 걸 동원하여 그들을 도와주었다. 그러면서 그는 신부들이 매우 덕망 있는 사람들로 보이고, 그래서 그들의 모든 요구를 들어주고 싶었다고 했다.[184]

---

183 이런 유사한 요청서는 1565년 11월 22일까지 예수회 프란체스코 페레즈 신부가 광주의 관리들에게도 한 적이 있었지만 모두 허사였다. 필자[델리야]가 이탈리아어로 번역하여 발표한 다음의 자료를 보라. *Rivista degli Studi Orientali*, Roma, 1936, p.224.

184 1596년경 루지에리는 중국의 관습과는 상반되게 두 외국인에게 중국 체류를 허락하기 위한 법률적인 특별한 검토가 있었다고 전한다. 그에 따르면 신부들이 조경에 도착하여 곽응빙(郭應聘) 총독을 알현하자, 그는 지부 왕반(王泮)에게 모든 걸 재검토하라고 지시했다. 지방 행정부의 많은 인력이 이 지시에 따라 신부들을 위해 움직였고, 이렇게 수군거렸다. "[신부들은] 거룩한 사람들이고, 모두 그들의 신께 자신을 봉헌한 사람들입니다. 그들의 신은 대단히 힘이 있답니다." "33년간" 세 명의 아내로부터 [애써] 얻은 자녀들까지 도와줄 요량이었다. 왕반은 신부들의 신앙을 지지하며, 그들을 불러 자기를 위해 기도해 달라고 청했다. 그러면서 그는 "[선교사들이] 중국에 거주할 수 있는 법적인 당위성을 찾기 위해 모든 노력과 연구를 아끼지 않겠습니다"라고 했다. "열흘 후에 그들은 법적인 부분을 검토한 결과, 아직 중국에서는 외국인 거주가 금지되어 있다고 했습니다. 그러면서도 그들은 우리에게 모두 한 형제고, 같은 하늘 아래 태어났으나 누구는 먼 나라에서 와서 돌아갈 수 없거나 가고 싶지 않거나 하는 등의 이유로 이 나라에 머물게 됩니다. 이 나라에도 조용하고 겸손하고 무엇보다도 이 나라에 필요한 사람들이 각자 살든 죽든 필요한 것을 챙겨서 머물기를 바랍니다"(N.5324)라며, "그들의 체류를 위해 7평의 땅을" 하사하였다. 당시 황제의 훈령은 "온화한 외국인들까지(*mansuetis de longe venientibus*) 중국에 해가 된다고 하여 [그들의 체류를] 엄중히 제한"(N.5420)하고 있었다. 1590년 7월 2일, 루지에리는 로마에서 말하기를, 구두상 통상 예외 조항이 있어도 중국에 있는 외국인들에게는 해당되지 않는다고 했다. 이런 예외가 "중국에 와 있는 외국인에게 적용될 때는 온화한 성품에 마음을 무장해제하고 중국에 의지하려는 자세가 있어야 합니다. 그리고 어떤 기술이나 학문으로 중국에 도움이 되어야 하고, 그것을 중국에 전할 수 있을 때 그들이 거주할 수 있는 7평의 땅을 공식적으로 줍니다"(N.2541)라고 전했다.

이런 특수 조항을 찾은 지부 왕반은 그것을 총독에게 보고했고, "관할 지역의 모든 행정관과 지방관들에게 요청하여 신부에게 중국 시민권을 주도록 했습니다. 그들은 모두 그렇게 하겠노라고 서명했습니다." 루지에리는 이것이 자신의 동료였던 리치에 그들[신부들]은 도시를 돌아다니며 자신들에게 가장 맞는 장소를 물색했고, 그러는 동안 그[왕반]는 총독을 설득하기로 했다.

235. 행운의 탑 또는 화탑(花塔)의 건설

그때 조경 지역 열한 개 시時[185]가 연합하여 탑을 하나[186] 세우기로 했

게도 당연히 적용된다며 중국 시민권자로서 "확장된 통행증"이 발부되었고, 그것은 "중국 황제에 대한 충성 서약과 해당 지방인 영서도(嶺西道) 정부, 곧 지부(知府)에 대한 충성 서약"(N.5324)에 따른 것이었다고 했다. 여기에 대해 루지에리는 "이로써 신부는 중국 시민권을 가진 중국인과 같은 동향인이 되었습니다"(N.5420)라고 말했다. 이것은 리치를 두고 한 말이다.

왕반이 발견한 "훈령"에서 말하는 것은 그리 어려운 게 아니었다. 루지에리도 유원(柔遠)이라는 말을 자주 사용하고 있는데, 이것은 '멀리서 온 온화한 외국인(mansuetis de longe venientibus)'으로 잘못 해석하고 있다. '유원'이라는 단어를 리치는 1589년 자신의 교리문답에서(cf. *Civiltà Cattolica*, 1935, II, p.49) 지방관 곽응빙(郭應聘)이 "먼 데서 온 사람을 따뜻하게 대한다"라는 뜻으로 사용하며, 그런 연고로 그에게 성당을 짓도록 땅을 하사한다고 하였다. 같은 표현이 시스토 5세 교황이 중국 황제에게 보낸 자의교서에서도 나타나는데, 이를 1588년 9월경 리치가 인용하고 있다. 여기에서 교황은 중국 정부가 "자신의 선함이 널리 알려지고 먼 데서 온 사람(推仁柔遠), 즉 선교사들을 환대하기를" 기원한다고 말하고 있다. 이제 이 말은 고전 텍스트를 함축하는 말이 되었다. "먼 데서 온 사람을 환대하고, 가까이 있는 사람의 재능을 발굴하라(柔遠能邇)". 이 말을 가장 먼저 한 사람은 순(舜) 황제(기원전 2073?-1999?)로 추정되고, 성왕(成王, 기원전 1115-1078)과 평왕(平王, 기원전 770-720)이 이를 인용한 것으로 본다. cf. Couvreur, *Chou King*, 1916, p.21, N.16: p.285, N.8: p.324, N.4. 약간의 중국 학자였던 루지에리는 형용사 유(柔, '부드럽다', '순하다'는 뜻)을 "먼 데서 온 '온순한 사람'"으로 번역했고, 이는 그가 한 모든 주석서에서 찾아볼 수 있다.

여하튼 두 선교사는 산케즈가 기록하고 있듯이 [중국의 외국인 체류 금지령] 규범에도 불구하고 중국의 시민권을 가지고 중국에서 거주할 수 있게"(*CP*, I, p.322, nota) 되었다. 모든 것은 발리냐노의 지도력에 따른 것으로서, 그는 선교사들이 마카오의 포르투갈인들과 최대한 교류하지 않도록 지시한 것이 효과를 발휘한 것이다. 1584년 12월 2일 자, 카브랄이 쓴 기록에는 "현지인처럼 살도록"(N.2190) 했다는 것이다. 1587년 1월 14일, 발리냐노가 리치와 루지에리에게 보낸 편지에도 "중국에서 태어난 사람"(N.2329)처럼 살도록 권고하였다.

185 총독 관저가 있는 조경의 행정구에 속하는 도시는 11개다. 고요(高要), 고명(高明), 사

다. 오랜 미신에 따라 탑을 세우면 그 일대에 사는 사람들에게 행운을 가져다준다고 생각한 것이다.[187] 탑의 1층은 이미 세워졌고, 그 위에 아홉 개 층을 더 올리는 일이었다.[188] 탑은 배가 드나드는 큰 강가에 있었는데,[189] 도시의 성벽 아래로 강물은 흐르고 있었다. 그곳에 총독 관저와

회(四會), 광녕(廣寧), 신흥(新興), 양춘(陽春), 양강(陽江), 은평(恩平), 덕경(德慶), 봉천(封川), 개건(開建)이 그것이다. 이 도시들이 모두 탑 건립에 일조하였다.

186 지금까지 있는 이 탑은 조경의 민간에서는 번탑(番塔)이라는 이름으로 불리고(N.257), 공식적으로는 숭희탑(崇禧塔)으로 알려져 있다. 탑은 성벽의 동쪽, 서쪽 강곧 서강(西江)에 세워진 것으로 그곳을 소시석정(小市石頂)이라고 불렀다. 탑 좌측에서 강을 뒤로 하고 고개를 돌리면 지금도 집이 하나 보이는데 마치 '리치의 집'이라는 것을 말해 주는 듯하다. 현재의 도로와 집 1층 사이에는 2-3m의 평지가 있다. 1층에는 가운데 소박한 거실이 있고, 그 양편에 두 개의 방이 있다(cf. N.245). 2층에는 거실만 하나 있고, 거기에 딸린 유럽식 발코니가 있다. 이 거실 한가운데 왕반의 동상이 있고, 양쪽에 그의 두 비서의 동상이 있다. 그리고 그가 사용하던 식탁이 있다. 1층에는 몇 개의 석조가 있는데, 거기에는 탑 건립과 관련한 이야기가 적혀 있다. 이야기는 왕반이 직접 불러 주고 조경에 머물던 강소성 진강(鎭江)의 동지(同知) 보좌관 진일룡(陳一龍)이라는 사람이 쓴 것이다. "높은 행운의 탑 건립에 관한 최근의 부조"라는 제목의 석조는 만력 황제의 정해(丁亥)년, 곧 1587년 8월 4일(孟秋)에 세웠다. 여기에는 1582년 조경의 문인들이 도시를 둘러싼 두 물줄기 대강(大江 = 西江)과 역수(瀝水)의 물로 나라의 좋은 운수가 쓸려 가는 걸 막기 위해 왕반에게 탑을 하나 세울 것을 요청했다. 불교 교리에 너무 치중하는 것 같아 얼마간 망설인 후에 지부는 허락했고, 모두 큰 열정으로 탑을 세우는 일에 동참했다. 공사는 1582년 음력 9월에 시작하여 1585년 음력 4월에 끝났다. 은(銀) 3천 냥이 넘게 든 경비는 조경의 지현(知縣) 담군(譚君)의 지휘 하에 [백성들로부터] 거두어들였다. 나중에 리치가 말하는 지현과는 다른 사람인 것 같다. 아홉 계단으로 된 팔각형의 탑은 9층 높이 200보(67m)가량 된다. 석조에는 탑 건설에 일조한 수많은 사람의 명단이 새겨져 있다. cf. *Annali distretto di Kaoyao*, c.15, f.26a. "꼭대기에는 두 개의 철로 된 나무를 세워 줄로 고정하고 그사이에 청동으로 지구본을 만들어 도금하여 세웠다"(N.1132).

187 풍수(風水)에 따른 것이다. cf. N.152. cf. N.257, 본서, p.170, 주(註) 273.

188 1층을 빼고 아홉 개 층이 아니라, 1층을 포함하여 아홉 개 층이다. 1585년 9월 24일, 리치는 탑이 "18개의 팔각형"(N.1132)이라고 적고 있다. 리치가 왜 이렇게 적었는지는 알 수 없지만, 아마도 한 층을 두 개로 나누어서 말한 것 같다.

189 서강(西江), 즉 서쪽에 있는 강이다.

모든 인근 도시들의 행정 관저가 있었다. 모두 성벽에서 1마일 이상 떨어져 있었다. 그래도 그곳까지, 아니 그 이상도 사람들은 와서 집을 짓고 거주하려는 사람들로 북적였다. 주변에 있는 많은 나무와 정원으로 인해 환경은 아주 시원했고, 후에 그곳에 사당을 하나 짓고[190] 현 통감의 조각상을 세웠다.[191] 통감은 6년간 그곳에서 재임하면서[192] 도시와 문인들과 백성들에게 많은 좋은 일을 했다.

전임 총독이 명령한바, 신부들이 이 도시에서 거주할 수 있는 장소로 언급되었고 그 병사가 말한 곳이 바로 이곳이라는 걸 알고 신부들은 놀랐다.[193] 모두 이 장소에 만족했고, 탑이 세워진 근처에 작은 땅을 달라고 더 요구하지 않아도 되었다. 탑은 많은 화려한 장식으로 인해 화탑花搭이라고 불렀다.[194] 이런 해결책은 이튿날 바로 통감에게 보고되었고, 지부는 매우 기뻐하며 그것을 자기 일처럼 생각했다. 신부들이 그곳에 머물 수 있도록 최선의 편의를 제공하였다. 그리고 신부들을 돌려보내면서 말하기를 자기가 직접 총독에게 기억을 상기시켜 줄 수도 있다고 했다.

---

190 cf. N.298.

191 이 조각상은 지금도 보존되어 있다. cf. N.235, 본서, p.134, 주(註) 186.

192 리치는 조경의 관리로 6년밖에 있지 않았던 왕반을 말하는 것 같지는 않다. 왜냐하면 더 후에(N.298) 『소흥부지(紹興府志, *Annali della Prefettura di Shiuhing*)』에서 언급하는 것처럼, 그는 그곳에 1588년까지 있었고, 공사는 1580년에 시작되었다. 그가 말하고자 하는 것은 행운의 탑과 함께 왕씨 사당(王公祠)이 정확하게 6년 만에 완성되었다는 것이다. cf. *Annali distretto di Kaoyao* (『고우현지(高郵縣志)』), c.15, f.15b.

193 그 사실을 알았던 신부들은 루지에리와 파시오일 수밖에 없다. 리치는 1583년 9월 처음 조경에 왔기 때문이다.

194 '화탑(花搭)'이라는 이름은 오늘날에도 많이 쓰는 말로, 건축적인 화려함을 의미한다.

236. '참 하느님'의 이름으로 '천주(天主)'의 기원

천녕사天寧寺 근처, 처음 신부들이 거주하던 곳에는[195] 성은 진陳이고[196] 이름은 니코[Nicò(?)]라는 똑똑하고 잘생긴 청년이 하나 있었다. 그는 신부들과 이웃하며 매일 우리 집을 드나들었고, 친분을 쌓더니 신부들과 함께 살고 싶다며 그리스도인이 되겠다고 했다. 신부들은 그에게 가톨릭 신앙에 대해 많은 걸 가르쳐 주고 인도했다. 신부들이 그곳을 떠나올 때, 미사 드리던 제단을 그에게 맡기고 왔는데, 믿을 만한 신자에게 두고 오는 것처럼 마음이 든든했다.

그러다가 이번에 신부들이 다시 조경을 찾아 그의 집을 방문했을 때, 그의 집 거실에 있는 제단을 보았다. [제단의] 모습이 특별히 달라진 것은 전혀 아니었으나 제단의 기둥 한복판에 중국어로 크게 두 글자가 적혀 있는 걸 발견했다. '하늘의 주인, 천주天主께'[197]라는 것이었다. 제단 위에

---

[195] cf. N.219.

[196] 그는 조경의 상인으로, 기혼자이며 1584년 11월 21일 [조경에서] 세례받은 첫 두 명 중 한 사람으로, 추정컨대 세례명이 요한(N.274)이었다. 성은 진(陳, Ccen)인데 조경의 탑 건립 부조에 자주 등장하는 것으로 봐서 그 도시에서 흔한 성으로 보인다. 하지만 니코와 동일시하기는 불가능하다. 분명 니콜라도 아니다. 콜롬벨(Colombel)이 제시하고 인용한 모든 자료는 의심나는 부분이 있어, 피스터(Pfister, I, p.17)는 모두 부정하며 전혀 다른 해석을 내놓았다. 피스터는 주(朱, Ciu)라는 성(姓)을 제시하며, 리치가 애매하게 사용하고 있는 Cin과 동일하게 설명하고 있다. 트리고(Trigault, p.163)도 이 이름과 관련하여 이 역사서에서 두 번 언급하고 있는데(NN.236, 274) 모두 Ciu로 쓰고 있다. 이 청년에 관해서는 다음을 참조하라. NN.2186, 2197, 2286.

[197] 그리스도교의 하느님을 가리켜 "하늘의 주인", 곧 '천주(天主)'라는 이름의 기원에 관한 이야기다. 후에 교회가 인정하고, 중국은 물론 극동아시아 전역에서 오늘날까지 사용하는 이름이 되었다. 1583년 7-8월, 훗날 진(陳) 요한이라는 사람의 집에서 발견했고, 그해 9월 리치와 루지에리에 의해 승인되었다. cf. NN.246, 558, 2579. 1583년 두 선교사는 불자들이 '천주(天主)'를 인드라(Indra) 경전에 나오는 데바파티(Devapati, देव पति), 곧 '신들의 왕(Signore dei deva, King of Devas)'으로 사용하고 있다는 것과 도

는 일고여덟 개의 향로[198]를 올려놓고 향을 피우며 자기가 알고 있는 하느님께 찬미를 드리고 기도를 올리고 있었다.

그 광경은 신부들에게 큰 위로가 되었다. 착한 청년이 자기 집으로 모두를 안내하여 보여 준 건 신부들의 귀환을 환영하는 것이었고, 신부들은 다른 집으로 가고 싶어 하지 않았다. 그러나 총독의 지시는 신부들에

———

교에서도 같은 이름으로 하나의 신을 신봉하고 있다는 사실을 모르고 있었던 것 같다. 나아가 중국에 불교가 들어오기 훨씬 전에 중국인들 사이에서 알려진 '하늘의 주인'이 있었다는 것과 그분은 여덟 신[즉, 천주(天主), 지신(地神), 전쟁의 신, 여성의 기원이 되는 음(陰), 남성의 기원 양(陽), 달의 신, 태양신, 사계절의 신] 가운데 하나라는 것도 모르고 있었던 것 같다. 이 신에 대한 제사는 기원전 219년 진(秦)나라의 시황제(始皇帝) 때까지 지냈다. cf. Chavannes, *Mémoires historiques de Se-ma Ts'iem*, III, pp.432-435. 이 텍스트는 중국어 문장에서 흔히 나타나듯이 다르게 해석될 수도 있다. 읽어 보면, 여덟 신, 첫 번째는 하늘의 주인으로 불리고(八神 一曰天主 祠天齊), '천상 배꼽'이라고 하는 호수에서 제사를 받는다; 다른 텍스트에는 여덟 신, 첫 번째가 하늘이라고 불리고(八神 一曰天 主祠天齊), 그는 '천상 배꼽'이라고 하는 호수에서 제사를 주관한다. 그러나 중국의 역사서에 등장하는 텍스트는 이 여덟 신의 이름이 없고 그저 오래전부터, 적어도 기원전 12세기부터 숭배해 왔다고만 말한다. 후에 리치가 이런 불교와 이교도의 기원을 알게 되었을 때는 이미 ('천주 = Deus'라는 용어가) 너무 많이 보급된 상태여서 사고방식과 인식의 혼란 없이 다른 새로운 단어를 도입하기에는 늦었을 것이다. Cf. 본서, p.151, 주(註) 237.

'천주(天主)'라는 이름은 중국에서 일본으로 건너온 것으로 보인다. 성 프란치스코 하비에르가 앞서 '대일(大日, 큰 태양)', 나중에는 '천도(天道, 하늘의 길)'라는 말을 쓰기 전부터 이미 사용됐었고, 그것을 라틴어 '데우스(Deus)'로 해석했기 때문이다. cf. Francesco Buzoni S.I., *Thienchiu idest Signor del Cielo* [1622] in *ARSI, Jap.-Sin.*, 105a(수기본); Bartoli[1], I, c.119, p.196. 첫 인쇄본으로 유럽에서 이 이름을 볼 수 있도록 한 것은 *Breve Raguaglio dell'isola del Giappone, Et di questi Signori, che di là son venuti a dar obedientia alla Santità di N. S. Papa Gregorio XIII*으로, 정확한 시기는 모르지만, 모데나(Modena)[**역주**_ 이탈리아 중북부 에밀리아 로마냐주에 있는 도시]에서 출판한 네 쪽짜리 팜플렛 같은 것이 있는데, 발행시기가 1585년 일본인 순방단이 올 즈음으로 추정된다. 제목과 관련하여 코르디에(Cordier, *Bibliotheca Japonica*, Parigi, 1912, p.98)는 "일본어로 하느님은 '천주(Tonxù)', 곧 '하늘의 주인'입니다"라고 적고 있다. 다시 말해서 *Tonxù* = *Tonsciu* = *Ttienciu* = 天主가 된 것이다.

198 등(燈)불. cf. NN.183, 249, 341, 376, 903.

게 더는 그곳에 머물지 말라는 것이었다. 그 제단에서 매일 미사를 드리기에는 적잖은 불편이 있다고 생각한 것이다.

237. 1583년 9월 14일에 승인한 공사를 허락하다

십자가 현양 축일[199]에 지부는 사람을 보내 신부들이 요청한 걸 총독이 승인했다고 전했다. 이튿날 탑이 있는 곳으로 가서 집 공사를 시작할 장소를 보여 주었다. 신부들은 은혜에 감사하며 중국의 예법대로[200] 이마를 땅에 조아리며 세 번 절했고,[201] 드디어 주 하느님께 봉헌할 집을 마련한 것에 대해 모두 기뻐하며 집으로 돌아왔다. 오랫동안 중국이라는 이 나라의 선익善益과 동방에서 하느님의 영광이 높아지기를 숙원했기 때문이다.

238. 탑 근처에 마련된 공사장

다음 날[202] 신부들은 지부가 기다리는 장소로 갔다. 지부는 다른 관리 한 사람과 감정관을 대동했다.[203] 그는 그 도시 사람으로 이름이 '담[譚(?)]'이라고 하는데 한때 관직에 있다가 지금은 은퇴하여 여러 사람과 함께 탑 공사 책임을 맡고 있었다.[204] 그가 지부와 신부들이 맺은 교섭을

---

199 1583년 9월 14일이다.
200 cf. NN.243, 1523.
201 세 번 절하는 것, 개두(磕頭)다. cf. NN.243, 1523.
202 9월 15일.
203 리치는 그를 동지(同知)라고 불렀다. 왕반의 동료로 복건성 보전(莆田)에 살던 진승방(陳丞芳)이다. cf. *Annali della Prefettura di Shiuhing* [『소흥부지(紹興府志)』], c.12, f.15a.
204 이런 모든 특징은 앞서 언급한 석조에 모두 기록되어 있다. 거기에 조경의 담군(譚君)

알고, 신부들이 막상 그 땅을 하사받게 되자, 대뜸 나서서 말하기를, 서양인 선교사들이 그곳에 머물게 되면 마카오에서 다른 외국인들도 오게 될 텐데, 그렇게 되면 그들이 이 도시에 해를 끼칠 위험이 있다는 것이다. 그러자 지부는 거기에 있던 신부들에게 다른 새로운 외국인들을 오게 해서는 안 되고 중국의 법규를 지켜야 한다고 말했다.[205] 이에 신부들은 그들의 법률에 저촉되지 않도록 하겠다고 대답했다.[206]

후에 지부는 탑에 딸린 땅도 한 자락 내어 주었다. 하지만 보기에도 너무 작아서 통역관을 통해 수도원과 성당을 짓기에는 너무 작다고 말해 주었다. 지부는 성당은 훨씬 큰 땅이 필요할 것이므로 이것은 성당을 지으라고 주는 것이 아니라 신부들이 살 집을 지으라고 주는 것이라고 했다. 그러자 통역관이 그렇다면 이것은 받을 수 없다고 했다. 왜냐하면 신부들은 (탑의) 우상 신을 섬기는 것이 아니라, 오직 하늘의 주인, 천주天主만을 섬기기 때문이라고 전했다.[207] 지부와 그 자리에 있던 여러 사람은 아연실색하고 말았다. 그들이 생각하기에 세상의 모든 수도자가 자기네

이라는 사람이 군수로 있으면서 탑 공사에 드는 비용 마련 임무를 맡았다고 한다. 董之(즉, 錢)者色人知縣譚君諭也. 여기에서 말하는 다른 시민들의 이름도 같은 석조에 새겨져 있다. 담(譚)은 무척 가난하여 돈을 밝혔던 것 같다. cf. NN.291, 293, 319. 후에 그는 1589년 조경에서 선교사들을 쫓아내는 데 일조하기도 했다. cf. N.319.

205 cf. N.257.
206 처음부터 발리냐노는 신부들에게 "영성에 기초하여 인내와 신중함과 실천에 있어 좋은 방식"을 당부했고, "현지인들의 많은 개종을 위해 과격하고 무질서한 열정"을 경계하라고 했다. 특히 관리들의 의심을 살 일을 하지 말라며 신부들에게 "마카오의 포르투갈 사람들과는 어떤 관계도 맺지 말고, 종종 들르는 필리핀의 루손섬 사람들과 스페인 카스텔라노스에서 오는 사람들과도 왕래를 금지"(N.2288)했다. cf. N.2190. cf. N.234, 본서, p.132, 주(註) 184.
207 왕반의 의도는 탑 근처에 짓고 있던 몇 개의 파고다 중 한 곳에서 두 신부를 살게 하려고 했던 게 분명하다.

우상 신을 섬겨야 한다고 생각했기 때문이다. 잠시 자기네들끼리 이야기를 했고, 지부는 "이건 그리 중요한 게 아닙니다. 우선 성당을 짓고, 거기에 원하는 상을 갖다 놓으시오"라고 말했다. 그런 다음, 처음의 것보다 더 큰 다른 땅을 신부들에게 주었다.

239. 신부들을 보기 위해 또 유럽에 대한 호기심으로 방문객들이 경쟁하듯 몰려오다

중국에서는 한 번도 보지 못한 엄청난 새로운 소식에 사람들이 앞다투어 몰려왔다. 외국인 신부들을 보기 위해 오는 사람들로 그곳은 붐볐고, 관리들조차 들어올 수가 없었다. 신부들이 지부에게 선물로 주려고 가져온, 베네치아 유리로 만든 프리즘과 로마에서 그린 성모 마리아 성화에 모두 놀라움을 금치 못했다.[208] 관리들도 이런 물건을 보게 된 것에 신기해했고, 그런 만큼 백성들 사이에서 이 놀라운 물건들을 보려는 열망도 커갔다. 지부는 물건들을 자기네 식구들에게 보여 주기 위해 관저로 가져가도 되는지 신부들에게 물었다. 신부들은 그것들을 선물로 주며 다른 것들도 함께 보냈다. 그러나 지부는 그것들을 모두 되돌려 보내왔다. 특히 지부의 부인 중 한 사람이[209] 가장 좋아한 수놓은 손수건까지 되돌아

---

208 이 부분에 대해서는 각주가 필요하다고 생각된다. 선교사들은 처음부터 동정녀 마리아 성화를 가지고 갔다. 이것들은 로마에서 제작한 것으로 성모 마리아 대성당(Basilica Santa Maria Maggiore)에서 공경받던 것인데, 같은 그림을 조경의 제대 위에 모셨다. cf. NN.240, 245, 247. 신부들은 성모 마리아 성화 하나를 왕반에게 선물로 주었고, 왕반은 그것을 절강성(浙江省) 소흥(紹興)에 사는 자기 부친에게 보냈다. cf. N.1140; Elia², pp.22-25, 50.
209 조강지처에게서 아들을 보지 못하면 두 명 정도의 다른 애첩을 두곤 했다. cf. N.5323.

왔다. 그것 때문에 신부들을 이 도시에 오게 했고, 그것 때문에 그들에게 체류를 허락했다는 의심을 받지 않으려는 것이기도 했고, 그들로부터 아무것도 받지 않았다는 걸 알리려는 것이기도 했다.[210]

240.
누군가 개입하여 공사 도중 일을 방해할 여지를 주지 않기 위해 신부들은 즉시 기초공사에 들어갔다. 일을 확실하게 추진하기 위해 근처에 작은 집을 하나 임대하여 주일과 축일에는 미사도 드렸다. 탑 공사에 사용할 벽돌을 가져다 작은 방도 몇 개 만들어 들어가 살았는데, 불편하기가 이만저만이 아니었다. 그중 신부들을 가장 힘들게 한 것은, 신분을 막론하고 끊임없이 찾아오는 사람들이었다. 때로는 아주 먼 곳에서 오기도 했는데, 외국인 신부들의 기이한 모습과 그들이 가지고 온 프리즘과 같은 물건들에 대한 소문을 듣고 오는 사람들이었다. 프리즘을 두고 그들은 '값을 매길 수 없는 보석[無價之寶]'이라고 불렀고, 성모 마리아 성화와 서양 서적과 그 밖의 물건들에 대한 호기심도 대단했다. 이를 통해 외국인들에 대한 반감이 컸던 그들의 마음을 얻었고, 모두 우리를 호감을 갖고 대하기 시작했다. 신부들은 좋은 표정으로 물건을 보러 오는 모든 사람을 맞았다.

---

210 외국인들로부터 뇌물을 받지 않았음을 보이려는 진서(陳瑞)의 노력이라고 할 수 있다.
cf. N.215.

241. 문인들의 반대로 첫 번째 공사가 중단되고 다른 곳에서 다시 시작하다

한편 도시의 수재秀才[211]와 문인들, 특히 탑 공사를 맡은 위원회[212]에서는 신부들이 중국에 들어오는 걸 못마땅하게 생각했다. 더욱이 탑이 있는 구역 안에 신부들이 집을 짓게 된 걸 탐탁지 않게 생각했다. 그들의 방식과 취향에 따라 여러 채의 집과 복도를 만들어 잔치와 여흥을 즐기려고 했다.[213] 그곳에 서양인 신부들이 들어와 자기네 일을 그르치게 될까 봐 염려했던 것이다. 그래서 엄청난 유언비어를 만들어 도시 전체에 유포하였다. 외국인 신부들이 마카오에서 한 것처럼, 처음에는 몇몇 사람만 들어오더니 나중에는 해마다 늘어나 아무도 그들을 쫓아낼 수 없게 될 거라는 것이다.

그래서 공사 책임자 담군譚君[214]이 사람을 보내어 미안하지만, 공사를 중단하라고 말하며, 그날은 공사를 시작하기에 길한 날이 아니기에 다음에 아주 길한 날을 잡아서 다시 알려 주겠다고 했다.[215] 신부들은 공사가 진척되는 걸 원치 않는 사람이 지부와 신부들의 관계에 해코지할까 봐 두려워 알아보았는데, 그날은 아주 길한 날이라고 전했다. 그러나 결국 비가 많이 와서 공사는 접어야 했다.

그리고 그들의 상황을 간과하지 않고 있다는 걸 보여 주기 위해, 루지

---

211 cf. N.64.
212 그들의 이름은 ─전체 24명─ 앞서 언급한 부조에 모두 새겨져 있다. cf. N.235, 본서, p.134, 주(註) 186.
213 이 탑의 "진정한 목적"은 도시민들의 여흥 장소로 사용하려는 것이었다. cf. N.258.
214 cf. N.238, 본서, p.138, 주(註) 204.
215 cf. N.150.

에리 신부가 통역관을 통해 수재들에게 도시에 해를 끼치러 온 것이 결코 아니니 안심하라고 전했다. 수재들이 총독의 명령에 따라 허락된 신부들의 체류를 통감은 거역할 수 없었고, 결국 탑 공사에 방해되지 않을 다른 장소를 주겠다고 타협안을 내놓았다. 타협안에 적힌 땅은 길가에 있었고, 신부들은 탑 구역의 담으로 들어가지 않고 별도의 문을 만들 수가 있었다. 그것은 신부들이 매우 바라던 바기도 했다. 그래서 근처에 작은 집을 하나 사고 탑이 있는 구역의 땅을 좋은 값으로 주자, 그들은 탑 좌측의 별도의 땅을 양도해 주었다.[216] 당시에는 탑에서 아직 벽돌 작업을 하지 않고 있었고, 그래서 신부들이 집을 빨리 지을 수 있도록 벽돌과 목재들을 상당 부분 빌려주었다. 그래서 매우 열정적으로 다시 한번 집 공사를 시작했다. 그러나 가지고 있던 돈이 너무 적었고,[217] 계획한 집의 크기가 너무 작은데다 서양식으로 지으려고 하다 보니[218] 문지방을 없애고, 중국의 집들에서 흔히 보는 것처럼 단층이 아닌 복층으로 건물을 짓기로 했다. 하지만 앞서 언급한 것처럼[219] 마카오의 상황은 여의치가 않았고 신부들에게 어떠한 새로운 지원도 해 줄 수가 없었다. 프란체스코 카브랄[220] 신부는 바로 공사를 시작하기에는 좋은 시기가 아니라고 판단했다. 그로 인해 중국인들의 의심을 살 수도 있다고 생각했다. 결국 프리

---

216 탑을 바라보고 강을 등지고 있다면, 리치의 집은 탑의 좌측에 아주 가까운 곳에 있었을 것이다. cf. N.235, 본서, p.134, 주(註) 186. cf. N.245.

217 '100스쿠도' 정도였을 것이다. cf. N.231, 본서, p.125, 주(註) 168.

218 앞서 N.235 본서, p.134, 주(註) 186에서 언급한 것처럼 유럽식 2층 건물을 말한다. cf. N.265.

219 1582년 포르투갈 상선의 난파에 관한 이야기다. 앞서 언급한 바 있다. N.231.

220 리치는 Francesco Caprale라고 쓰고 있다. cf. N.222, 본서, p.109, 주(註) 133.

즘을 팔아 20두카토를 마련하는 일이 가장 현명한 일이었고, 그 덕분에
집 공사는 마무리할 수가 있었다. 그러는 동안 하느님께서는 마카오로부
터 약간의 경제적인 지원이 있을 수 있도록 해 주셨다.

242. 통감과 다른 관료들이 신부들을 좋아하다

통감은 신부들에게 집 대문 밖에 현판을 크게 내걸도록 칙령을 내려
주었다. 거기에는 신부들이 어떻게 중국에 왔는지, 그들의 덕행과 거룩
함에 대한 많은 칭송과 함께 총독의 명령으로 그들이 이곳에 체류하며
자기네 돈으로 집을 짓는다고 하여 장소를 양도했다고 적혀 있었다. 아
무도 그들을 방해하지도 해하지도 말라고 했다. 만약 누군가 이 칙령을
위반하거나 거역하면 엄중한 처벌을 받게 될 것이라고도 명시했다.[221]

그리고 신부들에게 자기 사무실에서 발급한 두 개의 문서[222]를 더 주
었다. 하나는 탑 주변의 땅에 대한 양도서이고, 다른 하나는 광동,[223] 마
카오 등 그들이 원하는 곳이면 중국의 어디든 갈 수 있는 통행증이었다.

243.

통감은 신부들을 만나러 그들의 집을 방문할 때마다 다른 지체 높은
관리들을 몇 명씩 데리고 왔고, 권한을 이용하여 할 수 있는 한 신부들에
대해 좋게 말해 주었다. 그래서 신부들은 이런 그의 호의에 감사하며 그
와 좋은 관계를 유지했고, 서양의 많은 물건을 선물로 주었다. 매월 음력

---

221 일종의 고시(告示)였다.
222 cf. N.218, 본서, p.100, 주(註) 107.
223 광주다.

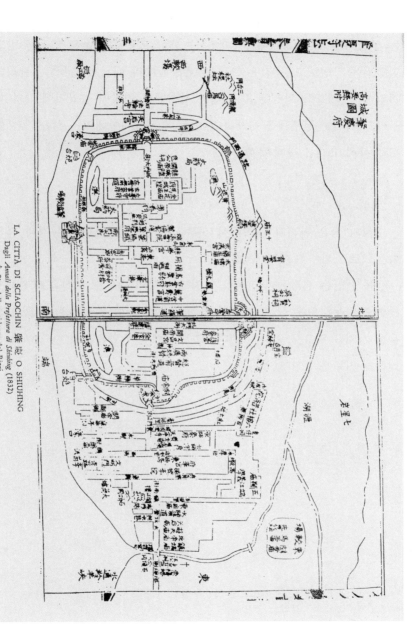

[그림 10] 조경(肇慶)시 지도

LA CITTÀ DI SCIAOCHIN 肇慶 O SHIUHING
Dagli Annali della Prefettura di Shiuhing (1832)
† Sito della residenza del Ricci

• *Annali della Prefettura di Shiuchow* (『광서조경부지(光緖肇慶府志)』)(1832).
† 리치의 수도원 위치.

초하루[224]에는 그의 관저를 찾아 그를 접견하곤 했다. 이것은 중국에서는 통상적인 일로, 신부들 처지에서는 통감으로부터 많은 도움을 받고 있었기에 당연했고, 통감은 그들을 예법에 따라 대접했다.[225] 이 관리의 의견이 큰 비중을 차지했고, 백성들 사이에서 명망이 높았기에 그가 친구라고 여기는 신부들을 음해하고 중국 밖으로 쫓아내려는 많은 나쁜 의도는 감히 고개를 들지 못했다.

244.

도시의 많은 관리가 계속해서 신부를 찾았고, 하나같이 통감과 같은 마음으로 도와주고 아껴 주었다.

총독[226]만은 신부들이 선물을 가지고 감사의 뜻으로 접견을 요청해도 들어오지 못하도록 했고, 선물도 받지 않으려고 했다. 방문할 필요도 선물을 가져올 필요도 없다고 했다. 그 덕분에 신부들은 주어진 곳에서 안전하게 머무를 수가 있었다.

---

224 novilunij라는 표현은 음력으로 월 첫날을 일컫는다.
225 cf. NN.234, 237, 1523.
226 곽군종(郭君實)이다. cf. N.227, 본서, p.118, 주(註) 149.

[그림 11] 조경의 화탑(花塔)에 딸린 건물

제4장

신부들이 서서히 중국인들에게
성교회에 관해 말하기 시작하다

(1583년 10월부터 대략 1584년 11월 25-29일까지)

- ○ 사도직의 신중함: 공부, 의복, 집[수도원]과 성당
- ○ 참 하느님과 천주의 모친에 대한 중국 이름
- ○ 마리아 성화 또는 제단 위의 구세주 성화
- ○ 십계명에 대한 첫 중국어 번역을 어떻게 했고 어떻게 받아들여졌는지에 대해
- ○ 백성들의 후원을 신부들이 거절하다
- ○ 사도직의 방법: 첫 접촉과 첫 결실
- ○ 신부들이 개인적으로 준 첫 번째 세례성사
- ○ 서양 서적과 선교사들에게서 배우는 중국인들: 중국인들의 이어지는 자부심
- ○ 루지에리의 첫 번째 중국어 교리서의 발간
- ○ 지부가 성당과 수도원에 써 준 멋진 문패

245. 사도직의 신중함: 공부, 의복, 집[수도원]과 성당

처음부터 신부들은 '새로운 소식'으로 이 백성들의 의심을 사지 않기 위해 우리의 거룩한 율법을 명확하게 설교하지 않았다. 오히려 집을 방문하는 사람들을 맞이하고, 그들의 언어와 문자[227]를 제대로 배우고, 예법을 익힘으로써 중국인들의 마음을 얻으려고 했다. 시간을 들여 말로

설명할 수 없는 것을 바른 생활과 모범적인 태도로 보여 주었다.

중국인들은 신부들을 매우 좋아했고, 수도원에 있는 신부들[228]은 중국에서 가장 정직하고 바른 사람으로 인정받고 있었다. 중국인들이 입는 옷은 수수하고 긴 옷으로 소매까지 왔는데 서양의 옷과 크게 다르지 않았다.[229]

수도원은 한쪽에 두 개의 방이 있고 다른 쪽에 두 개의 방이 있었다. 중앙에는 거실 같은 것이 있었다.[230] 신부들은 성당 구조도 이와 비슷하

---

227 언어는 구어체, 곧 관어(官語)를 말한다. 반면에 문자는 자(字), 즉 문어체를 의미한다. cf. NN.50-52.

228 1583-1584년, 이 공동체에는 몇 명이 살고 있었는지 알 수가 없다. 그 전해에는 4명이 있었다. "저와 루지에리 신부님, 발타사르와 곤잘로 수사님이 있습니다"라고 파시오 신부가 조경에서 1583년 2월 6일 산케즈 신부에게 편지를 썼기 때문이다. cf. N.2098. 아마도 당시에는 3명이 있었을 것으로 예상된다. 변화라면 파시오와 리치가 교체된 것으로만 보기 때문이다. cf. N.255. 거기에 중국인 통역관 필리포 멘데스(본서, p.103, 주(註) 114; N.224)와 인도인 청년이 한 사람(N.258) 더 추가된다. 1585년 11월 24일에는 "열두 개의 입(口)이 있습니다. 거기에는 봉사자와 제자들이 있고 언어봉사(통역관)도 포함되어 있습니다"(N.1119)라고 기록되어 있다. 1583년 1월 10일부터 중국인 역관 필리포 멘데스는 그리스도인으로 개종하면서 포르투갈인 복장으로 바꾸어 입었다. 동시에 루지에리와 파시오 신부의 조언으로 중국식 토가도 함께 입었다. cf. N.2084.

229 승복을 말한다.

230 1584년 9월 15일, 수도원과 성당 공사는 끝이 났고, 그것에 대해 리치는 "지난해 1583년에 빨리 끝날 거라며 집[수도원]과 성당 공사를 시작했습니다"(N.1084)라고 적었다. 그러나 집은 1584년 11월 30일에도 여전히 끝나지 않았다. cf. N.1089. 집은 1585년에야 탑과 함께 완공되었다(N.1132). 그러므로 음력 4월, 곧 5월에 끝난 것이다. cf. N.235, 본서, p.134, 주(註) 186.

집에 대한 특별한 묘사는 카브랄 신부가 한 바 있는데(N.2188; cf. N.265), 거기에는 "비용이 250타엘(1타엘은 3분의 1온스에 해당)이 들었습니다"(N.2190)라고 적혀 있다. 발리냐노(N.2445)와 리치(NN.309, 310, 1116)도 같은 내용을 보고한 바 있다. 이 것은 정확하게 집에 든 비용이 "600두카토가 넘습니다"(N.324)라는 말로 알 수 있다. cf. N.2617. 벽돌과 석회로 지은 집은 "열 평 남짓" 되고, 작은 정원을 만들기 위해 20타엘을 주고 옆의 아주 작고 초라한 집을 사들일 생각을 했다. 집에는 베란다도 하나 있었다. cf. NN.325, 1116, 2188. 1585년 11월 10일, 리치는 이 집을 완공한 뒤 이렇게

게 했는데[231] 가운데 제단을 두고 그 위에 아기를 안은 성모상을 올렸다.[232]

246. 참 하느님과 천주의 모친에 대한 중국 이름

중국어에는 하느님의 이름에 상응하는 이름도, 디오(Dio-, '하느님'이라는 뜻)를 제대로 발음하기 위해 알파벳 디(d)[233]에 해당하는 글자가 없어 하느님을 '천주天主'[234]라고 부르기 시작했다. '하늘의 주인'이라는 뜻으로 지금까지 온 중국과 그리스도교 교리서[『天主教要』][235]와 이후에 제작되는 책자에서 모두 이 이름을 사용하고 있다.[236]

우리의 제안은 아주 잘 받아들여졌고, 중국인들은 '천天'이라는 장엄한 이름을 숭배했다. 아직 일각에서는 우리가 '하느님'이라는 이름을 부여한 '하늘天'을 물리적인 것으로 생각하겠지만,[237] 대부분 사람은 자기네가

묘사했다. "우리는 집을 하나 근사하게 지었습니다. 작지만 위층에는 4개의 방과 가운데 거실과 그 앞에 복도가 있고 양쪽에 마당이 있습니다. 아래층에도 4개의 방과 함께 작은 경당을 마련했습니다"(N.1116). cf. N.235, 본서, p.134, 주(註) 186.

231 성당 위에는 나무로 된 십자가를 세웠다. cf. N.254, 본서, p.163, 주(註) 260.; N.2221.
232 cf. NN.239, 240, 247.
233 디오(Dio, 하느님)이라는 단어를 음성화하기는 불가능하다. 왜냐하면 관어에는 디(d)라는 소리가 존재하지 않기 때문이다.
234 cf. NN.236, 558-559.
235 이것은 그리스도교 교리서, 『천주교요(天主教要)』로 다른 곳에서도 언급되곤 한다 (N.708). 이 책에서 리치는 참 하느님을 가리키는 용어로 오직 '천주(天主)'라는 이름만 사용하고 있다. 왜냐하면 교리서는 신자들만을 대상으로 하고 있기 때문이다.
236 리치는 자기가 쓴 여러 책, 가령 『천주실의(天主實義)』와 같은 곳에서 천주(天主)와 상제(上帝), 그리고 (1588년 중국 황제에게 보내는 시스토 5세 교황의 교서에서 언급된바) 천주상제(天主上帝)와 천상제(天上帝)를 모두 다르게 사용하고 있다. cf. *Ibid.*, 上, ff.46b, 47b, 55b in *PCLC*, V. 이것과 유사한 다른 작품들은 세례를 받지 않은 사람들이 그 대상이었기 때문에 리치는 나름 언어 사용을 세심하게 구분해서 한 것으로 보이는데, 그래야 자기 책을 읽는 독자들이 알아듣는다고 생각했던 것 같다.

숭고한 이름으로 생각하는 것을 우리의 하느님으로 인정했다. 결국 하느님은 한 분이시기 때문이다.

이런 이유로 성모 마리아에게도 별도의 이름이 부여되었는데, '천주성모낭낭天主聖母娘娘'이 그것이다.[238]

247. 〈마리아 성화〉 또는 제단 위의 〈구세주 성화〉

우리가 제단 위에 모신 성모 마리아와 그분의 아드님 상을 보기 위해[239] 모든 관리와 문인들과 백성은 물론 우상 종파의 사제들까지 찾아와 숭배하였다. 그들은 신부를 방문하여 성모자상聖母子像에 큰 존경의 표시로 머리를 땅에 대고 절을 하고 우리의 회화 기술을 칭송하기도 했다.

그리고 얼마 지나지 않아 〈성모 마리아 성화〉가 있던 곳에 〈구세주 성화〉[240]로 바꾸어 걸었다. 이것은 신부들이 제대 위의 〈성모 마리아 성화〉를 보더라도 한 분이신 하느님만을 숭배한다는 것을 설명하기 위해서였다. 성급하게 육화의 신비를 말하기보다는 많은 사람이 다른 곳에서 우리가 숭배하는 신이 여성이라고 소문을 내고 그래서 중국인들이 혼란스러워하는 것을 잠재우기 위함이었다.[241]

---

237 그러므로 리치는 최소한 1609년에도 '하늘'이라는 단어를 어떻게 번역해야 할지 큰 어려움에 봉착했다. cf. NN.170, 193.

238 그리스도교 가르침에서 복되신 동정 마리아는 언제나 '천주의 모친', 곧 '천주성모(天主聖母)'로 불렸다. 이런 표현은 오늘날까지 공통으로 사용하고 있다. 그러나 1598년 11월 4일, 론고바르도는 조경에서 그분을 '성모낭낭(聖母娘娘)'으로 불렀는데, 이는 '거룩한 어머니 부인'(N.2806)이라는 뜻이다. 이런 표현은 이교도에서 쓰는 것이었고, 그래서 즉각 폐기되었다.

239 cf. N.245.

240 그림은 1583년 2월 18일 이전에 조반니 니콜라오(본서, p.151, 주(註) 240)가 그린 걸로 추정된다(N.2135).

248. 십계명에 대한 첫 중국어 번역을 어떻게 했고 어떻게 받아 들여졌는지에 대해

많은 사람이 자기네 종파들에 대해 의심하며 신부들을 찾아와 가르침 [교리]을 청하기 시작했고, 신부들은 중국어로 『십계명(祖傳天主十誡)』을 번역,[242] 인쇄하여 필요로 하는 사람들에게 많이 나누어 주었다. 그리고

---

241 중국의 작가들 사이에서는 이런 말이 여러 차례 나돌았다. 예컨대, 장경(張庚, 1685-1760)은 유럽의 회화를 연구하던 사람 중 한 사람인 초병정(焦秉貞)의 말을 인용하여 "명대 마태오 리치라는 서방 유럽인이 남경에서 왔는데 중국어를 매우 잘했다. 그는 정양문(正陽門) 근처 서영(西營)에서 살았다. 그는 자기네 종교의 설립자 그림을 하나 가지고 있었는데, 거기에는 '하늘 주인[天主]'의 모습이라며, '한 여인이 아기를 가슴에 안고(畵其教主, 作婦人抱一小兒爲天主像)' 있었다. 표현은 완벽했고 색깔은 살아 있었으며 신비로웠다." Homueilien, p.79에서 인용.

242 이것은 중국에 있던 선교사들이 한 첫 번째 출판으로, 루지에리의 『천주실록(天主實錄)』이전, 곧 1584년 11월 말 전에 나온 것으로 본다. 그해 11월 30일에 벌써 「주의기도」, 「성모송」, 「사도신경」과 함께 이 책을 로마에 한 권 보냈기 때문이다. cf. NN.1084, 1087. 하브레트(Havret, II, p.6)는 『십계명』을 『기인십규[琦(畸가 아님)人十規]』로 잘못 번역했고 날짜를 1584년으로 적었다. 하브레트 신부의 이런 잘못된 기록을 바카(G. Vacca) 교수가 리치의 『천주실의』사본 팸플릿에서 그대로 사용했다. 이 팸플릿은 현재 로마의 빅토리오 에마누엘레 도서관에 소장되어 있다(Tacchi Venturi, II, pp.544-545). 빅토리오 에마누엘레 도서관에 있는 4권의 『천주실의』사본 중에는 이 팸플릿 자료로 쓴 게 없다. 그러나 같은 도서관에 소장된 『기인십편(畸人十篇)』 팸플릿은 네 개의 서문 혹은 머리말 다음에 중국어로 제목을 '냉석생연기인십규(冷石生演畸人十規)'라며, 이를 '기인십편 서문'이라고 말하고 있다(N.711). 같은 내용을 PCLC, II, ff.1-4에서도 찾아볼 수 있다. 이 서문의 타이틀, 십규(十規)는 십편(十篇)과 같은 말로, 리치가 『기인십편』의 저자일 뿐 아니라, 1584년으로 추정되는 십계명의 번역서 『기인십규(畸人十規)』의 저자임을 말해 준다. 실제로 십계명의 번역은 『조전천주십계(祖傳天主十誡)』다. 한 권은 지금도 ARSI, Jap.-Sin., I, 189에 보존되어 있고, 1584년판 루지에리의 『교리서』안에 들어 있는 것을 필자가 발견했다. 54×24cm 크기 중국 종이 낱장 하나에 정확한 날짜는 적혀 있지 않지만, Wieger in ARSI, 1932, pp.74-84에는 그것이 리치의 십계명이라고 확신하고 있다. cf. Civiltà Cattolica, 1935, II, pp.40-42. 그것을 번역하면 다음과 같다. "1. 한 분이신 천주(一位)만을 진심으로 존경하라. 다른 신령의 상 앞에서 제사를 지내거나 그를 숭배해서는 안 된다. 2. 천주의 이름으로 거짓 맹세를 해서는 안 된다. 3. 축일에 일해서는 안 되고 성당(寺)을 방

三 守瞻禮瞻禮之日禁止工作而虔嚴祭誦

二 毋呼天主聖名⋯⋯緣⋯⋯救十誡

一 ⋯⋯位天主不可⋯⋯誡

四 當禮拜天主之曰恭止工名字而虔嚴祭誦

五 當孝親敬長

六 其戒行亂法殺人

七 其戒偷盜非他人財物

八 其戒誣讒誹謗諸情

九 其戒羨慕他人妻子

十 其誡目有二誠

逆者則違守條十誡臨終守
順者條古時則遇朽遇天主親朴天堂享福令
微加⋯⋯刑
地獄者則古時朽遇天主親朴天堂享福令
普世遵守條十誡⋯⋯右誡十其目有二誠

그들에게 그것은 대체로 마땅히 지켜야 하고, 자연법에도 맞는 거라고 설명해 주었다.

249. 백성들의 후원을 신부들이 거절하다

계속해서 많은 사람이 제대에 피울 향을 가지고 왔고, 신부들의 생계를 위해 후원금을 가져오는가 하면 제대 위에 켤 등[243]의 기름을 가져오기도 했다. 신부들은 사당 근처 관리들이 주는 얼마간의 땅을 확보하는 것이 쉬웠을 수도 있었다. 그러나 그들은 다른 종파의 사제들과는 달리 관리들의 간섭을 받지 않기 위해 그것들을 받지 않으려고 생각했고, 자기네 이익을 위해 하느님의 이름으로 돈을 벌려고 한다는 인상을 주고 싶지도 않았다. 그 덕분에 관리들은 자기네와 관계를 맺고 있는 사람들이 하나같이 뭔가 바라는 것과는 달리 신부들은 아무것도 요구하지 않는 사람들이라는 믿음을 갖게 되었다.

문하여 기도로써 천주를 경배하라. 4. 부모에게 효를 다하고 윗사람을 공경하라. 5. 법을 어겨 사람을 죽이지 말라. 6. 음란하고 더럽고 추한 행위를 하지 말라. 7. 절도나 강도질을 하지 말라. 8. [타인의] 약점을 험담하지 말라. 9. 다른 사람의 아내를 욕정으로 사랑하지 말라. 10. 부당한 재화를 함부로 탐하지 말라." cf. 그림 9.

리치의 이것[십계명]에 앞서, 신부들[루지에리와 리치]은 다른 번역서를 1582년에 인쇄할 수가 없었다. 왜냐하면 리치가 마카오에 도착한 것이 그해였고, 조경에서의 초창기 체류 시기인 1583년 말이나 1584년 초에도 할 수 있는 상황은 아니었다. 리치의 이런 상황에 대해 알폰소 산케즈는 그다지 동의하지 않으려는 것 같다. 왜냐하면 그가 처음 중국에 왔을 때(1582년 5월 2일부터 1583년 2월 13일까지), 두 명의 선교사 중 한 사람, 곧 분명 루지에리가 그에게 "우리의 계명을 인쇄했습니다"(N.5097)라고 말했기 때문이다. 따라서 『십계명』은 「주의기도」, 「성모송」, 「사도신경」과 함께 1584년 9월 13일 이전에 인쇄한 것이 분명하다(N.1084). 어쩌면 1584년 6월 30일 이전일지도 모른다(NN.1098, 1131). 『십계명』은 "단행본으로"(N.2219) 인쇄했고, 1599년 8월 14일 리치는 그 샘플 하나를 로마에 있는 코스타 신부에게 보냈다(N.1566).

243 등잔불. cf. NN.183, 236, 341, 376, 903.

250. 사도직의 방법: 첫 접촉과 첫 결실

말보다는 행동을 통한 이런 방식은 우리의 가르침이 좋은 향기가 되어 온 중국으로 퍼져 나가게 했다. 많은 사람이 새로운 것들을 보겠다는 호기심에서 오지만 대부분 수도원에 필요한 몇 가지 물품들을 가지고 왔고, 통역관을 통해 신부들의 말을 들으려고 했다. 신부들은 중국어를 배우며 그리스도교 국가들에 있는 좋은 관습과 우상 종파들의 거짓에 대해서, 하느님의 율법이 자연의 빛에 부합하는지, 그리고 그것이 그들[중국]의 책에서 가르치는 원시 지혜이기도 하다고 말해 주었다.

251. 신부들이 개인적으로 준 첫 번째 세례성사

중국에서 첫 번째 그리스도인은 불치병을 앓고 있던 한 가난한 젊은이였다. 의사들은 절망했고, 그로 인해 더는 가족을 부양할 수 없게 되자 집안에서 쫓겨나 거리에서 지냈다. 신부들이 이 사실을 알고 그의 육신은 이미 구할 수 없으나 영혼 구령을 위해서 그리스도인이 되기를 원하느냐고 물었다. 가족들마저 모두 자기를 외면하고 치료조차 해 주지 않는 상황에서 외국인의 방문을 받자 하늘에서 도와주러 온 사람으로 여겼다. 그리스도교의 율법을 기꺼이 받아들이겠노라고 했고, 이렇게 사랑 실천을 가르치는 종교라면 참된 종교가 아닐 수 없다고 생각했다.

신부는 일꾼들을 시켜 가까운 곳에 작은 집을 하나 마련하여 그를 머물게 했고, 매일 사람을 시켜 필요한 것을 수도원에서 모두 가져다주도록 했다. 그러면서 우리 성교회의 신앙에 관해 가르쳤다. 어느 정도 준비가 되었다고 생각했을 때 그에게 세례성사를 주었고, 그는 얼마 지나지 않아 숨을 거두었다.[244]

하느님께서는 우리가 할 수 있는 가장 작은 것부터 시작하게 하시어 크게 하시려는 것 같았다. 이 일은 가장 가치 있는 일이었음에도 하느님께서는 다시 한번 중국인들 사이에서 나쁘게 해석되도록 허락하셨다. 사람을 변화시키기란 참으로 어려운 일이기 때문에, 이렇게 일이 가능할 수 있었던 것은 거기에 어떤 이익이 개입되지 않을 수 없다고 판단하게 만든 것이었다. 도시에서는 신부들이 그 사람의 머릿속에 보석이 있다는 것을 알았고, 그것을 차지하기 위해 그를 돌봐 주었으며, 후에 그가 죽은 뒤 그의 머릿속에서 보석을 꺼내려고 했다는 것이다.[245]

252. 서양 서적과 선교사들에게서 배우는 중국인들: 중국인들의 이어지는 자부심

신부들은 그리스도교에 관한 책과 서양에서 발간된 과학서와 법학서 등 여러 도서를 중국에서 구매하는 것은 그리 믿을 만한 것이 못 된다고 생각했다. 그들이 가지고 있던 책 중 크기가 큰 것은 교회법전들처럼 금박을 입히고 잘 제본된 것들이 있었다.[246] 사람들은 그 책들을 읽을 줄도

---

244 1583년 말이나 1584년 초에 있었을 것으로 추정되는 사적인 이 세례성사는 이 장(章) 외에 수도회의 다른 한 문서에도 나온다.

245 이것은 다른 종파에서 선교사들을 대상으로 한 첫 번째 비방이었다.

246 이것은 조경에서의 초창기 시절에만 해당하는 게 아니라, 신부들이 중국에서 체류하는 전 기간에 걸쳐 사들인 일반 법학서와 과학 서적들을 모두 가리킨다. 1585년 11월 24일, 리치는 이렇게 적고 있다. "클라비우스와 피콜로미니의 지구본 외에 책은 없습니다"(N.1133). 그러나 뒤이어 1589년, 그는 중국 책뿐 아니라 유럽의 책들까지 상당 부분을 수집하여 방이 거의 찰 정도였다(N.325). 유럽의 서적들은 "도금으로 화려하게 장식"되었고, "우주학과 건축학"을 다루고 있었다. "세계 각지의 많은 상징과 도시들, 유럽의 모든 아름답고 유명한 도시들, 궁과 탑과 극장, 다리와 신전들을 묘사하고 있었다"(N.310).

모르고,[247] 또 그 안에 어떤 내용이 있는지도 모르지만, 외견상 인쇄의 섬세함에 모두 놀라 막연하게나마 중요한 내용이 담긴 책이라고 생각했다. 우리 서방에서는 이런 것들을 잘 만드는 편이다. 서방 국가들에서는 책에 관한 한 크게 발전했지만, 중국은 물론 다른 모든 국가가 이런 사실을 모르고 있었다. 그러다 보니 중국과 같이 문자에 있어 자기네가 세계에서 으뜸이라고 생각하는 곳이 있는 것이다. 신부들은 언제나 집에서 밤낮 중국 문자를 공부하며 일부 좋은 문인들과 친분을 유지하고 있었다. 그래서 중국의 책들도 많이 구매했고,[248] 집에는 책이 가득했다. 사람들은 우리나라[249]의 문자와 학문을 높이 평가했고, 신부들에 대해서는 예상한 것처럼 자기네 나라에서 학문적으로 우수한 사람들이라고 생각했다. 중국에서는 귀족들만 학문을 가까이하기 때문이다.[250] 또 그들은 자기네 종파들의 사제들과 우리를 비교하면서, 우리가 고백하는 신앙의 규범이 우상 종파의 사제들이 가르치는 것에 비해 더 이치에 맞는다고 생각했다.

253. 루지에리의 첫 번째 중국어 교리서의 발간

많은 문인 학자가 우리 종교에 대해 더 알고 싶어 하며, 인쇄된『십계명』을 달라고 했다. 어떤 학자[251]는 우리 집에서 신부들의『천주실록天主

---

247 중국인들을 말한다.
248 1584년부터 리치는 특정『연감』과『중국 왕조들의 역사』에 대해서 알고 있었던 것 같다(N.1067). 왜냐하면 바로 그해 선교사들이 북경과 조경에서 "열 권짜리 중국 왕조실록"(N.2181)을 받았기 때문이다.
249 이탈리아, 포괄적으로는 유럽을 의미하기도 한다. cf. N.310.
250 cf. N.71.

『實錄』[252]을 교정해 주며 중국의 다른 종파들과 비교한 후 거룩한 신앙의

---

251 복건성 출신의 한 수재(秀才)로, 이미 결혼한 한 가정의 가장이었다. 북경에서 시험에
통과한 후 1584년 5월에 신부들을 찾아와 구원의 길을 배우고 싶다고 했다. 그것은 그
가 꿈에서 한 외국인을 만났고 구원받기 위해서는 자신이 무엇을 해야 하는지를 알려
주겠다고 했기 때문이라는 것이다. 동시에 그는 신부들에게 중국어를 가르쳐 주었고
리치로부터 교리를 배웠다. 루지에리의『교리서』를 조금 손을 본 것을 교재로 사용했
고, 다 배우고 난 뒤 신앙에 대해 확신했다. 1584년 11월 21일, 카브랄 신부로부터 바
오로라는 이름으로 세례를 받았다. 그리스도인 사도가 되어 얼마 후에 복건성으로 돌
아갔고, 후에 관리가 되어 북경으로 가면서 자기 가족과 동료 관리들의 개종을 위해
『교리서』를 여러 권 가지고 갔다. cf. NN.274, 1086, 1092, 1184, 2176, 2197, 2229,
2285.

252 1581년 중반부터 피에트로 고매즈(본서, p.111, 주(註) 134.)는 루지에리를 도와 대화
체로 된 짧은 성경 이야기를 담은 글을 작성하여 중국어로 번역하고 있었다. 그리스도
교 교리서로 사용할 셈이었다(N.2013). 사용한 라틴어 텍스트 초안에서 "세상이 창조
되던 해"는 중국 문헌에서 보는 것보다 3년 뒤인, 기원전 5547년(Tacchi Venturi, II,
p.510)이다. 중국 문헌에는 기원전 5550년(ARSI, Jap.-Sin., I, 189, f.13a)에 창조되었
기 때문이다. 이 라틴어 텍스트는 중국어로 가장 잘 만든 것인데, 그것은 비거
(Wieger)(in Tacchi Venturi, II, p.493, N.1)가 강조한 것과는 달리 루지에리가 한 것
이 아니다. 비거도 AHSI, I (1932), pp.74-75에서 암시하고 있는바, 일부 주석가들은
1581년 10월 25일에서 11월 12일 사이에 "다른 언어의 도움으로"(CP, I, p.280, nota)
탄생했다고 말하고 있다. 이것이『서(천)축국천주실록(西(天)竺國天主實錄)』초판본
으로 광주와 조경의 명사들 사이에서 이것의 필사본이 유통되었다(CP, I, p.280 nota;
N.2133). 1582년 3월 9일과 12월 31일 사이, 책은 몇몇 신부들의 검열을 받았고, 출판
해도 좋다는 평가를 받았다. 12월 31일, 발리냐노는 루지에리에게 최대한 빨리 출판하
라고 "명령을 내리고" (N.2105) 떠났다. 그러나 책은 1583년 내내 지체되었다. 그러다
가 1584년 5월경, 앞서 언급한 복건성의 한 수재가 잘 손질하여 그해 11월 21일이 지
난 후, 아마도 25일과 29일 사이에(N.2186을 N.1093과 비교하여 보라) 왕반(王泮,
N.1130)의 승인으로 중국어로 쓴 최초의 호교론서이자 유럽인이 중국에서 출판한 최
초의 저서가 출판되었다. 책 표지는『천주실록정교(天主實錄正交)』라고 썼고, 책의
정확한 제목은『천주실록(天主實錄)』이고 새 저서(新編)로 분류되었다. 첫판은 1,200
부를 찍었고(N.2219), 얼마 못 가 재판을 찍어야 했다. 짧은 시간에 중국 전역으로 확
산하면서 3,000부(N.5329)가 나갔고, 코친차이나에까지 도달했다(NN.317, 1100).
이 책은 두 권만 "ARSI, Jap.-Sin., I, 189: I, 190"에 보존되어 내려오고 있다. 두 권의
차이는 거의 없다. 189에 있는 것은 작가가 미상이다. '인도, 즉 유럽의 승려(天竺國
僧)'라고만 기록되어 있는 반면에, 190에 있는 것은 189의 자료에 서문 끝에 미켈레(루
지에리)라는 이름이 추가되어『천축국승명견(天竺國僧明堅)』이라고 적혀 있다. 그 외

중요한 가르침이라고 고백하였다. 특히 그것은 자연의 빛(양심)에 조명
해도 쉽게 이해할 수 있고, 그래서 그것을 출판하자고 종용하였다.[253] 모

두 권은 같은 쪽에 같은 글자를 배치하는 등 모든 것이 똑같다. 다만 190에는 표지 면
이 없는데, 처음부터 없었던 것 같다. 중국식 제본은 서문, 인(引)으로 시작하기 때문
이다. 다른 점은 그리 중요하지 않다. 190은 f.4a, 篇第一 과 f.6a 章第二에 제목이 들
어가 있고, f.28에 장(章)의 제목이 다르게 들어가 있다. 190에는 '해석정수여예(解釋
淨首除穢)'라고 적었지만, [f. 28에는] '해석정수제전죄(解釋淨水除前罪)'라고 적혀 있
기 때문이다. 189의 작가가 미상인 것으로 보아 190보다 조금 앞서 나온 걸로 보이고,
부족한 표지 면은 "첫 장"(NN.1086, 1097)을 넣어 아직 완성되지 않은 부분을 채우려
는 의도로 보인다. 이것이 1584년 11월 30일 광주에서 로마로 보내진 것이다. 여하튼
확실한 것은 두 권이 동시에 출판된 것은 아니지만, 1584년에 나온 같은 초판본인 것
은 확실하다.

189는 25×18㎝ 크기로 오래된 가죽으로 쌌고, 190은 30×18㎝ 크기에 파란색 천으로
겉표지를 쌌다. 둘 다 중국식 종이 39장, 즉, (189의 경우 제목을 빼고) 78페이지다. 각
페이지(반 장)에는 한 줄에 20글자, 아홉 줄짜리 칸이 있었다. 작품은 16개의 장(章)으
로 나뉘고, 전체 13,016글자로 이루어져 있다. 제목이 적힌 페이지 외에도, 각 페이지
의 목차와 그에 해당하는 제목들이 있다. cf. AHSI, 1934, pp.193-222.

1594-1596년에 있었던 일들을 기록하면서, 리치는 "우리가 이 책(루지에리의 『교리
서』)을 사용하지 않은 지는 이미 오래되었습니다. 다른 사람들에게 주지도 않습니
다"(N.493)라고 말했다. 그래서 그때 책을 찍는 "목판을 깨라고 명령했다"(N.493).

1590년 7월 2일, 루지에리가 로마에 도착한 지 며칠 지나지 않을 때, 그는 "중국어로
편집하여 인쇄한 『교리서』를"(N.2543) 자신의 신학교 제자들에게 보여 주었다. 루지
에리는 라틴어 텍스트와 함께 이 책을 1591년에 그레고리오 14세 교황(1590년 12월 5
일-1591년 10월 15일)에게 선물로 드렸다. 발리냐노가 1596년 12월 16일 자로 총장에
게 쓴 편지(ARSI, Jap.-Sin., 13, f.46a-b)가 아니었더라면 루지에리는 이 책을 유럽에
서 출판했을 것이다. 편지에서 발리냐노는 반대하며, "루지에리는 중국의 문자와 언어
가 많이 딸리고 중국 문화에 대한 이해가 모자랍니다"라고 썼기 때문이다. 라틴어 텍
스트는 1913년 타키 벤투리(Tacchi Venturi, II, pp.498-540)에 의해 출판되었다. Cf.
본서, p.252, 주(註) 481.

253 중국 그리스도교 문학의 걸작으로 손꼽는 이 열여섯 장(章)의 소제목들은 다음과 같
다. I. 한 분(一位)이신 천주(天主)의 존재 / II. 천주(天主)의 속성[事情] / III. 왜 세상
사람들이 천주를 몰라보는가 / IV. 하늘과 땅, 사람과 피조물을 다스리는 천주 / V. 천
인(天人, 천사들)과 아담(亞當) / VI. 인간 영혼의 불멸성에 관한 논쟁, 새와 동물들과
가장 큰 차이 / VII. 영혼을 정진하는 네 가지 수행, 사처(四處)에 대한 설명(4가지 궁
극적인 것) / VIII. 고대에서 현재에 이르기까지 천주께서 계시한 세 차례의 율법, 規誡

[그림 13] 루지에리의 교리서 『천주실록(天主實錄)』 표지와 서문(1584년 11월)

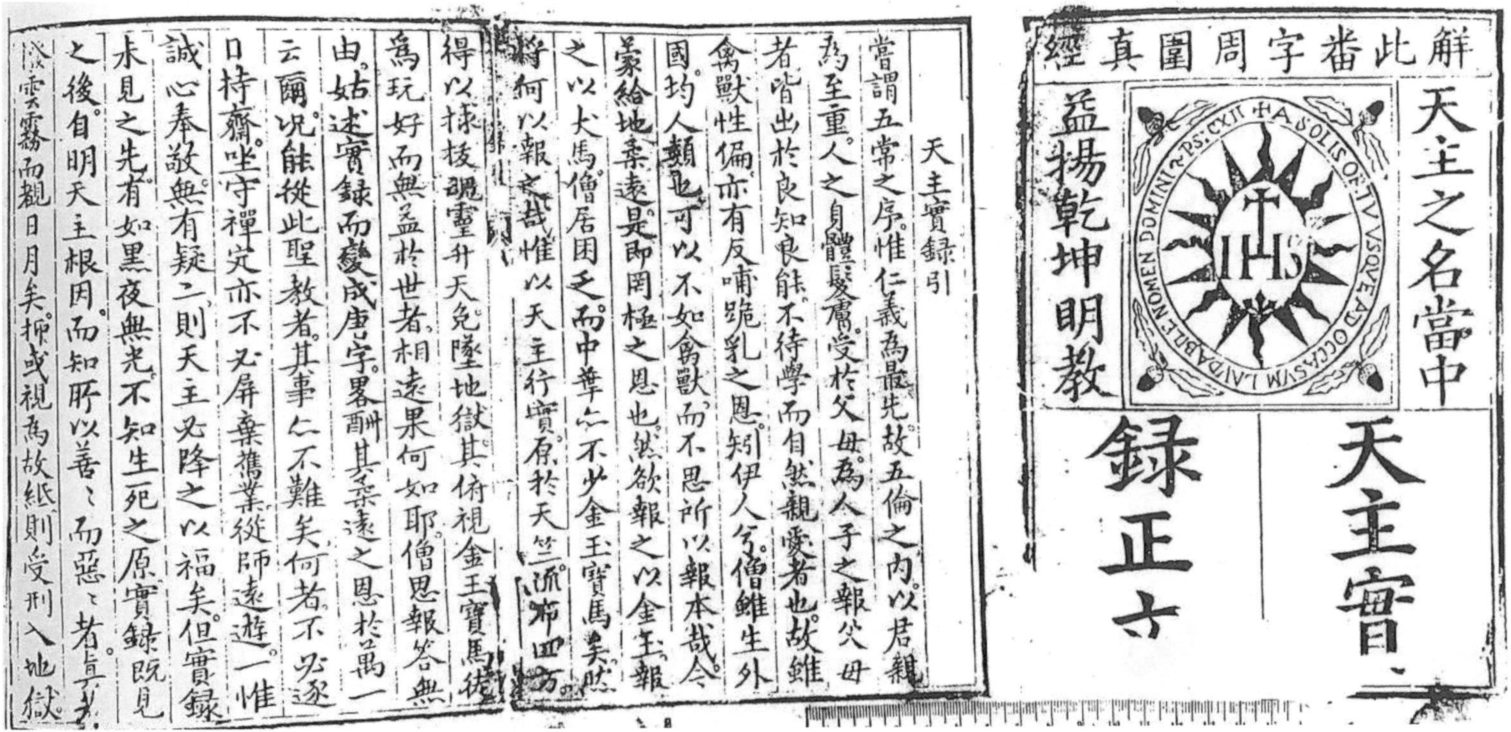

출처: *ARSI*, *Jap.-Sin.*, I, 189.

[그림 14] 루지에리의 교리서 『천주실록』의 목차와 첫 페이지

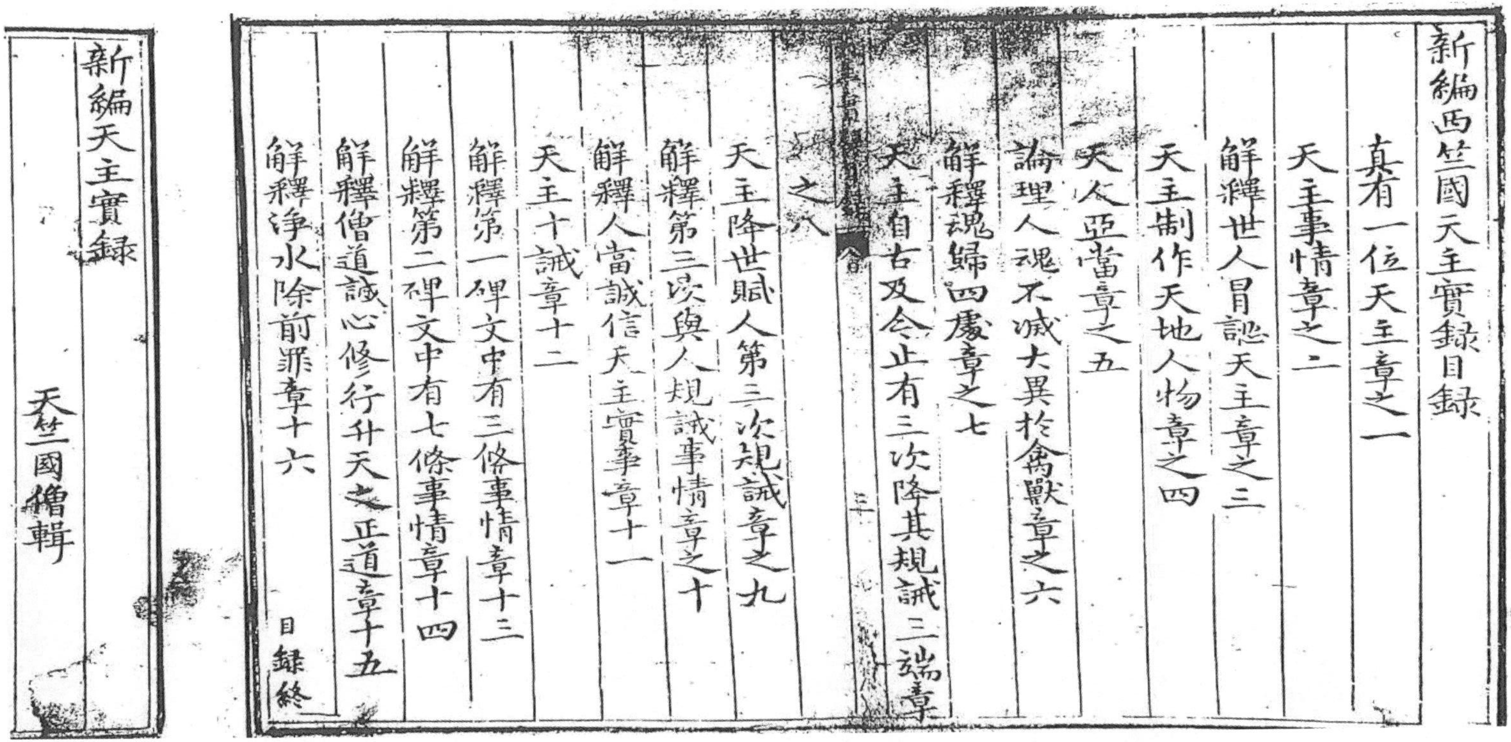

新編西竺國天主實録目録
眞有一位天主章之一
天主事情章之二
解釋世人冒認天主章之三
天主制作天地人物章之四
天人亞當章之五
論理人魂不滅大異於禽獸章之六
解釋魂歸四處章之七
天主自古及今止有三次降其規誡三端章之八
天主降世賦人第三次規誡章之九
解釋第三次與人規誡事情章之十
解釋人當誠信天主實事章十一
天主十誡章十二
解釋第一碑文中有三條事情章十三
解釋第二碑文中有七條事情章十四
解釋僧道誠心修行升天之正道章十五
解釋淨水除前罪章十六
目録終

新編天主實録
天竺國僧輯

출처: *ARSI*, *Jap.-Sin.*, I, 189.

든 주요 인사들이 책의 출판을 기뻐하며 반겼다. 특히 통감 왕반王泮[254]이 더욱 그랬다.

이에 우리는 수백 수천 권을 인쇄했고, 그리스도교의 가르침이라는 이름으로 짧은 시간에 멀리까지 보급되었다. 중국에서는 한 번도 들어 보지도, 알지도 못했던 가르침이었다. 책은 신부들이 가지 못하는 곳까지 도달했고, 우리는 이 나라에서는 말보다는 문자가 낫다는 것을 확신했다. 중국에서는 문자의 효력이 훨씬 크다는 것을 깨달았다.[255]

254. 지부가 성당과 수도원에 써 준 멋진 문패

중국에서는 높은 행정관들이 누군가에게 큰 호의를 베풀고자 할 때, 판[256]의 앞면에 크게 서너 글자를 써서 액자에 넣어 보내는 풍습이 있는데 그것을 받는 사람은 큰 명예로 안다. 한쪽에는 그것을 쓴 행정관의 직함과 이름을, 다른 한쪽에는 그것을 쓴 연도를 중국 황제의 재임연도를 기준으로 쓴다. 신부들의 보호자로서 통감[257]은 신부들이 가진 좋은 평

(자연법, 모세의 십계, 그리스도교 율법) / IX. 육화[降世]를 통해 천주께서 인간에게 주신 세 번째 율법 / X. 인간에게 주어진 세 번째 율법에 속하는 것들[事情]에 대한 설명 / XI. 인간이 믿어야 할 천주의 신비에 대한 설명[實事] / XII. 천주의 십계(十誡) / XIII. 첫 번째 삼계에 대한 설명[第一碑] / XIV. 두 번째 일곱 계에 대한 설명 / XV. 천상에 도달하는 올바른 길[升天]로서 수도 생활[僧道]과 진심으로 덕행을 실천(세 가지 수도 서원)하는 것에 대한 설명 / XVI. 과거의 죄[前罪]를 지워 주는 성수[淨水]에 대한 설명.

254 Cf. 본서, p.121, 주(註) 153. 실제로 왕반이 신부들에게 인쇄할 것을 독려했다. 그리고 그가 직접 관리들과 함께 고향인 절강성까지 보급하는 데 도움을 주었다.

255 처음부터 리치는 중국에서 출판 사도직의 필요성과 유용성을 감지한 바 있다. 시간이 지나면서 그 중요성은 더욱 커졌다.

256 중국인들은 그것을 편(扁, 匾)이라고 한다. 나무로 된 판에 금으로 크게 중국 글자를 정확하게 균형을 맞추어 쓴 것이다.

257 왕반이다. Cf. 본서, p.121, 주(註) 153.

판에 이렇게 호의를 베풀고자, 또 백성들이 신부들을 더욱 존경하도록 두 개의 문패[258]를 써서 보내왔다. 하나는 수도원과 그 안에 있는 성당의 문 앞에 걸라고 '선화사僊花寺', 곧 우리말로 옮기면 "거룩한 사람들의 꽃의 성당"이라고 썼고,[259] 다른 하나는 거실에 설치하라고 "서방의 거룩한 땅에서 온 사람들西來淨土"이라고 썼다.[260]

---

258 이것은 지부가 직접 쓴 것이다(NN.2216, 5326). 그리고 그의 이름으로 전달되었고, 후에 1586년 8월에 지우도록 했다(N.290).

259 즉, "천상의 모후, 우리의 어머니"(N.1103) 복되신 동정 마리아 성당이다. 루지에리는 조경에 있는 성당이 예수님과 "복되신 그분의 어머니"(N.5399)께 봉헌되었다고 말했다. 그러므로 중국에 세워진 첫 번째 성당은 1581-1582년 광주에서 미사를 드리던 경당과 마찬가지로 마리아께 봉헌되었다. Cf. 본서, p.85, 주(註) 60.

260 번역문은 1594년 5월 30일 자 루지에리 신부가 조경에서 아콰비바에게 보낸 편지에 담겨 있다. "우리 집 대문 앞에는 '거룩한 사람들의 꽃의 성당[僊花寺]'이라는 문패가, 경당 문 위에는 '서방 정토에서 온 신부들의 성당[西來淨土]'이라는 문패가 있습니다"(N.2159). 약 12년 후 루지에리는 다르게 번역하고 있다. "이곳은 서방에서 온 거룩한 사람들이 사는 곳", 그리고 성당의 문 위에는 "이 성당은 모든 거룩한 성인들의 꽃"(N.5326)이라고 말한다. cf. N.5399.

처음과 그 뒤의 번역문이 다른 것은 리치의 영향을 적잖이 받은 것으로 보이는데, 그 것은 중국어 공부가 그만큼 진전되고 있음을 보여 주는 것이기도 하다. 리치도 번역문 자체에는 아무것도 덧붙이지 않았다. 그러나 정토(淨土), '깨끗한 땅'은 불교 용어로, 부처(Buddha)가 사는 세상 혹은 서방 극락을 의미한다. 산스크리트어로 '수카바티(Sukhāvatī)'는 중국어로 수마제(須摩提)가 되었다. 아미타(阿彌陀)의 극락으로 티끌같은 진세(塵世)와는 반대 개념이다. 따라서 영원한 복락 세계를 향한 정화 혹은 깨달음의 잠정적인 장소. cf. Wieger, HC, pp.369, 589, 598. 나아가 '정토의 줄기', 정토종(淨土宗)은 불교의 열 번째 종파로, 네팔 혹은 인도 북쪽에서 온 승려들에 의해 만들어졌다. 거기에서 제시하는 '정토' 혹은 부처의 극락에 도달하는 방법은 불교에서 제시하는 것과 같다. 이 종파는 종종 아미타교(Amidism)와 혼동하기도 한다. cf. Couling, pp.74, 467; Wieger, 淨土宗, *Amidisme chinois et Japonais*, Sienhsien, 1928, *passim*; Franke[1], II, pp.298-299; H. Hackmann, *Die Schulen des chinesischen Busshismus in MSOS*, 1911, pp.255-260. 그러므로 두 번째 번역문을 글자 그대로 옮기면 "서방에서 온 사람들의 거룩한 집[성당]"이라고 해야 할 것이다. cf. NN.2159, 2216, 2468. 하지만 저자는 '정화의 장소[淨地]'를 '정화의 땅[淨土]'으로 잘못 기재한 걸로 보인다. 깨끗한 수도자의 집이라는 문구가 있기 때문이다. cf. Soothill-Hodous, p.357. 주목할 이것들은 각기 제자리에 설치되었고, 신부들에게 큰 공신력을 안겨 주었다. 길을 지나가는 사람들과 수도원에 들어오는 사람은 그것을 써 준 관리가 얼마나 그들을 존경하는지를 알게 되기 때문이다. 왕반은 그 지역에서 직무에서나 문인 학자로서나 잘 알려져 있을 뿐만 아니라, 덕망과 좋은 통치로 호평을 받고 있었기 때문이다.

점은 리치 시절 토(土)라는 글자는 이곳에서 쓰는 것과 같은 의미를 지니고 있었다. cf. p. es. *PCLC*, VII, f.23b 사토(四土), 중토(中土).

한 가지 더 매우 중요한 것은 1584년 루지에리한테서 들었다며 알폰소 산케즈가 전한바, 가톨릭 교리는 처음부터 이 두 선구자의 손에 의해 완성했다는 것이다. 1585년, 아마도 4월경, 그가 기록하기를 "우리 집 대문 위에는 나무로 된 십자가가 있습니다. 지나가는 사람들이 그것을 보고 말하기를 '보시오, 우리의 구원과 선익을 위해 오신 분이 [저기에] 있소'라고 말합니다"(N. 2221). 예수회원들은 일본에서도 그렇게 한 적이 있었다. 예컨대 사카이[Sakai, 堺(계)] 지방 "[수도원의] 지붕 위에는 도금한 십자가가 하나 있었습니다. 대단히 아름답게 잘 설치되어 그리스도인들에게 큰 위안이 되어 주었습니다"라고, 1585년 10월 4일 자 파시오의 기록과 같은 해 12월 6일 자 오르간티노의 기록에서 확인할 수 있다(*ARSI, Jap.-Sin.*, 10, I, ff.40, 91a).

[그림 15] 선교사들이 있던 성당과 수도원 문패

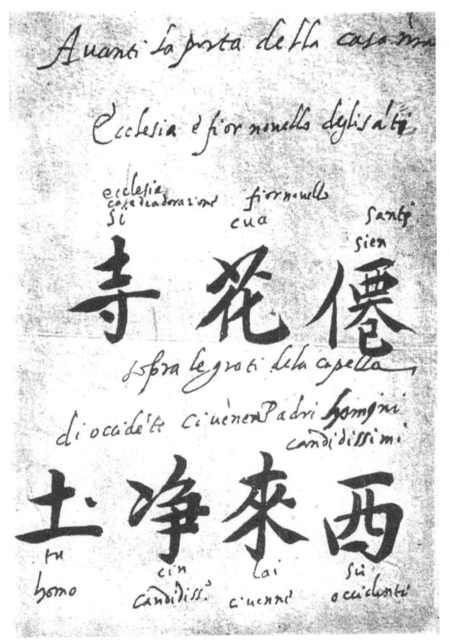

• 조경의 지부가 선물함(1584). cf. N.254.
출처: *ARSI, Jap.-Sin.*, 9, ff.263-264.

✟

제5장

미켈레 루지에리 신부가 마카오에
가고, 마태오 리치가 조경에 오다
청동으로 된 시계와 중국어로
표기한 지구본을 통감에게 주다

(1583년 12월부터 1584년 10월까지)

- ○ 루지에리가 마카오에 다녀오다
- ○ 인도인 시계공이 마카오에서 조경으로 오다
- ○ 조경의 백성들이 신부들에게 항의하는 이유
- ○ 선교사들의 집에 돌을 던지다
- ○ 마태오 신부가 무고하게 법정에 서다
- ○ 무죄로 선포되고 죄인을 용서하다
- ○ 신부들의 요청에 통감이 내린 보호 칙령
- ○ 중국어 「세계지도」의 초판
- ○ 루지에리 신부가 마카오에서 지원금을 모아 조경으로 돌아오다
- ○ 유럽식 건물로 몰려드는 관리들
- ○ 리치의 학문적 과업과 높아지는 그의 명성

255. 루지에리가 마카오에 다녀오다

신부들은 조경肇慶에 있으면서 생활비가 떨어진데다, 집 공사는 계속

되고 통역관들의 가족과 집에서 봉사하는 사람들을 부양하느라 많은 빚을 지게 되었다.[261] 이에 루지에리 신부가 비용을 충당하고 이곳에서의 새로운 사업에 필요한 것들을 조달하기 위해 마카오로 갔다.[262] 통감에게 배를 하나 요청했고, 통감은 기꺼이 서른 명이 넘는 선원과 함께 매우 큰 배를 내주었다. 통감은 마카오에서 청동 시계가 만들어진다는 것을 알았고, 그것을 하나 부탁하면서 그 비용을 자기가 모두 대겠다고 했다.

루지에리 신부가 마카오에 있는 동안에도 일본에서 와야 할 배가 아직 오지 않았고,[263] 사람들은 모두 그 배를 기다리고 있었다. 그곳에서 그는 이듬해까지 있었다. 조경에 있는 집을 위해 어떤 도움이라도 받을 수 있을 거라고 생각하며 배가 오기를 기다린 것이다. 배가 예상외로 늦어지고 어려운 상태가 이어지자,[264] 포르투갈 사람들은 모두 떠나고, 콜레지움에는 통감의 시계를 만들어 줄 사람도 없었다. 마카오에 있던 신부들은 시계를 제작할 줄 아는 사람으로 인도 카나리아 출신의 검은 피부를 가진 사람을 한 명 조경에 보내기로 했다.[265]

---

261 네 사람의 생활비만도 한 해 200텔이 들었다. 새 건물들을 짓는 데 드는 공사 비용은 제외하고 말이다. cf. N.2192.

262 이런 이유로 아마도 산케즈에게 가서 조언을 구했던 것 같다. 그때 산케즈는 중국을 두 번째 방문하고 있었다. cf. *CP*, I, p.323, N.2.

263 상선은 6월 말에서 8월 초 마카오에서 출발하여 일본 나가사키(長崎)로 향하고 대개 15일에서 20일 정도면 도착했고, 10-11월에 돌아오곤 했다. 그래서 루지에리는 자신이 마카오에 도착했을 즈음에는 배가 이미 돌아와 있어야 한다고 생각했다. 그곳에서 그는 "이듬해까지" 있었다는 걸로 봐서, 추측건대 아무리 늦게 도착한다고 해도 1583년 12월에는 도착해야 했기에, 1584년 1월까지는 적어도 그곳에 있었을 걸로 보인다.

264 이런 어려움은 "대부분 그 전해인 1582년에 그들의 배가 풍랑을 만나 난파된"(N.231)데 따른 것이었다.

265 이 인도인을 여기에서는 그냥 카나리아 사람이라고만 부르고 있다. 카나리아 지역의 토착민을 고대에는 관체인(Guanci)이라고 불렀고, 그들의 피부는 검었다. cf. *EI*, VIII,

256. 인도인 시계공이 마카오에서 조경으로 오다

시계를 제작할 줄 안다는 사람을 태운 배가 들어오자 통감은 매우 기뻐했고, 마태오 신부는 마카오에서 보낸 다른 여러 가지 좋은 물건들을 통감에게 주었다. 통감은 즉시 다른 기술자 두 사람을 불러 카나리아 사람을 도와 최선을 다해 시계를 만들도록 했다. 그리고 그것을 우리 수도원에서 시작하라고 했다.

257. 조경의 백성들이 신부들에게 항의하는 이유

조경의 백성들은 우리에게 큰 반감을 품기 시작했는데, 그것은 중국인들이 다른 외국인들을 향해 갖는 근본적인 나쁜 감정과 두려움 때문이기도 했고,[266] 또 다른 이유로 광동[267]사람 특유의 [지형학적인 위치에 의한 것으로서] 중국대륙의 끝자락과 열대 지역의 초입에서, 많은 외국과 국경을 마주하며 살아온 탓이기도 했다. 그래서 한때 그들은 중국에 소속될 수도 없었는데, 그것은 대륙의 일부 사람들이 여전히 그들을 외국인으로 취급했기 때문이다. 그러다 보니 제멋대로인데다 문화적으로도 수준이 낮아서[268] 중국 내에서도 많은 관리와 문인 학자들을 배출한 다른 우수

---

p.683. 루지에리도 "좋은 시계공이라고 했으나, 그는 그것[시계]을 전혀 제작할 줄 몰랐습니다. 그는 인도에서 온 검은 피부를 가진 사람이었습니다"(N.5327)라며 같은 견해를 피력한 바 있다. 그는 그리스도인이었다(N.5411). Cf. 본서, p.246, 주(註) 472.

266 cf. NN.116, 166, 167.

267 광동성.

268 광동과 광서의 백성은 중국에서 볼 때 대부분 그 기원을 외국인으로 본다. 그들은 중국인 혼혈족과 이가(夷家)로 된 객가(客家)[역주_ 하카(Hakka)라고 불리는 이 부족은 서진(西晉) 말년부터 원(元)대까지 황하 유역에서 점차 남방으로 이주한 종족이다], 객가와 동종인 동가(洞家), 반-야만족에 속하며 시암족과 한 부류를 이루는 듯한 이가(夷家) 혹은 야만족 또는 묘자(苗子), 그리고 요(猺)족 혹은 버마족에 기원을 둔 것으로 보

하고 품위 있는 지방에 비해 차별을 받고 있었다. 또 다른 이유는 성(省)의 여러 지역이 바다로는 해적에 의해 황폐해지고 육지로는 주변 외국의 도적들이 들어와 큰 해를 입었던 탓이기도 했다. 그런데 이제 다시 그들의 바람과는 달리 마카오의 포르투갈 사람들이 들어온 것이다. 국가의 재원은 황제와 관리와 상인들의 몫이고, 외지인의 것이었다. 세금과 상거래와 불명예로 도시가 손상되자, 백성들은 믿기지 않을 만큼 외국인들을 싸잡아서 증오하는[269] 한편, '번귀(番鬼)', '서양 귀신'이라는 이름으로 그들을 부르기 시작했다.[270]

이는 자칼족 등이 그것이다. cf. Richard[2], pp.198-199, 207.

[269] 발리냐노도 이미 관찰한바, "[중국인들은] 외국인과 친구를 맺지 않습니다. 그래서 그들은 포르투갈인들과 오랜 세월을 교류해도 친분을 쌓지 않습니다. 그들은 특정 방식으로 소통을 하며 누구와 교분을 쌓느냐보다는 무슨 이야기를 하느냐에 비중을 둡니다. 포르투갈 상선에 도달하기 위해 그들은 다른 여러 척의 어선을 이용합니다. 그 외 사람들도 자기가 원하는 것이 있어도 죽을 각오가 되어 있지 않은 한, 그들은 사람을 시켜 포르투갈인들에게 지불할 돈만 보낼 뿐 직접 오지는 않습니다"(*MHSI, MX*, I, pp.181-182).

발리냐노 이전에도 벌써 1578년 12월 2일, 로렌조 멕시아 신부는 마카오에서 중국인들이 포르투갈인들을 의심하는 것에 주목했고, 광주에서 중국인들이 선포한바, 해와 달이 땅을 비추는 한 중국인과 포르투갈인 간 신뢰 관계는 형성되지 않을 것이라는 데 주목했다. "우리는 우리의 욕심을 위해 전쟁을 하지는 않을 것입니다. 여기에서 공표하는 것은 어떻게 행동해야 하는가입니다. 광주의 사람들은 해와 달이 땅을 비추는 한 포르투갈인들을 신뢰하지 않을 것입니다"(*ARSI, Goa*, 38, f.177v).

[270] 가스파레 다 크루즈(Gaspare da Cruz)는 자신의 저서 『중국 서술(*Trasctado da China*)』, 제23장(cf. Purchas, *Pilgrims*, vol. II, p.541)에서 중국인들은 포르투갈인들이 육지에 내려오지 못하도록 하려고 그들을 비하해서 '번귀(番鬼)', 혹은 '서양 귀신'(*SPT*, p.71, N.2)이라고 불렀으며, 동시에(1556년) '번인(番人)', 곧 '외국인'이라고도 불렀다고 기록했다. 과거에도 멜키오르 누녜즈 바레토 신부가 "귀신이 보낸 귀신에 대해"(*MHSI, Chronicon*, V, p.720) 언급한 바가 있다. 아무튼 '번인(番人)'이라는 표현은 명대(明代) 공식 역사서(c. 325, 佛郎幾)에도 이미 나오는 것으로 기원전 1520년으로 거슬러 올라간다. 오늘날에도 중국 남쪽 지방에서 활동하는 선교사들을 두고 이렇게 부르기도 하지만, 다른 성(省)에서는 같은 의미로 양귀자(洋鬼子)라고 부른다. cf.

이런 이유로 조경에는 매일 포르투갈 사람들이 우리와 함께 살고자 오는 것에 대한 두려움이 가중되고 있었다. 매시간 마카오[271]에서 가져오는 많은 물건을 보고 날마다 고위 관리들이 아무 이득이 없는 호의를 베푼다고 생각했기 때문이다.

하지만 그들을 가장 불쾌[272]하게 만든 것은, 특히 탑 공사를 자기네 노력과 비용으로 짓고 있었는데, 신부들의 비용으로 탑을 세운다는 소문이 온 성省에 퍼진 것이다. 그래서 사방에서 그 탑을 두고 '번탑番塔'[273]이라

N.166. 여기에서 리치는 이 용어의 역사적이고 심리적인 기원을 말하고 있다. cf. NN.259, 660, 668.

271 cf. NN.238, 263.

272 남성형으로 에노요(*enojo*)라는 말은 포르투갈어와 스페인어에서 공통으로 쓰는 말로, 리치는 노이오(*noio*)라는 (이탈리아어) 남성형으로 이곳과 다른 곳 N.261에서 쓰고 있다.

273 오늘날 우리에게 주어진 친절한 정보는 1936년 8월 9일 자 편지로, 당시 조경(肇慶) 인근에서 선교사로 활동하던 우리 형제 조반니 디 디오 라말호(Giovanni di Dio Ramalho S.I.) 신부가 쓴 것이다. "이야기하고 있는 탑은 조화에 있어서 외형이 중국의 탑이라기보다는 외국의 탑이라고 할 수 있습니다." 게다가 "그것은 외국인들이 사는 집 근처에 세워졌습니다"라고 덧붙이고 있다. 앞의 주장은 설득력이 떨어지는데 이유는 탑의 외형이 중국의 어디에서나 볼 수 있는 다른 많은 탑과 비슷하게 생겼기 때문이다. 사실 중요한 것은 여기에서 리치가 말하고 있는 것처럼 외국인들의 집과 함께 탑 공사가 동시에 시작되었다는 것이다. 탑에 대한 비방은 얼마 안 가서 사라졌고, 탑은 "중국 백성들의 반감을 사지 않기 위해"(N.305) 포르투갈인들의 돈으로 외국인들에 의해 세워졌다. cf. N.259. 광주에는 이미 이슬람 탑이 하나 있었는데 높이가 16장(丈), 5척(尺)으로 당(唐)대에 세워져 회성(懷聖) 파고다 앞에 있던 것으로 이 탑에 적지 않은 영향을 미쳤다. cf. *CICZL*, c.11, f.6a. 그러나 조경의 시민들에게 외국인들이 탑을 세웠다는 것은 그들의 명예를 실추시킨 것으로, 그에 대한 비방은 1586-1587년 이 도시의 통감으로 있던 왕반(王泮)이 신부들을 향한 반감을 갖게 된 이유 중 하나가 되었다. cf. N.293. 하지만 왕반은 1587년 말 혹은 1588년 초에 공개적으로 비방을 철회하고, "탑은 이 지역의 행운을 위해 조경 지방에서 비용을 들여 세웠다. 그래서 탑의 이름이 '숭희탑(崇禧塔)'이다. 신부들이 여기에 개입되지는 않았다"(N.294)라고 말했다. 1588년도 후반에 이르러 이런 비방은 광주의 노인들 사이에서 다시 나오기 시작했고(N.305-306), 리치가 그것을 논박했다(N.307).

고 불렀고, 이는 우리 집[수도원]과 거의 동시에 공사를 시작한 탓이기도 했다.

258. 선교사들의 집에 돌을 던지다

백성들은 신부들을 그곳에서 쫓아내기 위해 여러 가지 무례하고 부당한 짓을 했다. 그중 하나가 신부들의 집 지붕에 많은 돌을 던지는 것이었다. 이미 뚜껑[274]의 많은 부분이 깨졌다. 그들은 집 가까이에 있는 상당히 높은 탑에 올라가 돌을 던졌는데, 그곳은 매일 시민들이 산책하러 나오는 탑의 거의 끝자락에 해당한다. 그곳에서 집에 별다른 사람없이 마태오 신부가 혼자 있는 걸 보고 계속해서 매우 귀찮게 했고, 예수회 모든 집들이 그렇듯이[275] 또 그때까지 공사를 하고 있었기에 대문을 닫아 두고 있었다.

어느 날, 그날따라 유독 심하게 돌을 던지는 것을 느낀 신부가 집 밖으로 나가 돌을 던지고 있는 꼬맹이[276] 하나를 붙잡았다. 그를 훈계하고 혼내 주려고 집으로 데리고 들어왔다. 그러나 그것을 본 몇몇 인사들이 용서해 주고 놔주라고 권해 신부는 그를 놔주었다.[277]

259. 마태오 신부가 무고하게 법정에 서다

이 일은 신부들에게 큰 반감을 품고 있던 두 사람에게 신부를 해칠 수

---

274 지붕을 말한다.
275 여기에서 초창기 중국 수도원의 수도 생활 규칙을 엿볼 수가 있다.
276 어린아이다.
277 cf. Bartoli[1], II, cc.1-2, pp.3-5; NN.1081, 1191.

있는 좋은 구실을 제공해 주었다. 통감일 수도 있는 아이의 한 친척을 부추겨 신부들을 고발하게 했다. 아이를 3일간 집에 가두고 소리 지를 수 없게 또 말도 할 수 없게 약을 먹였다(중국에서는 매우 흔한 약재 처방이다)는 것이다. 그리고 후에 몰래 마카오로 보내려고 했다는 것이다. 그들은 이웃에 사는 사람이라, 그 사실을 알고 있었고 그것을 입증할 수도 있다고 했다. 두 사람은 관리가 신임하고 있던 사람들이었다. 아이의 친척이라는 사람은 젊은 사람이고 관리들의 관저에 대해 잘 알고 있었으며, 매우 대담한 인물이었다. 사람들이 신부를 미워하고 있었기 때문에 이렇게하는 것이 도시에 좋은 일을 한다고 생각했다. 그래서 아이와 짜고 자기가 아이의 형이라고 말하며, 아이와 함께 머리를 풀고 온 거리가 떠나가도록 소리를 지르며 울며불며 '서양 귀신'들이 한 나쁜 짓을 하늘과 관리들이 심판해 달라고 했다.

별다른 중재 없이 신부는 하느님께 의지하며 그 광경을 견뎌 냈다. 이튿날, 어떻게 하면 터무니없는 이런 엄청난 비방을 방어할 수 있을까를 두고 친구들과 의논을 하고 있는데, 통감이 벌써 사람을 보내 관청으로 소환하도록 했다. 아무런 준비 없이 갑작스레 벌어진 일이었고, 중국어 실력이 신부보다 조금 나은 인도 소년이 동행해 주었다.

신부가 도착하자마자 통감은 불평을 늘어놓기 시작했다. 자기는 신부를 지금까지 잘 대해 주며 진심으로 중국에서 살도록 받아 주었는데, 신부는 자기네 백성들에게 이토록 나쁜 짓을 했다는 것이다. 중국인들의 생활 태도를 알고 있던 통역관[278]은 소매에 돌을 가득 가져와 그것들을

---

278 바로 위에서 언급한 인도인 소년이다.

법정 가운데 쏟아내며 대답했다. 수많은 사람이 몰려와 통감이 신부를 어떻게 하는지 구경했다. 사람들은 중죄로 다스려야 한다고 했다. 통역관과 신부는 최선을 다해 자기를 변호하며 지금까지 그들이 말한 건 모두 거짓이라고 했다. 그 아이가 많은 돌을 신부의 집에 던졌다고 했고, 통감은 즉시 이 모든 것이 고발자의 거짓이라는 것을 알아차렸고 신부들은 아무런 죄가 없다는 것을 알게 되었다.

그러나 고발자가 있는 그 자리에서 통역자가 말한 것이 모두 사실이라고 하더라도 원고가 확실한 증인이 있다고 했기 때문에 그것을 밝힐 필요가 있었다. 통감이 신부에게 호의를 베풀어 준다는 인상을 주어서는 안 되고, 오히려 이 점[증인이 있다고 한 것]에 대해 의심하는 것처럼 해야 했기 때문에 시계를 만들라고 데려온 인도인 시계공에게 죄를 뒤집어씌웠다.[279] 그리고 즉각 신부에게 그 나쁜 카나리아 사람을 마카오로 돌려보내라고 지시하며 자기는 시계를 더는 원치 않는다고 했다.

그런 다음, 통감은 탑 공사에 투입된 세 명의 관리자를 불러오라고 명했다.[280] 그날 그 자리에 있었다는 정보를 들었기 때문이다. 고발자는 이 모든 상황을 잘 알고 있는 이웃 주민들을 오게 해 달라고 고집했지만, 통감은 그들을 불러오라고 사람을 보내 주지는 않았다. 이렇게 법정은 끝이 나고, 신부를 뺀 나머지 사람들만 모두 돌아가라고 명령했다.

---

279 cf. N.255.
280 군수 담지현(譚知縣), 공사 총감독관인 총리탑무(總理塔務) 광태(鄺漆)와 네 명의 현장감독으로 일컫는 독리공감(督理貢監) 중 제일인자로, 양기(梁璣)일 것이다. 그들의 이름은 탑의 석조에 새겨져 있다. Cf. 본서, p.134, 주(註) 186; p.138, 주(註) 204.

260. 무죄로 선포되고 죄인을 용서하다

힘들고 걱정스러운 모든 시간을 보내면서 신부는 하느님과 성모님께 매달리며, 적들이 다른 일을 도모하지 않기를 기원했다. 신부를 법정에 붙잡아 두고 있는 사이에 반대자는 밖으로 나가 관리의 머슴들과 함께 앞서 언급한 공사 관리자들을 불러 자기의 고발에 유리하게 진술해 달라고 부탁하며 돈을 주었다. 모두 동향인이고 아는 사람들이었다. 통감은 그들의 거짓 진술을 밝혀 줄 두 명의 주변인을 법정으로 불렀고 그들은 세 명의 공사 관리관들과 함께 들어왔다.

신부는 이런 비슷한 일은 언제든 일어날 수도 있다고 여겼기에,[281] 공개 재판에서 이렇게 다투는 게 두려운 것이 아니라, 지금까지 중국에서 얻은 것을 모두 잃게 될까 봐, 또 지금까지 설교한 그리스도교 신앙에 큰 상처를 입히고 쫓겨날까 봐 두려웠다. 탑 공사를 주관하고 있던 사람들은 신부에 대해 큰 반감을 품고 있어 신부가 탑 공사를 하며 얻은 모든 명예를 박탈하고 그곳에서 신부들을 몰아낼 좋은 기회라고 생각한 것 같았다. 그래서 거짓 진술을 하고, 그로 인해 더 큰 벌을 받을 수 있을 것임에도 불구하고 쉽게 일을 저질렀다.[282]

그러나 하느님은 모든 일이 정반대로 일어나기를 바라셨던 것 같다. 세 명의 나이 든 인사가 찾아와 평소 그들의 방식대로 신부와 고발자를 함께 무릎을 꿇게 했고, 통감은 그들에게 신부가 아이를 납치한 것이 사실이고, 그때 그들이 그 자리에 있었냐고 물었다. 그중 가장 나이가 많은

---

281 cf. N.161.
282 cf. N.164.

사람이 대답하기를 '아니'라고 했다. 그리고는 전날 저녁에 그 아이가 외국인의 집에 많은 돌을 던졌고, 그래서 신부의 집에서 한 사람이 나와서 아이를 데리고 집으로 들어갔고, 몇몇 사람들이 길을 지나가며 신부에게 아이를 놔주라고 하자 이번만은 용서한다며 신부는 즉시 아이를 놔 주었다고 했다.[283] 통감은 다시 질문으로 돌아가, 그곳에서 신부가 아이를 3일간 붙잡아 두고 있었느냐고 물었고, 그들은 대답을 대신하여 자주 쓰는 문장으로[284] 응수했는데, 우리의 "사도신경 세 번 바칠 시간만큼" 붙잡고 있었다는 뜻으로 해석할 수 있다.

이에 통감은 거짓 고발자에 대해 크게 화를 내며 즉각 주동자를 체포하여 옷을 벗기고 바닥에 엎드리게 했다. 그리고는 곤장으로 허벅지를 잔인하게 매우 쳤다.[285]

신부는 머리를 조아리고 통감에게 그를 용서해 줄 것을 여러 차례 청하고 또 청했다. 그러나 통감은 이 죄는 용서받을 자격이 없다며, 무고한 사람에게 해를 끼치려고 한 고발자에게 모욕적인 심한 말을 쏟아냈다.

이로써 세 명의 노인과 신부는 풀려 집으로 돌아갔고, 통감은 진실을 알았으니 가서 자기 몫을 기다리라고 했다.

거짓 고발자의 요구로 [거짓] 진술을 하러 왔던 두 명의 이웃은 세 명의 노인 뒤에서 계속 무릎을 꿇고 있었다. 그들이 편들었던 고발자가 잘못되는 걸 보자 관리의 눈에 띄지 않으려고 양손과 양발로 기어서 법정을 나와 달아났다.[286]

---

283 cf. N.258.
284 [중국어로 된] 이 문장이 어떤 것인지는 알 수가 없다.
285 cf. N.161.

좋은 결과에 대해 신부는 매우 흡족해했고, 하느님의 섭리로 풀려나게 된 것에 감사했다. 건물의 문 앞에서 기다리던 사람들과 이 재판을 구경하러 온 사람들은 통역관[287]에게 일이 모두 어떻게 되었느냐고 물었다. 조금 전까지만 해도 우리의 반대자들이 퍼트린 소문이 모두 거짓이라는 사실을 삽시간에 모든 사람이 알게 되었다.

261. 신부들의 요청에 통감이 내린 보호 칙령

이튿날 통감은 대문에 붙이라며 신부의 집으로 중대한 칙령 하나를 보내왔다. 거기에는 신부들이 이 땅에 온 것은 총독의 허락에 의한 것이며, "이유도 예의도 없이 신부들을 힘들게 하는 나쁜 사람들이 있다는 것을 알았다"라고 말하며, 다음과 같이 명령하였다. "[신부들의] 집 앞에서 다시는 그들을 성가시게 해서는 안 된다. 만약 누군가 이 명령을 거역할 시, 신부들의 통역관에게 권한을 위임하여 그를 체포하여 집으로 끌고 들어가 곤장을 쳐도 되고, 다른 누구의 허락 없이도 그 사람에게 벌을 줄 것을 허락한다."

이로써 우리는 어느 정도 그런 무례한 행동들에서 해방될 수가 있었다.

262. 중국어 「세계지도」의 초판

신부들은 우리의 글자(알파벳)로 전 세계를 표시한 「세계지도」 한 장을 거실에 걸어 두고 있었다.[288] 중국인들은 한 번도 보지도 생각지도 못

---

286 cf. NN.2287, 2292. 이 사건은 여러 버전으로 회자된 바 있는데, 루지에리는 이에 대해 말하지 않고 있다. 당시 그 자리에 없었던 것이다(NN.5327-5328).
287 인도인 소년이다. cf. N.259.

한 이것이 무엇인지 궁금해했고, 고위 인사들은 하나같이 거기에 적힌 내용을 알고자 중국어로 번역된 그것[세계지도]을 보고 싶어 했다. 그래서 통감[289]은 중국 문자를 어느 정도 알고 있는 마태오 신부에게 거기에 적힌 걸 모두 중국어로 번역해 달라고 청했다. 통감은 그것을 인쇄하여 온 중국에 알리고자 했다. 중국인들이 모두 크게 고마워할 거로 생각한 것이다.

그래서 신부는 로마에서 크리스토퍼 클라비우스 신부의 제자로 몇 년 동안 있으면서 제작한 적이 있는, 그러나 수학적인 부분[계산]에서 미비하다는 걸 알고[290] 자신의 친구인 한 문인 학자[291]의 도움으로 그것을 다

---

288 리치가 이 집에 걸어 둔 세계지도는 "인쇄한 지도"(N.262)로 크기도 아주 작은 것이었다. 1602년 중국의 세계지도는 1600년 것의 두 배가 넘는 것이었다. 그러나 1600년의 것도 1584년 것의 두 배가량 되는 것이었고(D'Elia[1], p.66), 리치는 그것을 그저 "거의" 원래 것이라고(N.262) 말했다. 그러므로 바티칸에 있는(1602) 4.14×1.79m는 그 크기로 보아 세계지도 원본으로 추정할 수 있다. 1584년의 중국 세계지도는 크기가 이렇게 클 수가 없고, 남경의 총독 조가회(趙可懷)가 1596년경에 다시 만든 것으로 추정된다. "커다란 돌 판 위에"(N.510) 새긴 것이었기에 그 크기가 불균형하게 크지 않을 수가 없었다. 반면에 유럽식 세계지도와 관련하여 리치는 이렇게 말하고 있다. "지도의 원본은 서방에서 온 것입니다(西來原圖).", "저의 지도 원본은 고국에서 가져온 것입니다. 敝邑原圖"(D'Elia[1], XVII-XVIII, EFe). 다른 한편, 1585년 11월 24일, 리치가 기록한 것에 따르면, "글라비우스와 피콜로미니의 지구본 외에 제가 가지고 있는 것은 아무것도 없습니다"(N.1133), 즉 '지구본'에 관련한 책만 가지고 있다는 것이다(D'Elia[1], p.170, N.2). 이 말은 내용상 시계를 만드는 데 필요한 책들만 가지고 있다는 의미로 보인다. 여하튼 1584년 리치의 도서목록은 빈약할 수밖에 없었다. 이런 몇 가지 사실로 미루어 리치의 유럽식 세계지도의 원출처에 관한 분명한 결론을 유추하기란 힘들어 보인다.
289 왕반(王泮)이다. Cf. 본서, p.121, 주(註) 153.
290 크리스토포로 클라우(Cristoforo Klau)를 라틴어로 쓴 것이 클라비우스(Clavius)다. 이 탈리아어로는 클라비오(Clavio)다. 독일의 밤베르크에서 태어났다. 1555년 로마 예수회에서 설립자 성 이냐시오가 입회를 허락했다. 포르투갈의 코임브라에서 철학 공부를 시작했고, 거기에서부터 이미 수학적인 놀라운 재능을 드러내기 시작했다. 1561년 5월, 로마로 돌아와 물리학 3학년의 학생들과 함께 물리학 수업을 들으며, 그해에 신

시 제작하고자 했다. 그리고 짧은 시간에 '세계지도', 곧 『산해여지전도山

학 공부도 시작했다. 1563년 새 학기가 시작되면서 아직 사제가 되지 않았음에도 불구하고 콜레지움 로마눔에서 "충분한 자격으로" 수학 교수를 시작했다. (1563년 혹은 1564년) 사제서품을 받고 신학 공부를 한 후, 1566년부터 자신이 공부한 그 자리[콜레지움 로마눔]에서 거의 반 세기가량 교수로 있었다. 그래서 더욱 유명해졌다. 독일의 학자들은 그의 지식을 얻고자 로마로 찾아왔고, 그만큼 다른 사람들의 칭송에 대한 비판도 끊이지 않았다. 1572년부터 1575년까지 콜레지움 로마눔에서 리치의 스승이 되어 주기도 했다. 1575년 9월 8일, 클라비오는 로마의 "예수 성당"에서 4대 서원식을 했고, 그해 9월 19일 퀴리날레의 성 안드레아 지원소에서 다섯 소(小) 서원을 더 했다. cf. *ARSI, Ital.*, 3, ff.159-160. 그는 그레고리오 13세와 시스토 5세 교황의 신임을 얻었고, 갈릴레오와 긴밀한 우정을 나누었으며, 브라헤(Tycho Brahe)와 연락을 주고받았으며, 파도바 출신의 마지니(Giovanni Antonio Magini)와 그 외 루멘(Van Roomen), 웰서(Marco Welser), 비에타(Francesco Vieta), 아르보리우스(Enrico Arboreus), 덱커(Giovanni Decker), 지에글러(Giovanni Ziegler) 등과 같은 당대 유명한 학자들과도 교류하였다. 클라비오는 1582년 유명한 그레고리안 달력 개혁을 주도했고, 이와는 별개로 여러 차례 관련 연구 결과물들을 출판했다. 1611-1612년, 사망하기 얼마 전에도 마곤자에서 '수학 작품(Opera Mathematica)'이라는 이름으로 5권짜리 책을 출판했다. 그는 여러 차례에 걸쳐 중국 선교사가 된 옛 제자에게 자기가 만든 과학 작품을 선물했고, 그중 몇 개는 리치에게 직접 헌정하기도 했다. 그것들은 현재 북경예수회의 고(古) 도서관에 소장되어 있다. 지금 그곳은 나사렛회에서 관리하는 북당(北堂)에 있다. 리치는 중국에서 크리스토퍼 클라비오의 작품을 가르치고, 번역하여 적용함으로써 중국의 저명한 학자들에게 그를 소개했고, 그로써 그들과 긴밀한 친구 관계를 형성하며, 그들 사이에서 [클라비오를] 정선생(丁先生)으로 모두의 찬사를 받는 인물이 되게 했다. 정(丁)은 "못(= clavus = Clavius)"이라는 뜻이다. 리치는 클라비오를 "세계적으로 유명한 사람[丁氏絕代名家也]"이라고 소개했다(*PCLC*, XIX, *Prefazione* del dott. Paolo Siücoamcchi, 徐光啓 ai primi *Sei libri di Euclide* 幾何原本, I, f.2b). 클라비오는 로마에서 1612년 1월 5일과 6일 사이 자정을 넘긴 후, 73세의 일기로 사망했다. 로마의 교황청립 그레고리안 대학교 도서관에 당대에 그린 클라비오의 초상화가 소장되어 있고, 고문서고에는 그의 많은 수기본들이 보관되어 있다(NN.529, 530. cf. NN.1525, 1540, 1627; *MHSI, Epist. Nadal*, Madrid, 1889, II, p.459; III, p.227; *MHSI, Monumenta Pedagogica*, pp.471-476, 478; *Catalogus eorum qui in Societate Jesu Romae versantur sub finem mensis maij anno MDLXI*, in Sommervogel, *Les Jésuites de Rome et de Vienne d'après un Catalogue rarissime de l'époque*, Lovanio, 1892, p.XV; Giovani Battista Riccioli, *Almagestum novum astronomian veterem novamque complectens*, Bologna, 1651, I, Prima Pars, p.XXXII, col.2; Duhr, *Geschichte der Jesuiten in Ländern deutscher Zunge*, Friburgo, 1913, II, 2,

海與地全圖』를 완성하였다. 대부분 집에 있던 그대로지만 몇 가지 점은 중국에서 더 필요로 하는 부분을 첨가하여 그 점을 밝히고 기록하였다.[292]

---

pp.430-432; *Prefazione* del dott. Paolo Siücoamcchi alla traduzione cinese dei primi *Sei libri d'Euclide* in *PCLC*, XIX, f.2a-b: *ibid.*, XXII, c.6, f.33a; *AHSI*, 1939, pp.193-222; Barnickel, *Clavius*, Bamberga, 1932, pp.18-28.)

291 이 사람들은 외국인과 관련한 임무를 맡은 사람, 사종(司賓)이다. 이 직무에 관해 1602년 리치는 이렇게 이야기하고 있다. "광동의 문인 학자들이 내게 중국 전역이 들어간 지도를 만들어 달라고 요청했습니다. 그건 이미 했고 아직도 그대로 보관되고 있는 것으로 기억한다고 했습니다. 당시에 저 마태오는 중국어가 완벽하지 못했고, 그래서 지도의 인쇄는 제가 가지고 왔던 [유럽의] 지도와 책들, 그리고 여러 해 동안 제가 모아두었던 메모와 조사 기록들을 참조하여 제작했습니다. 이는 사종이 한 번역이 오류가 많았기 때문이 아닐까요?(司賓所譯矣色無謬)"(D'Elia[1], 사진첩 XVII-XVIII, *DFd*, liN. 6-7).

292 1584년 9월 13일까지는 이 세계지도에 관한 언급이 없었다. 리치가 지리적인 부분을 로마자로 표시한 지도(NN.1069, 1084)에도 그에 관한 말은 없었기에 중국어 세계지도가 이미 그 날짜에 완성되었을 수도 있다. 하지만 그해 11월 30일 자 편지에서 리치는 로마에 사본 하나를 보낸다고 알려 왔다(N.1088). 여기에서 유추해 볼 수 있는 것은 1584년 10월에 리치가 중국어 세계지도를 완성했으나 영서도(嶺西道) 왕반의 사종(司賓)이 "즉각" 인쇄하지 않은 것이다. 그리고 11월 초에 인쇄해서 마카오 수도원의 원장 자격으로 프란체스코 카브랄 신부가 11월 2일 조경에 갈 때 사종(司賓)이 이틀 후에 도착해서 그에게도 주려고 한 것이 "리치 신부님이 인쇄한 두 개의 세계지도"라는 것이다. 이는 로렌조 멕시아 신부가 마카오에서 보낸 1584년 12월 22일 자 편지에 적혀 있다(N.2206). 이 내용은 그해 12월 5일과 8일 자 카브랄이 쓴 편지에도 있다. 그러나 12월 5일 발리냐노에게 보낸 편지에서 카브랄은 "두 개의 세계지도"(N.2185)에 대해 언급했고, 그것은 왕반이 선물했을 것으로 보인다. 한편 12월 8일 아콰비바 총장에게 보낸 편지에서 카브랄은 3-4시간 왕반을 방문했고, 한 대장을 통해 "흰색 비단 한 필과 부채 6개, 지도 4개와 그 외 루지에리 신부에게"(N.2196) 보내는 물건들을 가지고 왔다고 했다.

　　이 두 개의 지도는 카브랄이 당시 고아에 있던 발리냐노에게 보냈고, 순찰사가 다시 수도회의 총장 클라우디오 아콰비바에게 1585년 12월 28일 자로 보낸 것으로 추정된다. 하나는 그레고리오 13세 교황에게 드리고 다른 하나는 포르투갈의 왕 세바스찬에게 드리라고 보냈을 것이다(*ARSI, Jap.-Sin.*, 10, f.125r). 리치는 이것들과 함께 한 달이 조금 지난 후인 1584년 11월 30일, 다른 몇 개를 총장에게 보냈다. cf. NN.1088, 1133; D'Elia[1], pp.35-37.

이것은 당시에 할 수 있는 가장 유용한 일로 중국에서 우리의 거룩한 신앙과 관련한 것들에 대한 신뢰감을 주기에 충분했다. 그때까지 중국인들은 『천하총도天下總圖』[293]라는 제목으로 된 세계지도를 많이 인쇄하여 가지고 있었으나, 거기에는 중국의 15개 성省과 약간의 해안선과 몇 개의 섬만 표시되어 있었다. 거기에도 세계의 모든 나라가 적혀 있었지만, 그들이 가지고 있던 정보와 함께 그것들을 모두 합쳐도 중국의 한 개 성省밖에 안 되는 크기로 표시되어 있었다.[294] 이렇게 그들은 중국을 크게, 그 밖의 세계를 작게 상상하고 있었기에 매우 오만했고, 온 세계는 야만

---

293 서기 1137년까지 중국에는 『화이도(華夷圖)』라는 세계지도가 있었지만, 그것은 사실 중국 지도가 아니었다. 저자는 중요한 네 지역의 각주에서 해외 국가들의 목록만 작성하는 데 그쳤기 때문이다. cf. Chavannes[1]. 예컨대 자칭 세계지도라고 하는 이 중국 지도는 우리에게도 호기심을 유발하기에 충분하다. 이 지도는 파스텔스(Pastells)가 [스페인] 세비야에서 발견하여 1902년에 출간했다(*CP*, III, p.448; *Razón y Fé*, Madrid, 1902, p.464). 이 지도가 정말 세계지도인지, 그저 단순한 중국 지도는 아닌지는 너무도 모호한 제목에서도 알 수가 있다. '고금형승지도(古今形勝之圖)'로, 적어도 내용에 있어서 막연하기 이를 데가 없다. 거기에는 동쪽으로 조선과 일본이 있고, 남쪽에 점성(占城, 참파)[역주_ 인도차이나반도 남동부(현재의 베트남 중남부 지역)의 참족의 왕국]과 진랍(眞臘, 캄보디아)가 있고, 그 선을 따라서 보르네오(渤泥), 삼불제(三佛齊), 자바(爪蛙) 등 세 개의 섬이 있다. 아라비아(大食)는 서쪽에서 인도(天竺) 밑에 있고, 북쪽에서 화녕(和寧)을 찾아볼 수 있다. 게다가 북서쪽 모퉁이에 동으로 9개의 야만족 국가들이 있고, 남으로 8개, 서로 6개, 북으로 5개가 있다고 명시하고 있다. 지도는 또한 남동쪽 모서리에 적힌 주(注)에 따르면, 『통지집(統誌集)』을 원전으로 하고 세계의 형상이 어떻게 생겼는지(天下形勝) 이해할 수 있게 하려는 것이 목적이라고 적고 있다. 인도양에서는 "이곳에서 서방과 인도의 여러 국가로 갈 수 있다. 此路往西域天竺諸國"라고 적혀 있다. 이 세계지도는 1555년 12월 21일 금사(金沙) 인쇄소에서 중각(重刻)했다. 리치가 겨우 세 살 무렵의 일이다. 20세기 초 마체라타 출신의 저명한 한 인사에게 이 지도가 헌정되었고(*Atti e Memorie del Convegno dei Geografi Orientalisti*, Macerata, 1911, pp.85-87, 176, 178-179), 1913년 아직 열정이 식지 않은 가운데(*Etudes*, 1913, T. 137, p.101) 주세페 브루커(Giuseppe Brucker) 신부는 여기에서 엄청난 오류들을 발견했다. cf. D'Elia[1], Fig. 5, dopo p.90.

294 cf. N.1187.

적이고 자기와 비교하여 비문명화 되어 있다고 생각했다. 그래서 외국의 스승들에게서 배울 게 있으리라고 크게 기대하지도 않았다. 그런데 넓은 세계와 그 안에서 한 개 주(州)에 해당하는 중국을 보자 그것[지도의 위상]을 깎아내리는가 하면[295] 무식한 사람들은 그렇게 묘사한 것에 대해 조롱하

---

295 여기에서 리치가 말하려는 것과 그가 계속해서 같은 내용을 반복하고 있는 것 (NN.890, 1187, 1869)은 생겨나지 않기를 바라거나 아니면 바로 사라지기를 바라는 집요한 의도를 보여 주고 있다. 리치가 중국인들에게 아부했다면 중국을 크게 그리고 세계의 중심에 놓으며, 중국의 모든 마을처럼 다른 모든 나라를 [작게] 그렸을 것이다. 그러나 문인 학자들은 리치가 언급한 나라들을 보고 불쾌하게 여겨 이 외국인이 중국 은 이렇게 작게 그리면서 다른 나라들은 그렇게 크게 그렸나 하고 생각했다.

　문인 학자들의 이런 씁쓰름한 목소리는 홍외련(洪煨蓮)의 저서 『우공(禹貢)』 (Iücom, p.41b)에서 인용한 『대필산방집(大泌山房集)』에서 찾아볼 수 있다. 거기에 는 이렇게 적혀 있다. "최근에 리치라는 외국인이 '산해도'라는 것을 만들었는데, 거기 에는 중국을 매우 축소하여 기록했습니다(頃有化外人 利西泰, 爲山海圖, 狹小中國)." 1604년에 박사가 된 괴준(槐濬)은 허장성의 총독겸 감찰관(僉都御史)으로 있으면서 리치가 중국을 너무 극(極)에 가까운 지역으로 묘사한 것에 대해 불평했다. cf. Ciamueihoa, pp.161-162; Secu, p.2221. 그러나 이 모든 이야기가 허구라는 사실이 다음의 역사적인 사실들이 말해 준다.

　리치의 텍스트에 주석을 달던 트리고는 중국을 지도의 우측 끝에 두지 않은 것에 주 목하고, 그것이 사실이라는 점에 흥미를 느꼈다. 당시 유럽의 지도 제작자들은 관객의 처지에서 유럽과 아프리카를 중앙에 놓고, 아메리카를 좌측에 아시아를 우측에 두었 다. 그러나 리치는 중국을 가운데 두었다. 즉 그의 세계지도에서 아시아를 중앙에 두 고, 한쪽에는 유럽과 아프리카를, 다른 한쪽에는 두 아메리카를 둔 것이다. cf. Bartoli[1], II, c.6, p.15. 중국인들에게서 성급하게 뭔가 제거한다는 것이 얼마나 어려운 일인지를 잘 아는 터라, 중국을 사각형으로 된 지구의 가운데 둔 것이다. 이런 이유로 트리고는 리치가 자신의 세계지도에 관해 이렇게 이야기했다고 한다. "우리는 계획을 조금도 바꾸지 않았습니다. 첫 번째 자오선에 행운의 섬(Fortunate Isles)을 두고 지리 상 우측 가장자리를 묘사하면서 그 중간에 중국 제국을 넣었습니다. 그들의 갈채와 기 쁨이 없지 않았을 것으로 여겨집니다"(p.183). 이 모든 것은 사실이고 지리적으로도 상반되지 않습니다. 따라서 중국을 크게 그린다거나 나머지 세계를 작게 그린다거나 하 는 말은 아직 거론되지 않고 있다.

　이야기는 리치가 사망한 후 40여 년이 지나면서 시작되었다. 이는 리치의 동료 수사 이자 페라라 출신의 조반니 바티스타 리촐리 신부(Giovanni Battista Riccioli, 1598-1671)의 작품을 통해 시작되었는데, 그는 수사학 교수며, 철학과 신학 교수로서

기까지 했다. 하지만 지성인들은 위도와 경도의 질서정연함을 보고, 주

수학과 천문학에도 열정을 보였던 사람이었다. 1651년, 그는 *Tomo* I의 제1부 출판을 끝냈다. 거기에는 *Almagestum* ‖ *Novum* ‖ *Astronomian Veterem* ‖ *Novamque complectens* ‖ *Observationibus aliorum, et propeiis*, ‖ *Novisque Theorematibus, Problematibus*, ‖ *ac Tabulis promotam*, ‖ *in tres Tomos distributam...* ‖ Auctore p. Joanne Baptista Ricciolo ‖ Societatis Jesu ‖ Ferrariensi ‖ Philosophiae, Theologiae, et Astronomiae professore. ‖ Bononiae. ‖ Ex typographia Haeredis Victoris Benatij MDCLI. ‖ Superiorum Permissu. ‖ 이 작품의 도입 부분에는 간략한 학자들의 전기가 다음과 같은 제목으로 있다. *Chronici Pars II ordine alphabetico et ampliori eruditione digesta*, 1651년 출판. 거기에는 마태오 리치의 간략한 전기도 수록되어 있는데, 그 내용은 다음과 같다. "1582년 8월, 마카오에 입국하여 이듬해에 중국으로 들어갔고, 거기에서 목판에 세계 도시를 묘사한 세계지도를 그렸다. 중국 외에 다른 국가들은 축소하여 그렸고, 다른 나라에서 작게 그리는 중국은 화려하게 그렸다. 지리적으로 맞고 … 지역들에 대한 설명도 세계지도에 달았다. … 로마에서 온 성자, 중화 제국의 북경, 1610년 5월 11일, 황제가 그의 묫자리를 내어 주는 칙령을 선포하였다"(p.XL). 이야기는 완벽하다. 리촐리에 의하면 리치는 중국을 가운데 둠으로써 다른 모든 세계 나라들의 위신을 떨어트렸는데, 이유는 지리적인 관점에서 중국인들을 자극하지 않고 중국의 관습에 맞추기 위해서였다. 불행하게도 리촐리는 아무런 원전을 제시하고 있지 않지만, 그가 트리고의 텍스트에 공을 들였기 때문에 아마도 그것을 원전으로 했을 것으로 추정된다.

여하튼 리촐리의 이 말은 다행이기도 하다. 날카로운 비평가들과 중국학자들도 리촐리의 이야기에는 신뢰를 보냈기 때문이다. 예컨대, 코디에(Cordier)의 경우, *L'Imprimerie Sino-Européenne en Chine*, Parigi, 1901, p.41, N.243에서 리촐리의 텍스트를 미화하고, 제멜리 카레리(Gemelli-Careri)가 1695년 북경에서 본 세계지도를 암시하는 것 같은 내용을 적었다. 제멜리-카레리는 자신의 저서 *Giro del mondo*, Parte IV, Napoli 1700, f.198에서 이 부분을 언급하고 있다. 그러나 사면체의 세계지도에서 중국은 주변의 많은 섬과 마찬가지로 모든 다른 나라들에 둘러싸여 중앙에 있다. 제멜리-카레리가 북경예수회 도서관에서 본 것으로 중국인들에 의해 자기네 기준으로, 오늘날에도 드러나는 것처럼, 마치 리치의 세계지도가 아무런 소용이 없는 것처럼, 그들은 중국식 종이에 그렇게 제작한 것이 분명하다. 중국어를 몰랐기 때문에 그는 그것이 "번역되었는지"조차 몰라 평가할 처지가 못 되었고, 리치의 세계지도가 한 세기 전에 제작되었는지도 알지 못했다.

이 이야기를 통해 두 가지를 확인할 수가 있다. ① 리치는 중국을 크게 그리고 나머지 세계는 축소해서 그렸다는 것, ② 중국이 세계지도의 중앙에 있다는 것이다.

첫 번째 것은 훑어보는 것으로 쉽게 확신할 수 있듯이, 또 리치의 텍스트라는 점을 고려하건대, 단박에 거부되었다. 두 번째 것과 관련하여 리치는 당시 세계지도의 위치

야평분의, 회귀선, 다섯 대륙과 국가들의 여러 가지 풍속, 아직 인쇄하지도 않은 첫 번째 지도를 넘기면 (등장하는) 온 땅에 가득한 수많은 이름을 통해 대단히 새로운 것이라며 큰 신뢰를 보냈다. 이 모든 것이 진리가 아닐 수 없다고 생각한 것이다.[296]

263.

신부는 계속해서 매년 가는 곳마다, 황궁[297]에 있건 중국의 다른 지

를 변경하여 아시아의 극동을 더 잘 볼 수 있게 했다. 세계지도의 가운데 아래 위치에 일본의 동쪽 지역을 약간 떨어뜨리고 유럽과 아프리카와 아시아를 보는 사람의 왼쪽에 두 아메리카를 오른쪽에 그렸다. 이것의 정당성을 바르톨리(Bartoli[1], II, c.6, p.15)는 이렇게 적었다. "마태오 리치 신부님은 아주 큰 형태의 유럽식 세계지도를 제작했는데, 중국을 가운데 오게 했습니다. 이는 [중국의] 문인 학자들이 그것을 보고 자기네 나라가 세계의 한 지역에 불과하다는 것을 보여 주는 동시에 그들을 불편하게 하지 않으려는 의도였습니다. 유럽의 지리가 담긴 지구본을 종이에 평평하게 펴서 유럽의 자리에 '떠오르는 태양의 나라'[일본]를 두면 중국이 가운데 옵니다. 그러므로 중국을 지도의 중앙에 두면, 양쪽, 곧 좌측에 유럽과 아프리카가 오고, 우측에 두 개의 아메리카가 옵니다."

이 이야기는 매우 강해서, 이런 진술한 설명에도 불구하고 오늘 이후에도 사라질 수 있을지는 불분명하다. 1929년 케넷 스콧 라투렛(Kennet Scott Latourette, *A History of the Christian Missions in China*, Londra, 1929, p.92)은 이렇게 적고 있다. "리치가 지도를 만들면서 유럽의 국가들을 축소하여 한쪽 가장자리에 두고 중국을 중앙에 두었습니다. 나머지 국가들도 [중국의] 부속 고을처럼 그렸습니다." 조금 애매하기는 하지만 같은 맥락에서 버질리오 피노(Virgilio Pinot)도 1932년에 (*La Chine et la formation de l'esprit pilosophique en France*, Parigi, 1932, p.22) 이렇게 정의하였다. "리치가 새로운 세계지도를 제작했는데, 그것을 두 부분으로 나뉘면 중국을 가운데 두고, 많은 세계 국가들을 그 주변에 두었다는 것이다."

296 이 첫 번째 세계지도의 제목은 '산과 바다 표기가 지리적으로 완벽하게 묘사된 지도(山海輿地全圖)'다. cf. D'Elia[1], p.24, N.3.
297 황궁은 남경과 북경에 있다. 세계지도 재판은 1600년 남경에서 했고, 여섯 폭으로 된 세 번째 판본, 여덟 폭으로 된 네 번째 판본, 여섯 폭으로 된 다섯 번째 판본은 각기 1601, 1603, 1608년 북경에서 제작되었다. cf. D'Elia[1], pp.53-72, 83-93.

역[298]에 있건 어디를 가건 항상 이 작업[세계지도 제작]을 이어 갔다. 그것들을 인쇄하여 때로는 온 중국으로 보내기도 했다.[299] 문인 학자들은 우리 유럽인들에게 큰 신뢰를 보내며 그들이 가진 거부감도 줄었다. 후에 말하겠지만, 이 모든 것을 하려면 큰 기술이 있어야 하고, 그런 기술을 가진 사람이 자기네 중국인들을 찾아와 주었다는 것을 알았기 때문이다.[300]

매우 유용한 또 다른 하나는 지도를 통해 우리의 고향이 중국에서 얼마나 먼지, 그 한가운데는 끝없는 바다가 가로놓여 있다는 것을 알고 두려움을 버리게 되었다는 사실이다. 처음에는 서양 사람들이 중국을 점령하러 오는 줄 알았다고도 했다.[301] 신부가 중국인들을 개종시키는 데 가장 큰 장애물 가운데 하나였다.

그즈음[302]에 신부는 지도와 시계를 완성하여 통감에게 선물로 주었다.

통감은 크게 기뻐하며 노고를 위로했고 무척 고마워했다. 그리고 좋은 선물을 하나 건넸다. 지도는 즉시 달려 있던 주석과 해석을 넣은 그대로 인쇄하라고 보냈고,[303] 그는 그것을 그 지역의 친구들은 물론 다른 도

---

298 1596년 남경 혹은 남창(南昌)에 있을 때, 세계지도의 두 번째 판을 준비하였다. cf. N.1515; D'Elia[1], pp.53-54.

299 1602년 8월 17일과 1605년 5월 사이에 새로 찍어 낸 것들은 특별히 그 양이 많았다. cf. NN.1601, 1613. 지금까지 남아 있는 세 번째 판의 원본은 두 개다. 하나는 교토에, 다른 하나는 로마에 있다. 로마에 있는 것은 필자[델리야]가 번역, 주석 및 해설을 달아 멋있게 제본하여 바티칸 도서관에 보관하고 있다. cf. D'Elia[1], pp.71-72, 95-107.

300 리치의 학문적 사도직은 일반적으로는 유럽의 이름으로, 더 구체적으로는 이탈리아의 이름으로, 직접적이고 유용하게 활용되었다.

301 cf. NN.238, 257.

302 1584년 10월이다.

303 통감은 거기에 자기 이름을 새겨 넣기도 했으나 1586년 10월에 지웠다. cf. N.290.

시에도 보내 소개하기 시작했다.

그러나 시계는 몇 달간 보관하고 있다가, 제대로 사용할 줄을 몰라 신부들에게 다시 가져와 사제관에서 쓰라고 주었다.[304]

264. 루지에리 신부가 마카오에서 지원금을 모아 조경으로 돌아오다

일본에서 출발한 배가 마카오에 도착했다.[305] 루지에리 신부가 많은 돈을 가지고 돌아왔다. 도시의 의원들과 친구들이 그에게 도움을 준 것이다. 그것으로 집 공사를 끝내고,[306] 빚을 갚고, 모든 생필품을 사라고 했다.

265. 유럽식 건물로 몰려드는 관리들

집은 작지만 모두 유럽식으로 지었다. 위층에는 사제들이 기거하는 공간으로 유럽식 유리창을 내고, 아래층에는 [공용공간으로] 중국 풍습에 맞게 집을 지었다. 강변에 지었기 때문에 강물과 각종 배와 산들, 그리고 숲들의 풍광이 좋아서 사람들은 도시에서 이런 장소는 적어도 하나쯤 있으면 좋겠다고 생각했다.[307] 우리 집에 있는 많은 것들이 그들에게는 매우 낯선, 한 번도 보지 못한 것이었기에 책과 성화, 유리[308]와 그 밖의 살

---

304 cf. Bartoli[1], II, cc.5-6, pp.11-16.
305 1584년 초다. 베르나르드(Bernard[1], p.203)는 4월에 도착했다고 하지만, 원출처를 밝히지 않았다.
306 집 공사는 1585년 5월경에 모두 끝난 것 같다. cf. N.1132.
307 리치는 "오, 유럽의 작품이여, 오, 이 땅의 놀라운 것 중 하나여!"(N.1132)라고 말하기까지 했다.

림 도구 등을 보러 두 성註309에서 오는 관리들로 집은 항상 북적였다. 총독도 자주 방문했고, 온 중국에서 명사들이 이 집의 명성을 듣고 찾아왔다.

266. 리치의 학문적 과업과 높아지는 그의 명성

마태오 신부는 세계지도 외에도 주석과 철로 된「혼천의」를 많이 만들었고, 여러 개의「지구본」과 천체기기,「해시계」등을 만들어 수도원에 보관하기도 하고, 아직도 임기 중에 있는 총독과 주요 관리들에게 선물로 주기도 했다.310

이 물건들은 중국에서는 한 번도 본 적도 들은 적도 없는 것들이었다. 별의 궤도와 지구의 움직임, 세상 한가운데서 땅의 위치 등에 대해서 설명해 주었고, 사람들은 신부에게 큰 신뢰를 보냈다. 얼마 전까지만 해도 그들은 중국인이 모르는 것이 있으면 외국인도 알 리가 없다고 생각311하던 데서 이제 이 외국인들은 세상에서 가장 위대한 수학자일 거라는 소문이 사방으로 퍼져 나갔다.312

---

308 **역주**_ 유리화, 스테인리스글라스로 짐작된다.
309 광동성과 광서성이다.
310 cf. N.1088.
311 리치가 바라본 중국의 학문에 관해서는 다음을 보라. NN.56-60, 1397, 1421, 1468, 1534; D'Elia¹, pp.163-165.
312 1595년에만도 리치는 세 번에 걸쳐 소개되었다. 수학적인 것에 있어서 "톨로메오와 같은 사람"(NN.1397, 1421), "최고의 수학자며 자연철학자"(N1468), "지식의 괴물"로 유럽에서도 비교할 사람이 없는 인물이라고 했다(N.1468).

✣

제6장

신부들이 어떻게 스페인 왕의 대사 자격을 획득하여 중국에 왔는지, 그리고 프란체스코 카브랄 신부가 어떻게 조경에 왔는지에 대해

(1584년 5월 2일부터 1584년 11월 26일경까지)

———— ❧ ————

○ 왕반(王泮)이 서쪽 지역 행정장관으로 승진하다
○ 중국선교의 시작에 대해 일본과 필리핀에서 좋아하다
○ 예수회의 알폰소 산케즈와 G.B. 로만이 필리핀에서 와서 스페인 국왕의 대사를 중국에 보내 줄 것을 통감에게 제안하다
○ 선교사들의 간청으로 총독이 호의적인 제안을 하다
○ 마카오에 있는 포르투갈 사람들의 반대 입장
○ 해도가 반대 의견을 듣고 난 후 다시 제안하다
○ 카브랄 신부가 조경의 수도원을 방문하다
○ 1584년 11월 21일, 처음으로 두 사람이 세례를 받다

267. 왕반(王泮)이 서쪽 지역 행정장관으로 승진하다

그즈음 이 사업에 매우 유익한 일이 한 가지 일어났는데, 왕반王泮이 영서도嶺西道[313]의 관리로 승진[314]한 것이다. 영서도는 그 일대 두세 개

성솔의 감찰관으로 방대한 지역을 담당하고, 지금까지 있었던 것과 마찬가지로 관청을 조경肇慶에 두고 있는 최고 행정관이다. 이교도들의 관점에서 볼 때, 이 일은 크게 축하할 만한 일인데[315] 그 이유는 왕반이 신부들과 교류해서 불행한 일이 전혀 생기지 않는다는 것을 입증한 셈이기 때문이다. 오히려 그에게 행운을 가져다준다는 사실이다.[316] 그래서 신부들이 축하해 주기 위해 그를 방문했을 때, 왕반은 그 자리에 있던 사람들과 함께 예를 갖추어 신부들을 맞아 주었다.

268. 중국선교의 시작에 대해 일본과 필리핀에서 좋아하다

이 일로 중국선교가 순조롭게 진행되고 있다는 소문이 마카오는 물론 일본과 필리핀에까지 퍼졌고, 모든 예수회원은 물론 다른 수도회에서까지 중국에서 시작한 하느님의 크신 자비에 기뻐했다.

---

313 영서는 서쪽 지역, 곧 광동과 광서의 도(道)라고 불리는 이곳은 영남(嶺南), 다시 말해서 매령(梅嶺) 남쪽 지방 혹은 '매화령'을 일컫는다. 영서도라는 표현은 '[매]령[남]서도'([梅]嶺[南]西道)의 줄임말이다. cf. Zzeiüen h. l. 영서도의 행정장관은 조경에 거주했다. 영서도는 영동도(嶺東道), 곧 동쪽 지역의 반대편 지역이지만, 우리 선교사들의 서신이나 보고서에서 영동도에 관한 언급은 전혀 없다. cf. TP, 1938, p.200, N.1.
314 왕반의 승진은 1584년, 11월 30일(NN.1090, 1130) 이전에 있었다. 산케즈 신부가 마카오를 두 번째 방문하고 있던 1584년 5월 1일부터 10월 1일 사이로 추정된다. 통상적으로는 1587년에 임명되었어야 했다. 그것도 왕반이 지부로 있던 곳이 아니라, 다른 지역에서 말이다. cf. N.113.
315 cf. N.153.
316 1584년 11월 30일, 리치는 왕반이 승진한 것만이 아니라 딸도 하나 얻었고, 또 다른 아이를 임신 중에 있다는 것을 알았다. cf. N.1090.

269. 예수회의 알폰소 산케즈와 G.B. 로만이 필리핀에서 와서 스페인 국왕의 대사를 중국에 보내 줄 것을 통감에게 제안하다

필리핀 총독[317]과 그의 참사관들과 마닐라의 주교[318]는 우리의 사업에 몇 가지 도움을 주기로 했다. 신부들을 통해서 광동성[319]의 일부 지역을 돌보는 것이었는데, 이는 자기네 상선이 중국으로 들어가 지금보다 더 많은 이득을 남기도록 하려는 것이었다.[320] 이런 계획에 따라 우리 예수회에서도 신부 한 사람을 파견했는데, 알폰소 산치Alfonso Sanci 신부가 바로 그 사람이다.[321] 그리고 그쪽에서는 스페인 국왕의 대리인[322] 조반 바

---

317 데 페냘로사(Don Gonzalvo Ronquillo de Peñalosa)는 1580년 6월 1일부터 그가 사망하던 1583년 3월 7일까지, 필리핀의 세 번째 총독을 지냈다. cf. *CP*, I, pp.163-164, 170; Pastells, II, pp.CV-CVII, CLXVII. 같은 책 다른 곳에서 파스텔스는 데 페냘로사가 2월 14일에 사망했다고 적고 있다(*Ibid.*, p.CCIX).

318 마닐라의 첫 번째 주교는 데 살라자르(Francesco Domenico de Salazar)였다. 그는 1512년 스페인의 라바스티다(리오야)에서 태어났다. 1546년, 살라만카에서 설교자회[도미니코회]에 입회하여 오랫동안 멕시코에서 선교사로 살았다. 1579년에 필리핀 주교로 임명되었지만, 그의 직무는 1581년 12월 21일부터 시작했고, 1594년 12월 4일 마드리드에서 사망했다. cf. *CP*, I, p.164, N.4; p.195; Pastells, II, pp.CXLIII, CXLV. 그의 묘비명에는 이렇게 적혀 있다. "교리에 해박했고, 참된 수도자로 엄격한 삶을 살았으며, 자기 양들에게는 자비로운 목자였다. 가난한 사람들의 아버지, 참 아버지였다"(*CP*, II, p.193, nota).

319 광동성이다.

320 산케즈 신부의 정보에 따르면, 리치와 루지에리가 필리핀 총독과 마닐라의 주교와 그 지역 예수회 원장에게 편지를 쓰기 전에, 산케즈가 직접 선교지에 대한 좋은 소식을 전하며 그들에게 경제적인 도움을 요청했다고 한다. 그리고 이제 멕시코에서 오는 사람들에 의해 중국 황제에게 전해 줄 스페인 왕의 선물이 도착할 거라며 신부들에게 희망을 주었다. 이 편지는 1584년 조반 바티스타 로만과 산케즈가 두 번째 중국을 방문하는 계기가 되었다. cf. CP, II, p.522, nota.

321 1566, 1568, 1570년의 기록에 의하면(ARSI, *Tolet.*, 12, ff.102v, 108v, 115r, 122r), 그는 1545년 스페인 과달라야라주 몬데야르(Mondéjar)에서 태어나 1565년 7월 2일 예수회에 입회하였다. 1568년 1월 1일 유기 서원을 하고(*ARSI, Tolet.*, 12, f.108v), 1571년 3월 3일 성 비오 10세 교황의 교서에 입각한 세 가지 수도서원을 하였다. 후에 나발

티스타 데 로만Giovan Battista de Román[323]이 파견되었다. 그는 대단히 명망 있고 신중한 사람이었다. 그들과 함께 마카오의 원장 신부와 조경의 신부들에게 보내는 편지에 은銀과 각종 물건을 선물로 보냈다. 그중에는 매우 정교하게 만든 태엽 시계[324]도 있었다.

편지에 적힌 것을 모두 요약하면 다음과 같다.

"예수회가 중국에 진출하도록 도와주신 하느님께 감사하며, 매우 기쁘

카르네로 수도원 원장이 되었고, 1574년에는 카라바카에서 문법 교수가 되었다. 1579년 멕시코로 갔다가, 1581년 9월 필리핀 마닐라에 도착했다. 1582년 갈라르도 (Gallardo) 수사와 함께 중국으로 들어갔고, 그해 6월, 포르투갈이 스페인에 병합되자 전권을 쥔 펠리페 2세의 즉위식을 마카오에서 선포하였다(*CP*, I, p.290, nota; Pastells, II, pp.CLVII-CLVIII). 그리고 1582년 7월 2일, 일본으로 떠났다. 그러나 그달 16일 대만 근처에서 배가 난파되어(cf. N.231), 같은 해 11월 3일, 마카오로 돌아와야 했다. 그리고 1583년 2월 13일 마카오에서 출발하여 3월 27일 마닐라에 도착했다. cf. *AIA*, II, p.211. 이듬해인 1584년 다시 마카오로 가서 5월 2일부터 10월 2일까지 로만(G. B. Román)과 함께 머물렀다. 2년 후 멕시코로 돌아갔다가 1587년 12월 말, 마드리드를 거쳐 1588년 가을 로마를 향해 길을 나서, 이듬해 3월에서야 도착했다. 로마에서 4대 서원을 했다. 1592년 9월 10일, 다시 스페인으로 돌아와 1593년 5월 27일 알칼라 (Alcalà)에서 숨을 거두었다. 산케즈는 특정 시기 동안 엄격한 기도 생활을 하겠다고 약속했는데, 아마도 과도하게 한 것으로 보인다. cf. NN.2232, 2241-2242, 2273-2275; Pastells, II, pp.CXXXV-CXXXVII, CXLVIII-CLXVII; CP, I, pp.150-152, 265-325, 516; II, p.519, N.2: p.522, nota: p.688; Astrain, *Historia del la Compañia de Jesús en la assistencia de España*, III, pp.532-533, 561-564; *Revue d'ascètique et de mystique*, 1936, pp.61-89, 314-321.

322 '대리인'은 지역에서 세금을 거두어 왕에게 헌납하는 사람이다. 그래서 그의 직함이 "왕실 관리인'이다. cf. *CP*, I, p.310.

323 이 사람에 관해서는 다음 자료들을 보라. Cordier, *Bibliotheca sinica*, cll. 7, 3253; *TP*, 1938, p.212, N.1.

324 이 시계는 마닐라의 주교 도미니코 데 살라자르(Domenico de Salazar)가 루지에리에게 선물한 것이다. 데 살라자르 주교는 '고위 수도자'로서 펠리페 2세가 1581년 멘도자 (Mendoza), 오르테가(Ortega), 마린(Marin) 신부와 함께 중국 황제에게 파견한 사절단의 한 사람이었다. 사절단은 멕시코에 도착했고, 더 항해를 계속하지 않았다. cf. Pastells, II, pp.LV-LVII.

게 생각한다. 이 일은 국왕[325]과 모든 그리스도교 국가들이 바라던 일이었다. 모든 신자가 이 사업을 지지하는 데 고무되어 있다. 그들은 스페인의 국왕[326]에게 과거 중국 황제에게 보내는 좋은 선물들이 뉴 스페인, 곧 멕시코로 가 버린 사실을 알렸다. 그래서 신부들은 광주[327] 총독부의 허락으로 스페인 사절단이 중국 황제에게 보내는 선물을 가지고 들어갈 수 있게 해 달라고 요청했다. 이 기회를 이용하여 신부들은 궁궐[328]과 황제 가까이 다가가 중국 전역에서 복음을 선포할 수 있도록 허락해 달라고 할 계획이었다. 이를 위해 물건을 살 약간의 은화와 시계를 보냈고,[329]

---

325 스페인 국왕을 가리킨다.

326 스페인의 펠리페 2세는 1580년부터 포르투갈의 국왕을 겸하고 있었다. 포르투갈의 세 바스티안 국왕이 알카체 키비르(Alcacer Kibir) 전투(1579년)에서 사망한 후 1581년 4월 4일, 극동 아시아의 주권을 자신이 직접 행사하겠다고 선언했다. 포르투갈 백성은 그해 6월부터 예속되었으나 공식적으로는 1582년 12월 18일부터 펠리페 2세의 지배 하에 놓였다. 그 덕분에 인도는 물론 마카오처럼 포르투갈인들이 차지하고 있던 지역의 상권을 독점하는 특혜를 누릴 수가 있었다. cf. Ljungstedt, *An Historical Sketch of the Portuguese Settlements in China and of the Roman Catholic Church and Mission to China*, Boston, 1836, p.121; Pastells, II, p.CXLVII. 알칸타라 출신의 프란체스코 수도회 지롤라모 다 부르고스(Girolamo da Burgos)는 1582년 마카오에 체류하며 아무런 성과가 없자 1583년 3월 27일 마닐라로 돌아갔는데, 이 사실을 안 스페인 국왕 펠리페 2세가 그를 중국 황제에게 보내는 대사로 임명하며, 1581년 6월 5일 자 자신의 편지를 전달하라는 임무를 맡겼다(*AIA*, II, pp.212-214; *Cp.* I, p.306, nota). [그를 통해 국왕은] 중국 제국에 있는 선교사들을 격려했다. 그러나 필리핀의 통감 데 페냐로사(Don Gonzalo Ronquillo de Peñalosa)가 1583년 3월 7일 사망(Pastells, II, p.CCIX에서는 2월 14일에 사망했다고 말하고 있다)하는 바람에 대사 파견 계획은 무산되고 말았다. cf. p. Francisco de Santa Inés, *Crónica de la Provincia de San Gregorio* (1676에 기록했으나 1892에 마닐라에서 출간), I, cap. III; p. Juan Francisco de San Antonio, *Crónicas de la Provincia de San Gregorio*, Sampalok, 1738, I, III, cap. VIII.

327 광동성이다.

328 여기에서 말하는 궁궐은 북경에 있는 황궁이다.

329 앞서 언급한 내용이다. 또 다른 청동 시계는 1582년 12월 27일, 루지에리와 파시오 신

스페인 국왕이 보내는 것으로, 필요한 모든 것을 사도록 했다."

알폰소 신부와 조반 바티스타 대리인은 그들이 조경에 체류하며 광동의 총독과 이런 외교관계를 체결할 수 있도록 허락해 달라고 간청했다.[330]

270. 선교사들의 간청으로 총독이 호의적인 제안을 하다

마카오 수도원의 원장 프란체스코 카브랄 신부는 신부들에게 편지를 보내 이번 외교는 총독과 담판을 지으라고 권하며, 그래야 중국선교에 해害가 없을 거라고 했다.

신부들은 지시에 따라 총독 관저에 도달하는 여러 방법의 하나를 선택하여 일을 진행하였다. 물론 신부들의 이름을 대거나 총독 관저에 있는

부가 조경의 총독에게 준 것으로, 이것도 앞서 언급하였다(N.219). 그때 '모래시계'와 안경도 가지고 갔다(Pastells, II, p.CLXXI).

330 중국 황제에게 파견되는 카스틸리아 출신의 사절단과 관련한 이런 모든 제반 사항은 마카오에서 (1584년 5월 2일-10월 1일) 산케즈와 로만이 제안한 것이다. Pastells, II, pp.CCXXXVI-CCXLII를 보라. 이와 관련하여, 1584년 6월 25일과 27일 마카오에서 로만이 펠리페 2세에게 쓴 두 통의 편지와 6월 22일과 27일 마카오에서 같은 왕에게 쓴 산케즈 신부의 두 통의 편지가 있다. cf. CP, II, pp.520-523 주(註). 이 편지들에 의하면 6월 말경, 로만과 산케즈는 여전히 스페인 국왕의 선물을 가지고 대사 자격으로 조경과 북경에 갈 수 있다고 기대하고 있었다. 같은 편지들에서 우리는 루지에리와 리치가 펠리페 2세에게 전할 편지를 멕시코 총독에게 보냈다는 것도 알 수 있다(CP, II, p.521, nota). 로만은 선물을 준비하는 데 든 돈이 모두 6만에서 7만 두카토였다고 전한다. 거기에는 멕시코에서 온 말(馬) 열두 필에서 스물두 필, 벨벳, 수놓은 비단, 금으로 짠 옷감, 플랑드르 지방의 카펫, 베네치아 프리즘, 거울, 대형 시계, 도금한 무기, 유화 그림, 거위 털 이불, 유리구슬과 그 외 밀라노에서 온 여러 가지 물건, 상당수의 칼 외에도 백포도주와 적포도주가 있었다. 편지에 따르면, 리치와 루지에리는 중국어를 잘하고 있었고 황제가 요청할 시 통역을 할 수 있을 정도가 되었다. 물론 중국인들이 신임하는 외국인에 한해서 말이다.

누군가의 이름을 들먹이지도 않았다. 그저 총독에게 기억을 상기시켜 줄 문서를 가지고 가서 새로 온 영서도[331]에게 보여 주려고 했다. 그래서 그가 이것이 방책이라고 말하게 하려고 했다. 새 영서도는 무척 반기며 모든 것을 즉각 승인했고, 친히 가마를 타고 총독부의 문서 담당 관리에게 가서 문서를 총독에게 전할 것을 명했다. 일이 잘못되지 않도록 그는 이 문서가 중국에 매우 유익하고 영광스러운 일이 될 거라고 설명했다.

총독은 관례에 따라, 광주廣州의 해도海道[332]에게도 그것을 보내 승인을 받으면서 이 일과 관련한 정보를 얻는 것은 물론, 이 모든 것의 사실 여부에 관한 보고서까지 확보하였다. 이것은 사절단이 중국에 입국해도 좋다는 분명한 표시였다.

271. 마카오에 있는 포르투갈 사람들의 반대 입장

신부들이 조경에서 이 일을 진행하고 있을 때, 마카오의 백성과 지도자들이 필리핀의 스페인 사람들이 배를 가지고 광동廣東성으로 들어오려고 한다는 사실을 알았다. 그것은 마카오시(市)를 훼손하는 일이었다. 그들이 체류하는 곳에는 '뉴 스페인'[333]과 페루에서 들어온 많은 돈과 은銀이 있었고, 그것이 광주로 오게 되면 모든 상인이 모여들 것이고, 포르투갈 사람들은 물건을 매입해도 이익이 매우 적을 것이기 때문이다. 그래서 그들은 신부들에게 이렇게 편지를 썼다. "이 외교는 체결하지 말아야 합니다. 그곳[334]에는 선결해야 할 문제가 있습니다. 포르투갈이 아닌 다

---

331 왕반이다. Cf. 본서, p.121, 주(註) 153.
332 광동성의 해도는 관저를 광주에 두고 있었다.
333 멕시코다.

른 지역을 통해 중국 황제를 접견하러 오는 것은 합당하지 않습니다. 오래전에 체결한 조약[335]에 중국의 상권은 포르투갈에 있다고 했습니다. 그동안 자선과 여러 가지 방식으로 그 도시를 도와준 포르투갈에 이렇게 하는 것은 옳지 않습니다. 지금 이런 방식은 그들에게 손해를 끼치는 일입니다." 그리고 덧붙이기를, "국왕이 보낸 선물은 이미 모두 누군가가 가져갔고, 뉴 스페인에서는 여러 차례 사람이 바뀌는 바람에, 추측건대 선물을 다시 회수하는 일은 불가능할 것 같습니다.[336] 지금 선물을 가지러 다시 가기도 매우 어렵고, 설령 선물을 받는다고 하더라도 물건이 그리 좋은 것도 아닙니다." 프란체스코 카브랄 신부는 계속해서 신부들에게 여러 가지 배려를 해 주면서도 외교적인 일에는 너무 깊이 관여하지 말라고 당부했다.

이 일은 전혀 생각하지 않았던 것이어서 신부들은 매우 당혹스러웠다. 어떻게 외교관계를 끌고 가야 할지, 어떻게 그 말을 따라야 할지 알 수가 없었다.[337] 하지만 결국 다른 새로운 것을 찾지 않는 한, 가장 좋다

---

334 마카오다.

335 중국에 관한 포르투갈의 특권은 1514년 11월 3일 자 레오 10세 교황의 교서 "*Praecelsae devotionis*"를 보라. *Corpo Diplomatico Portuguez*, I, pp.275-298, 1576년 1월 23일 자 그레고리오 13세 교황의 교령 "*Super specula*" in *Bullarium Patronatus Portugallias Regum*, Lisbona, 1868, I, p.243. 그리고 1577년 10월 11일 자 같은 교황 그레고리오 13세의 구두 선언도 있다. *Ibid.*, p.248.

336 이 선물들은 왕실의 그림 두 점과 멕시코 '왕궁 알현실'의 평의회실에 걸려 있던 성모 마리아 성화, 마닐라의 통감과 주교관저에 걸려 있던 시계 등이다. 마닐라의 주교관저에 있던 시계는 루지에리에게 선물했고, 그것에 대해서는 앞서 N.269에서 언급한 바 있다. 나머지는 팔아 버린 것으로 알고 있다. cf. Pastells, II, p.LVII.

337 CP, II, p.520 주(註)를 보라. 로만과 산케즈가 리치와 루지에리에게 보낸 편지를 요약한 것이다. 거기에는 그들의 답변서도 있다.

고 생각하는 그 방식을 따를 수밖에 없었다.

272. 해도가 반대 의견을 듣고 난 후 다시 제안하다

해도는 문서를 받고, 또 총독의 명령을 받고 나서, 며칠 동안 문서를 제출한 사람이 알현을 요청해 오기를 기다렸다. 문서는 신부들의 통역관 이름으로 되어 있었다. 그러나 아무도 나타나지 않자, 향산香山의 지현知縣[338]에게 편지를 써서 중국 황제에게 보내는 선물을 가지고 마카오에서 온 사절단이 있는지를 물었다.

대리인과 마닐라의 스페인 사람들을 통해서 얻은 유용한 정보는 문서가 진짜라는 걸 확인해 주는 동시에, 이런 정보를 제공한 사람에게 주는 거라며 많은 선물까지 주었다.

다른 한편, 마카오의 시민들은 전혀 다른 행로를 보였는데, 포르투갈과 다른 왕국에서 온 사람들에게는 그 성城에 들어오는 것을 허락해서는 안 된다는 것이다. 이것은 두 왕국[포르투갈과 중국] 백성들 간 불일치의 원인이 될 거라고 했다.

양측의 이야기를 모두 들은 해도는 칙령을 만들어 광주시 정문에 붙였다. 칙령에는 이번 외교에 관한 지금까지의 상세한 정보와 함께 자기를 찾지 않은 통역자를 향한 큰 유감이 표명되어 있었다. 그리고 결론적으로 "선물을 가지고 황제를 방문하려고 한 국가는 마카오에 있는 외국인

---

338 1584년에 지현(知縣) 혹은 향산(香山)의 군수는 1583년 진사가 된 광서성 남창(南昌) 출신 도문규(涂文奎)였다. 그러나 몇 월부터 관직에 나갔는지를 알 수가 없다. 이 장에서 언급하는 내용과 관련하여 아직도 그가 아무런 직위를 받지 않았다면 그 지역 군수로 진사 등사계(鄧思啓)가 있을 때다. cf. *Annali Generali del Kwangtung*, c.22, f.39a.

들의 나라와 같은 나라로,[339] [중국이] 입국을 허락하지 않을 것이기에 오지 않는 것이 좋을 것입니다. 그러나 과거 여러 차례 왔었고, 그때 받은

---

[339] 여기에 관한 트리고의 번역은 리치의 텍스트와는 상당히 다른 점을 시사한다. "그것과는 다른 국가의 외교사절로, 그렇지 않다면 결코 입국할 수 없을 거라고 하지만 실제로는 마카오에 있는 외국인들의 나라, 곧 포르투갈의 사절이 아니고서는 사절단으로 올 수가 없습니다. 사절단이 아니기 때문에 어느 나라에서 오건 그 형식을 걱정할 필요는 없습니다. 중국에서는 전혀 구분되지 않는, 똑같은 이방인 사절이기 때문입니다"(p.190). 그러나 트리고가 말한 '부정(포르투갈 사절이 아니고서는)'은 전혀 필요하지 않을뿐더러 도레 해가 된다. 왜냐하면 해외[외국]라는 뜻이 사절단을 파견하여 공물을 바치는 국가들을 적은 『대명회전(大明會典)』에 모두 적혀 있기 때문이고, 거기에는 분명 포르투갈이 나오지 않기 때문이다. 이런 해석은 그저 루지에리의 텍스트를 확인시켜 주는 것에 그치고 만다. 실제로 루지에리는 광서 지역을 돌아본 후, 조정의 총독에게 리치와 함께 체류할 수 있게 해 달라고 청하며, '다른 선교사들을 부르지 않을 것'이고, "이를 위한 허가서"를 요청하러 대사로 북경에 가지도 않을 것이라고 했다. "카스틸리아 사람들을 대사로 부르기가 어려우면, 알려진바, 신부들의 이름으로 천축국승(天竺國僧)이 오면 어떻겠느냐고 물었다. … 대사로 천축국승이 오래전에 왔었고, 그것은 이미 중국 책에서도 나타나는 부분이다. 새로 대사를 부를 수 없다면, 중국인들은 새로운 대사가 올 때마다 매번 다른 나라와는 절교해야 한다. 왜냐하면 황제가 열다섯 성(省)의 모든 총독에게 공문으로(*in scriptiis*) 금지하고 있기 때문이다"(N.5360). cf. NN.206, 226, 1851. 실제로 *TMHT* c.105에는 중국 황제에게 대사를 보내는 국가들의 명단에 천축국(天竺國)이라는 이름이 없다. 그러나 인도의 많은 왕국의 이름이 거론되는데, 인도 서쪽, 서양(西洋), 쇄리(瑣里), 혹은 이 둘을 합쳐서 서양쇄리[西洋瑣里, 코로만텔 해안 지역의 촐라(Chola)], 소갈란[小葛蘭, 지금의 퀼론(Quilon)], 방갈자[榜葛刺, 지금의 벵갈라(Bengala)], 석란산[錫蘭山, 지금의 셀리온(Celyon)], 소납박아[沼納撲兒, 벤지푸람[Vengipuram)] 등이 있다. 거기에는 유명한 불름(拂菻), 즉, 지중해 동쪽 혹은 동로마제국도 있다. cf. D'Elia¹, pp.130-131; Ciamueihoa, pp.9, 11, 155, 174-176, 191.

한편 1517년 광주의 통감 오정거(吳廷擧) 때, 포르투갈 사람들에게 답변서를 보내면서 포르투갈 사람들이 중국에 사절단을 보내고자 한다고 왕실에 보고했다. 그러나 관례에 따라 허락하지 않는다는 응답이 돌아왔고, 그것은 또한 포르투갈이 심검무회전구례(尋檢無會典舊例), 불행(不行)에 나타나지 않기 때문이다. cf. *CICZL*, c.9, f.8b. 오히려 거기에는 포르투갈인들에 대한 언급이 없을 뿐 아니라 홍무제의 지침 『심검무회전구례(尋檢無 會典舊例)』에도 언급되지 않고 있어, 그들이 중국에서 쫓겨나야 한다는 "其祖訓會典之所不戰, 如佛郎機者, 卽驅出境"이라는 말만 하고 있다(*CICZL*, c.9, f.11a). cf. Ciamueihoa, pp.34-25. *SPT*, p.73도 보라; *AMCL*, c.1, ff.21a-22a.

입국 허가서가 있다면 들어올 수 있습니다"라고 상황을 정리했다. 끝으로 해도는 향산의 지현에게 명하여, 다시 한번 문서를 지참하여 총독에게 접근할 시, 엄중한 처벌을 받게 될 것이라고 했다.

하느님께서는 수도회와 조경의 집에 아무런 해가 되지 않는 선에서 이 일이 마무리될 수 있게 해 주셨다.[340]

273. 카브랄 신부가 조경의 수도원을 방문하다

일이 일단락되자, 프란체스코 카브랄 신부는 발리냐노 신부와 총장 신부에게 모든 것을 확실하게 보고하기 위해 직무상,[341] 직접 수도회와 수도원을 방문하러 조경으로 가려고 했다. 그즈음 영서도가 자신의 지인과 고관들을 데리고 사제관에 여러 차례 왔었기 때문에, 그를 통해 방문 외에 다른 일이 아니라면 입국해도 좋다는 허가서를 쉽게 받을 수가 있었다. 그래서 쉽게 조경에 왔고 영서도를 예방하여 선물을 주고받았다.[342]

274. 1584년 11월 21일, 처음으로 두 사람이 세례를 받다

카브랄 신부는 그곳에서 얼마간 체류하며[343] 도시 안팎을 두루 다녔

---

340 cf. *CP*, I, pp.309-324; NN.2172-2173.
341 프란체스코 카브랄 신부는 마카오의 원장으로 당시 중국선교의 총책임을 맡고 있었다.
342 영서도는 행정관을 통해 흰 비단 한 필, 부채 여섯 개, 네 개의 세계지도(N.2185)를 전했다. 세계지도는 리치의 것으로, 이미 한 개를 루지에리에게 주었고(N.2196), 이것은 다른 것이다(N.2185). 그러나 카브랄이 그에게 준 선물이 무엇인지는 알 수가 없다.
343 10월 중순쯤, 루지에리가 카브랄에게 요청한 여권을 주고 조경으로 데려오려고 마카오로 갔다. 그가 10월 21일 마카오에서 총장 아콰비바에게 쓴 편지에 "6일 안에" 카브랄과 함께 조경으로 가기 위해 마카오를 떠날 거로 적고 있다(N.2182). 예상대로라면 그들은 10월 27일 마카오에서 출발하여 11월 2일 조경에 도착해야 할 것이다. 왜냐하면 조경에서 마카오까지는 카브랄이 1584년 10월 6일에 언급한 대로 "도보로 6일" 걸

고, 생각했던 것보다 상황이 매우 좋다는 걸 알았다. 그곳 성당에서 처음으로 두 사람에게 직접 세례를 주어 그리스도인의 탄생을 주도하기도 했다.[344] 한 사람은 세례명이 바오로인데 그는 복건성福建省 출신의 수재秀才 문인 학자로 신부들의 집에서 신부들에게 중국 문학을 가르쳤다. 다른 한 사람은 앞서 언급한 적이 있는 진陳?이라는 사람으로 평소 신부들과 가까이 지내면서 신부들이 조경을 떠날 때 제단을 맡겼던 사람이다. 그에게는 요한이라는 세례명을 주었다. 그 외에도 여러 중국인이 이 사실을 알고 집으로 와서 세례성사를 지켜보았고 아무도 해害하려고 하지 않았다. 오히려 신부들에게 두 제자를 얻게 된 것을 축하해 주었다.[345]

이 일이 있고 난 뒤, 많은 사람이 찾아와 성교회의 가르침과 세례를 요청했고, 그것은 착한 그리스도인의 상징이 되었다.

프란체스코 카브랄 신부의 조경 수도원 방문은 선교에 매우 유용하게 작용하였다. 그는 발리냐노 신부와 총장 클라우디오 아콰비바 신부[346]에게 편지를 써서 중국선교가 잘 진행되고 있고, 장상들이 방문할 수 있을 정도로 자리를 잡고, 이를 발판으로 해야 할 일을 할 수 있을 정도가 되

———

리기 때문이다(N.2176). 그는 1584년 12월 8일 마카오에서 로렌조 멕시아(Lorenzo Mexia)가 쓴 것처럼 그곳에서 "약 6일간" 머물렀고(N.2206), 적어도 11월 21일 이후 중 하루를 잡아 두 사람의 세례성사를 집전하였다(NN.2186, 2197). 카브랄이 마카오에 도착한 것은 12월 4일 저녁이었다(N.2183). 아마도 리치가 광주까지 동행한 것으로 보인다. 11월 30일, 그들이 그곳에 있었다고 기록되어 있기 때문이다(N.1093). 그리고 리치는 3주 이상 광주에 머물다가 11월 26일쯤 다시 조경으로 떠난 것으로 보인다.

344 1584년 11월 21일이다(NN.2186, 2197).
345 cf. N.2186.
346 카브랄은 12월 5일, 마카오에서부터 자기가 돌아온 이후까지 모두 기록하여(NN. 2183-2192) 발리냐노에게 보냈고, 그달 8일 아콰비바에게도 보냈다(NN.2193-2203). 두 사람에게 보낸 편지들은 모두 잘 보존되어 있다.

었다고 했다.[347]

---

347 이 장(章)에서 언급하고 있는 내용을 뒷받침해 줄 만한 두 가지 증언이 있는데, 그것은 로마와 이탈리아에서 작성되었다. 잠시 중국에 머물렀던 카브랄 외에 루지에리와 리치에 관한 것으로 당시 중국선교에 투입된 세 사람, 아니 더 정확하게는 두 사람에 관한 것이다.

첫 번째 증언은 예수회의 아랄도(Gian Francesco Araldo) 신부가 쓴 *Cronica della Compagnia di Giesù di Napoli* (p.211r)로 거기에는 다음과 같은 내용이 있다. "1586년 1월 22일쯤, 마태오 리치, 루지에리, 프란체스코 카브랄 신부는 1583년과 1584년 12월 말 중국에서 보낸 편지를 살펴보며 어떻게, 어떤 방식으로 중국에 들어가 체류할 수 있을지, 어떻게 하면 명예를 얻을 수 있을지, 어떻게 하면 이교도들 사이에 수도원과 성당을 지을 수 있을지를 고심하며 이미 두 명의 고위 인사가 그리스도인이 되었고, 그것이 중국의 초기 그리스도교 신앙이 되었으며, 많은 사람이 그리스도인으로 개종하려 한다고 했다. 하느님께 찬미! 우리 수도회가 중국에서 개종시킨 첫 두 명의 그리스도인은 바오로와 요한이다." cf. Tacchi Venturi, I, p.150, N.2.

두 번째 증언은 *Annales rerum Sixti Quinti*에 있는데, 그 가치에 대해 파스토르(Pastor)는 "대부분 매우 신뢰할 수 있습니다"(XX, p.623)라고 말한다. 1587년 말에 발간된 것으로(Biblioteca Vaticana, Vatic. lat. 5438, f.99a) 갈레시니(Pietro Galesini O.S.B. 1590)가 썼다. "XVI Kal. februari," 즉 1586년 1월 17일, 그는 이렇게 말한다. "예수회의 서신과 보고서는 때가 차서 세 명의 인사[루지에리, 리치, 카브랄]가 중국의 성(省)으로 부르심을 받고 파견되었다고 밝히고 있습니다. 그들이 속한 신앙과 수도회 외에는 다른 어떤 사람도 이전까지 새로운 종교를 가지고 들어가 소개하거나 전파하지 못했습니다. 그중 한 신부의 요청이 그 지역 통감으로부터 받아들여졌지만, 교황께서 파견하는 외교사절이기를 기대했습니다. 그렇게만 된다면, 그 지역은 미신의 어둠이 물러가고 그리스도교 신앙의 빛이 밝아 올 것입니다. 특별히 시스토 5세 교황 성하의 성덕과 하느님의 영광을 위하여." 이 텍스트는 파스토르(Pastor, X, p.136, N.1)가 자신의 라틴어 원전에서 처음 소개한 것으로 과이요(Goyau, *Missions et Missionnaires*, Parigi, 1922, p.65)가 프랑스어로 번역했다. 하지만 이 번역은 표현에 있어 큰 한계를 드러내고 있다. "외교사절단의 단장(Praesidis diploma)"을 "장상이 위임한 … 외교적인 일(un diplome … accordé par ce président)"로 해석하고 있는 것이다. 다시 말해서, 오늘날 우리의 민주주의에 관한 생각과도 같은 것이다. "praesertim ad religionem novam disseminandam"은 원전 텍스트에 따르면 '외국인들이 중국에 들어가는 것은 전대미문의 일'이라는 뜻인데, 프랑스어 번역에서는 마치 다른 사람이 이미 했던 것처럼, 중국에 진출하는 선교사들의 근본 동기로 보고 있는 것이다. "그들[세 명의 신부]은 새로운 종교를 전파하기 위해 이 땅에 왔습니다(ils [i tre Padri] y sont venus surtout pour répandre la religion nouvelle)"라고 한 것이다. 더 잘못된 것은 첫 번째 쉼표 이하 "예수회와 대사의 서신들이 관련 보고서로 교황께 전해졌다(des lettres des Jésuites et des Nonces [N을 대문자로] au Pontife ont rapporté)"인데, "예수회의 편지와 소식들은 교황으로부터 인정받았다(Jesuitarum litteris et nuncijs, ad Pontificem perlatum est)"로 잘못 알아들은 것이다. 즉 nuncii를 바꾸어, '소식(notizie)' 혹은 당시에는 알림(avvisi)이라는 뜻으로 써 버린 것이다. 대사 (Nuncii), 사절단(Nunzi)을 말이다. 이것은 중대한 실수임에도 불구하고, 리치 당시 중국선교 역사를 쓴 작가 베르나르드조차 이 점을 간과하고 말았다. 베르나르드는 번역본을 그대로 베꼈고, 아무 수정도 없이 과이요(Goyau)의 메모(des Nonces)를 그대로 썼다(Bernard[1], pp.259-260). 진실은 중국이 대사 영입을 그토록 바랐음에도 불구하고, 한 번도 대사를 가져 보지 못했다는 것인데 말이다. 적어도 한 가지 말할 수 있는 것은 —'대사들'이라고 복수로 말할 수 있을지는 모르겠으나— 1584년은 중국에 아직 두 명의 선교사와 두 명의 그리스도인이 탄생하기 이전의 상황이라는 점을 염두에 둘 필요가 있다.

계속해서 베르나르드(Bernard[1], p.259, N.54)는 리바데네이라(Ribadeneira)의 글에서 이런 정보들을 발견하였다. 그러나 그가 지목한 중국은 다른 지명들과 함께 많은 국가 중 하나로 언급되고 있다. 그 나라는 스페인의 영향을 받으며 예수회가 담당하고 있다는 것이다. 그러면서 이곳에서 언급하는 [중국선교가] 성공적이라는 말 외에는 일절 말하지 않고 있다.

1586년 5월 초에 나왔던 이런 소식들은 시스토 5세 교황이 모든 예수회에 전대사를 허용하는 결정적인 역할을 하였다. 실제로 파스토르(Pastor, X, pp.135-136)에 따르면, 시스토 5세 교황은 중국에서 온 좋은 소식에 너무도 기쁜 나머지 —"ungemeine Freude(드문 기쁨)"— 이 방대한 제국의 회개에 커다란 희망을 품게 되었다고 전했다.

✞

제7장

이 사업을 위해 두 명의 신부가
어떻게 인도에서 왔는지에 대해:
한 사람은 두아르테 데 산데 신부로 선교회의
원장으로 있다가 조경 체류 허가를 받았고,
다른 한 사람은 안토니오 달메이다 신부로
미켈레 루지에리 신부와 함께 절강성으로 가다

(1585년 4월 1일부터 1586년 4월까지)

○ 이 선교사업의 첫 번째 고안자 발리냐노가 즐겁게 이 사업을 시작하고 성장시키다
○ 선교회의 첫 번째 원장, 데 산데 신부
○ 인도 총독으로부터 받은 선교자금; 발리냐노의 당부
○ 데 산데 신부가 조경으로 가서 체류해도 된다는 허락을 받아 내다
○ 루지에리와 알메이다를 절강 지방에 보내다
○ 신부들이 중국 이름을 짓다
○ 루지에리와 알메이다가 절강성(浙江省)의 소흥(紹興)에 머무르다

275. 이 선교사업의 첫 번째 고안자 발리냐노가 즐겁게 이 사업을 시작하고 성장시키다

이 선교사업의 최대 도움은 역시 하느님이셨다. 그분께서 발리냐노

신부를 본인이 예상한 것처럼 일본 사절단과 함께 유럽으로 보내지 않으시고 인도와 주변 지역의 관구장으로 고아에 머물게 하셨기 때문이다.[348] 그래서 그에게 이 선교사업의 첫 번째 고안자가 되게 하셨다.[349] 그리스도교 선교지의 새로운 상황에 대해 가지고 있던 많은 경험을 토대로 모든 것에서 다각적인 해결책을 내놓고 효과적인 명령을 내림으로써 새로운 방식의 선교를 시작하도록 하였다. 그 결과 신부들이 중국으로 입국하는 데 성공했고, 그곳에서 공신력을 얻음으로써 말씀과 책으로[350] 거룩한 복음을 선포하는 토대를 마련하였다. 이 점에 대해 우리의 모든 신부가 함께 크게 기뻐했고,[351] 밖에 있던 일부 사제들까지 오랫동안 닫혀 있던 거대하고 우수한 왕국에 문호가 열려 그리스도교의 가르침이 들어갈 수 있는 여지를 주었다. 선교사업이 날로 좋아지고 성장하기 시작한 데 대해 하느님께 감사했다.

276. 선교회의 첫 번째 원장, 데 산데 신부

이런 상황에서 무엇보다도 먼저 한 것은 두아르테 데 산데 신부Duarte de Sande[352]를 선출하는 일이었다. 그는 이미 중국에 들어간 두 명의 신부

---

348 1583년에 발리냐노는 교황 그레고리고 13세를 알현하러 가는 일본인 소년 사절단을 로마까지 동행하려고 생각했다. 그러나 1583년 10월 20일 코친에서 인도 관구장으로 임명되었다는 통보를 받았다.

349 다른 곳에서. 리치는 발리냐노를 두고 "중국선교의 첫 번째 설립자"(제5책, 제9장 제목; N.776)라고 부르고 있다.

350 책들이라고 하면 '십계명', 곧 『조전천주십계(祖傳天主十誠)』(N.248)와 루지에리의 『천주실록(天主實錄)』이다.

351 cf. NN.2266-2267.

352 에두아르도(두아르테) 데 산데 신부는 Sommervogel, VIII, cl. 545(ARSI, Goa, 24, f.122; N.2713)에서 언급한 것처럼 1531년이 아니라, 1547년 포르투갈 브라가 근교 기

와 함께 포르투갈령 인도에 와 있었다. 오래전에 예수회에 입회한 덕망

——

마랑이스(Guimarães)에서 태어났다. 그리고 1562년 6월, 포르투갈에서 예수회에 입회하였다. 리스본의 성 로코에서 가르치다가 코임브라로 왔고, 그곳에서 신학 과정을 마치고 1577년 사제서품을 받았다. 그리고 이듬해에 학사 관리자로 있는 동안 신학도인 그는 리치, 루지에리와 함께 3월 24일, 리스본을 떠나 (인도) 고아로 향했고, 같은 해인 1578년 9월 13일 고아에 도착하였다. 여행의 총책임자로 배 위에서는 '선장'으로 활약하였다. 고아에서 신학 과정을 마친 후 3년간 바자임(Bazaim)의 원장으로 있으며 고아에서 신학을 가르쳤다. 그리고 고아에서 1584년 1월 15일, 4대 서원을 하였다 (*ARSI, Lus.*, 2, f.15a). 이어서 발리냐노는 총장에게 새로 생긴 선교지의 원장으로 "보다 신중한 사람"(cf. N.2157)을 중국으로 보내 줄 것을 요청했고, 총장은 루지에리를 이런 민감한 책무를 맡을 사람으로 뽑았다. 그러나 1583년 11월 20일부터 마카오의 원장으로 있던 카브랄이 총장 아콰비바에게 루지에리는 중국선교의 수장으로는 적합한 인물이 못 된다고 조언하였다. 실제로 그는 루지에리에 대해 이렇게 적었다. "그는 매우 덕망이 있기는 하지만, 너무도 단순하고 무기력합니다"(*ARSI, Jap. -Sin.*, 9, II, f.186r-v). 임명에 대해 총장에게 이런 보고가 들어가자, 발리냐노는 1585년 4월 1일, 이렇게 편지를 썼다. "데 산데 신부는 (지난 3년간) 바자임의 원장으로 있었고, 4대 서원을 했으며, 신학 과정을 마치기 전부터 이미 고아 콜레지움의 학사 관리를 해 왔습니다. 그는 (동인도) 지역에 대해 잘 알고 있고 매우 신중하고 인품이 있는 사람으로 중국선교의 원장으로 적임자라고 생각합니다"(N.2230). 거의 같은 어조로, 반복해서, 이듬해인 1586년 12월 20일에도 말하고 있다(N.2327).

  (데 산데 신부는) 1585년 5월 1일 고아를 출발했다. 선교의 동행자로 데 알메이다와 일본으로 가는 다른 열 명의 선교사들이 함께 배에 올랐다(NN.2230, 2269). 그리고 그 해 7월 31일 마카오에 도착했다(NN.1104, 2269). 그는 마카오의 콜레지움에서 (중국선교를 위한) '독립된 선교지'의 첫 번째 원장이 되었다(N.2230). 2주가 조금 지나서 그는 조경을 방문했고, 1587년 11월 말까지 머물렀다(NN.293, 2414, 2418, 2451). 이듬해인 1588년 7월 28일 이전까지는 마카오로 돌아와야 했기 때문에(N.293) 그가 조경에 더 머물고 싶어도 머물 수가 없었다(NN.299, 302). 1590년 6월 바로 전에 그는 마카오 수도원의 원장 겸 중국선교의 총책임자로 임명되었다(NN.358, 2674, 4021). 1591년 그는 3개월간(7월, 8월, 9월) 리치와 함께 소주(韶州)를 거쳐 마카오로 돌아왔고(NN.383-384), 이후 그는 중국으로 파견되는 젊은 신부들에게 중국어를 지속적으로 가르쳤다(N.1222). 마카오 수도원의 원장으로 4년, 마카오 콜레지움의 원장으로 3년을 지냈고(N.2713), 중국 선교센터의 장상으로 12년(1585-1597)을 지냈다. 이후 1597년 8월 4일(N.4072) 마카오 수도원과 콜레지움은 에마누엘레 디아즈(Emanuele Diaz) 신부에게, 중국은 리치 신부에게 그 임무가 맡겨졌다. 그리고 그는 마카오에서 선교지의 영성사제, 고문, 조언자, 대리인의 임무를 수행했다(NN.2713, 2722). 미켈레 소아레즈(Michele Soarez)가 마카오에서 쓴 1599년 10월 26일 자 편지에 의하면 그는 바로

있고, 박학다식하고 신중한 사람으로, 선교센터의 장상이 되기에 가장

그날 이질로 사망했다(*ARSI, Jap.-Sin.*, 13, f.342; cf. N.2933). 더 정확하게는 '7월 중순(mense julio dimidiato)'에 사망했다고도 한다[1600년 1월, 스테파노 안투네스 (Stefano Antunes) 신부가 아콰비바에게 보낸 편지, *ARSI, Jap.-Sin.*, 14, f.19r].

데 산데 신부는 당시 중앙아시아와 극동아시아 일대에서 최고의 인문주의자였다. 그에 관해 발리냐노는 1589년 9월 25일 자 마카오에서 총장에게 이렇게 쓰고 있다. "이곳 인도에서는 두아르테 데 산데 신부와 비교할 만한 사람이 아무도 없습니다. 학문(라틴어)에 있어서나 판단력과 생활양식에 있어서 그를 따를 사람이 없습니다"(*ARSI, Jap.-Sin.*, 11, f.159r). 1588년에도 발리냐노는 총장에게 편지를 써서 데 산데 신부가 로마에 간 일본인 소년단이 선교에 관해 나눈 스페인어 대화를 번역한 장본인이라고 했다. 다시 말해서, 발리냐노는 당면한 모든 어려움에도 불구하고 관심 분야에 대해서는 데 산데로 하여금 라틴어로 번역하도록 한 것이다. "발리냐노 신부님은 하느님을 섬기는 데 있어 자신이 보고 배운 것만 적용하고 그것을 효과적으로 실천할 뿐, 다른 어떤 변명도 허용하지 않습니다. 그래서 저는 맡겨진 힘든 일 중 한 가지를 충실하게 함으로써 운명에 복종하려고 합니다." 1589년 9월 28일 자 마카오에서 데 산데가 총장에게 쓴 편지다(N.2528). 이날 이전에 번역한 것은, 후에 마카오에서 인쇄본으로 나왔고, 1589년 9월 25일 발리냐노는 총장에게 인쇄 초판본과 요약본을 보내면서 1590년 2월 혹은 3월에는 모두 번역되어 책으로 인쇄되어 나올 거라고 했다. 그는 1589년 9월 25일 "아직 둘 다"라고 쓰며, "지금까지 인쇄된 대화록의 낱장과 개별 장들도 포르투갈로 보낼 것입니다. … 하느님의 도움으로 2월 또는 3월 안에 인쇄를 마치고 우리가 직접 일본으로 가져갈 것입니다"(N.2524)라고 썼다. 실제로 책은 1590년 마카오에서 다음과 같은 제목으로 출간되었다. *De missione ∥ legatorum iaponen ∥ sium ad Romanam curiam, rebusque in ∥ Europa, ac toto itinere animadversis ∥ dialogue ∥ ex ephemeride ipsorum legatorum col ∥ lectus & in sermonem latinum versus ∥ ab Eduardo De Sande, Sacerdote Societatis ∥ Iesu. ∥ In Macaensi portu Sinici regni, in domo ∥ Societatis Iesu. Cum facutate ∥ Ordinarii & Superiorum. ∥ Anno 1590. ∥* 책은 pp.[VII]-412-[22]을 포함하고, (1589년 10월 4일) 발리냐노의 글과 (1589년 9월 5일) 레오나르도 데 사(Leonardo de Sá)의 "중국과 일본 주교단"도 인쇄를 허락했다고 적고 있다. 여기에는 발리냐노가 일본의 젊은이들을 위해 쓴 『교리서』의 인사말도 들어 있다. 그의 『교리서』는 후에 유럽에서 라틴어 번역본으로 인쇄되어 나왔고, 보니파시오 신부가 이를 베껴 쓰기도 했다. 인사말 다음에는 데 산데가 총장에게 쓴 편지가 있는데, 거기에는 이 책을 쓴 목적과 일본인 젊은이들에게 라틴어를 가르쳐야 하는 이유도 적었다. 더 매력적인 것은 대화체의 글인데, 그것은 한 번도 일본 밖을 나가 본 적이 없는 아리마(有馬) 왕의 동생 레오네, 오무라(大村)의 어린 왕자 리노와 로마에 가게 된 네 명의 젊은이들, 곧 만쇼, 미켈레, 마르티노, 줄리아노가 서로 대화를 하는 것이다. 책은 일본인 예수회원 조르조 로욜라가 일본어로 번역하기로 했

적합한 인물이었다. 그에게는 인도 관구장이나 중국과 일본 부-관구장

___

으나 1589년 8월 16일 사망하고 말았다(*ARSI, Jap.-Sin.*, 11, f.159v). 사본 하나는
1593년 1월 8일 이전에 로마로 보내졌고(*ARSI, Jap.-Sin.*, 12, f.61), 그것은 분명 바르
톨리의 손으로 들어가 로마의 카사나텐세 도서관[Biblioteca Casanatense][**역주**_ 로마,
산타 마리아 소프라 인 미네르바 성당, 도미니코 수도회 소속의 도서관으로 1701년에
문을 열었다]에 보관되어 있다(O, VII, 16, CCC). 몇 가지 다른 사본들은 런던(대영박
물관), 세비야(대학도서관), 리스본(국립도서관), 토레 도 톰보, 에보라, 코임브라, 리
우데자네이루(국립도서관), 북경(BP, 북경도서관), 그리고 일본 코다(Shigetomo
Koda) 교수의 컬렉션 등에서 찾아볼 수 있다. cf. *BDM*, 1937-1938 (XXXV), p.774:
p.778, N.1.
　　그러나 이와는 상반되게도 흔히 말하듯이, 이 책이 중국에서 출판된 첫 번째 서양
(유럽) 책도, 두 번째 서양 책도 아니다. cf. *AHSI*, 1940, pp.273-275. 1589년 9월 25
일, 발리냐노는 이 책이 그해에 첨삭을 곁들여 재판된 것이 아니라는 것을 마카오에서
초판된 조반니 보니파시오 신부의 *Christiani pueri institutio Adolescentiaeque
perfugium*의 작품을 통해서 확인해 주었다. 이 책의 초판은 살라만카에서 1575-1576
년에 나왔다. 이 책의 재판에 대해 1589년 9월 25일, 발리냐노는 이렇게 적고 있다.
"올해(1589년) 카스티야에서 우리 수도회의 후안 보니파시오(Juan Bonifacio) 신부님
에 의해 만들어지고 인쇄된 책 한 권이 나왔습니다. 이 책은 '그리스도인 자녀 교육
(*Christiani pueri institutine*)'에 관한 것으로 우리가 보기에 일본의 신학교와 (일반 예
수회)학교에 매우 알맞을 것 같아 몇 가지는 빼고, 일본에 더 유익하다고 생각되는 다
른 많은 것을 추가했습니다. 이 일에 니콜라스 데 아빌라(Nicolas de Avila) 신부님이
많이 도와주셔서 지금은 완성도 높은 책이 된 것 같습니다. 역시 인쇄된 몇 권의 책을
총장님(V.p.)께 보냅니다"(*ARSI, Jap.-Sin.*, 11, f.159v; N.2524; cf. N.2531). 재판본의
제목은 *De honesta puerorum institutione*이다. 4번째 판은 cf. José Toribio Medina,
Nota bibliografica sobre un libro impreso en Macao en 1590, Siviglia, 1894. Streit
(IV, N.1718)으로 "1588년 마카오항"에서 다른 제목으로 나왔다. 마카오에서 발간된
이 책의 샘플은 아유다(Ajuda)에서 찾아볼 수 있다. cf. Cortesão, I, p.162, N.3. 그러
나 중국에서 출판된 첫 번째 유럽 책은 1585년으로 거슬러 올라간다. 1586년 1월 중순
까지 발리냐노는 총장에게 라틴어로 쓴 일본인들을 위한 입문서 —아마도 알파벳—
를 보내곤 했다. 214개의 키워드가 적힌 중국 문자 목록일 것이다. 실제로 1586년 1월
14일 자, 발리냐노가 고아에서 아콰비바에게 쓴 편지에는 이런 대목이 있다. "이 책과
함께 중국에서 만든 알파벳(ABC)도 보냈는데, 이는 일본에 필요한 라틴어책을 인쇄할
수 있다는 것을 확인하기 위해 그렇게 한 것입니다. 왜냐하면 포르투갈에서 [책을] 만
들어 보낸다는 것은 불가능한 일이고 비용도 무한정 들 것이기 때문입니다. 그래서 이
페이지를 인쇄한 것입니다. 이는 우리가 필요로 하는 모든 것을 그곳에서 인쇄할 수
있다는 기대를 하게 합니다. 그리고 ABC와 함께 우리는 중국어로 다른 책도 인쇄할

에게서 요구되는 별다른 부차적인 것도 필요치 않았다. 데 산데 신부와 함께 안토니오 알메디아Antonio d'Almedia[353] 신부를 함께 파견하였다. 알메디아 신부는 데 산데 신부와 같은 해에 포르투갈에서 온 젊고 보기 드문 인품에 성인의 열정을 지닌 사람이었다.

277. 인도 총독으로부터 받은 선교자금; 발리냐노의 당부

인도 총독 두아르테 데 메네세Duarte de Menese로부터 중국 내內 신부들

것이기 때문에, 저는 이것이 총장님을 기쁘게 하고 더 나아가 교황 성하를 기쁘게 하는 흥미 있는 일이라고 생각합니다"(*ARSI, Jap.-Sin.*, 10, I, f.145r). 1589년 10월 8일 이전 멕시아(L. Mexia) 신부가 한 증언에 따르면 "Senazario enmendado"도 출판했는데, 아마도 야코포 산나자로(Iacopo Sannazzaro)의 시(詩) 중 일부인 것 같다.

353 안토니오 데 알메이다는 포르투갈의 비제우(Vizeu) 교구 트란코소(Trancoso)에서 1557년에 태어나, 1575년 1월 4일 예수회에 입회하여 1584년 인도로 파견되었다. 1585년 3월 25일, 고아에서 사제서품을 받고 데 산데와 함께 중국으로 갔다. 1585년 5월 1일, 고아를 출발하여 그해 7월 31일 마카오에 도착했다(N.2269). 그의 서품과 관련해서는 발리냐노가 증언하고 있다. 그는 알메이다가 데 산데와 함께 서품을 받았다고 1585년 4월 1일 자로 총장에게 편지를 써서 마카오로 보낸 것이다. "당연히 두 명의 형제, [일본으로 가는] 로드리게즈(Juan Rodriguez)와 [중국으로 가는] 알메이다(Antonio de Almeida)가 우리 주님의 탄생예고 축일[1585년 3월 25일]에 사제로 서품을 받았습니다. 둘 다 포르투갈의 아들이고, 한 사람[알메이다]은 작년[1584년]에 왔고, 다른 한 사람[로드리게즈]는 재작년[1583년]에 왔습니다"(N.2230). 그래서 베르나르드(Bernard², I, pp.120, 126, 141, 171, N.42 등)는 계속해서 "알메이다 수사"라고 말했다. 1585년 10월 8일 마카오에서 출발하여 광주로 향했고(N.2249), 이어서 11월 20일, 루지에리와 함께 다시 절강성 소흥(紹興)으로 떠나 이듬해 1월 23일에 도착했다(NN.280-282, 284). 1586년 7월 아니면 적어도 8월에 광주로 돌아왔다가(N.2340) 다시 마카오로 갔다(N.289). 1588년 8월 조경으로 갈 수 있을 때까지 마카오에 있으며(N.305) 체류 허가를 받았다(N.307). 1589년 8월 초순 리치와 함께 쫓겨나(NN.330, 331), 그달 15일에 영구히 그곳을 떠나(N.337) 소주(韶州) 수도원 설립에 동참하였다(NN.343, 345). 1590년 말, 병이 들어 마카오로 돌아와(NN.374, 375) 1591년 9월까지 있었다. 소주(韶州)로 되돌아갔으나 다음 달인 10월 11일, 병이 재발하여 그대로 사망했는데, 그때가 1591년 10월 17일이었다(NN.385-392). 아마도 1593년 12월 마카오에 묻힌 것으로 보인다(N.425). cf. NN.423-424, 2561-1570; Pereira-Rodrigues, I, p.234.

의 생활비로 충분한 자금을 지원받자[354] [중국에서 가장 가까운 포르투갈 은행이 있는] 믈라카의 두아나 화폐로 찾았고, 그것은 후에 펠리페 2세가 보증해 주었다. 이후에도 총독은 계속해서 새로운 수도원과 성당에 여러 가지 방식으로 도움을 주었다.

278.

중국선교가 원활하게 이루어질 수 있도록 여러 가지 방법을 마련하는 가운데 발리냐노는 (중국에 있는 수도원의 고문서와 선교사들의 편지에서 보듯이, 그는 매년 신부들에게 애정 어린 장문의 편지를 보냈다. 이 편지들은 너무 길어서, 여기에 인용하기가 어려울 정도다) 두 명의 신부를 중국에 파견하기로 했다. 그들에게 아낌없는 배려를 하면서 당부하기를, 입국할 때까지 신중해야 하며 마카오에서 기다리는 동안 그곳에서 필요한 물건들을 조달하도록 했다. 이는 한번 중국에 입국한 신부가 물건이 필요할 때마다 자주 마카오로 오게 되면 광주廣州에 사는 중국인들이 의심하기 때문에 이를 미연에 방지하기 위함이었다.

---

354 총독의 정확한 이름은 메네세스(Meneses)다. 1585년 4월 1일 이전부터 그는 중국선교를 위해 "미사에 필요한 기름과 포도줏값으로 350크루자도스(Cruzados, 당시 포르투갈의 화폐 단위)를 기부"하고, 필요하면 매년 도움을 주겠다고 약속했다. 발리냐노는 그가 "매년 초과하는 100크루자도스가 조금 못 되는 비용과 미사에 사용하는 포도주 몇 통을 대 주었고, 그의 특별한 후원으로 이루어지는 여러 가지 섭리에 존경을 금치 못하겠습니다"(N.2234)라고 했다.

279. 데 산데 신부가 조경으로 가서 체류해도 된다는 허락을 받아 내다

앞서 말한 신부들이 마카오에 도착한 것은 1585년 7월 말이다.[355] 신부들이 다시 조경에 체류하는 동안, 그들의 지인인 영서도嶺西道에게 두 아르테 신부만이라도 함께 입국할 수 있도록 허락을 요청했다.[356] 그러나 그는 총독[357]이 허가서 발급을 두려워하고 있다고 전했다. 그렇지만 그는 잠깐 신부들을 방문하러 오는 건 허락해 줄 수 있고, [볼일이 끝나면] 즉시 마카오로 돌아가야 한다고 했다.

[그러던 중에] 총독은 느닷없이 신부들에게 마카오에서 고급 깃털을 사

---

355 데 산데와 알메이다, 두 명의 신부가 고아를 출발한 것은 5월 1일이었고, 일본으로 가는 다른 10명의 신부와 함께 마카오에 도착한 것은 "7월 말"이었다. 10명의 신부는 1585년 11월 25일 자 마카오에서 마르코 페라로(Marco Ferraro) 신부가 쓴 것처럼 "질 데 마타(Gil de Mata)와 안톤 프란체스코(Anton Francesco)라는 이름의 카스틸리아 출신 두 명의 신부, 조반니 로드리게즈(Giovanni Rodriguez)라는 이름의 포르투갈 신부와 역시 같은 포르투갈 출신의 발타사르 코레아(Baltassar Correa) 수사가 있었고, 나머지는 모두 이탈리아인들이었다. 첼소 콘팔로네로(Celso Confalonero) 신부, 피에트로 크라쏘(Pietro Crasso) 신부, 프란체스코 페레즈 무가바로(Francesco Perez Mugavaro o Mongavaro, N.2230) 신부, 훌비오 그레고리오(Fulvio Gregorio) 신부, 피에트로 파올로 나바로(Pietro Paolo Navarro) 신부와 마테오 리치(Matteo Ricci) 신부"가 있었다 (N.2269). 리치의 다른 증언들(NN.1104, 1128)에 의하면, 그들은 8월에 도착했다고 하는데 ─7월 31일이라고 하면 거의 8월로 해석할 수도 있다─ 이를 수정하여, 베르나르드(Bernard¹, p.252, nN.20, 23)는 분명히 7월이라고 말하고 있다. 고아와 믈라카 구간은 앞서 언급한 선교사들과 다른 수사 한 명이 동행했는데, 그 수사는 믈라카 섬에 있는 콜레지움에 남았다. cf. N.2247.

356 영서도는 왕반(王泮)이었다.

357 곽응빙(郭應聘)은 신부들을 매우 차갑게 대했고(N.244), 그때까지 한 번도 신부들과 대화조차 하지 않았다(N.2248). 선교사들이 조경에 오기 전, 어느 날, 데 산데와 알메이타가 온다는 소식을 듣고 그는 루지에리를 불러 마카오로 가라고 했다. 그리고 다음 날, 그는 "좋은 배와 허가서를" 보내왔다. 그래서 루지에리는 "데 산데 신부가 조경의 신부들을 방문해도 된다는 허가서를 가지고"(N.2248) 마카오로 갔다.

오라고 했다. 북경에 있는 황제에게 바칠 거라는 것이다. 그래서 큰 배를 내어 주며 루지에리를 태워 마카오로 보냈다. 포르투갈인들과 두아르테 신부의 협조로 총독이 원하는바, 같은 배로 두아르테 신부를 태우고 조경으로 돌아왔다.[358] 두아르테 신부는 조경에 도착하자마자 영서도를 방문하여 많은 좋은 선물과 프리즘을 보여 주었다. 프리즘은 영서도가 가장 갖고 싶어 했던 것이어서 매우 좋아했다. 영서도는 두아르테 신부에게 언제 마카오로 돌아갈 거냐고 물었고, 신부는 통역관을 통해서 '영서도가 남으라고 하면 남고, 마카오로 돌아가라고 하면 돌아가겠습니다'라고 대답했다. 그러자 영서도는 총독에게 청해 보고, 총독이 자기에게 공문을 보내오면 그때 자기가 남으라고 하겠다고 했다.

문서 담당 관리가 신청서를 가졌는지, 총독이 허가서를 줄 생각이 없는지 알 수가 없었다. 아무튼 그에 관한 답변은 전혀 받지 못했다. 결국 신부가 영서도에게 이 문제와 관련하여 편지를 썼고,[359] '다른 두 명의 신부와 함께 이곳에 체류할 수 있게 해 주면 이후에는 아무도 더 오게 하지 않겠다'라고 했다. 여기에 대한 총독의 대답은 신부들에게 큰 기쁨을 주었다.

---

358 1585년 10월 7일, 알메이다는 이렇게 적었다. "두아르테 데 산데 신부는 40일 만에 (마카오를) 출발했습니다". 즉, 조경의 신부들이 두아르테 신부의 도착 정보를 듣고, 루지에리가 마카오에 도착하여 총독의 심부름을 이행한 다음 8월 28일쯤 마카오에서 출발한 것으로 보인다. 하지만 데 산데는 그전에 마카오에서 출발한 걸로 추측된다. 1593년 11월 17일, 데 산데가 기록한바, 그의 기억이 잘못되지 않았다면, 8월 15일에서 20일 사이에 출발했다고 적고 있기 때문이다. "동료 미켈레 루지에리 신부가 나를 중국으로 데리고 간 것은 마카오에 온 지 3주가 지나서였습니다"(N.2637).
359 1585년 10월 20일 자로 리치는 영서도에게 편지를 써서, 신부들이 요청한 공문에 대해 "데 산데 신부가 이곳에서 우리와 함께 계속해서 머무를 수 있도록 허락해 달라"(N.1104)고 했다.

총독은 마카오에서 신부들이 체결한 조약에 대해서도 매우 만족스러워했다. 그리고 신부들이 사 온 물건값보다 더 많은 돈을 주며 자신을 위해 수고한 대가이자 후원이라고 했다.

280. 루지에리와 알메이다를 절강 지방에 보내다

신부들이 이런 기쁨 속에서 느낀 한 가지 아쉬움이라고 하면 알메이다 신부가 함께 입국하지 못한 것이다. 그는 여전히 마카오에서 기다리고 있었다. 하지만 하느님께서는 다른 기회를 통해 그를 입국하게 함으로써 모든 사람에게 큰 위로를 주셨다. 신부들은 벌써 다른 곳에도 집[수도원]을 마련하고 싶어 했다. 이미 두 곳에서 경험한바, 복음 선포를 원활하게 하기 위해서는 신부들이 모두 한 집에 모여 살며 중국인들에게 의심의 여지를 주는 것보다는 흩어져 사는 것이 낫다고 생각했다. 그즈음 계속해서 신부들에게 큰 애정을 품고 있던 왕반王泮의 뒤를 이어 조경 출신의 새로운 통감[360]이 부임해 왔다. 그는 이듬해에 북경으로 간다고 했다. 조정 밖에서 일하고 있는 모든 지방 관리들이 3년마다 의무적으로 황제에게 가서 업무 보고를 하고 복종 서약을 하는 의례적인 행사로 가는 것이다.[361] 우리 집에는 모든 관리가 자주 드나들며 거실에서 식사하곤 했는데, 그때 정鄭 지부도 와서 동료들과 함께 북경에 간다고 했다.[362] 통감은

---

360 절강의 상우(上虞) 출신 정일린(鄭一麟)으로, 왕반과는 같은 고향 사람이고 소흥(紹興)의 산음(山陰) 가문 출신이다. 1577년에 진사(進士)가 되었고, 1585년 왕반이 서쪽 지방 전체 국경을 관리하는 영서도로 증진하자, 그의 후임인 조경 지부로 부임해 왔다. cf. *Annali della Prefettura di Shiuhing*, c.12, f.15a.
361 cf. NN.114, 130.
362 조경의 문인 학자들은 신부들과 자주 교류하고 있었던 것으로 보인다. 수도원을 스님

신부들과 이야기를 나누면서, 자기가 북경에 갈 때 신부들도 몇 명 함께 갔으면 좋겠다며, 가는 길에 자기 고향 절강浙江에도 들렀으면 한다고 했다.[363] 두아르테 신부는 루지에리 신부를 보내면서 알메이다 신부를 데려오기로 했다. 통감의 친구들은 15개의 모든 지방 관리들이 모여드는 때에 외국인들을 데리고 북경에 간다는 건 위험한 일이라며 주의하라고 했다. 결국 통감의 고향이자 우리의 보호자인 영서도 왕반의 고향이기도 한 절강의 소홍까지만 가기로 했다. 이 일을 위해 그 지역 행정관인 사부四府[364]에 요청하여 통행증을 발급해 달라고 했다. 관청의 인장이 찍힌 것으로서 루지에리 신부가 절강浙江, 호광湖廣[365] 및 주변 지역을 방해받지 않고 통행할 수 있는 허가서다.[366]

281.

루지에리 신부는 두 달여간 소요될 여행에 필요한 물건을 사고 마카오에서 오는 알메이다 신부에게 이 일을 알리기 위해 즉각 광동廣東[367]으로

들이 거처하는 절과 같이 생각했던 것 같다. 당시 사찰은 [사람들이] 함께 모여 식사를 나누는 장소였다.

363 신부들은 그에게 성모 성화를 하나 선물로 주었는데, 그는 그것을 받고 매우 기뻐하며 "여행 중에 내가 이 부인을 어떻게 섬겨야 하는지, 신부 외에 누가 나에게 가르쳐 줄 수 있으리오!" 하고 말했다. 당연히 신부들은 북경까지 성화를 가지고 가라고 준 것이다 (N.2256).

364 동지(同知)의 대리 행정관이었던 수안(遂安)의 방응시(方應時)로 추정된다. cf. *Annali della Prefettura di Shiuhing*, c.12, f.15a.

365 호북(湖北)과 호남(湖南)성이다.

366 여권 혹은 '허가서'를 만들 때 루지에리는 "제 동료 한 사람도 동행할 수 있도록 해 주시고, 통행증에 이름을 안톤(Anton)이라고 적어 주십시오"라고 요청했다. 안톤은 안동(安東), 곧 안토니오 데 알메이다(N.2257)를 가리킨다. 그리하여 알메이다는 루지에리와 함께 갈 수 있게 되었다.

갔다. 그가 도착했을 때, 알메이다 신부는 벌써 와서 이런 새로운 사실을 알고 있었고,[368] 많은 포르투갈 사람들이 상품을 사려고 와 있었다. [알메이다 신부는] 힘든 이 포도밭[중국]으로 들어가고자 얼마나 간절히 바랐던지, 새로운 소식을 들었을 때, 또 루지에리 신부와 함께 새로운 수도원을 설립한다는 말에 크게 감격했다. 그가 직접 편지에서 쓴 것처럼, 이것은 필시 꿈을 꾸고 있는 걸로 생각했고 믿을 수 없는 일이라고 여겼다.[369]

282.

광주廣州에서는 또 다른 편안하고 안전한 일이 기다리고 있었다. 마침 신부들의 벗인 영서도의 동생[370]이 [비단 장수로] 고향[371]에서 가져온 많은 양의 비단을 포르투갈 사람들에게 팔기 위해 그곳에 와 있었다. 빨리 고향으로 돌아가고 싶었으나 비단을 그렇게 빨리 팔 수가 없었다. 그곳에 있던 신부들이 포르투갈 사람들에게 말해서 비단을 즉시 좋은 가격에 모두 살 것을 권했고, 그는 신부들에게 감사의 표시로 자기 배로 고향까지 동행해 주겠다고 했다.

---

367 광동성의 도읍 광주(廣州)다.
368 알메이다가 마카오에서 출발하여 광주를 향해 떠난 것이 1585년 10월 8일이다 (N.2249). 루지에리가 광주에 도착한 것은 그달 18일 이후, 20일쯤이다(NN.1106, 2250, 2251, 2311).
369 1585년 11월 5일, 광주에서 알메이다가 쓴 편지에는 그가 코임브라의 콜레지움에서 공부할 때부터 얼마나 중국선교를 열망했는지가 잘 기록되어 있다. 거기에 덧붙여 "오, 얼마나 불가능하게 여겼던지, 지금도 꿈을 꾸고 있는 것 같습니다. 제가 중국에서 발급하는 통행증을 가지고 정식으로 중국에 입국하게 되었습니다"(N.2263)라고 적고 있다. cf. N.2295.
370 왕반의 동생이다.
371 절강의 소흥(紹興) 산음(山陰)이다.

그의 호의 덕분에 신부들은 아무런 방해 없이 매우 적은 비용으로 여행을 할 수 있게 되었다.

283. 신부들이 중국 이름을 짓다

출발을 앞둔 신부들에게 매우 복잡한 일이 하나 생겼는데, 그것은 그때까지 중국에서 우리[서양]의 이름을 사용해 온 일과 관련이 있다. 앞서 언급했듯이,[372] 중국에서는 누군가의 이름을 부를 때, 그의 이름을 그대로 사용하지 않는다. 높은 사람일수록 더욱 그렇다. 호(號)라고 하는 다른 이름을 사용한다.[373] 그때까지는 수도원의 노비들도 신부들의 이름을 그대로 불렀는데, 그것은 중국인들이 보기에 매우 야만적이었다. 그래서 모든 신부가 자기를 나타내는 이름을 하나씩 지어 다른 사람들에게 그것을 사용하도록 해야 했다. 나중에 입국하는 모든 신부에게도 그렇게 하라고 명했고, 신부들은 즉시 명예로운 다른 이름을 하나씩 지었다. 이것은 중국에서 체류하는 데 있어 현지인들의 거부반응을 줄이는 데 필요한 조치였다. 신부의 친구들은 매우 기뻐했다.[374]

---

372 cf. N.139.
373 호(號) 혹은 별명을 말한다. cf. N.139.
374 그때부터 두 선교사는 중국어로 음성화한 세례명을 부르지 않기로 했다. 마태오 신부는 마태우(Mateu[Ma-tou]) 마태(瑪竇), 미켈레 신부는 1584년 자신의 『교리서(천주실록)』에 적은 것처럼 민치엔(Minchien[Min-chien]) 명견(明堅)이라고 했고(*ARSI, Jap.-Sin.*, I, 190), 성(姓)은 리(利) = Ri(cci)이고, 로(羅) = Ru(ggieri)로 했다. 1585년 11월 20일 이전부터 두 사람은 호를 사용하고 있었는데, 리치는 서태(西泰)(서방, 유럽에서 온 현자)(NN.557, 562, 578)이고, 루지에리는 복초(復初)(하비에르 이후 선교의 새로운 개척자)로 불렀다. 데 산데는 성을 몸(Mom), 맹(孟)으로 이름을 산테(Santé[San-teb]) 삼덕[三德(Sande)], 호를 님호안(Nimhoan[Ning-huan]) 영환(寧寰) 혹은 님촘(Nimciom[Ning-chung]) 영중(寧衆), 종교와 관련하여 가문에서는 도학가전(道學家

284. 루지에리와 알메이다가 절강성(浙江省)의 소흥(紹興)에 머무르다

신부들은 강서江西[375] 지역을 거쳐 이듬해[376]에 절강浙江에 도착하여,

傳)이라고 했다. 알메이다에게 주어진 이름은 성은 맥(麥)[Al mei da]이고 이름은 냥톰(Ngantom[An-tung]) 안동(安東), 즉 안토니오다. 호는 리슈([Li-hsiu]) 입수(立修)였다. 그러나 몇 년 후 바르톨리(Bartoli[1], II, c14, pp.25-26)에 의하면, 발리냐노가 선교사들에게 "각자 자신의 원래 이름(세례명)을 사용"하라고 명했다고 한다. 그리고 그것을 중국어로 음성화하여 번역하라고 하였다. 1588년 10월 18일, 발리냐노는 총장에게 편지를 써서 자기 선교사들을 확실히 보호하고 있다. "예수회의 적들은 우리가 그리스도교 이름을 버리고 다른 외국인과 이방인의 것을 쓴다고 하는데, 그것은 커다란 오해입니다. 그것은 상상할 수도 없는 일입니다"(ARSI, Jap.-Sin., 10, f.337v). 적어도 1606년 이전 발리냐노가 승인하여 리치가 작명한 것은 유럽식 이름, 분명 세례명을 중국어로 음성화한 것이었다. 론고바르도 역시 의미보다는 세례명을 번역하는 것이 좋겠다는 의견을 피력했다. 그의 1612년 11월 28일 자 편지에는 "발리냐노 신부님이 승인한 마태오 리치 신부님의 이름은 유럽식 이름의 의미보다는 세례명을 중국어로 번역한 것입니다"(ARSI, Jap.-Sin., 113, f.271)고 적혀 있다.

375 리치는 Chiansino로 쓰고, 델리야는 Kiangsi로 쓰고 있다. 지금의 강서성[江西省]이다.
376 루지에리와 알메이타는 "느리고 유창하지 않은" 예루박(?, Ierubaca) 통역관(NN.2298, 2337, 2344), 그리고 다른 몇몇 "신부들을 도와줄 사람들"(N.5339)과 함께 1585년 11월 20일, 광주에서 비단을 모두 팔고 소흥으로 돌아가는 왕반의 동생 배를 타고 광주를 떠났다. 23일 배 안에서 작은 화재가 있었지만 크게 번지지 않아 다행이었다. 배는 북강(北江)을 거슬러 한 번도 내리지 않고 청원(淸遠), 영덕(英德), 소주(韶州)와 남웅(南雄)을 거쳐 12월 7일 토요일, 운하의 끝 매령(梅嶺)에 도착했다. 그리고 8일 일요일과 9일 월요일 그곳에서 이동식 제대를 펴고 미사를 드렸다. 10일 화요일 아침 두 신부와 통역관은 8개의 가마에 나누어 타고, 도와주는 사람들은 말을 타고 30마일 정도 떨어진 장수(章水)강의 갈림길까지 갔다. 특히 눈에 띄는 것은 "루지에리 신부님은 몸집이 커서 가마꾼을 [두 사람이 아니라] 네 사람을 써야 했고, 그래서 요금을 배로 지불했습니다"(N.5339)라는 대목이다. 그들은 10일 저녁 남안시(南安市)에 도착하여 11일, 12일, 13일까지 있었다. 14일 토요일 다시 운하를 따라 여행을 시작하여 17일 총독 관저가 있는 공주(贛州)에 도착했다. 성탄 전날(24일)에는 강서성[江西省]의 도읍 남창(南昌)으로 갔지만, 이튿날인 성탄 날까지 종일 산바람이 거세게 불어 육지에 내릴 수조차 없었다. 27일 북쪽으로 양자강(楊子江)을 따라 올라가며 그들은 북동쪽으로 기수를 돌려 도자기 시장으로 유명한 요주(饒州)에 도착했다. 1월 5일, 이번에도 운하가 끝나는 높은 고개가 있는 고령(高嶺)에 도착하여 미사를 드렸고, 거기에서 3일간 머물렀

우리의 두 친구이자 관리들[377]의 고향인 소흥^{紹興}에 머무르게 되었다. 영서도 가문의 사당^{祠堂}에서 거처했는데,[378] 그곳 출입문이 안채에 이어져 있어 매우 편했다. 도시의 귀족과 관리, 그리고 문인들은 그의 집으로 몰려왔다. 도시는 물의 도시 베네치아처럼 바다 한복판에, 혹은 가까이에 있었고, 중국 전역에서도 많은 인재를 배출한 유명한 곳으로, 상업이 발달하여 매우 잘사는 지방으로 유명했다.[379]

이런 기회를 이용하여 두 신부는 우리의 신앙에 관해 말하기 시작했으나, 모두 중국어를 모르기 때문에 별로 성과를 거둘 수가 없었고,[380] 통역관도 너무 늙고 유창하지 않은 탓이었다. 그렇지만 영서도의 부친이

다. 어느 정도 쉬고 나서 다시 가마를 타고 6-7리그 간격으로 25마일을 갔다. 그들은 강서성의 경계인 옥산(玉山)까지 갔다. 13일 다시 전당강(錢塘江)에서 배를 타고 22일 항주(杭州)로 들어갔다. 그곳에서 항주와 영파(寧波)를 잇는 운하를 따라 1월 23일 마지막 도시인 소흥에 도착했다. cf. NN.2295-2309, 2335-2339, 5113-5124, 5336-5352.

377 왕반(王泮)과 정일린(鄭一麟)이다.

378 NN.2306, 5349에서 묘사한 것을 보라.

379 마르티니(Martino Martini), *Novus atlas*[역주_ 1655년에 발간한 『신중국 지도첩(*Novus Atlas Sinensis*)』을 가리킨다. 이하 『신중국 지도』로 표기함], p.116에서 "소흥은 어느 지역보다도 아름다운 도시다; 훌륭한 학자들과 뛰어난 공학자들을 많이 길러낸 덕망 있는 곳으로 유명하다"라고 말하고 있다. 루지에리는 소흥을 베네치아와 비교하였다. 1586년 2월 8일, 알메이다가 쓴 편지에는 "이 도시가 물 가까이에 있어 루지에리 신부님은 베네치아가 연상된다고 하십니다"(N.2305)라고 적었다. 루지에리는 이 도시에서 [베네치아와] 비슷한 것들로 "물이 도심을 가로지르고 여러 물길(운하)이 있습니다. 물은 모두 단물이고 배가 다닐 정도입니다"(N.5349)라고 말하거나, "그 도시에는 베네치아처럼 배가 지나다닐 수 있을 정도로 많은 운하가 있습니다"(N.5414). 그러나 포르데노네(B. Odorico da Pordenone)가 항주에서 보낸 편지에는 "이 도시는 석호(潟湖)의 바닥에 엎드려 있는 모습이 베네치아와 그 주변 도시와 비슷합니다"(SF, I, p.464)라고 적혀 있다. 소흥은 "4만 가구가 안 되는"(N.5414) 소도시였다. 즉, 20만 명 정도의 인구를 가진 도시인 셈이다.

380 1586년이면 루지에리가 중국에 체류한 지 7년이 조금 안 되는 시점이라 중국어를 잘하지는 못했다.

매우 늦은 나이에 개종하여 세례를 받았고,[381] 죽을 위험에 있던 다른 두세 자녀들[382]이 세례를 받았다.

도시의 모든 인사와 통감은 신부들이 그곳에 체류하기를 바랐고, 루지에리 신부와 깊은 친분을 나누기를 원했고 그렇게 했다. 영서도는 많은 사람 앞에서 광동廣東의 조경肇慶에서 온 신부들을 좋게 말해 주었다. 여기에 대해 신부들은 매우 만족스러워했고, [그곳에서] 또 하나의 수도원을 구상했다.

---

381 이 노인은 70 혹은 80세 정도 되었는데(NN.1140, 2311, 2312), 그도 한때는 유명한 통감이었다(N.5413). 그는 루지에리가 1586년 11월 8일 자 편지에서 쓴 것처럼 그해 부활절인 1586년 4월 6일에 세례를 받았다(N.2312). 이것은 루지에리에 앞서 리치도 1586년 10월 29일 자로 기록한 적이 있다(N.1140). 이와 관련한 기억이 명확하지 않은 듯, 루지에리는 1596년쯤 유럽에서 자신의 과거 선교사 생활과 연관 지어 이 세례식의 날짜를 여러 곳에서 혼동하고 있다. 어떤 곳에서는 성령강림절에 있었다고 말하기도 했다(NN.5332, 5413).

382 루지에리는 소홍에서 '두세 명의 어린이'에게 세례를 준 것이 아니라, '중병에 걸린 영서도의 한 자녀'에게 세례를 주었다. 그 후 아이의 병이 완치되었다. 그해, 1586년 11월 8일, 루지에리는 다음과 같이 말했다. "그 노인과 아이 외에, 다른 사람에게는 세례를 줄 수가 없었습니다. 이 도시에 계속해서 머물 수 있을지 알 수가 없기 때문입니다"(N.2312). cf. N.2338.

✝

제8장

신부들이 절강성으로 돌아오고
루지에리 신부가 광서에서 나가다:
그 밖에 이 시기에 일어난 사건들에 대해

(1586년 7월부터 1587년 7월까지)

────⟡────

○ 중국선교의 기쁜 소식으로 인해 결정된 성년(聖年)

○ 총장 신부와 일본 및 필리핀에서 보내온 선교 선물

○ 다른 수도회들의 헛된 중국 입국 시도

○ 조경에서 그리스도교의 확산과 열정

○ 루지에리와 알메이다를 소흥에서 다시 조경으로 보내다

○ 신부들을 향한 왕반의 태도 변화

○ 루지에리가 광서와 호강으로 가다

·

285. 중국선교의 기쁜 소식으로 인해 결정된 성년(聖年)

이런 새로운 소식이 유럽과 그리스도교 세계에 알려지자 모든 그리스
도교 세계는 기쁨에 들떴다.[383] 교황 시스토 5세는 전 세계에 흩어져 있

───

383 알림, 뉴스라는 의미다. 그래서 선교사들과 관련한 이야기를 유럽에서는 '알림', '새로
운 소식(뉴스)'이라고 부르기 시작했다.

는 예수회에 성년聖年을 선포하며 모든 신자에게 중국과 일본이라는 새로운 그리스도교 국가를 위해 한마음으로 주님께 기도해 달라고 요청했다.[384]

286. 총장 신부와 일본 및 필리핀에서 보내온 선교 선물

우리의 총장 클라우디오 아콰비바 신부는 선교 사제들에게 편지를 보내 모든 어려움을 넘어 시작한 일을 꿋꿋하게 밀고 나가라고 격려하며[385] 자신은 기도와 함께 모든 도움을 아끼지 않겠다고 약속했다. 그리고 모든 일을 함에 있어 목적을 잊지 말라고 명하며, 이를 위해 매주 미사를 봉헌하고 이(선교) 사업을 도와줄 사람을 보내 주기로 했다. 그러면서 즉시 유명한 화가가 그린 구세주 성화 한 장을 로마에서 보내 주었다.[386] 4개의 태엽시계와 3개의 목에 거는 시계, 탁상용 시계도 하나 보

---

384 1586년 5월 19일, 예수회 총장 아콰비바가 수도회의 신부와 수사들에게 쓴 편지에서 수도회의 중국 진출을 계기로 예수회에 성년을 부여하여 선포한다고 하였다. "교황 성하 시스토 5세께서는 오랜 세월 교회가 설립되지 못하다가 최근에 설립된 왕국, 중국에 내려진 하느님의 은총을 기뻐하며, 이를 기념하기 위해 성년을 선포하셨습니다." *Epistolae Pp. Generalium*, Gand, 1847, I, p.158. cf. Sacchini, V, par. I, lib. VI, p.276, N.1. 같은 날, 같은 수신자들에게 이렇게 쓰기도 했다. "교황청은 지금까지 중국에서 활동한 예수회의 모든 사업에 축복하셨다는 것을 알리며, 성년을 맞이하여 교황 성하와 한마음으로 모든 사람에게 이 기쁨을 전하는 바입니다." 그러면서 전대사를 받기 위해서는 우선 "중국 백성들의 개종"(*Miscellanee gesuitiche ed altre*, Macerata, Bibl. ComuN. ms. 5. 2, E. 16)을 위해 기도해 줄 것을 촉구했다. 1587년 12월 6일 자 발리냐노가 고아에서 쓴 편지에는 1년 전 총장으로부터 성년 관련 규칙이 적힌 편지를 받기 전에 성년에 관해 인쇄된 6쪽 자리 문서를 먼저 받았다고 적혀 있었다. 총장의 편지는 1587년에 도착했다. 결국 선교사들은 두 차례에 걸쳐 성년 실천 요강을 받은 셈이다(*ARSI, Jap.-Sin.*, 10, 292v).
385 이 편지는 분실되었다.
386 cf. NN.501, 524. 이 성화의 사본은 1597-1598년 소주(韶州)에서도 찾아볼 수가 있다.

내 주었다. 탁상용 시계는 매우 정교하고 장식이 풍부했다. 세 개의 종이 달려 있어 시간마다, 15분마다 소리가 났다. 중국에서는 한 번도 보지도 듣지도 못했을 뿐 아니라 전혀 상상조차 하지 못했던 것이어서 중국인들은 감탄해 마지않았다.[387]

부관구장인 가르파르 코엘료Gaspar Coelho 신부[388]는 일본에서 요한 니콜라오Ioan Nicolao 신부[389]가 그린 매우 아름다운 또 다른 "구세주" 성화를

---

cf. NN.2775, 4090.

387 "세 개의 종이 달려 있어 시간마다, 15분마다 소리가 났던" 탁상용 시계는 1597년까지 마카오에 있었는데, 리치가 [중국] 황제에게 선물하겠다고 해서 발리냐노가 남창(南昌)으로 보냈다(N.501).

388 가스파레 코엘료(Gaspare Coelho)는 1531년 포르투갈의 포르토(Porto)에서 태어났다. 1556년 3월, 고아에서 예수회에 입회하였다. 인도에서 15년을 보내고, 1571년에 일본으로 파견되어 많은 개종자를 냈다. 1582년 발리냐노가 일본을 부관구로 만들고, 프란체스코 카브랄(1582-1584)의 뒤를 이어 코엘료를 두 번째 부관구장(1584-1591)으로 임명하였다. 그의 통솔하에서 1587년 7월 24일 히데요시(平秀吉)에 의한 첫 박해가 있었다. 1590년 5월 25일[로드리게스(Rodrigues)는 7일이라고 함], 59세의 나이로 일본 체류 19년 만에 일본의 카즈사(加津佐)에서 사망했다. 그에 관해서 발리냐노는 1579년 12월, 아콰비바에게 이렇게 쓰고 있다. "착한 수도자이고, 덕망 있고 신중하며, 활동적이고 용기 있는 사람입니다. 다른 사람[카브랄 신부]에 비해서 무난하고 온순합니다만, 제가 보기에 그다지 분별력이 있지도 일을 잘하지도 못합니다. 무엇보다도 이곳에서 가장 중요한 능동적인 면이 없습니다. 무난하고 온순하다는 것은 때로 시키는 대로 하지도 않고, 이 지역에서 특히 필요한 우리 자신에 대한 자부심마저 없다는 것입니다. 닥치는 대로 세례를 주기 때문에 이곳에서 그리스도인의 증가는 과잉 상태라고 할 수 있습니다. 쉽게 세례를 주어 그리스도인으로 만든 뒤 기도와 헌금을 조달하려는 것입니다. 절대적인 우월감에서 비롯된, 이롭다면 이것저것 다 하려는 것이 걱정됩니다. 작은 편지지만, 앞서 말씀드렸듯이, 그에 관해서는 더 신중하게 많은 것을 고려하는 것이 좋겠습니다"(ARSI, Goa, 24, f.124). cf. Ginnaro, Parte II, L. VIII, cc.8-14, pp.140-152; Bartoli², I, cc.10-11, pp.51-55: II, cc.4, 23, 29, pp.17-20, 94-98, 131.

389 조반니 니콜라오(Giovanni Nicolao) 혹은 콜라(Cola) 신부는 일본에 예수회 미술학교를 설립했다. 1560년 [이탈리아 나폴리 근처] 살레르노의 놀라(Nola)에서 태어나(1582년 6월 22일, 플라카에서 프란체스코 파시오가 총장 아콰비바에게 보낸 편지, in ARSI,

보내왔다.

필리핀에서는 어떤 신심 깊은 사제가 "아기를 안은 성모와 함께 있는

Goa, 13, f.82), 1577년 12월 예수회에 입회하여 1581년 인도로 파견되었다. 1582년 4월 26일, 고아를 뒤로하고 프란체스코 파시오와 4명의 다른 선교사들과 함께 일본으로 출발하여, 6월 24일 믈라카에 도착했다. 7월 3일 다시 믈라카를 떠나 파시오, 리치, 그리고 다른 5명의 선교사와 함께 8월 7일 마카오에 도착하였다. 마카오에 있는 동안 그는 〈구세주〉를 주제로 한 그림을 하나 그렸는데, 1583년 2월 18일 파시오는 그것을 조경(肇慶) 수도원을 위해 달라고 했다. "〈구세주〉 성화는 니콜라오 수사가 그렸습니다"(N.2135). 1583년 11월 2일, 그의 동료이자 함께 여행했던 피에트로 고메즈의 편지에 따르면(*ARSI, Jap.-Sin.*, 9, f.177), 그는 1583년 7월 14일 다시 마카오에서 출발하여 그달 25일 일본 나가사키(長崎)에 도착했다. 그곳에서 1년 동안 윤리신학을 공부했고, 1592년에도 계속해서 시키[志伎, 아마쿠사(天草)] 수도원에서 공부하면서 일본인 젊은이들에게 그림 그리는 것을 가르쳤다. 언제 사제 서품을 받았는지는 모르지만, 1596년 이후에 받은 것은 확실하다(*ARSI, Jap.-Sin.*, 13, f.45). 1601년 이전에(Pagès, *Histoire de la religion chrétienne au Japon depuis 1598 jusqu'à 1651*, Parigi, 1869, I, p.45) 아리마(有馬)로 갔고, 그래서 1601년 그곳에서 14명의 귀족 자녀들에게 그림 그리는 방법을 가르쳤다. 1603년 나가사키의 미술학교 원장으로 있는 동안 영성지도 신부로 임명되었다. 당시 명단에는 이와 관련한 약간의 정보가 들어 있다. "요한 니콜라오 신부는 신학교에서부터 그림을 좋아했고, 언어는 겨우 고백성사를 줄 수 있을 정도만 알고 있습니다." 1614년 11월의 기록에는 그에 관해 "[언어는] 중하위 정도의 수준"이고, "지적 수준도 중간 정도 되고, 판단력, 분별력, 경험, 학식 등 모든 것이 평이합니다. 화를 잘 내지만 낙관적인 성격입니다. 고백성사는 잘 주지만 인간관계는 중간 이하입니다"(*ARSI, Jap.-Sin.*, 25, ff.91v, 97r, 114)라고 되어 있다. cf. *AHSI*, 1940, pp.262-265. 그가 세운 미술학교는 시키에서 1592-1600까지 운영되었고, 1601년 아리마에서, 1603-1613년 나가사키에서 운영되었다. 그리고 1614년에 마카오로 갔다. 1626년 11월 17일 안드레아 팔메이로(Andrea Palmeiro) 신부가 마카오에서 쓴 편지에는 니콜라오에 대해 "어떤 조건에서도 후덕한" 그가 31년간 일본에 있다가 1614년 마카오로 와서 1626년 3월 66세로 사망할 때까지 그림을 그렸다고 전한다. 같은 편지에서 팔메이로 신부는 그가 일본과 중국 선교사들에게 "자신의 예술, 수학, 회화는 물론, 시계를 만들고 신학생들에게 그림 수업을 함으로써 교회의 이미지를 바꾸는 데"(*ARSI, Lus.*, 58, I, f.267r) 크게 공헌했다고 말했다. 니콜라오 신부는 또 다른 크고 매우 아름다운 〈구세주〉 성화를 그렸는데, 그것을 부관구장인 가르파르 코엘료가 1586년 중국선교에 보낸 것이다(N.286). 그리고 '구리에 유화로 그린' 작은 성화도 있는데 "성 스테파노"라고 하지만(N.1366), 더 정확하게는 "성 로렌조"로 추정된다(NN.1401, 1423, 1475).

성 요한" 성화를 보내왔다. 성 요한이 아기를 안은 성모에게 경건하게 예를 드리는 모습이 그려져 있었다.[390] 이 그림은 스페인에서 온 것으로 색깔과 이미지가 살아 있는 보기 드문 작품이었다. 프란체스코 카브랄 신부를 통해 선교지에 전해졌다.[391]

결론적으로 사방에서 크게 기뻐했고, 한마음으로 선교사들을 도와주려고 했다.

287. 다른 수도회들의 헛된 중국 입국 시도

이것은 다른 많은 수도회, 성 프란체스코회, 성 도미니코회, 성 아우구스티노회 수도자들에게 유럽을 떠나 이곳으로 와서 이 왕국에서 성공을 거두고자 하는 열망을 갖게 했다. 특별히 뉴 스페인[392]과 필리핀을 거쳐 이곳으로 온 선교사들은 중국으로 입국할 수 없게 되자 대부분 필리핀에 남았고, 일부는 마카오에 남았다.[393]

---

390 이 그림의 사본은 1591년 1월, 소주에서 공개되었고(NN.376, 501), 1605년 중국의 유대인들에게까지 알려졌다(NN.722, 1689). 이후에도 그림의 사본은 중국의 북부 지방(N.579)과 남부 지방(N.737)으로 퍼져 나갔다. 그림에서 성 요셉이 빠진 비슷한 것으로 성 이냐시오가 자신을 예수님께 봉헌하기 위해 로마에 왔을 때, 묵었던 침실에 걸려 있던 것이라는 생각이 든다. 그것은 그의 사망 후에 축성되었다. 두 개의 그림이 같은 곳에서 온 것은 아닐까 하는 생각도 든다. cf. D'Elia2, p.34.

391 "구세주" 성화와 마찬가지로 "성모" 성화 역시 1597년 8월까지 마카오에 있다가, 리치가 황제에게 선물하겠다고 해서 발리냐노가 남창(南昌)으로 보내온 것이다(N.501).

392 멕시코다.

393 성 피에트로 디 알칸타라(San Pietro di Alcantara)의 개혁에 의한 맨발의 프란체스코회 수도자 세 명, 프란체스코 라모스(Francesco Ramos), 프란체스코 노게라스(Francesco Nogueras), 특히 두 번째 방문하는 마르틴 이냐시오 디 로욜라(Martin Ignacio di Loyola)가 1587년 광주로 입국을 시도했지만 실패했다. cf. SF, II, pp.210-213; CP, II, p.678; Maas, pp.39-40. 앞에서도 언급했던 마르틴 이냐시오는 1587년 1월 23일 자 로렌조 멕시아가 쓴 것처럼 "그는 우리 이냐시오 신부님[역주_ 예

수회 설립자 이냐시오 로욜라를 일컫는다]의 조카입니다만, 영성과 행동이 매우 다른"(N.2333) 사람이었다. 처음 중국을 여행한 후 마드리드와 로마를 들러 1586년 8월 다시 마카오로 왔다. 마카오에서 그는 중국에 들어가겠다는 일념으로 매우 경솔한 행동을 하고 말았다. 선교 초기, 두려움과 의심이 많은 관리 앞에서 위험한 타협을 한 것이다. cf. NN.2332-2334, 2340-2342, 2351-2353, 2399-2400, 2407, 2409, 2410, 2423, 2488, 2501. 발리냐노는 1588년 10월 18일 자 아콰비바에게 쓴 편지에서 마르틴 이냐시오에 대해 강한 어조로 이렇게 말하고 있다(*ARSI, Jap.-Sin.*, 10, ff.336r, v). "이 프란체스코회 수사는 스페인 국왕이 중국 황제에게 보내는 대사로 자기를 보내 줄 것을 기대하고 2만 두카토를 준다고 약속했지만, 아무것도 확보할 수가 없어 결국 중국에서 추방당했습니다. 그 때문에 통역관으로 일한 마카오의 중국인 그리스도인만 착취를 당했습니다." cf. NN.2462, 2499.

그래서 발리냐노는 신중하지 못한 이런 행동들에 대해 다음과 같이 말하기를 주저하지 않았다. "관리들은 마르틴 이냐시오가 광주에 온 것은 매우 잘못된 일이고 문서에도 없는 일이라고 했습니다. 통역관으로 마카오에 살던 중국인 그리스도인에게 고된 일을 시켰고, 아무런 대가도 주지 않았습니다. 분노한 통역관은 마르틴 수사에게 욕을 했고, 동료들이 그를 데리고 갔습니다. 광주의 박람회에 참가한 포르투갈인들의 중재로 일은 무마되었지만, 결국 마르틴 수사는 중국에 체류할 수 없게 되어, 다른 수사들과 함께 마카오로 갔습니다. 그렇지 않으면 죽을 수도 있는 일이었습니다"(*CP*, II, p.687). cf. *SF*, II, pp.210-213. 그 외에도 프란체스코회 선교사들이 중국 입국을 시도했다가 실패한 사례에 관해서는 *CP*, II, p.688을 보라.

1587년 9월 1일, 멕시코에서 출발한 세 명의 스페인 출신의 도미니코 회원들이 마카오에 도착했다. 안토니오 데 아르체디아노(Antonio de Arcediano, 1599년 사망), 알폰소 델가도(Alfonso Delgado, 1594년 사망), 바르톨로메오 로페즈(Bartolomeo Lopez, 1599년경 사망)가 그들이다. 그들은 마카오에 로사리오 성당을 짓고 1588년 3월까지 있던 중, 인도 총독 에두아르도 데 메네세스(Eduardo de Meneses)가 고아로 가라고 명령했다. 데 아르체디아노는 떠났지만 로페즈는 마카오에 3년간 더 남아 있었다. cf. Biermann, pp.10-12.

세 명의 아우구스티노회 회원들로 프란체스코 만리케(Francesco Manrique) 신부, 디에고 데스피날(Diego Despinal) 신부, 니콜라 다 톨렌티노(Nicola da Tolentino) 신부가 1586년 11월 1일 마카오에 도착했다. 그들은 배를 정박할 수조차 없어 바로 광주로 출발하여 1587년 7월 6일 이전에 도착했으나, 프란체스코회 선교사들보다 나은 성과는 얻지 못했다. cf. *SF*, II, pp.210-213; Martinez, *Historia de las misiones agustinianas en China*, Madrid, 1918, pp.17-18.

이 모든 사건과 신중하지 못한 일들로 인해 1587년 6월 30일 마카오의 총대리 안토니오 로페즈(Antonio Lopez)와 1587년 8월 6일 감사 아마오 로보(Amao Lobo)는 예

288. 조경에서 그리스도교의 확산과 열정

조경肇慶에 있던 두 명의 신부는 더욱 열정적으로 개종을 기대하기 시작했고, 특정한 날을 정해 이교도들을 불러 설교하기로 했다. 그 덕분에 많은 사람이 개종하여 세례를 받았다.[394] 주일과 축일에는 [많은 사람이] 깊은 신심으로 미사와 성무일도에 참여했다.

다른 한편, 수도원에는 좋은 문인 학자들이 드나들었고, 그들을 통해 신부들은 중국 문자를 배우고 그들과 신뢰를 쌓았다.

289. 루지에리와 알메이다를 소흥에서 다시 조경으로 보내다

절강浙江에서는 영서도嶺西道[395]의 친척들이 자기 집에 체류하고 있는 신부들을 보기 위해 사람들이 몰려들자 겁을 먹고 영서도에게 어떤 크나큰 나쁜 일이 생길 수 있을 것 같다며 신부들을 광주廣州로 돌려보내라고 종용했다. 그러면서 가짜 편지를 써서 루지에리 신부가 자리에 없어 다

수회를 옹호하고 교황청의 지시하에 당분간 예수회 외에는 아무도 중국 진출을 하지 못하도록 요청하게끔 했다. cf. NN.2401-2402, 2405-2407. 마르티노(1587년 중국을 떠남)의 신중하지 못한 태도는 데 산데로 하여금 1587년 말까지 마카오로 돌아오게 하는 계기가 되었다. cf. N.2414.

394 이전까지는 19명 또는 20명가량이 세례를 받았으나(N.2330), 1586년 11월 10일, 데 산데가 조경에서 쓴 편지에 의하면, 1586년에만 정확하게 17명이 세례를 받았다고 한다. cf. N.2319.
한 부자(父子)가 개종하여 그리스도인이 되었는데, 이들은 개종하기 전까지 연금술을 열심히 좇던 사람들이었다. "그들은 아무런 성과 없이 연금술에 재산을 모두 탕진하였다." 그런데도 광주에서 그리스도인이 된 마르티노 채일용(蔡一龍)이라는 사람이 찾아올 정도로 유복했다(N.296). 마르티노 채일용은 그들과 달리 너무도 '가난했다.' 앞의 두 사람은 중국의 풍습에 따라 부인을 돈으로 살 정도였다. 연금술을 하던 이 두 사람 중 한 사람이 육우충(陸于充)이라는 이름을 가진 사람으로 영서도(嶺西道) 왕반(王泮)의 부하였다(N.296).

395 왕반이다.

른 신부들이 큰 어려움에 부닥쳐 있다며 빨리 광주로 돌아올 것을 촉구했다.

조경의 통감[396]은 신부들에게 북경으로 향하던 길을 되돌려 다시 광주로 가라고 했고, 돌아가는 길에 자기 집에 며칠간 머물게 했다.[397] 신부들은 [소흥에서] 주민들의 큰 동요에 직면해야 했고, 영서도의 친척들은 영서도에게 더 나쁜 일이 생길 수 있다고 경고했다. 이에 영서도는 신부들에게 즉시 광동廣東으로 돌아갈 것을 명했다.

신부들은 거역할 수가 없어 크게 안타까워하며 발길을 돌려야 했다.[398] 알메이다 신부는 조경에 머물 수 없어[399] 광동의 도읍으로 가서,[400] 거기에서 다시 마카오로 돌아가 다른 좋은 기회를 기다려야 했다.

290. 신부들을 향한 왕반의 태도 변화

루지에리 신부는 조경 수도원으로 돌아왔지만, 그로 인해 영서도는 신

---

396 정일린(鄭一麟)이다.
397 이곳은 분명 소흥(紹興) 근처 산음(山陰)이다. 루지에리에 의하면, 당시 리치와 데 산데는 조경에 머물고 있었는데, 한 지체 높은 사람으로부터 신부들이 아이 둘을 납치하여 마카오의 포르투갈인들에게 팔려고 했다는 거짓 고발을 했다고 한다. 조경의 신부들은 "그 지체 높은 사람에 대항하여 수도원의 원장을 통해 통감에게 청탁했다." 이 사건은 큰 물의를 빚었고, '고발자의 고소장'이 정일린의 귀에까지 들어갔다. 결국 정일린은 두 선교사를 소흥에서 조경으로 돌려보내기로 했다. cf. N.5335.
398 그들은 '8개월' 만에 돌아왔는데(N.2318, cf. N.2338), 그중 4개월은 소흥(N.2311)에서, 4개월은 여행으로 시간을 보냈다(NN.2311, 2314, 1336). 2개월 동안 가고 2개월 동안 왔다. 그들이 광동으로 돌아온 것은 1586년 7월쯤으로 추정되지만, 8월에는 두 사람 모두 확실히 광주에 있었다(N.2340).
399 알메이다 신부는 루지에리와 여행의 동행자로 허락을 받았을 뿐, 중국에 체류할 수는 없었다.
400 광동의 도읍은 광주(廣州)다.

부들과의 대화를 꺼리고 두려워하기 시작했다. 아마도 같은 고향 사람들[401]이 외국인과 관계를 맺는 건 신중하지 못한 처사고 의심받을 수 있는 일이라며 주의하라고 경고하였기 때문으로 생각된다. 그래서인지 영서도는 신부들이 한 달에 한 번씩 의례적으로[402] 방문하던 것조차 하지 않아도 된다고 했고, 친히 자기 이름을 써 주었던 두 개의 표제[403]에서도 삭제해 달라고 했으며, 자기가 직접 인쇄를 명했던 마태오 신부의『산해여지전도山海輿地全圖』에서도 이름을 빼 달라고 했다.[404] 모든 것에서 이전과는 달리 신부들을 좋게 대하지 않았다.[405]

291. 루지에리가 광서와 호광으로 가다

신부들은 다른 지역에도 수도원을 세워야겠다는 생각을 강하게 하고 있었는데, 그 이유는 한 개의 수도원이 문을 닫게 되더라도 다른 곳이 있으면 크게 도움이 된다고 생각했기 때문이다. 그러나 그런 기회는 도무

---

401 소흥 사람들이다.

402 매월.

403 cf. N.254.

404 cf. N.263.

405 이런 변화의 이유에 대해 루지에리가 제시한 것은 일부 승려들이 모반을 획책했다가 실패로 끝났고, 황제는 중국에 있는 모든 파고다를 파괴하라는 칙령을 내렸다는 것이다. 이 점에 대해 리치도 언급하고 있다(N.1103). 그래서 공안 위원들을 파견하여 칙령을 실행하려고 했고, 그중 한 사람이 조경에까지 온 것이다. 왕반과 공안 위원은 신부들을 방문했고, 그 자리에서 [공안 위원은] 두 개의 표제에 기록된 왕반의 이름을 지우라고 했다. 결론적으로 신부들은 승려들이 아니라며 "문인 학자"이자, "교리를 가르치는 스승이기 때문에 조용히 교회에서 하라고 하는 것만 하고 있을 뿐"(N.5399)이라고 하였다. 파고다 파괴에 관한 황제의 칙령은 후에 황후에 의해 폐지되었다. 리치는 그것에 대해 '우리의 부인, 천상의 모후께서 개입'한 것이라고 보았고, '단지 그 이유로 당신의 이 방대한 제국을 허물고 싶지 않았던'(N.1103) 거로 생각했다. 그러나 왕반은 그래도 신중한 것이 좋다고 생각했고, 그 표제들에서 자기의 이름을 지울 것을 요구했다.

지 오지 않았다.

영서도와 친한 친구 담譚이라는 사람이 신부들에게서 얻을 것이 있을
까 싶어 하루는 루지에리 신부에게 '호광성湖廣省에 무당武當이라고 부르
는 산이 하나 있는데[406] 그곳에 있는 큰 사찰에 많은 사람이 소원을 빌러
순례로 오는데 한번 가 보지 않겠느냐'고 물었다.[407] 영서도가 그것을 원
할지 알 수가 없다고 대답하자, 그것은 자기가 책임지겠다고 했다. 하지
만 신부들은 그 일이 그다지 안전하지 않을뿐더러, 불과 얼마 전에 두아
르테 신부에게 다른 곳에 있는 수도원을 방문해도 된다는 허락을 받았기
에 조심스럽지 않을 수가 없었다. 그래서 루지에리 신부는 혼자 통역관
만 대동하고 다른 두 중국인의 도움을 받아[408] 광서廣西의 도읍으로 간

---

406 호북(湖北)에 있는 이 산, 아니 이 산맥에 관해서는 마리티니가 다음과 같이 묘사하고
   있는데, 이는 리치가 살짝 언급하는 것과도 일치한다. "균현(均縣)시 근처에는 무당(武
   當)이라는 큰 산이 하나 있다. 여기에는 스물일곱 개의 봉우리가 하늘을 향해 뻗어 있
   고, 한쪽에는 경사진 언덕과 30개가 넘는 호수 또는 24개가 넘는 연못이 있다. 웅장한
   사찰에는 많은 미신과 승려 등이 있다"(『신중국 지도』, p.76). 옛 호광의 한(漢)강 우
   측 강변에 있던 27개의 봉우리 또는 무당산(武當山)을 일컫는다.
407 "금전(金殿)"이라고 불리는 사찰은 도교의 신(神) 진무(眞武)에게 봉헌한 것으로, 전설
   에 의하면 무당산에는 '진무', 진짜 무사가 살았다는 데서 유래했다고 한다. 지금도 호
   북, 양양(襄陽)의 균현(均縣) 남쪽 60km 지점에 이것을 기념하는 순례 행사가 열리곤
   한다. 절벽을 파서 만든 오르막길은 영락(永樂, 1403-1425) 황제의 명에 의해 만들어
   졌다. 산 정상에 있는 사원은 청동과 동으로 지었고, 지붕은 도금으로 장식하였다. 주
   변에는 도사들이 2,000명가량 살고 있다. cf. Doré², p.162.
408 이 일이 있은 지 10년이 지난 1596년, 루지에리가 직접 진술한바, '두 사람'이 함께 갔
   는데, 한 사람은 그리스도인 통역관이고 다른 한 사람은 유생이었다. 소주(韶州)를 거
   쳐 15일간 한시도 쉬지 않고 항해한 후 광서성의 도읍 계림(桂林)에 도착했다
   (NN.5353-5354). 그러나 이것은 불가능한 여행으로 루지에리는 오주(梧州)를 소주로
   혼동한 것 같다. 여행은 1586년 10월 29일 이후(N.1136), 정확하게는 10월 8일쯤
   (N.2313) 목적지에 도착했다. 그리고 루지에리가 계림에서 열흘 동안 머물다가 1587
   년 7월 27일 그곳을 떠난 것이 사실이라면, 광서에서 호남까지 4개월이 걸렸고, 여행
   한 지 2개월이 지난 1587년 1월 말경 다시 광서로 출발했다는 이야기다. cf. N.2637.

뒤,[409] 거기서 다른 곳으로 가려고 했다.[410]

[광서의 도읍] 계림에는 황제의 친척이 하나 살고 있었는데, 왕(王)이라는 이름과 신분으로 살지만, 정치에는 전혀 관여하고 있지 않았다. 이런 사람들은 다른 여러 친척과 마찬가지로 생활비를 국고에서 지원받고 있었다. 그래서 신부는 그를 만나 도움을 받아 수도원을 짓고자 했다. 괜찮은 선물을 갖다주며 그를 방문하러 그의 저택으로 가겠다고 했다. 환관을 통해 받은 통보는 먼저 총독을 방문해야 한다는 것이었다.[411] 총독은 아직 계림에 있었다. 그런 연후에 다른 관리들을 거쳐 자신을 방문하라는 것이다.

이에 신부는 총독과 모든 관리들을 방문했고,[412] 그들은 하나같이 신부를 의심하며 달갑지 않게 맞아 주었다. 그러면서 무당산으로 가던 길이라면, 다른 도시에는 머무르지 말고 그냥 지나가라고 충고했다.[413]

다시 황제의 친척 이야기로 돌아와서, 루지에리는 그를 만날 수 있을 거로 생각했다.[414] 그러나 그는 신부가 가지고 간 선물만 받았다. 몇 개

409 즉, 광서라는 곳으로, "10만 호(戶)가 있는 도시"(N.5354)다. 다시 말해서, 계(桂)강 동쪽 강변에 있는 50만 명의 인구를 자랑하는 곳이다. 루지에리는 그곳에서 열흘 간 머물렀는데, 담(譚)의 한 친척 집에서 숙식했다. cf. N.5354.

410 무당산으로 간다는 말이다.

411 광서의 총독은 계림에서 거주했다. 1584년부터 오선(吳善)이라는 사람이 총독으로 있었는데, 그의 성은 원부(元夫)다. 복건성의 용계(龍溪) 출신으로 1562년에 진사가 되었다. 1587년에 광서성의 총독이 되었지만 얼마 못 가 노환으로 사망했다(N.298). cf. *Annali Generali del Kwangsi*, c.3, f.2b; *Annali Generali del Kwangtung*, c.18, f.24b: c.242, ff.30b-31a.

412 루지에리가 직접 쓴 기록에는 "총독은 [루지에리가 다른 통감들을 모두 거친 다음에야 알현을 허락해 주었습니다"(N.5355)라고 적혀 있다.

413 "드디어 총독이 허가장을 써 주면서 말하기를 조만간 자신이 광주(廣東省)의 통감으로 가게 될 것이라고 하면서 그때 잘 봐주겠다고 했다"(N.5355).

의 성화와 서양에서 가져온 물건들만 보고 싶어 했고, 그에 대한 대가로 많은 양의 은銀을 보내왔다.

총독은 왕족과 함께 신부가 무엇을 하는지 보고 싶어 했고, 계속해서 그의 마음을 의심했다. 그래서 포정사布政司[415]에게 명하여 그를 도시 밖으로 내쫓으라고 했다. 포정사와 몇몇 관리는 여러 곳에 포고문을 붙여 신부를 맞이하지 못하게 했다. (만약에 신부를) 도시로 들어오게 한 것이 적발되면 엄한 처벌을 받을 거라고 했다. 신부가 도시 바깥으로 나간 것이 확실할 때까지 포고문은 붙어 있었다.

왕족을 보필하던 한 환관은 총독의 이런 무례함에 크게 마음 아파하며 신부에게 백수白水[416]라고 하는 마을의 감찰관에게 편지를 하나 써 주었다. 백수는 광서에서 가까운 호광湖廣성에 있는 마을로 [자기가 모시는] 왕족의 영지다. 편지에는 신부가 원하는 만큼 체류할 수 있도록 해 달라는 내용과 함께, 신부에게 총독이 광서를 떠나면 바로 다시 계림으로 돌아올 수 있게 해 주겠다고 약속했다.[417]

---

414 루지에리는 알현에 참석했다. 그러나 그를 만나기란 황제를 만나는 것과 마찬가지로 어려웠고, 다른 업무가 있다며 핑계를 댔다(N.5356).
415 광서의 통감은 포정사(布政司)다. 누구인지 알기는 쉽지 않다. 왜냐하면 *Annali Generali del Kwangsi*, c.31, ff.1-2에도 그해에 누가 소임을 맡았는지 적혀 있지 않기 때문이다.
416 두말할 필요 없이 백수진(白水鎮)이다. 호남에 있는 300가구 정도 되는 마을이다. 계림에서는 도보로 20일가량 떨어진 거리에 있는 상강(湘江)해변에 있고, 기양(祁陽) 남동쪽에서는 50리 거리에 있다. 광서성과 경계에서 그리 멀지 않다. cf. *Storia dei Mim*, c.44, f.10a.
417 본래 루지에리는 계림에 남고 싶어 했으나 총독의 뜻을 거스를 수가 없었다. "[총독은] 신부에게 호광(湖廣)성에 있는 자신의 집에 묵어도 된다는 허가장을 하나 써 주었다. 그곳에서 20일 정도 가니 (황족의) 영지에 도착했다. 300여 가구 사는 아주 작은 고을 이지만, 황궁(남경과 북경)으로 가는 길목에 있어서 위치가 아주 좋았다. 수도원을 세

루지에리 신부는 이 모든 것을 두아르테 신부에게 전하며 어떻게 처신
해야 하는지를 설명해 주었다. 그러나 신부들 처지에서는 조경으로 돌아
가는 것이 좋겠다는 생각이 우세했다. 좋은 일이 있을 거라는 희망이 전
혀 보이지 않았기 때문이다.[418]

우면 매우 편리할 거라는 생각을 했다. 그곳에서 신부는 4개월가량 머물렀다"
(N.5357). 그동안 그는 "몇 명에게 세례를 주어 그리스도인으로 만들었고, 많은 예비
신자를 모았다"(N.5358). 루지에리가 직접 당시의 상황을 기록한 것이다.
418 cf. Bartoli[1], II, cc.19-20, pp.33-35.

제9장

신부들이 조경에서 나쁜 일에 연루될까 두려워 두아르테 데 산데 신부를 마카오로 돌아가게 한 영서도; 이 일이 있고 난 뒤 신부들이 겪은 큰 어려움에 대해

(1587년 7월 27일부터 1587년 12월까지)

○ 왕반이 신부들에게 조경을 떠나라고 명하다
○ 루지에리와 리치는 남고, 데 산데만 마카오로 가다
○ 신부들의 제한적 요청에 따른 왕반의 두 칙령
○ 신부들이 연금술사로 소문이 나다
○ 예비신자 마르티노 채일용(蔡一龍) 때문에 생긴 새로운 어려움
○ 루지에리가 간통죄로 고소를 당했다가, 무죄로 밝혀지다

292. 왕반이 신부들에게 조경을 떠나라고 명하다

루지에리 신부가 조경肇慶으로 돌아오자,[419] 영서도嶺西道[420]는 광서廣西

---

419 "미켈레 루지에리 신부는 광서성과 호광성에서 이듬해인 1587년 7월 27일 조경(肇慶)
으로 돌아왔다"(Bartoli[1], II, c.23, p.41).
420 왕반(王泮)이다.

의 주도[421]로 가라고 통보하며 몇 가지를 덧붙였다.[422] 총독[423]이 입국을 허락하지 않았고, 그 성(省)의 군대 수장인 총병總兵도 신부가 무슨 말을 하는지 모르고, 그래서 그를 체포하겠다고 했다는 것이다.[424] 게다가 절강浙江에서 들었던 다른 몇 가지 일들로 인해 두려움을 느끼고 있다는 것이다.[425] 광주廣州[426]의 관리들도 마카오에서 온 신부들이 큰 손해를 끼칠까에 대해 의심하고 있었다. 신부들이 크게 달갑지 않은 사람들[포르투갈 상인]과 연락을 주고받았기 때문이다. 이에 영서도는 자기가 신부들을 그 도시에 머무르게 한다는 의심에서 벗어나고자 여러 가지 방법을 찾다가 결국, 신부들을 마카오로 돌려보내기로 한 것이다.[427]

당시 광주의 총독[428]은 남경 황궁으로 승진해서 갔고, 광서의 총독이 광동의 총독으로 부임해 갔다.[429] 이에 영서도는 신부들에게 새 총독이

421　광서성의 도읍 계림(桂林)이다.
422　실제 소식에 몇 가지 거짓된 소식을 덧붙인 것이다.
423　오선(吳善)이다.
424　감옥에 집어넣겠다는 것이다.
425　다시 말해서, 루지에리와 알메이다가 절강의 소흥(紹興)에 체류하며 겪었던 어려움이다.
426　광동성의 도읍 광주다.
427　1587년 맨발의 프란체스코회 회원이었던 마르틴 이냐시오 디 로욜라가 광주로 들어가기 위해 협상하는 과정에서 일어난 신중하지 못했던 일로, 그로 인해 관리들은 이 외국인들이 중국을 점령하러 오는 것으로 오해하여 두려움을 느끼고 있었다. cf. NN. 2324, 2331-2334, 2340-2341, 2351-2352, 2405-2407, 2409-2410, 2414, 2418, 2423, 2488, 5358.
428　오문화(吳文華)로 호는 자빈(子彬)이다. 복건의 연강(連江)에서 태어나 1556년에 진사가 되었다. 두 차례에 걸쳐 광서의 총독을 지내다가 1586년부터 곽응빙(郭應聘)의 후임으로 광동의 총독이 되었다. 이후 남경에서 공부상서(工部尙書)가 되었다. cf. D.B., p.309; Annali Generali del Kwangsi, c.31, ff.1b-2a; Annali Generali del Kwantung, c.18, f.24b; Storia dei Mim, 2.221. 1586년으로 추정되는 큰 홍수로 인해 백성들이 힘들어하자 이듬해에 토지세를 감면해 주었고, 그 공으로 백성은 향교 좌측에 그를 위한 사당을 지었다. cf. Annali Generali del Kwangtung, c.242, ff.29b-30b.

온다고 말했고, 신부들이 이곳에 체류하는 것에 대해 새 총독이 좋아할지도 모른다고 했다. 그러면서 세 명의 신부가 모두 마카오로 돌아간다면 자기가 집 짓는 데 든 비용을 모두 주겠다고 했다. 동시에 만약 총독이 [신부들의 마카오행을] 반대한다면 다시 부르겠다고도 했다.

이런 새로운 제안에 대해 신부들은 매우 당혹스러워했고, 이미 모든 그리스도교 세계[유럽]에서는 소문이 날 대로 난 그곳[조경] 수도원을 잃을까 두려워했다. 이번에 그곳을 떠나게 되면 다시 돌아오기가 어렵다는 것도 잘 알고 있었다.[430]

293. 루지에리와 리치는 남고, 데 산데만 마카오로 가다

이에 미켈레 루지에리와 마태오 리치, 두 신부가 영서도를 찾아가 눈물로 호소하며 장황하게 [과거] 문서를 상기시켰다. "우리는 아주 먼 곳에서 중국으로 왔고, 중국인들에게 아무런 손해도 끼치지 않고 오랜 세월을 살았으며, 그 집을 짓기 위해 많은 돈을 썼습니다. 그래서 지금은 마카오로 돌아갈 아무런 수단도 없을뿐더러, 중국에서 고국으로 돌아가려면 여러 바닷길을 이용해야 하는데 그럴 기력도 없습니다. 그러니 자비를 베풀어 지금까지 있던 대로 머무르게 해 주시기를 요청합니다. 새 총독이 와서 우리가 이곳에 체류하는 이유를 물으면, 또 그의 눈에 신부들이 많다고 지적하면 한두 사람만 마카오로 돌려보내고 나머지는 남아 있어도 되지 않겠습니까."

---

429 오선(旿善)이라고 하는 사람이다.
430 cf. Bartoli[1], II, c.23, pp.41-43.

영서도가 반기며 흔쾌히 대답하기를, "내가 신부들을 반대할 이유는 아무것도 없습니다만, 광주廣州의 관리들이 그곳에 있는 신부들에 대해 항상 나쁘게 말을 했고, 아직도 그곳 백성들은 신부들이 세운 탑[431]에 대한 소문을 달가워하지 않는다고 합니다. 그래서 제가 얻게 해 드리고자 한 명예는 모두 실추되고,[432] 루지에리 신부가 광서의 주도에서 한 나쁜 행위 때문에 그곳 총독은 그의 입국을 거부하고 있습니다"라고 했다. 그러자 신부들은 모든 것에 대해 여러 차례 미안하다고 하며, 이번 협상을 다시 한번 생각해 줄 것을 간청했다. 그리고 담譚[433]의 집으로 요청서를 보냈다. 담은 그 지역 사람으로, 신부들은 그를 통해 필요한 것을 요청했고, 그는 신부들을 통해 항상 뭔가를 얻으려고 했던 사람이기 때문에, 이 일도 그가 신부들에게 조언한 대로 요청서를 쓴 것이다. 그리고 이번에는 신부들이 주는 선물들 외에도 만약 이곳에 체류할 수 있게 된다면 후에 20두카토를 더 주겠다고 약속했다.

덕분에 신부들의 요청은 받아들여졌고, 새로 온 두아르테 신부[434]만 마카오로 돌아가서 이 문제가 해결될 때까지 기다리기로 했다. 특히 그해에는 인도에서 마카오로 배가 들어오지도 않았고, 따라서 발리냐노 신부의 이후 편지도 도착하지 않았다. 그사이에 두아르테 신부는 그 집[조

---

431 이런 비방은 그 탑을 "외국인의 탑," 번탑(番塔)이라고 부르게 했다. cf. NN.257, 294, 305, 306, 307.
432 앞서 언급한바, 조경의 백성들은 신부들이 세운 탑을 달가워하지 않았다.
433 N.291.
434 에두아르도 데 산데(Eduardo de Sande)는 1585년 중국선교의 첫 번째 원장인 발리냐노의 후임자였다. cf. N.276. 1588년 1월 4일, 그는 마카오에서 이렇게 썼다. "도착하는 데 한 달이 넘게 걸렸습니다"(N.2418). 그렇다면 데 산데는 1587년 11월 말쯤에는 조경을 떠나야 했다. cf. NN.1191, 2451.

경의 수도원]에서 필요한 생필품을 조달하는 방법을 연구했다.

294. 신부들의 제한적 요청에 따른 왕반의 두 칙령

그리고 얼마 지나지 않아서[435] 영서도는 신부들과 관련한 칙령 하나를 그들이 자주 다니는 거리에 붙였다. 거기에는 이렇게 쓰여 있었다.

"이 집은 신부들이 자기네 돈으로 지었고, 조경에 있는 탑도 신부들의 입국을 허락하지 않는 그곳 사람들의 행운을 빌기 위해 자비로 세웠다. 총독이 이곳에 신부들의 체류를 허락했고, 그들은 다른 새 신부들을 오게 했다. 그 바람에 총독은 직권으로 그를 마카오로 돌아갈 것을 명령했다. 하지만 그들이 총독 관저로 와서 간청하고 중국에서 그들의 고국까지는 긴 여행을 해야 한다고 한다. 과거 두 명의 총독[436]이 그들에게 조경에서 조용히 체류할 것을 허락했고, 집도 자기네 돈으로 직접 지었으며 지금까지 중국의 법률에 한 번도 저촉되는 일을 하지 않았다. 이에 본인도 신부들이 신심 깊고 착한 사람들이라는 걸 존중하고, 그들이 한 말이 모두 진실이라는 것을 알기에 함께 왔던 사람 중 한두 명만 그곳[조경]을 떠나고 다른 두 명은 남아도 된다고 명한다. 동시에 더는 새로운 사람이 와서도 안 된다. 만약 이것을 지키지 않을 시, 중국에 어떤 유해를 가하기 위함이라고 판단하여 이 칙령을 토대로 모두 추방할 것이다."

영서도는 또 다른 칙령을 통해 이 명령에 반대하는 자를 반역자로 규정하였다. 거기에는 [조경의] 관리들에게 신부들이 그 칙령을 잘 지키고

---

435 아마 이 두 개의 칙령은 1587년 12월에 발표한 것으로 추정된다. 즉, 데 산데가 떠난 지 얼마 지나지 않은 시기다.

436 군종(君寶)과 오문화(吳文華)다.

있는지, 그에 관한 모든 보고를 잘하고 있는지에 관한 것도 명령하고 있었다.

295. 신부들이 연금술사로 소문이 나다

첫 번째 칙령으로 신부들은 오히려 마음이 놓였고, 과거의 유감으로부터 조금은 가벼워질 수가 있었다. 그러나 곧이어 또 다른 어려움이 닥쳐왔다. 밤에 서너 번 도둑이 든 것 외에도, 마카오에서 세례를 받은 마르티노라는 한 그리스도인이 그즈음에 신부들을 만나러 광주[廣東][437]에서 온 것이다. 그를 아는 루지에리 신부는 많은 이교도 사이에서 점차 잃어가는 그리스도교 신앙을 유지하는 데 도움이 될 수 있을 거로 생각하여 그를 매우 아꼈다. 그러나 그는 이것을 이용하여 조경의 몇몇 그리스도인들을 속이고 뭔가를 챙기려고 했다.

중국의 많은 사람이 수은을 진짜 은으로 바꿀 수 있다고 믿고 있었는데, 거기에는 중국에 없는 다른 나라에서만 나오는 풀이 하나 있어야 한다고 생각했다.[438] 신부들은 처음부터 외국에서 중국으로 들어왔고, 그들은 이 풀을 가지고 있으며 이 기술[수은을 진짜 은으로 바꾸는]을 알고 있다고 믿었다.[439] 이것이 사실이라고 믿었던 것은 매년 포르투갈인들이

---

437 광동성의 도읍 광주다.
438 용선향(龍仙香)이라는 풀이다. 중국인들이 이 풀을 처음 알게 된 것은 1549년이다. 1555년 멜키오르 누녜즈 바레토(Melchior Nuñez Barreto)가 언급한바, 그해 8월에서 11월 사이, 처음으로 광주에 갔을 때, 여섯 명의 포르투갈인 포로와 현지인 한 사람을 풀어 달라고 요청하며, "약간의 생풀을 가지고 왔습니다. 이 풀은 중국 황제가 6년 동안이나 찾던 것으로서 그것을 가져오는 사람에게 큰 상을 줄 거라고 약속했습니다. 왜냐하면 그들의 책에 그것을 먹으면 장수한다고 적혀 있기 때문입니다"(*BDM*, 1938-1939, XXXVI, p.277, N.2)라고 말했다는 것이다.

광주廣州**440**에서 대량으로 수은을 매입하여 그것이 없는 일본과 인도에 내다 파는 것만 보아도 알 수 있다는 데 따른 것이었다. 그러면서 그들이 일본과 인도에서 돌아올 때는 많은 은을 가지고 오는데, 수은을 진짜 은으로 바꾸는 방법을 그들이 알지 않고서는 있을 수가 없다는 것이다. 다른 한편, 신부들은 중국에서 후원을 요구하지도 않고, 재산을 가지고 있는 것도 아니고, 장사를 하는 것도 아닌데 정직하게 살면서 자급자족을 하는 것이 뭔가 확실한 것을 오랜 세월 하지 않으면 불가능하다고 했다. 더욱이 신부들의 고국은 중국에서 멀리 떨어진, 2년 혹은 3년의 여행을 통해서만 도달할 수 있는 거리에 있다는 것이다. 그들은 하느님의 섭리에 대해 알지 못하기 때문에 [우리가] 어떻게 생활하는지 알 수가 없었고, 설득력 있는 이야기를 해 주지 않는 한, 그들은 신부들이 뭔가 나쁜 일을 도모한다고 생각할 수 있었다. 신부들은 은을 만드는 것을 알지 못할뿐더러 그것을 믿지도 않는다고 부정했고, 그것을 할 줄 안다고 말하는 사람은 사기꾼이고 부랑자라고 했음에도 불구하고, 계속해서 많은 사람이 이런 유언비어에 속고 여기에 빠져서 헤어나지를 못했다.**441**

---

439 cf. NN.169, 362, 396, 487, 1470, 1524.

440 **역주_** 계속해서 리치는 '광주(廣州)'를 Quantone이라고 쓰고, 델리야는 Canton이라고 쓰고 있다. 동시에 리치는 광주가 속한 성(省)인 '광동(廣東)'도 Quantone이라고 쓰면서 혼동을 막기 위해 반드시 괄호 안에 한자 병음을 넣고 있다. 반면에 델리아는 '광동'을 Kwangtung이라고 구분하여 쓰고 있다.

441 왜냐하면 사기꾼들이 '이 기술을 아는 사람은 모른다'라고 말하기 때문이라는 것이다. 백성들은 신부들이 그것을 알지 못한다고 하는 것을 보면서 오히려 더 잘 알고 있는 것으로 믿었다.

296. 예비신자 마르티노 채일용(蔡一龍) 때문에 생긴 새로운 어려움

조경의 그리스도인 중에는 아버지와 아들, 부자父子가 있었는데, 그들은 연금술을 배우기 위해 쫓아다니다가 결국 가산만 탕진하였다. 그들이 또 다른 그리스도인인 마르티노에게 신부들이 이 기술[연금술]을 가지고 있느냐고 물었고, 그는 그렇다고 대답하며, 루지에리 신부가 그것을 가르쳐 줄 때까지 아무에게도 발설하지 말라고 했다. 가엾은 두 신자는 그의 말을 믿었고, 그[마르티노]를 극진히 대접했다. 그에게 새 옷을 선물하고 집에 초대하여 잘 먹였으며, 자기네 돈으로 결혼까지 시켜 주었다.[442] 모두 이 기술을 얻고자 하는 목적에서였다. 마르티노는 아주 쉽게 약속하며 이 일에 대해 신부들에게 절대 말하지 말라고 했다.

이런 약속과 비밀을 지켜 달라고 한 지 3-4개월이 지나자 마르티노는 더 미룰 수가 없게 되었고, 매일 신부들을 찾아오는 한편, 사람들에게는 신부가 기술을 가르쳐 주기로 했다고 거짓말을 했다. [수도원에서] 태양빛에 따라 여러 가지 색을 발산하는 프리즘을 보고는 분명히 매우 비싼 보석일 거로 생각하여[443] 그것을 자기 집에 가지고 가서 가족들에게 보여 주고 싶다며 신부에게 빌려 달라고 요청하였다. 그리고 그것을 가지고 자기 고향으로 달아나고 말았다.[444]

[앞서 언급한] 두 그리스도인 부자父子는 그 사실을 뒤늦게 알았고 신부들을 찾아와 울며불며 자기들이 당한 사기 혐의를 밝혀 달라고 요구했다. 마르티노에게 많은 돈을 주었고, 물건도 사 주며 조언을 청한 것밖에

---

442 이런 결혼 풍습에 관해서는 N.134를 보라.
443 그래서 '값을 매길 수 없는 귀한 보석(無價之寶)'(N.240)이라고 불렀다.
444 광주다. cf. N.295.

는 없다고 했다. 루지에리 신부는 두 번이나 도읍[445]에 갔지만 프리즘을 가진 마르티노가 거기에 있는지는 알 수가 없었다. 그곳에는 부자父子 중 한 사람이 영서도의 관저에 사무실을 하나 가지고 있었는데, 그가 허위로 꾸미기를, 영서도가 외국인들을 체포하라는 명령을 내렸다는 것이다. 이런 소문을 도읍에 퍼트려 그들을 공포로 몰면 프리즘을 손에 넣게 되었을 때, 신부들이 값비싼 보석을 손에 넣은 대가로 마르티노의 빚을 쉽게 갚아 줄 수 있을 걸로 생각했다.

그러는 사이, 하루는 신부들의 집에 총독[446]이 다른 고관들과 함께 서양에서 가져온 물건들을 구경하러 왔다. 그 도시에서 가장 좋고 독창적인 것을 본다고 생각한 것이다. 그들은 프리즘을 보여 달라고 했고, 그로 인해 누군가 그것을 훔쳐 갔다는 사실이 알려졌다. 즉시 체포영장이 발부되었고, 범인에게는 곤장형이 내려졌다. 신부들이 그것은 싸구려 물건이라고 해도 [그들은] 믿으려고 들지 않았다. 그 물건은 신부들의 것이 아니라 그것을 보러 오는 도시 관리들의 것이라며, 그래서 그 물건은 제자리로 돌아와야 한다고도 했다.

그 자리에는 이 물건과 관련하여, 범인과 같은 고향 사람이 하나 있었는데, 그는 범인의 형을 끌고 나와 그가 가진 모든 물건을 전부 내주어도 보석의 값을 치를 수 없을 거라며, 당장 동생을 내놓으라고 협박했다. 그는 공포에 떨며 동생을 내주었고, 동생은 곤장을 맞기 위해 조경으로 끌려갔다.

---

445 광주다.
446 영서도(嶺西道) 왕반이다.

297. 루지에리가 간통죄로 고소를 당했다가, 무죄로 밝혀지다

그렇지만 범인은 자신의 죄를 조금도 뉘우치는 것 같지 않았다. 오히려 악에 악을 더하고 있었다. 같은 감방에 사기만 치고 살던 사람이 여럿 갇혀 있었는데, 범인[마르티노]은 그들이 광주 사람이 아니라는 걸 알고 루지에리 신부가 어떤 여자와 간통했다고 소문을 퍼뜨렸다. 얼마 안 가서 그녀의 남편[447]이 이 소문을 듣고 영서도에게 고소장을 제출했다. 고소장에는 자기가 외지에 있다가 돌아와 보니 광주에 전단지가 나돌았고, 그래서 집으로 가 자기 아내를 두들겨 패서 알아낸바, 소문이 모두 사실이었다는 것이다. 따라서 신부를 처벌하고, 그에 대한 위자료를 내라고 했다.

영서도는 광주의 총독에게 진상규명을 요청했고,[448] 소송은 은밀히 진행되고 있었다. [그러나] 신부는 이 모든 것의 원인과 사실을 밝힘으로써 모두 명료하게 대답하였다. 그것은 또한 매우 쉬운 자기변호이기도 했는데, 이유는 범죄 당일, 루지에리 신부는 조경에서 도보로 두 달가량[449] 떨어진 광서廣西성에 있었기 때문이다.

상대방은 소심하고 신분이 낮으며 가난한 사람으로, 이 일로 돈과 호의를 얻으려다가 결국, 신부들에게 약간의 돈만 주면 소송을 취소하고 그걸로 만족하겠다고 했다. 그러나 신부들은 아무것도 줄 수 없다고 했다. 이미 신부들에 대해 나쁜 소문이 돌았고, 돈을 주게 되면 그의 입을 막으려고 한 것으로 알려지기 때문이다. 그는 다른 사람에게 하려던 해

---

447 나홍(羅洪)이라는 사람으로 남문 근처에서 살고 있었다.
448 정일린(鄭一麟) 총독이다.
449 그러나 루지에리는 조경에서 계림까지, 두 달이 아니라 한 달 남짓 걸렸다.

코지가 자기에게 되돌아올 것이 두려워 아내와 함께 도망가 다시는 나타나지 않았다. 결국 두 번째 재판에 나타나지 않았고, 그들이 살던 집은 대문이 열린 채 비어 있었다.

이로써, 신부들만 법정에 남게 되었다.

총독[450]은 이 모든 일이 마르티노에 의해 조작되었다는 것[451]을 알게 되었고, 그를 기소하여 재판을 열었다.[452] 신부의 모든 혐의가 풀렸고 무죄가 선포되었다. 프리즘을 훔쳐 간 마르티노가 모든 것을 지어낸 것으로 보고, 신부가 보는 앞에서 그에게 곤장 20대의 형벌이 가해졌다. 마르티노는 반신불수가 되었고, 상환해야 할 채무만큼 우리의 노역에 해당하는 벌을 받았다. 재판은 영서도 앞에서도 진행되었는데, 그의 관저에서 그가 직접 주관하여 결정된 판결은 곤장 60대였다. 그가 다시 감옥으로

---

450 왕반이다.
451 리치는 이 부분을 이탈리아어 'era stato'로 쓰지 않고, 스페인어 'esta stato'로 쓰고 있다.
452 마르티노와 관련한 이 모든 사건의 경위에 관해서는 조경 총독부 문서 사본이 루지에리와 리치의 『포르투갈어-중국어 사전』 말미에 중국어로 적혀 있는데, 모두 필사본으로, 1934년 로마의 예수회 고문서실에서 발견되었다(*Jap.-Sin.*, I, 198, p.187a-b). 이 귀중한 문서에 따르면, 채일용(蔡一龍, 마르티노)이라는 사람이 있었는데, 그는 육천충(陸千充)으로부터 은(銀) 8온스를 빌렸고, [1587년] 10월 26일 한 '외국인 승려(番僧)'[=루지에리]의 프리즘을 훔쳐서 광주로 도망갔으나 육천충이 그를 잡으러 쫓아갔다. 육천충은 채일용에게서 프리즘을 빼앗아 '승(僧)'에게 돌려주라며 영서도에게 주었고, 채일용을 벌주기 위해 조경의 감옥에 가두어 버렸다. 그러자 나홍(羅洪)이라는 사람이 루지에리를 상대로 비방을 했는데, 외국인이 남문 근처에 사는 자기 아내와 바람이 났다는 것이다. 비방을 뒷받침하기 위해 그는 벽에 채일용의 전단지를 붙였고, 그 결과 법정에는 익명의 소송이 제기되었다. 하지만 이주만(李主灣)이 증언하기를 나홍은 이미 아내와 헤어졌고, 루지에리는 어떤 사람과도 인연을 맺은 바가 없다고 했다. 사건의 전말에 대해서는 가톨릭교회와 남문 사이의 도로 길게 벽보가 붙었음에도, 전혀 다른 진술이 나올 정도로 이웃 주민들조차 알지 못했고, 마치 오래된 이야기처럼 되어 버렸다. 결국 나홍은 법정에 나오지 않았고, 비방은 채일용에 대한 분노로 바뀌고 말았다. 그래서 채일용은 재판을 받고 육천충에게 8온스의 은을 갚아야 했다.

돌아갔을 때, 그의 친척과 친구들은 모두 그를 외면했고, 신부들만 한두 달간, 그가 장독과 옥살이의 힘겨움으로 죽을 때까지 먹을 것을 갖다주고 보살펴 주었다. 자신의 잘못에 대한 대가를 톡톡히 치른 셈이다.

[혼란을 틈타] 프리즘을 손에 넣은 부자父子는 관에서 자기네 집에 그것이 있다는 것을 알게 될까 봐, 게다가 마르티노가 죽었다는 말을 듣고는 즉각 신부들에게 와서 아무런 대가 없이 그것을 돌려주었다.

이로써 신부들은 그동안 자신들을 괴롭혔던 어려움에서 해방될 수가 있었다.[453]

---

[453] cf. N.1189.

✠

제10장

미켈레 루지에리 신부가 어떻게
마카오에 가서 그곳에 남게 되었는지에 대해;
두아르테 데 산데 신부가 조경에 온 경위,
백성을 위해 그 집에서 겪은 또 다른 어려움

(1588년 1월부터 1588년 7월까지)

○ 조경 관리들의 중대한 변화
○ 루지에리가 마카오로 가고 데 산데가 조경을 방문하다
○ 예비 신자들과 노비들의 새로운 반항
○ 서강(西江)의 범람과 홍수
○ 리치가 수도원에 침입한 한 깡패로부터 민간인을 안전하게 피신시키다

298. 조경 관리들의 중대한 변화

영서도嶺西道[454]는 중국의 법규에 따라 승진할 때가 되었는데,[455] 아직 황궁에서 아무런 기별이 없었다. 신부들에게 호의를 베풀어 준 것 때문

---

[454] 왕반(王泮)이다.
[455] cf. N.113.

이 아닐까 크게 염려하고 있었다. 하지만 하느님께서는 이런 망상을 원하지 않으셨는지, 호광湖廣성의 포정사布政司로 부임하게 되었다는 새로운 소식이 도달했고,[456] 그에 대해 매우 기뻐하였다. 신부들과 온 도시는 그에게 마땅한 승진이라며 사당을 방문하였다.[457] 사당은 그의 공덕을 기리기 위해 백성이 지어 준 것으로, 그곳에는 그의 동상이 있고,[458] 제대 앞에 있는 웅장한 촛대에는 향을 피웠다. [사당에서 열린] 환송회에서 백성들은 그에게 헌 신발을 벗기고 새 신발을 갈아 신겼다. 헌 신발은 상자에 넣어 이곳에서 흔히 하는 것처럼, 그를 기리기 위한 유물로 공공장소에 전시 보관하였다.[459]

환송회에는 광서廣西로 부임해 온 새 총독[460]도 왔는데, 신부들이 그를 방문하러 가면 크게 환대해 주었다. 루지에리 신부가 광서에서 보았던 그는 이미 나이가 많았고, 부임한 지 얼마 못 가 세상을 떠났다.[461]

---

456 그는 삼정(參政)의 통감 차관으로 임명되었는데, 이는 호광의 포정사(布政司)에 해당된다. 통상적인 임명은 1587년에 있었어야 했다. 영서도(嶺西道)로 임명된 후 3년이 되는 해이기 때문이다. cf. N.113.

457 이 시기와 관련하여 벤투리(Tacchi Venturi, I, p.168, N.1)의 연구를 살펴보면, 1650년쯤 마르티니(Martini)가 조경에 관해 언급하며 이렇게 쓰고 있다고 했다. "서강(西江) 끝자락에 있는 조경 외곽에는 웅장한 사당이 하나 있었는데, 그곳에는 이 도시에서 업적을 남긴 통감에게 헌정한 동상이 있었다. 지역 전체가 그의 통치에 감사했고, 백성들은 감사의 표시로 와서 제사를 지냈다. 거기에는 그의 60여 년의 삶이 기록되어 있기도 하다"(『신중국 지도』, p.137). 왕반이 '거의 60세라는 것'을 분명히 암시하는 대목이다.

458 동상은 지금도 조경에 있는데, 원래는 리치의 수도원에 있던 걸로 추정된다. 왕반의 이 동상과 또 다른 동상에 대해 루지에리는 "두 개의 동상이 있었는데, 하나는 루지에리 신부가, 다른 하나는 리치 신부가 조각된 거"라며, 이는 백성들에 의해 "왕반이 칙령을 통해 신부들의 입국을 허용한 것을 기념하기 위해"(N.5422) 세운 것이라고 했다.

459 cf. N.131.

460 오선(吳善)이다.

461 cf. N.319.

새로 부임한 영서도는 신부들이 예전부터 잘 알고 지내던 친구로, 광동廣東성의 다른 도시에서 통감으로 승진해 온 사람이었다. 그는 총독을 방문하러 올 때마다 신부들을 방문하곤 했다.[462]

299. 루지에리가 마카오로 가고 데 산데가 조경을 방문하다

상황이 조용해지자 루지에리 신부는 마카오로 가서 두아르테 신부가 조경肇慶으로 오는 방법을 강구하기로 하였다. 마카오의 신부들은 루지에리 신부가 마카오에 남아 발리냐노 신부가 올 때까지 기다리는 것이 좋겠다고 했다. 발리냐노 신부는 그 주변[동인도] 지역 두 번째 순찰사로 있으며,[463] 로마에서 귀환하는 일본인 사절단과 함께 인도에서 오는 중이라고 했다.

그사이 두아르테 신부의 조경 행은 마태오 신부가 맡았고, 최근 몇 년간 힘든 시간을 보낸 조경 수도원을 위해 몇 가지 조언도 해 주었다.

300. 예비 신자들과 노비들의 새로운 반항

신부들의 집은 조용한 듯 보였지만 많은 문제가 내재해 있어 곧바로 터져 나오기 시작했다. 죽은 마르티노와의 사이에서 돈을 잃은 신자 부

---

462 새 영서도의 이름은 황시우(黃時雨)이고, 호는 화지(化之)다. 광서의 상숙(常熟)에서 태어났다. "다른 성, 즉 광동성"에서 왔다는 것은 그가 이전에 그곳 총독을 지냈고, 그곳, 혜주(惠州)에서 승진하여 광서로 왔다는 뜻이다. cf. *Annali della Prefettura di Shiuhing*, c.12, f.8a.

463 발리냐노가 자신의 부임을 알게 된 것은 아직 관구장으로 있을 때인 1587년 1월 13일 이후다. 그해 4월 17일까지도 순찰사라는 이름으로 서명하지 않았다(*ARSI, Jap.-Sin.*, 9, II, ff.227b, 255b). 그는 1588년 7월 28일에야 마카오에 왔다.

자父子들에 의해서였다.[464] 신부들의 숙소에서 통역하던 사람과 노비들은 두아르테 신부보다는 루지에리 신부가 오는 것이 낫다고 생각하고 있었다. 광주의 경찰까지 동원하여 후안무치한 전단지까지 뿌려졌는데, 거기에는 두아르테 신부가 그곳에 체류할 수 있는 허가증이 없다는 것, 그래서 정해진 날까지 그가 그곳에서 사라지지 않을 경우,[465] 모든 수재秀才[466]들이 합세하여 관에 항소할 것이라는 내용이 담겨 있었다. 비슷한 어조로 다른 것들도 불거져 나왔는데, 그로써 신부들은 원래 하려고 했던 것 이상을 생각하게 되었다.

301. 서강(西江)의 범람과 홍수

벌어진 이런 일들 외에도, 집을 송두리째 잃을 뻔한 일까지 생겼다. 작년에도 비가 많이 오고 바람이 거세어 큰 파도가 도시를 덮치는 바람에 엄청난 피해를 보았다. 원인은 그 도시가 큰 강의 끝자락에 있었던 탓이다.[467] 강은 광서廣西[468]성에서 시작되어 2-3일 도보 거리에 있는 대도시를 거쳐 바다로 흘러 들어간다.[469] 매년 강물은 불어나고 제방을 아무리 크고 튼튼하게 쌓아도[470] 한쪽 제방이 터지면 낮은 지대에 있던 많은 집과 농지들이 물에 잠기곤 했다. 작년에도 제방은 끄떡없다고 굳게 믿었지만 물은 제방을 넘어서 범람했고, 모든 가옥을 삼키고 살림살이, 가축

---

464 이 두 신자는 연금술을 찾던 사람들이었다. cf. NN.296-297.
465 스페인어 특유의 표현으로 "그가 그곳을 떠나지 않을 경우"라는 뜻이다.
466 cf. N.64.
467 서강이다. cf. N.235.
468 **역주_** 리치는 계속 Quansia라고 쓰고, 델리야는 Kwangsi라고 쓰고 있다.
469 즉, 광주에서 2-3일 여행 거리에 있다는 뜻이다.
470 오늘날에도 조경 근처 강의 두 가장자리에 이런 높은 제방이 있는 것을 볼 수 있다.

과 야생동물들에게까지 큰 피해를 줬다. 하느님께서 원하신바, 우리 집에도 물이 들어와 낮은 층의 모든 방이 물로 찼다. 다행히 무너지지는 않아서 수리할 수 있을 정도는 되었다.[471]

올해는 모든 분야에서 복구공사가 다시 시작되었다. 하지만 여전히 평소보다 높은 강물의 수위에 대비하기 위한 노력은 부족했고, 제방 일부는 무너지기 시작했다. 결국 백성의 뜻과는 반대로, 위험한 부분을 지탱하고 제방이 무너지는 것을 방지한다는 명분으로 관官의 허가를 받은 수백 명의 깡패가 과실수를 제외한 모든 나무를 찾아 베어 내기 시작했고, 결국 강은 이전과 다를 바 없는 손실을 계속해서 가져다주었다.

302. 리치가 수도원에 침입한 한 깡패로부터 민간인을 안전하게 피신시키다

관의 허락을 받은 깡패들은 근교의 밭과 정원까지 마음대로 훼손했고, 주민들을 괴롭혔다. 신부들의 밭에도 들어왔는데, 당시 집에는 흑인 한 사람만 경비를 서고 있었다.[472] 그들은 그를 보자 모두 달아났고, 아무도

---

[471] 강의 범람은 1586년 10월 29일 이전에 있었다. 그러나 1609년 리치가 이 글을 쓸 때는 강의 범람이 끼친 영향에 대해 자세히 기억하지 못하는 것 같다. 1586년 10월 29일 자 편지에서 범람 때문에 신부들이 도움을 주던 "저지대의 모든 집들이"(N.1142) 물에 잠겼다고 적고 있기 때문이다. 다시 말해서 여기에서 말하고 있는 것처럼 "저층의 모든 방"이 물에 잠겼다면 그날 편지를 쓸 수 없었을 것이다.

[472] 피부색이 검은 인도인이다. 이 흑인 노예는 말레이군도 어디에선가 온 사람으로, 알려진바, 헤엄을 잘 쳤고, 곤륜노(崑崙奴)라는 이름을 가지고 있었다. 16-17세기 중국에서는 이런 노예가 비싸게 거래되었다. 광주의 명망 있는 가문이라면 흑인 노예들을 문지기로 두고 있어야 했다. 흑인 노예를 흑소시(黑小廝, 검은 노예) 혹은 귀노(鬼奴, 귀신 노예), 또는 조귀노(鳥鬼奴, 까마귀같이 검은 노예)라고 불렀다. cf. Franke[1], III, pp.428-429; Ciamueihoa, p.152; NN.255, 316.

안으로 들어오지 않았다. 그들은 흑인 경비병을 보고 재수 없다고 생각하여 달아났다가, 다시 돌아와 멀리서 돌을 던지기 시작했다. 신부는 집에 있던 검은 피부의 인도인과 공포에 떨고 있던 민간인들을 위로하며, 그들이 한 것처럼 무력으로 내쫓고 하층민들을 보호하는 것은 어려운 일이 아니겠으나, 그들에게 핑곗거리를 주지 않기 위해 그렇게 하지 않았다.

저질스러운 그들도 처음에는 신부가 잘 건디는 것을 보고 두려워 점점 멀리서 돌을 던졌다. 그러나 안에서 아무런 반응이 없는 것을 보자 더 잔인하게 돌변하여 모든 창문을 깨고, 지붕과 문을 부수고 집 한쪽에 있던 정원의 담벼락을 훼손하는 등 폭동을 일으켰다. 전쟁에서 승리한 사람이나 되는 것처럼 이 기회에 집 안으로 들어와 모든 것을 부수려고 했다.

두아르테 신부는 관에 연락하기 위해 통역관과 함께 밭을 지나 집 밖으로 나왔다. 마태오 신부는 안에서 그만하라고 종용했고, 필요한 것이 있으면 가져가라고 했다. 그러나 그들은 신부를 보자 돌 세례를 퍼부었고, 죽을 수도 있는 위험에 놓이게 되었다. 결국 마태오 신부는 집을 하느님께 맡기고, 짓밟힌 밭에 세워 둔 파이프를 한 묶음 가지고 와서 어깨에 메고 그들이 무너트린 담장을 지나 그들 사이로 가서 집을 부수는 일을 하기보다는 파이프를 하나씩 들고 가서 제방을 수리하라고 했다. 야만스러운 짓을 하던 사람들은 감동하여 즉시 돌을 손에서 내려놓고 정원으로 들어가 나무로 된 축대를 몇 개씩 들고나왔다. 더는 집을 훼손하지 않았다. 모두 승자가 된 것처럼 소리를 지르고 북을 치며 늦게 각자 집으로 돌아갔다.

저녁 무렵이 되자 한 하급 관리가 와서 집이 엉망이 되고, 사방이 뻥 뚫린 것을 보고 돌아가서 밤새 보초를 설 몇 명의 군인들을 데리고 왔다.

깡패들이 다시 올까 두렵기도 하거니와 도둑이 들지도 모르기 때문이다. 이런 상황에 대해 큰 연민을 느꼈던 것 같다. 그러나 이튿날, 신부들은 그가 고관들에게 좋게 보고하지 않았다는 것을 알았다. 되레 모든 탓을 신부들에게 돌리고, 신부가 무기를 들고나와서 그들을 자극했다는 것이다. 그래서 다음 날, 마태오 신부가 통감을 찾아가 전혀 그렇지 않다고 이야기했고, 이런 일이 다시는 발생하지 않도록 집 대문에 붙일 칙령을 하나 써 줄 것을 요청했다. 칙령에는 신부들을 괴롭히지 말라는 내용이 들어 있었다. 마태오 신부가 백성을 상대로 재판을 하고 벌을 주는 소송은 힘든 일일뿐더러, 더욱이 외국인에게 호의를 베푼 것에 반대하여 일어난 경우는 더욱 그렇다고 설명하자 통감은 크게 공감하며 신부가 요청한 것을 들어주는 한편, 또 이런 일이 일어날시 엄하게 벌하겠다고 했다.[473]

두아르테 신부는 여기에서 자기가 할 수 있는 일이 없다는 것을 깨닫고 마카오로 돌아가 발리냐노 신부의 귀환을 기다리기로 했다. 발리냐노 신부는 복잡하고 힘든 이런 문제들에 대해 좋은 의견을 줄 수 있을 것으로 생각했다.

---

473 cf. N.1190.

알렉산드로 신부가 미켈레 루지에리 신부를 로마로 보내 교황이 신부들을 중국 황제에게 보내는 대사로 임명해 달라고 청하고, 안토니오 알메이다 신부는 조경으로 가는 길에 새로운 여러 난관에 부딪히다

(1588년 8월부터 12월까지)

○ 발리냐노가 루지에리를 로마로 보내 중국 황제에게 파견하는 교황대사를 제안하다

○ 루지에리가 로마에서 성공하지 못한 이유: 살레르노에서의 최후

○ 광주의 원로들이 신부들의 추방을 요청하다

○ 원로들의 요청서를 이탈리아어로 번역하다

○ 리치가 이런 엄청난 폭풍을 잠재우다

○ 프란체스코 데 페트리스 신부가 중국에 오다

303. 발리냐노가 루지에리를 로마로 보내 중국 황제에게 파견하는 교황대사를 제안하다

발리냐노 신부는 우리가 중국에서 겪은 것이 글로 다 쓸 수 없을 만큼 많았음에도 불구하고 지금까지 해 온 것에 대한 정보를 듣고, 과거와 마

찬가지로,[474] 조경肇慶에 있는 힘없는 신부들에게 힘을 실어 줄 방법을 모색하였다. 더욱이 우리의 거룩한 신앙을 선포하기 위해 중국에 왔기 때문에 신앙을 선포해야 하는데, 현재로서는 중국 황제의 허락이 떨어지지 않아 신부들이 안정적으로 체류조차 할 수 없는 상황이었다.[475] 그래서

---

474 1588년 11월 10일 자로 배달된 장문의 편지에서 —다행히 이 편지는 잘 보관되어 있다 — 발리냐노는 수도회의 총장에게 중국에서 신부들이 겪은 모든 어려움에 관해 설명하며 유일한 방법으로 황제에게 파견하는 교황대사를 제안했다. 중국학자들의 오만함과 승려들의 무시, 그리고 중국인들의 외국인에 대한 의심을 고려하건대, 문인들로부터 평판이 좋은 신부들에게 절대적인 권위를 주어 왕실까지 들어가도록 하는 것이 좋겠다는 것이다. 바로 교황이 황제에게 보내는 대사였다. 대사로 파견되는 사절단은 4명으로, 오로지 포르투갈 혹은 이탈리아 출신의 예수회원들이다. 카스틸리아 사람도 안 된다. 그들이 중국에 도착하면 조경에 먼저 와 있던 신부들과 합류하는데, 특히 리치와 연대하여 북경으로 가는 것이다. 이런 목적으로 루지에리를 로마로 보내면서 문서 —혹은 문서들— 를 가지고 가게 했다. 문서는 리치와 중국인 학자가 중국어로 쓴 교황이 황제에게 보내는 교서들이다. 교서의 끝에는 로마로 가는 만큼, 여러 정황을 설명하는 내용을 데 산데가 라틴어로 번역하여 실었다. 거기에는 로마에서 중국의 관리들에게 보내는 여러 통의 다른 편지들도 있었다. 교황의 편지는 고급스럽게 장식된 양피지에 쓴 것으로 4천 또는 5천 스쿠도의 값비싼 선물들과 함께 전달되었다. 발리냐노는 대사 파견으로 인한 결과가 엄청나게 좋을 것이라는 믿음을 가지고 있었다. 총장을 제대로 설득하기 위해서, 그는 결국 예견된 난관들을 진단하였다(NN. 2445-2495). 11일 후가 되는 11월 21일에도 발리냐노는 다시 여러 난제와 해결책을 살피고 있었다(NN. 2496-2502). 리치 역시 일본의 대사보다도 중국으로 파견되는 대사가 가져다줄 선익을 기대하고 있었다. cf. N. 1247.

475 예수회는 처음부터 18세기 중반까지, 중국에서 계속 개종자를 냈고, 적어도 중국 황제의 호감을 얻으며 그가 통치하는 방대한 영토에서 자유롭게 복음을 선포할 수 있는 허락을 받았다. 선교사들은 중국과 같은 나라는 모든 시스템이 황제로부터 계급에 따라 좌우되기 때문에 왕실에서 호감을 얻기 전에는 선교가 진정으로 뿌리를 내리기 어렵다고 생각했다. cf. NN. 501, 1382, 1450, 1490, 1510, 1511, 1520, 1523, 1553, 1556, 2714, 2720-2721, 2725. 이런 전술은 발리냐노도 조언했던 것으로(MHSI, MX, I, p. 187) 위대한 하비에르의 모델을 따른 것이었다. 이런 사도직의 방식에 관해서는 필자의 연구를 보라. *Quando nam omnes gentes ad Christum adducentur? seu De omnium optima Christo orbis subiiciendi ratione in Pontificia Universitas Gregoriana, Liber annalis anno 1940 ineunte*, Roma, 1940, pp. 61-78.

그는 마카오에 오자마자[476] 하나의 해결책으로서,[477] 교황에게 요청하여 적합한 신부를 뽑아 그에게 권위를 부여하여 중국 황제에게 파견하고자 하였다. 이를 위해 이미 중국에서 활동하고 있는 신부들 외에, 좋은 선물을 가지고 중국에 들어갈 교황의 사절단을 로마에서 보내 달라고 요청했다.[478] 이 일을 위해 마태오 신부는 조경의 한 권위 있는 학자에게 부탁

---

476 발리냐노가 마카오에 온 것은 16명의 예수회원과 로마에서 귀환한 4명의 일본인 젊은 이들과 함께 1588년 7월 28일이었다. cf. N.2508.

477 루지에리에 의하면, 황제에게 파견되는 대사에 관해 처음으로 생각한 사람은 조경의 통감이었는데, 1587년, 중국에 들어가기 위해 수단과 방법을 가리지 않던 다른 수도회의 선교사들은 이 점에 대해 의구심을 가졌다. 루지에리도 둘 중 하나를 선택하도록 강요받았을 수도 있다. 자신과 리치가 조경에 있는 동안 더는 다른 선교사들의 중국 입국을 위해 허가신청을 하지 않는 것이다. 결국 현지인 성직자 양성도 황제에게 파견하는 대사도 어렵게 되자, 천축국(天竺國)의 사제들이라면 중국에 체류할 수 있는 허락을 받을 수 있다고 생각했다. 카스티야 사람보다는 오래전에 중국 대사로 파견되었던 천축국의 신부가 정당성을 얻게 된 것이다. 이 방법은 민간의 신심에 따르면, 중국인들 사이에서는 왕조가 바뀔 때 새로운 대사를 영입하는 것은 크게 두려워할 일은 아니라는 인식에 따른 것이었다. cf. NN.206, 226. "이런 풍파는 순찰사 신부님을 움직여 루지에리 신부를 유럽으로 보내 대사를 파견해 달라고 요청하게 했다"(*ARSI, Jap.-Sin.*, 101, f.52). cf. N.5360. 그러나 1586년 이미 대사와 관련한 모든 업무는 데 산데가 신중하게 검토한 바 있었다. cf. NN.1143, 2320-2323.

478 유럽에서 중국 황제에게 파견하는 '대사'에 관한 생각은 선교사들이 북경에 들어가 그리스도교를 선포할 수 있는 자유를 얻기 위한 유일한 방법으로, 성 프란치스코 하비에르가 가장 먼저 생각하였다. 그래서 그는 1552년 중국의 "지도", '중국제국의 땅'(*MHSI, MX,* I, pp.784, 795; cf. *Ibid.*, pp.741-742)을 보고 들어가려고 했다. 3년 후, 이 생각은 조금 바뀌었고, 멜키오르 누녜즈 바레토가 다시 언급하였다. "모든 상황을 고려하건대…. 제 머리에 떠오른 생각은…. 어쩌면 당연한 것으로, 포르투갈의 국왕이 중국 황제에게 대사를 보내어 외교적인 협상과 계약을 체결하고, 그편에 우리 수도회의 신부 그룹이 동행하여 그곳으로 들어가는 것입니다. 그런 다음, 기회를 봐서 황궁으로 진출하는 것입니다. 이것은…. 결국 그리스도교 신앙이 단순한 수단이 아니라 관리들이 어디에서건 지켜야 하는 것으로 황제의 승인을 얻어 내는 데 있습니다"(Acosta, *Retum a Societate Iesu in Oriente gestarum*, f.112). cf. *MHSI, Chronicon,* V, pp.662, N.1, 718, 722. 1556-1569년 도미니코 수도회의 크루즈는 중국에 들어갈 수 있는 유일한 방법으로 대사를 생각했다. 그리고 1562년 중국으로 들어가

하여 교황이 중국 황제와 광동廣東의 총독[479]에게 보내는 편지를 각각 한 장씩 써 달라고 했고, 신부들에게 줄 허가서도 중국인들이 읽기 좋게 그들의 양식에 맞추어 작성하여 그것을 로마로 보내 찬사와 미사여구를 덧붙여 되돌아오도록 했다.[480] 루지에리 신부는 이미 나이가 들어 중국어를 배울 수 있는 처지가 못 되었고,[481] 이 기회에 그를 유럽으로 보내기로 했다.[482] 더욱이 그는 이곳에서 오랫동안 살았기 때문에 교황과 총장

려고 시도했으나 허사였다. 같은 생각을 1577년 12월 10일, 프란체스코 수도회의 피에트로 다 알파로도 스페인의 국왕에게 조언하였다. cf. *AIA*, IV, p.79.

479 광동을 리치는 Quantone이라고 쓰고, 델리야는 Kwangtung이라고 쓰고 있다.

480 이것은 한 문인의 도움을 받아 리치가 했고(N.2500), 나무판에 새긴 것은 루지에리가 이탈리아로 가지고 갔다(N.2500). 이 판은 후에 로마에서 말리야이(E. de Malijay)가 (프랑스) 파리국립도서관에 보내 1878년 8월 14일 이래, 지금까지 그곳에 있다. 코디에(Cordier)가 처음에 원문 그대로, 번역하지 않은 채 출판해서 *Bibliographie des ouvrages publiés en Chine par les Européens au XVII et au XVIII siècle*, Parigi, 1901, p.67에 수록되어 있다.

481 발리냐노는 1596년에 루지에리가 이탈리아에 있으면서 『사서(四書)』를 번역하여 인쇄하려고 한다는 사실을 알고 강제로 하지 못하도록 했다. 총장이 "이탈리아에 와 계신 루지에리 신부님은 중국의 문자와 언어에 대해 매우 잘 아십니다"라고 하는데도 불구하고, "미켈레 루지에리 신부님은 중국의 문자와 언어가 많이 딸리고 중국 문화에 대한 이해가 모자랍니다"라며 강한 반대 의사를 표명했다. 그러면서 발리냐노는 "아무도 그 책을 인정해 주지 않을 것입니다"(N.2701)라고 했다. 같은 맥락에서 그는 루지에리의 라틴어 『교리서』의 출판도 반대했다. 바로 이런 이유로 필사본이 서로 다르게 로마의 빅토리오 에마누엘레 도서관에 남아 있게 된 것이다. 그러나 『교리서』는 1913년 타키 벤투리에 의해 출판되었다. Tacchi Venturi, II, pp.498-540.

482 '이미 늙었다'라는 표현은 적절하지 않다. 루지에리는 1543년에 태어났고, 1588년 11월 26일은 아직 늙었다고 할 수가 없다. 그가 마카오를 떠나 유럽으로 향할 때가 45세였다. 1588년 11월 23일, 발리냐노가 루지에리와 그가 한 일과 그의 '늙음'에 관해, 그리고 중국으로 다시 보내지 말라는 것에 대해 총장에게 설명하고 있는 것에서 그 이유를 찾아볼 수 있다. "미켈레 루지에리 신부님은 이 임무를 위해 많은 일을 했고 지금은 약간의 휴식을 취할 겸 로마에 도착했습니다. 신부님은 늙었고 오랜 여정으로 지쳐 있어서 오래 머물 것입니다. 게다가 혀가 짧아 발음도 잘 되지 않습니다. 따라서 총장 신부님께서는 그를 이곳에 다시 파견하게 되면 그 이유를 설명해야 할 것입니다. 왜냐하

신부와 이 사업에 도움을 줄 만한 많은 사람에게 동봉하는 편지와는 별도로 그가 직접 보고 들은 것을 증언할 수 있기 때문이다.

이런 분위기를 북돋우기 위해 발리냐노 신부는 중국에서 생산되는 여러 물건을 교황과 스페인의 국왕에게 보냈다. 그중에는 중국에서 그린 세계지도『천하총도天下總圖?』라는 게 있는데, 이곳에서는 위병圍屛이라고 부른다.[483] 여러 장의 그림을 이어 붙인 것으로서 거실에 세워 두고 같은 공간을 분리하기도 하고, 접었다 폈다 할 수도 있고, 이중으로 혹은 여러 개를 포개어 사용할 수도 있다. 스페인의 국왕과 교황이 매우 기뻐했다고 한다. 그 외에도 중국 황제의 왕관 모양의 장식품과 의복, 그리고 여러 관리들의 관복이 있었다.[484]

면 이 임무는 늙고 지친 사람의 것이 아닙니다. 그곳[중국]에 도착하면 임무를 완수하기 위해 죽을힘을 다해야 하기 때문입니다"(*ARSI, Jap.-Sin.*, II, 29v; N.2506).

[483] 위병(圍屛)은 병풍이라는 뜻이다.『천하총도(天下總圖)』는 당시 중국인들의 사고방식에 따르면, 그 내용이 필자가 정리한 세계지도(D'Elia¹, fig.5, fig.6)에서조차 [낱장으로] 분리할 수 없다. 그래서 형태가 리치가 만든 것과 유사했다. 이것 역시 '여섯 폭짜리 병풍[병장육폭(屛障六幅)]'이었고(D'Elia¹, XI-XII B h liN. 24), 그래서 그것을 이지조(李之藻)는 『만국도병풍(萬國圖屛風)』이라고 번역했다(*PCLC*, XIII, Prefazione di Licezao). cf. N.358.

[484] 교황에게 보낸 이 선물들은 대사와 관련해서도 등장하지만, 바티칸에서는 전혀 흔적을 찾아볼 수가 없다. 내가 바티칸도서관과 바티칸 비밀 고문서고까지 모두 뒤졌지만 찾지 못했다. 텍스트에서 언급하고 있듯이, 루지에리가 [포르투갈의] 테르세이라섬에서 만난 풍랑으로 모두 잃어버렸다고 가정할 수도 없다. 왜냐하면 중국 지도는 존재해서, 여기서 리치가 말하고 있듯이, 스페인의 국왕과 교황이 좋아했다고 하기 때문이다. 다른 물건들도 분명히 있었던 걸로 보인다. 루지에리가 직접 1590년 7월 2일 로마의 신학교에 있는 학생들에게 그것을 보여 주고 그것에 대해 말했다고 하니까 말이다. 같은 해 같은 달(1590년 7월) 14일, 신학교의 원장 피에트로 파올로 로시 신부는 피렌체 예수회 콜레지움 원장에게 이렇게 편지를 쓰고 있다. "신부님[루지에리]이 중국 책 24권 혹은 그보다 더 많이 가지고 왔습니다. 그리고 중국 황제와 총독, 사제[승려], 군인, 진사 및 주요 인사들과 상인 등이 입는 여러 벌의 옷을 가지고 와서 어떻게 입는지 보여 주었습니다. 그 밖에도 다양한 많은 물건을 교황과 여러 인사에게 선물하기 위해

304. 루지에리가 로마에서 성공하지 못한 이유: 살레르노에서의 최후

루지에리 신부는 무사히 생각보다 빨리 유럽에 도착했지만, 테르세이라섬 항구에서 풍랑을 만났고, 가지고 갔던 물건 중 몇 개만 무사히 리스본으로 가지고 갈 수 있었다.[485] 마드리드에서는 펠리페 2세를 만났고,

---

가지고 왔습니다"(N.2545).

[485] 루지에리가 200여 명의 사람과 중국 배를 타고 마카오에서 출발한 것은 1588년 11월 25일 이전으로, 루지에리는 정확하게 20일에 출발했다(N.5375)고 말한 바 있다. 우리도 분명 루지에리가 가져온 것으로 판단되는 11월 21일과 23일 자 발리냐노의 편지를 보관하고 있다. 24일 순찰사는 또 다른 "[편지]다발을 밀봉해서" 주면서 총장에게 제안할 게 생각났다고 했다. 25일 이 편지를 쓴 이유가 추가되었다. cf. *ARSI, Jap.-Sin.*, II, ff.29b, 31a-b. 풍랑을 겪고 난 뒤, 루지에리는 믈라카에 도착하여 상선에 자리를 마련했다. 그곳에서 한 달간 "닻을 묶어 둔 상자 위에서 먹고 자며" 여행하는 동안 파도는 계속해서 물을 뿌렸다. 한 달이 지난 후에야 비로소 "여태 지낸 것보다 더 나을 게 없는 다른 곳"(N.5364)으로 이동했다. 두 달이 조금 못 되는 여행을 한 후에야 비로소 희망봉을 돌았고(N.5423), 세인트헬레나섬 근처에서 50여 명의 여행자가 사망했다. 믈라카에서 오염된 물을 마신 탓이었다(N.5365).

세인트헬레나(Saint Helena)섬에서 루지에리는 5월 중 20일가량을 머물며 포르투갈 출신의 예수회원 프란체스코 데 몬클라로(Francesco de Monclaro S.I.) 신부를 만났다. 그는 1577년 고아에서 원장을 지냈고, 지금은 다른 배를 타고 인도에서 오는 중이었다(N.5366). 성령강림절(5월 21일)을 보내고 배는 다시 포르투갈을 향해 출발했으나 아소르스(Açores)제도의 코르푸섬에서 테르세이라(Terceira) 방향으로 가는 길에 포르투갈 상선들을 몹시 귀찮게 하는 영국의 함선들을 만났다. 영국 함선들은 인도 함대의 여섯 척의 배를 부수었다(N.5369).

8월, 루지에리의 배는 테르세이라섬에서 풍랑을 만나 5개의 닻을 잃고 브라질 반대쪽에서 겨우 빠져나왔다. 생존자들의 목숨 외에 아무것도 구하지 못했다. 테르세이라섬에서 포르투갈까지 루지에리가 선장이 되어(N.5371) 여행했으나, 17일간 강한 바람을 만났다. 바람은 40° 위치에서 이들을 기다리고 있던(N.5427) (40척의) 영국 함대를 피하게 해 주었고, 그 바람에 테르세이라섬으로 돌아와 다시 보름 후에 리스본으로 떠나는 배에 올랐다. 그리고 1589년 9월 13일 리스본에 도착했다. 루지에리는 리스본에서 두 달가량 머물며 오스트리아의 추기경과 만나 많은 대화를 했는데, 그 자리에서 루지에리는 중국에 관해 아름답게 묘사했다(NN.5327-5376).

국왕은 크게 환영해 주며 교황과 잘 협력하여 중국선교에 도움을 주겠다고 약속했다. 그러나 로마에 도착해서는 교황이 짧은 시간에 두세 명이 연속해서 사망하고 선출되는 바람에[486] 총장 신부가 교황과 중국선교에

---

[486] 오스트리아의 추기경은 루지에리에게 로마로 가는 대신 펠리페 2세 국왕을 만날 것을 재촉했다. 그 결과, 추기경으로부터 "500레알[역주_ 16세기 이후 스페인과 포르투갈에서 가장 많이 쓰던 화폐 단위 레알(Real)]"을 받고, 에보라[역주_ 포르투갈 남중부 알렌테주에 있는 지방 도시, 도심의 역사 지구는 유네스코 세계유산으로 지정되어 있다]로 갔다가 3일가량 머문 후, 11월 11일 대주교가 준 사두마차에 올라 마드리드로 향했다. 이것 외에도 대주교는 "300레알"이 넘게 선물했고 "중국에서 가지고 온 물건들을 말(馬) 한 필"에 가득 실었다. 가는 길에 루지에리는 브라간사(Braganza) 여공(女公)의 영지 빌라 비코사(Vila Viçosa)에서 하루를 쉬었다. 여공(女公)은 그에게 500레알을 선물했다. 성탄 8일 전(12월 17일)에 마드리드에 도착했다(NN.5377-5380). 펠리페 2세 국왕은 1590년 초, 몇 개월에 걸쳐 루지에리 신부와 자주, 오랜 시간 이야기하는 걸 좋아했다(NN.2544, 5381). 발렌시아에서 루지에리는 잔 바티스타 빌랄판도(Gian Battista Villalpando) 신부와 한 달간 머물다 제노바로 향하는 배에 올랐다. 5일 후, 제노바에 도착했다가 늦지 않게 나폴리로 다시 떠났다. 그리고 3일간의 설레는 여행 끝에 나폴리에 도착(1590년 6월 14일)했다. cf. NN.5382-5383; Tacchi Venturi, I, p.173, N.4. 총장의 편지는 즉시 로마로 오라는 것이었고, 루지에리 신부는 빌랄판도 신부와 (함께 유럽으로 온) 다른 "두 명의 현지인, 즉 중국인 한 사람과 인도 말바인 한 사람"(N.2539)과 함께 로마로 향했고, 6월 29일 '영원의 도시'에 도착했다(N.5384). 로마에서 루지에리 신부는 몬탈도 추기경과 비르질리오 오르시니 신부의 성대한 환영식과 함께 교황의 알현을 약속받았다. 그러나 1590년 8월 27일, 시스토 5세 교황이 서거하고, 그의 후임자 우르바노 7세 교황까지 선출된 지 한 달 만에 사망(9월 27일)하는 바람에 교황직은 열흘도 채우지 못했다. 이에 루지에리는 나폴리로 돌아왔고, 1590년 12월 5일 다시 교황 선출이 있었다. 이번에는 루지에리와도 친분이 있는 추기경이 그레고리오 14세라는 이름으로 교황이 되었다. 미켈레 (루지에리) 신부는 "인도인 한 사람"과 로마로 갔고, 그는 교황에게 '중국 묘사(Descrittione della Cina)'라는 〈중국 지도(Carta della Cina)〉와 자신이 쓴 라틴어 『교리서』를 선물했다. 루지에리는 '하느님의 어린양'으로 교황의 축복을 받고 처음으로 사도궁에서 교황과 함께 점심을 했다. 교황은 파키네티(Fachinetti) 추기경(훗날 인노첸시오 9세 교황)에게 라틴어와 중국어로 교황 서한을 작성하라고 했다. 스페인의 대사와 올리바레스 백작이 교황 서한을 보내야 한다고 독촉했기 때문이다. cf. NN.5385-5387. 그러나 그레고리오 14세 교황은 1591년 10월 16일에 서거했고, 그의 후임으로 인노첸시오 9세가 10월 29일에 선출되었으나 그해(1591년) 12월 30일 그 역시 사망하고 말았다. 이런 와중에 (스페인의) 나

대해 말할 수 있는 상황이 아니었고, 그래서 루지에리는 더 간절히 최선을 다해 바쁘게 다녔다.[487] 결국 루지에리는 나폴리 왕국의 살레르노에서 생을 마쳤다.[488]

305. 광주의 원로들이 신부들의 추방을 요청하다

마태오 신부는 수개월 동안 조경 수도원에서 혼자 있었는데, 많은 사람이 유럽에서 가지고 온 우리[유럽]의 물건들을 보려고 찾아왔다. 그중에서 가장 많은 사람의 관심을 끈 것이 대형시계였다. 수도원에서 사용하고 있던 것으로, 길을 지나가는 사람들도 볼 수 있을 정도의 크기였다. 매달린 큰 종은 매시간을 알려 주었다. 중국에서는 한 번도 보지 못했던 것이었다.[489] 결국 순찰사 신부는 알메이다 신부를 보내 마태오 신부와 함께 지내도록 했다.[490]

바라 왕국과 프랑스가 전쟁을 치르고, "그 틈에 스페인의 여러 왕국이 반란과 전복을 모색했고, 인도 함대에게 영국 여왕은 골칫거리가 되는 등 여러 가지 문제들이 대두되고 있었다"(N.5388). 게다가 1598년 9월 13일, 펠리페 2세 국왕까지 사망하는 일이 벌어졌다(N.5361). 스페인 왕실은 더는 [중국선교] 사업을 독촉하지 않았고, 총장 신부는 나은 시기가 오기를 기다리는 것이 좋겠다고 판단했다.

487 cf. NN.503, 570.

488 루지에리는 살레르노에서 1607년 5월 11일에 사망했는데, 리치가 사망하기 정확하게 3년 전이다.

489 광장에서도 볼 수 있었던 이 시계는 "중국에서는 한 번도 본 적이 없었던 것"으로 많은 사람의 호기심을 끌었다. cf. N.310.

490 알메이다 신부가 조경에 온 날짜는 정확하게 알려지지 않았다. 다만 리치가 광주의 원로들에 관해 기억하는 바와 1588년 9월 8일 자 알메이다가 조경에서 쓴 편지로 유추해 보건대(ARSI, Jap.-Sin., 125, ff.58-62) 그해 8월쯤으로 볼 수 있다. 따라서 리치가 혼자 있었던 기간은 1587년 11월부터 1588년 8월까지다. 베르나르드가 "데 알메이다는 조경에 9월 5일 도착했다"(Bernard[1], p.280, N.5)는 말은 어디에서 나온 것인지 알 수가 없다. 그가 쓴 『일본과 중국에서 온 편지(le Lettere del Giappone e della Cina)』

신부가 조경에 오자마자,[491] 새로 온 신부들을 보고, 광동의 대도시[492] 원로들은 이를 못마땅하게 여겨 찰원察院에 고발하였다. 원로들은 나이가 지긋하게 든 사람들로 백성과 관리들의 신임을 크게 얻고 있었다. 그들이 신임받는 이유는 어려서부터 그 나이가 들 때까지 남의 소송에 한 번도 휘말리지 않았을뿐더러, 그 자신 한 번도 소송을 건 적이 없기 때문이다.[493] 그래서 매년 그 지방의 관리들은 그들을 초대하여 공금으로 성대하게 음식을 대접하고, 여러 가지 특권을 주었다. 그들은 모든 관공서를 자유자재로 출입했고, 관공서에 올 때는 특별한 의복을 갖추어 입었다. 스스로 아무런 보수도 받지 않고 공익을 위해 일한다고 큰소리치는 사람들이었다. 그들은 신부들이 도시의 화복禍福을 위해 조경에 서양식 탑을 세운다는 소문을 듣고 찾아온 것이다.[494] 탑을 세우는 데 드는 비용은 4천 혹은 5천 스쿠도가량인데, 마카오에 있는 포르투갈 사람들의 도움이 아니고는 불가능한 것으로 생각했다. 포르투갈 상인들이 신부들을 지원한 것은, 중국 백성들의 반란을 도모하기 위해서라는 것이다. 이런 경고가 담긴 고소장이 찰원에 전해진 것이다.

(pp.187-190)에서도 여기에 대해서는 전혀 언급하고 있지 않다. 그가 언급한 유일한 것은, 알메이다가 9월 8일 자로 편지를 썼다는 것과 조경에 도착한 지 사흘 만에 조경의 행정장관에게 통보했다는 것이다. 그러나 이 사흘이라는 것도 그가 편지를 쓴 9월 8일인지는 전혀 알 수가 없다.

491 그가 도착한 지 사흘이 지난 후다. cf. N.2433.

492 광동이다. 도읍은 광주(廣州)다.

493 cf. N.663.

494 이 시기에 탑이 세워졌는데(cf. N.235), 신부들의 숙소가 공사 현장이 되었다. 신부들이 직접 세운 탑에 대한 나쁜 소문(NN.257, 293, 306)은 백성을 선동하여 혁명을 일으킬 목적이라는 데 있었다. cf. N.257, 본서, p.170, 주(註) 273.

306. 원로들의 요청서를 이탈리아어로 번역하다

고소장은 그들의 문장대로 매우 수려하고 조리 있게 작성되었다. 그것을 여기에 옮겨 적겠다. 문장 하나하나를 우리의 언어로 번역했지만, 중국어에 담긴 힘이나 우아함까지 옮길 수는 없을 것 같다. 말하고 있는 내용은 이렇다.

"중국의 법률에 따르면, 백성을 미혹하는 해로운 모든 일이 발생하면 상급 기관에 자유롭게 보고하게 되어 있습니다. 우리, 광주의 원로들은 이 도시에서 일어나고 있는 어떤 분명한 현상들을 보고 가만히 있을 수가 없어 찰원께 보고하는 바입니다. 조처하셔서 잘 정리해 주시기를 바랍니다.

그중 하나는 이상한 나라에서 온 몇몇 외국인들이 조경의 도읍에 살고 있습니다. 중국에 입국하여 살고자 하는 이상한 사람들이 우리에게 손해를 끼칠까 두렵습니다. 이 점과 관련하여, 우리는 눈앞에서 벌어진 사례를 소상히 말씀드릴 수 있습니다.

지금 향산香山의 행정도시 마카오에는 미개한 국가에서 온 여러 외국인 단체가 대사 자격으로 중국에 입국하여 우리의 황제께 조공을 바치고자 하는데,[495] 그 이유는 우리와 그들의 상인들이 서로 교역을 하려는 발상입니다. 그러므로 황제께 대사로 입국하는 거라고 해도 허락해서는 안 됩니다. 거기에는 이런 전체적인 의도가 들어 있기 때문입니다. 과거 그들은 배 위에서 생활했는데, 그것은 육지로 입국하는 걸 불허했기 때문입니다. 그래서 그들은 시장이 파하면 닻을 올려 자기네 나라로 돌아갔

---

[495] 1587년 프란체스코회의 알칸타라 출신 로욜라의 마르틴 이냐시오(Martin Ignazio di Loyola)의 생각이었다. cf. N.287, 본서, p.221, 주(註) 393.

습니다. [그런데] 지금은 높은 지대에 집을 짓고 큰 건물을 세워 벌과 개미 떼들처럼 다닥다닥 붙어 있는 형국이 되었습니다.

이 성에 사는 누구도 이런 광경을 보고 냉정하게 화를 내는 사람이 없습니다. 눈에 보이는 이런 현상들 외에도, 그들은 매일 새롭고 교활한 사기를 일삼는데, 가령 탑을 세우기 위해 돈을 써서 다른 나쁜 외국인들을 데리고 조경으로 들어오는 것입니다. 특별한 목적도 없이 벌써 [많은] 사람이 오가고 있습니다.

우리가 정말 두려워하는 것은 그들이 우리의 비밀을 캐러 온 간첩으로, 후에 시간을 두고 우리 백성 중 나쁜 사람들과 손을 잡고 국가에 중대한 손해를 끼치지나 않을까 하는 것입니다. 격분한 나머지 사람들[우리 백성들]을 물고기나 고래처럼 바다에 처넣을까 두렵습니다.

이것은 우리의 책에서 말하고 있듯이, '좋은 땅에 가시를 뿌리면 쐐기풀로 가득하고, 뱀과 용을 데려와 우리 집에 살게 한 것'과 다를 바가 없는 것입니다. 우리가 마카오의 위험에 관해 말하는 것은 그것이 손과 발에 난 종기와 같기 때문입니다. 많이 진행되지 않았기 때문에 바로 치료하면 됩니다. 그러나 오늘날 조경의 상황은 종기가 가슴과 심장에까지 진행된 상태입니다. 수단과 방법을 가리지 말고 서둘러 치료하는 것이 마땅하다고 생각합니다.

이런 이유로 바라건대, 찰원께서는 조경의 관리들에게 명하셔서 이 외국인들을 체포하여 추방한 후, 마카오 밖으로 내치도록 해 주십시오.

마카오의 상황에 따라 서서히 보다 나은 해결책이 나올 것입니다. 그래야만 찰원께서는 모든 성省에 활력을 되찾아 주고, 백성은 찰원 덕분에 큰 은혜를 입게 될 것입니다."[496]

307. 리치가 이런 엄청난 폭풍을 잠재우다

당시 찰원은 채蔡라는 성을 가진 인물로,[497] 법률에 매우 엄격하고 냉정하며 하는 일에 소신과 자부심이 있어 모든 사람으로부터 존경을 받고 있었다. 그는 고소장을 검토한 후, 광주廣州의 해도海道에게 조사해 보라고 지시했다. 해도는 다시 도읍의 통감[498]에게 맡겼고, 찰원으로부터 넘어온 이 일은 다시 조경의 통감[499]에게 전해졌다. 그러면서 이 일에 관한 모든 정보를 신속하게 판단하여 처리하라고 했다.

공증인을 통해 이틀 후에 재판에 나오라는 통보가 마태오 신부에게 도달했고, 동시에 광주廣州의 원로들이 제출한 고소장과 신부들을 상대로 쓴 퇴출서 사본도 전달되었다.

그 시간에 통감[정일린]은 업무 보고차 북경에 3년간 가 있었고,[500] 그 자리는 친구 방方이라는 성을 가진 사람[501]이 대신하고 있었다. 그는 리

---

496 데 알메이다도 데 산데에게 이 문건의 번역문을 보냈다. cf. *ARSI, Jap.-Sin.*, 25, ff.58-59; N.2431. 1589년 9월 28일, 데 산데가 가지고 온 것으로 보인다(N.4006). cf. NN.1190, 2518. 발리냐노 역시 이 일이 있은 지 2년도 더 지난 1589년 11월 9일, 마카오에서 이 문건의 요약에 대해 언급한 바 있다. cf. *CP*, II, pp.687-688.

497 이 감독관의 성은 채(蔡)이고, 이름은 몽설(夢說)이며, 호는 군필(君弼)이다. 복건성의 용암주(龍巖州)에서 태어나 1574년 학사를 통과한 후, 북경에서 중서(中書)가 되었고, 광동성의 어사(御史)로 지명되었다. 그 시기에 이 문건이 나왔다. 그는 해적들의 침입으로부터 도시를 지키고자 많은 다리를 건설했고, 그 덕분에 광동성의 민정 담당 차관, 참정(參政)으로 임명되었다. cf. *Annali Generali del Kwangtung*, c.343, f.14a.

498 1588년 광주의 통감은 복건성 영춘주(永春州) 출신의 유응망(劉應望)이었다. cf. *Annali Generali del Kwangtung*[『광동부지(廣東府志)』], c.21, f.12a.

499 정일린(鄭一麟)이다. N.289. cf. N.287, 본서, p.210, 주(註) 360.

500 1585년에 가서(N.280) 1588년에 돌아왔다. cf. NN.114, 130.

501 절강성의 수안(遂安)에서 퇴임한 방응시(方應時)다. 동지(同知)로 있는 동안 집안에 초상이 나서 알게 되었다. cf. *Annali della Prefettura di Shiuhing*[『소흥부지(紹興府志)』], c.12, f.15a.

치의 친구이기 때문에 상황은 매우 좋았다. 그는 마태오 신부를 불러 그와 그의 동료들을 상대로 찰원으로부터 고소장이 도달했다고 말해 주었다. 이야기를 들은 신부는 모든 것이 사실이 아닐뿐더러, 특히 탑 건설 비용은 사실과 전혀 다르다고 했다. 이것이 사실이 아니라는 것은 조경에 있는 사람이면 모두 알고 있다고도 했다.[502] 부관[방응시] 역시 오랫동안 이곳에서 신부들의 무고함과 덕행을 잘 알고 있다고 했다. 사실 그는 원로들이 다른 도시[광주]에 있어 잘 알지도 못하는 조경의 일에 계속해서 간섭하는 것에 매우 화가 나 있었다. 그래서 그는 신부에게 비방죄로 그들을 고소하라며, 자신이 보호해 주겠다고 했다. 그리고 그 이유를 찰원에게 보고 할 테니, 아무것도 두려워하지 말라고 했다.

이튿날 다른 도시에서 영서도嶺西道[503]가 왔는데, 이 소송과 관련하여 아무것도 모르고 있었다. 마태오 신부는 알메이다 신부와 함께 바로 공식적인 알현 자리에 찾아가 프리즘을 선물하였다. 영서도는 그것을 무척 갖고 싶어 했다고 했다. 생각보다 훨씬 좋아하며, 서양에서는 이것이 얼마의 값어치를 하느냐고 물었고, 7-8푼 정도밖에 하지 않는, 값싼 물건이라고 대답했다. 그는 그것이 사실이 아닐 거라며, 신부가 [자기에게] 값을 지급하지 않게 하려고 그렇게 말하는 걸로 생각했다. "그것이 어떻게 사실일 수 있겠는가?"라고 생각하며, 크게 비싼 물건일 거로 보고 프리즘의 가격으로 그 자리에서 즉시 2두카토를 지급하도록 했다.

리치는 영서도의 호의를 받을 수밖에 없었다. 이번 방문으로 알메이다 신부의 체류를 확정하고, 광주의 원로들이 낸 고소장을 상대로 서류

---

502 cf. NN.257, 293, 306. cf. N.305, 본서, p.257, 주(註) 494.
503 황시우(黃時雨)다. cf. N.298, 본서, p.244, 주(註) 462.

를 제출하러 왔다고 했다. 이에 관해 리치는 이렇게 말했다.

"저는 동료들과 함께 7-8년 전에[504] 고향을 떠나 중국 정부에 대한 좋은 소문을 듣고 2천 마일[505]이 넘는 바닷길을 건너 중국에 왔습니다.[506] 하느님을 섬기는 가난한 수도자로서, 중국의 모든 법규를 준수하며 누구에게도 해를 끼치지 않았습니다. 그런데 지금 광주의 원로들이 제기한 거짓 고소로 인해 매우 괴롭습니다. 저와 제 동료들의 무고함을 모두 밝히지 못한다면 영서도의 통치가 바르고 정직하지 못하다고 할 것이며, 유사한 비방에 대해 보호받지 못하게 될 것입니다."

그러자 영서도는 원로들이 제기한 관련 자료를 모두 조사하여, 찰원에게 정확한 정보를 전달하라고 지시했다.[507]

부관[508]은 신부들의 요청을 모두 수용하여 소송 과정에 대해 주목하며, 그들이 고소장에서 제시한 모든 것이 거짓이라고 천명하였다. 그런다음 영서도에게 가지고 가서 승인해 주라고 했다.

---

[504] 그가 마카오에 도착한 것은 1582년 8월 7일이다. 1588년 9월이면, 중국식 표현으로 리치가 중국에 온 지 7년이 되었다고 말할 수 있다. 중국인들은 시작한 해도 한 해로 계산하기 때문이다.

[505] **역주_** 서양식 거리 단위인 마일을 그대로 쓰게 되면 2,000마일은 약 3,200km다. 이탈리아에서 중국까지의 거리라고 생각하면 거의 비슷하다고 할 수 있다. 화폐 단위에 대한 환산 여부는 의심스럽다.

[506] 리치는 자신의 라틴어 번역에서 말하고 있는 것처럼, 8만 리(里)는 3만 마일이다. 그의 저서 『천주실의』에서 마응경(馮應京)이 쓴 서문에 팔만리(八萬里)를 "3만 마일"이라고 표현하고 있기 때문이다. cf. R. Biblioteca Casanatense di Roma, ms. G.I., 1, 2136, f.3r. 다른 곳에서도 그는 "중국에서 5리(里)는 해리 1마일 혹은 카를레티가 잰 것처럼 1마일 반에 해당한다"(N.521)라고 말하고 있다. 리치는 대부분 이탈리아에서 중국까지 자신이 한 여행은 1만 리(里)를 10번, 9번, 8번에 해당한다고 말하고 있다. cf. Ciamueihoa, pp.164-165.

[507] cf. NN.2437, 2518.

[508] 방응시(方應時)다. cf. N.307, 본서, p.260, 주(註) 501.

기대했던 대로, 영서도는 신부들을 크게 칭송하며 모두 승인해 주었다. [영서도는] 재판의 끝에 이 소송이 광동廣州[509]의 통감[510]을 거치지 말고 바로 찰원에게 전달하라고 했다. 대단히 의미 있는 명령이었고, 최종적으로 비방이 얼마나 위험한 것인지를 알려 주었다.[511]

순찰사 신부[512]는 신부들을 상대로 일어난 이 일을 가장 먼저 주시했고, 많은 미사와 지속적인 기도로 하느님께서 신부들을 이 일에서 벗어나게 해 달라고 간구했다. 결국 좋은 결과가 알려지자, 그는 천주께 깊이 감사하며 모든 신부와 함께 큰 축제를 열었다.[513]

---

509 광동의 도읍 광주를 말한다.
510 유응망(劉應望)이다. cf. N.307, 본서, p.260, 주(註) 498.
511 여기에 관해서는 1588년 9월 8일 자, 데 알메이다가 쓴 편지에서 장황하게 언급하고 있다. *ARSI, Jap.-Sin.*, 125, ff.58-62. 편지에서는 영서도(嶺西道)의 재판에 관해서도 언급하는데, 모두 리치의 요청에 의한 것이라며, 이렇게 말하고 있다. "마태오는 도당(都堂)을 방문하여 중국에서 살게 해 준 데 감사하며 신부들은 장사하지 않고, 마카오의 외국인 상인들과도 매우 다른 삶과 직업을 가지고 있다며, 자신의 말을 믿고 조용히 살게 해 달라고 했습니다. 그렇게 해 준다면 곧장 광주의 해도(海道)에게 가서 그대로 전하기만 할 뿐, 국왕이 보낸 순찰사에게 가서 말하지는 않겠습니다"(N.2438). cf. NN.2430-2440. 조정 관리들이 신부들의 요청에 따라 내린 결론은 데 산데를 허락하는 것이었다(N.4007).
512 알렉산드로 발리냐노다. Cf. 본서, p.60, 주(註) 21.
513 1589년 11월 22일, 인도 관구장 피에트로 마르티네즈 신부는 총장 신부에게 이렇게 편지를 썼다. "앞서 일어난 일에 관한 마태오 신부의 편지와 또 다른 편지로 알 수 있는 것은 해도가 베풀어 준 애정과 명예입니다. 그것은 특히 외국인들에게 조경 체류를 허락하고 안전하게 살도록 해 준 것입니다. 제 생각에 주님께서 그의 마음을 움직이게 하신 것 같습니다. 그가 몹시 갖고 싶어 하던 프리즘을 신부는 주었고, 그 답례로 신부들에게 호의를 베풀어 주었습니다. 여기에 관해서는 리치 신부님이 길게 말씀하셨고, 지금 선교지는 과거의 박해로부터 매우 안전하게 되었습니다. 신부님은 계속해서 우리의 [선교] 사업을 준비하고, 성과를 내려고 노력하고 있습니다. 하느님께서는 잃어버릴 수도 있는 건강을 허락해 주시고 커다란 마음의 준비를 시키시는 것 같습니다"(*ARSI, Jap.-Sin.*, 125, f.62b).

308. 프란체스코 데 페트리스 신부가 중국에 오다

그즈음, 중국에 있는 신부들에게 생긴 또 다른 기쁨은 프란체스코 데 페트리스Francesco de Petris 신부[514]가 중국선교에 참여하게 된 것이다. 그

---

[514] 프란체스코 데 페트리스(1562-1593)는 리에티(Rieti)(**역주**_ 이탈리아 장화 반도의 배꼽에 해당하는 라치오주의 산악마을이다)의 바디아 디 파르파에서 태어나 "어린 시절에 로마의 우리 콜레지움에서 공부를 했고", 큰 신심으로 영보 수도회의 첫 회원이 되었다(N.419). 교과 과정을 마무리하며 "모든 사람의 박수와 갈채 속에서 철학 전 과정 공개 심사를 마쳤다"(N.419). 그리고 동정 마리아회(N.421)의 요청을 뒤로 하고, 스무 살이던 1583년 8월 15일, 퀴리날레에 있는 [예수회의] 성 안드레아 수도원에 지원자로 입회하였다. "보기 드문 천재였고, 신중하게 대화를 잘해서 모든 사람이 집 안에서건 밖에서건 그를 사랑했다"(N.420). 로마에서 일본 사절단과 함께 출발했다면 1585년 6월 3일 '영원의 도시[로마]'를 떠나야 했기에 수도 생활을 시작한 지는 2년이 채 안 된 시점이었다고 볼 수 있다. 그들과 함께 1586년 4월 13일 리스본을 떠나 1586년 8월 31일과 1587년 3월 15일 사이에는 모잠비크에 머물렀고, 그 뒤, 그해 5월 29일 고아에 도착했다. 고아에서 신학을 공부했다. 포르투갈을 떠나기 전에 사제서품을 받지 않았다면, 그곳[고아]에서 서품을 받았을 것이다. 1588년 4월 22일, 다른 16명의 예수회 선교사들과 함께 일본행이 결정되어 발리냐노와 함께 고아를 떠났다. 가는 도중에 그는 일본어를 공부했고, 그해 7월 28일, 마카오에 도착했다(N.2600). 1588년 11월, 발리냐노는 루지에리를 로마로 보냈고, 데 페트리스에게 일본선교를 접고 중국으로 갈 준비를 하라고 통보했다(N.2600). 그 소식에 그는 "크게 기뻐하며 기꺼이 가겠습니다"(N.420)라고 했고, 즉각 데 산데 신부의 지도하에서 열정을 갖고 중국어 공부를 시작하여 좋은 성과를 얻었다(Cf. 본서, p.401, 주(註) 292; N.308). 1591년 10월 17일, 데 알메이다 신부가 사망하자(N.385), 데 페트리스는 그의 요청에도 전혀 두려워하지 않고(N.420) 구두로 받은 체류 허가서(NN.375, 378, 380)를 가지고 1591년 12월 8일, 마카오에서 출발하여 성탄 전에 소주(韶州)에 도착(N.2575)한 걸로 보인다. 가장 유력한 것은 그해 12월 20일에 소주에 도착했을 것이라는 점이다(NN.1220, 2575, 2577, 2585). 그리고 바로 리치의 지도로 사서(四書)를 공부했고 오경(五經)의 하나를 잡고 공부하기 시작했다(N.424). 1593년 1월 1일, 발리냐노가 편집한 명부에는 그에 관해 이렇게 적혀 있었다. "프란체스코 페트리스 신부, 이탈리아 사람, 몬테 데 산타 마리아의 아바디아 디 파르파 출신, 30세. 튼튼함. 입회한 지 10년 되었음. 자유학예[인문학]와 3년의 신학 과정 수료. 중국 내륙 소주시에 있음. 중국어 실력은 보통"(*ARSI, Jap.-Sin.*, 25, f.34, N.45). 같은 명부에서는 그의 지적 · 도덕적 자질과 관련해서도 거의 찬사에 가깝게 기록하고 있다. "데 페트리스는 조용한 언사가 거의 최고 경지에 이른 분입니다.". 리치도 이미 그에 대해 이렇게 말하고 있다. "대단히 똑똑하고, 정직하

는 일본 사절단과 함께 일본으로 가기 위해 로마에서 새로 파견된 사람이었다. 페트리스 신부는 덕행이 남다르고 회심의 은혜가 큰 사람으로 중국선교에 특별한 성소를 가지고 있었다. 그러나 장상이 자유롭게 임명하게 하려고, 또 그에 대해 온전히 순명하려고 겉으로 내색하지는 않았다. 그러다가 자신이 중국으로 가게 되자 크게 기뻐하였다. 그는 즉시 편지를 써서 두아르테 신부에게 중국어 도움을 요청했고, 마카오에 있으면서 내륙으로 들어가기를 희망하였다.

고 신중하며, 학식과 덕망이 뛰어납니다. 훌륭한 일꾼으로 주님을 섬기는 데는 항상 빠지지 않을뿐더러, 주님을 기다리게 하는 일도 거의 없습니다"(*ARSI, Jap.-Sin.*, 25, f.41). 그러나 많은 기대가 그의 거룩하면서도 이른 죽음으로 좌절되고 말았다 (NN.418-425). 튼튼한 체격에도 불구하고(N.393) 1593년 11월 5일에 사망한 것이다 (Cf. 본서, p.397, 주(註) 276). "마태오 신부를 큰 충격에 빠트렸다"(N.424). 아마도 그 해 12월 데 알메이다와 함께 마카오에 매장한 걸로 추측된다(Cf. 본서, p.402, 주(註) 294).
　명부는 데 페트리스가 1586년 리스본에서 출발할 때 이미 신부였는지에 대해 의견이 분분하다(*ARSI, Goa*, 27, f.2b). 신부들의 명단에 넣어 "프란체스코 데 페트리 신부"라고 분명히 밝히고 있는가 하면, 다른 곳(*ARSI, Goa*, 28, f.9b)에서는 포르투갈에서 출발할 때 "프란체스코 데 페트리 수사"라고 부르고 있기 때문이다. 그런데도 1589년 9월 28일까지 데 산데는 그는 "프란체스코 페트리 신부"(N.2527)라고 부르고, 다른 모든 문건에서도 계속해서 그렇게 부르고, 리치도 그렇게 부르고 있다. cf. N.1234. 따라서 적어도 그는 인도에서 서품을 받았거나 아무리 늦어도 마카오에서 받은 것으로 볼 수 있다. 그런데 왜 베르나르드(Bernard[2], I, pp.135, 171, 172, 175)가 데 페트리스의 중국선교를 이야기할 때, 계속해서 그를 두고 "수사(Frère)"라고 부르는지 알 수가 없다. 수사는 사제가 되기 전 학생 신분일 때 부른다.

제12장

조경 수도원에서 우리가 거둔 성과에 대해

(1583년 9월 10일부터 1589년 8월 초순까지)

○ 조경 수도원과 성당의 위치

○ 많은 사람의 방문과 방문 이유

○ 비교인들을 대상으로 한 복음 설교: 상호 예의

○ 문인과 관리들 사이에서 이룬 첫 번째 사도적 성과

○ 새 영세자들, 여성들의 세례, 그리스도인의 삶, 설교와 미사

○ 리치에 의한 치유 기적과 많은 개종자의 탄생. 한 관리가 기도로 두 자녀를 얻다

○ 죽음이 임박한 어린이들의 첫 세례; 성인 교육

○ 신부들의 조경 체류가 포르투갈인들과 유색 노예들에게 주는 효과

○ 3년마다 방문하는 코친차이나의 대사

309. 조경 수도원과 성당의 위치

조경肇慶 수도원은 우리가 활동하기에 매우 편리한 곳에 있었다. 도시의 성안에 있지 않아서 사람들의 소란과 번잡함에서 모두 벗어나 있었고, 사막처럼 위험한 곳도 아닌, 성城의 서쪽 마을 중심부에 있었다. 큰 강[515]이 있어 더욱 편리했다. 강물이 성문 앞으로 지나고 많은 배들이 드나들어 큰 힘 들이지 않고도 많은 혜택을 볼 수가 있었다. 광동廣東의 도

읍[516]으로 가는 것뿐 아니라, 매년 그곳에서 두 차례씩 필요한 물품을 구입하는 비용으로 보내오는 돈을 받기에도 편리했고, 각종 편지와 중국 밖의 다른 지역에서 오는 물건들[517]을 가지고 오는데도 편리했다. 가끔 마카오에 가기도 하고, 강 깊숙이 있는 여러 마을로 들어가 설교하기도 쉬웠다. 강폭은 어떤 곳은 1마일이 넘는 곳도 있었다.

310. 많은 사람의 방문과 방문 이유

[수도원] 근처에는 사당이 하나 있었고,[518] 두 성의 총독 관저가 있는 지역[519]인 만큼 계속해서 모든 관리가 드나들었다. 신임 관리가 부임할 때, 누군가 승진할 때, 국경일이나 총독의 생일, 그 밖의 다른 행사가 있을 때 그들은 이곳을 찾았다.[520] 신부들에 대한 좋은 평판과 수도원에서 가지고 있는 물건들에 대한 소문이 자자했고, 모두 그것을 보고 싶어 했다. 그들 중 많은 사람이 신부들의 숙소를 먼저 들르고 그다음에 총독을 만나러 가곤 했다.

많은 사람이 대형시계[521]와 다른 작은 물건들에 매료되었고, 또 어떤 사람들은 유화(그림)와 그 외 인쇄물들에, 일부는 여러 가지 수학용 연산

---

515 서강(西江), 즉 서쪽에 있는 강이다. cf. NN.235, 301.
516 광주(廣州)다. 광동의 도읍이다.
517 선교사들이 광주를 통해 일 년에 두 차례씩 소식을 받고 전하는 것이 흥미롭다. 마찬가지로 필요한 자금을 조달하러 광주로 갔다는 것에 주목할 필요가 있다. 아마도 1년에 두 차례 3-4월과 10-11월에 포르투갈 상인들에 의해 열린 상품 박람회 기간으로 보인다.
518 선화사(儒花寺)(N.254)다. 사당의 이름은 N.312에서 설명했다.
519 광동과 광서의 총독이 있는 곳이다.
520 cf. N.214.
521 cf. N.305.

기구들과 세계지도,[522] 그리고 유럽에서 가지고 온 각종 기기에 관심을 보였다.

책을 보고는 모두 놀라워했는데, 그 이유는 자기네 것과는 달리 많은 금과 장식으로 제본을 했기 때문이다. 세계지世界誌, 건축 책에서 그들은 전 세계의 많은 국가와 지역을 보았고, 유럽과 유럽 바깥 지역의 아름답고 유명한 도시들을 보았다. 거기에는 궁전 같은 큰 건물들과 탑, 극장, 다리와 신전들이 모두 있었다.[523] 그 밖에도 중국에서는 한 번도 보지 못했던 악기들도 있었다.

이 물건들과 우리의 과학과 신부들에 대해 말하며 자기네 것보다 훨씬 깊이가 있다고 했다.[524] 모든 사람이 점차 우리나라[525]를 인식하기 시작했고, 지금까지 중국 밖에 있는 모든 외국을 야만 국가라고 생각했으며, 그들 국가에서는 아무것도 사들일 게 없다고 생각한 것과는 크게 다르게 우리의 학자와 백성들에 대해 알게 되었다.

311. 비교인들을 대상으로 한 복음 설교: 상호 예의

이런 [학문적인] 기회를 이용하여 신부들은 우리 그리스도교의 신앙에 대해 말하기 시작했다. 그러나 성인成人들이라 쉽게 개종하지는 않았지만, 성교회의 진리와 성덕에 대해 크게 칭송하며 신부들의 인품을 통해,

---

cf. N.262.

523 cf. NN.240, 252.

524 중국의 과학에 대해 리치는 거의 속임수에 가깝다고 치부했다. cf. N.56, 본서 1권, p.313, 주(註) 176.

525 이 나라는 우선 이탈리아다. 동시에 서구지역 전체를 함의하기도 한다. cf. NN.252, 1186.

또 그들과 관계를 맺으면서 그것들을 본다고 하였다.

찾아오는 모든 사람이 중국의 예법대로 선물을 가지고 왔고,[526] 신부들은 우리(서양)의 물건을 답례로 주어서 보냈다. 그들은 그것에 대해 크게 감격했고, 값비싼 것으로 자기네가 가지고 온 선물보다 더 좋은 거로 생각했다. 어떤 사람은[527] 오로지 자기 구원의 길을 찾고자 오는 사람도 있었다.

312. 문인과 관리들 사이에서 이룬 첫 번째 사도적 성과

이런 이유로 집에는 종일 고위 인사들로 북적였고, 도로에는 그들의 가마로 가득 찼으며, 우리 집 대문 앞 강가에는 크고 예쁜 관리들의 배로 문전성시를 이루었다. 이곳에 사당[528]이 없었다면 이런 일이 일어나지 않았을 것이다. 왜냐하면 관리들은 타지에 있던 높은 사람의 집이 아닌 이상 개인의 집에는 가지 않기 때문이고, 다른 사람의 집에 있는 것이 자기네 집에 모두 있기 때문이다.

이로써 신부들에 대한 유명세와 좋은 향기는 사방으로 퍼졌다. 단순히 두 성에만 국한된 것이 아니라 중국 전역으로 퍼져 나간 것이다. 찾아오는 모든 사람이 다른 지역에서 온 관리들이었기 때문이다. 시작치고는 적지 않은 결실이고 요청이었다. 신부들이 다른 모든 지역에서도 설교할 수 있다는 것을 의미하기 때문이다.

이곳에서 병부도兵部道[529] 서대임徐大任[530]을 알았는데 후에 그는 남경

---

526 cf. N.124.
527 cf. N.1139.
528 cf. N.310.

에서 시랑侍郎531으로 승진했다. 남경의 한쪽 지역 총독으로 온 포정사布
政司 등백륜滕伯輪532도 만났다. 후에 귀주貴州의 총독이 된 곽청라郭靑螺533
와 강서江西 사람으로 후에 호광湖廣의 포정사가 된 장지수將之秀,534 후에
사천四川535의 포정사가 된 왕옥사王玉沙,536 남경 예부상서禮部尙書537의 아
들 구태소瞿太素538를 사귀었다. 구태소는 크게 믿을 만한 사람으로 중국
에 있는 동안 우리에게 많은 도움을 주었다. 그 밖에도 모두 나열하기 어
려울 만큼 많은 사람을 만났다.539 대부분 광동廣東540 지역 사람들이었지

---

529 군 감독관이다. cf. Beltchenko, N.844.
530 서대인(徐大仁)이다. cf. N.459.
531 cf. N.94.
532 이 사람의 성은 등(滕)이고 호는 여재(汝載), 호는 백륜(伯輪)이다. 복건의 구녕(甌寧)
　　에서 태어나 1562년에 수재가 되어 1583년 광동의 포정사(布政司)[cf. N.102, 주(註)]
　　로 임명되었다. 그때 리치를 만났다. 이후 그는 호부시랑(戶部侍郎)이 되었고, 절강의
　　독학(督學) 감독관이 되었다. 광동의 외국인 대상 번얼(臬藩) 판사와 북경의 도어사
　　(都御史)가 되었다. 리치라면 교육 감독관을 절강, 즉 남경성 일부의 총독과 바꾸지는
　　않았을 것이다. cf. Annali Generali del Kwangtung, c.19, f.17b: c.43, f.26b-27a.
533 다른 곳에서 리치가 곽청(Cuocin)이라고 부르는 사람과 같은 인물로, 세계지도로 중
　　국의 지리학에 공헌한 사람이다. 반면에 관리는 귀주(貴州)의 총독이었다. 그는 '세계
　　지도'에 지리 자원을 첨가하였다. cf. NN.545, 1582, 1703. cf. N.502, 주(註).
534 이 Cianminciuon 장지수(將之秀)가 Ziamcesieu [Chiang Chih-hsiu] 將之秀와 동일 인
　　물일 것이다. 1592년에 수재가 된 뒤, 1609년 호광의 포정사를 지냈다. cf. Annali
　　generali del Hupeh『호북통지(湖北通志)』 c.113, par. 7. 그러나 그는 강서 사람이 아
　　니라 광서 사람으로, 리치도 혼동하였다. 정확하게는 전주(全州) 사람이다. 베르나르
　　드(Bernard², I, p.124, N.71)는 남창(南昌)의 안절(安節) 사람 강면중(姜勉中)과 같은
　　인물로 보고 있다. 그러나 관련하여 아무런 근거를 제시하지는 못했다.
535 델리야는 쓰촨 Szechwan이라고 쓰고 있다. 오늘날 이탈리아어로는 Sichuan이라고 표
　　기하는데 말이다.
536 cf. N.367.
537 cf. N.94.
538 cf. N.359, 본서, p.335, 주(註) 97.
539 다른 많은 사람 가운데 여기에 언급하지는 않았지만, 기억할 사람으로 산동 지방의 여
　　러 도시에서 감독관으로 활동하던 종만록(鍾萬錄)이 있다. "리치가 조경(肇慶)에 있을

만, 타지에서 온 관리들도 많았다. 그들은 다른 어떤 사람들보다도 좋은 친구들이었고, 우리를 같은 고향 사람으로 인정해 주고 친절을 베풀어 주었다.[541]

313. 새 영세자들, 여성들의 세례, 그리스도인의 삶, 설교와 미사

복음 선포는 아직도 초보적인 단계에 있었지만,[542] 매일 조금씩 불이 밝혀지기 시작했다. 대축일에는 성당이 사람들로 가득 찼고, 축제와 미사가 거행되었으며, 설교는 물론 그리스도교에 대한 여러 가지 것들에 대해 말할 수 있게 되었다. 최근에는 18명이 세례를 받았는데, 그중에는 존경받는 몇몇 여성들도 있었다.[543] 그들은 많은 사람의 신임을 얻고 있었고, 그들을 통해 그리스도교는 유지되었다.

314. 리치에 의한 치유 기적과 많은 개종자의 탄생, 한 관리가 기도로 두 자녀를 얻다

하느님께서는 중국 백성의 영혼을 크게 움직이게 했다. 강 건너편에

때 알게 된 사람"(N.582)이다.
540 리치는 Quantone[廣東]이라고 쓰고, 델리야는 Kwangtung이라고 쓴다.
541 동향인, 곧 같은 마을, 같은 도(都), 같은 나라 사람이라는 의미다. 이런 증언은 중국인들이 외국인들을 향해 가지는 감정을 생각할 때, 대단히 소중한 것이다. cf. NN.80, 116, 166, 227, 228.
542 그러므로 과학 관련 저서는 리치에게 부차적인 것으로서, 수단이지 목적이 될 수 없다.
543 이 사람들이 중국에서 세례를 받은 첫 번째 여성들이다. 신부들은 제삼자를 통해 그들에게 교리를 가르쳤다. 제삼자는 그들의 남편이나 아들이다. 그들은 1589년 6월 이전에 세례를 받았을 것으로 추정되는데(NN.2517, 4009), 아마도 4-5월이 아닐까 싶다(NN.321, 4009). 조경에 있는 모든 기간을 통틀어 1589년 그때만큼 많은 영세자를 내지는 못했다.

살던 어떤 사람이 어느 날 밤, 묘지 사이를 지나는데[544] 공포가 엄습했고, 마귀가 나타난 것을 보았는데 그 뒤, 그것이 그 사람에게 달라붙어 버렸다. 그의 부모는 이교 사제[545]들을 불러 각종 제례와 의식을 간청했고 집안 곳곳에 부적을 붙였다. 부적들은 되레 마귀와 똑같은 모습처럼 보였다. 그래서인지 전혀 치유되는 기색이 없었다. 그 사람의 부친이 한 교우로부터 그리스도교라는 종교에 속한 덕망 있는 사람들에 관해 말했고, 우리 중 한 사람을 초대하여 자기 아들을 치유해 달라고 간청했다. 신부는 그에게 마귀가 붙었다고 생각하지 않고 구마기도도 하지 않았다. 다만 승려들이 집에 붙여 놓은 모든 부적을 떼어 불태우라고만 했다. 그는 병자를 위해 기도하고, 성인의 유골이 든 [작은] 상자를 그의 목에 걸어 주며 건강을 되찾거든 성당에 와서 그리스도인이 되라고 당부했다. 이렇게 하여 그가 건강을 되찾자 그는 즉시 부친과 함께 성당을 찾았다. 부자父子만 온 것이 아니라, 온 집안이 와서 신자가 되었다. 집안 식구들은 많았다. 부친은 하느님께서 신부를 통해 마귀의 손에서 아들을 구해 주셨다고 떠들고 다녔다.[546]

또 다른 한 관리가 있었는데, 그는 체구가 아주 작았다. 양粱이라는 성을 가진 사람으로 아내가 자식을 낳지 못하고 있었다. 그 역시 하느님께 기도했고, 바로 두 명의 아이를 낳았다. 이에 그리스도인이 되었고, 자녀들도 세례를 받도록 했다. 자기가 받은 것에 대해 감사를 드린 것이다.

---

544 중국에는 무덤이 들판에 지천으로 있다.
545 승려들이다.
546 여기서 말하는 신부는 리치 자신일 것이다. 하지만 치유의 기적에 관한 말이라서 겸허하게 자신의 이름을 거론하지 않는 것으로 보인다. 루지에리가 했다면 이름을 언급하지 않을 아무런 이유가 없기 때문이다.

315. 죽음이 임박한 어린이들의 첫 세례; 성인 교육

신부들은 이 일로 뭔가 성공한 것처럼 기뻐했다. 아직 남아 있는 여러 가지 어려움에도 불구하고 희망을 품게 되었기 때문이다. 그리스도인들의 영혼이 날마다 충만해지기 시작했고, 세례를 받지 못하고 죽어 가는 어린이들에게 세례[역주: 임종을 앞두고 긴급하게 받는 세례를 가톨릭에서는 '대세'라고 한다]를 주었다. 어린이들이 이 민족의 중개자가 되어 천국으로 들어간 것이다.[547]

316. 신부들의 조경 체류가 포르투갈인들과 유색 노예들에게 주는 효과

마카오에서도 신부들이 계속해서 조경에 체류하는 것에 대해, 전혀 소용없는 일이 아니라는 의견이 우세했다. 가끔 포르투갈 사람들이 총독과 협상하기 위해 오기도 했고, 그 참에 신부들에게 필요한 일들을 도와주고 있었기 때문이다. 나아가 광동Quantone[548]성 연안에서 배가 난파하여 총독부가 있는 이곳으로 오는 때도 있었다.

매년 마카오를 탈출하여 광동성 깊숙한 지역으로 도망쳐 오는 노예들을 도와주기도 했는데, 대부분 노예가 해안 경비대에 의지하지만 거의 외면당하고 말았다. 해안 경비대원들은 일반 병사들보다 잘 정비된 용감한 사람들이었고 포르투갈인들은 오랫동안 그들을 상대해 왔다. 노예 중에는 온 중국이 가장 두려워하는 전쟁지戰爭地인 일본에서 온 사람도 있

---

547 이 아이들은 분명히 세례 명부에 올리지 않았을 것이다.
548 광동(Kwangtung)이다.

었고, 카프리, 야비[549]에서 온 피부가 검은 사람들도 있었으며, 그 외에도 그와 비슷한 국가에서 온 사람들이 있었는데, 모두 포르투갈 사람들을 보고 놀라곤 했다. 해안 경비대원들이 노예들을 데리고 총독한테 오면 노예들은 우리에게 '이교도들 사이에서 그리스도교 신앙을 지킬 수 있게 해 달라'고 간청하곤 했다. 해안 경비대원들은 노예들에게 자기네 군관의 노예가 되는 날에는 되돌려보내지 않고 더 심하게 다룬다며, 그보다는 마카오로 돌아가서 원래의 주인과 주교에게 도망간 것에 대해 용서를 청하는 편이 낫다고 타일렀다. 실제로 이것은 이교도들 사이에서 신앙을 잃을 수도 있는 많은 영혼에만 좋은 것이 아니라, 때로는 비싼 노예를 되돌아오게 한 대가로 해안 경비대원들이 노예 주인들로부터 많은 돈을 받는 일이기도 했다.

317. 3년마다 방문하는 코친차이나의 대사

코친차이나의 대사는 3년에 한 번씩 북경에 있는 황궁을 방문하여[550] 중국 황제에게 조공을 바쳐야 하는데, 가는 길에는 총독을 먼저 방문하고, 다음에는 항상 신부들을 찾아오곤 했다. 우리를 볼 때마다 크게 기뻐하며 애정을 드러냈다. 우리는 그들에게 중국어로 쓴 『천주실록天主實錄』과 같은 여러 가지 책을 주었다.[551] 그들은 중국어를 매우 잘 알고 있었

---

549 야비는 곧 자바, 자바섬 사람들을 가리킨다. cf. N.302, 본서, p.246, 주(註) 472.

550 1375년부터 안남, 조선, 점성(占城)은 3년마다 한 번씩 중국에 사절을 보내야 했다. cf. TMHT, c.105. 안남은 1581년에 대사를 보냈기 때문에(cf. ibid., f.8b) 다음 차례는 1584-1585년과 1587-1588년이다.

551 대사 일행은 1585년 10월 20일 이전에도 이곳을 지나며 루지에리의 『천주실록』을 가지고 북경과 코친차이나로 갔다. 코친차이나는 지금의 안남[역주_ 현재의 베트남 북부

다. 신부들이 그렇게 한 것은 훗날 그리스도교의 가르침을 그들 국가에서도 선포할 수 있게 되기를 바라며 그들이 준비할 수 있도록 하기 위해서였다. 그렇게 하여 [언젠가는] 그 나라에서도 본격적인 선교가 시작될 수 있기를 바랐다.

에서 중부 일대를 가리킴]과 통킹[**역주**_ 베트남 북부 홍강 유역]이다(N.1100).

제13장

조경 수도원에서 우리가 겪은 마지막 난관과
도당 유절재(劉節齋)에 의해 쫓겨난 이유에 대해

(1589년 4월부터 8월 초까지)

○ 마귀의 농간으로 인해 신부들이 당한 박해; 승려와 문인 학자들로부터 미움을
  받다
○ 조경의 신부 추방 포고문
○ 리치의 견해에 반대하다. 발리냐노가 신부들의 위상을 방어하기를 바라다
○ 리치가 마카오로 직접 가서 발리냐노의 자문을 받다
○ 리치가 집 배상금이라고 주는 60냥을 거절하다
○ 총독과 경관이 신부들을 방문하다
○ 조경에서 신부 추방 결정
○ 마카오 외에는 아무 곳에도 갈 수 없게 되다
○ 신부들과 조경 신자들의 가슴 아픈 이별
○ 모든 지역에서 생겨난 신부들에 대한 감화
○ 자부심의 허용과 승인; 노예의 인도와 문서 교환

318. 마귀의 농간으로 인해 신부들이 당한 박해; 승려와 문인 학
자들로부터 미움을 받다

신부들이 조경 지역에서 거둔 이런 본질적인 선善과 다른 고위 인사들

을 통해 갖기 시작한 희망은 마귀의 질투를 유발했고, 그래서 사람들이 마음을 잃고 많은 그간 쌓아 온 시간을 되돌려 버리게 될까 봐 걱정스러웠다. 신부들은 믿기지 않을 만큼 잦은 전쟁을 치를 수밖에 없었고, 말할 수 없을 만큼 수천 가지의 방해를 받았다.

그 사람 중에는 다른 종파의 사제[552]가 가장 많았는데, 그것은 그만큼 준비가 되어 있었기 때문이다. 그 도시의 문인과 주민들도 있었는데, 그들은 신부가 관리들 사이에서 신임과 권위를 얻는 것을 보며 미움과 질투를 느꼈기 때문이다. 그래서 어떻게 하면 신부를 자기네 도시는 물론 온 중국에서 쫓아낼 수 있을지 방법을 찾기 시작했다.

319. 조경의 신부 추방 포고문

이전 총독[553]이 사망하자 황제는 광서Quansi, 廣西[554]의 총독을 선임했는데, 그는 남직례南直隸 출신으로 성은 유劉고 이름은 절재節齋다.[555] 돈을

---

552 승려들이다.
553 광서에서 온 오선(吳善) 총독[cf. N.291, 본서, p.227, 주(註) 411.]이다. 그는 1587년, 광동성과 광서성의 총독으로 임명된 지 얼마 안 되어 노환으로 조경(肇慶)에서 사망했다. cf. N.298.
554 광서(Kwangsi)다. 리치는 Quansi로 표기하고 있다.
555 그의 성은 유(劉)고, 이름은 절재(節齋)며, 호는 계문(繼文)이다. 영벽(靈壁)의 안휘(安徽, 당시 남경성) 정능보(定陵保)에서 소박한 부모 밑에서 태어났다. 1562년에 진사가 되었다. 강서성 만안(萬安)의 지현(知縣)이 되었다가, 후에 예부(禮部)에서 주사(主事)로 있으며 천제(天祭)의 책임을 맡았다. 융경(隆慶) 황제의 총애를 받아 궁에서 큰 명성을 얻었으나 대신들의 질투로 그곳을 나와야 했다. 그리고 절강성의 참정(參政)이 되었다. 그의 결백은 정직하기로 이름난 해서(海瑞, 1513-1587)에 비유할 정도다. cf. BD, N.607. 1587년 광서성의 통감이 되었고, 1589년(N.2516)에 광동성과 광서성의 총독이 되었다. 1592년 호부시랑(戶部侍郎)(N.393)으로 임명되고 잔인하게 죽음을 맞이했다. cf. *Annali della Prefettura di Fengyang*, c.28, f.8b; *Annali Generali del Kwangsi*, c.31, ff.2b-3a; *Annali Generali del Kwangtung*, c.18, f.25a. 이런 공식적인

좋아하는 잔인하고 오만한 사람이었다.

그는 전前 총독이 조경의 총독 관저에서 사망했다며 그 관저에서 살고 싶지 않다고 자기가 고른 장소에 새 총독 관저를 지으려고 했다. 이전 총독 관저에서 살면 자기한테 재수가 없을 거라며 엄청난 돈을 국고에서 쓰려고 한 것이다.

이런 이유로 그는 광서의 주도556로 오는 길에 광동557성과 광서성의 경계에 있는 오주梧州558라는 마을에 들렀는데, [광서]성의 모든 관리가 그곳으로 가서 그를 예방하였다. 관리 중에는 조경시 주민을 대표하는 담譚559이라는 사람도 있었는데, 그는 우리와 깊은 인연이 있는 사람으로 한때는 적敵이었다. 새 총독과 그 도시에 세워진 탑에 대해,560 그리고 영서도嶺西道 왕반王泮561에게 헌정한 사당에 관한 이야기를 듣고, 과거 세 명의 총독 중 한 사람인 오吳562라는 사람처럼 자기에게도 사당을 지어

연감들은 이 관리의 인품에 대해 좋게 이야기하지만, 리치는 더 신중한 태도를 보인다 (NN.319, 322, 325, 394). 이 총독의 5남(다섯 번째 아들)이 유오(劉五)였는데, 그는 1590년 소주(韶州)로 리치를 찾아왔고(N.373), 1598년 남경으로 리치를 안내했던 인물이다. cf. NN.457-459.

556 광서의 도읍은 계림(桂林)이다.

557 광동(Kwangtung)이다.

558 마태오 신부가 부르는 도시 명으로, 오주(梧州)는 광서성의 서강(西江)에 있다. 새 총독은 조경의 총독 관저가 재건될 때까지 그곳에서 머물겠다고 했다.

559 cf. N.238, 본서, p.138, 주(註) 204.

560 cf. N.235, 본서, p.134, 주(註) 186.

561 cf. N.298. cf. N.229, 본서, p.121, 주(註) 153.

562 다른 이름으로, 오문화(吳文華)와 동일 인물인지는 확실치 않다. 최근 세 명의 총독은 곽응빙(郭應聘)(Cf. 본서, p.118, 주(註) 149)과 오문화(吳文華)(Cf. 본서, p.231, 주(註) 428), 그리고 오선(吳善)이다[cf. N.227, 본서, p.227, 주(註) 411]. 여기에서 말하는 총독은 분명 첫 번째 인물은 아니다. 성이 다르기 때문이다. 마지막 인물도 아닌 것이, 부임하고 얼마 못 가서 사망했기 때문이다. 그렇다면 분명 두 번째 인물로 이 책에서도 앞서 언급한 바 있다[cf. N.292, 주(註)]. 조경의 주민들은 오문화(吳文華)를 위해

주기를 원했다.[563] 추측건대, 누군가[564] 탑 좌측에 좋은 자리가 있다고 조언하며 조경에서 신부들을 쫓아내면 그 자리를 차지할 수 있다고 한 것으로 보인다. 그는 신부들이 쫓겨나기를 간절히 바라고 있었기 때문에 우리 집을 뺏으면 된다고 생각한 것이다. 총독은 오주梧州에서 오면서 벌써 분명하게 우리 집을 노리기 시작했다.

320.

그리하여 총독은 영서도[565]에게 편지를 하나 써서 보냈다. 거기에는 이렇게 적혀 있었다.

"마카오에서 온 많은 외국인 신부들을 알게 되었습니다. 그들은 강가에 집을 짓고, 법을 어기면서까지 중국에서 일어난 모든 일을 포르투갈인들에게 보고하고 있습니다. 신부들은 매우 영악한 사람들이라서 백성들이 자기들을 따르도록 여러 발명품을 이용하고 있습니다. 밤낮으로 많은 사람이 끊임없이 그들의 설교를 듣고자 찾고 있습니다. 그들의 설교는 중국에서는 한번도 들어 본 적 없는 이름 없는[566] 것이고, 거기에는 매일 새로운 술책들이 동원됩니다. 순진한 백성들을 속이기 위해 그들은

학당 좌편에 사당을 지어 주었다.

563 cf. N.1192.
564 논리상 조언을 해 줄 수 있는 사람은 담(譚)밖에 없다.
565 말하는 톤으로 봐서 1589년 9월 28일 자, 데 산데의 편지에서 언급한 내용과 같다. cf. N.4008.
566 중국어로는 이름조차 없는 새로운 종교라는 의미다. 지금 주목해 보건대, "중국인들은 새로운 가르침을 설교하는 것에 대해 큰 두려움을 가지고 있었던 것"으로 보인다. 중국에서 대부분의 새로운 종교들은 어떤 혁명적인 요소를 지니고 있었기 때문이다 (N.226). cf. N.206.

교리와 책의 모든 좋은 것을 인용하고 자명종自鳴鐘[567]을 공개적인 장소에 걸어 둡니다. 그래서 지역의 책임자로서, 직접 영서도께 요청하건대, 이 모든 것에 소송을 걸어 그것이 사실인지 아닌지를 판단해 주시기 바랍니다. 만약 사실이라면, 즉시 마카오로 보내거나 소주韶州에 있는 남화南華 사당으로 보내기를 바랍니다. 남화 사당에는 천 명이 넘는 이교 사제들이 거주하고 있습니다."[568]

영서도는 보좌관[569]을 신부에게 보내 남화로 옮겨 체류하다가 후에 총독이 그 지역을 떠나면 다시 원래의 장소로 돌아오는 게 어떻겠느냐고 물어왔다.

신부는 모든 걸 조사한 후 결과만 알려 달라고 총독에게 부탁했고, 보좌관은 총독이 하는 모든 말이 거짓이라는 걸 매우 잘 알고 있다며, 자기는 예전에 광주廣州의 원로들에 의한 비방 사건 때처럼[570] 신부들을 보호하고 싶다고 했다. 따라서 신부들을 도시에서 쫓아내려고 하는 총독의 의도가 분명하다는 것을 알고 있기에 그 앞에서는 버티기 힘들다고 했다.

321. 리치의 견해에 반대하다. 발리냐노가 신부들의 위상을 방어하기를 바라다

그 시각에 마태오 신부는 마카오에 편지를 한 통 보내,[571] 아직 그곳에

---

[567] 시계는 도로에서도 보였다. cf. NN.305, 532.

[568] cf. NN.339-344.

[569] 방응시(方應時)다. cf. N.307, 본서, p.280, 주(註) 501.

[570] cf. 광주다. cf. NN.306-307.

[571] 이 일은 1589년 4월 초에 일어났다. 로렌조 멕시아 신부가 1589년 6월 10일 자로 총장에게 쓴 편지에서 이 일을 언급하고 있기 때문이다. 데 산데가 조경을 떠나야 한다는

머무는 발리냐노 신부에게[572] 조경 숙소에 새로운 난제가 생겼다는 것을 알렸다. 마태오 신부의 의견은 이랬다.

"지금으로선 남화나 총독이 정해 주는 다른 곳으로 옮기는 것이 좋겠습니다. 이것이 큰 권력을 건드리지 않는 것입니다. (또 이렇게 함으로써 총독이 원하는 대로 해 주는 것입니다.) 과거 조경의 관리들이 우리를 고발했을 때 느낀 것처럼, [백성들이] 우리에 대해 갖는 호의적인 시선과 그들에 대한 반감을 고려하건대, 소송이 거짓된 주장에 의한 것이지만, 다른 한편 그들이 말한 것이 사실이기도 합니다. 그래서 그것을 거부하기가 힘듭니다. 결국은 반대 주장에 부딪히게 될 것입니다. 신부님들이 총독의 호의로 그 지역을 떠나게 되면 다른 곳에서 더 좋은 장소를 찾을 수도

조언을 하면서 덧붙이기를 "두 달 후에 전혀 가볍지 않은 또 다른 박해가 있었습니다. 신부님들이 포르투갈 사람들과 소통하고 편지를 주고받자 관리들은 그것이 언젠가는 중국에 해를 끼칠 수 있다는 두려움 때문에 그들을 완전히 (중국) 밖으로 쫓아내려고 했습니다. 신부님들은 조경을 나가지 않으려고 가능한 모든 노력을 했습니다. 중국에 있는 많은 사람의 개종이 여기에 달려 있었기 때문입니다. 매일 미사 중에 이곳과 일본의 고통을 기억하며 일주일에 하루는 고행하고, 하루는 단식했습니다. 우리의 주님께서는 이 비참한 사람들을 돌아보시고 마귀의 폭정을 끝내 주실 것이기 때문입니다"(*ARSI, Jap.-Sin.*, II, f.75, cf. N.2513). 1589년 6월 12일 자 발리냐노의 편지도 보라. 여기에서도 *ARSI, Jap.-Sin.*, II, f.81에서와 같은 말을 하고 있다. cf. NN.2516-2517.

572 발리냐노 신부는 로마에서 귀환하는 일본인 사절단과 함께 일본으로 향하고 있었기 때문에 마카오에는 1588년 7월 28일부터 1590년 6월 23일까지만 머물렀다. 마지막 날인 6월 23일, 인도 총독의 대사 자격으로 사절단을 이끌고 13명의 사제와 5명의 조력자가 발리냐노 신부와 함께 마카오에서 출발하여 그해 7월 21일 나가사키(長崎)에 도착했다. 1591년 1월 30일, 데 산데가 마카오에서 포르투갈의 관구장 조반니 코레아 신부에게 쓴 편지에는 "순찰사 신부님이 이곳을 출발한 것은 8명의 예수회 관련자들과 13명의 사제, 5명의 조력자, 그리고 4명의 일본인 청년들입니다. 1년 전인 1590년 성 요한 세례자 대축일 저녁에 출발하여, 극도 지역을 무사히 통과하여, 한 달 후인 성 마리아 막달레나 기념일 저녁에 도착했습니다"(*ARSI, Jap.-Sin.*, II, f.241; N.2554). Cf, N.4019.

있고, 조경을 방문하면서 천천히 되돌아가 조경 신자들을 보살필 수도 있습니다."

순찰사 신부에게 모든 것을 이야기했지만, 다른 장소 이야기는 전혀 받아들이지 않고 [조경에서 쫓겨나게 된] 경위를 밝히고 조경에 남아 있을 방법을 찾으라고 했다. 그것이 안 되면 마카오로 돌아와 신부들이 하는 수도회의 다른 직무를 맡으라고 했다.

마태오 신부는 복종의 뜻으로 청원서를 작성하여 관리들에게 보냈다. 그러나 총독의 부당함에 대해 매우 애석해하면서도 아무도 그에게 반대하지는 않았다.

322. 리치가 마카오로 직접 가서 발리냐노의 자문을 받다

총독은 즉시 관저로 들어가 백성들을 수소문하여 광주[573]의 상인으로 있으면서 마카오의 포르투갈인들과 교류한 적이 있는 사람으로 돈을 뽑아낼 수 있는 사람들을 물색하기 시작했다. 한때 해적으로 살았던 어떤 사람이 오두막에서 평화롭게 살고 있다가 신임 총독에 대한 두려움으로 고향으로 돌아가 다시 해적이 되어 많은 사람을 괴롭혔다.[574] 그리고 황제의 허가 없이는 할 수 없는 해남도海南島 해변에서 진주를 캐기 시작했다.

소주韶州에 있던 마태오 신부는 광동廣東의 도읍에서 해적들을 풀어 강도 높은 훈련을 시키고 있으며, 총독에게 맞설 준비를 하고 있다는 문서를 전달하기 위해 직접 총독을 방문하기로 했다. 가는 길에 조경시를 지

---

573 계속해서 리치는 Quantone이라고 쓰고, 델리야는 Canton이라고 쓰고 있다. 광주다.
574 중국의 연감들은 유절재(劉節齋)가 해적들을 소탕한 것에 대해 언급하고 있다. cf. N.334.

나는데 관리들이 찾아와 신부들이 요청한 것과 관련하여 말하기를, 자기네도 신부들과 함께 사는 것이 썩 나쁘지 않다고 생각하여 여러 방법을 찾아보았으나, 총독은 신부들이 원래 있던 곳에서 살도록 해 주겠다는 말은 하지 않는 것으로 보아, 총독이 이미 그 집을 빼앗을 계획을 세우고 있는 것 같다고 하였다.

323.

그렇게 말해 주는 것으로 보아서, 조경의 관리들이 우리에게 베풀어 준 애정은 매우 컸다. 북경의 어떤 관리들은 영서도에게 황적색 옷감과 그 외 유럽에서 온 물건들을 보내라고 했다. 영서도는 고위 중국인들을 쉽게 사귈 좋은 기회라고 생각하여 마태오 신부에게 그 물건들을 마카오에서 보내오도록 하라고 제안했다. 그러면서 노가 많이 달린 큰 배와 군관과 관저의 하인들을 내주며 마카오에 다녀오라고 했다.

마태오 신부는 순찰사 신부[575]는 물론 마카오에 있는 모든 우리 동료 신부들의 열렬한 환영을 받았다. 그들은 내지內地에서 신부들이 이룬 큰 성과와 고초에 대해 알고 있었다. 마태오 신부는 마카오의 신부들과 많은 문제를 상의했고, 조경에서 체류할 수 없게 되면 다른 곳에 체류할 수 있도록 허가를 받아야지 마카오로 돌아오면 안 된다는 결론을 내렸다. 많은 신부의 도움으로 필요한 모든 물건을 좋은 가격에 사서 바로 돌아왔다. 그의 귀환과 관리들이 요청한 물건들을 보자 모두 좋은 분위기 속에서 그를 도울 방법을 찾아보겠다고 했다.

---

575 알렉산드로 발리냐노다. cf. N.321.

324. 리치가 집 배상금이라고 주는 60냥을 거절하다

그 무렵에 총독 관저가 완공되었다. 총독은 여러 차례 조경으로 사람을 보내어 신부들에게 그곳을 떠나라고 명령했으나 관리들은 그의 말을 듣지 않고 기다렸다가, 신부가 오면 이 문제를 해결하려고 했다. 그러면서 관리들은 신부가 그 집을 짓기 위해 은자 600냥 이상의 비용이 들었다는 걸 상기시켜 주었다. 중국에서 그 돈은 상당히 큰 액수다. 총독은 약간 의심하는 듯했고, 관리들은 그에게 집이 누군가에게 손해를 끼치는 것도 아닌데다가 그 지역에서는 유명한 이런 가치가 높은 건물을 없애 버린다는 것은 부당하다고 했다. 다른 한편, 총독은 자기 금고에서 그 돈이 나가는 게 싫었고, 관리들은 이제 그 돈으로는 신부가 지은 것과 똑같은 사당을 지을 수도 없다는 걸 상기시켜 주었다.[576] 그러자 총독은 신부에게 50-60냥을 주고 마카오로 돌려보내라고 했다.

보좌관은 그 돈을 마태오 신부에게 주었다. 그러나 마태오 신부는 하느님의 교회를 돈을 받고 팔 수는 없지만, 만약에 팔아야 한다면, 600냥이 더 든 것을 60냥과 바꾸는 것은 옳지 못하다고 했다. 그래서 신부는 집값으로 아무것도 받지 않겠다고 했다. 이것은 얼마 지나지 않아 잘한 행동으로 드러났다. 선교 사명을 지속하고 재건하는 데 매우 유익한 행동이 되었다.

신부는 두세 번 총독을 알현하러 가서 문서를 상기시켰고, 얼굴을 맞대고 그가 알고 있는 비방들을 직접 반박했으며, 신부들이 설교한 율법을 설명해 주었다. 그는 돈을 주고 싶지 않았고, 사람을 보내 신부가 이

---

576 cf. N.319.

미 집값을 받지 않겠다고 했으니 그와 이야기하는 것은 적절하지 않다고 했다.

신부는 관계가 크게 헝클어진[577] 걸 보면서, 또 더는 집을 소유할 희망이 없다는 것을 알아차리고, 관리들에게 다른 여러 문서를 상기시키며, 같은 도시의 다른 장소를 달라고 요청하였다. 그래야만 새 신자들을 돌볼 수 있다고 생각한 것이다. 그는 광서廣西도 좋고, 강서江西[578]도 좋고, 중국의 다른 성 어디라도 좋다고 했다. 그러나 총독은 이미 그들을 마카오로 돌아가게 하는 것 외에 다른 것에 대해서는 말하려고 하지도 않았고, 다른 지역으로 가는 것에 대해서 들으려고도 하지 않았다.

325. 총독과 경관이 신부들을 방문하다

그 지역의 찰원察院[579]은 성省에서 일어난 모든 소송을 검토하고, 모든 관리가 어떻게 처리하는지 정보를 듣고 북경에 있는 황제에게 보고한 다음 총독이 예를 갖추어 방문하도록 하였다. 총독은 자신에 대한 나쁜 정보가 찰원에게 들어가는 것을 알고, 그것을 무마하기 위해 아부하느라 조경에서 상당히 먼 강 상류까지 마중을 나갔다.[580] 도시의 모든 문인 관리들과 사병이 동원되고, 많은 악사까지 동원되어 강과 강변을 가득 메웠는데 분위기와 풍경이 아주 좋았다. 우리도 다른 친구들과 함께 집의

---

577 리치는 이 용어를 포르투갈어 "baralhado"라는 단어를 차용하여 쓰고 있는데, 당시 이탈리아어로 'Baragliato', 곧 'imbrogliato', '얽히게 하다', '섞다', '속이다', '혼란시키다'라는 뜻이다.
578 Kwangsi 혹은 Kiangsi로 쓰고 있다.
579 cf. N.105.
580 경관은 조경에서 12일간 머물렀다. cf. N.4011.

가장 높은 곳에 있는 발코니에서 무슨 일인지 알려고 하지 않은 채 이 광경을 구경하였다. 그런데 갑자기 선두에 있던 두 대의 배가 방향을 바꾸어 우리 집으로 향했고, 우리 집 주변의 사람들은 하나같이 몹시 놀랐다. 신부들은 예를 갖추어 그들을 맞이했고, 그들에게 집을 모두 구경시켜 주었다. 그들은 그림, 시계, 프리즘을 보고 싶어 했고, 그것들을 보고 감탄해 마지않았다. 그러나 그들에게 가장 신선한 것은 마태오 신부의 방이었는데, 방에 가득한 유럽과 중국의 서책에 놀라워했다.

이후 그들은 발코니에 자리를 잡고 앉았다. 그리고 두 사람은 이구동성으로 모든 것에 대해 크게 만족한다며 신부에게 유럽에 관해 많은 질문을 했다. 그런 다음, 한 사람은 도읍으로 가고, 다른 한 사람은 자신의 관저로 갔다.[581]

매우 특수한 이런 상황으로 인해,[582] 우리 신부들과 친구들은 다른 모든 사람과 한마음으로 일이 잘 마무리된 거로 생각했다. 더는 걱정할 필요가 없다고 보았고, 그 어느 때보다도 안전하다고 여겼다. 그래서 많은 사람이 몰려와 신부들을 축하해 주었다. 도시의 관리들은 사람을 보내 최종 해결책이 나올 때까지 이동하지 말고 있으라고 했다. 교섭이 이미 좋은 단계에 들어왔다고 생각할 만했다.

---

581 경관은 광주로 갔고, 총독은 조경에 있는 자신의 관저로 갔다.
582 특수한 이 모든 상황에 대해서는 1589년 9월 28일 자, 데 산데가 총장에게 쓴 편지에 잘 나타나 있다. cf. N.4011. 여기에서 데 산데는 이 방문이 총독과 경관이 신부들의 숙소를 처음 방문한 거라는 점을 강조하고 있다.

326. 조경에서 신부 추방 결정

찰원이 떠난 후 8월 초의 어느 날,[583] 총독은 이 교섭에 대한 최종 심판과 해결책을 판결문 끝에 적어 주었다. 거기에는 관리들에게 명하여 신부들에게 집값과 여행 경비로 60냥을 주고,[584] 그들을 조경에서 내쫓아 고국으로 보내라는 것이었다.

경관[585]은 신부들이 안쓰러워 이 명령을 최대한 뒤로 미루었다. 어느 날 총독을 우연히 만나게 되었고, 총독은 신부들에 관한 판결을 실행했느냐고 물었다. 이에 자기가 알기로는 아직 실행하지 않았다고 했고, 총독은 크게 화를 냈다. 경관은 총독과 헤어지자마자 관리 두 사람을 불러 그 지역의 경관들이 중대한 사안을 처리하듯이 아주 큰 판에 칙령을 적었다. 칙령은 총독의 판결문을 그대로 인용하여 3일 안에 조경의 경계 밖으로 나가라는 명령이었다.

마태오 신부는 즉시 경관을 만나러 갔고, 그는 신부에게 모든 과정을 설명하고 문서 사본을 내주었다. 거기에는 신부의 청원서와 함께 이 일에 관련한 명령이 적혀 있었다. 직급이 낮은 모든 관리는 우리의 요청을 들어주고자 했다는 내용도 적혀 있었다. 그러나 마지막 부분에 총독의 최종 판결문이 있었다. 거기에는 이렇게 적혀 있었다.

"마태오 리치 신부가 좋은 의도로 중국에 왔고, 정보에 따르면 아무런 죄를 지은 일도 없다. 이제는 자신의 고향마저 잊어버렸기에 어디서건

---

583 8월 3일이다(N.2519). 데 우르시스가 신부들이 조경에서 나온 게 5월이라고 한 것은 잘못된 것이다.

584 60텔일 가능성이 크다. 100 두카토가 안 된다(N.4012).

585 방응시다. cf. N.307, 본서, p.260, 주(註) 501.

종교적인 삶을 살 수 있으나 총독이 주재하는 곳에서는 외국인이 오랜 시간 체류하는 것이 좋지 않다. 그를 조국으로 돌려보내는 것이 예에 어긋나거나 정의에 반하는 것도 아니다. 집을 짓는 데 많은 돈이 든 것은 사실이나, 그것은 기부를 받아서 한 것이므로 그 돈이 모두 그들의 것이라고 할 수는 없다. 그래서 그것을 모은 관리들에게 내 금고에서 꺼내 15냥씩 나누어 주고, 신부에게는 뱃삯으로 60냥을 주어 고국으로 돌아가도록 하라."

이에 신부가 대답하기를, 60냥을 주는 것에 대해서는 매우 고맙지만, 그 돈은 필요하지 않다고 했다. 자신의 고향과 그리스도교의 가르침 사이에서 여행하는 데는 돈이 들지 않는다고도 했다. 그리고 집값은 어떤 방식으로 받더라도 그것은 좋지 않다고 했다. 그러자 경관이 난처해했다.

327. 마카오 외에는 아무 곳에도 갈 수 없게 되다

이 일이 있고 난 뒤, 마태오 신부는 다른 지역으로 갈 수 있도록 해 달라고 요청했다. 강서성으로 가서 있을 곳을 찾아보려고 한 것이다. 그는 경관에게 짐과 동료 한 사람을 몰래 숨겨 두고 자기만 도시를 곧장 떠나겠다고 했고 경관은 쉽게 그렇게 하라며, 총독에게는 이미 그곳을 떠났다고 할 테니 조경 지역 경계 밖으로 나가기만 하라고 했다. 그러나 이런 계획은 신부들을 매우 큰 곤경에 빠트렸다. 짐의 일부는 가지고 가고, 일부는 알메이다 신부와 함께 두고 가려고 생각했기 때문이다. 그래서 종일 집과 성당의 물건들을 정리하고 있는데, 두 명의 경관이 들이닥쳐 집에는 아무것도 남겨 둘 수 없다고 했다. 관리들이 내어준 배[586]는 광동의 도읍[587]에만 갈 뿐 다른 곳으로 가지는 못한다는 것이다. 리치는 경관을 만나기 위해 다시 관청을 찾았고, 방응시는 신부들이 마카오 외에 다른 곳으로 가는 것은 허락해 줄 수 없다고 했다. 결국 리치 일행은 마카오로 돌아가기로 했다.

328. 신부들과 조경 신자들의 가슴 아픈 이별

이런 상황에서 신부들이 느낀 가장 큰 아픔은 그들이 땀 흘려 일군 신자들과 헤어지는 것이었다.[588] 신자들은 슬픈 소식을 듣고 수도원으로 달려와 통곡을 하고 소리를 지르며 울었다.[589] 마치 친아버지의 죽음을 눈앞에서 보는 것 같았다. 목자가 없어 이제부터 누가 신앙을 가르쳐 주고 성사를 줄지 막막했다. 신부들은 그들을 애써 위로하며, 할 수 있는 한 최선을 다해 그리스도교 신앙을 간직할 것을 당부했다. 지난 7년간 배운 것을 잊지 말라며, 어느 날 반드시 돌아와서 그들과 함께하겠다고 약속했다.

신부들은 주일과 축일에 미사를 봉헌하던 어떤 교우에게 그의 집에 걸라며 성화 하나를 주었고,[590] 마태오 신부는 신자들이 중국 달력에서 틀리지 않고 주일과 축일을 알 방법을 가르쳐 주었다.[591] 달력에는 신앙에

---

586 배는 두 대였다. cf. N.4012.

587 광주. 광동성의 도읍이다.

588 70 혹은 80명 정도 되었다. 1589년 10월 8일, 로렌조 멕시아 신부가 이들에 대해 쓴 글에는 "모두 70명이 넘을 정도입니다"(*ARSI, Jap.-Sin.*, 11, f.181; N.2530). 데 산데도 같은 말을 하고 있다(N.2639). 1592년 리치가 자신의 견해를 기록한 것에는 "그때까지 조경 수도원에서 (선교활동을) 한 결과는 80명이 넘지 않는 사람들에게 세례를 준 것입니다"(N.1184)라고 했다.

589 cf. N.1192.

590 '구세주'가 그려진 그림(N.4015)이다. 아마도 손에는 지구본과 그것을 중국어로 간략하게 설명한 것을 들고 있었을 것이다. cf. N.1166.

관한 것과 계명들이 적혀 있었다. 올바른 행동으로 하느님께서 기뻐하실 일을 하라고 당부하는 한편, 과거에도 이와 같은 어려운 시기가 모든 신생교회에서 있었다며 이 일로 너무 아파하지 말라고 했다.

329. 모든 지역에서 생겨난 신부들에 대한 감화

집에 있던 물건들은 여러 지역에서 온 가장 가난한 그리스도인들에게 주었다. 큰 물건들은 가지고 갈 수도 집에 두고 갈 수도 없어 두 명의 그리스도인 고관에게 나중에 찾으러 오겠다며 맡겼다.

신부들은 그곳을 떠나면서 모든 사람에게 깊은 감동을 주었고, 어떤 사람은 자기가 죽기 전에 꼭 돌아와 달라고 했다. 신부들이 당한 엄청난 부당함에 대해 아무도 악담을 하거나 협박하는 사람이 없었다. 신부들은 오히려 모든 사람에게 의도하지 않았지만, 누군가를 섭섭하게 했다면 용서해 달라고 청했다. 신중한 사람들은 쉽게 호언장담하는 사람들보다는

---

591 1589년 9월 28일 자, 데 산데가 쓴 글에는 그리스도인들이 축일을 알고 있었다고 했다. "달력은 유럽의 시간을 중국의 절기에 맞추고 중국 문자로 적어서 매우 보기 쉽게 만들었습니다"(N.4015). 이 일은 1583년 10월(4일-15일) 고아에서 공표된 그레고리오 교황의 달력 개혁에 따른 것으로서, 여기에 관해서는 1605년 5월 9일 자 리치가 이렇게 적고 있다. "저는 그레고리오 달력을 그들의 달력(음력)에 맞추어 중국어로 번역했습니다. 그리스도인이라면 알아야 할 정해진 축일과 함께 기일이 일정하지 않은 축일까지 적고, 그것을 음력으로 옮겨 24절기를 적어 중국 달력보다 더 정확하게 기록했습니다"(N.1579). 그러나 이 달력은 리치가 인쇄를 원하지 않았고, 이런 말을 덧붙였다. "일부는 인쇄를 원했지만 하지 말라고 했습니다. 왜냐하면 중국에서는 누군가 새로운 달력을 만들게 되면 크게 의심을 받기 때문입니다"(cf. NN.655, 666, 1579). 이 달력은 1625년 트리고에 의해 『추정력년첨례일단(推定歷年瞻禮日單)』으로 인쇄되었다. cf. *ARSI, Lus.*, 58, ff.269, 271, 275. 필자가 쓴 다음의 논문을 보라. *Daniele Bartoli e Nicola Trigault*, in *Rivista Storica Italiana*, 1938, p.90, N.49. 그러나 1608년경 한 장짜리 종이에 그리스도교 축일을 적어 인쇄하여 신자들이 개인적으로 사용하도록 하였다(N.1855).

신부들처럼 인품을 갖춘 사람들이 이렇게 부당하게 중국에서 쫓겨나게
되면, 그들이 중국에 대해 많은 것을 알고 있어 중국에 큰 손해를 끼칠지
도 모른다고 우려하기도 했다.

그러나 신부들은 온갖 고생을 하고 편안한 마음으로 떠나게 되었다.
관리들은 신부들이 자기네 돈과 땀으로 지은 집을 빼앗기고 부당하게 쫓
겨나는 것을 보며 안타까워했고, 그동안 신부들을 미워하던 원수들과 반
대자들까지도 큰 연민을 가지게 되었다. 오로지 경관들만 그 와중에 몇
가지 값나가는 물건들을 훔쳐서 갔고, 이에 마태오 신부는 총독에게 이
르겠다고 위협하여 그것들을 되찾아왔다. 그들은 크게 두려워했다.

330. 자부심의 허용과 승인; 노예의 인도와 문서교환

배에 짐을 모두 싣자, 마태오 신부는 집에서 조금 떨어진 곳에 배를 잠
시 멈추도록 했다. 신부들을 배웅하겠다고 나온 그리스도인들이 그곳에
서 기다리고 있었기 때문이다. 신부들은 도시를 떠나기 전에 유럽의 방
식대로, 집과 모든 방의 열쇠 꾸러미를 지방관[592]의 손에 직접 건네주고
그동안의 모든 호의에 감사하며 절대 잊지 않겠다고 했다.

지방관은 다시 한번 60냥을 주겠다고 했고, 신부들은 처음과 마찬가
지로 거절했다. 그러자 지방관은 총독에게 보여 주어야 한다며 신부들에
게 돈을 받지 않겠다는 증명서[593]를 하나 써 달라고 했다. 리치는 기꺼이
써 주면서, 방응시와 총독에게 감사의 인사를 했다. 동시에 그 집은 하느

---

592 방응시(方應時)다. cf. N.307, 본서, p.260, 주(註) 501.
593 기록문서. cf. N.4012.

님께 봉헌된 집이니 속된 목적으로는 사용하지 말아 달라고 부탁했다.

그 자리에서 신부는 지방관에게 그의 인장이 찍힌 증명서를 하나 요구했는데, 그것은 신부들이 어떤 죄를 지어서 그곳을 떠나는 것이 아니라는 것과 그곳에 있는 동안 언제나 종교 생활을 했다는 것을 입증하는 내용이었다. 필요할 시, 중국인과 우리 유럽인들에게 보여 주기 위해서였다. 지방관은 기꺼이 써 주겠다며 매우 품격 있는 말로 신부들을 극찬했다. 지방관은 허가장을 하나 더 써 주었는데, 거기에는 신부들이 가는 동안 아무도 그들을 무례하게 대해서는 안 되고, 총독이 광주의 해도海道에게 명하여 배와 군인들을 동원하여 그들을 마카오까지 호송하라는 내용이 담겨 있었다.

이 일이 끝나고 신부는 동료들과 신자들이 기다리는 곳으로 갔다. 신자들은 울며 마음 아파했고, 신부는 그들에게 짧은 당부의 말과 함께 그동안 잘 있으라는 격려를 전하며 모두에게 하느님의 축복을 해 주고 떠났다.[594]

신부들은 광동의 도읍[595]에 도착했고, 해도는 도시에 없었다. 해도를 기다리는 동안 이틀 정도의 시간을 이용하여 마카오에 있는 신부들처럼 옷을 입기 위해 옷감을 샀다. 마카오의 신부들이 입는 속옷과 외투가 그들에게는 없었기 때문이다.[596] 그리고 마카오에 있는 순찰사 신부와 다

---

[594] 1602년 조경의 초대 그리스도인 중 한 사람이 남경에서 신부들을 처음으로 만났는데, 그때 그는 자신을 '마음으로 믿는 신자'라며 오래전에 받은 묵주와 성화들을 보여 주는 것은 물론, 두 개 정도의 미사 경문까지 외워 보여 주었다. cf. N.4178. 비슷한 시기에 소주(韶州)에서 조경 신자들의 반향이 있었다. cf. N.667.

[595] 광동의 도읍은 광주다.

[596] 다시 말해서, 마카오에 있는 신부들은 속옷에 외투까지 입고 다녔다.

른 신부들에게 총독의 명령으로 벌써 조경에서 쫓겨났다고 편지를 썼다. 이삼일 후에 마카오에 도착할 것이고, 이런 사건은 흔히 일어날 수도 있는 것으로 자초지종은 도착해서 직접 보고하겠다고 했다.[597]

---

[597] 이 장에서 언급한 내용은 1589년 8월, 리치가 상요(上窰)에서 마카오에 있는 순찰사 발리냐노에게 쓴 편지를 인용한 것이다(N.1147). 그러나 이 편지는 우리에게 전해지지는 못했다. 하지만 이런 분실은 같은 해 9월 28일, 데 산데가 쓴 연차보고서를 통해 충분히 만회하고 있다고 하겠다. 그는 보고서에서 똑같은 사건을 언급하고 있기 때문이다. 당연히 리치를 통해 들은 걸 말하는 방식으로 말이다(NN.4004-4017). 마카오 수도원의 원장 디아즈도 이 사건이 있은 지 10년이 지난 후인 1599년 12월 19일 (사건의 전말을) 총장에게 함축하여 보고하고 있다(N.2871).

3책

古今人毋傀萬世

神聖主

目悴視厄娃子孫

제1장

소주 수도원을 어떻게 지었는지에 대해, 중국선교에 대해 새로운 계획을 세우게 된 것에 대해

(1589년 8월 초부터 10월 초까지)

o 조경 총독이 리치와 알메이다를 다시 부르다

o 이 부름의 정당성. 리치가 60냥을 계속해서 거절하다

o 마태오 신부가 다시 돈을 거부하고, 총독으로부터 광동성 체류를 허락받다

o 총독이 리치에게 중국 책을 선물하다

o 총독이 소주의 여삼부(呂三府)에게 신부들을 부탁하다

o 리치가 조경의 총독과 신자들에게 작별 인사를 하다

o 조경에서 소주까지 험난한 여행

o 소주를 향한 여행의 중단

o 남화사와 그 설립자

o 리치가 남화사를 방문하다

o 신부들이 남화사에 머무르지 않기로 하다

o 신부들이 사찰을 떠나 소주로 가다

o 관리들을 만난 후 소주로 가다

o 소주시에 대한 묘사: 좋지 않은 기후

o 거주지의 선택과 고위 인사들의 방문

o 두 신부의 중대한 질병

o 새 거주지(수도원) 공사를 시작하다

331. 조경 총독이 리치와 알메이다를 다시 부르다

누군가 높은 산 정상에 크고 무거운 바위를 올리는 것처럼, 우리는 중국선교와 같은 이런 대규모의 사업에 정말 많은 수고와 노력을 아끼지 않았다. 안전한 자리에 그것을 올릴 수 있기까지 얼마 안 남았다고 생각했을 때, 손에서 벗어나 다시금 산 밑으로 굴러떨어지면, 그들의 슬픔과 쓸쓸함은 이만저만이 아니다.[1] 이런 모든 상황을 통해 이 사업[중국선교]은 새로운 국면에 접어들었고, 두 신부는 나름 기쁜 마음으로 다시금 사업을 추진하기로 했다. 그들은 지나간 모든 어려움을 잊고, 하느님께 감사하며 다시 한번 선교에 착수하였다.

그들은 조경肇慶에서 나와 마카오로 가기 위해 배 위에서 해도海道를 기다렸다. 그들이 광주에 도착한 다음 날, 총독의 깃발을 꽂은 범선 한 척이 급하게 오는 것이 보였다. 배는 신부들에게 즉시 조경으로 돌아가라고 했다. 범선에 탄 사람 중에는 아무도 그 이유에 대해 아는 사람도 말해 주는 사람도 없었다. 신부들에게는 좋은 소식이었다. 왜냐하면 한번 마카오로 돌아가면 재입국이 어려워지게 될 것이고, 중국인들이 외국인에 대해 갖는 두려움이 커서 인간적으로는 불가능하게 될 것이기 때문이다. 그래서 주저하지 않고 자기들을 부르러 온 결정을 받아들이기로 했다.

332. 이 부름의 정당성. 리치가 60냥을 계속해서 거절하다

조경에서는 여러 가지 새로운 말들[2]이 나돌았다. 어떤 사람은 총독[3]의

---

[1] 고전 신화에 따르면, 코린토의 왕 시지프스는 죽은 다음 산꼭대기까지 바위를 밀어 올려야 하는 영겁의 형벌을 받았다. 그가 바위를 산꼭대기에 올리기가 무섭게 바위는 계곡으로 굴러떨어져 버리고 만다. 리치가 암시하는 것은 대단히 명시적이다.

부인이 중국의 우상들을 크게 신봉하고 있었는데, 무슨 일인지는 모르나 이상한 꿈을 꾸었고, 총독은 신부들을 불러오라고 사람을 보냈다는 것이다. 또 다른 사람은 총독이 자기가 한 행동을 뉘우치고, 신부들이 포르투갈인들의 도움을 받아 부당하게 당한 대우에 복수할지도 모른다고 생각하여 겁이 나서 다시 불렀다고도 했다. 그러나 마태오 신부가 지방관[4]을 만나 알게 된 것은, 앞서 언급했듯이,[5] 그 성을 통솔하는 통감이 신부들이 조정을 떠난 다음 날에야 비로소 사건의 자초지종을 알게 되었다는 것이다. 지방관이 외국인 신부들에 대한 재판 결과를 어떻게 실행했는지 총독에게 말했고, 신부들은 이미 그곳을 떠났지만, 그들이 남긴 신앙적 자세에서도 보듯이 60냥(두카토)은 받지 않았다고 했다.

　이 말을 들은 총독은 큰 혼란과 슬픔에 잠겼다. 그는 우리의 집을 자기 사당으로 만들고 동상을 세우려고 생각하고 있었던 터라, 그것을 실행에 옮기게 되면, 모든 사람이 자기에게 큰 불의를 저질렀다고 비방할 게 뻔했다. 과거 많은 총독이 신부들의 체류를 허락했는데, 지금에 와서 신부들이 그곳에 체류하는 게 옳지 못하다고 하는 것은 날조된 이유가 될 수 있기 때문이다. 그래서 지방관에게 명하여, 즉각 하루 만에 쾌속정으로 사람을 보내어[6] 신부들을 다시 불러오라고 한 것이다. 그리고 60냥(스쿠도)[7]에 대해서는 비석을 하나 만들어 집 앞에 세우고[8] 거기에 외국인 신

2　소식, 수다, 잡담 등.
3　유절재(劉節齋)다. Cf. N.319, 본서, p.277, 주(註) 555.
4　방응시(方應時)다. Cf. N.307, 본서, p.260, 주(註) 501.
5　Cf. N.307.
6　총독의 두 하인이 갔다. Cf. N.4012.
7　**역주_** 이곳 소제목에서부터 지금까지 썼던 화폐 단위 두카토 대신 스쿠도라고 쓰고 있다. 화폐 단위에 따라서 돈의 액수가 엄청난 차이가 있는데, 리치는 이 점에 대해 전혀

부들이 자기 비용을 들여 산 것이라고 새기라고 했다. 이런 이유로 지방
관은 신부에게 그 돈을 받으라고 했고, 고집을 부리면, 큰 불이익을 당하
게 될 거라고 했다. 신부는 이미 말한 이유와 똑같은 이유로, 돈을 받는
것이 옳지 않다고 했고, 그래서 어떤 방법으로도 그것을 받으려고 하지
않았다.

333. 마태오 신부가 다시 돈을 거부하고, 총독으로부터 광동성
체류를 허락받다

그러자 지방관은 총독에게 가라고 했다. 신부는 어떤 일이 생길지 두
려우면서도 흔쾌히 응했다. 신부가 총독을 알현하려고 들어섰을 때, 그
는 다른 모든 사람보다 근엄하게 우리 언어를 전혀 모르는 한 중국인과
함께 있었다. 신부는 고관과 대면하기 위해 통역관을 대동하고 알현의
자리에 왔다.[9] 흔히 고위 관료들 앞에서 하듯이, 신부는 멀리 떨어져서
무릎을 꿇고 있었는데, 총독은 자신의 자리 가까이 오라고 했다. 그리고
는 밝은 얼굴과 상냥한 말투로 왜 60냥을 받지 않고 그곳을 떠났느냐고
물었다. 고향으로 돌아갈 때 여비로 쓰라고 준 마음의 선물이라며, 자신
의 호의를 보이고 그 돈을 주기 위해 다시 불렀다고 했다. 그는 신부들이

개의치 않고 혼용해서 쓰고 있는 것으로 봐서, 중국의 화폐 단위를 당시 유럽의 것과
같게 쓰면서 숫자에만 집중하고 있는 걸로 보인다. 따라서 여기선 당시 중국의 화폐
단위인 량(혹은 냥)으로 통일해서 쓰고 원문을 괄호로 표기하겠다.

8 리치의 옛집에는 아직도 여러 개의 비석이 보존되어 있다[Cf. N.235, 본서, p.134, 주
(註) 186.]. 그중 하나에 이것을 암시하는 내용이 있는 것으로 보인다.

9 당시에 리치는 통역관이 필요 없을 만큼 중국어를 잘 알고 있었다. 그러나 중대한 외
교에 있어서나, 고위 관리 앞에 설 때는 중국의 풍습에 따라 위엄을 드러내기 위해 통
역관을 내세웠다. 실제로 필요해서가 아니었다. Cf. N.4013.

그냥 가기를 원치 않는다고도 했다. 그는 자신의 손으로 직접 그것을 주겠다고 했다.

신부는 큰 호의에 매우 감사하다고 말하며, 금전적인 도움은 필요하지 않다고 했다. 왜냐하면, 고향으로 돌아가는 길에는 사방에 동료와 친구들이 있어서 필요한 것이 있으면 모두가 얼마든지 주기 때문이라고도 했다.

총독은 "어찌 되었건, 내가 주는 선물을 거절하는 것은 예의상 좋지 않소"라고 했다. 신부가 대답하기를, "오랜 기간 평화롭게 잘 있던 곳에서 나쁜 사람처럼 쫓겨났는데, 총독께서 주시는 돈을 받는 것이 합당하지 않습니다"라고 했다.

이 말에 총독은 벌떡 일어나 크게 화를 내고 소리치며 말하기를, "어떻게 총독이 명하는 이런 것 하나도 듣지 않을 수 있는가?" 그리고는 통역관을 향해 고개를 돌리더니, "이 모든 원인은 이 자가 그렇게 하라고 가르친 것이다"라고 했다. 그리고 통역관의 목에 쇠사슬을 씌우라고 명했다.

겁에 질린 통역관은 잘못했다며 "이것은 제 탓이 아닙니다. 신부가 자기 집에서 쫓겨나 상처를 받아 돈을 받지 않겠다고 하는 것"이라고 말했다. 신부도 용기를 내어, "통역관은 이 일과 아무 상관이 없습니다. 오히려 그는 이런 일을 원하지 않았습니다. 총독께서 지금 말씀하시는 것처럼 저희에게 호의적이셨다면, 별로 도움이 안 되는 돈을 주려고 하지 마시고, 다시는 숱한 위험이 도사리고 있는 바다에 저희를 내던지지 마시기 바랍니다. 따라서 이미 저희가 조경에 머무는 것을 원치 않으시니, 중국의 다른 지역에서 얼마 남지 않은 생을 마감할 수 있도록 해 주십시오"라고 말했다. 총독은 신부가 말하는 것을 제대로 이해하지는 못했지만, 그 옆에 서서 자리를 지키던 한 군관이 무릎을 꿇고 신부가 한 말을 전달해 주었다.

　이에 총독은 크게 감화되어 자신의 원래 의도는 신부를 중국에서 내쫓는 것이 아니라 다른 도시로 가게 하려는 것이었다고 말했다. 이런 것은 아니었다는 것이다. 신부는 광서廣西[10]나 강서江西[11]로 갈 수 있는 허가서를 써 달라고 요청했다. 총독은 그 60냥(텔)을 받으면 광동廣東[12]의 어떤 도시든지 신부가 원하는 곳으로 가게 해 주겠다고 했다. 총독은 자신의 관저가 있는 조경과 성의 도읍[13]을 제외하고는 어디든 좋다고 했다. 성의 도읍은 외국인들이 머무르기에는 좋지 않기 때문이다.[14]

　신부는 강서의 경계에 있는 남웅南雄[15]이라는 도시를 선택했다. 총독은 그렇게 하라고 말했고, 가기 전에 남화南華와 소주韶州에 머무르며 먼저 그곳에 가 볼 것을 제안했다.[16]

10　리치는 Quansi, 델리야는 Kwangsi로 쓰고 있다.
11　리치는 Chiansi, 델리야는 Kiangsi로 쓰고 있다.
12　리치는 Quantone, 델리야는 Kwangtung이라고 쓰고 있다.
13　광동의 도읍은 광주(廣州)다.
14　리치에게 60냥(Tael)[역주_ 여기선 화폐단위를 텔로 쓰고 있다. 같은 액수의 단위를 매번 다르게 쓰는 걸로 봐서 분명 혼용하고 있는 걸로 판단되기에 모두 냥으로 간주하기로 한다]를 받게 하려고, 총독은 "집값으로 주는 게 아니라, 다른 곳에서의 생계비로 주는 것"(N.4013)이고, 여행 경비로 주는 거라고 말했다(N.1193). 신부들은 총독과 소원해지지 않기 위해서, 또 다른 지역에서 선교를 계속하기 위해서 결국 이 돈을 받았다. Cf. N.2520. 그러나 나중에 퍼진 소문은 신부들이 총독에게 연금술을 가르쳐 주지 않아서 조경(肇慶)에서 쫓겨났다는 것이었다. Cf. N.396.
15　광동과 광서 사이, 경계에서 멀지 않은 지역에 있다. Cf. NN.345, 397. 지금도 남웅(南雄, Namyung)이라고 쓴다.
16　Cf. N.1148.

334. 총독이 리치에게 중국 책을 선물하다

이에 신부는 중국의 예법대로 머리를 땅에 대고 크게 고마움을 표시했다.[17] 총독은 크게 기뻐하며 그 자리에서 자기가 새로 인쇄한 책 한 꾸러미를 선물로 주었다. 이 책들은 모두 자기가 해남海南의 해적들을 소탕하고, 여러 폭동을 진압한 이야기와 그 외 자기가 평정한 여러 반란에 관한 이야기를 담은 내용이었다.[18]

335. 총독이 소주의 여삼부(呂三府)에게 신부들을 부탁하다

신부가 자리를 뜨자, 소주 지방의 여(呂, 良佐)[19]라는 성을 가진 세 번째 지부 보좌관이 들어왔다. 그를 여삼부呂三府라고 부르는데, "'여'씨 성을 가진 지부의 세 번째 보좌관"이라는 뜻이다. 그는 통감처럼 최고 권력자도 아니고 다른 누군가를 대변하는 자리에 있는 것도 아니지만, 새로 부임해 왔기에 소주의 지방관인 총독을 방문하러 온 것이었다. 총독을 방문하여 인사를 하는 자리에서 총독은 신부들에 대해 많은 이야기를 했

---

17   무릎을 꿇고 머리를 바닥에 대고 절했다. 이를 '개두(磕頭)'라고 한다. Cf. N.121.
18   중국의 원전들은 유절재(劉節齋)가 해남의 해적들의 씨를 말리는 일에 큰 공을 세웠다고 말한다 殲海寇有功. Cf. *Annali della Prefettura di Feng yang*, c.28, f.8b; N.322. 이와 유사한 것으로, 리치가 소유하고 있던 중국 서적들(N.252)에서도 찾아 재차 언급하게 될 것이다. Cf. N.393.
19   여량좌(呂良佐)라는 사람으로 리치도 말하듯이 옛날 호광의 한 지역인 호북(湖北)의 종상(鍾祥)에서 태어났다(N.1158). 그는 1589년에 소주의 관리로 임명되었다. 리치가 "새로 부임한 사람"이라고 말했던 것은 바로 이 사람을 일컬었다. Cf. *Annali della Prefettura di Shiuchow*, c.4, f.10b. 그는 지부의 세 번째 보좌관 곧 삼부(三府)가 되었고, 그래서 흔히 여삼부(呂三府)라고 불렸다. 그의 직책은 병비도(兵備道)를 겸하고 있었다. Cf. N.1148. 그에 대해 리치는 이렇게 말하고 있다. "그는 호광[Hukwang]의 관리로 자신의 처지를 매우 잘 극복하였다"(N.1158).

고, 신부들을 그쪽으로 보낼 테니 그들을 잘 돌봐 주라고 당부했다.[20]

조경의 지방관[21]은 총독 관저 앞에서 기다리며, 신부들에게 일어난 일에 대해 아주 좋아했는데, 특별히 총독의 평판을 듣고 연결해 달라고 요구하며, 신부들이 중국에 머물고 있다는 것과 총독이 그것에 대해 안도하며 크게 기뻐한다는 것을 알았다. 그리고 기꺼이 배와 새로운 통행증을 소주로 보냈다.

여삼부呂三府가 총독 관저를 나오려고 하자, 총독은 매우 부드러운 말투로 소주에서 신부들을 잘 부탁한다고 당부했다. 때마침 마태오 신부가 그곳을 찾았고, 그들은 당황하여 말을 잇지 못했다. 그는 소주의 지방관에게 고개를 돌려 이렇게 말했다. "주인님, 이것이 무엇입니까? 제가 간밤에 어떤 동상[22]을 보았는데, 우리 사당에서 흔히 보는 것이 아니었습니다. 필시 이것은 오늘의 만남을 의미하는 꿈이 아니겠습니까?" 그리고 신부들을 향해 몸을 돌려 예를 표했다. 그 후 그는 소주에 있는 동안 내내 신부들을 자상하게 보살펴 주었다. 틈날 때마다 자주 신부들을 관저로 초대하여 음식을 대접하기도 했다.

한번은 자신의 배로 소주까지 함께 가자고 제안하기도 했다. 신부는 결국 60냥(두카토)를 받아야 했고, 조경의 지방관으로부터 통행증을 발급받아야 하는 이유로 그곳에서 하루를 더 머물기도 했다.[23] 그러나 여삼부도 빨리 소주로 돌아가야 하는 상황이어서[24] 서둘러 출발했고 신부

---

20 Cf. N.4014.
21 방응시(方應時)다. Cf. N.307, 본서, p.260, 주(註) 501.
22 우상 종파의 신상들을 말한다. Cf. N.206, 본서, p.77, 주(註) 34.
23 '머물다'라는 단어를 리치는 이탈리아어 "si trattenne"라고 쓰는 대신에 스페인어로 "si detenne"라고 쓰고 있다.

들보다 하루 이틀 먼저 도착했다.[25]

336. 리치가 조경의 총독과 신자들에게 작별 인사를 하다

마태오 신부는 모든 일을 잘 처리한 후, 조경의 관리들을 방문하기 위해 돌아왔는데, 지난번에는 급히 가느라 또 굳이 방문할 필요가 없다고 생각하여 방문하지 않았기 때문이다. 그는 총독을 찾아가 모든 호의에 감사한다고 했고, 총독은 그를 기쁘게 맞이하며 자기가 신경 쓰고 있다고 말했다. 자기가 이미 소주의 통감에게 부탁하여 좋은 장소를 찾아 주고, 그들이 무례한 행위를 겪지 않도록 보살펴 주라고 했다고도 했다.

앞서 말한 대로, 교우들은 신부들을 보기 위해 달려왔고[26] 총독의 새로운 결정에 축하했다. 그들은 신부들이 중국에 머무른다면 더는 목자 없는 양이 되지는 않을 거로 생각했다. 신부들은 조경을 떠나면서 살림 도구를 교우들에게 맡겼는데, 이 사실을 안 건달들이 신부들이 조경을 떠나자마자 그것들을 빼앗으려고 했다. 그러자 지방관이 나서서 자신의 관저 문서 보관소에 맡긴 그대로 잘 보관하라며 사람을 시켜 안전하게 관리하였다. 그 덕분에 교우들의 근심도 줄일 수가 있었다.[27]

337. 조경에서 소주까지 험난한 여행

이것은 신부들이 두 번째로 조경을 떠나는 것으로서,[28] 그날은 1589년

---

24   Cf. NN.141, 179.
25   여삼부(呂三府)는 신부들보다 이틀 먼저 출발했고, 그들보다 삼사일 먼저 도착했다.
     Cf. N.1148.
26   이곳에서 교우들은 신부들과 함께 밤을 지새웠다. Cf. N.4015.
27   Cf. Bartoli¹, II, c.42, p.84.

성모승천 대축일이었고, 소주로 향했다. 먼저 그들은 북쪽에서 내려오는 소주강까지 갔다가, 삼수(三水)(세 줄기의 물)라고 불리는 큰 강으로 접어들 것이다.[29] 그곳에서 신부들은 배를 돌려 물을 거슬러 올라가야 한다.

발리냐노 신부와 다른 신부들에게 소식을 전할 다른 방법이 없는 만큼, 신부들은 보고서에 지금까지 무슨 일이 있었는지에 대해서, 그리고 지금은 소주로 향하고 있는 여정 중에 있다는 내용을 적었다. 그리고 항해사에게 주었다. 항해사는 광동의 도읍[30]에서 왔기 때문에 그가 가는 편에 보고서를 보내면 광주廣州를 거쳐 우리의 콜레지움이 있는 마카오까지 전달될 것으로 생각했고, 그렇게 요청했다.[31]

이번 여행은 모든 것이 안전했고 매우 편안했다. 오로지 한 가지 걸리는 것이 있다면, 군선 한 척이 계속해서 밤낮으로 우리를 따라오는 바람에 강도인 줄 알고 잠시 두려워했다는 것이다.[32] 하지만 소주에 도착해서 보니, 그것은 광주의 해도海道가 보낸 것이었다. 총독의 명령에 따라 우리가 무사히 소주에 도착하여 육지에 오를 때까지 우리를 호송한 것이

---

28 방응시의 몸종 하나가 그들과 동행하고 있었다.
29 삼수(三水), 세 개의 물줄기는 북강(北江), 즉 "소주강"과 서강(西江)이라는 큰 강과 합류하는 지점에 있는 지역이다. 그래서 세 개의 물줄기가 만나는 지점에 있다고 해서 불린 지명이다. 오늘날[1900년대 초] 이 도시에는 5천 명의 주민이 살고 있다. 관련 자료는 *Samshui of the Peaceful Water* in *The Rock*, Hongkong, 1935, pp.61-62를 보라.
30 광주다.
31 이 편지는 분실되었다. 편지는 상요(上窰)에서 썼다(N.1147). 그리고 소식이 궁금하여 마카오에서 조경으로 파견된 한 시종 편에 그것을 보냈다(N.352). 리치는 보고서에서 쓴 내용을 후에 다시 편지로 써서 1589년 9월 9일 자로 발리냐노에게 보냈고 (NN.1148-1167), 이것 일부가 지금까지 남아 있다. Cf. N.2520.
32 다시 말해서 신부들은 이 호송선을 해적선으로 생각한 것이다(N.4016). 신부들이 본 것은 여섯 혹은 일곱 명밖에 되지 않았고, 상요(上窰)에 도착해서 리치는 그 내용을 발리냐노에게 편지로 썼다. Cf. N.330, 본서, p.293, 주(註) 597.

었다.

338. 소주를 향한 여행의 중단

북쪽으로 8일간의 항해 끝에[33] 남화사南華寺[34]로 가는 지름길인 좁은
해협[35]에 도착했다. 이곳에서 소주 지방관의 몸종을 만났는데, 그를 통
해 소주의 지방관[36]은 신부들에게 그곳에서 가지고 온 모든 짐을 내려놓
고 머무를 장소를 찾아보라고 했다.[37]

---

33 오늘날 광주에서 소주까지는 기차로 8시간 걸리는데, 산의 환상적인 풍경을 감상하며
   간다.
34 남화사(南華寺), 곧 '남쪽의 꽃 사당'은 유명한 사찰로, 소주에서 60리 떨어져 있다. 리
   치는 소주에서 남동쪽으로 20마일, 혹은 5리그[역주_ 1리그는 4-5㎞, 10리 정도다] 거
   리에 있다고 말한다(N.1150). Cf. Cuzuiü, c.102, f.1b. 6세기 초, 처음 사찰을 지었을
   때는 보림(寶林)이라는 이름이었다. 인도 승려 지약삼장(智藥三藏)이 소주의 조계(曹
   溪) 냇가를 지나가다가 물을 마셨는데, 물맛을 보고 그 맛이 달고 시원하여 향기로우
   매 서천(西天)의 물과 다르지 않다고 하여 서천보림(西天寶林)을 찾았다는 데서 유래
   한다[역주_ 여기에서 보림(寶林)은 '도(道)를 얻는 사람들이 수천에 달해 숲을 이루게
   될 것'이라는 뜻이다]. 승려는 제자들과 함께 그 자리에 머물렀고, 160년 후 그 자리에
   서 법보(法寶), 곧 육조(六祖)가 탄생했다. '남쪽의 꽃'이라는 이름은 970년경에 붙여진
   이름으로 추정된다. 얼마 후에 리치가 그곳을 지났고, 광동의 총독 유절재(劉節齋)(본
   서, p.277, 주(註) 555)가 1590-1591년 새로 공사를 시작했다. 절은 지금까지 존재하
   고, 여전히 많은 순례객이 찾고 있다. 그러나 승려의 숫자는 매우 감소하여 열 명이 채
   못 된다. 오늘날에도 영험하다는 우상들이 있고 유명한 불자들의 유해가 있다. 가령
   육조(六祖)의 유해가 튼튼한 유골함에 안치되어 순례객들의 공경을 받는 것이다. 이
   사찰에 관한 모든 자료는 Annali Generali di Tsaoki『曹谿通志』in 8 volum에 있다.
   특히 c.1, f.3a: c.1, f.12a: c.4, ff.7a-9b를 보라.
35 해협을 순요(順堯)(N.1150)라고 부른다. 남화사로부터 2리그[역주_ 약 20리 거리다]
   떨어진 거리에 있다.
36 여량좌(呂良佐)다. Cf. N.335, 본서, p.303, 주(註) 19.
37 1589년 9월 9일 자, 리치가 발리냐노에게 보낸 편지에는 지방관의 시종을 8월 24일에
   만났다고 적고 있다. 그와 함께 3일간 기다려서 12명의 승려를 접견했다고 한다. 그러
   나 그들[신부 일행] 중 10명이 도착하지 않아 그냥 가야 했다. 후에 신부들이 다시 찾아
   가자 남화사의 승려들은 사찰 내부를 안내했고, 가까운 마을로도 안내했다. Cf.

신부들은 소주에서 멀리 하룻길이나 떨어진 그곳보다는 도시에 머물기를 고집했고, 짐을 육지에 내려놓으려고 하지도 않았다. 그러면서 먼저 지방관을 만나 보겠다고 했고, 답을 기다리는 동안 그들은 앞서 말한 유명한 사찰을 둘러보기로 했다.

339. 남화사와 그 설립자

사찰은 완만한 계곡에 있어 사방이 높지 않은 산으로 둘러싸여 있고, 과실수가 가득했다. 풍경도 좋고 일 년 내내 푸르렀다.[38] 들판에는 온통 벼(大米)와 여러 곡류가 심겨 있었고, 사철 푸른 산을 가로질러 계곡의 한가운데로 끝없이 시냇물이 흐르고 있었다. 커다란 수원지에서 흐르는 물은 주변의 모든 것을 적시고 있었다.[39]

남화사는 대단히 커서 1천 명 내외의 승려들이 살고 있었는데, 그들이 오래전부터 이곳의 주인이었다. 사찰의 기원은 800년 전에 살았던 육조 六祖[40]라는 사람이 참회와 금욕으로 큰 명성을 얻은 데서부터 시작되었

N.1150.

38 Cf. N.1152.

39 조계(曹溪)의 시냇물은 남화의 남동쪽으로 흐르고 있다.

40 육조(六祖, 서기 638-713), 곧 6조 대사는 동방불교의 마지막 대선사다. 그의 본명은 노혜(盧惠), 혜능(慧能)이다. 전설에 따르면, 그는 6년이라는 초자연적인 수태의 시간이 지나고 광동의 신주(新州)에서 638년 2월 27일에 태어났다. 그는 모유를 먹고 자란 것이 아니라 밤마다 신인(神人)이 내려와 감로(甘露)를 먹여 키웠다고 한다. 670년경 출가하여 오조(五祖) 선사(BD, p.891) 홍인(弘忍, 서기 602-675)의 제자가 되어 남화에서 677년부터 수천 명의 제자와 함께 살았다. 705년 황궁에 초대를 받았지만, 건강을 핑계로 거절했다. 현재도 그의 유해는 유골함에 안치되어 한 계단 위에 "대선사"의 유골로 리치 시대와 똑같이 전시되어 있다. Cf. BD, p.1417; Mayers[2], p.147, N.428; TP, 1912, pp.327, 350; Annali Generali di Tsaoki, c.2, ff.7b-19a; Wieger, HC, pp.523-532; Annali del mandamento di Namyung 『道光直隸南雄州志』, c.24, ff.34a,

다. 사람들이 말하기를, 그가 이곳에 사는 1천 명의 승려들을 위해[41] 종일 중국인들의 빵[42]인 쌀을 찧었다[43]고 한다. 그는 쇠사슬을 항상 몸에 두르고 살았고, 살은 썩어서 벌레가 우글거렸다고 한다. 그가 넘어져 벌레가 떨어지면 다시 주워 자신의 몸에 넣으며, "여기에 먹을 것이 아직 있는데 왜 이곳을 떠나려고 하는가?"라고 말했다고 한다. 훗날 그의 시신을 보존하기 위해 이렇게 웅장한 사찰을 지었고, 온 중국에서 수많은 신심 깊은 순례객이 찾고 있다고 한다. 사방에 그와 관련한 것이 없는 게 없었다.[44]

340. 리치가 남화사를 방문하다

남화사의 법사들은 12개의 방에 나누어 기거하고, 각 방에는 원장을 별도로 두고 있었다. 이 원장들 외에도 전체 승려 중 최고 높은 사람이 한 명 있었다. 원장들은 총독이 외국인 신부를 남화사에 보낸다는 새로운 소식을 듣자, 그가 자기네 사찰의 지주로 와서 개혁하려는 게 아닌가 생각했다. 신부에 관한 소식은 유명하여 이미 들은 바 있었기 때문이다. 그들은 많이 부패하여, 여러 승려가 규범을 어기고 부인과 자녀를 두고 있을 뿐 아니라, 강도와 살인까지 일삼기도 했다.[45] 우상 종파의 모든 법

35b; [Biografie buddhiste scritte in Cina] 『支那撰迷景德傳燈錄』, c.5, f.2b 이하.

41   1934년쯤, 사찰 주변에서 "1천 명 승려의 솥"이라는 이름이 새겨진 솥이 하나 발견되었다. **역주_** 아마도 1천 명분의 식사를 준비하던 커다란 주방용기가 발견된 것으로 추정된다.

42   Cf. N.9.

43   승려들은 그를 '탈곡의 집사'로 인정하였다. Cf. Wieger, *HC*, p.531.

44   Cf. Carletti, pp.307-308; *Journal of the Royal Asiatic Society*, Londra, 1911, pp.699-725.

사가 백성들보다 관리들의 눈치를 보고 있었고, 단합하여 신부가 살기에 좋다고 생각되는 장소는 절대 보여 주지 않기로 했다.

통상적인 중국인들의 속임수를 발휘하여[46] 그들은 모두 예복을 갖추어 입고 신부가 찾아온 걸 크게 환영하는 것처럼 꾸미고 마중 나와서 사찰을 송두리째 바치겠다고 했다. 그리고 사찰에 있는 방 중 가장 높은 관리가 오면 묵는 방을 내주며 융숭하게 음식 대접을 한 뒤, 사찰의 중요한 곳을 고루 보여 주었다. 어느 곳이든 청동과 나무로 만든 큰 동상들이 가득했는데, 어떤 방에는 한곳에 도금한 동상이 5백 개가 있는 곳도 있었다. 사찰에는 많은 탑과 종鐘도 있었다. 그중 하나는 신부가 유럽에서 본 것보다도 큰 청동으로 된 종도 있었다.[47]

341. 신부들이 남화사에 머무르지 않기로 하다

신부들은 역청을 발라 안치된 아주 유명한 육조의 유해를 보았다. 어떤 사람은 이미 오래전부터 있던 거라고 하기도 했다. [그는] 사찰의 가장 높은 곳에 있는 법당의 중앙에 안치되어 사람들의 공경을 받고 있었다. 법당으로 가는 길은 아름다운 계단으로 연결되어 있었다.[48] 거기에는 50여 개의 등燈[49]이 걸려 있었는데, 특별한 날을 제외하고 이 등 전체에 항

---

45 이들 승려의 나쁜 품행은 지적할 만하다.

46 리치가 중국인들을 바라보는 진의에 주목하라. Cf. N.164.

47 Cf. N.42.

48 오늘날에도 1589년과 똑같은 위치에 있다. 리치는 8월 24일에 육조를 보지 못했다고 했다. 이유는 단식하지 않았기 때문이다(N.1151). 그래서 다음날인 25일에 보았다 (N.1153).

49 더 정확하게는 98개다(N.1153). 아마도 리치가 다른 편지에서 "40개 이상"(N.4016)이라고 썼기 때문으로 추정된다. 구(球) = 등(燈)이다. cf. NN.183, 236, 249, 376, 903.

상 불을 켜는 것은 아니다.

그들이 본 가장 새로운 것은, 신부들은 물론 함께 온 사람들이 아무도 사찰에 모셔진 우상들에 예를 올리지 않는다는 것이다. 왜냐하면 중국인들은 자기네 우상들을 쉽게 믿지 않으면서도, 그 앞에 엎드려 절하고 무릎을 꿇고 예배하기 때문이다.

342.

신부들은 남화사의 고위 승려들과 견해가 매우 일치했다. 그들은 신부들이 사찰을 마음에 들어 하지 않기를 바랐고, 신부들 역시 마음에 드는 게 하나도 없었다. 그래서 산 아래 많은 집들이 있는 마을을 선택했고,[50] 만약 이 지방에 있어야 한다면, 사찰에서 우상 종파의 법사들과 함께 있는 것보다는 마을에 집을 짓고 사는 게 좋겠다고 했다.[51]

343. 신부들이 사찰을 떠나 소주로 가다

알메이다 신부는 해로로 소주까지 가려고 배로 돌아왔다. 마태오 신부는 그날 밤[52]에는 그곳에 남아 있다가 더 빨리 가기 위해 말을 타기로 했다. 마태오 신부는 지방관의 하인과 남화사 주지와 그의 두 동료 승려[53]와 함께 각자가 원하는 것을 지방관[54]에게 보고하기로 했다.

---

50 조후촌(曹侯村)이라는 마을이다.
51 Cf. N.1152.
52 그날 밤과 다음 날 밤에도 그곳에 있었다. Cf. N.343, 본서 옆페이지, p.312, 주(註) 55.
53 주지와 동행한 승려들이 있어 리치 일행은 서너 명이 되었다. 그들은 남화에서 소주까지 걸어서 갔다. Cf. N.1154.
54 여량좌(呂良佐)다. Cf. N.335, 본서, p.303, 주(註) 19.

344.

신부는 소주에 도착했고,[55] 즉시 지방관을 방문하여[56] 신부들이 지금까지 살아온 것과 달리, 남화사는 문인 학자와 관리들이 있는 도시에서 멀리 떨어져 있어 살 수가 없다고 장황하게 설명했다. 더욱이 남화사에 있는 사람들에 대한 평판이 안 좋아 그들과 함께 있는 것이 안전하지 않다고도 했다. 그러나 관리를 더 놀라게 한 것은 신부들이 믿는 종교는 그들과는 다른 종파[율법]이고, 다른 가르침을 따르기에 우상[神像]들을 숭배하지 않는다는 것이다. 오로지 천주天主만을 섬긴다고 했다. 그래서 화상和尙과는 전혀 다른 종교 생활을 하는 세계에서 살며, 파고다의 가르침[57]과는 다른 가르침을 따르기 때문에 상반된 것을 믿으라고 강요할 수 없다고 했다. 그러면서 신부는 소매 춤에 가지고 다니던 『성무일도서』를 꺼내 보여 주며 말하기를 "이것이 우리의 가르침이고 우리의 문자입니다"라고 했다. 이로써 그들은 두 종교가 전혀 다르다는 것을 확신했고, 신부들의 손을 들어 주었다.[58]

---

55 1589년 8월 26일 정오다. Cf. N.1154. 그해 8월 24일, 리치의 기록에는 성 바르톨로메오 축일에 서주(西州)에 도착했고(N.1150), 그날 밤 거의 강제로 남화를 경유해야 했다고 한다. 데 알메이다가 계속해서 배로 이동하는 동안(N.1153) 리치는 25일 장엄한 행렬을 보았고, 이튿날이나 다음 날 말을 타고 소주로 들어갔다(N.1154). 그러나 그때까지도 데 알메이다 신부는 여전히 도착하지 않았다고 한다. Cf. NN.1161, 1163.
56 Cf. N.1157.
57 '파고다의 가르침'은 불교다. **역주_** 리치는 이 책에서 한 번도 불교를 'Buddhism'이라고 말하지 않는다. 모두 수식어를 쓰는데, 대부분 '우상(idoli)', '[동양 종교의] 탑 혹은 파고다의 가르침' 등으로 말하고 있다. 여기에서 말하는 화상(和尙)들은 승려를 가리킨다. Cf. N.187. 여기서 '파고다'라는 말은 '우상'이라는 뜻으로 쓰고 있다. Cf. N.206, 본서, p.77, 주(註) 34.
58 처음에 관리는 총독이 신부들을 남화로 보냈기 때문에 몇 가지 어려움을 이야기했으나, 리치가 총독은 광주와 조경을 제외하고는 광동성 어디든 가서 살아도 된다고 허락

그러자 남화사의 주지가 들어와 말하기를, 며칠 전에 신부들이 자기네 우상들을 둘러볼 때도 육조六祖를 보고 숭배하기는커녕 아무런 공경의 표시도 하지 않았다고 증언했다. 지방관은 신부들을 변호하려는 듯, 고대에는 중국에서도 파고다를 숭배하지 않았다며 그것은 나중에 들어온 거라고 말해 주었다. 주지는 반박할 용기가 없는 듯, 되레 이렇게 말했다. "우상을 숭배해서는 안 된다는 것은 맞는 말씀입니다. 그러나 우리 선사들께서는 남부 지역의 매우 야만적인 이 사람들을 보면서 외형적인 이런 형상들을 만들지 않고는 종교를 유지할 수 없을 것 같아 우상들을 만들게 되었습니다."[59]

345. 관리들을 만난 후 소주로 가다

이것으로 소주에서 다른 장소를 내어 주는 문제가 해결되었다. 우리는 그들의 호의를 보면서 북쪽에서 2-3일 거리에 있는 남웅南雄시까지 가겠다는 생각은 하지 않기로 했다.[60]

지방관은 신부에게 소주시 행정부의 모든 관리들을 방문하라고 했고,[61] 관리들은 조경의 관리들보다 훨씬 친절했다. 가령 여삼부呂三府와 같은 사람은 신부들이 중국의 예법을 공부했고, 중국어도 잘 알고 있어서 조경에 처음 왔을 때와는 매우 다르다고 생각했다.

해 주었다고 말하자 안심했다. Cf. NN.333, 1158.

59   Cf. N.1159.
60   리치가 조경의 총독 앞에서 남웅을 선택했던 것은 소주에서 북동쪽에 있기 때문이었다(N.333). 소주에서 남웅까지는 1592년에 4-5일 거리다(N.1223). 남웅시에 관한 설명은 리치가 N.1227에서 자세히 언급하고 있다.
61   Cf. NN.1160-1161.

[그림 16] 소주(韶州)시 지도

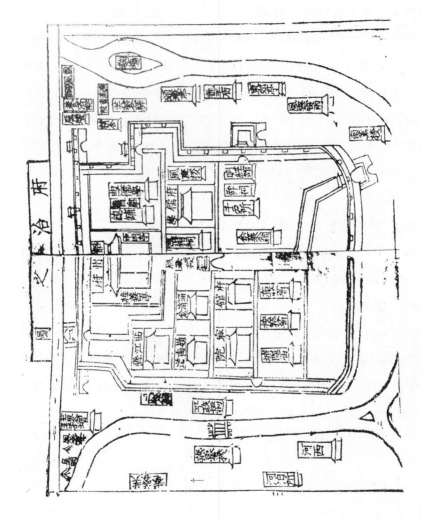

• Annali della Prefettura di Shiuchow 『소주부지(韶州府志)』(1542).

+ 리치의 수도원 위치.

이런 일이 있고 난 뒤, 지방관이 신부들에게 가서 살 집이라고 지정해 준 것이 하서河西 반대쪽에 있는 광효사光孝寺[62]였다.

346. 소주시에 대한 묘사: 좋지 않은 기후

이 도시[63]는 원래 곡강曲江이라고 불렸으나 소주의 통감이 이곳에 자리를 잡으면서 소주라고 부르기 시작했다.[64] 배가 드나들 수 있는 두 개의 강 사이에 있는데, 강은 이곳에서 하나로 합쳐진다. 하나는 동쪽에 있는 남웅南雄에서 오고,[65] 다른 하나는 서쪽에 있는 호광湖廣에서 온다. 가옥들은 모두 담[66]으로 둘러싸여 있다. 두 강 사이에 솟아 있는 육지라서 아주 크다고 할 수 없다. 모두 두 강 자락에 있다고 할 수 있다. 집들은 서쪽에 더 많아서, 굵은 밧줄로 배들을 연결하여 다리를 만들었다.[67] 도시에는 4천 혹은 5천 가구가 살았다.[68] 쌀, 과일, 생선과 채소가 풍부했고[69]

---

62 소주의 광효사(光孝寺)는 714년 개원사(開元寺)라는 이름으로 지었다가 1074년에 개축되었다. 하서(河西) 지역에 있어서 '무강[武水] 서쪽'이라는 뜻으로 불렸다. 1924년에도 이 아름다운 절은 최고의 보존 상태를 유지했고 전혀 훼손될 것 같지도 않았다. 그러나 그해 9월, 건축자재를 조달한다는 명목으로 파괴되고 말았다.

63 선교사들은 소주에 도착한 지 얼마 안 되어 자신들이 잘못 알고 있었다는 걸 깨달았다. 그곳의 위도는 25도 7분이었다. 1589년 9월 28일 이전에 마카오에서 발간된 기록에 의하면, 그곳의 위도가 "24도 3분 1초"(N.4016)였다고 했기 때문이다.

64 남소도(南韶道)는 1535년부터 소주(韶州)에 자리를 잡은 감독관이 통치했다. 이런 이유로 곡강(曲江)시까지 소주라고 불렸다. 하지만 소주라는 지명은 648년으로 거슬러 올라간다. Cf. Cuzuiü, c.102, f.1a. 소주는 곡강(曲江), 낙창(樂昌), 인화(仁化), 유원(乳源), 옹원(翁源), 영덕(英德) 지방을 포괄한다.

65 소주(韶州) Sciaoceu는 오늘날 Shiuchow라고 표기한다. 동쪽의 북강(北江)과 서쪽의 무강(武江) 사이에 있다. Cf. N.1155; Richard², p.210.

66 도시의 성곽은 1932년경 모두 파손되었다.

67 60척이 넘는 배를 밧줄로 이어서(N.1155) 서쪽 지역과 통하도록 다리를 만들었다. 다리는 1911-1912년에 와서야 없어졌다. 그러나 오늘날에도 역(驛)에서 도심까지 그것과 비슷한 다리가 놓여 있다.

육류도 충분했다.

그러나 건강하지는 못했다. 매년 10월부터 12월까지 인구의 3분의 1, 혹은 4분의 1이 학질에 걸렸고, 그중 많은 사람이 죽었다. 나머지 사람들도 대부분 기력이 없고 창백한 모습으로 살고 있었다. 외국인들에게 이런 기후는 더욱 해롭다. 많은 경우, 상인들이 이곳에 오면 며칠 못 가서 목숨을 잃곤 했다.[70]

347. 거주지의 선택과 고위 인사들의 방문

광효사光孝寺 앞에는 사람이 살지 않는 넓은 땅이 있어서 우리에게는 매우 편리했다. 지방관[71]의 하인들이 신부들에게 조언하기를 이곳이 사찰 관할지이지만 이곳에 집을 짓겠다며 땅을 달라고 하라는 것이다. 다음 날,[72] 지방관이 신부들을 방문하여 집을 지을 장소에 대해 묻자, 신부들은 그 땅을 제안했고, 관리도 매우 적합하다고 생각했다. 그러나 사찰의 최고 관리인[73]과 그 도시의 모든 승려가 크게 반발했다. 그들은 그 땅을 잃고 싶지 않았고, 신부들을 너무 가까이에 두고 싶지도 않았다. 그러나 얼마 지나지 않아, 지방관이 총독에게 보고하기를,[74] 신부들은 남화

---

68 만약 한 가구당 가족 수가 평균 5명씩이라면, 도시에는 2만에서 2만 5천 명의 인구가 살았다고 추정할 수 있다. 통상 소주는 "조경(肇慶)보다 두 배의 인구"(N.1155)라고 말하곤 했다. 조경에는 1만에서 1만 2천 명의 주민이 있었다. Cf. N.214, 본서, p.94, 주(註) 79.

69 담뱃잎과 같은 것들도 있었다.

70 두 명의 선교사도 이 열병에 걸린 경험이 있다. Cf. N.349.

71 여량좌(呂良佐)다. Cf. N.335, 본서, p.303, 주(註) 19.

72 8월 27일이다.

73 Cf. N.1162.

74 문서는 지방관의 하인을 통해 방응시(方應時)에게 전달되었다. 하인은 9월 2일, 소주

사에 머물고 싶어 하지 않는다는 것과 그들이 바라는 것은 광효사光孝寺 앞에 있는 땅으로, 그곳은 서쪽 강변, 도시의 성벽 밖에 있다고 하였다.

답변서가 오는 동안 지방관은 신부들에게 한 사람도 섭섭해하지 않도록 하려면, 사비로 먼저 그 땅을 사 두는 것이 좋겠다고 했다. 그러면서 강변에서 그 땅이 있는 구역까지 관리하는 토지 사무관을 소개해 주었다. 토지 사무관은 부패한 관리로, 8에서 10냥(두카토)도 안 되는 땅을 80 내지 90냥(두카토)을 내라고 했는데, 그 돈의 대부분은 사찰의 승려와 모의하여 나누어 가지려고 했다.

348.

이런 상황에서도 신부들에 대한 명성은 도시로 퍼져 나갔고, 유명 인사들은 앞다투어 신부들을 방문하였다. 그들은 조경의 인사들보다 더 예의가 있었고, 그 덕분에 짧은 시간에 많은 친구를 사귀게 되었다.[75]

349. 두 신부의 중대한 질병

많은 사람의 방문과 조경을 거쳐 오는 동안 겪었던 큰 어려움으로 인해, 또 때마침 그 도시에서 잘 걸리는 계절병으로 인해 두 신부가 한꺼번에 자리에 눕고 말았다. 그들의 병은 죽을 만큼 심각했지만, 그들을 도와줄 사람도, 기구도, 집도 없었다.[76] 하느님께서 원하신다고 생각하고 죽

를 출발하는 신부들을 동행하여 조경에서 돌아온 후에 다시 갔다. Cf. NN.1163-1164.

75 Cf. N.1165.

76 리치에 따르면, 데 알메이다는 성 루카 축일(10월 18일)을 앞두고 엿새 전에 병에 걸렸고, 축일에는 생명의 위험까지 느낄 정도로 위험했다고 한다. 한편 리치는 축일 이틀 후에 병에 걸렸고, 10월 27-28일까지도 일어나지 못했다고 한다. Cf. NN.1169-1170.

을 준비까지 하며, 그 집에 사는 다른 사람들을 하느님의 자비에 맡겼다. 그러자 어떠한 조치도 하지 않았는데 그들의 건강이 회복되었다.[77]

350. 새 거주지[수도원] 공사를 시작하다

이런 와중에 총독의 답장이 도착했다.[78] 거기에는 신부들에게 그 땅을 준다는 내용이 적혀 있었다. 그리하여 지방관은 확인증을 발급해 주었다. 신부들은 건강이 회복되기를 기다렸다가 집 공사를 시작하였다.[79] 화상들에게 땅값을 한 푼도 주지 않고 말이다.[80]

---

77   데 알메이다의 치유는 리치가 모든 것을 하느님께 의탁하며, 옆에서 간호해 주고 돌봐주는 가운데 거의 기적처럼 일어났다고 할 수 있다. Cf. N.1169.

78   답장은 10월 25일에 도착했다(N.1175). 왜냐하면 8월 25일과 10월 30일 사이는 두 달이 넘는다. 리치의 표현 "6주 이상이 걸렸다"(N.1171)라는 것은 어느 때보다 정확하다. 대답의 톤은 N.1175에서 잘 볼 수 있다. 답변은 방응시(方應時)가 한 것이 아니라, "조경의 새 통감"(N.1171), 진강(晉江) 출신의 주천응(朱天應)이 했다. Cf. *Annali della Prefettura di Shiuhing*, c.12, f.15a.

79   얻은 땅의 면적은 다음과 같다. "길이 11장(丈)과 너비 7.5장(丈)[역주_ 1장은 10척 길이, 곧 3.58m에 해당한다], 즉 포르투갈 치수로 길이 50코브[covos 또는 큐빗(cubiti)]와 너비 41코브의 장방형"(N.1174)이다. 다시 말해서 대략 33×27m, "즉 우리가 조경에서 가지고 있던 모든 것의 2배 면적에 긴 사각형"(N.1163)의 땅이다. 계약은 10월 말쯤 이루어졌고, 1589년 11월 초에 공사가 시작되었다. Cf. NN.1176, 1178. 집과 성당은 1590년 말경 완공되었다(N.4027). 성당은 팔각형으로 지었고, 집은 벽돌로 지었다. 우물과 정원도 만들었다. Cf. De Ursis, pp.26-27.

80   Cf. NN.1171-1178; Bartoli[1], II, cc.41-42, pp.92-94.

제2장

새로 부른 신부들이 마카오에 어떻게 오게 되었는지, 그들이 모두 기뻐하게 된 일에 대해, 중국에 있는 신부들의 도움으로 순찰사 알렉산드로 발리냐노 신부가 두 명의 중국인 청년들에게 예수회 입회를 허락하고 중국선교에 투입하게 된 일에 대해

(1589년 9월부터 1590년 6월 20일쯤까지)

o 리치와 데 알메이다가 마카오에서 걱정하며 기다리다; 마르티네즈 신부의 예감
o 마카오에서 사자를 보내 신부들에 관한 소식을 알아 오게 하다
o 그리스도교 세계의 기대를 저버리지 않기 위한 발리냐노의 당부
o 두 명의 중국인이 처음으로 예수회에 입회하다
o 소에이로와 로챠 신부가 인도에서 마카오로 오다
o 중국 양식으로 지은 소주 성당과 수도원
o 현지인 통역관의 가슴 아픈 배신
o 발리냐노가 일본으로 떠나다. 데 산데 신부를 마카오의 원장으로 임명하다

351. 리치와 데 알메이다가 마카오에서 걱정하며 기다리다; 마르티네즈 신부의 예감

마카오에서는 신부들이 도읍[81]에 있다는 사실을 새로 알았고, 예수회의 통상적인 배려에 따라 방과 이부자리까지 준비하였다. 매일 그들이 오기를 기다리며, 이방인들 사이에서 겪었을 많은 어려움으로부터 위안을 얻고 다시 힘을 회복할 수 있도록 모든 준비를 하고 있었다.

마카오에는 페르디난도 마르티네즈 신부[82]만 있었는데, 그는 매우 성

---

81 광동의 도읍은 광주(廣州)다.

82 '대단히 거룩한' 이 신부에 대해서는 마카오의 집에 머물던 순찰사 고메즈 신부가 1581년 10월 25일 언급한 바 있다. 당시 마르티네즈 신부는 루지에리와 함께 있었다. 그에 관한 정보는 다음과 같다. "페르난 마르티네즈(Fernán Martinez) 신부는 포르투갈 출신으로 인도로 파견된 38세의 선교사입니다. 예수회 입회한 지는 15년 되었습니다. 교회에 대한 인식과 믿음이 충만합니다. 신중하고 조용하며 크게 활동적이지는 않지만, 용기가 있습니다. 그는 영적인 일에 더 관심을 가지며, 작은 집을 짓는 게 더 위대한 일이라고 생각하는 사람입니다"(N.2014). 10년이 조금 지난 후, 1593년 1월 1일, 발리냐노는 다음과 같이 덧붙였다. "페르난 마르티네즈 신부는 포르투갈 에보라 출신으로 48세입니다. 거룩하지만 아주 강인하지는 않습니다. 예수회에 입회한 지 27년 되었습니다. 양심에 관련한 것들에 관심이 많습니다. 1590년 6월, 양성 담당 영적 조력자가 되었습니다." 두 번째 카탈로그에는 그의 성격에 관한 정보가 담겨 있는데, 같은 해, 같은 달, 발리냐노가 그의 영적 자질에 관해 쓴 것이다. "판단력과 신중함, 덕성이 무난하고 매우 성실하다. 또 본성은 소심하지만 어떤 일을 함에 있어 능동적인 부분도 있다. 고해 사제로서 좋은 자질을 갖추고 있다"(ARSI, Jap.-Sin., 25, f.32). 1584년의 카탈로그에는 1543년 에보라에서 태어나 1567년 예수회에 입회했다고 말한다. 같은 곳에서 1584년 성당의 책임자로 있다가 마카오[수도원]의 고해 사제가 되었다고 적고 있다(ARSI, Goa, 24, f.145v, N.257). 1590년부터 그는 수도원의 고문으로 있었고, 그 자격으로 1592년 1월 23일 총장에게 마카오가 일본으로 가는 길목이라며 마카오 교회를 위해 어떤 성인의 것이든 유해를 보내 달라고 요청하기도 했다. 그 결과 성인들의 두개골과 주님 가시관의 가시 등 유해 몇 점이 도착했다. "그리고 주님의 거룩한 십자가"(ARSI, Jap.-Sin., 11, f.268v)도 왔다. 그에 관한 마지막 편지는 1593년 1월 15일 마카오에서 보낸 것이다(ARSI, Jap.-Sin., 11, ff.88-89). 1588년에도 그는 마카오 교회의 책임자로 있었다(N.2608). 이 날짜들을 자세히 살펴보면, 정확하게 맞지 않는 부분들이 있다. 그가 1543년 포르투갈의 에보라에서 태어났다는 것과 인도에서 어린 시절부

덕이 깊고 중국에 대한 애정이 각별하여 신부들에게 필요한 모든 것을 깊은 애정으로 지원해 주었다. 그는 신부들이 절대 돌아오지 않을 거라고 장담했다. 그는 총독의 판결에 따라 이미 쫓겨난 줄을 전혀 모르고 있었던 걸로 보인다. 그래서 그는 신부들이 돌아올 일이 없을 것이라고 말했다.

7-8일이 지나자 신부들은 무슨 일이 생긴 거라며 걱정하기 시작했다. 광동廣東의 도읍[83]에서 마카오까지는 매일 사람들이 드나들어 편지 등을 주고받을 수 있는데도 불구하고, 아무런 연락이 없었기 때문이다. 프란체스코 데 페트리스 신부[84]는 그렇다면 방을 취소하는 게 좋겠다고 생각했고, 다른 더 좋은 일이 생겼을 수도 있다고 여겼다. 페르디난도 신부는 "여러분은 여전히 믿음이 약한 사람 중 하나입니까? 이곳에서 마태오 신부를 보지는 못할 것입니다"라고 말하기도 했다. 프란체스코 신부는 맞장구를 치며, 그에 대해 확신했다.

352. 마카오에서 사자를 보내 신부들에 관한 소식을 알아 오게 하다

신부들은 원인을 더 명확하게 알기 위해 중국어를 할 줄 알고, 조경肇慶에 있던 우리 집을 방문한 적이 있는 숙소[마카오 수도원]의 사람 하나를

터 교육을 받았다는 것, 1567년 인도에서 예수회에 입회했다는 것, 1581년 마카오에 있어야 하는 것, 1590년 6월 영적 조력자가 되려면 그 전에 서원을 해야 하는 것, 1593년 초에도 그가 마카오에 있어야 했다는 것 등이 그것이다.

83 광동의 도읍, 광주다. Cf. NN.330-331.
84 그는 마카오에서 중국에 입국하기 위해 중국어를 배우고 있었다. 1588년 7월 28일 그곳에 와서 1591년 12월 8일까지 머물렀다. Cf. N.308, 본서, p.264, 주(註) 514.; NN.393, 418-425.

보내며 편지와 함께 그들에 관한 새로운 소식을 알아 오게 했다. 하지만 조경에 도착한 그는 신부들을 만나지 못했고, 되레 총독의 명에 따라 그곳을 떠나야 했다는 소식만 들었다. 오가는 길에서도 그 이상의 소식은 들을 수가 없었다. 결국 편지를 들고 마카오로 되돌아왔다. 그때부터 신부들은 무슨 불행한 일이 생겼거나 위험한 일이 닥쳤을까 걱정하기 시작했다.

그래서 뒤이어, 속히 전前 사람보다 더 성실하고 경험이 많은 사람을 보내며 신부들에 관한 소식을 알아내어 갖고 오지 못하면 마카오로 돌아올 생각을 하지 말라고 명했다. 똑같은 방법으로 조경에 도착했고, 여행 중에 그가 알아낸 것은 아무것도 없었다. 크게 불안해하며 여기저기 수소문하던 중, 우연히 어쩌면 하느님의 뜻으로, 신부들을 조경에서 삼수三水까지 태워다 준 배의 선장을 만났다. 그러나 선장 역시 신부들이 다시 소주韶州로 갔다는 것 외에는 아는 것이 없었다. 선장은 리치 신부가 마카오로 보내 달라고 부탁했던 편지를 그에게 주었고, 그는 편지를 가지고 기쁜 마음으로 마카오로 돌아왔다.

[리치의] 편지로 신부들은 하느님께서 이 왕국[중국]에서 하시려는 새로운 자비를 알게 되었다. 많은 영혼을 구하는 도구로 신부들을 다시 불러 세우신 것이다. 그들은 스승 예수께 감사하며 소주에서 일어난 좋은 일에 대해 더 많은 기도와 미사를 드렸다.

353. 그리스도교 세계의 기대를 저버리지 않기 위한 발리냐노의 당부

그러자 발리냐노는 즉시 사람을 보내며 애정 어린 편지를 한 통 썼다.

편지에는 신부들이 겪은 어려움을 위로하고, 하느님께서 주기 시작한 좋은 결과에 대해 축하해 주었다. 그러면서 최대한 모든 방법을 동원하여 그곳에 남아 있으라고 당부했다. 이유는 스페인의 국왕과 교황께 이 일과 관련하여 이미 말을 했고, 그 소문이 모든 그리스도교 국가들에 퍼졌다는 것이다. 그들의 모든 기대를 저버리지 않았으면 좋겠다고 했다. 하느님께서는 당신 방식대로, 조경에서 이미 신부들에게 많은 어려움을 겪게 하셨기 때문에 이제는 풍성한 결실만 거두면 될 것이라고 확신했다.[85]

354. 두 명의 중국인이 처음으로 예수회에 입회하다

그로부터 며칠 후,[86] 우리를 도와줄 두 청년을 소주韶州에 보냈다.[87] 이

---

85 발리냐노의 이 편지는 보존되지 않고 있다.

86 그들이 소주(韶州)에 도착한 것은 1589년 11월 중순이다. Cf. N.2537.

87 이들이 '첫 번째 두 명'(N.1250)이다. 즉, 두 명의 첫 번째 예수회원이자, 16세기 첫 두 중국인 수도자다. 근대 이후 종종 일부 저자 중에는 근대 중국선교에서 처음 50년은 현지인 성직자 양성의 흔적을 찾아볼 수 없다고 주장하기도 한다. 그러나 예수회 선교사들은 중국선교를 시작한 직후인 1583년부터 1631년 사이, 현지인 성직자 양성을 위해 얼마나 큰 노력을 했는지 모른다. 중국 내륙으로 들어간 지 겨우 7년이 지났을 때, 벌써 두 중국인 청년을 수도회에 받아들였다. 비록 마카오에서 입회를 하기는 했지만 말이다. 이후 많은 젊은이가 그 뒤를 이었고, 중국선교의 설립재리치가 살아 있을 때는 물론 그가 사망한 1610년까지 입회는 계속해서 이어졌다. 1606년 3월 31일, 중국인 예수회원 하나가 먼저 사망하기도 했다. "모두 16명의 예수회원이 있습니다. 8명은 유럽인 사제들이고 8명은 중국인 예수회원입니다." 이들이 2천 5백여 명의 신자를 돌보고 있었다. 1610년 11월 23일, 리치의 후임 니콜로 론고바르도가 한 말이다. Cf. Tacchi Venturi, II, p.488. 내가 쓴 글을 보라. Pasquale D'Elia, *È proprio vero che non vi sono tracce di clero indigeno nei primi cinquanta anni delle missioni cinesi?* in *Il Pensiero missionario*, Roma, 1936, pp.16-29.

그들의 이름은 페르난데스 종명인(鍾鳴仁)과 마르티네즈 황명사(黃明沙)다. 이 두 사람의 명단은 『중국어-포르투갈어 사전(Dizionario cinese-portoghese)』 부록에 있

들은 마카오에 사는 매우 덕망 있는 중국인의 아들로 어릴 적부터 우리

—

다. 이 사전은 로마에서 출판하여 현재 북경 국립도서관[Biblioteca Nazionale di Pechino(ms. 22658)]에 있다. 명단은 1624년에서 1683년 사이에 작성된 걸로 추정된다. 필사 시기가 끝나는 갑자(甲子)의 회기에 맞추어 라틴어와 중국어로 성 프란치스코 하비에르(1552)에서 크리스티아노 헤드리흐트(Cristiano Herdricht, 1660) 신부까지 77명의 선교사를 적고 있다. 이것은 매우 드문 일이자 거의 유일한 일이었다. 그러나 그 16명의 예수회원들도 이러저러한 이유로 사제가 되지는 못했다[**역주**_ 앞서 론고바르도가 한 말에 따르면 예수회원들의 숫자는 16명이고, 여기서 말하는 '16명의 예수회원들도 이러저러한 이유로 사제가 되지는 못했다'라는 말이 맞다면, 그 16명이 모두 중국인 수사들이 되어야지 론고바르도가 말한 것처럼 8명이 유럽인 사제들이면 말이 안 된다. 론고바르도가 잘못 알고 말을 했거나 델리야가 잘못 알고 있거나 둘 중 하나는 오류를 저지르고 있는 듯하다]. 명단은 이미지로 처리되어 Pfister, pp.I-X; cf. *Ibid.*, p.996, N.1 판에 들어 있다.

1589년 10월 10일, 발리냐노는 이미 일본에서 한 것처럼(NN.2532-2533) 중국 현지인 성직자를 양성하려고 했고, 그래서 총장에게 편지를 써서 4명까지 중국인 예수회원의 입회 신청을 허락해 달라고 했다. 그러면서 특별히 이 두 사람에 대해 언급하고 있다. 한 사람은 18-19세의 황명사(黃明沙)라는 사람이고, 다른 한 사람은 26세의 종명인(鍾鳴仁)이라는 사람이다. 이들은 "자신을 끊임없이 단련함으로써 투명한 성덕을 유지하려고 했고", "매우 좋은 영성과 타고난 자질이 있으며, 많은 부분에서 분명 인도인 지원자들보다 우위에 있는 것으로 보인다"(*ARSI, Jap.-Sin.*, 11, f.183; N.2533). 한 달 후, 11월 10일, 발리냐노는 다시 이 두 명에 대해 '대단히 덕망 있고 착한 아들들'이라고 총장에게 말했다. 그때 이미 한 사람은 광주에 있었고, 다른 한 사람은 이틀 사이에 소주로 떠났다(*ARSI, Jap.-Sin.*, 11, f.188; N.2537). 발리냐노가 총장에게 쓴 1589년 10월 10일 자 편지에도 앞서 언급한 것과 같은 내용이 적혀 있었다. 이 편지가 정확하게 배달이 되었는지는 분명하지 않다. 그러나 만약 1606년에도 로마에 도착하지 않았다면 총장의 비서를 통해 같은 내용의 편지를 다른 경로로 받은 걸로 보인다. 왜냐하면 1591년 1월 29일, 데 산데가 쓴 기록에 의하면 신부들이 이들의 입회 날짜를 정해놓고 총장의 허락을 요청했는데, 다행히 두 젊은이의 예수회 입회 날짜 전에 총장의 답장이 도착했다고 전하고 있기 때문이다(NN.2551, 4028). 두 사람은 소주에서 신부들과 함께 1590년을 모두 보냈다. 데 산데는 1591년 1월 30일, 포르투갈의 관구장 조반니 코레아에게 "오늘 예수회에 입회식이 있었습니다"(1591년 1월 1일)라고 편지를 썼다(*ARSI, Jap.-Sin.*, 11, f.241; cf. *Ibid.*, 11, f.273v). Cf. N.2559.

예수회에 입회한 이 첫 중국인들에 대해서는 ―첫 일본인 예수회원들처럼― 사제가 되고자 하는 사람은 사제 양성에 맞게, 보조 수사가 되려는 사람은 또 거기에 맞게 양성과정을 둘로 나누어 진행했다. 그러나 사제 직무에서 모두 공통으로 공부해야 하는 것처럼, 강제는 아니지만, 교리교육에서 선교사들을 도와주기 위해 모두 중국 문학을

의 [마카오] 학교에서 교육을 받았다. 한 사람은 종명인鍾鳴仁, Bastiano Fernandes이고 다른 한 명은 황명사黃明沙, Francesco Martines로 예수회에 입회 신청을 했고, 얼마 후 받아들여져 소주에서 지원기를 보냈다.[88]

공부하도록 했다. 성 이냐시오가 예수회를 설립할 당시만 해도 예상하지 못했던 특정 단계에 대해 문의하고자 니콜로 트리고 신부를 로마에 보내 총장에게 해결책을 요청 했다. 1613년 5월 8일 자, 트리고 신부를 통해 남웅(南雄)에 있던 니콜로 롱고바르도 신부에게 도달한 총장의 지침은 이 문제에 있어 롱고바르도의 전략에 로마에서 보낸 최후의 해결책처럼 보였다. "중국인 형제들은 성교회의 가르침을 전하기 위해 사제로 서 의무 과정보다는 중국의 문인 학자들과 같은 학업 과정으로 양성되어야 합니다. 그 것이 예수회 회칙에 어떻게 어긋날지는 잘 모르겠습니다. [중요한] 3개 조항에 이런 것 들이 명시되어 있지도 않습니다. 따라서 피해가 있다면 그것은 나중에 지원자가 끊길 수 있다는 것뿐일 것입니다. 우리는 이 방법이 발리냐노 신부님과 마태오 리치 신부님 시절에 도입된 걸로 알고 있습니다. 그러므로 총장의 이름으로 명하건대, 차등 없이 새로운 과정을 설치하거나 단순히 한 과목만 허용하여 중국인 형제들이 유기서원 단 계에 계속 남아 학업을 마칠 수 있게 하십시오. 이것은 일본에서는 매우 보편적인 일 이 되었기에 중국도 곧 그렇게 되리라 생각합니다"(*Appontamentos acerca da ida do nosso Padre Procurador a Roma* in *ARSI, Jap.-Sin.*, , 113, f.308v).

88 초기 두 명의 중국인 예수회원 중 첫 번째 인물은 "바스티아노(Bastiano)", 곧 세바스 티아노(Sebastiano) 파상(巴相)으로, 성은 종(鍾), 이름은 명인(鳴仁)이고[진원(陳垣), in *Vita di Licezao* 『明李之藻傳』(f. 3b)에서는 명인(明仁)으로 기록되어 있고, Aleni[1](f. 1b)는 명인(銘仁)으로 기록], 호(號)는 염강(念江)이다. 포르투갈인들은 어떤 이유에서인지는 모르겠으나 페르난데즈(Fernandez)라고 부르고, 쓰기는 페르난데스 (Fernandes) 혹은 헤르난데즈(Hernandez)라고 썼다. 마카오의 신회(新會)에서 [진원 (陳垣), in *Vita di Licezao*, f.3b] 대략 1563년 양친 모두 중국인인 가정에서 태어났다 (N.2685). 그 도시로 진출한 예수회원들을 통해 "어릴 때부터 양성"되었다. 1589년 11 월 중순, 후에 이야기하겠지만, 또 다른 중국인 젊은이가 예수회에 들어오자, 종명인 은 예수회 지원자 자격으로 소주로 갔다. 1년간의 시험 기간을 거쳐, 1591년 1월 1일 정식으로 입회하여(NN.2551, 2559, 2563, 4028) 첫 번째 중국인 예수회원이 되었다. 스승 리치의 지도하에서 수련 생활을 했고 중국어와 라틴어 공부를 함께 했다 (NN.1196, 1203). 사제품을 받을 수 있을 거로 확신했으나, 1592년 11월-12월 작성된 걸로 추정되는 카탈로그에는 아직도 지원자라고 부르고 있다. 이 카탈로그는 1593년 1월 1일 자로 기록되어 있지만 (1592년) 10월 24일 발리냐노가 마카오로 돌아온 이후 에 작성되었을 것으로 본다. 거기에는 이렇게 적혀 있다. "바스티안 헤르난데스 수사 는 중국인으로 마카오에서 태어나 성장했고 일찌감치 포르투갈 사람들과 관계를 맺었

다. 라틴어를 공부했고 29세다. 매우 건강하지만, 두통에 시달리기도 했다. 중국의 언어와 문자를 어느 정도 알고 있었고, 소주[Xaucheo] 수도원에서 양성되었다. 그곳에서 2년간 지원기를 보냈다"(*ARSI, Jap.-Sin.*, 25, f.38v). 같은 카탈로그에서 "영성이 그리 깊지 않고, 인내심도 크지 않은 것 같다"(*Ibid.*, f.43)라는 부정적인 견해에도 불구하고, 지원기는 최고의 성적으로 마쳤다. 그의 동료이자 선교회의 원장이었던 데 산데 신부는 1592년 11월 9일 자 총장에게 쓴 편지에서 "두 중국인 지원자는 계속해서 지원기 양성을 받고 있는데, 이듬해 첫날[1593년 1월 1일]에 끝날 것입니다. 그들은 이미 하느님께 서원했습니다. 우리 주님께서 신중하게 이들을 돌보고 계시는 것 같습니다. 왜냐하면 [중국의] 언어와 문자가 너무도 어려워 중국선교를 위해서는 이들의 도움이 절실하기 때문입니다"(N.2585)라고 적고 있다. 이 편지에 따르면, 종명인은 데 산데의 동료로 1593년 1월 1일, 아니면 적어도 그즈음에 서원해야 했다. 아무튼 그해 11월 15일 이전에는 서원한 걸로 보인다(NN.2585, 2632). 1595년 4월 18일부터 혼자 동료 카타네오 신부를 도와주었고(NN.435, 495), 이후 소주시에서 하루아침에 벌어진 "어떤 학사(秀才)를 두들겨 팼다는"(N.496) 거짓 고발로 고난을 받았다. 1596년 10월 15일(NN.1489, 1498, 1524)과 11월 4일(N.496) 사이, 남창(南昌)으로 보내졌다(NN.497, 4082). 그곳에서 마카오로 향했고, 우리도 알고 있듯이, 1597년 12월 19일 이후 그는 이제 막 유럽에서 와서 소주로 가기 위해 광주에서 출발한 론고바르도 신부를 동행했다. 그는 그해 12월 28일 소주에 도착했다(N.2544). 그 뒤, 소주에서 남창 수도원으로 갔다. 1598년 6월 25일 리치가 남창을 출발하여 남경과 북경으로 가려고 할 때, 종명인 수사도 함께 갔다(N.506). 그해 9월 7일부터 11월 5일까지 북경에 있었고, 그때 두 명의 이슬람교도와 사귀게 되는데, 그들은 대략 1570년부터 사자 한 마리를 헌납하기 위해 북경에 와 있던 사람들이었다(NN.523-524). 귀환하는 동안 북경과 임청(臨淸) 구간을 지나는 사이, "중국어를 매우 잘 알고 있던" 그가 리치와 카타네오 신부를 도와 포르투갈어-중국어 단어장의 어조와 대기음(帶氣音)을 결정하도록 하였다(N.526). 날이 풀리자 임청에서 리치와 헤어져 카타네오 신부와 함께(N.528) 1599년 5월 중순에야 비로소 남경에 도착했다(NN.561-562, 1560). 그해 7월 말까지 남경에서 카타네오 신부와 함께 있었다. 이후 카타네오 신부는 마카오로 갔다(N.564). 이듬해인 1600년, 포르투갈령[마카오]에서 카타네오 신부가 돌아오자 다시 남창에서 남경까지 동행했다. 3월 초순 남경에 도착한 것으로 짐작된다(N.571). 그해 5월 19일, 리치의 두 번째 북경 여행을 동행한 사람 중 한 사람이 되었다(NN.574, 576). 일행이 톈진(天津)에서 무서운 [태감] 마당(馬堂)에게 억류되어 있을 때, 종명인이 북경으로 가서 상황을 설명하며(N.589) 자신은 순교할 각오가 되어 있다고 말했다. 1602년 9월 20일 이전에 엠마누엘 디아즈와 함께 남창으로 가기 위해 북경에서 출발했다(N.1567). 1603년과 1604년의 카탈로그에는 남창에 대해 말하며 종명인에 대해 이렇게 언급하고 있다. "중국인 세바스티안 페르난데즈 수사는 마카오 출신으로 42살이고, 예수회에 입회한 지 15년

이 되었다. 체력은 중간 정도 되고, 그리스도인 공동체에서 일하고 있다"(*ARSI, Jap.-Sin.,* 25, f.82r). 1604년 후반기에 그는 북경에 있었고(N.702), 1609년 1월 남경 수도원으로 파견되었다(N.911). 1611년 5월 8일, 새로운 선교센터 건립을 위해 카타네오, 니콜로 트리고 신부와 함께 절강(浙江)의 항주(杭州)로 갔다. 1613년 그는 한 해 전에 세운 남웅(南雄)의 새 수도원을 둘러보았다. 항주에서는 사제가 도착하지 않자, 1617년 11월 1일, 성 밖에 있는 양정균 기원(楊廷筠 淇園) 미켈레 박사 소성당에서 마지막 재속 협력자 서원식을 가졌다. 1616년 남경에서 일어난 박해 시기에 큰 고통을 겪었다. 그에 관한 마지막 소식은 1621년 11월 24일 자 카탈로그에서다. 거기에는 다음과 같이 적혀 있다. "세바스티아누스 페르난데스[다른 곳에는 '고(故)'라고 적혀 있기도 하다]는 중국인으로 마카오에서 태어남, 59세. 병이 들어 허약함; 예수회에 입회한 지 31년 됨; 입회 전에 라틴어를 공부함; 항상 중국선교를 도와주고 중국인 대상 교리 교육을 함; 1617년 11월 1일까지 공식적인 임시 조력자로 있음" 아마도 1621년 11월 24일 이전이나 혹은 즈음에 사망한 것으로 보인다.

두 젊은이 중 두 번째 인물은 성이 황(黃)이고, 이름이 방제(方祭), 즉 프란체스코다. 호는 명사(明沙)다. 포르투갈인들은 어떤 식으로 연관이 있는지는 모르겠으나 포르투갈식 성으로 마르티네즈 혹은 마르티네스로 불렀다. 1568년경 태어났다. 1593년 1월 1일의 카탈로그와 발리냐노에 따르면, 혹은 그보다 훨씬 앞서 1573년경 리치(N.788)에 따르면, 그는 마카오의 예수회 학교에서 공부했고, 그곳에서 라틴어를 배웠다. 그역시 당연히 사제가 될 거로 생각했다. 1589년 11월 중순이 지난 후, 앞서 언급한 종명인과 함께 예수회 지원자 자격으로 소주로 갔다. 1년간의 시험 기간을 거쳐 1591년 1월 1일에 입회했고(NN.2551, 2559, 2563, 4028), 첫 두 중국인 예수회원 중 한 사람이 되었다. 지원기 동안 그는 언어에 민감하게 반응하며 라틴어와 중국어 공부를 이어 갔다(NN.1196, 1203). 1591년 10월, 데 알메이다 신부가 병에 걸려 최후의 사투를 벌일 때 그를 간호했고(NN.385, 2561-2570), 1592년 2월에는 남웅 근처까지 리치와 동행하기도 했다(N.401). 지원기를 보낸 그와 그의 동료[종명인]에 관한 스승의 평가는 이렇다. 즉, 1592년 11월 15일 자 리치가 쓴 것에는 "두 중국인 수사는 2년간의 지원기를 무사히 보냈고, 라틴어가 상당히 늘었으며, 중국어도 꾸준히 배우고 있습니다. 그들을 통해 뜨거운 열정과 충만한 희망을 기대하게 됩니다. 결코 일본인들에 뒤지지 않습니다." 다시 말해서, 일본인 예수회원들보다 못하지 않다는 말이다(N.1221). 1593년 1월 1일 자 카탈로그는 이미 주목했듯이 —이전 해 연말에 작성되었을 것으로 추정되는— 여전히 지원자라고 말하며, 그에 대해 이렇게 정보를 제공하고 있다. "프란체스코 마르티네스 수사는 중국인으로, 마카오에서 태어나 포르투갈 사람들과 교분을 맺었다. 25살이고 체력은 중간 정도 된다. 입회한 지는 2년 정도 되었다. 예수회 입회 전에 라틴어를 공부했고 중국의 언어와 문자도 잘 알고 있다. 소주(韶州) 수도원에서 양성을 받고 있다"(*ARSI, Jap.-Sin.,* 25, f.38v). 같은 카탈로그에서 그의 자질에 관해 "예수회의 규정에 충실하고 좋은 수도자의 자질을 두루 갖추고 있다"라고 적고 있다. 즉, 그때까지의 결과를 확인해 주는 것이다. 그 역시 종명인처럼 1593년 1월 1일이나 그즈음에 수도서원을 해야 했다(N.2585). 그해 11월 15일, 종명인과 마찬가지로, 그에 대해서도 이미 서원을 했다고 분명히 밝히고 있다(NN.2585, 2632). 서원을 하고 1595년 12월 중순까지 소주에 있다가, 리치의 부름을 받고 조반니 소에이로 신부를 동행하여 남창으로 갔다. 남창에는 그달 24일에 도착했다(NN.486, 1367). 이듬해 10월 12일 이전(NN.1489, 1498) 종명인 수사와 교대하여 소주로 돌아왔다(NN.497, 4081).

1598년 6월부터 오랫동안 혼자 소주에서 론고바르도와 함께 지냈다. 예수회 직무에 적지 않은 도움을 주었다(NN.504, 641). 1599년 10월 18일 자, 론고바르도가 쓴 그에 관한 아름다운 증언은 다음과 같다. "우리의 프란체스코 마르티네즈 수사는 지금까지 나와 함께 있었는데, 매우 인간적(in utroque homine)이십니다. 저는 그를 콜레지움 로마눔의 제자들처럼 대했습니다. '불고 싶은 대로(qui ubi vult spirat)' 부는 위대한 주님께 언제나 감사드립니다"(N.2851). 6일 전인, 10월 12일 자 카타네오 신부가 총장에게 쓴 편지에는 이런 요청이 들어 있다. "두 중국인 수사[페르난데즈와 마르티네즈]에게 서품 주기를 원합니다. 예수회에 입회한 지 10년이 되었고, 서품받기에 윤리적인 아무런 문제가 없습니다. 그들은 예수회에 전적인 순명을 맹세했습니다. 본인들의 영성은 물론 다른 사람의 영혼을 인도하는 데도 부족함이 없어, 이곳에서 하느님을 섬기는 데 필요한 덕성을 갖추고 있습니다." 일본인 수사들의 입회를 받아 준 만큼 카타네오 신부에게 있어 이것은 매우 합당한 일이었다. 카타네오 신부는 일본인 수사들에 주목했다. "덕망이 있는 사람이라면 중국인 수사도 포르투갈 사람과 같이 대해야 합니다"(N.2846). 1597년 일본 선교회의 원장이었던 예수회 루도비코 체르케이라 주교가 마카오에서 집전한 일본인 부제 서품식이 계기가 되었던 것 같다. 얼마 후, 황명사는 중국인 중 가장 먼저 삭발식을 하고 예수회에 입회하였다(N.785). 사제직에 대한 확신을 가진 것 같다(N.2578). 1605년 초, "집사(negocij di casa)"가 그를 남경으로 안내했고, 그곳에서 구태소(舊太素)를 다시 만났다. 구태소와는 소주에서 이미 알고 지낸 사이였다. 그때 그는 "매우 편안하게 사랑의 표시로 그를 나무라며, 하느님의 부르심에 반항하지 말라고 했다"(N.755). 황명사는 그에게 많은 조언을 했고, 구태소는 "그의 권고에 감동하여" 세례받기를 청해 1605년 3월 25일 세례를 받았다(NN.755-756). 2년 전부터 마카오에 와 있던 발리냐노는 중국의 여러 수도원을 방문하고 싶어 했다. 그래서 남경의 신부들이 그가 어디를 가든 통행에 제약을 받지 않을 가장 좋은 통행증을 만들어 세 개의 성, 곧 광동성, 복건성, 호광(湖廣)성을 방문할 수 있게 해 주었다(N.774). 비용은 국가에서 지급하는 것으로 했다. 황명사 수사는 통행증을 소주까지 직접 가지고 갔다. 발리냐노는 늦지 않게 그를 마카오로 불렀다. 중국 방문의 동행자로 지목한 것이다(NN.774, 783). 그러나 1606년 1월 20일, 발리냐노가 사망하는 바람에 이 모든 계획은 무산되고 말았다(N.775). 1606년 2월 중순, 황명사 수사가 광주에

[그림 17] 종명인(鍾鳴仁) 페르난데스 수사의 서원 양식서

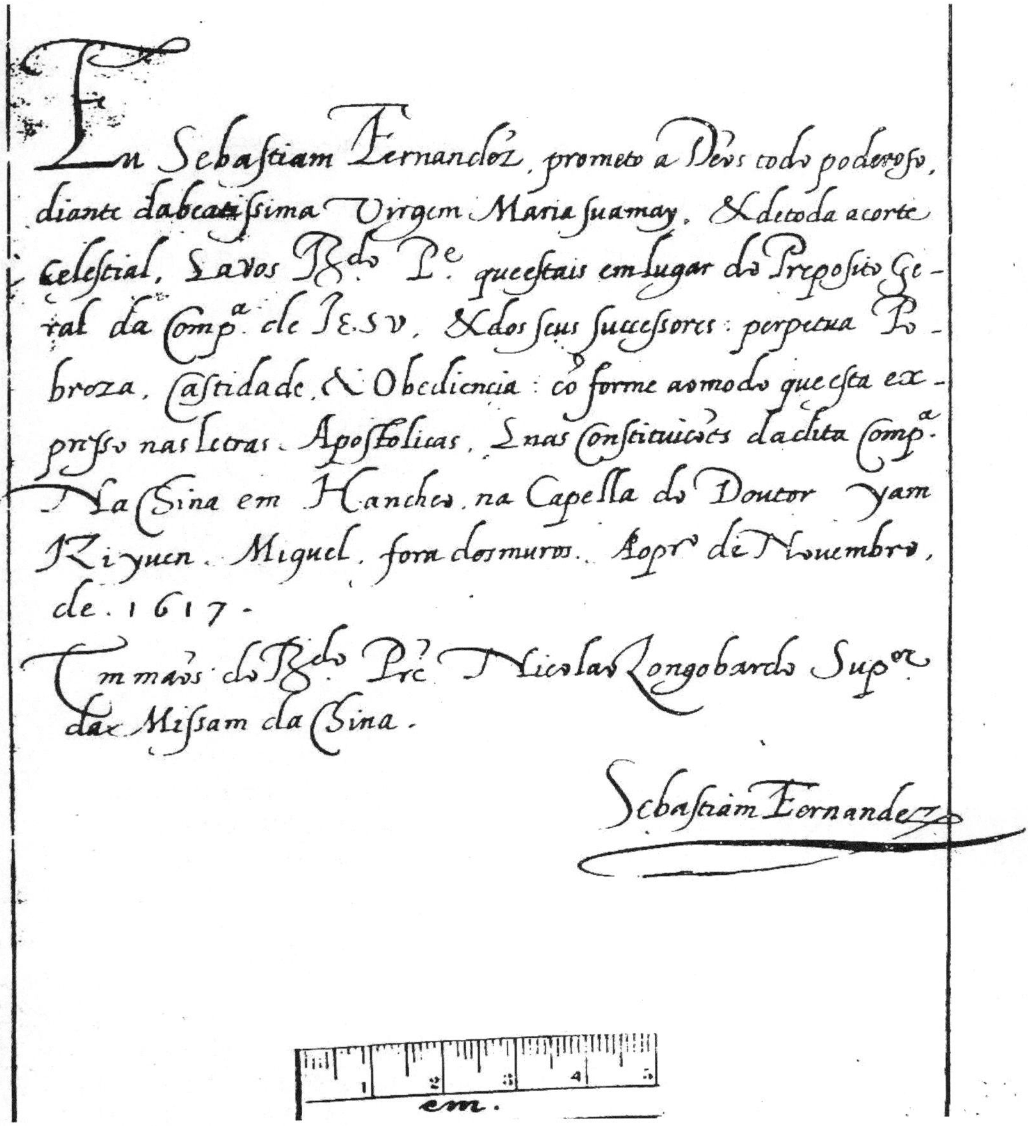
Eu Sebastiam Fernandez, prometo a Deus todo poderoso,
diante da beatissima Virgem Maria sua may, & de toda a corte
celestial, & a vos R.do P.e que estais em lugar do Preposito Ge-
ral da Comp.a de IESV, & dos seus successores: perpetua Po-
breza, Castidade & Obediencia: conforme ao modo que esta ex-
presso nas letras Apostolicas, & nas Constituições da dita Comp.a
Na China em Hancheo, na Capella do Doutor Yam
Kiyuen Miguel, fora dos muros. A o pr.o de Novembro,
de 1617.
Em mãos do R.do P.e Nicolao Longobardo Sup.or
da Missam da China.

Sebastiam Fernandez

• 첫 중국인 수도자 두 명 중 한 명(1617).
출처: *ARSI*, *Lus*, 27, f.1.

이들이 첫 번째 중국인 예수회원들로 [서양인 선교] 사제들에게 큰 도움을 주었다. 그러나 나중에 말하겠지만, 중국선교를 위해 그들이 겪은 어려움도 많았다.

355. 소에이로와 로챠 신부가 인도에서 마카오로 오다

[순찰사 신부는] 인도에서 두 명의 신부를 한꺼번에 마카오로 불러 중국 문자와 언어를 배우게 했다. 그래서 요한 소에이로 신부와 요한 데 로챠 신부가 왔고, 몇 년 후 소주 수도원에서 어려움을 겪게 된다.[89]

356. 중국 양식으로 지은 소주 성당과 수도원

그런 다음, 필요한 여러 가지 것들을 마련하여 모두 소주로 보냈다. 두 사람의 도착에 대해 신부들은 크게 기뻐했고, 아주 짧은 시간에 기존의 숙소 근처에 성당이 딸린 새로운 집을 하나 더 지었다.[90] 광효사光孝寺[91]

도착했을 때, 온 중국이 떠들썩할 만큼 큰 폭동이 일어났는데 그것은 선교사들에 대항한 폭동이었다. 포르투갈인들이 중국을 차지하려고 한다는 비방에서 시작된 것이었다. 마카오의 원장 발렌티노 카르발호(Valentino Carvalho) 신부의 결정을 기다리며, 황명사는 발리냐노의 사망에도 불구하고 마카오로 갔다가 다시 소주로 가려고 했다. 그러던 중, 그는 포르투갈 사람들이 파견한 간첩으로 오해를 받아 체포되어(N.784), 심한 고문을 받았다(NN.785, 4188). 갈증과 심한 매질로 고통을 받았고, 급기야 사형 선고를 받아 1606년 3월 31일 숨을 거두고 말았다(N.788). 중국에서 일어난 첫 번째 가톨릭 희생자였다. 후에 그의 무죄는 인정을 받았고(NN.789, 790), 그의 시신은 1607년 말 마카오로 이장하였다(NN.799, 4259). 그를 잘 알고 있던 리치는 그에 대해 이렇게 평가했다. "기도를 아주 많이 하던 신심이 깊은 사람이었습니다." 또 리치는 중국의 가톨릭 수도자들 가운데 "하느님께서 가장 먼저 그에게 하늘나라를 허락하셨고, 그것을 위해 그를 순수하게 만들기 위해 이런 고통을 주시는 것"(N.788)이라고 하였다.

89 소에이로와 로챠, 이 두 신부에 관해서는 N.486을 보라. 소에이로는 마카오에서 광서성의 도읍 남창에 1595년 12월 24일 도착했고(N.499), 로챠 신부는 마카오에서 출발하여 1597년 7월 소주에 도착했다. 이 신부들을 부른 사람은 발리냐노다.

에서 사는 것이 정말 불편했기 때문이다. 유럽식으로 집을 높이 짓게 되면 관료들이 우리 집으로 몰려와서 매일 어울려 연회를 여는 기회가 된다고 하여,[92] 중국의 모든 사찰 양식에 맞추어 짓기로 했다. 그래서 거의 모든 것을 중국식으로 단층으로 짓고, 성당은 신자들이 늘어날 걸 생각해서 가장 크고 좋게 지었다.[93]

357. 현지인 통역관의 가슴 아픈 배신

통역관들에게는 모든 것을 보여 주지 않으려고 애를 썼다. 통역관들은 신부들에 대해 선입견을 품고 있었고, 주변에서도 모두 믿을 만한 사람들이 아니라고 했다. 그래서 신부들은 통역관들에게 권한을 주지 않았고 모든 협상에 대해서도 감추었다.

과거의 경험에 비추어, 이 사람들이 걸림돌이 될 걸로 예상했다. 신부들은 직접 보고 손으로 만져 봄으로써, 짧은 시간 안에 조경에서 잃은 것보다 훨씬 많은 것을 얻었다. 하느님께서는 과거의 모든 것을 통해 당신의 최고 영광을 얻고, 사명에 득이 되도록 하신 것이다.

---

90 Cf. N.1178.
91 Cf. N.345, 본서, p.315, 주(註) 62.
92 Cf. N.280.
93 조경(肇慶) 수도원은 2층짜리 유럽식 건물로 지었다(본서, p.149, 주(註) 230). 그러나 소주 수도원은 [도시에서] 상당히 떨어진 곳에 지층으로 있었다. Cf. NN.1241-1242. 1591년 1월 29일 자, 데 산데 신부가 총장에게 쓴 편지에는 마카오에 있던 어떤 신부가 중국인들을 위한 작은 신학교를 지으라며 500두카토를 남기고 죽었고, 또 다른 사람이 200두카토를 기부하는 바람에 "중국에 세워진 첫 성당"(N.2553)을 지었다고 말하고 있다. 1592년 1월 20일 자에는 1591년에 이미 "수도원과 성당이 세워져, 상당 부분 완성된 상태"(N.4027)라고 말한다.

358. 발리냐노가 일본으로 떠나다. 데 산데 신부를 마카오의 원장으로 임명하다

발리냐노가 일본인 신사들과 함께 일본으로 떠날 시간이 되었다.[94] 일본은 이미 관백關白이라고 하는 새로운 전제군주가 통치하고 있었고,[95]

---

[94] 알렉산드로 발리냐노가 로마에서 돌아온 젊은 일본인 사절단과 함께 마카오에서 출발한 것은 1590년 6월 23일이다. 13명이 넘는 사제들과 5명의 조력자 수사들이 함께 떠났다. Cf. 본서, pp.64-65, 주(註).

[95] Cf. N.410. 일본 황제가 미성년자였던 모든 시기에 걸쳐 섭정(攝政)하다가 황제가 성년이 되자(元服) 관백(關白)이라는 직분으로 국가를 운영했다. 관백은 우리의 총리[혹은 수상]에 해당하는 직책으로 궁정에서는 최고 지위를 가지며 황제를 대신하고, 때로는 자체의 권한으로 중대한 문제들을 해결하기도 했다. 관백이라는 지위는 888년부터 시작되어 3세기 동안 후지와라(藤原, Fujiwara) 가문의 다섯 개 파에게만 허용되었다. 유일한 예외적인 사례가 1585년 당대 유명한 다이묘 히데요시(1536-1598)가 이 지위를 취한 것이다. 사실 1562년부터 관백이라는 신분으로 히데요시(秀吉)라고 부르기 시작했고, 1586년에 성(性)을 도요토미(豊臣)라고 정했다. 『명(明) 연대기(Cronaca del Mim)』(c. 42, f.27b)에는 1591년부터 히데요시가 유구(琉球), 필리핀, 시암(오늘날의 태국)과 포르투갈(佛郎機)까지, 전체를 자기 수하에 넣어 지배력을 확장하려고 했다고 적고 있다. 히데요시는 1592년 일본군을 동원하여 조선을 침공했고, 전임인 오다 노부나가(織田信長)(1534-1582)가 감쌌던 가톨릭 신자들을 대상으로 종교 박해를 시작하기도 했다. Cf. Papinot, *Historical and Geographical Dictionary of Japan*, pp.338, 465-467, 554, 693-697; *CCS*, 1936, pp.664-665; Walter Dening, *The Life of Toyotomi Hideyoshi*, Londra, 1930; Paske-Smith, *Japanese Traditions of Christianity*, Londra (s. d.).

선교사들은 히데요시를 두고 천황(天皇)이라고 부르지 않았다. 선교사들은 그를 태각(太閤), 태각양(太閤樣)이라고 불렀다. 히데요시의 첫 번째 금교령은 1587년 7월 25일에 내려졌다. 1587년 9월 28일 히라도(平戶)에서 피에트로 고메즈 신부가 총장에게 쓴 편지를 보라. in *ARSI, Jap.-Sin.*, 10, ff.264-265. 1588년 10월 28일, 발리냐노는 총장 아콰비바에게 편지를 썼다(*ARSI, Jap.-Sin.*, 10, f.333r); 그는 콜레지움과 수련소, 신학교와 여러 수도원을 잃은 것에 눈물을 흘렸고, 115명이 넘는 예수회원들을 잃은 것을 가슴 아파했다. 그중 두 명은 바로 그해에 서품받았다. 17명은 마카오에서 일본으로 올 준비를 하고 있었다. 그리고 73명의 신학생이 행방불명되었다. 1590년 10월 14일, 발리냐노는 이번 박해의 기회를 제공한 부관구장 코엘료(Coelho) 신부의 신중하지 못한 여러 처신들을 지적하며 총장에게 직접 편지를 썼다(*ARSI, Jap.-Sin.*, 11, ff.233-236). 히데요시는 대군(大君)이 되었고, 1598년 9월 16일에 사망했다(N.532;

그리스도인들을 향해 대규모 박해가 일어나고 있다는 소식이 전해졌다. 일본에서 사제추방령이 떨어져 신부들이 가지고 있던 모든 집을 압수당하고, 어렵게 지은 성당들도 모두 파괴되었다. 순찰사는 마카오 콜레지움의 원장직을 두아르테 데 산데 신부에게 맡겼다.[96] 데 산데 신부는 중국선교에 대해 잘 알고 있었고, 경험도 있었으며, 필요한 물건들을 모두 제대로 챙겨 줄 여력이 있어 중국선교를 발전적으로 이끌 수 있다고 생각했다.

1595년 12월 27일 오르간티노 신부가 총장에게 보낸 편지를 보라. in *ARSI, Jap.-Sin.*, 12, ff.332-334).

96 발리냐노가 일본으로 떠날 때까지 마카오에는 두 명의 원장이 있었다. 한 사람은 로렌조 멕시아 신부로 마카오 수도원의 원장이었고, 다른 한 사람은 데 산데 신부로 중국선교를 맡고 있었다. Cf. NN.276, 2670, 2674. 발리냐노가 일본으로 출발(1590년 6월 23일)하기 바로 전에 데 산데 신부를 마카오 수도원과 중국선교의 원장으로 임명했다. Cf. NN.2674, 4021. 데 산데 신부는 1591년 1월 29일부터 총장에게 리치를 자기가 맡은 중국선교의 책임자 겸 소주 수도원의 원장으로 임명해 달라고 청했다. Cf. N.2551.

제3장

구태소가 어떻게 소주에 거주하게 되었고
마태오 신부의 제자가 되었는지에 대해,
이후 구태소 덕분에 소주에 자리를
잡게 된 경위에 대해

(1590년 말부터 1591년 9월까지)

○ 소주의 문인 구태소가 리치를 방문하고 그를 스승으로 삼다
○ 구태소가 유럽의 과학을 공부하다
○ 그가 리치의 인품과 학문을 사방에 전하다
○ 그리스도교에 대해 배우지만 아직 세례를 받지는 않다
○ 리치가 고관들과 교류하다
○ 리치가 영덕에 있는 관리의 초대로 영덕에 다녀오다
○ 소대용의 아버지가 신앙을 받아들이기에 좋은 상황에 놓이다
○ 리치가 벽락동 석굴을 구경 가다
○ 고관들과 조경 총독(유절재)의 다섯째 아들이 신부의 숙소를 방문하다

359. 소주의 문인 구태소가 리치를 방문하고 그를 스승으로 삼다

구태소瞿太素[97]는 소주蘇州시의 한 문인으로 상서尙書의 아들이다. 부친은 진사에 참가한 300명 중에 장원을 차지한 사람으로, 온 중국에서 최

고의 존중을 받았다. 그 덕분에 살아 있는 동안 윤택한 생활을 할 수 있

---

97 이 젊은 문인 혹은 "젠틀맨"은 리치가 자주 언급하듯이(NN.1209, 1224, 1226, 1228)
—그에게 부여된 직함인 상공(相公, N.1344를 보라)이 표현하는 것처럼(NN.1315,
1333, 1347, 1350, 1358, 1364, 1460)— 시간이 지나면서 리치의 "오래되고 절친한 친
구"(N.1699)가 되었다. "변함없이 믿음이 가는 친구"(N.528)이자 사심이 없는 친구
(N.535)였다. 그의 성은 구(瞿)이고 이름은 여기(汝夔)며, 호는 태소(太素)다. 상숙(常
熟, changshu)에서 태어났지만, 1549년 3월 4일, 당시는 강소(江蘇)에 있는 소주(蘇
州)(NN.528, 530)시 단양(丹陽)(N.530)에 집이 있었다. "대단히 똑똑하고"(N.534),
"형제 중에서 가장 뛰어난"(N.359) 사람인데다 "큰 문장가"(N.1699)이자 "많은 책을
쓴 저술가"(N.1460)로서, 자신의 직업에 맞게 충분히 살 수 있음에도 불구하고 전혀
석사답지 않게 살고 있었다(Bartoli[1], I, c.122, p.223; Longobardo in Leibniz, *Opera
Omnia*, 1768, Ginevra, IV, p.144). "그를 지지해 주던" 부친이 사망하고, 아직 "한창
젊은 시기에" 불교에 깊이 빠져 연금술에 끌려다닌 것이다. 그로 인해 "많은 가
산"(N.359)을 탕진하고, 가난한 빚쟁이가 되어 아내와 하인들을 데리고 상숙(常熟)을
떠나 자기를 도와줄 힘 있는 친구들을 찾아 온 중국을 돌아다녔다(NN.359, 1460).
1589년 중반 즈음, 리치가 연금술에 능하다는 소문을 듣고, 광동성·광서성의 총독이자
자신의 친구인 유절재(劉節齋)[Cf. N.319, 주(註)를 방문한다는 핑계로 조경(肇慶)에
있는 리치를 찾아왔다(NN.310, 360, 362). 서방에서 온 위대한 스승임을 깨닫고, 리치
가 소주(韶州)에 자리를 잡을 때, 그는 남웅(南雄)시 근처에서 살며(NN.359, 2587) 리
치의 학당에서 1589년부터 1590년까지 유럽의 과학을 공부하였다(NN.1224, 1460,
4029). 그곳에서 처음으로 유클리드의 책을 번역했고(N.541), 그것을 번역하는 2년 동
안 사람이 완전히 달라져 리치와 '깊은 가족적인' 교감을 나누었다(N.1460). 그리고 그
곳을 떠났다. 그는 리치의 학문과 덕행을 크게 칭송하며 감동했고, 사방에 다니면서
그 점을 소문내고 다녔다(N.365). 영덕(英德)(NN.367-372), 남웅(南雄)(N.397), 특히
남창(南昌)(NN.1350, 1385, 1394, 1413, 1420, 1460), 진강(鎭江)(NN.399-402), 남경
(南京)(NN.530-537)과 1595년에는 소주(蘇州)(N.1460)와 북경까지 선교의 길을 닦은
셈이다. 리치는 그의 은혜를 결코 갚을 수 없을 것이라고 했고(N.1350), "중국선교에
투입되었던 모든 선구자 신부들"은 그것을 알아야 한다고 했다(N.753; cf. De Ursis,
p.27).

처음부터 가톨릭교회의 진리에 대해 확신을 했지만(N.366) 56세의 나이에 이르기까
지 결혼생활을 조절하지 못했다. 1605년 3월 25일 남경에서 알폰소 바뇨니 신부에게
세례를 받고(NN.755-756) 이냐시오라는 이름을 얻었다(De Ursis, p.27). 2년 후에는
1593년에 태어난 자신의 장남 구식각(瞿式殼)에게 세례를 주며, 리치 신부에 대한 오
마주로 마태오라고 이름을 지었다(NN.754, 1699). 1623년 마태오는 알레니의 『지리
학(*Geografia*)』(CFUC) 서문을 썼고, 거기에서 그는 자신을 그리스도인 후학(後學)이
라고 기록했다(PCLC, XIII). Cf. *Prefazione di Cchiüttaesu all'Amicizia 交友論 del*

었고, 중국에서 가장 유명한 학자 중 한 사람으로 그가 쓴 책은 사방에서 읽히고 칭송받고 있었다.[98]

그의 아들 구태소 역시 모든 형제 가운데 가장 뛰어났기 때문에 공부를 했더라면 쉽게 최고의 존중받는 자리에 올랐을 것이다. 그러나 한창 젊은 시기에 (그를 저지하던 아버지가 이미 사망한 상태에서) 나쁜 행실에 빠져 정도正道에서 벗어나고 말았다. 여러 가지 악습 중에서도 특히 연금술을 배우고 싶어 했다. 그 바람에 집안에서 유산으로 받은 많은 재산을 잃었다. 가난한 처지가 되자 아내와 하인들을 데리고 고향을 떠나 중국 땅 이곳저곳을 돌아다니며 친구들이나 부친과 인연이 있는 사람의 도움으로 겨우 말단 관직을 하나 얻었다. 그러나 사실상 그 자리는 매우 좋은

Ricci (PCLC, IV).

98 이 젊은 선비의 부친은 성은 구(瞿)이고, 이름은 경순(景淳)이며, 자는 사도(師道)이고, 호는 곤호(昆湖)다. 지금의 강소(江蘇) 지방 상숙(常熟)에서 태어났다. 여덟 살에 이미 문자를 모두 터득했다. 1544년 진사 시험에서 3등 안에 들었고, 학술원에서는 명단의 두 번째로 이름을 올렸다. 이후 그는 독사(讀師) 혹은 시독학사장원사(侍讀學士掌院事), 태상경(太常卿), 사부좌시랑(史部右侍郎), 1567년에는 예부좌시랑(禮部左侍郎)과 내각에서 상서(尙書)와 같이 중요한 관직을 두루 거쳤다. Cf. NN.1224, 1460.

그는 『영락대전(永樂大典)』 감사에 참여했고, 『가정실록(嘉靖實錄)』을 교정하였다. 또 그는 여러 권의 책을 쓴 저자기도 하다. 그중에는 『시문집(詩文集)』이 있다. 사망 후에는 문의(文懿) '빛나는 문인'이라는 칭호가 내려졌다. Cf. *DB,* p.1720c; Aleni[1], f.2a; Zueiueilu, XLVIII, c.18, ff.51-52; *Storia dei Mim* c.216; *Annali della Prefettura di Soochow* (『동치소주부지(同治蘇州府志)』), c.99, ff.18b-19b; *Annali del distretto di Changshu* (『강희상숙현지(康熙常熟縣志)』), c.18, ff.5b-7a. 그의 자녀들인 장남 여직(汝稷), 오남 여설(汝說), 그리고 막내 루카 식사(式耜)에 대한 소식은 『연대기(Annali)』 c.18, ff.29b-31b, ff.31b-33a, f.41a와 *Storia dei Mim* c.216에 있다. 루카의 생애는 *Storia dei Mim* c.280에도 있다. 북경 국립도서관에는 명대에 출판된 16cc 안에 『구문의공집(瞿文懿公集)』이 있다.

언급한 이 인물들 외에도 중요한 소식들은 상숙(常熟) 출신의 명사들에 관한 정보를 담은 예컨대 명말 풍복경(馮復京)이 쓴 『상숙선현사략(常熟先賢事略)』에서도 찾아볼 수 있다.

자리로, 청탁하는 사람들이 찾아와 청탁하며 돈을 주었고, 그는 청탁을 들어주며 살아가고 있었다.

360.

구태소는 친구인 총독[99]과 영서도嶺西道[100]를 만나러 조경肇慶으로 갔다. 그들은 그를 반갑게 맞아 주지 않았다. 그곳에서 그는 신부들을 방문했지만, 당시에 신부들은 그 지역에서 쫓겨날 처지여서 편안하게 만날 수 있는 상황이 아니었다.[101]

361.

신부들이 여삼부呂三府[102]의 배려로 소주韶州에서 머무르고 있다는 소식을 듣고 구태소가 소주에 와서 보니, 신부들은 광효사光孝寺[103]에 있었다. 광효사에는 신부들과 더 깊은 대화를 할 수 있고 묵을 수 있는 큰 방이 하나 있었다.[104] 어느 날, 구태소는 중국의 관습대로 매우 잘 차려입고 비단과 여러 다양한 선물을 가지고 찾아와 마태오 신부 앞에[105] 세 번

---

99 유절재(劉節齋)다. Cf. N.319, 본서, p.277, 주(註) 555. **역주_** 이 장에서는 N.319와 달리, 계속해서 유절재의 '재'라는 글자를 齋자 대신에 祭자 위에 풀 초 자(艹)를 쓰고 있다. 잘못 표기한 것으로 추정된다.
100 1588년부터 영서도(嶺西道)는 구태소와 같은 고향인 상숙(常熟) 출신의 황시우(黃時雨) 박사다. Cf. *Annali della Prefettura di Shiuhing*, c.12, f.81. Cf. N.298, 본서, p.244, 주(註) 462.
101 이 방문은 1589년 중반쯤에 있었다. Cf. N.310.
102 여량좌(呂良佐)다. Cf. N.335, 본서, p.303, 주(註) 19.
103 Cf. N.345.
104 Cf. N.188.
105 즉, 마태오 신부에게.

이나 무릎을 꿇고 자기의 스승이 되어 달라고 간청했다. 그리고 다음 날 자기 방에서 직접 차린 성대한 연회에 초대하였다. 신부는 이것을 결코 책망할 수가 없었다. 그래서 선물을 받으면서 유럽에서 가지고 온 더 비싼 다른 것을 하나 주었다. 그래야 우리 신부들이 그들이 말하는 것과는 달리, 별다른 이해를 목적으로 가르친다는 인상을 남기지 않을 수 있기 때문이다.

362. 구태소가 유럽의 과학을 공부하다

구태소는 처음에 자신의 원래 의도를 감추었으나, 나중에 직접 고백하기를 리치로부터 백은白銀을 제조하는 방법을 배우고자 했다고 털어놓았다. 그것은 그렇게 소문이 났기 때문이다.[106] 그러나 점차 신부들의 학문이 얼마나 다른지를 알게 되고 더 고상한 다른 학문을 배우기 시작하면서 달라졌다고 했다. 그는 신부들로부터 처음 의도했던 바를 얻지는 못했으나 다른 더 나은 것들을 얻었다고 고백하였다. 그는 유럽의 학문, 그 중에서도 특별히 산수를 배우고 싶어 했다.

그는 먼저 우리의 산술을 배우면서[107] 그것을 주판 이용에 적용하였다. 주판은 더 간단하고 규칙적인 방식으로 펜과 종이 없이 사용하는 것

---

[106] Cf. NN.295, 396, 487, 524, 1470.

[107] 클라비우스의 『실용산술개론(實用算術槪論, *Epitome Arithmeticae practicae*)』은 적어도 중국에서 1583, 1585, 1607년, 세 번에 걸쳐서 찍어 낸 것으로 추정된다. 예전 북경 예수회도서관(*BP*)에는 아직도 1585년도 판이 보관되어 있다. 추측건대 이것이 리치가 제자 구태소를 가르치는 데 사용했을 것이다. 이것은 후에 레오 이지조(李之藻) 박사가 번역했고, 리치가 사망한 후 『동문산지(同文算指)』라는 제목으로 출판하였다. Cf. N.631.

이다.[108] 그러나 주판은 정확하기는 하지만 틀리기가 쉽고 사용에도 한계가 있었다. 이후, 그는 클라비우스 신부의 『지구의』[109]와 유클리드의 『기하원본』 제1권에 대한 이야기도 들었다.[110] 그 결과 그는 해시계와 관련한 모든 것을 배웠고[111] 물체의 높이와 길이를 재는 법을 배웠다.

363.

구태소는 매우 똑똑한 사람으로, 자기가 배운 모든 것을 아름답게, 잘 정리하여 작성하였다. 그리고 친구 관리들에게 보여 주며 자기가 지금까지 쓴 책들은 유럽의 것에 비하면 아무 생각 없이 쓴 것으로, 이것으로 신부들이 자기에게 부여한 권위는 믿을 수 없을 정도라고 했다. 그는 중국에서는 한 번도 들어 보지 못한 완전히 새로운 것을 배우고 있었다.[112]

---

108 고대 중국의 수학은 구슬을 세는 데 필요하다고 해서 '주산(珠算)'이라고 불렀다. 반면에 리치는 숫자를 붓으로 써서 계산하는 필산(筆算, 우리는 그것을 '붓셈'이라고 부름)을 가르쳤다. 주산은 11-12세기에도 사용되고 있었다. 하지만 2세기 서악(徐岳)이 개발한 수술기유(數術記遺)에 대해서도 언급한 바 있다. Cf. Wylie, p.114; Mikami, pp.110-111.

109 예수회 크리스토퍼 클라비 밤베르젠시스(Christophori Clavii Bambergensis, '클라비우스'로 부름)는 『지구의(Sphaeram)』에서 데 사크로 보스코(Ioannis De Sacro Bosco)의 주석(Commentarius)을 실었다. 작품은 리치 시절에 널리 보급되었고, 1570년부터 1585년까지 로마에서 4쇄, 다른 지역들에서 1585년부터 1618년까지 13쇄가 인쇄되었다. 예전 북경 예수회도서관(BP)에는 지금도 1585년 판이 소장되어 있다. 1607년 판 『혼개통헌도설(渾蓋通憲圖説)』에는 클라비우스의 『지구의』에 관한 몇 가지 정보가 담겨 있다. Cf. N.631.

110 클라비우스는 1574년 『유클리드의 기하원본(Euclidis Elementorum)』 제5권을 출판했고, 이후 여러 차례 판을 거듭하였다. 예전의 북경 예수회도서관(BP)에는 1591년 판이 보관되어 있다. 유클리드의 저서 제6책까지는 『기하원본(幾何元本)』이라는 제목으로 1607년에 번역되었다. Cf. NN.631, 772. 그러나 이 첫 여섯 책은 본문에서 말하고 있듯이, 이미 1589-1590년 소주에서 구태소가 번역했다. Cf. N.541.

111 Cf. N.44.

364.

구태소는 이렇게 모두를 놀라게 했고, 밤낮 이 연구에 몰두했으며 배움에 절대 만족스러워하지 않았다. 우리[유럽]의 책에 있는 모든 분야의 이미지를 하나도 버리지 않았고, 자기 방식대로 기록하는 것은 물론, 육분의, 지구의, 관상의, 사분의, 시계, 나침반과 그 외 다른 많은 좋은 것들을 만들었다. 사용한 재료도 다양하여 나무로 만든 것도 있고, 동으로 만든 것도 있으며 또 많은 것들을 은으로 만들기도 했다.

365. 그가 리치의 인품과 학문을 사방에 전하다

신부들이 이곳에 머무는 동안 공신력과 좋은 명성을 얻기 위해 노력했음을 입증하는 것으로, 그는 중국에서 사회적으로 대우가 좋은 학자임을 알리는 계기로 삼았다는 것이다.[113] 그로 인해 그[구태소]와 같은 중요한

---

112 고대 중국인들에게도 수학책들이 있었다. 그중 가장 눈에 띄는 것이 『구장산술(九章算術)』이다. 이 책의 기원은 주(周) 왕조로 거슬러 올라가지만, 초 세기 혹은 그보다 조금 전에 완성된 것으로 추정된다. 이 책은 10세기까지 널리 알려졌고, 11-13세기에 이르러 점차 드물게 거론되다가 14-15세기에 완전히 사라졌다. 9권의 책에 246개의 문제가 있었다. 예수회가 중국에 진출했을 때, 책은 완전히 잊혔고, 선교사들은 당시로서는 완전히 새로운 것들을 중국인에게 가르쳐 주었다. 비록 그들의 조상들이 알았던 것이라고 해도 말이다. Cf. Mikami, pp.8-25; Wylie, pp.113, 118-119; *TP*, 1917, p.174, N.2.

리치 이전의 중국 수학에 관해서는 1799년에 출판된 원원(阮元), *Biografie di matematici* [『주인전(疇人傳)』]이라는 고전적인 작품을 보라. 바오로 서광계(徐光啓)는 학문에 있어서 리치는 기원전 20세기에 살았던 서(Sci, Hsi)와 호(Huo, Ho) 가문의 고대 천문학 『이씨위금일지의화(利氏爲今日之義和)』와 유사하다고 했다(여기에 관해서는 Franke¹, I, p.65; JA, 1924, I, pp.2 이하를 보라). 원원(阮元)은 고대 중국의 수학자들은 유럽인보다 절대 뒤지지 않는다고 말한다. 명대(明代)에 이르러 다시금 조명받고 있다는 것이다(ediz. Commercial Press., 1935, p.568).

113 실제로 1595년부터 리치가 취한 새로운 생활양식 덕분에 이후 더는 '서방에서 온 승

인사가 우리의 제자라는 사실이 온 도시에 소문이 났고, 많은 사람이 몰려와 신부의 강의를 들었으며, 신부는 그들의 스승으로도 불렸다. 그러나 구태소가 신부와 유럽의 문물을 가장 잘 이해하였다. 구태소는 이곳 소주에서뿐 아니라, 가는 곳마다 유럽의 문물을 알렸고, 나중에 더 보겠지만, 어디를 가건 이것을 알고 익혀야 한다고 말했다.

366. 그리스도교에 대해 배우지만 아직 세례를 받지는 않다

우리의 종교와 관련하여, 신부가 중국에 온 근본적인 목적이기에[114] 구태소는 매일 그에 관한 여러 가지 이야기를 들었다. 그런데도 한번씩 삼사 일간 강의를 중단하고 교리에 관한 이야기만 듣고 싶어 했다. 그는 거룩한 성교회의 가르침에서 발견한 어려운 문제들을 공책에 적어 두었다가 신부가 가르쳐 주는 것에서 답을 발견하거나 해결책을 찾았다. 그의 공책을 보고 신부는 몹시 놀랐다. 왜냐하면 그가 적은 것들은 모든 신학을 통틀어 다루고 있는 가장 어려운 문제들이었기 때문이다. 또 한 가지 놀라운 것은 그가 의문을 가진 모든 문제에 대해서는 명확하게 답을 알고 있다는 것이었다. 공책에 적힌 명료함은 몇 가지 답을 찾을 수 없는 것들을 제외하고는 유럽의 [신학]박사들이 답변한 것과 같은 내용이었다.[115] 신부는 그가 즉시 그리스도인이 될 수 있다고 확신했다. 그러나

려', 서승(西僧)이 아니라(N.493), 서방의 '학자', 도인(道人)으로 불리게 되었다. Cf. NN.429, 431.

114 리치가 도입한 새로운 (선교) 방식에서 유럽의 학문은 결코 그것이 목적이 아니었다. 그것은 어디까지나 중국을 복음화하기 위한 수단이었다. Cf. D'Elia[1], N.363.

115 '우리의 박사들이 답변한 것'이 의미하는 것은 앞 문장에 있는 것처럼 '어려운 문제들' 이었다.

아직 될 수 없는 처지였다. 아직도 아들을 얻지 못했기 때문이다.[116] 아들은 중국인들이 하나같이 바라는 것이어서,[117] 첫 부인이 사망하고 두 번째 부인과 살고 있던 구태소는 그녀가 신분이 낮아서 정부인으로 들이고 싶어 하지 않던 터였다.[118] 이렇게 몇 년이 지났고, 두 명의 아들을 보고서야 그녀를 정부인으로 맞아들이고 이 문제를 해결할 수 있었다.[119]

367. 리치가 고관들과 교류하다

구태소의 소개로 신부들은 그 일대에서 유명한 병비도兵備道[120]와 그와 동향 사람으로 그 지역으로 새로 부임해 온 통감과[121] 그의 부관들, 곡강曲江시의 지현知縣과[122] 한때 같은 고향 사람으로 우리 집에 온 적이 있는 구태소의 가정교사와[123] 남웅南雄시 통감과 그의 부관 왕옥사王玉沙,[124] 그

---

116 Cf. N.1236. 그의 장남 구식각(瞿式穀)은 첩을 통해 얻은 자식으로, 1593-1594년에 태어났기 때문에 1605년에는 '12살'이었다(N.1699). 1607년에 리치에 대한 오마주로 마태오라는 이름으로 세례를 받았다. Cf. N.754. 그러나 이 장남 이전에 구태소는 딸을 하나 얻었다. 아마도 1584년쯤일 것이다. 딸은 1595년 8월 29일 이전에 1584년경에 태어난 남창의 황족 Thechi(?)와 결혼하였다. Cf. NN.1364, 2751; N.478, 본서, p.464, 주(註) 486.

117 "모든 중국인"은 적어도 한 명의 아들은 "간절히 바란다"라며(N.366), 만약 얻지 못하면 "큰 치욕"이라고 생각한다고 리치는 보았다. N.680.

118 종종 리치와 동료들은 축첩제도가 중국인들의 개종에 커다란 걸림돌이 되고 있다고 생각했다. Cf. NN.134, 154, 570, 680, 2595.

119 구태소는 1605년 3월 25일에 세례를 받았다. Cf. NN.755-756.

120 아마도 등미정(鄧美政)일 것이다. Cf. *Annali della Prefettura di Shiuhing*, c.12, f.8a.

121 영서도(嶺西道) 혹은 서쪽 변방의 감독관으로 온 황시우(黃時雨)일 것이다. Cf. NN.298, 360. 그가 소주에 온 것은 1598년 10월 6일이나 7일로 추정된다. Cf. N.1176.

122 1591년부터 소주의 군수, 곧 지현(知縣)은 복건성의 장포(漳浦) 출신 유문방(劉文芳) 거인(석사)이다. Cf. *Annali della Prefettura Shiuchow*, c.4, f.18b.

123 황문(黃門)이라는 사람으로 지금의 강소(江蘇)성 상숙(常熟)에서 태어났다. Cf. *Annali del mandamento di Namyung* [『도광남웅주지(道光南雄州志)』], c.3.

리고 다른 많은 중요한 인사들이 한 마음으로 신부들에게 큰 존경심을 보였고, 신부들을 보호해 주고 필요한 물건들을 조달해 주었다.

368. 리치가 영덕에 있는 관리의 초대로 영덕에 다녀오다

소주시[125]의 여러 도시 가운데 하나인 영덕英德의 지현[126]은 강서江西의

---

124 이 고관의 성은 왕(王)이고, 이름은 응린(應麟)이며, 자는 인경(仁卿)이다. 그리고 호가 옥사(玉沙)다. 리치는 종종 그를 성과 호로 왕옥사(王玉沙)라고 불렀다. 1544년 복건성의 해징(海澄) 지역 백사리(白沙里)의 소박한 가정에서 태어났다[1580년의 진사 비석에는 장주(漳州)시 용계(龍溪)에서 태어났다고 적혀 있다]. 1580년 진사 시험에 합격한 후, 지금의 강소(江蘇)성 진강(鎭江)의 율양(溧陽) 감독관으로 임명되었다. 5년간 열심히 일했으나 나쁜 소문에 휘말려 1587년에 광동성의 남웅시로 이사했다. 그곳에서 리치가 말하는 '속관'(NN.367, 372)과 같은 동지(同知)(N.372)가 되었다. 그곳에서 다시 율양(溧陽)의 군수로 갔다가 원래 직책인 군승(郡丞)이 되어 남웅으로 돌아왔다. 그러나 거기서 그는 '통감', 즉 군수(N.399)가 되었고, 1592년 서사(西師, 리치)의 방문을 받았다. 남웅에서 폭동이 일어난 사실을 알았고, 폭동자들을 검거한 업적으로 황제로부터 큰 선물을 받았다며 자기에 대한 소식을 전했다. 그 덕분에 리치도 상기하듯이(N.510), 1592년에 진강(鎭江)의 수(守) 군수로 증진하였다. 이 시기에 그는 남경(南京)의 총독, 남직례(南直隸)에게 리치의 〈세계지도〉 사본을 하나 주었는데, 그가 남웅에 있을 때 받은 걸로 추정된다. 이후 그는 사천(四川)의 참정(參政)이 되었고, 그곳에서 포정사(布政司)가 되었다(N.310). 1611년에는 강서(江西)성의 보물을 관리하는 방백(方伯)으로 임명되었고, 2년 후에 북경의 감사관 경윤(京尹)으로 선출되었다. 그 시기에 리치의 묘비명을 작성하였다(cf. Couvreur, pp.524-533; *LIVR*, I, 6a-7b). 이후 그는 남경의 총독(巡撫)으로 임명되었다. 황제에게 13차례에 걸쳐 은퇴를 요청했으나 매번 거절당하다가 결국 면제를 받고 고향으로 돌아갈 수 있었다. 1620년 76세를 일기로 사망하였다. Cf. *Annali del distrerro di Haiteng*[『건륭해징현지(乾隆海澄縣志)』], c.12, f.22a-b; *Annali della Prefettura di Changchow*[『장주부지(漳州府志)』], c.29, ff.42b-43a; *Annali Generali del Szechwan* [『사천통지(四川通志)』], c.100. f.13b; Homueilien, p.44, N.42. 왕옥사(王玉沙)가 리치의 묘비명에서 기억하려고 한 것은 "서사께서 소주에 살고 있을 때, 나는 능강(淩江)의 지부로 있었다"라는 것이다. 능강은 남웅시에 있다. Cf. Couvreur, p.524. 그러나 묘비명에서 그는 리치가 한번도 간 적 없는 조주(潮州) 혹은 조양(潮陽)을 소주(韶州)와 혼동하고 있다.

125 Cf. N.346, 본서, p.315, 주(註) 64.

126 현재의 지리로는 영덕(英德)은 소주에서 남쪽으로 220리(里) 떨어진 곳이다(도보로

감주贛州 토박이로[127] 이름이 소대용蘇大用[128]이었다. 그는 신부들과 사귀기를 좋아했다. 그는 소주시에 올 때마다 존경과 경의의 표시로 관리들이 하는 것처럼, 격식을 갖추고 시종들을 대동하여 매번 우리 집을 방문하였다. 그는 여러 차례 신부들을 영덕으로 초대하기도 했다. 영덕은 소주에서 그리 멀지 않은, 사나흘 거리에 있다고 했다. 그러나 신부들은 매번 총독[129]이 자기들을 다른 지역으로 가는 것을 허락하지 않는다며 거절했다.

어느 날,[130] 그는 평소보다 더 예를 갖추고 리치를 찾아와 청하기를, 그렇다면 영덕 앞까지만 가서 자신의 부친에게 교리에 대해 말해 달라는 것이다. 그의 부친은 72세의 노인이었다.[131] 이에 관해 말을 하자면, 어떤 점쟁이가 오래전에 노인에게 말하기를 60세가 되면 다시 부인을 얻게 될 것이고, 72세에 다른 나라에서 온 외국인을 만나게 될 거라고 했다는

3-4일 거리에 있다).

127 강서(江西)에 있는 감주(贛州)다.

128 그의 성은 소(蘇)이고 자는 체제(體齊)며, 호는 대용(大用)이다. 감주(贛州)[리치는 Kanchow라고 쓰지 않고 Canceo라고 쓰고 있다] 북동쪽에 있는 영도(寧都)에서 태어났다. 국자감의 대학생 감생(監生)이 되었고 1588년 영덕의 지현(知縣)이 되었다. 그는 백성을 아버지와 같은 사랑으로 돌보았고, 많은 방탕한 사람들을 선도하여 뜻있는 일을 하였다고 해서 그를 두고 '유능한 관리(能史)'라고 불렀다. 그는 영덕에서 부친을 모시기 위해 여관을 하나 지었다. 그래서 자료에는 이렇게 적혀 있다. 건인빈관, 이접견부노(建寅賓館, 以接見父老). Cf. *Annali della Prefettura di Shiuchow*, c.4, f.55a; c.28, f.37a. 그가 리치의 첫 번째 중국어 저서인 『교우론(交友論, *Amicizia*)』을 편집했을 것으로 추정된다. Cf. N.482.

129 유절재(劉節齋)다. Cf. N.319, 본서, p.277, 주(註) 555.

130 그가 영덕으로 갔다는 소식이 담긴 자료는 어디에도 없다. 그렇지만 1590년 아니면, 적어도 1589년에는 영덕으로 간 것으로 보고 있다. 1591년은 아니다. 왜냐하면 1591년은 소대용(蘇大用)이 영덕의 군수가 되었기 때문이다.

131 '대단히 예의 바르고 존경할 만한 이 노인'(N.370)은 1519년생(生)으로, 이름은 알려지지 않았다. 하지만 그의 성은 확실히 소(蘇)다.

것이다. 외국인과의 만남은 그에게 행운을 가져다줄 거라고도 했다고 한다. 그러나 그는 당시에 아내를 두고 다른 부인을 맞이할 생각이 없었다고 했다. 하지만 60세가 되자 그의 본처가 죽고, 어쩔 수 없이 관습에 따라 재혼을 하게 되었다. 이제 72살이 되어 영덕으로 오게 되었고, 신부에 관한 좋은 소문을 많이 듣게 되었다. 그는 점쟁이가 예언한 바로 그 외국인이라고 생각했다. 그래서 그는 아들에게 명하여 신부를 만나고 싶다며 모셔 오도록 하였다. 아들의 직책상, 그 부모가 관저 밖으로 나와 여기저기 돌아다닐 수도 없고, 편안하게 나올 수도 없었기 때문이다.[132]

369.

신부는 어려움 없이, 오히려 그곳에 갈 기회가 생긴 것에 기뻐했고, 이 참에 그 노인에게 세례를 줄 수 있게 되기를 바랐다. 이 소식이 전해지자 소대용은 부친에게 사실을 알리고, 즉시 관리들이 타는 배를 소주로 보내며 2-3일간의 여행 경비까지 챙겨서 보냈다. 신부와 함께 우리의 수사도 한 사람 동행했다.[133] 소대용의 친구인 구태소도 가고 싶어 했다. 신부와 함께하던 공부를 중단하지 않기 위함이기도 했고, 자기 스승을 동행하고 싶기도 했기 때문이다. 지현은 사찰에 방을 마련하여 그들을 모셨고, 마을의 거의 모든 주민이 신부를 보러 왔다.[134] 지현은 그곳이 자기 통치구역인 만큼 소주에서 한 것보다 더 성대하게 신부를 예방했다.

---

132 Cf. N.115.
133 중국인 예수회원 종명인, 아니면 황명사일 텐데, 누구인지는 정확히 알 수가 없다. Cf. N.354, 본서, p.323, 주(註) 87.
134 Cf. N.188.

연회도 성대하게 베풀었다.

370. 소대용의 아버지가 신앙을 받아들이기에 좋은 상황에 놓이다

다음 날 [리치] 신부는 지현의 부친이 있는 관저를 방문했다. 지현의 부친은 매우 존경받는 예의 바른 사람이었다. 그는 신부를 하늘에서 내려온 사람처럼 맞아 주었고, 2-3일간 자신의 관저에 머물도록 했다. 그는 신부에게 점쟁이가 한 말을 전했고, 신부는 점쟁이의 말이 사실이라면 하느님의 율법을 받아들이는 것 외에 다른 것이 있을 수 없다고 말했다. 자신도 바로 그것을 전하기 위해 중국에 왔다고 했다. 율법을 받아들이면, 그가 얻을 수 있는 최고의 행운을 얻게 되는 것이라고도 했다. 노인이 신부의 말을 듣고 싶어 한다는 것을 알고 신부는 그리스도교 신앙의 신비에 대해 더 명확하게 설명해 주었다. 노인은 즉시 세례를 받는다면 매우 기쁠 거라고 했다. 그러나 절차가 있으므로 고향[135]으로 돌아가 기다리는 것이 좋겠다며, 그곳에서 제대로 교리를 받을 수 있도록 하겠다고 했다. 그러면서 쇠로 만든 구세주 상 하나를 목에 걸어 주었고, 노인은 그것을 소중하게 간직했다.[136]

371.

이 노인은 후에 고향으로 돌아가서도 계속해서 신부에게 정중하게 편지를 써서 자기 고향으로 초대를 했다. 신부가 오면 먹고살 수 있도록 집

---

135 강서의 영도(寧都)다.
136 여기서 우리는 중국 땅에서 처음으로 메달을 사용한 첫 번째 사례를 접하게 된다. Cf. N.371.

과 땅을 주겠다는 약속도 했다. 신부가 강서江西에 숙소를 지은 후에는[137] 그의 요청이 더욱 간곡해졌다. (신부가 있는 도읍으로 종종 물건을 사러 가는)[138] 그의 자녀와 손자들을 통해 깊은 애정과 열정으로 교리 공부를 마쳤다는 글을 보내왔고, 그것을 읽는 우리 모두의 마음에 감동을 주었다. 그때 그의 나이는 80세가 넘었다.

그러나 신부는 그 기간에 너무도 바빠서 한 번도 그의 고향에 갈 시간을 내지 못했고, 다른 신부를 보내지도 못했다. 그렇게 그는 세례를 받지 못한 채 숨을 거두고 말았다.[139] 그는 신부를 통해 하느님에 대해서 나눈 잠깐의 이야기와 그때 들은 것을 새기며, 신부가 준 구세주 성화[140]와 하느님에 대한 기억을 항상 마음속에 간직했다고 한다.

372. 리치가 벽락동 석굴을 구경 가다

3-4일이 지난 후, 신부는 지현의 초대로 인근에서는 꽤 알려진[141] 벽락동碧落洞[142]이라고 하는 석굴을 구경하러 갔다. 석굴은 샘물이 있는 산 한복판에 자연적으로 만들어진 것으로, 샘물에는 물고기가 가득했다. 강에서 2-3마일 정도 떨어져 있어 관청에 있는 모든 사람이 사용할 수 있도록 많은 말들이 준비되어 있었다. 그곳에 도착하자 남웅시의 제2 부관 왕옥

---

137 강서성의 도읍 남창에 지은 집으로 1595년에 열었다. Cf. NN.465 이하.
138 남창이다.
139 노인은 1590년에 72세였기 때문에(N.368), 지금까지 8년을 더 살았다면(N.371) 1598년이다. 그리고 1598년에 사망했다면, 그 시기에 리치는 이미 남경이나 북경으로 향하고 있었던 것으로 보인다.
140 Cf. N.370.
141 유명한.
142 영덕에서 남쪽으로 17리(里)가량 떨어진 거리에 있다. Cf. Cuzuiü, c.102, f.2a.

사王玉沙가 와 있었다. 그러나 그는 이미 찰원察院으로 승진해서 그 도시 일대를 모두 방문하고 있었다. 지현은 그들을 위해 연회를 베풀어 주었다. 그 바람에 찰원과 신부는 밤새 한자리에 앉게 되어 두 사람이 같은 상을 받았다. 연회가 진행되는 동안에는 음악과 춤과 극劇이 공연되었다.[143] 다음 날 신부는 왕옥사와 함께 소주까지 같은 배를 타고 갔고, 그 바람에 더 큰 공신력을 얻게 되었다.

373. 고관들과 조경 총독(유절재)의 다섯째 아들이 신부의 숙소를 방문하다

그 시기에도 조경의 관리들은 물론 그의 자녀들까지 신부들의 숙소를 방문하곤 했다. 총독의 오남(다섯째 아들)[144]과 조카도 그곳을 지날 때마다 많은 병사를 대동하고 격식을 갖추어 도시의 관리들이 지나가면서 방문하는 것처럼 신부들의 숙소를 방문하여 모든 사람을 놀라게 했다. 그러나 현지 관리들을 방문하지는 않았다. 신부들을 방문할 때는 많은 선물을 가지고 왔다. 그 덕분에 사람들은 신부들이 조경에서 쫓겨난 것이 아니라, 그냥 나온 것으로 생각했다. 왜냐하면 조경의 관리들과 총독까지 예를 갖추어 신부들을 대했기 때문이다.

---

143 Cf. N.45.
144 총독 유절재(劉節齋)의 다섯째 아들(Cf. N.319)은 중국의 관습상, 리치가 말하는 것처럼, 집안에서는 당시에 흔히 하던 대로 아들의 순서를 가리키는 '다섯 번째 유(劉)', 곧 유오(劉五)라고 불렀다. 그는 구태소를 통해 조경에 있을 때부터 리치의 친구가 되었다. 그가 리치를 만나러 두 번이나 소주를 방문했다(N.1333). 1595년 6월 2일, 그는 남경에 있는 리치의 집에도 방문했고, 모든 방법을 동원하여 리치를 도와주었다. Cf. NN.457, 1333, 1451.

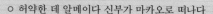

제4장

우리가 소주에서 겪은 어려움과
두아르테 데 산데 신부가 소주에 가고,
마카오로 돌아가는 길에 생긴 일에 대해

(1590년 말부터 1591년 9월까지)

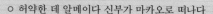

374. 허약한 데 알메이다 신부가 마카오로 떠나다

그 시기에 신부들은 새로운 통감[145] 덕분에 안정적인 시기를 보내고 있었다. 우리의 친구 구태소瞿太素[146]를 통해 숙소 앞에 붙이라며 매우 중요한 포고문 한 장이 신부들에게 도달한 덕분이기도 했다. 포고문에는 구태소가 우리의 친구이자 보호자라는 게 명시되어 있었다. 그러나 하느님께서는 그리스도교 신앙이 더 깊이 뿌리를 내릴 수 있게 하려고 긴 시간을 안정적으로 보내는 걸 원치 않으셨던 것 같다. 앞서 말했듯이, 그곳에서도 여러 가지 어려움을 겪게 되었기 때문이다.

그때 알메이다 신부가 매우 심각한 중병에 걸려 자리에 누웠다. 상태는 매우 심각했고, 그로 인해 결국 그의 생애 최후가 앞당겨졌다.[147] 그곳에서는 아무것도 할 수가 없었다. 그나마 아무것도 모르는 의사도 의약품도 없었기 때문이다. 그런 중병을 치료하기 위해서는 알메이다 신부를 마카오로 보내야 했다. 마태오 신부는 두 수사 중 한 사람[148]을 [함께] 마카오로 보내 유럽의 의사들이[149] 치료할 수 있는지 알아 오도록 했다.

---

145 1592년부터 1595년 사이, 소주(韶州)의 '새로운 통감' 혹은 지부(知府)는 복건성 진강(晉江) 출신의 사태경(謝台卿)이었다. 그는 관대한 사람으로 검소했고, 좋은 통치로 백성들에게 큰 공적을 쌓았다. Cf. *Annali della Prefettura di Shiuchow*, c.4, f.9b: c.28, ff.16b-17a.

146 Cf. N.259, 본서, p.335, 주(註) 97.

147 데 알메이다 신부는 1590년 말쯤에 병이 들었다. 1591년 1월 28일, 계속해서 마카오에 체류하며 어느 정도 건강이 회복되는 대로 소주로 돌아가려고 했다. Cf. N.4028. 그러나 1591년 9월까지도 그곳에 있어야 했다. Cf. N.383, 본서, p.357, 주(註) 164.

148 두 중국인 중 누구인지는 알 수 없으나, 마카오까지 간 이 사람은 아직 예수회의 '수사'가 아니라 지원자로 보인다. 황명사(黃明沙) 프란체스코 마르티네즈로 추정된다. 훗날 리치가 병이 들었을 때 그가 간호한 것으로(N.2561) 보이는데 확실하지는 않다. 아무튼 누가 갔건 그는 마카오에 오래 머물지 못했다. 1591년 1월 1일부터 리치의 지도하에 소주에서 지원자 과정이 시작되었기 때문이다.

149 이런 관찰은 매우 중요하다. 1590년부터, 어쩌면 그보다 훨씬 전에 마카오에는 유럽 의사들이 있었다는 것을 의미하기 때문이다. 왜냐하면 본문에서 리치가 말하고 있듯이, 중국인 의사들은 "아무것도 모르기 때문이다." Cf. N.60. 마카오에 있던 유럽인 의

375. 데 페트리스를 중국에 입국시키기 위한 노력

혼자 있게 되자,[150] 리치 신부는 우리의 친구 통감에게 다른 신부 한 명의 입국을 허락해 달라고 요청할 생각이었다. 프란체스코 데 페트리스 Francesco De Petris 신부가 입국할 수 있게 되면 알메이다 신부가 건강을 완전히 회복할 때까지 마카오에서 편안히 있을 수 있기 때문이다. 서너 명이 함께 있게 되면, 그중 한 사람은 다른 성에 가서 또 다른 선교센터를 세울 수도 있고, 이미 있는 두 곳에서 더 안정적으로 활동할 수도 있기 때문이다.[151] 이런 이야기를 구태소에게 했고, 그는 지금이 통감에게 이런 이야기를 할 수 있는 좋은 기회라고 일러 주었다.

376. 리치가 성당에서 〈아기와 성 요한과 함께 있는 성모〉 상 (像)을 공개하다

성교회의 가르침과 관련하여 그 도시의 주민들은 냉소적이었다. 이에 신부는 그것을 극복하기 위해 주민들을 집으로 오게 하여 하느님의 사랑을 보여 줄 방도를 찾았다. 그들이 지내는 새해(음력설)[152]가 되자 리치는 뉴 스페인에서 온 아름다운 이콘 하나를 꺼냈다.[153] 숙소[수도원] 내의 경당에 모셔져 있던 것으로, 여성들은 물론 외부 사람들은 전혀 볼 수 없었

사들은 포르투갈인일 가능성이 크다.

150 다시 말해서, 리치가 소주에 있을 때, 신부는 두 중국인 수사 중 한 명과 단둘이 있었다. 즉, 신부는 혼자였다는 뜻이다. Cf. N.377.

151 1590년에 이미 리치는 다른 곳에도 수도원을 세우려고 하고 있었다.

152 1591년 중국식 새해는 1월 25일이었다.

153 "아기 예수를 안은 성모 마리아"가 그려진 그림으로 '성 요한이 그를 찬송'하고 있다 (N.286). '신심이 깊은 한 신부'가 필리핀에서 보낸 것이다. 그러나 뉴 스페인, 곧 멕시코와 스페인에서 바로 가지고 온 걸로 보인다. Cf. NN.286, 501.

다. 성화가 공개되자 며칠 안에 수많은 사람이 성당을 찾았다. 유리 벽으로 둘러싸인 제대와 제대 위에 걸린 성화와 등잔[154]과 초를 구경하러 왔다. 소문이 퍼지자 사방에서, 많은 사람이 그것을 보러 몰려오기 시작했다.

377. 이웃 주민들이 신부들의 숙소와 거기에 사는 사람들에게 돌을 던지다

그러나 주변의 사람들은 이런 좋은 일에 돌을 던져 숙소의 지붕을 송두리째 훼손하는 일이 벌어졌다. 밤이 되자 골목길로 숨어 들어와서 돌을 던졌고, 우리가 나가면 눈에 띄지 않게 숨고, 다시 들어오면 또 돌을 던졌다. 숙소에서 일하는 하인들이 나가 그들에게 겁을 주려고 했으나, 그들의 숫자가 더 많아 오히려 하인들이 그들에게 포위되어 매질을 당했다. 그들은 부당하게 돌을 던지고 강제로 하인들의 옷을 벗겨 거의 발가벗긴 채 내동댕이쳤다. 신부와 수사들이 달려 나오자, 그제야 신부들의 손을 피해 도망갔다.

378. 돌을 던진 것에 대해 구태소가 지부를 만나 말하고 데 페트리스의 체류 허가를 받아 내다

우리의 친구 구태소가 이 사실을 알았고, 어떤 방법으로든 통감에게 알리려고 했다.[155] 그러나 신부는 인내심을 갖고 그것을 계기로 다른 신부 한 명이 입국할 수 있도록 허가서를 받아 달라고 했다. 구태소는 매우 중요한 거라며 통감에게 탄원서를 제출했다. 그는 두 가지를 모두 교섭

---

154 Cf. NN.183, 236, 249, 341, 903.
155 사태경(謝台卿)이다. Cf. N.374, 본서, p.350, 주(註) 145.

하며, 지금 범인을 잡아서 벌주지 않으면 다음에는 더 나쁜 일을 할 거라고 했다.

이튿날 구태소는 통감을 방문했고, 그날 자기도 신부들의 숙소에 있었다며 더 편안하게 말을 하기 위해 수도원으로 가자고 했다. 통감은 바로 신부들의 숙소를 방문했고, 이야기를 하는 중 통감은 신부에게 어떻게 생활하고 있느냐고 물었다. 말할 기회가 생기자 밤에 일어난 심각한 사건에 관해 이야기했다. 거기에 덧붙여 구태소는 신부가 너무 착해서 모든 것을 혼자 참으려고 했다며, 이 일에 대해 자신의 우두머리한테는 아무 말도 하지 말아 달라고 요청하기까지 했다고 했다.

379. 지부가 두 경관을 처벌하고 죄를 묻다

이 말을 듣고 통감은 잠시 아무 말도 하지 못하다가 그 사람들에 대해 크게 노했다. 그런 다음 우리 하인들을 부르도록 했다. 하인들이 모두 다친 것을 보고는 화를 참지 못했다. 그리고 그날 골목길의 경비를 선 사람들을[156] 당장 끌고 오라고 명했다. 누가 신부들에게 이렇게 나쁜 짓을 하라고 했는지 말하라고 했다. 경관은 신부가 통감의 보호 아래 있었다는 걸 알지 못했다고 말하면서, 당장 그 자리에서 곤장을 맞을 상황이라는 것을 직감했다. 그래서 여러 가지 거짓말로 둘러댔고, 통감은 경관의 목에 쇠줄을 채워 체포하며, 신부들에게 돌을 던지고 그의 하인들을 때린

---

156 경관들은 백성의 안전을 살피는 사람들로 밤의 공중질서를 보장해야 한다. 그러나 많은 경우, 리치가 말하듯이 "경비를 해야 하는 이 사람들 자체를 보살펴야 할" 만큼 도둑을 보고도 못 본 척하곤 했다는 것이다(N.148). 지부에 나타난 경관은 두 명이다. Cf. N.381.

이유가 뭔지 알아 와야 한다고 했다. 그리고 자신의 관아로 끌고 가 곤장을 때리도록 했다.

380. 구태소가 데 페트리스의 입국과 관련하여 구두로 허가를 받아 내다

그 일이 있고 난 뒤, 지부는 병이 든 알메이다 신부의 근황을 물었다. 구태소는 또 다른 것을 교섭할 기회라고 생각했다. 그래서 대답하기를 다른 곳에서 아직 치료를 받고 있다며, 이곳에는 마태오 신부가 혼자 있고 매우 우울해하고 있어 다른 동료 한 사람이 오면 좋겠으나 지부의 허락을 받기 전에는 오게 할 수 없다고 말했다고 했다. 그러자 통감은 그것은 전혀 어려운 것이 없다며, 기꺼이 오게 하라고 했다. 구태소는 매우 만족해했다.[157]

381. 리치는 범인들을 용서했지만, 지부가 두 경관을 매질하다

지난밤에 나쁜 짓을 한 사람들을 찾아오라는 명을 받은 순찰 경관들은 큰 번뇌에 사로잡혔다. 왜냐하면 모두 그 지역의 유지들이고, 고관들의 자녀들이었기 때문이다.[158] 그것을 밝히게 되면 자기들에게 큰 불이익이 닥칠 것이기 때문이다. 그렇다고 범인들을 잡아 오지 못하면 통감이 자기들을 엄히 벌할까 두려웠다.

그들이 이렇게 망설이는 사이에 신부의 두 하인이 신부에게 알리지도

---

157 이것은 단지 구두로만 허락했을 뿐 문서로 작성한 게 아니었다. Cf. N.384.
158 다시 말해서 돌을 던진 사람들은 모두 그 지역의 '유지들이었다.'

않고[159] 숙소 밖으로 나와 다리를 건너는[160] 그날 밤의 청년 중 한 명을 붙잡아 순찰 경관의 손에 넘겼다. 이것은 다른 모든 공범을 공포로 몰고 갔고, 그 가족들까지 크게 두려워하게 했다. 그날 밤 함께 있었던 모든 사람이 고개를 숙이고 우리 집으로 찾아와 신부에게 간청했다. 일을 관청에 알리지 말아 달라며 용서를 청했다. 생각이 모자란 아이가 부모의 뜻과는 달리 일을 저질렀다는 것이다. 신부는 그들이 저지른 나쁜 행위에 대해 유감을 표하며, 그 일에 대해 어떠한 보복도 할 의향이 없고 자기가 통감에게 고발한 것도 아니라고 했다. 하인들이 자기의 허락 없이 그 청년을 붙잡아 경관들의 손에 넘겼다며, 그가 풀려날 수 있도록 돕겠다고 했다. 자기는 그들을 절대로 추궁하지 않을 것이고, 오히려 그를 위해 통감에게 사정할 수도 있다고 했다.

그들은 신부에게 깊이 감사했고, 두 경관에게 말하기를, 통감의 관저로 가서 그날 밤의 범인들에 대해 아무것도 알아내지 못했다고 말하라고 했다. 통감은 매우 화를 내며 두 경관 중 한 사람을 매질하도록 했고, 다른 한 명은 범인들이 밝혀질 때까지 투옥했다. 자기의 신변이 위험하다는 걸 깨달은 경관은 유지 중 두 명의 이름을 댔고, 그들이 체포되자, 나머지 사람들은 기겁하여 도시를 떠나 사방으로 도망갔다.

382. 리치가 계속해서 범인들의 중재에 나서고, 신부의 호의에 지부가 당황스러워하다

그 모든 과정에서 붙잡힌 범인의 양친은 우리 집으로 찾아와 신부에게

---

159 리치의 허락 없이.
160 선교(船橋), 배로 이어진 다리다. Cf. N.346.

도와 달라고 사정했다. 신부는 선의를 가지고 믿는 종교에 순명하고 그리스도교의 가르침이 무엇인지를 그 사람들에게 알려 주고자 '우리는 부당한 것이라고 하더라도 그것에 대해 보복하지 않을 뿐 아니라, 악惡에 대해서는 더욱 선善으로 대한다'라고 했다. 구태소는 이런 내용을 통감에게 편지로 썼다. 신부가 범인을 용서해 주고 처벌하지 않기를 바란다는 내용이었다. 리치도 직접 두세 번 관아로 찾아가 그들을 풀어 달라고 간청했고, 결국 통감의 허락을 받아 냈다.[161] 통감은 이후 신부들의 숙소 대문에 붙일 매우 큰 새로운 칙령 하나를 써 주었다. 칙령에서 통감은 지난 사건을 언급하며, 범인들이 매우 나쁜 짓을 저질렀고 다시 한번 그런 일이 발생할 시, 더욱 엄중히 처벌하겠다고 경고했다.

383. 데 산데가 소주로 가고, 데 알메이다가 마카오에서 돌아오다

예수회가 또 다른 신부를 중국으로 보낼 수 있게 되었다는 소식이 전해지자 두아르테 신부는 그 기회를 자기가 쓰고 싶어 했다.[162] 그러나 발리냐노 신부는 두아르테 신부가 계속해서 [중국에] 남아 있을 수도 없고, 그가 맡은 콜레지움의 책임을 다른 사람에게 맡길 수도 없다며,[163] 그것을 허락하지 않은 대신에 마태오 신부와 소주에서 며칠간 지낼 수 있도록 허락해 주었다. 알메이다 신부가 마카오로 돌아올 때까지 일은 매우 조용히 진행되었다.[164] 그때만 해도 열이 없어 그의 병이 중대하고 심각

---

161 사태경(謝台卿)이다. Cf. N.374, 본서, p.350, 주(註) 145.
162 데 산데는 구태소가 데 페트리스를 위해 얻은 허락을 자신을 위해 사용하고 싶어 했다 (N.380), 그래서 세 명의 하인이 그와 소주까지 동행했고(N.384), 그중 한 명이 그와 함께 마카오로 돌아왔다.
163 Cf. N.358, 본서, p.333, 주(註) 96.

하다는 것을 느끼지 못할 만큼, 건강이 회복된 것처럼 보였다. 게다가 그가 중국으로 들어가고 싶어 하는 열정과 바람이 너무도 컸기에, 그를 위로하는 차원에서 마카오를 떠나는 것을 허락했다. 그러면 그가 빨리 회복될 수 있을 거로 생각한 것이다.

384. 데 산데가 마카오로 돌아오는 길에 닥친 어려움

그 바람에 며칠 내에 두아르테 신부는 마카오로 돌아와야 했고, 오는 길에 향산香山에 도착했을 때 누군가 허락 없이 외국인이 그 도시에 들어왔다고 지현知縣**165**에게 고발했다. 지현은 통행을 허락할 수 없다며 신부를 며칠간 억류하고 말았다. 두아르테 신부는 급히 이 사실을 마카오와 소주에 알렸고, 양쪽에서 도움이 왔다. 마태오 신부는 소주의 관청에서 발급한 증명서 혹은 허가서를 향산의 관리에게 보냈다. 거기에는 두아르테 신부는 소주에서 살던 사람으로, 착하고 믿을 만한 사람이기 때문에 마카오로 가도록 놓아 달라는 내용이었다. 그리고 그 문서가 도착하는 동시에 마카오의 관리들이 보낸 같은 내용의 또 다른 신용장도 도착했

---

164 1592년 1월 27일, 데 산데 신부는 데 알메이다 신부가 마카오에서 치료하는 동안 자기가 소주로 가서 마태오 신부와 3개월가량 함께 지냈다고 적고 있다. 건강을 회복한 데 알메이다가 소주로 돌아왔을 때, 그는 이미 마카오로 귀환한 지 한 달 보름이 되었다 (N.2573). 그 날짜에 따르면 데 산데가 소주에 있었던 것은 8월 중순부터 11월 중순까지다. 그러나 1591년 10월 17일 데 알메이다가 사망할 때 그곳에 없었던 걸로 보아서 (N.2637) 그가 소주에 3개월 머물렀다는 것은 1591년 7-9월일 가능성이 크다. 데 알메이다는 죽기 7일 전에 정신을 잃었기 때문에 그날이 10월 11일이고, 데 산데가 떠난 지 며칠 지나지 않은 때다(N.384). 그러므로 마카오로 다시 출발한 것은 10월 초라고 볼 수 있다.

165 향산(香山)의 지현(知縣)은 사천(四川) 출신의 왕관(王官)이다. Cf. *Annali Generali del Kwangtung*, c.22, f.3a. 그는 본문에서도 말하고 있듯이 '우리의 적(敵)'이었다.

다. 향산의 관리는 우리를 매우 싫어한 사람으로, 신부와 한 명의 하인만 가게 해 주고 다른 두 명은 관아로 끌고 가 매질을 한 뒤 순경 한 명을 딸려 소주에 있는 마태오 신부에게로 보냈다. 마카오로는 보내 줄 수가 없다는 것이다.

⳨

제5장

안토니오 데 알메이다 신부의 사망과 그가 있던 소주로 프란체스코 데 페트리스 신부가 투입된 것에 대해

(1591년 10월 11일부터 1591년 12월 말까지)

○ 1591년 10월 17일, 데 알메이다가 사망하다
○ 데 알메이다의 프로필; 포르투갈에서 중국까지
○ 그의 사망, 그의 열정, 그의 사망 원인
○ 그의 일기와 그 외 영성의 강도에 대한 기록
○ 그의 사망에 대한 우리의 슬픔; 하인들의 애도; 장례를 기다림
○ 데 페트리스가 데 알메이다를 대신하여 중국에 들어가다
○ 유절재 총독의 사망에 대한 유감과 그의 불행
○ 조경에서 신부 추방의 원인에 관한 뜬소문과 다른 무수한 소문들

385. 1591년 10월 17일, 데 알메이다가 사망하다

안토니오 데 알메이다 신부[166]는 원래부터 허약한 체질이어서 과거에 도 심하게 자리에 누운 적이 있는 만큼 한 번도 아주 건강한 적이 없었

---

166   Cf. N.276, 본서, p.206, 주(註) 353.

다. 그래서 마카오로 보내졌던 것이었다. 10월에도 병은 계속해서 심각했고, 그런 상태로 마카오로 돌아가기에는 너무 쇠약했다. 이런 이유로 언급한 달[167]에 쓰러진 지 7-8일[168]이 되지 않은, 즉 그달 17일, 그의 생애는 막을 내렸다.

386. 데 알메이다의 프로필; 포르투갈에서 중국까지

데 알메이다 신부는 포르투갈의 트란코소 마을villa Trancoso 출신으로[169] 34세 혹은 35세였다. 그의 인생 대부분을 예수회에서 보냈다.[170] 지원기 시절 초창기부터 항상 변함없는 열정과 감화로 성덕의 커다란 징표가 되었다. 그 덕분에 어디를 가든, 모든 사람의 사랑을 받았다.

그는 포르투갈에 있을 때부터 장상들에게 인도 지역으로 보내 달라고 요청하였다. 자신이 열망하는 것은 영혼들의 구원이라며, 이를 위해 모든 노력을 아끼지 않겠다고 했다. 고아에 도착하자마자 장상들에게 부탁하여 편안한 수도원이나 콜레지움이 아니라 가장 힘든 공동체로 보내 달라고 했다.

---

167 Cf. N.2577.

168 1592년 1월 17일 자, 데 산데가 쓴 글에는 "7일간 병을 앓고"라고 적혀 있다. 그러므로 최종 쓰러진 것이 1591년 10월 11일이다.

169 비제우(Vizeu) 교구에 있는 큰 마을이다. Cf. Pereira-Rodrigues, V, pp.207-210. 데 알메이다의 투병과 죽음에 관해서는 cf. NN.2561-2570을 보라.

170 데 우르시스(De Ursis, p.24)는 알메이다를 34살이라고 하면서 1589년에 사망했다고 잘못 말하고 있다. 피스터(Pfister, p.42)는 1556년에 태어나 1576년 1월 4일, 20살에 예수회에 입회했다고 말한다. 사실 Pereira-Rodrigues, I, p.234에서 말하고 있는 것처럼, 1557년에 태어나 1575년 1월 4일에 예수회에 입회했다면 그는 34살에 죽은 게 된다. 그러면 거의 16년, 17년을 예수회에서 보낸 것으로 그의 인생 절반가량을 수도원에서 보낸 셈이다. "대부분" 수도 생활을 한 것은 아니다.

387.

이런 이유로, 또 그가 가진 새로운 언어와 문자 습득의 좋은 재능을 보고 발리냐노 신부는 그를 중국선교에 투입하고 두아르테 데 산데 신부[171]와 함께 마카오로 파견하였다. 명확하게 밝힐 수는 없지만, 그것이 그의 성소였다는 점에서 매우 만족해했다. 마카오에 있는 동안 그는 중국에서 어떻게 처신해야 하는지를 깨달았고, 자신이 한 중국인 관리의 하인으로 갈 수도 있다고 말했으나, 신부들은 그것을 허락하지 않았다. 허락만 해 준다면 바로 실행에 옮길 생각이었다.

388.

루지에리 신부와 절강浙江[172]을 방문하면서 그곳에서 한 일들이 수도회에 아무런 도움이 되지 않는다는 것을 알았고, 그래서 두 사람은 광동廣東[173]으로 돌아와야 했다. 조경에는 세 명 이상의 신부가 체류할 수 없어서, 어쩔 수 없이 마카오로 돌아와야 했다. 그때 그는 루지에리 신부에게 혼자라도 그 성省에 남게 해 달라고 여러 차례 간청했다. 혼자서 살 수 있고 안전하게 체류할 수 있는 길을 찾아보겠다고 했다. 순명에 위반되는 것이 아니라면, 어떻게든 돌아가지 않으려고 했다.

---

171 그는 1585년 5월 1일, 고아를 출발하여 7월 31일 일본으로 가는 예수회 선교사 10명과 함께 마카오에 도착했다. Cf. N.276, 본서, p.202, 주(註) 352.

172 리치는 Cechiano라고 쓰고, 델리야는 Chekiang으로 쓰고 있다. Cf. NN.280-282, 284.

173 리치는 Quantone로 쓰고, 델리야는 Kwangtung으로 쓰고 있다. Cf. N.289. 데 알메이다는 광주로 돌아왔다가 그곳에서 다시 마카오로 갔고, 루지에리는 광주에서 조경(肇慶)으로 갔다.

389. 그의 사망, 그의 열정, 그의 사망 원인

알메이다 신부는 많은 시간을 기도와 고행에 바쳤다. 그래서 장상[174]은 항상 그를 주시하며 너무 과하게 하지 말라고 했다.[175] 한번은 원장이 알메이다 신부가 바치고 있던 성무일도를 점검했는데, 사제 성무일도 외에 거의 모든 성무일도와 다른 많은 신심 기도를 바치고 있는 것을 알았다. 어떻게 그 모든 시간을 낼 수 있는지, 그 외에도 다른 해야 할 공부와 수도회의 지시사항 등을 모두 하는 것에 몹시 놀랐다. 그래서 원장은 규정한 양을 넘을 필요가 없다며 사제 성무일도 외에 다른 기도는 안 해도 된다고 명했다. 그러자 어릴 적부터 항상 바쳐 온 성모 소일과만은 제발 바치게 해 달라고, 자기에게서 그것을 빼앗지 말아 달라고 간청했다. 신앙과 하느님에 관한 것 외에는 아무것도 말하지 않았다. 깊은 신심으로 하느님에 대해 이야기했고, 그분[하느님]에 관해서 들은 것만 행동에 옮겼다.

390.

그는 사제가 되기 전부터 제대 위의 거룩한 성체에 대한 신심이 대단했다.[176] 우리의 규칙이 정한 것 외에도 성체를 더 많이 받아 모실 수 있도록 허락해 달라고 장상들을 졸랐다. 콜레지움에 있을 때, 그는 거룩한

---

174 리치도 아직 정식 원장은 아니었다. 그러나 어떤 의미에서는 마카오 선교센터의 책임을 맡고 있던 데 산데 신부의 대변인 역할을 하고 있었다.

175 하루는 그가 구세주의 채찍을 체험하겠다며 자신의 몸에 5천 대의 매질을 하려고 했다. 아직 20대가 남아 있을 때, 리치가 그의 방문을 두들겨 저지시킨 바 있다. Cf. N.2567.

176 그러므로 사제가 된 후에는 "사제 성무일도"(N.389)를 바쳤고, "자기가 드리는 미사 외에, 다른 신부들이 드리는 미사도" 경청했다. Cf. N.276, 본서, p.206, 주(註) 353.

성체가 있는 제대를 떠날 줄을 몰랐다. 미사 봉사를 하는 것을 가장 큰 즐거움이자 수련으로 생각했기에 하루에도 몇 번이건 경청할 수 있는 만큼 미사를 경청하고 싶어 했다. 중국에 있을 때도 자기가 드리는 것 외에, 다른 신부들이 드리는 미사도 빠짐없이 참석하려고 했다. 이런 그의 신심은 임종 시에 잘 나타났다. 왜냐하면 원래 사람이 그렇듯이, 그도 병이 드는 것을 두려워하다가, 미사를 통해 질병 사실을 인정하고 주님께서 허락하셨다는 것을 받아들였다. 그리고 병에 대해 더는 아무것도 할 수 없다는 것을 알고는 마음을 바꾸었다.[177] 사망하던 날 밤에도 그는 성체를 받아 모시기를 간절히 바랐지만, 숙소에는 아직 성체가 준비되지 못했다.[178] 이에 다음 날 아침 마태오 신부가 미사를 드리러 올 때까지 기다려야만 했다. 그의 모든 생각은 오로지 성체를 받아 모시는 것에만 있었고, 그래서 신부가 만일 밖에 있다면, 새벽을 앞당겨 미사를 드려 성체를 모실 수 있게 해 달라고 간청하기도 했다. 그렇게 미사를 드리는 것은 교회법에 어긋나는 게 아니라고도 했다. 그러나 하느님께서는 수수께끼와 같은 질료의 형상으로 당신을 받아 모시기보다는 구체적인 질료 없이 하늘에서 당신을 드러내고자 하셨다.[179] 그렇게 점차 죽음의 순간은 다가왔고 마지막 순간이 가까워져 오자 그는 바닥에 자신을 눕혀 달라고 청했다. 자기 눈앞에서, 많은 형제가 그리스도의 십자가에 관해 이야기하는 것을 들으며, 그는 생을 마감하였다.[180]

---

177 Cf. NN. 2564-2566.
178 수도원은 아직 잠정적이고, 1591년 10월에 살고 있던 선교사들도 아직 완전히 자리를 잡은 상태가 아니어서 성체는 수도원은 물론 성당에도 모시고 있지 않았다.
179 성 바오로의 텍스트에서 암시하는바, "우리가 지금은 거울에 비친 모습처럼 어렴풋이 보지만"(1코린, 13장 12).

제5장＿＿안토니오 데 알메이다 신부의 사망과 그가 있던 소주로 프란체스코 데 …　　　**363**

391. 그의 일기와 그 외 영성의 강도에 대한 기록

알메이다가 사망한 후, 그의 책상에는 직접 손으로 쓴 많은 수첩이 발견되었다.[181] 매일 아침부터 저녁까지 마음에서 일어나는 모든 선과 악, 영적인 감정과 유혹을 모두 기록하여 장상이나 고해 사제 혹은 그 밖에 누군가에게 전부 보여 주고자 한 것 같다. 그것을 통해 하느님께서 그에게 준 많은 좋은 가르침과 영적 계시를 담은 커다란 영적 감정들 외에, [남은 사람들이] 그가 자신에 대해 기록한 그 한 권의 책을 볼 수 있게 하였다. 하느님의 충만함을 간직한 그 종은 끊임없이 분투하고 있었던 것이다.[182]

392. 그의 사망에 대한 우리의 슬픔; 하인들의 애도; 장례를 기다림

그의 죽음은 신부와 형제들에게 오랫동안 기억하게 했다. 너무도 좋은 동료를 잃은 상실감이 컸고, 이[중국] 선교는 성인聖人의 일이라는 것을 절감하게 했다. 그가 하늘에서 이 선교사업을 크게 도와줄 거라는 기대로 자신들을 위로했다. 중국인 친구들은 모두 달려와 그의 죽음을 애도했고, 예를 갖추어 살아 있는 그의 동료들을 위로했다.

그러나 중국인들은 신부의 죽음에 직면하여 우리가 드리는 애도에 대해, 또 수도원에 들어감으로써 세상에서는 이미 죽는 것이 우리 수도자들이라는 말을 이해하지 못했다. 그들은 우리의 이런 말을 중요하게 생

---

180 목요일, 성체성혈의 날 새벽 3시였다. Cf. N.2566.
181 일곱 개였다. Cf. N.2567.
182 Cf. NN.2561-2570.

각하지 않았다. 그래서 신부는 숙소의 하인들에게 며칠간 중국인 친구들이 곡을 하러 오는 동안에만 상복을 입도록 했다.

시신은 많은 돈을 들여 산 아주 좋은 관에 모셨다. 중국인들에게 신부의 신분을 보여 주기 위해서였다.[183] 그래야 그들은 망자에 대해 경의를 표하기 때문이다.[184] 중국에서는 시신을 성당에 묻을 수가 없다. 그러면 아무도 성당 안으로 들어가려고 하지 않는다. 그렇다고 그들이 하는 것처럼 숙소에서 멀리 떨어진 산에 묻는 것은 우리가 원하는 일이 아니었다. 결국 [리치] 신부는 관을 어떻게 해야 할지 해결책이 나올 때까지 집에 모시기로 했다.[185]

393. 데 페트리스가 데 알메이다를 대신하여 중국에 들어가다

알메이다 신부의 사망과 관련한 소식을 두아르테 신부에게 알렸고, 그는 즉시 프란체스코 데 페트리스 신부[186]를 알메이다의 자리로 파견하였

---

183 신부들과 알고 지내던 한 친구가 "대략 4페세타를 주고" 관을 하나 샀다. 지금의 20리라 정도 된다. 말하자면 매우 소박한 것이지만, 본문에서 말하고 있듯이, 당시에는 장식이 많이 된 값비싼 것이었다.

184 Cf. N.24.

185 중국인들은 망자의 시신을 몇 달, 몇 년씩 집에 보관한다. 리치도 이 점을 이미 간파한 바 있다. "높은 신분의 사람일수록 부모의 시신을 2년 혹은 3년씩 집에 모신다"(N.133). 결국 알메이다의 시신은 2년이 넘게 소주의 숙소에 있다가 1593년 12월에 마카오로 옮긴 것으로 추정된다. Cf. NN.423, 425.

186 1586년 4월 13일, 일본으로 귀환하는 소년 사절단(N.420)과 그 외 31명의 예수회원과 함께 리스본에서 출발하여 1587년 5월 29일 고아에 도착했다. 고아에서 신학 과정을 마쳤다. 1588년 4월 22일, 아마도 사제가 된 다음, 16명의 예수회원과 발리냐노와 함께 힘든 항해 끝에 그해 7월 28일, 마카오에 도착했다. Cf. N.2600. 1591년 12월 8일, 그는 마카오에서 출발하여 소주를 거쳐 12월 20일경, 목적지에 도착했을 것이다 (NN.1220, 2575, 2577, 2585). 적어도 그해 성탄절에는 도착했을 것으로 짐작된다 (N.2575). 데 페트리스에 관한 다른 정보는 N.308을 보라; N.2600.

다. 데 페트리스 신부는 당시 예수회에 있던 사람 중 나이에 있어서나 학문과 재능에 있어서나, 중국에 들어와 살고 싶어 하는 것에 있어서나, 알메이다 신부와 가장 닮은 사람이었다. 물론 건강 상태는 알메이다보다 우수해 보였다.[187]

신부들은 그를 오게 할 별다른 허가서가 없었지만, 때마침 인사이동 시기가 되어 자연스럽게 데 페트리스 신부로 이어졌고, 거기에 대해서 아무도 말하지 않았다. 왜냐하면 바로 그때 황궁의 더 높은 자리로 승진[188]한 총독 유절재劉節齋[189]가 소주韶州를 지나고 있었기 때문이다. 마태오 신부는 그 기회를 이용하여 온 도시가 보는 앞에서 프란체스코 신부와 함께 그를 방문했다. 프란체스코 신부가 이렇게 총독을 방문하게 되면 사람들은 그가 총독과 이미 알고 지내는 사이라고 생각할 것이기 때문이다. 총독은 마태오 신부를 크게 환영했고, 그곳에서 사는 것에 대해 안부를 물었다. 왜 남화南華에 와서 살지는 않느냐고도 물었다. 그런 다음 몇 권의 책을 선물로 주었다. 신부들이 내심 우려했던 것과는 달리 모든 것이 매우 우호적이었다.

394. 유절재 총독의 사망에 대한 유감과 그의 불행

유절재는 친구들을 통해 술책과 책략으로 최고 자리에 오른 사람이었

---

187 그들이 중국에 입국했을 때, 한 사람[데 알메이다]은 나이가 28살이었고, 다른 한 사람 [데 페트리스]은 29살이었다. 한 사람은 수도 생활을 시작한 지 10년이 되고, 다른 한 사람은 8년이 되었다. 다만 데 페트리스의 건강이 알메이다보다 나았다. 왜냐하면 "그는 대단히 건강합니다"(N.423)라고 적고 있기 때문이다.
188 호부시랑(戶部侍郎)으로 임명되었다. Cf. N.319, 본서, p.277, 주(註) 555.
189 Cf. N.319, 본서, p.277, 주(註) 555.; N.4031.

다. 그러나 찰원察院에 의해 그가 황궁으로 가는 길에 성省에서 저지른 너무도 많은 나쁜 일들이 폭로되었고, 결국 황궁에 가기도 전에 관직을 박탈당하고야 말았다. 더욱이 그가 횡령한 4만 냥을 벌금으로 내라는 명까지 떨어졌다. 그가 가진 모든 것이 국고로 환수되고, 그와 그의 자녀들은 하루아침에 가난뱅이가 되고 말았다. 그의 재앙은 여기서 끝나지 않았다. 이후, 더 큰 불행이 닥친 것이다. 그가 이미 나이가 든 탓에, 그만 목숨을 잃은 것이다. 그가 죽음과 최후의 고투를 벌이는 중에 물 한 잔을 청했는데, 자녀들과 손자, 하인들까지 집안에 남은 물건들을 챙기느라 아무도 물을 가져다주는 사람이 없었다. 그래서 이렇게 절규하며 죽었다. "괴롭고 괴롭구나[苦苦]." 아마도 하느님께서는 그가 아직 이승에 있을 때, 조경에서 신부들에게 한 부당한 행위에 대한 벌을 주고자 하신 것 같다.

395.

조경에서 그는 신부들을 쫓아내고 백성들에게 신당을 짓게 하여 자신의 공적을 기리고자 했다. 그리고 거기에 자기 동상을 세웠다. 신당이 세워진 바로 그 자리는 우리 집[신부들의 숙소]이 있던 곳이다. 중국과는 다른 양식의 건물이지만 중국의 관습대로 거기에 자기 동상을 세운 것이다. 우리 집의 거실로 사용하던 자리에는 돌로 된 파고다를 세우고,[190] 비문에 이 집의 원래 주인(신부)과 그가 땅을 빼앗긴 이유를 새겨 넣었다.[191]

---

190 유절재가 신봉하던 몇몇 불상들을 모신 것이다. Cf. N.206, 본서, p.77, 주(註) 34.

396. 조경에서 신부 추방의 원인에 관한 뜬소문과 다른 무수한 소문들

그가 왜 신부들을 조경에서 쫓아냈는지, 그 이유에 대한 소문은 온 중국으로 퍼져 나갔다. 소문은 꽤 오랫동안 사라지지 않을 것이고, 그동안 많은 사람이 거짓을 사실이라고 믿을 것이다. 사람들이 말하기를, 그가 신부들을 불러 수은을 은으로 만드는 법[연금술]을 가르쳐 달라고 했는데,[192] 신부들은 규칙상 강제로 가르쳐 줄 수는 없고, 다른 방법을 찾아보겠다고 했다는 것이다. 아무리 협박을 해도 신부들이 가르쳐 주려고 하지 않자, 결국 그곳에서 쫓겨났다는 것이다. 그것에 대해 사람들은 하나같이 공정하지 못하다고 질책하고 비난했다.

신부들에 관한 비슷하고 이상한 유언비어들은 중국에서 지어낸 많은 이야기나 동화로 나왔고, 몇 권의 책으로도 인쇄되었다. 나중에 그것들이 모두 없어졌는지는 모르겠다. 그게 모두 거짓인데 계속해서 믿는다는 것은 불가능하다. 하지만 그렇게 우리에게 나쁘고 우리의 신앙에도 반하는 거라고 해도, 그런 것들이 많은 부분에서 중국인의 눈에는 좋게 보일 수도 있을 것이다. 그래서 그것들을 가치 있게 보고, 자기네 조상들의 것과 비슷하다며 거룩하게 간직하고 공경한다면 그것도 다행일 것이다.

---

191 리치가 살았던 조경의 집에 관한 정보는 여러 비문에서 밝히고 있다[Cf. N.235, 본서, p.134, 주(註) 186.]. 그중 하나가 본문에서 말하고 있는 것일 것이다.

192 선교사들이 연금술을 알고 있다는 소문과 관련해서는 NN.295, 362, 487, 524, 1470을 보라.

제6장

마태오 리치가 남웅(南雄)으로 어떻게 갔는지에 대해, 그 지역 일부 그리스도인들이 한 일

(1591년 말부터 1592년 중반 즈음까지)

- ○ 남웅의 상인 갈성화(葛盛華)의 개종
- ○ 성 이냐시오의 영신수련을 한 첫 번째 중국인
- ○ 리치의 남웅시 방문
- ○ 리치가 관리들을 방문하고 받은 것
- ○ 요셉 갈성화 교우의 집
- ○ 남웅에서 얻은 열 명의 새 신자
- ○ 소주의 새 신자들이 우상들에 맹렬히 반대하고 리치가 거기에 제동을 걸다

397. 남웅의 상인 갈성화(葛盛華)의 개종

남웅南雄[193]에는 강서江西[194]성 태화泰和 출신으로 갈성화葛盛華[195]라는

---

[193] 여기에서 쓰고 있는 표기 Namyung은 리치가 Nanhium이라고 부르기도 하고 (NN.333, 436) Nanhiom라고 부르기도 하는 곳(NN.345, 367, 399, 437)이다. 소주(韶州)에서 북동쪽으로 290리 떨어져 도보로 "4-5일 걸리는 곳"(NN.1209, 1223)이다. 리치 시절에는 "상업 도시로 교역량이 많았고", 그로 인해 "크게 꽃을 피우고 있던"(NN.1227, cf. N.1430) 도시였다. 남웅은 중국에서 외국으로 나가거나 외국에서 중

상인이 있었다. 그가 사는 큰 집에는 40명 안팎의 일꾼들이 함께 살고 있었고, 그는 그들의 생계를 책임지고 있었다.[196] 그는 우상을 섬기며 평생 육식은 물론 생선, 우유, 달걀을 먹지 않는 등 금욕적인 생활을 하고 있었다. 빵 혹은 쌀과 곁들인 채소와 콩 종류만 먹고 살았다.[197] 건강에 좋다는 것은 무엇이건 관심을 가졌으나, 전적으로 옳다고 생각되는 규범은 찾을 수가 없었다. 그런 중 남웅에서 구태소瞿太素[198]를 알게 되었다. 구태소의 부인이 남웅 사람이어서 구태소는 정기적으로 남웅에 들렀고, 그 해에도 왔다. 두 사람은 종교에 관해 이런저런 이야기를 하다가 서방에서 온 어떤 사람이 소주韶州에 살고 있는데 그는 천국에 가는 참된 길을 가르치고 있다고 소개했다. 갈성화는 즉시 소주로 가서 그의 가르침을 배워야 한다고 했다. 그는 이미 60세였고, 영생에 대한 참된 지름길을 빨리 선택하여 다른 생애를 준비해야 하는 상황이었다.

국으로 들어오는 모든 물건이 유통되던 곳이다. Cf. N.1227. 지역의 이름은 972년으로 거슬러 올라간다. Cf. Cuzuiü, c.102, f.4a. 리치가 조경(肇慶)을 떠나야 했던 1589년부터 자리를 잡았다. Cf. N.333.

194 여전히 리치는 Chiansi 라고 쓰고, 델리야는 Kiangsi로 쓰고 있다.

195 철자는 확실하다. 콜롬벨(Colombel, *La Mission du Kiangnan*, edizione litografica, I, p.55) 수기본에는 손으로 쓴 갈순화(葛舜華)라는 이름이 있는 반면에 소(蕭)의 『天主敎傳行中國考』(Sienhsien, 1931, p.119)에는 그를 갈성화(葛盛華)라고 부르고 있다. 둘 다 scioen(순)으로 읽느냐 혹은 scem(성)으로 읽느냐에 따라서 어쩔 수 없이 달라지지만, 더 중요한 것은 tom이라는 음을 덧붙여야 하는 자리에 tum을 쓰는 것이다. 첫 번째, 세 번째 음의 특성으로 인해 이 이름들을 군이 밝히려고 하지 않았던 것 같다.

196 1592년 11월 15일, 리치는 그에 대해 이렇게 말하고 있다. "어떤 상인이 있었는데 그의 상점에는 일하는 사람들이 삼사십 명 정도 되고, 상인은 일꾼들의 모든 생계를 책임지고 있습니다"(N.1228).

197 Cf. NN.1232, 1233. N.190에서 본 것처럼 금욕적 생활을 강요하는 이단에 속해 있었다.

198 Cf. N.359, 본서, p.334, 주(註) 97.

신부들에 대해 자세히 알고 난 뒤, 그는 구태소의 도움을 받을 수 있는 소주로 갔다. 우리 집에서는 큰 환영을 받았다. 마태오 리치 신부가 소주에 오게 된 경위와 중국의 법률에 관해 이야기를 시작했고, 그는 리치 신부에 대해 듣던 것보다 더 큰 호감을 느끼며, 그의 말을 경청했다. 신앙에 관해 말을 할 때는 눈물을 흘리곤 했다. 그는 신부에게서 들은 모든 것에 만족해했다. 신부가 이야기하는 것 중 자기에게 와 닿는 부분이 있으면 매번 즉시 그 자리에서 무릎을 꿇고 머리를 땅에 대고 그런 가르침을 준 것에 대해 신부에게 감사했다.[199] 그 외에도 그는 숙소의 모든 사람과 겸손하게 대화를 했기에 모두가 그를 좋아했다.

398. 성 이냐시오의 영신수련을 한 첫 중국인

그리스도교에서 요구하는 기본 교리들에 대한 교육과 가르침을 받은 후, 그는 요셉이라는 이름으로 거룩한 세례성사를 받았다.[200] 그동안 그는 이교도로서 그쪽 종교에서, 많은 묵상을 했던 사람이어서 그런지[201] 우리 그리스도교의 묵상 방법에 대해서도 알고 싶어 했다. 그래서 신부는 그에게 우리 이냐시오 성인[202]의 제1주간 영신수련[203]을 소개했고, 그

---

199 Cf. N.121.
200 세례식은 1591년에 있었다(N.1226). 1597년, 요셉이라는 이 사람의 열정에 대해서는 N.4091을 보라.
201 리치는 그가 지금까지 해 온 묵상은 의심할 여지 없이 불교에서 한 것으로서, "우리의 것과 크게 다르지 않습니다"(N.1233)라고 덧붙이고 있다.
202 예수회의 설립자와 관련하여, 1609년을 언급할 필요가 있을 것 같다. 그해 7월 27일 이냐시오 로욜라의 시복식이 있었고 ─이 글을 쓸 때 리치는 그 사실을 모르고 있었다.─ 13년 후인 1622년에 그는 성인이 되었다. Cf. 본서 1권, p.48, 주(註) 3. 그러나 바뇨니(Vagnogni)로 추정되는 리치의 동료만 해도 "우리의 복되신 이냐시오 신부님"(N.913)이라고 부르고 있다.

는 오래전부터 신앙생활을 해 온 신자처럼 잘 따라 했다.

그는 우리 집에서 한 달을 머물렀고, 더 있고 싶어 했다. 그러나 남웅
南雄의 본가에서 연락이 와 사업상 그가 있어야 한다고 재촉했다. 워낙
교리교육을 잘 받았고, 이후에도 계속 소주에 들러 많은 것을 배웠다.

399. 리치의 남웅시 방문

1592년 사순절에 중국은 신년을 맞이하게 되었고,[204] 신부들은 남웅
에 있는 구태소에게 선물을 보냈다. 구태소는 매우 기뻐하며, 답례로 좋
은 선물을 챙겨 즉시 소주로 직접 찾아왔다. 마태오 신부는 이 기회에 남
웅으로 진출하고 싶다는 뜻을 전했다. 강서江西성으로 가는 길목이기 때
문이다.[205] 특히 통감이 거주하는 그곳에는 마침 우리의 친구 왕옥사王玉

---

203 부분적으로나마 1591년 말경에 있었던 것으로, 중국에서는 성 이냐시오의 영신수련이
처음으로 있었다. 오늘날 중국 가톨릭 신자들 사이에서는 매우 잦은 것이지만 말이다.
이냐시오 구태소(瞿太素)도(N.359, 본서, p.334, 주(註) 97) 1609년쯤 제1주간 영신수
련을 했다(N.913). 마카오에 있던 포르투갈인들에 의해 크게 확산된 것으로서, 대다수
사람이 매년 사순 시기에 예수회 콜레지움에서 8일짜리 —이것을 보통 제1주간 영신
수련이라고 부른다. — 영신수련을 했다. Cf. Cardim, p.21. 소주에서 들려온 이 기쁜
소식에 데 산데 신부는 격려와 함께 1592년 2월 2일 자로 중국의 회개를 위해 기도해
줄 것과 마카오의 숙소에 [성인의] 유해를 보내 줄 것을 총장에게 요청하였다. 마카오
는 "중국제국의 입구에 있는 관문"이기에 성인의 유해가 꼭 필요하다는 것이었다. 그
는 성인들의 유해가 "이런 엄청난 이교도들의 회개를 위해 우리를 도와줄 것이고, 우
리는 그 도움이 절실합니다. 그래야 그들이 당신 교회로 들어가 하느님께 영광을 드릴
것입니다. 그렇게 되기까지 어려움이 많이 있겠지만, 우리 주님께 간청하고 매달리는
것이 어려운 일은 아닙니다. 누가 압니까? 많은 사람이 간청하면 들어주실지도
요"(ARSI, Jap.-Sin., 11, f.277v).

204 사순절은 2월 11일에 시작되었고, 그해 중국의 신년은 같은 달 13일이었다.

205 남웅시 방문은 1592년 2월 20일에 있어야 한다. 왜냐하면 리치가 구태소에게 보낸 중
국식 신년에 대한 선물의 답례로 즉각 왔다고 말하기 때문이다(N.1225). 리치가 아무
리 빨리 남웅으로 갔다고 해도 "이삼일 후"(N.1226)에나 출발했을 수 있기 때문이다.

沙[206]가 총독으로 와 있었기 때문에 요셉 갈성화의 식솔들까지 함께 가르칠 수가 있기 때문이다.[207]

구태소는 총독과 온 도시에 외국인이 온다는 소식을 먼저 전했고, 사람들은 외국인을 몹시 보고 싶어 했다.[208] 신부가 그곳에 도착하자 요셉과 여러 사람이 멀리까지 마중을 나왔다. 요셉 갈성화는 신부가 자기 집에 머물 수 있도록 준비했다. 그러나 구태소는 자기 집이 찾아오는 여러 관리와 시市의 주요 인사들을 맞이하기가 더 편안하다고 생각했다.[209]

400. 리치가 관리들을 방문하고 받은 것

신부는 도착하자마자 총독 관저에 있는 지부를 방문했고, 융숭한 대접을 받았다. 안으로 들어가 오랜 시간 대화를 나누었다. 같은 날,[210] 그 자리에서 지부는 예를 갖추어[211] 관리들이 자기가 다스리는 지역을 방문하러 갈 때처럼 예복을 차려입고 답방을 했다. 신부는 구태소와 함께 식사를 권했다.

도시의 관리가 방문했다는 소문이 퍼지자, 그 지역의 모든 인사가 최

리치는 프란체스코 황명사(黃明沙) 마르티네즈 수사와 함께 갔다. Cf. NN.401, 1226. 1595년 11월 4일, 그러니까 그 일이 있고 난 뒤 3년 8개월이 지난 후에야 리치가 남웅에 갔던 것을 기록하느라 정확한 연도를 잊었을 수도 있다. 그날을 "오류 년 (年)"[Tacchi Venturi, II, p.190에서처럼 달(月)이 아니라] 전이라고 쓰고 있기 때문이다. Cf. N.1430.

206 Cf. N.367, 본서, p.342, 주(註) 124.
207 Cf. NN.397-398.
208 Cf. N.1225.
209 그는 "매우 편한 자신의 서재에"(N.1228) 자리를 마련하였다.
210 바로 그날은 아니고, "다음 날"이다. Cf. N.1229.
211 Cf. N.123.

고의 예를 갖추어 신부를 방문했고, 신부는 그들의 집을 답방하면서 그 가족과 때로는 이웃 주민들을 함께 볼 수 있기를 희망했다.[212] [신부가 지나가는] 도로에는 많은 사람이 몰렸고, 도저히 걸어서 갈 수가 없어 가마를 타고 가야 했다. 종일 기다려도 지나갈 수 있는 다른 방법이 없었기 때문이다. 이것은 또한 그를 보호하는 방법이기도 했다. 많은 사람이 [가마의] 커튼을 걷어 젖히거나 집까지 그를 쫓아와 가마에서 내리는 모습을 보려고 했다.[213]

401. 요셉 갈성화 교우의 집

구태소의 집에 며칠간 머물면서 통감과 여러 관리들의 방문과 대접, 연회 등을 치렀다. 이후 다른 수사[214]가 다그치는 바람에 요셉의 집으로 옮겨 그의 바람을 들어주고 몇 가지 결실을 보고자 했다.

사람들은 여전히 이곳까지 몰려왔다. 대부분 신분이 낮은 사람들이었다. 그러나 덕망은 매우 높았고, 하느님에 관해 들으려고 하는 열정 또한 매우 커서 구태소의 집에 있을 때 찾아오는 사람들에 버금갔다. 하나같이 강한 열망을 가지고 찾아왔기에 신부는 아침부터 밤까지 종일 말해야 했다. 식사 시간과 성무일도를 위한 시간도 겨우 낼 수 있었다. 많은 사람이 밤늦게까지 남아 말씀을 듣고자 했고, 어떤 사람은 착한 신자 요셉의 집에서 잠을 자기도 했다.[215]

---

212 "기대하다"라는 말보다는 "희망하다"라는 말로 특유의 스페인어 표현법을 쓰고 있다.
213 Cf. N.1231.
214 프란체스코 황명사(黃明沙) 마르티네즈 수사다. Cf. N.1226.
215 그해 11월 15일, 리치는 아직도 그때의 감동을 이렇게 적고 있다. "그 집에서 본 것 같은 것을 중국에서도 빨리 볼 수 있기를 바랍니다"(N.1232). 리치는 또한 이 방문객들

신부를 위해 준비한 방은 제대가 마련된 거실이었다.[216] 그곳에서 신부는 매일 새벽 미사를 드렸고, 거기서 방문객들도 맞이하였다. 신부를 찾아오는 사람은 하나같이 세 번 무릎을 꿇고 머리를 바닥에 대고 절을 했는데, 그것은 중국에서 최고의 존경을 표할 때 하는 것이다.[217]

402. 남웅에서 얻은 열 명의 새 신자

이 착한 신자(요셉)는 많은 사람에게 우리의 신앙에 관해 이야기했고, 일부를 가르치기도 했는데, 그중 가장 호의적인 여섯 명을 골라 본격적인 교리교육을 하였다. 그런 다음 신부는 그들에게 물로 세례를 주었다. 그 외에도 네 명의 어린이들에게 세례를 주었는데, 그들은 요셉의 자녀와 성인 세례자의 자녀들이었다.[218] 남웅에 더 머물 수 있었다면 더 많은 신자를 얻을 수 있었을 것이다.[219] 우리 처지에서 그리스도교의 선교가

의 대부분이 "다른 성(省)", 곧 광동이 아닌 지역에서 온 것에 주목했다. Cf. NN.1232, 2594.

216 제대와 관련하여 리치는 다른 곳에서 "착한 노인(요셉)에게 (1591년에) 준 적이 있는 두 개의 성화, 곧 우리 주님의 상(象)과 성모님의 상(象)이 제대 위에 있었습니다"라고 했다. Cf. N.1232.

217 개두(磕叩頭)라고 하는 것으로서, 그리스도인들은 최근까지도 선교사들에게 이런 예를 행했다.

218 그때 세례를 받은 사람은 모두 10명이었고, 그중 4명이 어린이들이었다. 거기에는 요셉의 아들도 한 명 있었다(NN.1226, 2588). "4명의 어린이"는 우리가 기록한 문서상 '죽을 위험에서 벗어난' 최초의 세례성사라고 할 수 있다. 이전에 세례를 준 어린이들은 "in articulo mortis", 곧 '죽을 위험에 처한 경우'였다. 1586년 초, 절강(浙江)의 소흥(紹興)에서 있었던 유아세례가 그랬고(N.284), 1585-1588년 사이 조경에서의 유아세례가 그랬다(N.315). 같은 해인 1592년 11월 말 혹은 12월 초에도 리치는 조경에서 6명(N.409) 어쩌면 정확하게 5명(N.1252)의 신자 자녀들에게 세례를 주었다. 리치는 남웅 외의 지역에서도 "예비 신자들을" 얻었다. Cf. N.1234.

219 그리스도인은 은수자(隱修者)처럼 살아야 한다고 하지 않았음에도 불구하고 요셉은

그곳에서 그렇게 시작되는 것은 좋은 일이었다. 왜냐하면 그곳에서 다른 성으로 갈 수도 있고, 그 신자들의 집에서 도움을 받아 산을 넘을 수도 있기 때문이다.[220] 그곳은 강서江西성으로 들어가는 길목이기도 하다.[221] 그 일을 마치고 신부는 소주韶州로 돌아왔다.[222]

403. 소주의 새 신자들이 우상들에 맹렬히 반대하고 리치가 거기에 제동을 걸다

그 시기에 소주韶州에서는 계속해서 몇 명의 사람들이 신자가 되었

은수자처럼 살고자 했다. Cf. N.1233.

220　유명한 매화봉, 곧 매령(梅嶺)이 이곳에 있다. Cf. N.486; Cf. N.437, 본서, p.421, 주(註) 341.

221　리치는 또 다른 수도원을 개설할 필요가 있다고 생각했고, [그곳에서] 더 머물 수만 있다면 "더 많은 개종자를 낼 수 있을 것"이라고 믿었다. "많은 인사가 도와주겠다고 했고, 여러 사람이 자기네 마을과 도시에도 와 달라고 초대했습니다"(N.1209)라고 덧붙였다. 하지만 남웅의 숙소는 1612년 5월 12일에야 개설하여, 리치가 사망하기 이전에는 개설되지 못했다. 이후 선교사들이 소주에서 쫓겨나면서 남웅으로 숙소를 옮기며 개설한 셈이다. 1612년 11월 26일 자 남웅에서 론고바르도가 포르투갈의 사업가 안토니오 마스카렌하스(Antonio Mascarenhas)에게 쓴 편지를 보면 "올해 우리의 소주 숙소를 관리들이 차지하면서 우리를 성(省) 밖으로 내쫓았습니다. 우리가 마카오와 연락을 하고 지냈기 때문입니다. … 소주의 집에 있던 사람들은 남웅시로 옮겼습니다"(*ARSI, Jap.-Sin.*, 15, f.199v)라고 적고 있다. Cf. Bartoli[1], III, cc.22, 24, pp.59-64, 66-68.

222　남웅에서 소주로 돌아온 정확한 날짜는 알려지지 않았다. 그러나 데 페트리스 신부를 너무 오래 혼자 두고 싶지 않아서 리치가 그곳에 오래 머무르지 않았던 것은 확실하다. Cf. N.1234. 실제로 "칠팔일"(N.1209) 정도 되었다. 따라서 1592년 2월 20일에서 28일 사이가 되었을 것이다. 당시 소주 숙소의 작은 공동체 구성원들은 1592년 11월, 발리냐노가 서명한 명부(Catalogo)에서 찾아볼 수 있다(*ARSI, Jap.-Sin.*, 25, f.21v). "소주의 숙소. 마태오 리치 신부, 이탈리아 출신, 중국어를 매우 잘함. 프란체스코 페트리스 신부, 이탈리아 출신, 중국어 실력 무난함. 프란체스코 마르티네스와 바스티안 페르난데스는 둘 다 중국에서 태어남, 태어나면서부터 포르투갈인들 사이에서 성장함."

고,[223] 그들의 신심은 매우 열정적이었다. 특히 우리의 숙소에 머물렀거나 다녀간 사람들이 그리스도교에 대해 더 알게 되면서 신심도 더욱 깊어졌다. 그중 한 사람은 집에 모시고 있던 우상에게 경배하지 않고 절하지 않는다고 부친으로부터 실컷 두들겨 맞고 학대를 받기도 했다.

그들은 하나같이 우상들에 대해 큰 공포를 느끼고 있었고, 그래서 사당에 몰래 들어가 할 수 있는 한 우상들의 손과 발을 깨뜨렸다.[224] 마태오 신부는 그 사실을 시市에서 알게 되면 우리 선교사들에게 피해가 올 걸로 생각해, 그들에게 한 번만 더 그런 일을 하면 처벌할 거라며 엄히 금했다.

그렇지만, 새로 신자가 된 수도원의 어린 사내아이 하나는 어느 날, 우상 신상을 하나 훔쳐서 몰래 집으로 가지고 왔다. 신부에게 벌 받을까 봐 무서워 아무에게도 말하지 않고 몰래 가지고 온 것이다. 그리고 모두가 잠든 사이 부엌의 아궁이에 던져 버렸다.[225] 신상은 향나무로 만든 것이

---

223 1592년 11월 15일 이전, "예닐곱 명"이 세례를 받았다(N.1235; cf. N.1430). 그중 세 명이 한 가정의 가장이고, 예수회의 두 중국인 지원자 중 한 사람의 삼촌(NN.1235, 2586)인데 그는 60대였고, 다른 한 사람의 사촌도 있었다. 리치가 11월 12일에 쓴 편지에도 "올해 우리는 16-17명에게 세례를 주었습니다. 모두 착한 그리스도인이 될 거라고 크게 기대하고 있습니다"(N.1197)라고 말하고 있는 것으로 봐서 소주에서 6-7명과 남웅에서 10명이 세례를 받은 것으로 추정된다(N.402, cf. N.1206). 1591년 성탄절에서 1592년 11월 15일 사이에도 5-6명이 별도로 세례를 받았는데, 여기에 관해 데 페트리스는 1592년 12월 15일 자 편지에서 이렇게 쓰고 있다. "제가 이 도시[소주]에 온 이후 모두 22명이 세례를 받았습니다"(N.2598). 1593년 말이나 1594년 초, 어떤 사람은 부친의 반대에도 불구하고 개종하여 리치에게 봉사하겠다며 1595년 남창(南昌)으로 갔다(N.1375). 그 사람이 중국에서 처음으로 이냐시오라는 이름을 가지기도 했다. 예수회 설립자에 대한 오마주로, 그가 시성되기 30년 전이다.
224 Cf. N.1284.
225 난로 혹은 부엌의 화덕이다.

었는데, 숙소의 시설을 담당하는 수사가 밤에 집을 순찰하면서 냄새를 맡고 연기가 나는 곳으로 가 보니 불 속에서 뭔가 타고 있는 것이었다. 가엾은 신상은 지옥에서 불타고 있는 것처럼 검게 타고 있었다. 신부는 이 사실을 알았지만 모르는 척했다. 다만 아이의 신심이 경솔한 행동으로 이어졌다고만 생각했다.

세례를 받지 않은 우리 집의 또 다른 하인 하나도 교리교육을 받던 중, 어느 날 여러 하인과 함께 산으로 소풍을 나갔다. 아무것도 없는 장소에 세워진 사당에 이르자 그중 신자가 된 한 사람이 안으로 들어가 신상 하나를 들고 문밖으로 나와 교리교육을 받는 사람에게 장난삼아 말하기를 "여기 너의 신에게 무릎 꿇고 경배해 봐"라고 했다. 이에 예비신자는 몹시 부끄러워 땅에 구덩이를 파고 거기에 신상을 던져 묻어 버렸다. 벌레가 파먹게 하려는 것이었다.

그 밖에도 이와 유사한 많은 일이 있었는데, 그렇게 그들은 자기네 신심을 표현하고자 했다. 여기에서는 이 정도만 하기로 하겠다.[226]

---

[226] Cf. Bartoli[1], II, c.55, pp.115-116.

제7장

밤에 강도들이 수도원을 침입하여
두 신부에게 상해를 입히고 재판에
넘겨졌으나 신부들에 의해 풀려나다

(1592년 7월부터 1594년 6월까지)

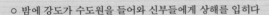

○ 밤에 강도가 수도원을 들어와 신부들에게 상해를 입히다
○ 리치가 창문에서 뛰어내리다가 발목을 삐다
○ 도시의 관리가 소송을 제기하자고 하였으나, 신부들이 죄인을 용서하다
○ 범인들에 대한 소송과 재판; 판결
○ 리치가 재판 확정을 위해, 또 그리스도인들을 방문하기 위해 조경에 다녀오다
○ 리치가 발리냐노의 동의를 얻기 위해 마카오에 가고, 발목 탈구를 치료받다
○ 강도의 친척들이 신부들을 중국에서 쫓아내려고 음모하다
○ 리치가 황제의 백관 앞에서 그들을 협박하다
○ 신부들의 그리스도교적인 용서로 인해 죄인들에게 내려진 관대한 재판
○ 신부들의 호의에 대한 감사와 하느님의 보호
○ 예부시랑 왕충명(王忠銘)이 리치를 북경으로 안내하여 중국의 달력을 수정하도
  록 약속하다

404. 밤에 숙소에 강도가 들어와 신부들에게 상해를 입히다

7월[227]의 어느 날 자정, 신부들은 물건을 훔치기 위해 들어온 무장한

강도들의 습격[228]을 받았다. 무장하지 않은 채 안에 사람이 있다는 걸 알면 도망가는 유럽의 강도들을 생각하고 신부는 복도의 문을 열었다. 숙소의 하인으로 생각한 것이다. 그런데 문을 열자마자 어느새 신부는 강도들에 둘러싸여 버렸다. 그들은 인원이 많았고,[229] 두세 명의 하인들은 크게 다쳤으며,[230] 프란체스코 신부도 도끼에 머리를 얻어맞아 크게 다쳐 있었다.[231] 그들을 자세히 보기 위해 등불을 켰다. 마태오 신부는 그들이 무장하고 왔다는 것과 또 숫자로 버틸 수가 없다는 것을 알고 모두 집 안으로 들어가게 한 다음, 복도 안쪽의 문을 잠가 방으로 들어오지 못하게 했다. 이것을 눈치챈 강도들은 문을 잠그지 못하게 즉시 문을 봉으로 걸었다.

우리는 이런 일을 전혀 예상하지 못했고, 그래서 집에는 어떤 종류의 무기도 가지고 있지 않았다. 겨우 버틸 수 있는 몽둥이 하나가 전부였다. 신부는 그들이 들어오지 못하게 손으로 문을 잡고 위협했다. 그러느라 손에 상처를 입었다. 하지만 그 덕분에 식구들은 각자 자기 방으로 들어갈 수 있었다. 강도들이 복도로 들어와 방으로 들어가려고 했으나 들어갈 수가 없었다. 집에서 공부하던 한 젊은이는 지붕 위로 올라가 탁자를 그들이 있는 아래로 던지기 시작했다.

---

227 1592년 7월이다. Cf. NN.1198, 1242.
228 광효사(光孝寺)의 승려들이 가지고 있던 "횃불과 봉과 도끼들"(N.1242)로 무장하였다. Cf. NN.405, 1242.
229 노름에서 잃은 "비행 청소년"들 20여 명에 관한 이야기다(N.1242). 하지만 공모한 사람은 50여 명에 이른다.
230 세 명은 아니고 두 명이다. Cf. N.1242.
231 "몽둥이로 심하게 얻어맞은 후"에 도끼로 때린 것이다(N.1242). 1592년 9월 1일, 데 페트리스의 상처는 다행히 심하지는 않았다(N.2591). Cf. N.2597.

[그림 18] 또 다른 소주시 지도

+ 리치의 수도원 위치.

405. 리치가 창문에서 뛰어내리다가 발목을 삐다

마태오 신부는 그리 높지 않은 창문으로 올라가 정원을 통해 밖으로 나가 도로에서 이웃 사람에게 도움을 요청하려고 했다. 그 과정에서 걸을 수 없을 정도로 심하게 발목을 접질리고 말았다. 무사했으나, 점점 심하게 절뚝거려 멀리 갈 수가 없었다. 결국 이웃 사람들이 들을 수 있게 그 자리에 서서[232] 크게 고함을 지르기 시작했다. 그러나 이웃은 강도가 들었다는 걸 알면서도 아무도 밖으로 나와 보지 않았다. 이런 일이 벌어지자 강도들은 지붕 위로 올라간 사람이 자기들한테 상해를 입힐 수도 있고, 방으로 들어갈 수도 없는 상황에서 신부가 고함을 지르는 것을 보니 안에 있는 사람들이 이미 도로로 나갔다고 생각하여 오히려 두려움을 느끼기 시작했다. 결국 아무것도 훔치지 못하고 밖으로 나와 그들이 처음 모여서 출발한 광효사光孝寺[233] 승려들의 집으로 돌아갔다.

406. 도시의 관리가 소송을 제기하자고 하였으나, 신부들이 죄인을 용서하다

아침이 되자 신부들은 전날 밤에 일어난 일을 당시 도시를 다스리고 있던 사부四府 지주에게 알렸다. 그의 성이 왕王이라서,[234] 왕사부王四府라고 불렀다. 그는 자기가 통치하는 동안 눈앞에서 살인이 일어날 뻔했다며 체면이 말이 아니라고 생각하여 크게 화를 냈다. 그리고 이웃 주민들

---

232 둘러쳐진 담장 가까이에서. Cf. N.1242.
233 급히 가는 바람에 "몽둥이 하나와 모자, 큰 수건 하나"(N.1242)를 떨어뜨린 바람에 그들이 어디에서 왔는지를 알게 되었다. Cf. N.1243.
234 *Annali della Prefettura di Shiuchow*(『소주지부연감』), c.4, f.10a에는 이 관리의 이름이 나오지 않는다.

가운데 우리 신부를 도와주러 아무도 나오지 않았다는 걸 알고는 강도가 멀리서 올 리가 없다고 판단하였다. 가까운 이웃에 범인이 있다고 생각한 것이다. 실제로 그랬다. 그래서 우리 집 근처에 사는 사람들 몇 명을 불러, 한 가지 제안을 했는데, 사실대로 말하면 고문하지 않고 용서해 주겠다고 약속한 것이다. 그러자 그는 자수했고 다른 동료들을 모두 고발했다. 그들은 모두 도박하는 사람들이었고, 그중 몇 명은 작년에 우리 집에 돌을 던져 통감과 경감이 주목하고 있던 사람들이었다.[235]

이 일로 그들과 그 부모들은 크게 겁을 먹고 우왕좌왕했다. 몇 명은 신분이 높은 가문 출신도 있었다.[236] 왕사부는 신부들에게 공문서 규정에 맞게 고소장을 쓰라고 명했다. 신부들은 고소장을 쓰기보다는 그들을 용서하고 싶어 했다. 그들이 벌 받는 걸 원치 않았기 때문이다. 그러나 왕사부는 신부에게 고소장을 쓸 것을 강요했다. 결국 고소장에는 그들의 범죄 행위를 최대한 가볍게 이야기하면서 강도들이 집의 물건을 하나도 훔치지 않았기에 그들을 선처해 줄 것과 혹시 벌을 주더라도 가볍게 달라는 내용을 적었다.[237] 중국에서 이런 일이 벌어지면 반대로 수천 가지 거짓말을 보태어 과장해서 쓰며 훔친 물건도 많다고 써서 훨씬 많은 돈을 뜯어내려고 하는 것과는 전혀 달랐다.

---

235 Cf. NN.377-382.
236 "두세 명은 그 지역 유지의 자녀들이고, 그 부모가 우리의 친구들이기도 했다" (N.1243).
237 "부친, 모친, 그리고 자녀들"로 구성된 한 가족은 신부를 찾아가 무릎을 꿇고 감사의 인사를 했다. 중국에서 그 정도면 "사형", 곧 참수형인데 가벼운 처벌을 요청하는 소장을 써 주었기 때문이다(N.1243).

407. 범인들에 대한 소송과 재판; 판결

관리는 신부들이 제출한 고소장을 보고 매우 놀랐다. 그런 만큼 강도들을 향한 노기도 좀처럼 풀리지 않았다. 그래서 죄인들을 모두 묶어 재판정으로 끌고 갔다.[238] 신부들은 고소장을 최대한 부드럽게 작성했고, 죄인들의 부모와 한 약속 때문에 즉각 선처를 요구했다. 부모들이 우리 집에 도움을 주기 때문에 그들을 상대로 소송을 하고 싶지 않다며 도망가지 않게만 해 달라는 것이었다.

그들 중 두세 명은 고문을 당하게 되자 바로 솔직하게 진술하였다. 이는 신부들이 강도들의 모자 하나를 물증으로 제출했기 때문이기도 했다. 그들이 우리의 정원 바닥에 흘리고 간 것이었다. 관리는 모자 주인이 누구냐고 물었고, 모자는 피고인의 머리에 꼭 맞았다.[239] 나머지 진술은 쉽게 진행되었다. 중국의 재판 절차에 따라 폭도들의 우두머리는 사형을 선고받았고, 나머지는 황제를 욕되게 했다는 이유로[240] 각자 죄의 경중에 따라 형을 선고받았다.[241]

---

238 1592년 11월 12일 자 리치가 쓴 기록에는 포박하여 끌고 온 사람이 모두 "열두 명 혹은 그 이상"이었다(N.1207). 이듬해(1593년)에 리치는 잊어버렸는지, "일고여덟 명"(N.1256)이라고 말하고 있다.

239 Cf. NN.1242-1243. 역주_ 당시 중국에서는 모자를 사람의 머리 크기에 맞게 만들어서 쓰고 다녔기 때문에 사람마다 모자의 크기가 달라 그것으로 범인을 찾아낼 수 있었다.

240 여기에서 역자가 '욕되게 하다'로 번역한 fatti cattivi에서 cattivi는 라틴어 Captivi, 곧 '포로'라는 뜻이다. '나쁜 것의 포로가 되어' 황제의 명예를 실추시켰다는 의미이기 때문이다.

241 1592년 11월 15일 자 리치가 쓴 글에는 더 구체적인 정보가 담겨 있다. "그들의 우두머리는 사형에 처해졌고, 나머지 범인들은 3년 징역형, 광효사의 승려들과 이웃에게는 벌금형, 깡패 두목과 야경 순찰원들에게도 유사한 형이 내려졌습니다"(N.1243).

408.

이 판결은 신부들을 매우 불편하게 했다. 도시의 많은 사람이 그들의 친척이기에 온 도시가 외국인을 혐오할 것이기 때문이다. 특히 도심에 사는 사람들은 다리 건너에 사는 사람들을 강도라고 부르고 있었다.[242] 그래서 매번 재판이 열릴 때마다 신부들이 그들을 동행했다. 많은 사람이 어디를 가나 이 소송에 관해 이야기하고 있었다. 신부들의 상처도 아직 아물지 않았다.[243]

409. 리치가 재판 확정을 위해, 또 그리스도인들을 방문하기 위해 조경에 다녀오다

다른 무엇보다도 마태오 신부는 소주韶州 지방법원[244]의 고등법원이 있는 조경肇慶[245]으로 가야 했다. 모든 것이 확실하고, 검증과 진술이 있었고, 소주 통감[246]의 재판 판결문이 있었다.

---

242 강 서쪽, 하서(河西)에 있는 교외 지역이다. Cf. N.345.
243 Cf. N.2589. 1592년 9월 1일에도 리치는 침상에 있었다(N.2591). 고모의 영혼을 위해 미사를 봉헌하려고 일어난 세 번이 전부였다(Bernard², I, p.180). 그가 침상에 있는 동안, 어린 시절부터 "두 번째 어머니처럼 자기를 키워 준" 라리아(Laria)가 사망했다는 소식을 들었기 때문이다(N.1205).
244 당시 지방법원 안찰사(按察司)는 강소(江蘇)의 무석(無錫) 출신 가응벽(賈應璧) 박사일 것이다. Cf. *Annali Generali del Kwangtung*, c.20, f.20a. 1592년 11월 15일, 리치는 조경에 제출한 것과 똑같은 고소장을 소주 법원에 제출했다. 그곳에는 총독만 있는 게 아니라, "더 높은 판사가 있었는데, 형을 확정 짓거나 감해 주거나 가중 처벌하는 것 등은 모두 그의 손에 달려 있었다"(N.1244). 그는 분명 성(省)의 최고 판사(NN.102, 104)다.
245 리치가 조경에 간 것은 1592년 11월 15일 이후다(N.1244). 그렇다고 1593년 1월 15일 이후는 더욱 아니다(N.1253). 더 정확하게는 1592년 12월 15일 이후부터는 아니다(N.2601).
246 Cf. N.406.

이 기회에 리치 신부는 신앙의 결실을 얻지 못하고 있는 조경의 신자들을 돌아보고도 싶었다. 교우 중 몇 명은 소수로, 다른 몇 명은 마카오로 신부들을 찾아가기도 했고, 그렇게 함으로써 성교회의 신앙을 다졌다.[247] 그러나 대부분 사람의 신앙은 느슨해졌다. 신부는 교우 자녀 어린이 여섯 명에게 세례를 주고[248] 모두에게 신앙을 잘 간직하라며 큰 위로를 주었다.

410. 리치가 발리냐노의 동의를 얻기 위해 마카오에 가고, 발목 탈구를 치료받다

조경에 있는 동안 마카오에서 연락이 왔다.[249] 순찰사 알렉산드로 신부가 일본에서 도착했다는 것이다.[250] 일본의 최고 통치자인 관백[251]이 이미 오래전부터 모든 그리스도인을 상대로 엄청난 박해를 하고 있고, 신부들이 그의 추방령에 따라 모두 쫓겨나고 있다고 했다. 순찰사 신부

---

[247] Cf. N.4030.

[248] 리치가 며칠 후에 기록한 것처럼 6명이 아니라 "5명"이다. Cf. N.1252.

[249] 발리냐노가 일본에서 돌아왔다는 소식이 리치에게 처음 당도한 것은 1592년 11월 15일이 되기 2-3일 전이다(N.1238). 그러니까 아직 소주(韶州)에 있을 때다(N.2598). 조경에서는 본문에서 말하듯이, 발리냐노가 마카오로 귀환했고, 그래서 리치에게 마카오에 다녀가라는 기별을 한 것이다.

[250] 발리냐노가 나가사키(長崎)에서 출발하여 마카오로 향한 것은 1592년 10월 9일이고, 그달 24일 마카오에 도착했다(ARSI, Jap.-Sin. , 11, f.330: 12, ff.41, 63; N.2625). 마카오에는 1594년 11월 15일이나 16일까지 있다가, 고아로 향하여 1595년 3월 4일에 도착했다. 따라서 1595년 11월 10일 발리냐노가 고아에서 아콰비바에게 쓴 편지에는 이렇게 적혀 있다. "우리는 94년 11월 15일이나 16일에 [마카오를] 출발하여 95년 3월 4일 인도 고아 시에 도착했습니다." 믈라카와 코친 수도원을 방문하고 온 것이다(ARSI, Jap.-Sin., 12, f.295).

[251] Cf. NN.358, 2624.

는 모든 사제와 그리스도인 다이묘들에게 마카오로 피신할 것을 조언하였다.[252] 순찰사는 마태오 신부가 소주에 와 있다는 것을 알고, 잠시 마카오에 다녀가라고 명했다. 선교 사명과 관련하여 여러 가지 중대한 일을 상의하기 위해서, 또 이참에 마카오의 의사들에게 리치 신부의 발목 부상을 맡겨 평생 한쪽 다리를 절지 않도록 치료하라는 것이었다.

411.

마태오 신부는 함께 왔던 동료를 소주韶州로 돌려보내고, 자기만 조경에서 마카오로 향했다.[253] 조경은 마카오에서 가까웠다. 중국선교와 관련하여, 많은 것들을 상의했다. 그러나 마태오 신부의 발목 치료는 포르투갈 의사에게조차 의뢰하지 않기로 했다. 이미 호전되고 있었고, 멀리 가지 않으면 크게 불편하지도 않았기 때문이다.

412. 강도의 친척들이 신부들을 중국에서 쫓아내려고 음모하다

리치가 소주에서 돌아와 보니,[254] 강도들은 투옥되어 있고 그의 친척

---

252 Cf. N.203, 본서 1권, p.60, 주(註) 21.
253 발리냐노는 다시금 리치를 가까이에서 보고 난 뒤 1593년 2월 예수회 명부(Catalogo)에 이렇게 적었다. "마태오 리치 신부, 이탈리아 마체라타 출신, 39세, 건강 상태는 중간, 21세에 예수회 입회. 자유학예와 3년간의 신학 과정 마침. 현재 중국 내륙 소주시에 거주, 중국어와 문자를 잘 알고 있음"(ARSI, Jap.-Sin., 25, f.33v, N.44). 동시에 같은 명부에서 이렇게 평가하고 있다. "매우 솔직하고, 올곧으며 신중합니다. 학자로서 덕망을 갖춘 최고의 일꾼입니다. 이곳에는 그와 같은 사람이 우리 주님을 모셔야 합니다. 기다리는 것은 얼마든지 할 수 있습니다"(ARSI, Jap.-Sin., 25, f.41, N.44). 동시에 총장에게 차기 통솔자로 추천하고 있다. "학자이고 덕망이 있으며 신중합니다. 비록 중대한 직책을 맡은 경험은 없지만, 수도원이나 콜레지움 통솔에는 문제가 없을 것 같습니다"(ARSI, Jap.-Sin., 25, f.52, N.44). 순찰사의 이런 평가는 1597년 8월 4일(?) 리치를 중국선교의 책임자로 임명하게 했다. Cf. N.501.

들은 매우 슬퍼하고 있었다. 그렇지만 우리가 도와줄 수 있는 것은 없었다. 다만 법정에서 마태오 신부가 그들을 위해 최선을 다해 변호해 주었다. 그래서 피고인들도 마태오 신부 외에는 다른 누구와도 법정에 가려고 하지 않았다.

413.

중국에는 여러 관직이 있는데, 그중 한 곳이 우리 유럽어로 번역하면 '형을 감해 준다'라는 뜻의 '휼형恤刑'이라는 걸 맡아서 하는 곳이 있다.[255] 북경의 형부刑部에서 하는 일 중 하나인데, 황태후의 명으로 시작되어 각 성으로 하달되는 것이다. 황태후는 모든 감옥을 순서대로 방문하게 하고,[256] 그 기회를 이용하여 아직 형이 남아 있는 몇 사람을 석방해 주는 것이다.[257] 시市의 모든 법관은 자기네 지방 차례가 되어 이런 일이 발생하면 그 일에 대해 매우 존중한다.

소주韶州의 범인들도 이런 기회가 오기를 기대하고 있었다. 그러나 그들에게는 이런 기회가 왔으나 아무것도 얻을 수가 없었다. 신부가 매우 간곡하게 말을 했음에도 불구하고, 그들은 감형 대상이 아니었다.

남은 것은 찰원察院이 주관하는 재판으로, 모든 소송에서 마지막 기회

1593년 1월 17일에도 그는 여전히 마카오에 있었다(N.1252). 마태오 신부는 그해 2월 중순 이전에는 소주로 돌아갈 수가 없었다.

255 Cf. N.1245; TMHT, c.177, ff.17b-20b. 이 일을 맡은 어사(御史)는 모든 범죄 소송을 재검토하는 임무를 수행한다. 북경에서 모든 15개 성(省)으로 파견된 사람들이다. 황제가 파견하는 감사관(御史) 혹은 공안위원의 한 사람으로, 중국어로는 찰원(察院)이라고 한다. 성(省)들을 방문하여 도와주는 것이다. Cf. N.1280.

256 방문할 차례가 된 성(省)의 감옥을 말한다.

257 **역주**_ 일종의 특별사면 제도라고 볼 수 있다.

를 주는 것이다. 그래서 찰원이 소주에 온다는 소문이 퍼지자 모두 두려워하기 시작했다. 아무리 찰원이라고 하더라도 범인들을 상대로 여덟 번 혹은 열 번의 재판을 뒤집을 수가 없기 때문이다.

사오십 명[258]이나 되는 그들의 친척들은 절망했고, 함께 사찰로 몰려가 신부들이 소주韶州 밖으로 쫓겨나기를 기도하며,[259] 탄원서를 작성했다. 탄원서에는 이렇게 적었다.

"마카오에서 온 신부들은 중국의 법률에 어긋나는 외국과 크게 장사를 했습니다. 그들은 이곳에 집을 짓고 성城처럼 담을 쌓아 마카오에서 온 다른 사십여 명이 넘는 사람들과 함께 살고 있습니다. 그 사람들 때문에 우리는 아무 이유 없이 죄를 뒤집어쓰고 형을 받고 있습니다. 따라서 우리 공동체의 안전을 위해 그들을 쫓아내야만 합니다. 그들은 이런 일을 자기네 통치자들에게 알리고 있습니다. 더는 그런 기회를 주지 말고 쫓아내야 합니다."[260]

그들은 시市의 관리들에게 자기들을 지지해 달라며, 찰원에게 청원서를 올리기 전에 관리들에게 먼저 보여 주었다. 그리고 찰원이 좋아하겠느냐고 물었다. 찰원은 고소장에 대한 정보와 조사를 그 관리들에게 묻기 때문이다. 그러나 관리 중에는 아무도 청원서를 받으려고 하지 않았고, 오히려 이런 주장을 그만두라며 성공하지 못할 거라고 했다. 다만 관(管[穀])[261]이라는 성을 가진 이부貳府, 그래서 관이부管貳府라고 부르는 사

---

258 "오십 명이 넘었다"(N.1280).
259 그들이 기도한 시점은 "우리가 떠난 날 밤 9시, 그해 제17주간 주일 미사를 드리던 때"(N.1254)인 것 같다. 10월 3일, 수호천사 축일 다음날, 성령강림 후 17주간 주일이라는 말이다.
260 Cf. N.1254.

람만 청원서를 받아 주고 그들의 주장이 옳다며 모든 것을 도와주겠다고 약속했다. 그는 우리와 잘 지내지 못했고, 왕사부에 대한 불만을 표출하려는 것이었다. 왕사부는 관이부와 상반되게 우리를 지지해 주는 친구였다.[262]

414. 리치가 황제의 백관 앞에서 그들을 협박하다

왕사부를 통해 이 사실을 알게 된[263] 마태오 신부는 그들의 친구 한두 명을 불러 그들이 하려는 일에 대해 조심하라고 경고했다. 친척들이 지금까지는 무사했지만[264] 더 나쁜 상황이 올 수도 있고, 그러면 목숨까지 위험해질 수가 있다고 했다. 관이부는 찰원의 재판과 상반된 주장을 하고 있어 사실상 그가 할 일은 많지 않고, 어쩌면 더 악화할 수도 있다는 것이다. 그들이 횃불을 잔뜩 켜고 밤에 이웃집 담을 넘은 것에 대해 모른 척한다고 해서 그것이 그들을 설득할 만한 것은 아니라고 했다. 이 경고에 그들은 겁을 먹고 청원서를 작성한 시점으로 돌아가 그것을 포기하려고 했다. 그들은 신부에게 용서를 구하며 찰원 앞에서 범인들에게 더 이상의 처벌은 하지 말아 달라고 중재해 줄 것을 간청했다.[265]

---

261 1591년부터 1594년까지 지부 보좌를 지내다 해임된 영파(寧波) 출신의 관곡(管穀)이다. Cf. *Annali della Prefettura di Shiuchow*, c.4, f.10a. 그는 북경에 간 지부에게 청원서를 준비하는 중인 1594년 11월 15일을 며칠 앞두고 죽었다. Cf. NN.428, 1289.
262 그는 또 강도로 고소당한 사람 중에 끼어 있는 자기 사위도 구하고자 하는 마음이 있었다. Cf. N.1255.
263 [탄원서를 쓴 가족들의] 친구들과 예비신자 한 사람이 바로 그날 리치에게 알렸다. 이 관리[관이부]는 "우리의 큰 적(敵)"(N.428)이다. Cf. N.1255.
264 "무사하다는 것"은 다시 말해서 '봐준다'라는 뜻이다.
265 Cf. Bartoli[1], II, c.58, p.119 이하.

415. 신부들의 그리스도교적인 용서로 인해 죄인들에게 내려진 관대한 재판

드디어 찰원의 재판이 열리는 날이 되었고, 마태오 신부를 불러 그들에 대한 정보를 달라고 했다. 찰원의 요청에 따라 신부는 말했지만, 그가 바라는 대로 엄한 처벌을 요구하는 식으로 말하지는 않았다. 오히려 재판관에게 요청하여 이미 벌어진 일이고, 이제는 자비를 베풀어 주고 용서해 주기를 바란다고 했다.

찰원이 보기에 강도들도 상반된 주장을 하지 않아 용서해 주어도 크게 위험할 것 같지 않다고 생각하여 '이 사람들은 강도가 아니라 노름꾼'이라는 결정문을 시市의 주요 인사들에게 전달했다. 그리고 각기 곤장 스무 대를 친 후 모두 석방하라고 판결했다. 드디어 그들은 자유의 몸이 되었다.[266] 이런 결정에 대해 범인들과 그 가족들은 모두 만족해했다. 이미 형을 선고받고 그래서 벌을 받아야 할 것이 면제되었기 때문이 아니라, 자신은 물론 가족들에게까지 영원히 남을 뻔한 강도와 살인자라는 오명에서 벗어났기 때문이다. 신부들 역시 이런 판결에 흡족해했다. 원수들에게 복수하지 않는 것뿐 아니라, 그들을 위해 중재하고 간청하는 우리 그리스도교의 자비를 모든 이교도에게 인식시켜 주었기 때문이다.[267]

416. 신부들의 호의에 대한 감사와 하느님의 보호

그리스도교적인 이런 명료한 호의에도 불구하고 그 사람들은 이교도

---

266 "열 명이 넘는 사람이 처벌을 받고 있었습니다"(N.1280).
267 Cf. N.1270. N.417에서는 이교도 관리들에 대해 이런 그리스도교의 용서가 어떤 결과를 초래하는지 볼 수 있다.

답게 은혜를 저버리고 말았다.[268] 다음날 벌써 겁 없이 신부들에 반대하는 사람들을 200명 넘게 모아놓고 사람들 앞에서 고함을 지르며, 이미 다른 지역으로 출발한 찰원을 불러오라고 했다.[269] 관이부의 지시와 선동에 따라, 찰원이 들어야 할 것이 있다며 이 땅의 공공 안전을 위해 자신들의 요구를 들어 달라는 것이었다. 그들이 상기시키고자 하는 것이 무엇인지를 알고 있는 찰원은 그들의 호소를 받아들이려 하지 않았다. 게다가 사실 그들은 무엇이 중대한 것인지에 대해서는 말하고 있지 않기 때문이다. 그[찰원]는 이렇게 말했다. "그런 중대한 청탁은 내가 떠날 때까지 미루지 말았어야 했다. 내가 도착했을 때 바로 말했어야 했다." 그리고는 그들이 하는 말을 들으려고도 하지 않고 모두 내쫓아 버렸다.[270]

배은망덕한 사람들은 모두 혼란에 빠졌고, 이 일과 관련하여 집에서 하느님께 기도하고 있던 우리는 큰 위로를 받았다. 하느님께서 우리의 모든 기도를 들어주시는 것이 눈에 보이는 것 같았다. 큰 힘을 가진 사람의 도움을 받은 것도 아니고, 중국에서 해를 끼친 일도 없는 두 외국인이 인간적인 어떠한 도움도 받지 못하는 애석한 상황에서 이루어진 일이었기 때문이다.[271]

---

268 리치는 그들이 배은망덕하다며 "그중 한 사람은 내 평생 처음 보는 가장 형편없는 인간입니다"(N.1258)라고 평했다.
269 찰원은 정확하게 1593년 10월 28일에 떠났다. Cf. N.1258.
270 Cf. N.1281.
271 이 모든 일이 카타네오 "라자로 신부가 입국하던 해"에 일어났다고 리치는 말한다. 즉 1594년 5월쯤이다(NN.1280-1281). Cf. N.4043. 더 정확하게는 앞에서 본 것처럼 1593년 말경이다. N.418에서 다시 보라.

417. 예부시랑 왕충명(王忠銘)이 리치를 북경으로 안내하여 중국의 달력을 수정하도록 약속하다

이 시기에[272] 해남섬海南島의 한 높은 관리가 소주를 지나가게 되었다. 예부상서禮部尙書로 이름이 충명忠銘이고 성은 왕王으로,[273] 황제의 명을

---

272 텍스트에서 말하고 있듯이, 1594년 중반쯤 소주에서 처음 만났다.

273 이 유명한 관리를 리치는 "왕충명"("Guan Ciummin", "Guanciunmin", "Guan Sciansciu"), 곧 성은 왕(王)이고, 이름은 굉해(宏誨)라고 불렀다[그러나 『제명비록(題名碑錄, *Stele dei dottori*)』, 1565, f.119a에는 宏자 대신에 弘자로 기록되어 있다]. 아명은 소전(紹傳)이고 호는 충명(忠銘)이다. 해남섬(海南島)의 경주(瓊州), 정안(定安)에서 소박한 부모 슬하에서 태어났다(Bernard², I, p.185, N.2에 의하면 1542년 8월 19일에 태어났다고 한다). 공부에 열정을 보여 1561년 전 과목을 만점으로 수석 졸업했다. 1565년에 진사가 되어 그때부터 관직으로 나가 출세하기 시작했다. 먼저 남경 한림원(翰林院)의 서길사(庶吉士)로 임명되었다가, 후에 그 도시의 이부우시랑(吏部右侍郞)이 되었다. 1589년에는 남경에서 예부상서(禮部尙書)가 되었다[리치가 말하는 바로 그 상서(尙書)다, N.504]. 병이 들어 관직을 그만두고 1594년 중반 고향 섬으로 돌아가기 위해 소주를 지나게 되었고, 그곳에서 리치를 만나 알게 되면서 중국 달력을 수정하기 위해 자기가 남경으로 돌아올 때 리치를 그곳으로 안내하겠다고 약속한 것이다(NN.417, 4094). 1598년 다시 남경의 예부상서로 임명되었고, 6월 25일 리치와 함께 남창(南昌)에서 남경까지 갔으나 리치에게 정주 허락이 떨어지지 않아 돌아와야 하는 처지가 되었다(NN.2824, 2829, 4095). 왕충명은 그를 남경의 총독 조가회(趙可懷)한테 데리고 갔고, 같은 해인 1598년 9월 17일, 함께 북경까지 갔다. 왕충명은 북경의 예부(禮部)와 한림원(翰林院)에서 중요 직책을 맡아서 하다가 1599년 민정수석뿐 아니라 태자빈객(太子賓客)까지 되었다. 그의 좋은 의도에도 불구하고, 북경에서조차 리치에게 정주를 허락하지 않았다. 결국 2개월을 기다리다가 돌아와야 했다(N.528). 왕충명의 출세는 남경의 예부상서를 끝으로, 1600년대 초 관직에서 물러나 남경을 뒤로하고, 고향 해남섬으로 돌아갔다. 그의 경쟁자들이 더 이상의 출세와 발전을 막았기 때문이다(N.573).

왕충명은 중국어로 여러 저서를 남겼지만, 그리스도교의 빛에 도달하기 전에 사망했다. 그의 양자인 바오로가 1630년경 세례를 받았고, 1632년 양자 바오로가 해남섬으로 돌아가면서 서광계(徐光啓) 바오로의 조언에 따라 초창기 선교사들을 해남섬으로 불렀다. 부친은 포르투갈인이고 모친은 일본인으로 나가사키에서 태어난 포르투갈-일본인 피에트로 마르케즈(Pietro Marquez) 신부와 중국인 도미니코 구량품 멘데즈(邱良稟 Mendez)(N.698)를 안내한 것이다. 마르케즈 신부는 1633년 3월 27일, 부활절에 해남섬에서 바오로의 가족들에게 세례를 주었다. 부인과 3명의 자녀와 며느리, 그

받아 임무를 마치고 아내들과 자녀들을 데리고 고향으로 돌아가는 길이었다. 그는 신부들에 관한 놀라운 소식을 들었고, 관리들을 만나기 위해서가 아니라, 사랑과 자비의 표시로 신부들을 방문하고 싶어서 배에서 내렸다. 대단히 좋은 선물을 신부들에게 주었고 종일 신부들과 여러 가지 것들에 대해 이야기했다. 그중에서도 그가 가장 만족스러워한 것은 수학에 관한 것들이었다. 그는 마태오 신부에게 모든 것이 새롭다고 했다. 그러면서 수학을 담당하는 기숙학교가 자기의 관할 관청이라며[274] 직무에 복귀할 때 신부와 함께 가서 중국의 학자들이 잘못 계산하고 있는 연도 혹은 달력을 수정하도록 하겠다고 했다.[275] 이 일로 신부는 큰 명성을 얻게 될 거라고 했다.

그 뒤, 신부는 그의 배에 올라 귀환을 경축해 주었다. 배는 대단히 컸고, 그는 밤늦게까지 신부를 붙잡고 대화를 이어 갔다.

더욱 놀라운 것은 왕사부가 그를 찾아가 신부들의 덕망에 관해 이야기

리고 4명의 손자에게 세례를 주었는데, 해남섬에서 탄생한 첫 번째 그리스도인들이었다. Cf. Bartoli[1], IV, c.157, pp.308-310; Cardim, pp.227-231; *Ta-ssi-yang-kuo, Archivos e annaes do Extremo Oriente Portuguez*, Lisbona, Serie 1ª, vol. 2, pp.734-735. 왕충명에 관해서는 *Annali della Prefettura di Kiungchow*『道光瓊州府志』, c.34, ff.32a-33a; *LIVR*, 1, f.4a; Homueilien, p.44, N.53; Couvreur, p.524를 보라.

274 Cf. N.58.
275 Cf. NN.504, 1628, 4082, 4094. 1595년 [중국 달력으로] 가을, 리치는 중국 달력의 오류에 주목했다. Cf. *Cronaca dei Mim*, c.43, ff.33b-34a. 그 밖의 오류들도 해를 거듭할수록 계속해서 드러났다. Cf. *ibid.*, c.44, f.5a-b. 당시 중국의 달력은 국내는 물론 국외에서도 매우 중요했다. 서기 586년부터 중국인들은 외래 민족들, 곧 튀르키예인들과 처음으로 소통을 할 때 자기네 달력을 사용하도록 했다. 타국에서 중국의 달력을 받아들인다는 건 중국에 대한 예속 행위로 간주하였기 때문이다. Cf. A. Forke, *The Cycle of the Twelve Animals* in *MSOS*, 1911(XIV), Supplementary Volume, p.487.

하면서 신부들의 숙소에 강도가 들이닥치기까지 했는데도 신부들은 그들에게 복수하지 않고, 그들을 중재하는 등 오히려 많은 도움을 주었다고 했다. 그래서 재판 중이던 그들에게 사형을 면하게 해 주었다는 것이다. 이에 그는 자신은 물론 자녀들과 온 가문이 신부들에 대해, 그리고 그리스도교 신앙에 대해 매우 큰 감명을 받고 애정을 느꼈다고 했다.

제8장

프란체스코 데 페트리스 신부의 사망과
소주에서 그의 자리를 대신할 라자로
카타네오 신부가 입국하게 된 경위에 대해
(1593년 11월 5일부터 1594년 11월까지)

○ 1593년 11월 5일, 프란체스코 데 페트리스 신부가 사망하다
○ 간략한 그의 프로필과 대단히 건설적인 그의 삶
○ 예수회에서 부른 '거룩하신 동정녀'에 대한 애정 어린 신심
○ 그의 죽음에 대한 예견
○ 그의 거룩한 죽음을 통해 드러난 징표들
○ 리치가 새 선교사들을 대상으로 중국 문학과 언어를 공부하는 반을 만들다
○ 데 페트리스와 데 알메이다의 시신을 마카오로 이송하다
○ 라자로 카타네오 신부가 소주에 도착하다
○ 선교를 위한 마카오 포르투갈인들의 넉넉한 후원
○ 신부들에 대한 소주 관리들의 호불호(好不好)

418. 1593년 11월 5일, 프란체스코 데 페트리스 신부가 사망하다

강도들과 한창 소송을 벌이고 있을 무렵, 1594년 11월 5일,[276] 하느님께서는 프란체스코 페트리스 신부를 영원한 다른 세상으로 부르셨다.[277] 매우 짧은 며칠간의 살인적인 고열이 그의 목숨을 앗아 간 것이다.

419. 간략한 그의 프로필과 대단히 건설적인 그의 삶

페트리스 신부는 로마 근교 파르파 대수도원이 있는 고을에서 태어났다.[278] 어린 시절 로마의 우리 예수회 콜레지움에서 공부를 했는데, 그곳은 항상 영보 수도회가 있었던 곳이다.[279] 철학 과정을 마칠 때까지 기다렸다가 수도회에 입회했다. 수도회 사제들의 인품과 소신에 자기를 전적으로 맡겼다. 과정을 마친 후, 철학 과목을 모두 마무리하는 공개 발표에

---

276 리치는 데 페트리스를 데 우르시스와 혼동하고 트리고와 함께 그의 사망 일자를 1594
년 11월 5일이라고 잘못 적고 있다. 사실 1593년 11월 3일이다. 리치 자신도 그가 사
망한 지 한 달 후인 1593년 12월 10일 자 편지에서 "올해 11월 5일에 그는 세상을 떠났
습니다"(N.1267; cf. N.2642)라고 적은 바 있다. 1593년 11월 12일, 그의 사망 소식을
마카오에서 직접 총장에게 쓴 발리냐노의 글에도 그가 리치로부터 받은 소식은 "이탈
리아인 동료 프란체스코 페트리 신부님이 11월 5일에 돌아가셨습니다. 모든 사람이
크게 안타까워했고, 위대한 성인의 표상이 되었습니다"(*ARSI, Jap.-Sin.*, 12, f.119v)라
고 적고 있다. 1594년 1월 10일, 로렌조 멕시아 신부는 마카오에서 총장에게 "지난 11
월에 이탈리아인 프란체스코 페트리 신부가 소주에서 돌아가셨습니다"(*ARSI,
Jap.-Sin.*, 12, f.116r-v)라고 썼다. 같은 날짜를 1594년 12월 20일에 쓴 *Supplemento
al Catalogo della Provincia dell'India*에서도 찾아볼 수 있다(*ARSI, Goa*, 24, f.222r).
그러므로 데 페트리스의 사망 일자는 확실하게 1593년 11월 5일이다.

277 데 페트리스에 관해서는 본서 p.264, 주(註) 514와 NN.308, 375, 378, 380, 393을 보라.

278 그는 1562년에 태어났다. 왜냐하면 1593년 1월 1일 자 명부에 30세로 기재되어 있고,
1565년부터 1586년까지 지원자들의 명단을 적은 성 안드레아 수도원의 지원자 명부
(Codex novitiorum)(f.116a)에도 데 페트리스의 이름 앞에 손으로 "20세인 1583년 8
월 25일에 지원자로 입회하였다"라고 적혀 있다.

데 페트리스의 고향 파르파(Farfa)는 사비나의 리에티 행정구역의 작은 마을이다.
서기 680년에 세워진 오래된 수도원이 있어 샤를마뉴 시절에는 황제의 대수도원이 되
기도 했다. 후에 파괴되었다가 재건되었는데, 도서관은 풍부한 자료와 '파르파식' 수기
가 나올 정도로 필체(scriptorium) 또한 유명하다. 1567년 데 페트리스가 태어난 지 몇
해 지나지 않아 이 대수도원은 몬테까시노 수도회의 통솔을 받기 시작했다. 수도 공동
체는 나폴레옹 통치하에서 자취를 감추었고, 1870년에 완전히 없어졌다. 수도원은
1921년에 재건되었다. Cf. *EI*, XIV, pp.801-803.

279 영보 수도회가 있던 자리에 콜레지움 로마눔이 세워졌을 것이다. 이곳은 후에 예수회
모원(母院)이 되었다.

서 모든 사람의 갈채와 칭찬을 받았다. 그리고 지원자가 되어 바로 예수회에 입회하였다.[280]

420.

지적이면서도 신중하고 거룩한 보기 드문 말투는 집에서건 밖에서건 모두의 사랑을 받았다. 그로 인해 많은 결실을 얻기도 했다. 유럽 순방을 마치고 돌아오는 일본인 사절단[281]과 함께 이탈리아에서 왔고 일본선교를 항상 꿈꾸었다. 그러나 그가 마카오에 도착하자 발리냐노는 그에게 중국으로 가라고 했고,[282] 그는 기꺼이 즐겁게 그 명령을 받아들였다. 당시 우리는 큰 성과를 기대하며 아주 작은 희망을 품고 조경肇慶으로 향하고 있었다. 그곳에서 있는 안토니오 달메이다 신부[283]의 죽음은 몹시 당

---

280 그가 퀴리날레의 성 안드레아 수도원에 지원자로 입회한 것은 1583년 8월 15일이다.
성 안드레아의 지원자 명부에는 이렇게 적혀 있다. "성 마리아라 불리는 몬테 지역 바디아 디 파르파 출신 프란체스코 디 피에트로가 1583년 8월 15일 예수회에 입회. 제출서류 모두 만족. 신앙 안에서. 아래와 같이 서명함. 프란체스코 데 피에트리"(f. 116r).
퀴리날레의 성 안드레아 수도원의 같은 지원자 명부 *Liber ingressus novitiorum 1569-1594*에 등록된 것에도 신앙으로 입회한 젊은이들에 대해 관찰하면서(*ARSI, Rom*, 171 A, f.89b) 1583년 8월 15일 데 페트리스의 입회를 언급하고 있다. 이 두 번째 서류에서 사용하고 있는 그의 성(姓)도 첫 번째 서류에서 쓰고 있는 것과 똑같이 쓰고 있다. 즉 "de Pietri"라고 말이다. 그러나 우리가 보관하고 있는 그의 편지(NN.2507, 2596, 2601)에서 쓰고 있는 서명은 "de Petris"라고 쓰고 있다. 이에 리치를 비롯한 이후의 모든 훌륭한 기록자들도 이렇게 쓰고 있다.
281 일본인 사절단이 로마를 떠난 것은 1585년 6월 3일이었고, 리스본에서 출발한 것은 1586년 4월 13일이었다. 1587년 5월 29일에 고아에 도착했다. 1588년 4월 22일, 다시 고아를 출발하여 1588년 7월 28일 마카오에 도착했다. Cf. N.2600; Bartoli2, I, cc.83, 92, pp.317-320, 339-342, 351; 본서 p.479, 주(註) 517; *ARSI, Jap.-Sin.*, 10, II, f.288.
282 Cf. N.308.
283 Cf. N.276, 본서, p.206, 주(註) 353.

혹스러운 일이었다. 그런 일은 언제든지 페트리스에게도 일어날 수 있는 일이지만, 그는 조금도 개의치 않고 즉시 자신을 그곳으로 보내 달라고 청했다.[284]

421. 예수회에서 부른 '거룩하신 동정녀'에 대한 애정 어린 신심

페트리스 신부의 많은 덕망 가운데 가장 뛰어난 것은 겸손함이다. 그래서 그가 다른 곳에서 한 것들이라고 해도 모를 수가 없었다. 더욱이 그의 성모를 향한 순수하고 깨끗한 신심은 아무도 막을 수가 없었다. 그가 병이 들어 죽기 며칠 전에도 우리의 한 형제[285]에게 예수회에 입회하라고 권했는데, 자기에게 입회를 권했던 성모께서 그에게도 권하고 있다고 전했다. 그 시절, 그는 종일 성모의 권고에 대해서만 생각을 하고 있는데, 이런 목소리가 들렸다고 한다. "내 아들(예수)의 수도회에 들어가시오. 그 부르심[성소]에 응답하시오." 즉시 몸을 돌려 그렇게 말하는 사람을 보려고 하니 거기에는 성모의 성화 외에 아무것도 보이지 않았다고 했다. 병이 깊어지자 그는 그 순간을 기억하고 싶어 침상 옆에 성모 성화를 놓아 달라고 청했다.

422. 그의 죽음에 대한 예견

그는 자기가 확실히 죽을 것임을 벌써 알고 있었다. 그래서일까, 한번은 수도원에서 고기를 사 온 적이 있는데 고기가 신선한 것을 보고 몹시

---

284 1591년 12월 20-25일경 그곳에 도착했다. Cf. NN.1220, 2575, 2577, 2585. Cf. N.308, 본서, p.264, 주(註) 514.
285 1591년 1월 1일 예수회에 입회한 첫 두 중국인 수사 중 한 명이다. Cf. N.354.

또렷한 어투로, '저 고기보다 내가 더 오래가지 못할 것'이라는 말을 했다. 우리는 그가 우스갯소리 하는 거로 생각했다. 그리고 어느 날, 한 수사가 그에게 고기는 이미 다 먹었는데 그 말씀은 무슨 뜻이냐고 물었다. 그는 "아직 한 조각이 다른 곳에 있습니다"라고 대답했다. 그가 병이 든 상태에서 이런 이야기가 오갔고, 예견한 대로 그는 고기가 다 떨어지기 전에 세상을 떠났다.

423. 그의 거룩한 죽음을 통해 드러난 징표들

처음 병이 들었을 때만 해도 그가 매우 건강했기 때문에[286] 병이 그의 목숨까지 앗아 갈 거라고는 아무도 생각하지 못했다. 침상에 있을 때, 일어나 앉아 마태오 신부에게 성사를 보았다. 그리고 자리에서 일어나 신부의 목을 끌어안았다. 신부는 영문을 몰라 당혹스러워하다가 병 때문이라고 생각하고, 그에게 "내 형제여, 즐겁게 지내십시오"라고 말했다. 그러나 그는 신부를 바라보며 눈에 가득 눈물을 머금고 말을 잇지 못했다. 마태오 신부는 할 수 있는 한 최선을 다해 그를 위로하며 죽을병이 아니니 두려워하지 말라고 했다. 그러자 그는 "제 병을 압니다. 도망칠 수가 없습니다"라고 대답했다.

알메이다 신부의 유해가 아직도 집에 있었기에, 페트리스 신부의 주검까지 더하면 매우 곤란한 상황이 된다. 마카오의 신부들과 2년째 해결책을 찾지 못하고 있었고, 더는 집에 시신을 둘 곳도 없었다. 그래서 마태오 신부는 "돌아가시지 마세요, 그러면 제가 매우 난처해집니다. 그리고

---

286 Cf. N.393.

신부님이 돌아가시면 또 다른 신부님을 모셔 와야 합니다"라고 했다. 페트리스는 "저 때문에 곤란할 일은 전혀 없을 것입니다. 또 다른 신부님을 모셔 오는 것도 문제가 없을 것입니다"라고 대답했다. 모두 그의 말처럼 이루어졌다. 그의 부음이 마카오에 도착했을 거로 생각하고 있을 때, 광주[287]에 있던 한 수사가 두 개의 관을 싣고 소주에 도착한 것이다. 이에 아무런 어려움 없이 바로 두 신부의 시신은 마카오로 옮겨졌다. 그리고 며칠 후, 한 신부[288]가 큰 난관 없이 소주로 와서 페트리스의 자리를 채웠다.

424. 리치가 새 선교사들을 대상으로 중국 문학과 언어를 공부하는 반을 만들다

2년간 그곳에서 두 신부를 잃었고, 두 신부를 얻었다. 두 사람은 마태오 신부로부터 중국 문학과 관련하여 사서四書[289]와 오경五經[290]에 대해 [강의를] 들었다. 학교에서 중국인 학자에게서 듣는 것과 같았다. 그들은 학업 과정을 마치고, 문장 구성[글쓰기]에 들어갔다.[291] 이미 배운 언어로 이제는 어렵지 않게 서로[292]의 발전을 이끌었다.

---

287 광동성의 도읍 광주(廣州)다.
288 라자로 카타네오다. Cf. 본서, p.403, 주(註) 295.
289 Cf. NN.61, 1271, 1290, 1536. 리치는 1591년 12월부터 1594년 11월 5일까지 데 페트리스에게 사서(四書)를 가르치면서 그것을 라틴어로 번역하기 시작했다. Cf. N.527. 리치는 1596년 조반니 소에이로 신부에게도 사서(四書)와 오경(五經)을 설명한 바 있다. Cf. N.494.
290 Cf. N.61.
291 이 과정을 통해 리치는 선교사들에게 단순히 말하는 것뿐 아니라, 관어(官語)인 문어체를 읽을 수 있고 중국어 문장을 쓰는 훈련을 시켰다.
292 데 페트리스의 장상들은 그의 중국어 학습에 관해 기대할 만했다고 증언한 바 있다.

훌륭한 두 사람을 잃었지만, 이렇듯 새 선교사들로 인해 크게 애석해 하지 않아도 될 정도가 되었다. 비록 마태오 신부는 여전히 매우 깊은 상 실감에서 헤어나지 못하고 있었지만 말이다.[293]

425. 데 페트리스와 데 알메이다의 시신을 마카오로 이송하다

두 신부의 시신이 마카오에 도착하자 온 콜레지움과 도시가 슬픔을 금 치 못했고, 모두 달려 나와 큰 추모행렬을 이루었다. 우리의 두아르테 데 산데 신부가 설교했고, 많은 사람이 감동하여 중국으로 들어가 이 방대 한 선교지를 개척하고자 했다. 이런 곳에 어떻게 희망의 씨앗을 뿌릴 수 있는지, 위대한 선교사업이 어떻게 발전할 수 있는지를 시도해 보려고 했다.[294]

1589년 9월 28일 자, 데 산데 신부가 마카오에서 총장에게 보낸 편지에는 "존경하는 총장 신부님께서 파견하신 프란체스코 페트리 신부님은 … 중국 문학과 중국에 관한 공부를 매우 즐겁게 하고 있습니다. 그것이 우리 주님을 섬기는 데 크게 쓰이기를 바랍니다"(*ARSI, Jap.-Sin.*, 11, f.169r). 발리냐노는 데 페트리스의 사망을 계기로 1593 년 11월 12일 자 마카오에서 역시 총장에게 편지를 썼다. "정말 큰 손실이 아닐 수 없 습니다. 그는 인품도 훌륭했지만, 무엇보다도 마태오 리치 신부님과 의견이 잘 맞았습 니다. 그는 중국선교에 깊은 애정을 품고 있었고, 이미 준비된 사람이었습니다. 중국 문학 수준의 언어와 관습을 상당히 습득하고 있었습니다. 이제 우리는 다른 사람에게 새로 시작하라고 해야 합니다." 같은 편지에서 발리냐노는 마지막에 누가 데 페트리스 를 대신할 수 있을지에 대해 언급했다. "돌아가신 프란체스코 페트리 신부님을 대신하 여, 하느님의 도우심으로, 라자로 카타네오 신부님으로 결정했습니다. 신부님은 일본 으로 가기 위해 올해 이곳에 오셨는데, 중국선교의 적임자로 잘 훈련된 것 같아 배에 오르라고 했습니다"(*ARSI, Jap.-Sin.*, 12, f.119b).

293 일찍 형제를 잃은 고통을 리치는 1593년과 1594년의 편지에서 줄곧 표출하고 있다. Cf. NN.1261, 1278.

294 1593년 12월 중순께에는 두 구의 시신이 마카오에 도착해서 안장된 걸로 보인다. 로렌 조 멕시아 신부가 마카오에서 1594년 1월 10일에 총장에게 쓴 편지에서 이 점을 알리 고 있다. "[데 페트리스의] 시신이 포르투갈인으로 2년간 관 속에 있던 안토니오 알메

426. 라자로 카타네오 신부가 소주에 도착하다

로마에서 일본인 사절단과 함께 온 라자로 카타네오Lazzaro Cattaneo 신부[295]는 이 모든 기간 인도 페스케리아Pescheria 수도원의 원장으로 있었

이다 신부의 시신과 함께 마카오에 도착했습니다. 예수회 안에서 평소에 하던 대로 그는 자신의 임무를 다했습니다. 우리에게 큰 모범이 되었습니다. 살아서나 죽어서나 많은 일을 하셨습니다"(*ARSI, Jap.-Sin.*, 12, f.166r-v). 시신의 이송은 큰 반향을 불러일으켰고, 중국인 신자들의 칭송을 받았다. 망자에 대한 존경으로 간주했기 때문이다. 그들은 신부들이 시신을 유럽까지 가지고 가는 줄로 생각했다. Cf. N.1275.

[295] 그는 잘못 알려진 것처럼, 제노바(Genova) 출신이 아니라, 1560년 사르자나(Sarzana)에서 태어났다. 그가 태어난 해는 자기가 직접 1612년 10월 26일 자 총장에게 쓴 편지에서 밝히고 있다. "올해 저는 52세입니다"(*ARSI, Jap.-Sin.*, 15, f.183r). 성 안드레아 수도원의 명부에는 그가 예수회에 입회한 날이 정확하게 적혀 있다. 그 부분을 읽어 보면, "라자로 카타네오(Lazzaro Cattaneo)가 1581년 2월 27일, 성 안드레아 수도원에 입회. 사르자나에서 태어남. 예수회 회헌과 규율과 생활양식을 준수하기로 하느님께 서원, 장상들의 명령에 무조건 순명하기로 함. 그리고 아래와 같이 서명. 라자로 카타네오". 서명은 직접 했다. 같은 날 같은 서명 "라자로 카타네오"가 같은 지원자의 다른 명부에도 있다. 앞서 언급한 것처럼 이것은 타키 벤투리(Tacchi Venturi, I, p.239, N.1) 신부가 "라자로 카타네오는 1581년 2월 27일에 입회"(*Lib. ingre. novit., 1569-1594*, f.73v)라고 적힌 걸 발견했다. 1585년 6월 3일, 일본인 사절단과 함께 로마에서 출발하여 포르투갈로 향했다. Cf. *ARSI, Jap.-Sin.*, 22, f.82v. 1586년 포르투갈 관구장 세바스티아노 모랄레스 신부는 날짜가 적혀 있지 않은 한 편지에서 그에 대해 총장에게 이렇게 말하고 있다. "라자로 카타네오(Lazaro Cataneo) 수사는 고향을 떠나 [리스본]으로 왔고, 지금은 건강하게 에보라에서 학업을 이어 가고 있습니다"(*ARSI, Lus.*, 69, f.329v). 같은 관구장이 쓴 1587년 4월 1일 자 편지에는 이런 정보가 담겨 있었다. "라자로 카타네오는 토스카나의 사르자나 출신으로 나이는 26세이고 예수회에 입회한 지는 7년이 되었습니다. 자유학예[인문학] 과정을 모두 이수했고, 신학을 2년째 공부하고 있습니다. 콜레지움 로마눔의 학생 중 한 명으로 완벽한 학생이었습니다. 건강 상태는 보통이고 입술에 핏기가 돕니다"(*ARSI, Lus.*, 44, f.7r-v). 1588년 3월, 인도로 출발하는 시점에서 같은 관구장이 그해 인도로 파견하는 사람에 대해 언급하면서 그를 다음과 같이 적고 있다. "라자로 카타니 신부 27세, 예수회 입회한 지 8년, 건강은 보통, 자유학예 과정 이수, 아직 신학 과정 3년 차 공부 중, 콜레지움 로마눔에 있을 때 여가를 이용하여 그곳에 체류하는 사람들을 돌봄. 재능은 중간, 판단력은 우수함, 신중한 성격. 예술과 신학에 대해 중간 정도의 지식을 갖춤, 다혈질적이고 핏기가 돔, 통솔에 재능을 보임, 덕망이 있고 모범적임, 신뢰할 만함, 예수회에 충실함"(*ARSI, Goa,*

다. 원래 일본으로 파견될 예정이었다. 그러나 순찰사 신부는 그를 중국

24, f.164r). 그러니까 1588년에는 이미 사제가 되어 리스본에서 출발하여 고아를 향해 가고 있었다. 고아에는 그해 9월에 도착했다. 쿨람(Culam)에서 9개월을 있다가 1589년 11월 말 페스케리아(Pescheria)의 원장으로 임명되었다는 사실을 투티코림(Tuticorim)에서 1589년 12월 5일 자 총장에게 직접 쓴 편지에서 밝히고 있다(*ARSI, Goa*, 13, ff.457-461). 1593년 중국을 여행하는 동안 관구장의 명령에 따라 관구장의 이름으로 믈라카 콜레지움을 공식 방문하기도 했다(*ARSI, Goa*, 14, f.131).

1593년 마카오에 도착했고(NN.426, 2642), 날짜는 정확하지 않은 이듬해 중반쯤, 처음으로 소주(韶州)에 도착했다(NN.426, 428). 1594년 9월, 데 산데의 편지를 인용한 바르톨리(Bartoli[1], II, c.62, p.131)에 따르면(N.4043), 카타네오가 소주에 도착한 것은 1594년 5월이다. 리치는 카타네오가 소주에 온 기간을 1594년 10월 12일에는 "삼사 개월"이 되었다고 하고(N.1279), 한 달 후인 11월 15일에는 "이삼 개월"이 되었다(N.1288)고 말하고 있다. 이곳에서는(NN.423, 426) 데 페트리스가 사망(1593년 11월 5일)한 지 며칠 지나서 왔다고 말하고 있다. 그러므로 그가 소주에 도착한 정확한 날짜는 모르지만 대략 1594년 1월-9월 사이에 왔다고 볼 수 있다. 베르나르드(Bernard[2], I, p.187)가 7월 7일이라고 말하는 것과 관련한 자료들은 무시하는 게 좋겠다.

소주에서 그는 리치의 지도하에 새로 온 다른 모든 선교사와 마찬가지로 중국어 공부를 해야 했다. 그러나 그의 실력은 별로 향상되지 않았는지, 1595년 4월 18일 리치가 소주를 떠나 남창(南昌)으로 갈 때 카타네오를 종명인(鍾鳴仁) 페르난데즈에게 "새로 와서 말을 할 줄을 모릅니다"(N.435)라는 당부와 함께 따로 부탁하고 떠났다. 1596년에도 리치는 카타네오가 "중국의 문자와 언어를 공부하고 있습니다"(N.495)라고 말하고 있다. 리치가 남창에서 하는 것을 본받아 카타네오는 소주에서 유생들의 옷인 "예복(禮服)"으로 바꾸어 입고 "관리들을 방문하러 다녔다"(N.495). 그해 1596년 카타네오는 나중에 바오로로 세례를 받고 1608년 상해(上海)의 관리가 되는 서광계(徐光啓)와 그의 친구를 만나게 되고 소주로 와서 우리의 선교사와 인사를 나누었다. 그때 서광계는 〈구세주 성화〉를 보고 감탄했고, 처음으로 그리스도교라는 종교에 관해 이야기를 들었다(N.681). 1596년 5월 4일, 신학 과정을 모두 마치고(1595년 12월 6일, 발리냐노가 아콰비바에게 쓴 편지, in *ARSI, Jap.-Sin.*, 12, f.327v) 광주의 포르투갈인 소성당에서 자코모 핀토(Giacomo Pinto) 신부의 집전으로 4대 서원을 했다. 이 문서는 그가 직접 쓰고 서명하여 지금까지 내려오고 있다(*ARSI, Lus.*, 2, f.139r-v). 그런 다음, 그는 소주로 돌아왔고, 그해(1596년) 11월 4일 이전, 옹원(翁源)의 수재들이 신부들의 숙소를 침범한 뒤 신부들을 상대로 거짓 고소장을 작성하자 카타네오는 이교도들이 성당에 들어와 좋아할 만한 모든 것을 없애 버렸다. 그러나 유럽인들에 대한 호기심을 자극하여 방문객이 늘어났다(NN.495-498). 1597년 중병으로 쓰러져 마카오로 치료를 받으러 가기도 했다. 7월 14일 마카오에 도착했고, 그해 12월 28일 소주로 귀환하였다(NN.499, 2714, 4081).

으로 파견했고, 프란체스코 데 페트리스 신부가 사망한 지 얼마 지나지

1598년 5월 말이나 6월 초에 왕충명(王忠銘)이 소주를 지나게 되었고, 카타네오가 남창까지 동행하여 6월 23일 그곳에 도착하였다(NN.504-505). 이틀 후 리치와 함께 그곳을 출발하여 이번에는 남경과 북경으로 갔다(N.506). 리치가 구용(句容)의 조가회(趙可懷) 총독한테 8일간 머무를 때, 그는 리치 없이 혼자 회안(淮安)까지 갔다가(N.514), 많은 어려움 끝에(N.519) 드디어 두 사람은 1598년 9월 7일 중국 북부의 수도[북경]에 도착하여(N.520) 왕충명(王忠銘)의 집에서 묵었다(N.524). 그러나 그해 11월 5일, 북경에 정주할 수 없다는 걸 깨닫고 두 사람은 남쪽으로 발길을 돌렸다. 북경과 임청(臨淸) 사이에서 카타네오는 "알고 있는 음악적인 감각으로 중국어의 음조와 음운을 관찰하여 구분함으로써" 리치가 앞서 작성하고 있던 '유럽어-중국어 사전'의 기호들을 표시하는 데 "큰 도움"을 주었다(N.526). 두 사람은 임청에 도착하여 헤어져 리치는 육로로 가고(N.528), 카타네오는 강을 따라갔다(N.537). 숱한 위험을 무릅쓰고(N.560) 결국 1599년 5월 대운하를 통해 남경에 도착했다(NN.561, 562). 그러나 남경에서 오래 머물지는 못했다. 왜냐하면 북경으로 가는 다른 [사람의] 여정을 준비해야 했고, [자신은] 속히 마카오로 떠나야 했기 때문이다. 마카오에는 그해 8월에 도착했다(NN.564, 568, 2855, 2865). 그리고 10월 하순쯤에 다시 이번에는 판토하 신부와 함께 그곳을 떠났다(NN.566, 2860, 2876). 소주와 남창에 잠시 머물렀을 것으로 추정된다. 두 사람은 1600년 3월쯤 남경에 도착했을 것으로 추정된다(N.571). 이어서 리치가 5월 19일에 북경으로 가면서 카타네오만 혼자 남경에 두고 갔지만, 곧 남창에서 다 로챠(da Rocha) 신부가 그곳에 도착했다. 카타네오는 남경에서 바오로 진(秦)의 가족에게 세례를 주고(N.674), 1601년과 1602년, 두 차례에 걸쳐 마카오로 치료를 받으러 가야 했다(NN.674, 676, 686, 688, 3064). 그것을 본 발리냐노는 계속해서 마카오에 남아 건강도 회복하고 마카오의 사도직을 수행하라고 했다(N.702; *ARSI, Jap.-Sin.*, 25, f.64v). 1604년 1월 25일 자 예수회 명부(Catalogo)에는(*ARSI, Jap.-Sin.*, 25, f.79) 그에 대해 나이는 43세이고 23년간 수도 생활을 했으며, 철학과 신학 2개 과정을 공부하고, 1596년에 4대 서원을 했다고 적혀 있다. 카타네오가 마카오에 있을 때, 1606년 1월-2월, 저 유명한 순찰사가 운명하기 몇 주 전, 그는 엄청난 중상모략을 당하였다. 포르투갈인과 네덜란드인, 그리고 일본인들이 나중에 크게 물의를 일으키는 어떤 사람의 협박으로 겁을 먹고 거짓 증언을 하였기 때문이다. 그 사람은 중국의 상권을 차지하려는 욕심으로 그렇게 한 것이다(NN.781, 782, 790, 4185). 그러나 진실은 얼마 지나지 않아 밝혀졌고 카타네오의 무죄는 입증되었다(NN.795, 797, 4196-4197). 그가 중국 내륙으로 돌아가는 것에 대해 아무도 반대할 수 없었고(N.796), 그는 무사히 남경으로 귀환하였다(N.798).

1603년 2월부터 이미 신자가 된 서광계는 카타네오를 자기 고향 상해(上海)로 초대하여 신앙을 전수해 줄 것을 촉구했다. 그는 그곳에서 1608년 9월부터 1610년 말까지 160명이 넘는 사람에게 세례를 주었는데, 거기에는 바오로의 가문도 송두리째 있었다

않아 소주로 왔다. 한편 조반니 소에이로Iovanni Soeiro[296] 신부와 조반니 데 로쟈Iovanni de Rocha 신부도 그곳에서 신학 공부를 하고 있었으나 순찰사는 그들의 학업을 중단시키고 싶지는 않았다.

427. 선교를 위한 마카오 포르투갈인들의 넉넉한 후원

목숨 바쳐 선교활동을 했고, 이제 육신을 관에 담아 내려놓은 선교사들을 본 마카오의 많은 포르투갈인은 감명을 받아 중국선교를 후원하기로 하였다. 선교사업이 발전할 수 있도록 많은 돈을 거둬 봉헌한 것이다.[297]

(NN.930-946; 1609년 초 카타네오가 바뇨니에게 보낸 편지, in *ARSI, Jap.-Sin.*, 113, ff.111r-113r). 남경에서 돌아온 지 얼마 되지 않은 1611년 4월, 보름 만에 다시 상해로 갔다가 항주(杭州)로 갔다. 5월 8일, 항주에서 니콜라 트리고와 함께 첫 미사 중에 양정균(楊廷筠) 미켈레 박사에게 세례를 주었다. 박해 시기 동안 그는 다른 모든 사람처럼 마카오에 숨어 있다가 다시 중국으로 돌아갔다. 1620년 강소(江蘇)의 가정(嘉定)에 자리를 잡았다. 1621년 11월 24일 론고바르도가 쓴 예수회 명부(Catalogo)에는 카타네오에 대해 이렇게 적고 있다. "이탈리아인. 사르자넨시스(Sarzanensis) 출신. 61세. 강한 체력. 예수회 입회한 지 40년. 예수회에서 인문학 1년, 철학 3년, 신학 2년의 학업을 마침. 그 외에도 여러 방면의 개인적인 학문 탐구. 고아 콜레지움에서 1년 차 지원기 담당, 페스케리아(Pescheria) 수도원 원장, 말라바르 콜레지움 순찰사, 28년 동안 중국 선교사 및 중국 수도원 원장을 지냄. 1596년 5월 26일 4대 서원을 함"(*ARSI*, 134, f.301). 그는 남은 생애를 항주에서 보냈다. 1622년에도 그곳에 있었고, 2년간 중풍으로 자리에 눕기도 했으나, 대체로 노후를 잘 보내다가 1640년 1월 19일, 노환으로 생을 마감했다.

296 **역주_** 여기에서 리치는 소에이로의 이름 한국어 요한을 이탈리아어 조반니(Giovanni)로 쓰지 않고, 라틴어 Iovanni로 표기하고 있다.

297 데 산데는 1591년 1월 29일에도 벌써 편지를 쓴 적이 있다. "신앙심이 깊은 몇 사람이 이 사실[중국에 현지인 성직자를 위한 신학교 건립]을 알고 재산 일부를 기부했습니다. 특히 어떤 사제는 500두카토를 봉헌하기도 했습니다. 그는 (중국에 세워진) 첫 성당을 위해서도 200두카토 정도를 별도로 봉헌한 바 있습니다"(NN.2553, 2619). 1593년 1월 1일에도 발리냐노는 총장에게 선교자금이 급히 필요하다는 편지를 쓰고 있다. "지

428. 신부들에 대한 소주 관리들의 호불호(好不好)

카타네오 신부는 도착하자마자 마태오 신부와 함께 새로 부임해 온 소주의 통감을 방문하러 갔다. 그의 성은 사[謝(台卿)][298]였다. 그는 다른 누구보다도 애정과 호감을 갖고 환대해 주었다. 크게 안심할 수가 있었다.

그러나 곧이어 신부들에게 크게 섭섭한 일이 생겼는데, 바로 그 통감이 3년마다 북경으로 업무 보고를 하러 가야 했고, 그의 자리는 우리의 원수 관이부[299]가 대신하게 되었으며, 그는 갖은 수단을 동원하여 신부들을 그 지역에서 쫓아내려고 할 것이기 때문이다. 이미 보고 느꼈던 것처럼 그는 신부들을 억압할 것이다.[300] 그러나 하느님께서는 신부들을 이런 공포와 위험에서 자유롭게 해 주고자 하신 것 같다. 왜냐하면 관이부가 통감의 직무를 수행하기 이삼일 전 아침에 집에서 나오다가 넘어졌는데, 그를 침상에 눕히기도 전에 가마에서 숨을 거두고 말았다.[301]

도시와 그 일대의 행정은 모두 왕사부王四府[302]가 맡게 되었다. 그는 신부들의 친구로 많은 도움을 주던 사람이었다. 우리는 안심할 수 있어

금까지 인도 총독께서 선교자금으로 200두카토 가량을 지원해 주셨습니다만, 그것은 전체 비용의 절반에도 못 미치는 턱없이 부족한 액수입니다. 믈라카와 인도에 지난 3년간 필요한 비용도 제대로 주지 못했습니다. 누군가 자신의 삶을 나누어 주지 않는 한, 지금으로선 어떻게 해야 할지 모르겠습니다"(*ARSI, Jap.-Sin.*, 12, f.40r-v). Cf. NN.2630, 2632, 2633. Cf. N.486, 본서, p.481, 주(註) 519.

298 1594년 사태경(謝台卿)[Cf. N.374, 주(註)]은 더는 "새 통감"은 아니었다. [그는] 통감직을 1592년부터 시작했기 때문이다. 어쩌면 리치가 매우 잘 알고 있는 것처럼, 그보다 먼저 시작했을 수도 있다. 1591년에 일어난 일을 언급하면서 그때 이미 그를 두고 "새 통감"이라고 말하고 있기 때문이다(N.374).

299 Cf. N.413, 본서, p.390, 주(註) 261.

300 Cf. N.413.

301 이 관리는 1594년 11월 15일 "며칠 전에" 죽었다. Cf. N.1289.

302 Cf. NN.406, 414, 417.

기뻤다. 많은 사람이 하느님께서 신부들을 모든 어려움에서 구해 주시고, 당신의 종들에게 해를 끼치는 사람들의 공격을 막아 주셨다고 생각했다.

제9장

마태오 리치가 처음으로 남경 황궁에
가게 되고, 그 과정에서 일어난 일에 대해

(1594년 11월 ?부터 1595년 5월 31일까지)

429. 새로운 사도직의 방법: 수염, 이름, 문인 복장. 광동에서 나옴

발리냐노 신부가 다시 마카오로 돌아오자[303] 마태오 신부는 중국선교와 관련하여 신부들이 거룩한 복음을 선포하는 데 필요한 몇 가지 좋은 안건을 내놓았다. 먼저 지금까지 모든 사람이 신부를 두고 불렀던 화상和尙이라는 호칭을 쓰지 않기로 했다. 중국에서는 승려를 부르는 이름이다.[304] 신부들은 포르투갈에서 온 신부건 수사건 모두 수염을 깎고 머리를 짧게 잘랐다. 우리 유럽에서처럼 중국인들은 부인을 얻지 않고 성당에 살며 거기에서 일하는 사람을 화상이라고 한다기에, 또 우리가 화상과 비슷하다고 하기에 그렇게 불러 왔다. 이에 발리냐노는 수염[305]과 머

---

303 발리냐노는 1592년 10월 24일부터 1594년 11월 15일 혹은 16일까지 마카오에 있었다.

304 경전에서는 승(僧), 속어로는 화상(和尙)이라는 이름은 둘 다 불교의 스님(佛僧)을 가리킨다[Cf. N.187, 본서 1권, p.459, 주(註) 596]. 이론적으로 1592년 10월 24일 발리냐노가 마카오에 오기 전에도 사실상 N.431에서 말하고 있는 것처럼, 1595년까지 소주에서 그들은 불승으로 있었다(NN.1387, 1416). 사실 소주 외에서도 1595년 8월 29일이 아니라(N.1313), 11월 4일 전까지는 불승으로 있었다(N.1453). 오늘날 모든 사제를 부르는 신부(神父), '귀신의 아버지'라는 호칭은 언제부터 사용하기 시작했는지 알 수가 없다. 내가 알기로는 가장 먼저 나온 문서가 1605년 4월 10일, 몇 주 전에 발간된 리치의 『천주교요(天主敎要)』에서다(NN.708, 716). 이 책에는 신부라는 용어뿐 아니라, 견진성사와 관련하여 주교-주교비사파(主敎俾斯玻)(f. 12b)에 대해서도 언급하고 있다. 그러나 고백성사와 관련해서는 장황하게 신부살책아탁덕(神敎撒責兒鐸德)(f. 13a), 즉 '사제 신부'라고 말하고 있다. 그러나 알다시피 이 교리서가 출판되기 훨씬 전에 이미 오랫동안 교리서는 필사됐고(N.708), 리치가 퇴고하는 데만도 2년이 걸렸다(N.1624). 이것은 1600년 아니면 그보다 이전으로 거슬러 올라간다는 것을 의미한다. 살책아탁덕(撒責兒鐸德)에 사제(司祭)를 붙여 사탁덕(司鐸德)이라고 불렀고, 줄여서 사탁(司鐸)이라고 했다. 오늘날 사탁은 문어체에서 매우 흔하게 접하는 호칭이다. 1623년 알레니(Aleni²)는 저서 『지리학(Geografia)』(CFUC, in PCLC, XIII, c.2, f.5b)에서 비사파(俾斯玻)(CFUC, in PCLC, XIII, c.2, f.10b)에 대해서만 언급하지 않고 유럽에서 종교적인 직무를 맡은 사람을 신부(神父)라고 하며 유장교자전주교사, 인개칭위신부(有掌敎者專主敎事, 人皆稱爲神父)에 대해서 말하고 있다(Ibid., c.2, f.5b).

리카라^{306}을 기르도록 허락했다.^{307} 실제로 화상의 모습은 우리의 품위

---

305 리치는 1594년 후반 소주에 있을 때부터 수염을 기르기 시작했다(N.1466). 1595년 8
월 29일의 기록에 의하면, 1년이 채 안 되었는데도 리치와 카타네오의 수염이 허리띠
가 있는 곳까지 내려왔다고 한다(N.1362). 리치는 카타네오를 1595년 4월 18일 소주
에 두고 왔고, 이런 생활양식의 변화는 1594년 중반경에 추진되었다(N.1362). 그러나
눈에 띄는 것은 1582년에 이미 루지에리는 수염을 기르고 있었고(본서 1권, p.96, 주
(註) 89), 1583년 10월경, 조경(肇慶)의 지부 왕반(王泮)이 루지에리와 리치에게 승복
을 입으라고 할 때 그것을 깎았다. 수염을 기르는 전통은 최근까지 이어졌다. 그러다
미국인 선교사들의 영향으로, 또 중국의 상황이 계속해서 바뀌면서 선교사들은 수염
을 깎기 시작했다.
306 리치가 처음으로 머리를 기르고 문인의 옷으로 갈아입은 것은 1595년 5월 강서성의
길안(吉安) 소속 길수(吉水)에서다. Cf. N.1313.
307 이 '허락'의 주체는 뒤의 문장에서도 보듯이 발리냐노가 아니라 마태오 신부다. 이것은
N.429의 마지막 단락에서도 보듯이 의심할 여지가 없는 사실이다. 따라서 그 의미는
리치가 발리냐노에게 지금까지 행한 방법으로 발생한 불이익들을 '알려 주었다'는 것
이다.
　이런 중요한 변화의 시작은 지금까지의 사도직 방식에서 리치가 행한 것이었고, 그
것을 소개하는 것은 리치가 분명했다. 그러나 승려들처럼 머리를 미는 것에 대한 불이
익들을 살펴보라고 한 것은 구태소(瞿太素)였다. 즉 이지조(李之藻)가 자신의 저서 '경
교비 주해'인 『독경교비서후(讀景教碑書後)』에서 언급한 것처럼 1589-1590년경이라
는 것이다. 성직자보다 평신도가 많은 네스토리우스교인의 행적을 살펴보더라도 그
들은 머리를 길렀고, 레오(이지조) 박사는 그 점을 이렇게 말하고 있다. "리치도 (경교
인들처럼) 중국에 온 지 한참이 지나도록 어떤 방식을 따라야 할지 분명한 비전을 갖
고 있지 못했다. 그러다 후에 구태소를 만났고, 그는 [리치더러] 승려들을 모방하는 것
이 좋을 것 같지 않다고 조언했다. 그 후 리치는 머리를 길렀고, 중국의 문명을 좇아서
온 학자가 되었다(卽利氏之初入五羊也, 亦復數年混跡. 後遇瞿太素氏, 乃辨非僧然. 後
蓄髮稱儒觀光上國)"(PCLC, I, B, f.13a).
　리치가 1592년 말 혹은 1593년 초, 마카오에 왔을 때, 발리냐노와 "중국선교에 도움
이 될 만한 많은 것들에 대해서"(N.411) 논의했고, 어렴풋하게나마 사도직의 방식을
이렇게 중요하게 혁신하도록 하였다. 그렇지만 그때가 처음 발리냐노에게 이런 생활
양식에 대해서 확실하게 말한 것은 아닌 것 같다. 카타네오 신부는 1593년 11월 12일
이전까지만 해도 중국선교를 위해 파견된 것이 아니라, 일본으로 가기 위해 파견되었
다. 1593년 11월 12일 자 발리냐노가 쓴 편지에는 죽은 데 페트리스 신부를 대신해
서 누구를 보낼지 모르겠다고 쓰고 있다. 그리고 바로 이어서 카타네오를 [중국으로]
보낼 거라고 말하고 있다. 이런 정보를 통해 우리가 알 수 있는 것은 1593년 말이나
1594년 초, 카타네오가 중국 선교사로 임명된 후 순찰사에게 [생활양식의 변화에 대

를 떨어트리는 것으로서 매우 많은 사람에게 우리가 우상을 신봉하는 사람들이라는 인상을 주는 것에 지나지 않았다. 중국에서 수염과 머리카락을 깎는 것은 우상들의 종파라는 것을 의미했고, 그래서 우상들을 신봉하는 화상 외에는 아무도 그렇게 하지 않는다.[308]

그 외에도 순찰사 신부는 우리에게 옷을 바꾸어 입도록 했다.[309] 관리

해] 말을 한 것으로 보인다. 한편 리치는 별다른 희망 사항이 있어서가 아니라, 단지 먼저 제안하는 데 대한 부담감이 있었던 걸로 보인다. 사실 1599년 10월 12일 자, 카타네오가 총장에게 쓴 편지에는 이런 내용이 담겨 있다. "순찰사의 중국 방문(이미 5년 전) 이후 우리 신부들은 그때까지 우상들을 섬기는 승려 ─중국에서는 낮은 신분에 속하는─ 로 불리는 것에 대해 회의를 했고, 그 점은 총장님께서도 알고 계시리라 믿습니다. 그리고 저는 독일의 우리 신부들처럼 순찰사께 수염과 머리를 기르고, 비단으로 된 고상한 옷을 입을 수 있도록 허락해 달라고 요청했습니다. 중국의 예법을 존중하는 마태오 리치 신부는 이것이 가장 필요하다며 간절히 바라는 동시에, 누구보다도 먼저 그것을 실행하려고 합니다"(*ARSI, Jap.-Sin.*, 13, f.319r; N.2833).

이후 공식적인 승인은 발리냐노가 마카오를 떠나기 전인 1594년 11월 15일 혹은 16일, 그때까지 콜레지움의 원장으로 있던 데 산데에게 공문서가 전달되었다. 공문에서 발리냐노는 이렇게 적고 있다. "중국에서 승려는 관리들이 그다지 신뢰하거나 관심을 두지 않기 때문에 우리가 그들과 같은 이름으로 있는 것은 신뢰를 떨어트리고 배척당하기에 십상이므로 승려보다 더 나은 이름을 사용하는 것이 좋습니다. 승려의 신분으로는 보장할 수 있는 것이 없으므로, 중국에 들어가 있는 신부들은 수염을 기르고 머리를 귀까지 기를 수 있습니다. 고대 유럽의 사제들이 그랬고, 지금 독일에 있는 우리 신부들이 하는 것처럼 말입니다. 그리고 신분이 높은 사람이나 그 외 다른 사람을 방문하러 갈 때, 중국의 관습대로 의관을 사용할 수 있습니다. 관리들이나 높은 직책의 사람을 방문하러 갈 때는 그에 합당한 의관을 갖추어야 합니다"(*ARSI, Jap.-Sin.*, 14, f.230c; N.5253). Cf. NN.1313, 2873.

이런 모든 혁신적인 생활양식을 리치의 텍스트를 통해 유추해 보면, 마땅히 총장과 클레멘스 8세 교황의 승인을 얻어야 했다. "그러므로 [생활양식의 변화와] 관련하여, 동기와 방식에서 오류를 발견할 수가 없고, 다만 하나의 모험에 지나지 않는 것으로 보인다. 따라서 옷을 바꾸어 입는 것을 질질 끌 이유가 없다고 판단된다"(Bartoli[1], II, c.62, p.132).

308 Cf. N.187.
309 옷을 바꾸어 입기 시작한 것은 1595년 4월 18일부터였고, 그때 리치는 소주를 떠나 남경으로 향하는 중이었다. Cf. N.1452; 본서, p.430, 주(註) 378. 그때까지 신부들이 쓰

들과 주요 인사들을 방문하러 갈 때, 또 그들이 우리 집을 방문하러 올 때, 그들이 예복禮服을 갖추어 입고 오듯이 신부들에게도 비단으로 된 옷과 관모를 쓰도록 하였다.

마태오 신부는 문인의 옷으로 갈아입고 다른 지방에도 선교센터를 마련하기 위해 진출할 수 있게 되자, 그는 소주韶州의 사제관을 수리해 달라고 요청했다. 소주는 공기가 나빠서 사람들의 건강에 몹시 해가 되므로 선교활동에 적합한 환경을 만들어야 했다. 두 곳 혹은 더 여러 곳에 집을 마련하여 하나를 잃게 되더라도 다른 곳을 남겨 두는 것은 중요했다. 집을 잃는다는 것은 중국선교 전체를 잃는 것이기 때문이다.[310]

발리냐노 신부는 모든 것이 합당하고, 매우 요긴한 것으로 판단하여 마태오 신부에게 폭넓은 권한을 위임하는 한편, 총장 신부와 교황에게 편지를 써서, 모든 것은 하느님을 더욱 잘 섬기기 위한 것이라고 하였다.

고 다니던 모자는 "십자가를 상징하는 사각모"였다. 이후 온전한 중국인이 되기 위해 "주교들의 모자처럼 가운데가 불룩 올라오는 매우 이상한 모자"(N.1372)를 썼는데, 그것은 "우리 신부들이 쓰는 십자가 모양과 매우 비슷했다"(N.555). 옷에 대해 묘사한 것은 NN.466, 1313, 1362, 1368, 1372, 1387, 1416, 1452, 1488, 2687, 4089이다. 〈그림 I〉 참조. 이 모든 변화에 있어서 리치의 순수한 의도는 복음 선포자들이 문인들의 옷을 입는다고 해서 그들이 선포하는 종교(혹은 메시지)를 축소하는 것은 아니라는 것이다. Cf. N.1368.

310 리치가 광동성을 벗어난 것은 선교센터의 원장 데 산데보다도 순찰사 발리냐노가 허락한 때문이다. Cf. N.1429. 1594년 발리냐노가 데 산데에게 남긴 글에 그 내용이 적혀 있다. "다른 곳에 거주지를 마련하는 것은 선교활동을 보장한다는 분명한 동기에서 비롯된 것으로서, 마태오 리치 신부님이 이미 강조한 바 있습니다. 신부님은 특히 소주[Xaucheo, Sciaoceu] 지역의 나쁜 환경을 보고, 소주보다는 나은 곳에 집을 마련하여 그곳에도 신부들을 파견하는 게 좋겠다고 하신 것입니다"(ARSI, Jap.-Sin., 14, f.230c; N.5251).

430. 신부들이 승려의 생활양식에서 벗어나 문인들의 생활양식을 차용하다

소주韶州의 신부들이 점차 새로운 의관에 익숙해지는 것에 대해 우리의 중국인 친구들은 대단히 반겼다. 승복을 입고 있을 때보다도 훨씬 예를 갖추어 대화에 임하게 된다고 말해 주었다. 그들은 화상을 대하는 것과 매우 달리, 언제나 우리를 크게 존중하며 대해 주었다. 그들[화상들]에 비해 신부들의 덕행이 크게 차이가 난다고도 했다. 그러나 신분이 낮은 사람들은 우리와 화상이 별로 차이가 나지 않는다고 했다. 신분이 높은 사람 중에도 우리가 화상들의 호칭과 관습과 예법을 빌렸고, 그 한계들에 대해 이해하지 못하는 사람이 있었다.

신부가 관리들을 방문할 때는 화상들보다 훨씬 신분이 높은 수재秀才[311]들과 문인들이 갖춰야 하는 예법을 준수하기 시작했고, 관리들 역시 수재들에게 하는 것과 똑같은 예로써 신부들을 대했다.

431.

그러나 이름과 관련하여, 집에서 사도직을 하는 신부들이나 친구들의 경우 우리가 사용하는 것과 같은 중국식의 새로운 이름을 사용하는 문제에 있어서, 광동성廣東省에까지 이름을 지어 보내기는 매우 힘들었다. 왜냐하면 중국인들은 여전히 모든 선교 사제와 수도자들, 그리고 마카오의 전체 형제들을 기존의 이름으로 부르고 있었기 때문이다.[312] 하지만 다

---

311 Cf. NN.64-65.
312 마카오의 모든 가톨릭 성당들은 사(寺) 혹은 묘(廟), 즉 '파고다'라는 이름을 썼고, 직무를 수행하고 있는 사제들은 모두 승(僧, 스님)으로 불렸다. 예수회원들은 성 바오로의

른 성에서는 우리를 크게 높여서 '문인 설교자'라는 의미로 '도인道人'[313]
이라고 불렀다.

432. 병부시랑 석공진(石拱辰)이 북경으로 불려 가다

이듬해인 1595년 5월,[314] 다른 지역에도 거주지를 마련하기 위한 좋은
기회가 생겼다. 북경의 병부시랑兵部侍郞 석공진石拱辰[315]이 남경으로 가려

파고다 스님, 삼파사승(三巴寺僧)이었고, 프란체스코회원들은 갈사난묘승(噶斯嘽廟
僧)이었으며, 도미니코회원들은 목(木) 파고다의 판장묘승(板樟廟僧)이었다. Cf.
AMCL, II, incisioni 2b, 3a, 3b, pp.23b-27a.

313 이때부터 선교사들은 도인(道人)이라는 이름을 사용했다. 즉 '수도하는 사람', '율법을
따르는 사람', '설교자' 혹은 리치가 말하는 것처럼 '문인 설교자'(NN.431, 1387)라는
뜻이다. 1598년 10월 18일, 론고바르도는 "필요한 많은 좋은 물건들 외에도 이곳에는
많은 책이 필요합니다. 우리를 학자라고 하고, 계속해서 문인들로 불리는 만큼 시계나
프리즘 혹은 그런 종류의 물건 몇 개만 보여 주기에는 충분하지 않습니다. 우리도 율
법을 선포하는 사람, 정신의 개혁자라는 뜻으로 도인(道人)이라고 불리는 것에, 크게
자부심을 느끼고 있습니다"(N.2792)라고 말하고 있다. 론고바르도가 이 편지를 쓸 때
는 중국어 공부를 시작한 지 얼마 되지 않았고, 그래서 그의 번역은 애매한 면이 없잖
아 있다. 1602-1603년, 계속해서 론고바르도는 선교사를 포르투갈어로 도인 혹은 '유럽
의 설교자'(N.671)로 적고 있다. 이 호칭에 대한 명확한 확인은 『봉창속록(蓬窓續錄)』
에서 찾아볼 수 있는데, 이 책에서 리치를 두고 '외국도인(外國道人)'이라고 부르고 있
다. 1606년 왕건내(汪建內)도 리치를 도자(道者), '문인'이라고 부르고 있다. Cf. N.551.
314 더 정확하게는 4월이고(NN.1292, 1378, 1405, 1429), 날짜는 18일이다. 데 우르시스
(De Ursis)가 이를 확인해 주고 있다.
315 우리가 리치에게 주목한다면, 이 고관의 성은 석이고 이름은 공진(NN.432, 1292,
1429)이라는 사실을 알게 될 것이다. 그는 광서(廣西, N.432) 지역의 "조경 근처"
(N.433)에 있는 한 도시에서 태어났고, "중국에서 고관으로 여러 요직을 두루 거친"
"매우 유명한 사람"으로, 어떤 성(省)의 총독을 지내기도 했다(N.1292). 1583-1585년
까지 남창(南昌)에 소재지가 있는 광서성일 가능성이 높다(NN.448, 1298, 1461). 이후
그는 관직에서 물러나 있었다(N.432). 그러나 1595년 4월 병부시랑(兵部侍郞)으로 임
명되어 북경 황제의 부름을 받고 8만 병사들의 지휘관이 되어 일본의 침략에 대응하던
조선으로 파병되었다(N.432).
당시 상황에 대해서 증언해 줄 만한 유일한 사람으로 석성(石星)이라는 사람이 있

는 마태오 신부[316]와 동행하기로 한 것이다. 그는 광서성廣西省[317]에서 매우 유명한 사람이었고, 중국에서는 매우 높은 관직을 지낸 사람으로 각계의 존경을 받다가 은퇴하여 직위가 없는 상태에 있었다. 그때 일본을 지배하던 관백[318]이 중국에 조공을 바치던 조선과 전쟁을 일으켰다.[319]

다. 그는 내각의 한 사람으로 일본의 조선 침공 당시 중국 정부의 외교 임무를 맡았던 인물이다(cf. *Cronaca dei Mim*, c.44, ff.2b-3b). 그도 1591년 음력 9월부터(10월 17일-11월 16일)(cf. *Cronaca dei Mim*, c.42, ff.29b-30a) 1597년 음력 9월까지 병부에서 일했는데, 그는 병부시랑이 아니라, 병부상서(兵部尙書)를 지냈다(*Storia dei Mim*, c.112,). 그러나 그는 1597년 10월 14일 포로가 되어 사망했다 九月壬辰逮前兵部尙書石星下獄論死(*Storia dei Mim*, c.20, anno XXV; *Cronaca dei Mim*, c.44, f.18a). 그는 너무도 올곧은 사람으로 다른 사람을 쉽게 믿었고, 자기 일에는 약간의 혼란스러운 점이 있었다. 그는 리치가 자기 죽음을 기억하지 못할 거로 생각했을 것이다.

여하튼 석성의 증언에 따르면, 이 사람의 성은 석(石, Sce [Shih]), 호는 성(星)이며, 이름은 공진(拱辰)이다. 지금의 호북성(湖北省) 대명(大名) 지방 동명(東明)에서 태어났다. 그러니까 광서 지방 출신이 아니다. 그는 1559년에 수재가 되어 부도어사(副都御史)가 되었고, 병부상서(兵部尙書)가 되었으며, 1583년 금유경(錦惟敬)이 되었다(*Cronaca dei Mim*, c.41, f.14a). 심유경(沈惟敬)에 의해 돈을 착복했다고 고발되어(*Cronaca dei Mim*, c.44, f.94) 임진왜란 이후 감옥에서 사망했다. Cf. 咸豊大名府志, c.15, f.43b.

1616년 판토하의 『변계(辯揭)』에 의하면(cf. Courant, N.1321, f.1b), 이 관리의 성은 서(Sce, 徐)라는 사람인데, 신분 확인이 확실하지 않다고 적고 있다.

베르나르드(Bernard²)가 계속해서 쓰고 있는 Séye라는 표기는(I, pp.205, 210-212 e *passim*) 우리의 로마 예수회 문서에서는 전혀 찾아볼 수가 없다. 포르투갈 문서들에는 Xeije라는 표기가 있는데(NN.1301, 1302), 이것은 이탈리아어의 Sceie[혹은 프랑스어의 Cheyé] 석야(石爺)이고 그 의미는 Papà Sce [lou], 즉 '아버지 석'인데, 고대 중국에서는 모든 좋은 관리는 백성의 부모(父母)라는 뜻으로 '아버지'라는 칭호를 썼다.

[316] 그러나 마태오 신부의 의도는 북경으로 가는 것이었다. 황제에게 도달하지 못하면 아무것도 제대로 할 수 없어 중국선교가 진정으로 이루어진 것이 아니라는 확신을 하고 있었기 때문이다. Cf. NN.1382, 1450. Cf. N.303, 본서, p.250, 주(註) 475.

[317] 계속해서 리치는 Quansi로, 델리야는 Kwangsi로 표기하고 있다.

[318] 저 유명한 관백(關白), 도요토미(豊臣) 히데요시(秀吉)로, 그는 1592년에 조선 침공을 시작했다. Cf. 본서, p.332, 주(註) 95.

[319] 일본인의 관점에서 조선 침공에 대한 첫 번째 암시는 음력 5월, 즉 1592년 6월 10일부터 7월 9일에 있었다. Cf. *Storia dei Mim*, c.20, anno XX; NN.1216, 1248.

이에 중국 황제는 8만 명이 넘는 군대를 파병하게 되었고, 전쟁을 제대로 지휘하기 위해 조정에서는 석공진을 다시 불러 이 일을 맡겼다. 그의 관직은 도당都堂보다도 높아서 황궁 밖에서는 총독에 해당하는 직위가 부여되었다.

433. 석공진이 지적 장애 아들의 치료를 리치에게 부탁하다

석공진에게는 21살 된 아들이 하나 있었는데,[320] 그는 제학提學 시험을 치른 지 얼마 안 되었고, 수재秀才[321]에 급제하지 못한 아픔과 수치심으로 심한 우울증을 앓고 있었다. 이에 석 시랑은 여러 가지 방법을 동원하여 아들을 돌보고 있었다. 그는 아들을 매우 사랑했지만, 아들의 건강은 회복되지 않았고, 치료에 도움이 될까 싶어 북경으로 데려가려고 했다. 그는 조경肇慶 근처에 있는 고향에서부터 하느님을 신봉한다는 신부의 덕망에 대해 익히 많은 이야기를 듣고 있었다. 그래서 그는 혹시 신부의 덕행과 기도로 자기 아들의 병을 고칠 수 있을지도 모른다고 생각했다.[322]

434.

그래서 소주韶州에 도착하자마자 병관兵官의 한 관리를 신부들에게 보내어, 한 분이라도 자신의 배로 와 줄 것을 요청했다. 자기와 상의해야 할 매우 중요한 외교적인 일이 있다며, 육로를 이용하면 사용하라며 말

---

320 1595년 10월 28일, 리치가 쓴 기록에는 이 청년의 나이가 "22살"(NN.1378, 1405)로 되어 있다. Cf. N.1429.
321 학사에 해당한다. Cf. NN.64-65.
322 신부들의 친구인 조경의 한 관리가 석공진에게 아들의 병을 고치려면 선교사들을 찾아가라고 조언한 것으로 보인다. Cf. N.1292.

도 한 필 보냈다.

이에 두 신부가 응했고,[323] 그는 신부들을 크게 환대해 주었다. 다른 배에 타고 있던 도시의 관리들은 그가 신부들을 극진히 대접하는 것을 보고 매우 놀랐다. 마태오 신부와 여러 가지 것들에 대해 이야기를 나누었고, 유럽에 대해서 그리스도교라는 종교에 관해서 물었다. 그리고 자기 아들에 대해 이야기하면서 도와줄 수 있다면 도와 달라고 청했다.[324] 신부는 그런 병은 소주에 머무르는 하루 이틀에 고칠 수 있는 것이 아니라 장기적인 요양이 필요한 병이라고 했고, 이에 허락한다면, 강서江西[325] 성으로 가서 한번 둘러본 다음, 그들과 동행하며 석 시랑 아들의 병을 치료해 보겠다고 했다. 하느님께서 도와주시리라고 믿은 것이다.[326] 그는 신부가 말한 것이 매우 일리가 있다고 생각했다. 왜냐하면 단지 자기 아들의 건강을 회복하는 것뿐 아니라, 신부에 대해서 들은바, 그와 더 많은 이야기를 나누고 싶었기 때문이기도 했다.

435. 1595년 4월 18일, 리치가 소주를 출발하여 남경으로 향하다

이에 석 시랑은 신부가 원하는 것을 모두 주고, 소주韶州의 관리에게 통행중을 발급해 주며 그 위에 자신이 속한 관의 직인을 찍어 강서江西 지역을 통행할 수 있도록 하라고 명했다. 그리고 먼저 출발하며, 신부에게 자기를 뒤따라오라고 했다.[327]

---

323 리치와 카타네오 신부다.
324 복음서의 표현을 빌리자면, "하실 수 있으면 저희를 도와주십시오"(마르 9, 22)다.
325 리치는 Chiansi로 쓰고, 델리야는 Kiangsi로 쓰고 있다.
326 Cf. N.1293. 데 우르시스(De Ursis)는 항목별로 구분하여 리치가 이렇게 말했다고 전한다. "하느님께서 원하는바, 건강을 회복시켜 주시기를 바랍니다."

통감이 통행증을 주었지만, 우리가 바라던 것과는 달리, 돌아오는 장소와 날짜들을 정해야 했다. 모든 것은 무사히 광동성을 벗어나는 것이었고, 그래서 통행증이 필요했던 것이기에 (마태오) 신부는 마카오에서 온 두 명의 청년[328]과 함께 이튿날[329] 일단 그곳을 출발했다. 그들과 함께 신심 깊은 다른 하인 두 명도 있었다. 두 청년은 원래 그곳에 있던 예수회 수사 둘[330]을 대신해서 마태오 신부 일행과 같이 떠난 것이다. 두 수사는 한 명은 중병에 걸렸고[331] 다른 한 명은[332] 이제 막 소주에 와서 혼자 있고 말도 못 하는 카타네오 신부를 동행해야 했기 때문이다.[333]

436. 소주에서 매령, 곧 '자두'산까지 가다

여행하는 내내 많은 사람이 도와주었다. 밧줄을 연결하여 큰 배를 서둘러 뭍으로 끌어올려야 할 때는 사람들의 도움이 아니었더라면 힘들었을 것이다.[334] 신부는 강서 지역의 남안(南安)시를 거치지 않고는 약속

---

327 강서성 바로 전 도시인 남안(南安)에서 다시 만났다. Cf. N.1295.

328 조반니 바라다스(Giovanni Barradas)와 도미니코 페르난데즈(Domenico Fernandez) (N.1347)라는 젊은 교리교사다. 마카오의 존경받는 그리스도인들의 아들들이고, 예수회에 입회하기 전에 소주 수도원에서 지낸 적이 있다. Cf. N.1294. 그들이 출발할 때, 신부들의 또 다른 제자 한 명이 카타네오와 함께 소주에 남았다. Cf. N.1429.

329 1595년 4월 18일이다. Cf. De Ursis, p.29; N.1429. 여행 준비를 하는데 "하루하고도 반나절"(N.1294)이 걸렸다.

330 두 명의 중국인 수사들을 지칭한다. 황명사(黃明沙)와 종명인(鍾鳴仁)으로 1591년 1월 1일 예수회에 입회했다. Cf. N.354.

331 "둘 다 상태가 안 좋아" 이미 "한 번 병이 들었지만"(N.1429), 이 시기에 중병에 걸린 사람은 황명사(黃明沙) 수사다(N.1294).

332 다른 한 명은 종명인(鍾鳴仁) 페르난데즈다. Cf. N.496.

333 따라서 카타네오는 약간의 중국어를 배우는 데 1년 정도 걸린 셈이다.

334 Cf. N.1432.

장소에 도달할 수가 없었다. 신부가 남웅南雄시에 도착하자 많은 신자가 나와서 도와주었다. 남웅은 신부가 전에 잠시 머물렀던 곳이다.[335] 신자들은 길 한복판[336]에 있는 신부의 마차를 밀어 매령梅嶺산을 넘는 것을 도와주었다.

437. 매령산 고개에 대한 묘사

매령산은 매우 높은 산으로, 하룻길로는 어려우며, 광동성과 강서성을 구분한다. 남웅은 양쪽 성省에서 오가는 모든 상인으로부터 통행세를 받고, 그곳에서부터 광동의 도읍 광주시까지 강이 이어져 서해로 흘러간다.[337] 산의 반대쪽에 있는 남안에서부터는 또 다른 물줄기가 시작되어 강서의 도읍과 남경南京 황실과 다른 많은 도시를 거쳐 동해로 흘러간다.[338] 절강浙江, 남직례南直隸,[339] 강서와 중국의 여러 성 및 광동성과 광서성에서 오는 모든 상인과 여행객들이 이 산을 거쳐 간다. 매령산은 여러 성의 중심에 있어 광주廣州로 가는 많은 외국인도 이 산을 지나서 가야 한다.

이런 이유로 두 도시는 사람과 말馬 들로 성시를 이루는데, 많은 여행자와 상인들이 말 등[340]에 의자와 다른 물건들을 실을 수 있게 장치를 하

---

335 1592년 2월(20-28일)에 있었다. Cf. NN.399-402. Cf. N.399, 본서, p.372, 주(註) 205.
336 강서성 남안의 남동쪽 25리와 광동성 남웅 북쪽 60리 지점에 있었다. Cf. Cuzuiü, c.83, f.4a; N.1431.
337 북강(北江), 서강(西江)은 매령 산맥 남쪽에서 시작되어 광주까지 흘러간다. Cf. Richard², p.203 seg.
338 수량이 풍부한 공강(贛江)은 강서(江西)의 도읍 남창(南昌)을 거쳐 양자강(陽子江)과 만난다. Cf. 본서, p.434, 주(註) 393.
339 절강(浙江)과 남경(南京)이다. Cf. N.1318.

여 물건들을 나르기 때문이다. 두 도시에서는 이런 장치를 할 수 있는 곳이 많았고, 단시간에 많은 사람이 짐과 물건들을 운반하곤 했다. 매령산은 강서 지역에 있었지만, 절반가량은 광동廣東성의 남웅南雄시에 걸쳐 있기도 하다. 길 양편으로는 가파른 절벽이 있어 걸어가면 풍광이 매우 아름답다.[341] 또 길에는 돌로 바닥을 깐 곳도 있고, 여관과 식당도 많아서 밤낮으로 많은 사람이 쉬어 갈 수 있으며, 길을 지키는 군인들도 많아 지나가는 사람들의 수는 끝이 없다.[342] 우기에도 사람들의 왕래는 계속된다.[343] 산꼭대기에는 수원지水源池가 있는데 물맛이 아주 좋고,[344] 우상들을 모신 사당[345]과 그것들을 지키는 보초병도 여럿 있다. 그곳[산 정상]의

---

340 말(馬) 등을 리치는 ombri라는 스페인어나 포르투갈어로 쓰고 있는데, 이런 말은 리치의 펜 끝에서 자주 보는 현상이다. 이탈리아어로는 omeri다.

341 이 길은 716년 장구령(張九齡)이 개척했고, 훗날 길 양편에는 길게 많은 자두나무를 심었다. 그래서 길 이름을 "자두봉" 혹은 매령(梅嶺)이라고 부르기 시작했고, 1000년경 자두나무가 완전히 사라졌어도 계속해서 그 이름으로 남았다. 북쪽 길은 폭이 8척(尺), 즉 2.5m이고 길이는 109장(丈), 즉 400m가 조금 안 되지만, 남쪽 길은 폭이 1자 2척, 곧 3.6m에 길이는 315장, 즉 1,100m다. 1475년에 길이 확장되고 재건되어 길이가 120장(丈)이 넘는다. Cf. Cuzuiü, c.83, f.4a-b. 리치는 남웅에서 남안까지 거리가 12리그인데, 매령 구간은 1리그가 채 안 된다고 말한다. Cf. N.1431.

342 그때 리치는 "거의 2천 명 정도의 사람"(N.1296)을 만났고, 그만큼의 (운송용) 노새들도 만났다(N.1431).

343 "누구든지 중국의 어디에서 오건 광주(廣州)의 끝자락에 있는 이 지역을 통과하지 않을 수 없다. 이 고개가 있는 고을에서 장(章)강이 시작되어 광주로 흘러간다. 또 다른 운송수단으로 육로가 있는데, 풍광이 좋은 매령(梅嶺)산은 남웅(南雄)시에 있다. 물 아래 있는 남웅시는 크고 풍족한 도시로, 건설되던 때가 최고의 전성기였다"(Martini, pp.92-93).

344 수원지는 사당의 왼쪽에 있고, 벽력천(霹靂泉) 또는 차석천(車錫泉)이라고 부른다. Cf. Cuzuiü, c.83, f.4b; N.1431.

345 이 사당은 운봉사(雲封寺), 곧 '구름으로 봉인된 사찰'이라는 이름을 가졌다. 그러나 민간에서는 괘각사(掛角寺), '매달린 모퉁이 절'이라고 불렀다. 이곳에서 장곡강(張曲江) 제사를 지냈다. Cf. Cuzuiü, c.83, f.4b; N.1431.

경치는 매우 좋고, 바로 거기에서 두 성의 경계가 나뉜다.[346]

438.

남안南安에서 리치 신부는 소주에 퍼진 우리의 명성을 듣고 찾아온 그 지역 주민들과 고관들은 물론, 그들이 신부를 영접하는 것을 보려고 몰려온 사람들까지 만났다.

439. 강서를 통과하는 여행 경로에 대한 계속된 묘사

그 지방 최고 관리는 자기 배에 신부를 태워 감주贛州[347]시까지 갔다. 신부는 이런 형태의 여행을 매우 많이 했고, 배를 타고 가는 동안 그들과 유럽의 풍습, 그리스도교의 율법, 유럽의 학문 등 여러 가지 것들에 대해 많은 이야기를 나누었다. 그는 신부와 이야기하는 걸 좋아했고, 여러 차례 식사에 초대하여 함께했다.[348] 여행하는 동안 너무도 많은 관리들의 방문이 있어 석 시랑의 아들과는 편안하게 이야기할 시간이 없어서 그 일은 모두 뒤로 미루었다.

그 덕분에 신부와 석 시랑의 가족들이 우정을 돈독하게 하는 데 시간상으로 크게 도움이 되었고, 그것은 결과적으로 이번 여행의 성공을 위해 매우 필요한 일이었다.[349]

---

346 Cf. N.1296; Richard², pp.211-212.
347 당시에 리치는 이미 감주(贛州)의 지리적인 위치를 26° 30′으로 파악하고 있었다 (NN.1302, 1436). 이것은 아주 작은 오차에 불과하다. 원래는 26° 02′이다.
348 리치는 석공진(石拱辰)에게 몇 가지 선물을 했는데, "원형극장이 새겨진 시계와 매우 섬세하게 수놓은 두 장의 손수건"(N.1433)이 그것이다.
349 Cf. NN.1299-1300, 1435.

440. 감주에서의 큰 환대

감주에는 최고 총독이 한 사람 있었는데, 그는 강서, 복건福建, 광동廣
東, 호광湖廣 등 4개 성을 담당하고 있었다.[350] 그의 권한은 이 4개 성을
통치하는 게 아니라, 각 성을 나누는 경계에 있는 양쪽 지역을 관리하는
것으로, 그는 감주에 있으면서 이 지역들을 통솔하고 있었다. 그가 맡은
일은 역사적으로 이 지역들에 많은 강도가 들끓었던 데서 유래한다. 강
도들을 토벌할 때 강도들이 다른 성으로 도망가면 토벌이 어려워지자 정
부에서 총독 한 명을 임명하여 그에게 경계 지역의 책임과 함께 많은 군
사를 동원할 수 있는 권한을 주어 강도들을 소탕할 수 있게 한 데 따른
것이다.

441.

전국의 군대는 모두 북경의 병부상서에 소속되어 있고, 상서 바로 아
래가 시랑侍郎인데, 리치 신부는 시랑과 동행하는 바람에 대환영을 받았
다. 3천 명이 넘는 군사들이 2-3마일 떨어진 곳까지 군기를 휘날리며 무
장한 채 영접하러 나온 것이다. 병기공들은 총포를 쏘고 기병들은 관리
들의 행렬이 무사히 지나가도록 길을 열어 주었다. 강 양편에는 매우 성
싱한 나무들이 가득했고, 어느 쪽에서든 그 광경이 대단했다.

도심에 있는 총독 관저에 도착하자[351] 모든 관리들의 예방이 시작되었
다. 사방에서 귀한 선물들을 가지고 왔고, 진기한 음식으로 연회가 마련

---

350 이 지명들을 리치는 Chiansi, Fochien[福建], Quantone[廣東], Uquan[湖廣]으로 쓰고,
     델리야는 Kiangsi, Fukien, Kwangtung, Hukwang으로 표기하고 있다.
351 감주에 도착했을 때는 밤이었다. Cf. N.1436.

되었다. 그들에 대한 경비도 그들을 동행한 군대의 많은 배와 함께 밤낮 삼엄하게 이루어졌다.

442.

감주에는 배를 철사로 연결한 부교가 하나 있었는데, 하루에 한 번 이쪽에서건 저쪽에서건 배들이 지나갈 때만 개방한다. 그곳을 지나가는 모든 상선은 세금을 내야 한다.[352] 신부는 쉽게 통과하기 위해[353] 작은 배를 하나 빌려 시랑이 탄 큰 배를 따라가기로 했다.

443. 리치의 배가 감주에서 소용돌이를 만나 좌초되고 바라다스 가 사망하다

감주를 지나면 다른 물길과 만나[354] 강폭이 엄청나게 커진다. 그곳부터 20 혹은 30마일 정도는 강 한가운데건 양쪽 가장자리건 물살이 빠르고 돌이 많아 위험한 구간이다. 자주 소용돌이가 일어서 아주 능숙한 항해사가 아니고서는 배가 쉽게 뒤집히고 돌에 부딪혀 부서지는 바람에 여행객들이 물건을 잃어버리거나 목숨을 잃는 일이 비일비재하다. 이 구간은 물살이 매우 빨라서 십팔탄十八灘[355]이라고 부를 정도다. 내륙의 한복

---

352 Cf. N.1302. 감주에 대한 묘사를 보라 N.1436.

353 다시 말해서 [지방의 다른] 총독과 여러 관리들의 눈에 너무 띄지 않기 위해 별도로 움직인 것이다. 석 시랑이 외국인을 데리고 다닌다고 비판할 수도 있었기 때문이다. Cf. N.1302.

354 공강(贛江)은 강서성 남동쪽에서 시작되고, 당시에는 공수(貢水)라는 이름으로 불렀다. 강은 감주에서 장수(章水)를 만난 후에 파양호(鄱陽湖)까지 북동쪽으로 계속 이어진다. Cf. Richard², p.142. 리치에 따르면, 감주 북쪽에 있는 공수가 장강과 만나는 지점에서 강의 이름인 공강이 유래했다고 한다.

판에 이토록 위험한 여울이 있다는 것은 정말 놀랄 일이다.[356]

444.

이런 이유로 십팔탄이 시작되는 곳에는 사당이 하나 있어 여행객들은
그곳에 들러 무사히 지나갈 수 있게 해 달라고 빌곤 한다. 석 시랑도 가
서 빌었다.[357] 그러나 효과는 전혀 없었다. 왜냐하면 그와 그의 배와 살
림살이는 구했지만, 부인들과 자녀들이[358] 탄 배는 암초 사이의 커다란
소용돌이에 휘말리고 말았기 때문이다. 다행히 배 높이가 높아서 안에
있던 사람들이 모두 갑판으로 빠져나왔고, 배의 부서진 부분만 모두 가
라앉았다. 배에는 여자들과 아이들이 많이 타고 있었는데, 그들이 크게
소리를 지르며 다 죽은 것처럼 우는 바람에 모두 큰일이 난 줄로 알았다.

리치 신부는 그들이 소리치는 걸 들었고, 즉시 타고 있던 배로 그들을
구조하러 갔다. 석 시랑의 부인들과 자녀들을 모두 신부의 배에 옮겨 태

---

355 Cf. Richard², p.142; NN.1303, 1437. 이 십팔탄은 감주와 만안(萬安) 사이에 있는 300
    리 정도의 구간이다. Cf. Cuzuiü, c.83, f.3b; 그 이름들은 같은책 c.87, f.5a e c.88,
    f.1b.를 보라. 아홉 개는 감주에 있고 아홉 개는 만안에 있다. 1595년 11월 4일 자 편지
    에서 리치는 이 십팔탄의 거리를 20마일이라고 분명히 말하고(N.1437) 있는 반면에,
    여기에서는 "20 혹은 30마일"(N.443)이라고 말하고 있다. 리치의 배가 난파된 것은 감
    주의 두 번째 구간인 천주탄(天柱灘)이라고 불리는 곳에서였다(N.1304). Cf. Cuzuiü,
    c.88, f.1b.
356 리치가 묘사한 것은 타키 벤투리(Tacchi Venturi)가 지적한 것처럼 마르티니(Martini)
    가 말하는 것과 정확하게 일치한다. 마르티니 역시 공강의 이 구간을 힘들게 항해한
    경험이 있는 것이다. "[폭포]가 있지만, 겁도 선입견도 없이 항해했다. 하느님께 모든
    것을 온전히 의탁했기 때문이다. 수많은 배들이 절벽에 부딪혀 침몰하는 것은 언제라
    도 일어날 수 있는 일이었다"(*Novus atlas*, p.99).
357 Cf. N.1437.
358 더 정확하게는 "그의 세 명의 부인들과 그 외 몇 명의 여성들, 친척들과 자녀
    들"(N.1437)이 탄 배다.

운 다음 안전한 곳으로 보내고, 자기는 더 작은 쪽배로 옮겨 타고 강의 협곡으로 배를 몰고 갔다.[359]

석 시랑은 이 모든 것에 매우 놀라며 신부에게 깊이 감사했다. 그리고 즉시 감주로 사람을 보내 부인과 자녀들을 위한 다른 더 큰 배를 보내도록 조치했다. 배가 바로 왔지만, 여자들이 낮에 옮겨 타기를 꺼리는 바람에 밤까지 기다려야 했다.[360] 그동안 석 시랑은 신부에게 자기 짐과 살림살이를 실은 배 중 한 곳으로 오르게 했으나, 신부 일행 중 한 사람인 조반 바라다Giovan Barrada라는 청년이 탄 배는 불행한 일을 겪고 말았다.[361]

445.

그 후, 수심이 깊은 곳을 지나게 되었는데, 갑자기 배의 한쪽에서 바람이 불어 닥쳐 급히 돛을 펴려고 했으나 미처 손을 쓰지 못하는 사이에 배는 뒤집히고 말았다. 순식간에 배에 싣고 있던 모든 것이 물속으로 가라앉고 말았다.

리치 신부[362]는 수영을 할 줄 모르는 상태에서 발이 이미 강바닥에 닿는 것을 알았고, 이렇게 여행 중에 죽게 된 것이 다행이라며 주님께 자신을 맡겼다. 그렇게 점차 아래로 가라앉는다고 느꼈을 때 손에 배의 밧줄이 잡혔고, 그것을 잡고 서서히 일어나 물 밖으로 고개를 내밀었다. 선체

---

359 Cf. N.1437.
360 16세기는 물론 19세기 말까지 중국의 예법상 여성들은 공개적으로 자기를 보여서는 안 되었다.
361 Cf. N.435, 본서, p.419, 주(註) 328.
362 데 우르시스(De Ursis [p.29])는 리치와 바라다스가 강바닥에 가라앉았을 때, 리치는 자신이 수영을 못하는 것을 인정하고 그대로 포기했고, 수영을 할 줄 아는 바라다스가 그것을 보고 가만히 있을 수 없어 그를 구하려다가 목숨을 잃었다는 점에 주목하고 있다.

에서 떨어져 나온 부목浮木에 발을 대고, 한 손으로는 계속 물 위를 떠다니고 있는 책궤를 잡고 겨우 목숨을 구했다. 배는 상당히 컸고, 그래서 배가 뒤집혔어도 선체의 한쪽은 물 위에 떠 있어 [나머지 사람들은] 모두 그쪽으로 가서 목숨을 구했다. 리치도 그렇게 했다.[363] 그러나 그의 동료 조반 바라다[364]는 한 번 물 아래로 가라앉은 후 더는 모습을 볼 수가 없었다. 죽었는지 살았는지도 알 수가 없었다.[365]

다른 사람들은 엄마 품에 안긴 아기들까지 모두 목숨을 구했기 때문에 이 청년의 실종은 큰 충격이 아닐 수 없었다. 리치 신부에게 이것은 이번 여행을 무사히 계속할 수 있을지 의구심이 들게 할 만큼 회의를 느끼게 했다. 그러나 다시 마음을 가다듬고 모든 것을 하느님의 자비하심에 의탁하고 앞으로 나가기로 했다.

석 시랑은 배의 난파를 두 차례 겪으면서 가지고 가던 대부분의 살림을 잃었고, 겨우 건져 올린 몇 가지도 물에 젖어 못 쓰게 되었다. 그런 중에도 사람을 보내 리치 신부를 위로하고 동료의 사망에 조의를 표했으며, 약간의 은화까지 동봉하여 장례를 치를 수 있게 해 주었다.[366]

446. 리치가 프리즘을 선물로 주고 소주로 되돌아가는 대신 남경행을 계속할 수 있게 되다

여행은 길안吉安시까지 계속되었다.[367] 길안은 꽤 큰 도시였는데, 그들

---

363 Cf. N.1438.
364 **역주_** 리치는 조반 바라다의 이름을 앞 N.444에서는 Giovan Barrada로 표기하고, 이곳에서는 Iovan Barrada로 쓰고 있다.
365 Cf. NN.1305, 1379, 1406, 1439.
366 Cf. N.1439.

이 도착한 날 밤, 폭풍이 몰아쳐서 석 시랑의 모든 배가 부서지고 다시 목숨을 잃을 위기에 봉착했다.[368]

나쁜 징조가 계속된다고 보고, 또 수로가 상서롭지 못하다고 생각하여 여기서부터 북경까지는 육로를 이용하기로 했다.[369] 비용은 모두 공금으로 충당하기로 했다. 따라서 전 구간의 역참驛站들에 명하여 석 시랑의 가족들을 위해 말과 가마를 준비시키도록 했고, 그의 짐을 나를 짐꾼도 대기시키도록 했다. 이런 이유로 석 시랑은 신부를 소주韶州로 돌려보낼 생각을 했다. 왜냐하면 육로로 신부를 데리고 가기에는 비용이 너무 많이 들기 때문이고, 신부를 나쁜 식으로 입방아에 오르내리게 하고 싶지 않았기 때문이다. 당시에는 북경으로 외국인을 데리고 가는 것이 큰 의심을 살 소지가 있었기 때문이다.[370]

447.

이 사실을 알게 된 신부는 석 시랑의 배에 타고 있던 두 명의 충복을 불러[371] 프리즘을 보여 주었다. 그들은 프리즘을 통해 강 주변과 도시의 아름다운 풍광이 여러 가지 색으로 보이는 것에 감탄했다. 그리고 그것을 석 시랑에게 선물로 주려고 가지고 왔는데, 자신이 소주로 돌아가게

---

367 길안(吉安)시다. 리치는 그때까지(1595) 길안시의 위도를 26° 50′ (N.1307) 혹은 26° 40′ (NN.1380, 1440)로 말하고 있다. 실제로는 27° 02′이다.

368 Cf. N.1440.

369 석 시랑은 육로로 갔는데, "자신과 부인들을 위해 13개의 가마와 많은 말과 짐꾼들과 하인들을 대동해야 했다"(N.1440).

370 Cf. N.1380.

371 1595년 8월 29일, 리치가 쓴 편지에는 석 시랑의 비서 외에 다른 사람에 대해서는 말하고 있지 않다. Cf. N.1309.

되어 소용없게 되었다고 말했다. 리치는 그들을 통해 석 시랑이 북경까지 신부를 데리고 갈 의향이 있는지를 알아보고 싶었다. 그들은 자기 주인의 의향을 이미 알고 있었고, 그들이 보기에 프리즘이 매우 귀한 물건이기 때문에 자신들이 본 것을 주인에게 알리는 것이 좋겠다고 판단했다. 석 시랑은 그 귀한 물건을 가지고 싶었지만, 신부를 북경까지 데리고 갈 수는 없다고 했다.

다음 날, 석 시랑은 출발하기 전에 바로 그 충복들을 신부에게 보내 자기의 남은 짐 일부와 하인들을 수로를 이용하여 남경으로 보내려고 하는데, 신부가 원한다면 그들과 함께 남경으로 갈 수 있게 해 주겠다고 했다.

448.

신부는 시랑의 통행증이 있다면 남경으로 가는 것에 만족한다고 했다.[372] 신부는 곧바로 시랑을 방문하여 프리즘을 선물로 주었다. 시랑은 자기 종들이 말한 것보다 훨씬 좋은 물건이라고 생각했고, 자신은 신부로부터 이런 귀한 물건을 받을 만큼 잘해 준 것이 없다며 사양했다.[373]

그러나 신부는 프리즘을 자기 배로 다시 가져가고 싶지 않다며 석 시랑에게 그냥 받으라고 했다. 이에 석 시랑은 못이기는 척 받으며 신부에게 크게 고마워했다. 나중에 어디로 가고 싶은지도 이야기하다가 석 시랑은 신부에게 강서의 도읍[374]에 남으면 어떻겠느냐고 조언해 주었다.

---

372 우리 선교사들이 여기까지 오는 데는 너무도 많은 어려움이 있었다. Cf. N.1309. '통행증'에 관해서는 본서, p.100, 주(註) 107를 보라.
373 그는 100 혹은 200두카토 정도의 매우 값비싼 물건으로 생각했다. Cf. NN.1380, 1407, 1440.
374 강서성의 최고 도시는 남창이다. 리치는 여기에서, 또 다른 곳에서, 남창의 위도를 28°

한때 그곳에서 높은 벼슬을 한 적이 있어 친구들이 많다는 것이다. 하지만 신부는 남경 외에 다른 곳은 원하지 않는다고 했다.

449.

이에 석 시랑은 길안의 통감에게 명하여 그의 직인이 찍힌 통행증을 신부에게 써 주라고 했다. 통행증은 매우 호의적으로 즉시 발급되었다.[375] 거기에는 신부가 중국에 온 시기와 어느 지역에서 체류했는지 등이 기재되어 있었고, 지금은 남경과 소주蘇州, 절강浙江으로 가는데, 어디를 가건 아무도 방해하지 말 것과 소란 피우지 말 것을 당부하는 내용이 들어 있었다.[376]

통행증을 가지고 신부는 고관의 두 종과 함께 배를 타고 남경으로 향했다.[377] 매우 안전했고, 때로는 군인들의 호위까지 받았다. 가는 곳마다 사람들은 시랑이 온 것으로 알거나 적어도 그의 아들이 배에 타고 있을 거로 생각했다. 그래서 군인과 경찰의 호위가 있었다. 여행 중에 신부는 자주 뭍으로 오르지 않으려고 했다. 곤란한 일을 만들까 두려웠기 때문이다.[378]

33′이 아니라, "정확하게 29°″(N.1315; cf. NN.450, 1385, 1456)라고 말한다. 남창에 도착하기 전에 리치는 임강부(臨江府)를 경유했는데, 그곳의 위도 역시 28° 06′이 아니라, 28° 36′(N.1314)으로 말한다.

375 이 통행증은 지금까지 신부들이 발급받은 것 중에서 가장 호의적이었다. Cf. N.1310.
376 소주(蘇州)는 지금의 강소(江蘇)다. 절강(浙江)은 알파벳 표기를 리치와 델리야가 다르게 하고 있는데, 리치는 Ciechiano으로, 델리야는 Chekiang으로 적고 있다. Cf. NN.1407, 1440.
377 리치는 배로 여행을 계속했다. "석 시랑 가족을 태운 배 하나도 수로를 이용했고, 거기에는 짐과 여자들이 있었다"(N.1440).
378 여기에서 리치는 중요한 부분을 언급하고 있다. 길안시에서 북쪽으로 40리 지점에 있

450. 남창의 철주궁(鐵柱宮)에 대한 묘사, 리치가 그곳을 방문하다

강서성江西省의 최북단에 있는 도읍[남창]은 북위 29°도에 있었다.[379] 신부는 시랑의 집에 있는 하인을 따라 뭍으로 올랐다. 어디로 가야 할지, 이곳 친구들이 어디에 있는지 알지 못하는 터라 중국에서 아주 유명한 허진군許眞君[380] 사당을 보러 가기로 했다.[381] 사당은 철주궁鐵柱宮[382]이라고 부르는데, 그 뜻은 '쇠기둥이 있는 집'이라는 뜻이다. 전해 오는 이야기로는 수백 년 전에 허진군이 백성들에게 좋은 일을 많이 했는데, 그가 자선으로 나누어 준 은銀은 그가 연금술이나 다른 신기한 방식으로 만든 것이었다고 한다. 또 그는 그 지역 백성들을 위협하는 거대한 용을 물리치고, 지하에 가둔 다음 쇠기둥에 묶었다고 한다. 훗날 그의 집안은 모두 하늘로 올라갔고, 그들이 살았던 집도 하늘로 옮겨졌다고 한다.

사당은 웅장하고 아름답게 지어졌고, 그 마당의 문 앞에는 시장이 계

는 길수(吉水)를 지날 때, 리치는 문인의 복장에 수염과 머리를 길러 소주(韶州) 시장 용응서(龍應瑞)를 방문하러 처음 뭍에 올랐다. 용응서가 북경에서 오는 길에 고향 길수에 들렀다는 소식을 들었기 때문이다. 리치는 그에게 어떻게 해서 복장이 바뀌었는지를 설명해야 했다. 초창기 중국의 관습에 익숙하지 않을 때, 동료[선교사]가 속아서 승복 차림으로 있었다고 했다. 이제 보니, 신부가 고백하는 종교는 [중국의] 문인들처럼 하느님의 율법을 가르치는 것이라고 했다(N.1313). 이때가 1595년 5월이다. Cf. N.429, 본서, p.412, 주(註) 309.

379 남창은 28° 33′에 있다. Cf. N.465. Cf. N.448, 본서, p.429, 주(註) 374.

380 중국어에서는 흔치 않은 음위전환[metatesi]의 한 사례다. 리치는 Hiuchiuncin이라고 쓰고 있는데, 이는 Hiucinchiun이라고 써야 할 것이다. 중간의 ch와 끝의 ci를 바꿔서 썼다. 이 사람은 Sciücenchiün [Hsü Chen-chün] 허진군(許眞君)이다. 그는 다름 아닌 Sciücen [Hsü Hsün] 허손(許遜, 240-374)이다. 중국의 동화 속에서 그에 관한 이야기가 전해진다. *BD*, N.774를 보라. Doré[1], IX, pp.545-552.

381 Cf. N.1441.

382 철주궁(鐵柱宮) 혹은 '쇠기둥이 있는 궁', 또는 만수궁(萬壽宮)이라고 불리는 이 사찰은 지금도 도시의 남서쪽에 있다.

속해서 열리는 바람에 여러 종류의 비단과 옷가지와 신발 등 수많은 물건이 거래되고 있었고 인파가 끊이지 않았다.

사당에서 일을 하는 사람을 도사道士[383]라고 부르는데, 수염과 머리를 길게 길렀다.

신부가 시랑의 하인들과 일부 뱃사람들과 함께 도시로 들어오자 그곳에서는 보기 드문 외국인을 보겠다고 몰려든 사람들로 야단법석이었다.[384] 그가 철주궁鐵柱宮에 온 것을 보고 허진군許眞君의 기적이 유명하여 뭔가 빌러 온 거로 생각했다. 그러나 그가 아무런 예를 표하지 않는 것을 보고는 놀라서 가까이 있는 사람에게 무릎을 꿇고 예를 올리라고 권했다. 허손許遜은 매우 위대하신 분으로 중국의 모든 관리가 그에게 예를 올린다는 것이다. 신부가 계속해서 예를 드리지 않자, 혹시 그곳에 해코지라도 하러 온 줄로 오해해 겁을 먹고 강제로 끌어내리 하자, 배에서 함께 온 어떤 사람이 신부는 귀신을 믿지 않는다고 알려 주었다. 그제야 비로소 사람들은 신부를 가만히 내버려 두었다.[385] 그리고 신부는 계속해서 밀려드는 엄청난 인파를 보고 배로 돌아와 석 시랑과 함께 온 사람 중 그 도시에 대해 잘 알지만 별로 좋은 감정을 품고 있지 않은 몇몇 사람들에게 그래도 자신은 나름대로 얻은 것이 있다고 말해 주었다.

---

383 도교(道敎)를 추종하는 사람들이다. Cf. N.192.
384 Cf. N.1316.
385 리치는 이 경험 이후, "우리의 율법을 선포하기 전에는 두 번 다시 중국에서 사당[혹은 사찰]을 방문하지 않겠다."라고 말했다. 사실 이곳 철주궁(鐵柱宮) 방문도 많이 후회했다(N.1441).

451.

석 시랑의 하인들은 그곳에서 자기 주인의 친구들을 방문했다. 그러나 그들에게 가장 친절한 사람은 총독의 의사였다. 그의 이름은 왕계루 王繼樓[386]로 떠날 때, 많은 선물을 주기도 했다.

452. 여산(廬山)과 파양호(鄱陽湖)를 지나다

그 큰 도시[387]를 지나면, 바로 절벽들 사이에 많은 마을을 품고 있는 큰 호수[388]가 있는 지역으로 들어간다. 그곳에서 복건福建성으로 가기도 하고 동해東海로 가기도 한다. 호수 안쪽에 여산廬山[389]이라고 부르는 산의 발치에 남강南康[390]이라는 도시가 있다. 여산에는 참회하는 은수자隱修者들이 많은데, 그들은 각자 암자를 하나씩 차지하고 있어 그 숫자가 일년 날짜 수와 같다고 한다.[391] 이상한 것은 하늘이 맑고 화창할 때도 여산은 언제나 구름에 가려져 있다. 그리고 하늘에 구름이 끼면 여산은 발

---

386 Cf. Aleni¹, f.2b. 북경에서 관직을 지낸 매우 큰 부자로(N.1348) 석 시랑과 깊은 우정을 나눈 사이다. 1583-1585년 남창에서 함께 지낼 때 우정을 쌓은 것 같다(N.1461). 이 사람의 인품에 대해 리치가 묘사한 것을 보라(NN.466, 1461). 중국에서 가장 훌륭한 의사였고(N.1461), 석 시랑의 주치의이기도 한 것으로 보인다((NN.466-467). Cf. 본서, p.481, 주(註) 520.

387 강서성의 도읍 남창이다.

388 파양호(鄱陽湖)다. Cf. Richard², p.143. 리치가 이 호수를 지나는 데 갈 때는 이틀이 걸렸지만, 돌아올 때는 반나절밖에 걸리지 않았다. Cf. N.1442.

389 여산(廬山)은 남강(南康)에서 북서쪽으로 20리 지점에 있다. 높이가 2,360장(丈), 즉 약 사전에 따르면 강서성 여산은 높이가 1,600m다. 둘레가 최고 250리다. Cf. Cuzuiü, c.83, f.2a-b.

390 리치는 이 도시의 위도를 29° 23′이 아니라, 29° 30′으로 말하고 있다. Cf. NN.1317, 1443.

391 "[사람들이] 말하기를, 이곳에서 참회하는 은수자들은 365개가 넘는 [여산] 암자에서 생활합니다"(N.1443; Cf. N.1317).

밑에서 꼭대기까지 온통 구름에 덮여 있다. 그래서 신부는 갈 때, 날씨가 좋아서 구름에 가려진 여산을 보았지만, 돌아올 때는 온통 구름이 끼어 산을 전혀 보지 못했다.[392]

호수의 물은 남경을 향해 흐르고, 그곳에서부터 시야가 탁 트이고 유속을 느끼지 못할 만큼 평온하다. 그 구간에서부터는 풍속을 이용하여 어디로든 갈 수가 있다.

호수가 끝나는 호광성湖廣省에서부터 또 다른 매우 큰 강을 만난다. 그 물과 강서의 물이 거기서 만나는데, 두 물줄기가 모두 크다. 바로 거기에서부터 강의 이름이 양자揚子다. 양자강은 매우 깊고, 일부 구간은 강폭이 이삼 마일에 이를 정도로 넓다. 매우 위험한 것은 여기에서 배가 뒤집히면 아무리 헤엄을 쳐도 살아나오기 어렵다는 것이다. 그래서 그곳을 지나는 사람들은 겁을 먹고 조난당하지 않으려고 애쓴다. 그곳에서는 바다에서나 볼 법한 큰 배도 볼 수 있는데, 내가 보기에 바다에서 거기까지 들어온 것으로 짐작된다.[393]

---

392 Cf. N.1317. 리치가 여기에서 여산에 대해 언급하는 것은 1595년 11월 4일 자 편지에서 구강(九江)시에 대해 말하는 것과 같은 맥락이다(N.1444).

393 양자강(揚子江)은 티베트에서 시작되어 상해(上海) 북동쪽 중국해에서 끝난다. 물줄기가 결코 짧지 않은 매우 긴 강으로, 구간마다 여러 이름으로 불린다. 사천(四川, Szechwan)까지를 울란무렌(Ulanmuren), 무루이 오스(Murui-usu 또는 치추 'bri chu 라고도 한다), 백수(白水), 금사강(金沙江)이라고 부른다. 사천에 있는 서주(敍州)시에서부터 허난성 북쪽 동정호(洞庭湖)까지는 대강(大江)이라고 부른다. 물줄기의 마지막 부분에 해당하는 양자강이라는 이름은 고대 양(揚) 왕국의 이름에서 유래한 것으로, 지금의 강소(江蘇) 지역 양주(揚州) 주변이다. Cf. N.515. 그러므로 리치는 정확하게 파양호에서 벗어나면서부터 남쪽에서 오면서 공강(贛江)으로 접어들었다. 공강을 따라서 강서(江西)성의 남쪽에서 북쪽으로 가면 엄청나게 큰 대강(大江)과 만난다. 대강은 호광(湖廣)과 더 서쪽에 있는 또 다른 성(省)에서부터 흐르고, 거기에서부터 장강(長江) 혹은 창강(滄江)이라고 부른다. Cf. NN.515, 1318, 1445.

수많은 작은 강물이 그곳으로 흘러 들어오고, 뱃사람들은 매일 밤 그 작은 물줄기들의 입구를 보며 그것을 따라 들어가는데, 마치 엄청난 항구로 접어드는 것처럼 느껴져 두려움이 일 정도라고 한다. 그러다 보니 거친 바람이 불면 모두 하나같이 가장 먼저 보이는 이들 항구 중 하나로 들어가 위험을 모면해야 한다. 보름달과 초승달이 뜰 때면 바닷물의 유입과 유출이 이 호수까지 도달하는데, 다른 날은 잘 들리지 않지만, 남경에서는 매일 정확하게 두 차례 물이 움직이는 소리를 들을 수가 있다. 하지만 물은 모두 단물이다.[394]

453.

배로 남경에 도착하자, 신부는 도시의 한 지역으로 들어갔다.[395] 거기서 석 시랑의 하인들과도 헤어졌다.

---

[394] Cf. N.1321.

[395] 1595년 5월 31일이다. Cf. N.1320. 리치는 외국인이라는 것을 드러내지 않기 위해 가마를 타고 들어갔다. Cf. N.1329.

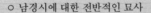

제10장

마태오 리치 신부가 어떻게 남경에서 쫓겨났는지에 대해, 그리고 어떻게 강서의 중심도시로 가게 되었는지에 대해

(1595년 6월 1일부터 29일까지)

○ 남경시에 대한 전반적인 묘사

○ 삼중으로 둘러싸인 성벽; 군(軍)의 주둔지

○ 옛 수도였던 남경의 지리적인 좌표와 위치

○ 유절재 총독의 다섯째 아들과의 우연한 만남

○ 리치가 그의 친구 관료들에게 자신을 부탁하다

○ 공부시랑 서대임을 방문하다

○ 서대임이 리치에게 남경을 떠나라고 명령하다

○ 리치에게 집을 세준 주인에게도 강서로 가라고 명하다

○ 리치가 강서로 돌아가기 위해 남경을 떠나다

○ 리치가 꿈 혹은 예시 속에서 남경과 북경에서 일어날 천주의 계시를 보다

○ 1595년 6월 28일, 남창에 도착하다

454. 남경시에 대한 전반적인 묘사

황궁이 있던 이 도시의 이름은 남경南京[396]이다. 일부 저자들은 복건福建[397]성의 장주漳州[398]에서 그 이름을 빌렸다고 말하기도 한다. 첫 글자를

잘못 발음하여 란징Lanchino[399]으로 읽기도 하는데 외지에서 온 사람들은 두 도시가 서로 다른 도시인 줄 안다. 모든 다른 지역과 마찬가지로, 이 도시의 또 다른 이름은 응천부應天府[400]다. 전체 성省의 통감이 이곳에 거주하기 때문이다.

이런 이유로 남경 사람들은 세상에서 가장 크고 아름다운 도시가 남경이라고 생각한다. 그도 그럴 것이, 부족한 것이 거의 없고, 공공건물이건 개인 건물이건 크고 많은 건물이 즐비하며, 숱한 사당과 탑과 다리들이 있다. 비옥한 토지와 온화한 날씨, 놀라운 소질을 가진 사람들, 좋은 풍습들, 언어의 우아함은 다른 지역에 비견할 바가 아니고, 밀집된 인구에 귀족과 문인들과 관리들이 북경 황실과 똑같은 지위를 누리고 있다. 그래서 전 중국에서뿐 아니라, 이곳 동방의 모든 왕국에서 최고로 손꼽히는 도시다.

---

396 남경에 대해서는 특별히 NN.1327-1331, 1381, 1408, 1449에서 잘 묘사하고 있다. 1595년 이 도시에 오기 전에도 리치는 벌써 1592년 혹은 1591년에 아콰비바 총장에게 남경시에 대한 정확한 묘사를 적어서 보낸 적이 있다. 그러나 그 자료는 분실되고 없다. Cf. NN.1251, 1449.

397 복건(Fukien)이다. **역주_** 리치는 Fochien이라고 쓰고, 델리야는 나름대로 고쳐서 Fukien이라고 쓰고 있다. 모든 지명을 이렇게 쓰고 있다.

398 장주 사람들을 이탈리아어로 장주(Cinceo)시에 거주하는 주민들로 Cincei라고 쓰고, 스페인어로 Chincheo라고 쓴다(NN.1068, 1161). 여기에 관해서는 1549년에 언급한 바 있고(cf. Cortesão, II, p.76), 16세기 중후반에 나온 지도에도 나온다(Pullé, *Studi italiani di filologia indo-iranica*, Firenze, 1932, X, 그림 8). 리치는 장주(Cinceo)를 복건의 장주(Changchow)와 같이 보고, 그의 『포르투갈어-중국어』 사전에도 그렇게 기록하고 있다. 그러면서 Chincheo 앞에 Cincei라고 쓰고 있다(*ARSI, Jap.-Sin.*, I, 198).

399 남경의 주민들조차 종종 란징(Lanchin)이라고 발음한다.

400 남경을 응천부(應天府)라고 부르는 것은 1356년부터 1645년까지 "하늘의 뜻에 부합하는 지부", 곧 황궁이 있었기 때문이다.

[그림 19] 남경(南京)시 지도 (18세기)

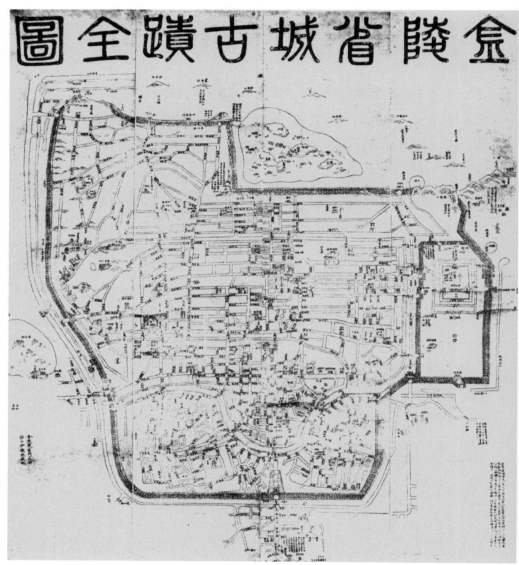

+ 과거 황궁 건물들이 있던 곳.

455. 삼중으로 둘러싸인 성벽; 군(軍)의 주둔지

남경에는 세 개의 성벽이 있다.

가장 안쪽에 있는 성은 황궁성[401]으로 가장 높고, 세 개의 성벽으로 모두 둘러싸여 있다. 성채 또는 요새처럼 지었다. 여러 성벽 사이에는 물이 흐른다. 성은 둘레가 4-5마일 정도 된다.[402]

두 번째 성은 궁성과 도시의 중요한 부분을 감싸고 있는데, 거기에는 12개의 성문이 있다.[403] 각 성문에는 문이 4개씩 있고, 성문과 성문의 간격은 돌을 던지면 닿을 만한 거리다. 쇠로 된 성문에는 많은 대포가 항상 장착되어 있다.[404] 이 성의 둘레는 18마일이다.[405]

세 번째 성은 외성外城으로 계속해서 이어져 있지는 않지만, 특별히 위험한 지역과 산 혹은 강이 없어 적이 들어오기 쉬운 곳에만 지어졌다. 그래서 성의 둘레를 정확하게 알기가 쉽지 않으나, 현지 사람들의 말로는 40마일 정도 된다고 한다.[406]

가옥들이 모두 빼곡히 들어찬 것이 아니라서 어디를 가든 황궁과 마찬가지로, 넓은 들판, 산, 호수, 밀림, 정원, 숲과 채소밭이 있다.[407] 성을 지

---

401 남경의 황실은 오랫동안 훼손되어 오늘날 보고 즐길 만한 것이 몇 없다. 황궁은 남경시 동쪽에 있었고, 궁을 둘러싼 성을 내성(內城) 또는 궁성(宮城)이라고 했다. 1370-1374년에 건설되었다. Cf. Gaillard, p.188; N.1327; Tavole XXI, XXIV.

402 1595년 리치는 "6" 마일, 즉 "스페인 측량으로 2리그 정도"(N.1327) 된다고 기록하고 있다. Cf. NN.1381, 1408.

403 Cf. N.1328. 더 정확하게는 13개다. 명대(明代) 남경시 지도에서 확인할 수 있다. Cf. Tavola XXIV.

404 Cf. NN.1328, 1381.

405 리치가 1595년에 쓴 기록에는 "18 혹은 20마일"이라고 적혀 있다(NN.1381, 1408). 리치에게 20마일은 7리그다. 40마일이 14리그이듯이 말이다. Cf. N.1327.

406 1595년 리치는 이 성의 둘레에 대해 "나도 그렇게 생각한다"(NN.1381, 1408)라는 말을 덧붙인 바 있다. Cf. N.1327.

키는 사람들은 각 부대의 대장을 포함하여 밤낮 40만 명이 넘는 위병이다.[408]

456. 옛 수도였던 남경의 지리적인 좌표와 위치

남경은 북위 32° 15′에 있고, 그래서 중국의 중심에 있다고 할 수 있다. 서쪽으로는 거대한 양자강揚子江이 흐르고 있어 도시에 큰 혜택을 주고 있다. 모든 성벽을 이 물로 둘러싸고 있을 뿐 아니라, 여러 개의 운하가 그것들을 서로 연결하고 있다. 운하를 건설한 사람들은 이 운하를 통해 상선과 식량 조달선들이 도심으로 드나들 수 있게 했다. 이런 편리함 때문에 온 중국의 수도가 될 수 있었고 황제가 거주하는 황궁이 될 수 있었다. 비록 앞서 말했듯이,[409] 특정 시기에 북쪽 지역에 있는 북경으로 수도가 옮겨졌지만 말이다. 그런데도 이 도시의 가치는 여전히 남아 [북경과] 똑같은 행정적이고 특권적인 지위를 유지하고 있다.[410]

457. 유절재 총독의 다섯째 아들과의 우연한 만남

마태오 신부는 앞서 언급한 세 개의 성 밖에 있는 마을로 들어갔다.[411] 매우 큰 도시라고 할 만하다고 생각했다. 그곳에서 한 의사를 만났는

---

407 Cf. N.1327.

408 1595년, 리치가 작성한 다른 문서에는 중국 문서를 인용하여 5만 명이 훨씬 넘는다고 말하고 있다(N.1327). Cf. NN.1381, 1449.

409 Cf. N.101.

410 Cf. Bartoli[1], II, c.102, pp.201-204.

411 임대한 "집으로 가기 위해 운하에서 나왔다"라고 하는 편이 나을 것이다(N.1383). Cf. N.1409. 이 운하에 대해서는 N.1408을 보라.

데,[412] 그는 유절재劉節齋 총독[413]의 다섯 번째 아들의 친구였다. 그는 신부를 보자마자 큰 소리로 "이 사람은[414] 유오劉五의 친구 아닌가!"[415] 유오劉五는 유씨의 다섯 번째 아들이라는 말이다. 그 후 신부는 그곳에 집을 빌려 자리를 잡고,[416] 그 의사를 통해 유씨의 다섯 번째 아들이 남경에 있는지 알아보게 했다. 그를 통해 필요한 것을 얻을 수 있을지도 모른다고 생각했기 때문이다. 이윽고 그가 남경에 있다는 것을 안 신부가 그를 방문했고,[417] 두 사람은 뜻밖의 만남에 크게 기뻐했다. 그를 통해 신부는 지체 높은 많은 사람을 사귈 수 있게 되었고,[418] 그들은 종종 신부를 깊은 존경과 예로써 식사에 초대하곤 했다.

신부는 도시의 모든 지역을 드나들었고, 그때마다 입방아에 오르내리지 않도록 자신을 감추는 방식으로 항상 가마를 타고 갔다. 일부 지체 높은 사람의 집은 너무 멀어서 걸어서 가기에 힘든 이유도 있었다.[419]

---

412 더 정확하게 그가 만난 사람은 "의사의 아들"(N.1333)이다.

413 조경(肇慶)의 총독이었던 그는 1589년 그 도시에서 신부를 쫓아냈던 사람이다. Cf. N.319, 본서, p.277, 주(註) 555.

414 마태오 리치 신부다. 의사의 아들은 유씨의 다섯째 아들을 통해서 리마두(利瑪竇)에 대해서 들었고, 외국인이라 쉽게 확인할 수 있었을 것이다. 리치는 1595년 10월 28일 이탈리아에 있는 한 예수회원에게 그에 대한 한 가지 비화도 들려준 바 있다. Cf. N.1383.

415 Cf. N.319, 본서, p.277, 주(註) 555.

416 리치가 1595년 남경에서 살던 곳은 "[두 번째 성벽] 밖에 있는 한 집 또는 한 여관으로 성문 근처에 있었다"(N.1382). Cf. N.1409.

417 리치가 유오를 방문한 것은 "이틀 후"(N.1383)다. 즉, 그가 남경에 도착한 지 "사흘째"(N.1333)인 6월 2일이다. Cf. NN.1410, 1451.

418 그 사람 중에는 주(朱)씨 성을 가진 사람이 있었는데, 그는 그해 진사(박사) 명단에 1등으로 이름을 올린 주지번(朱之蕃)의 부친이다. 리치의 이 친구는 금의위(錦衣衛) 소속으로 있었다. Cf. N.1335.

419 Cf. NN.127, 142, 1454.

458. 리치가 여러 친구 관리들에게 자신을 부탁하다

신부는 자기를 도와주려고 하는 사람이 많다는 것을 알게 되자, 그 친구들에게 이 도시에 거처를 마련하고 싶다며, 광동廣東420에 있을 때부터 수년 동안 품위 있는 이 도시의 명성에 대해서 들었고,421 자기의 여생을 이곳에서 보내기를 언제나 갈망해 왔다고 말했다. 우리의 거룩한 율법의 씨앗을 뿌리려고 한다는 의도는 말하지 않았다. 모두 자기네 벗으로 신부가 이곳에 있으면 좋겠다며 쉽게 체류할 수 있을 거라고 했다. 자기는 물론 다른 여러 친구를 통해서 어떠한 도움과 지원이라도 해 주겠다고 약속했다.

459. 공부시랑 서대임을 방문하다

그들의 의도가 이루어지고 요청이 확실히 받아들여질 수 있도록 여러 가지 방법을 강구하는 동안 새로운 소식을 접하게 되었는데, 그것은 남경에 홍려사鴻臚寺422라는 아주 높은 관직이 있는데, 거기에 리치의 오랜 친구 서대임徐大任423이 와 있다는 것이었다. 그가 광동성에서 병비도兵備

---

420 계속해서 리치는 Quantone로 쓰고, 델리야는 Kwangtung으로 쓰고 있다.

421 Cf. N.1451.

422 겉으로 보기에 리치가 광록사(光祿寺), 황실의 연회담당관과 홍려사(鴻臚寺), 황실 의 전관을 혼동하는 것 같다. 그러나 비슷한 텍스트(N.1336)에서 리치는 이 직무에 대해 "황제의 의전을 담당하는" 관직이라고 설명하고 있어 홍려사를 지칭하는 데는 의심의 여지가 없는 것으로 파악된다. 더 뒤에서(N.461)는 홍려사(鴻臚寺)에 대해 말하며 이 본문을 수정하는 듯하다. Cf. Beltchenko, NN.934-935.

423 성은 서(徐), 이름은 대임(大任)이고, 호는 중부(重夫)다. 지금의 안휘성(安徽省) 선성 (宣城)에서 태어났다. 1568년에 진사가 되었고, 공부(工部)의 주사(主事)로 임명되어 돈을 많이 벌었다. 그러나 양주(楊州)에서는 각세(権税)관을 지냈지만, 재산을 모으지 는 못했다. 관직에서 물러날 때, 그는 다 해진 옷 몇 벌 외에는 없었다고 할 정도였다.

道를 지닐 때 알게 된 사이였다. 신부는 그에게 중국어로 적힌 혼천의, 지구본, 모래시계를 선물했고, 그는 신부가 요청하는 것이면 무엇이건 들어주었다. 2년 전[424]에는 그가 승진하여 소주韶州를 지나는 길에 신부에게 들러 남경으로 함께 가자고 했지만[425] 그때는 그곳에서의 일이 마무리되지 않아서 갈 수 없었던 처지였다. 이런 이유로 리치는 서대임이 남경에 있다는 소식에 매우 기뻐하며, 그동안 하느님께 청한 것에 대한 응답이 이루어졌다고 생각했다. 그 시기에 신부는 매일 미사에서 이 문제의 해결을 위해 전심으로 청했기 때문이다. 이 일을 유오에게도 알렸다. 유오 역시 알고 있는 사람이고 그의 부친이 광동의 총독으로 있을 때, 그의 상관이기도 했기 때문에 어떻게 하면 좋을지에 대해 잘 조언해 줄 것으로 생각했다. 이에 리치는 예복을 차려입고 좋은 선물을 가지고 그를 방문했다.

서대임은 대단히 바른 사람으로, 없는 것이 너무 많아 그의 집은 마치

여기 본문에서 보듯이, 그는 모든 곳에서 매우 검소한 사람으로 평가받았다. 1586년 조경에서 참의(參議)라는 관직을 지내기도 했는데, 그것은 임기가 1년밖에 안 되는 것이었다. 하지만 조경에서 병비도(兵備道)로 있을 때, 본문에서 말하는 것처럼, 리치로부터 중국어로 설명된 지구본, 혼천의, 모래시계 등을 선물 받았다. 리치의 문장에 의하면, 그는 1592년 남경의 홍려사(鴻臚寺)로 임명되어 소주(韶州)를 지날 때, 리치를 두 차례 방문했고 직접 리치를 안내하겠다고 나서기도 했다. Cf. N.1336. 이후 그는 공부의 시랑(侍郎)에서 물러났다. 그는 정직하고 신중한 사람이었고, 그의 집은 너무도 가난하여 바람과 비를 막기도 힘들 정도였다. 만력(萬曆) 황제는 그를 두고 온 중국에서 가장 정직하고 검소한 사람이라고 평했다. 神宗常稱其淸節爲天下第一. Cf. *Annali del distretto di Süancheng* 光緒宣城縣志, c.15, f.13b-14a; *Annali Generali del Kwangtung*, c.19, ff.18a-b; NN.312, 1455.

424 더 정확하게는 "3년 전"이다. 즉, 1592년이다. Cf. NN.1384, 1411.
425 이 부분에서 주석이 필요하다. 왜냐하면 1592년까지 리치는 남경으로 가려고 했다는 것을 알 수 있기 때문이다.

가난한 사람의 집과 같았다. 그가 바라는 것은 오로지 승진이었다. 그 결과 남경의 시랑侍郎이 된 것이다.

그는 신부를 처음 본 순간 예기치 않은 만남에 놀라움을 금치 못했고, 또 좋은 선물을 보고 크게 기뻐하며 환대해 주었다. 그리고 들어와 자리를 마련해 주며 어떻게 왔고, 어떻게 자신을 방문하게 되었느냐고 물었다. 신부는 애정을 보여 주기 위해 서대임을 다시 보고 싶은 큰 기대로 이곳에 왔고, 석 시랑이 남경으로 올 수 있도록 통행증을 마련해 주었다고 했다. 신부가 간절히 바라는 것은 서대임의 호의로 이곳에 거처를 마련하고, 그의 그늘에서 사는 것이라고 했다.

460. 서대임이 리치에게 남경을 떠나라고 명령하다

이것이 서대임을 두렵게 했는지, 그는 한숨을 쉬며 즉시 큰소리로 '남경에 온 것은 크게 잘못한 일이다. 반역을 도모할 수 있어 이곳에는 외국인이 거처할 수 없게 되어 있다. 그리고 나를 방문한 것은 더 잘못한 일이다. 다른 관리들이 나더러 남경의 황궁에 외국인을 끌어들였다고 탓하게 생겼다'라는 것이다. 신부는 북경의 석 시랑[426]이 써 준 통행증[427]을 보여 주었고, 석 시랑은 서대임보다 훨씬 높은 관직의 사람이었지만 어떤 것도 통하지 않았다. 그리고 신부가 어디에 거처하는지를 알아낸 다음, 집주인을 관으로 끌고 오라고 명하였다. 신부를 집으로 돌려보내며, 도와줄 수 없어 미안하다는 말과 함께 즉시 남경을 떠나 다른 곳으로 가

---

426 석공진(石拱辰)이다. Cf. N.432, 본서, p.415, 주(註) 315.
427 Cf. N.218, 본서, p.100, 주(註) 107.

라고 촉구했다.

461. 리치에게 집을 세준 주인에게도 강서로 가라고 명하다

집으로 돌아온 신부는 집주인이 자신의 신변과 집에 일어난 일에 대해 불안과 두려움을 느끼고 있다는 것을 알았다. 그사이에 서대임의 하인들이 들이닥쳐 돈을 뜯어 가기 위해[428] 집주인을 크게 협박하고 간 것이다. 서대임이 집주인에게 신부를 남경에 끌어들였다고 몹시 화가 나 있다고 한 것이다. 그래서 집주인은 두려움에 떨고 있었다. 이에 신부는 홍려사 鴻臚寺[429]의 법정에서는 어떠한 나쁜 일도 일어날 수 없다며 위로했다.

서대임은 그[집주인]에게 몹시 화를 내며 외국인과 거래하는 것은 중국에 큰 죄를 짓는 거고, 그것은 배신죄라고 욕을 했다.[430] 집주인은 빌며 석공진 시랑이 자기 집을 소개했다고 했으나, 서대임은 그 부분에 대해서는 모른 척하며 그가 다른 나라에서 온 외국인과 거래한 것에 대해서만 이실직고하라며 고문하려고 했다. 서대임은 궁의 공증인을 불러 조금 전에 자기를 찾아온 그 사람[리치 신부]을 아느냐고 물었다. 공증인은 조경肇慶 땅 광동 출신으로 그 사람을 안다고 했고, 그 사람이 몇 년 전에 폭동을 일으켜 중국에 크게 손해를 끼쳤으므로 총독이 조경 바깥으로 내쫓았다고 진술했다.

이에 서대임은 큰소리를 치며 남경에 온 그 외국인을 받아 준 주인[431]

---

428 리치가 살던 집주인에게 돈을 뜯어 가기 위해.

429 Cf. N.459, 본서, p.442, 주(註) 422.

430 Cf. NN.116, 166, 206.

431 리치가 살던 집주인은 두 번째 성벽 밖에 살고 있었다. Cf. N.459, 본서, p.441, 주(註) 416.

은 죽어 마땅하다며, 그를 철저히 조사해야 한다고 위협했다. 가엾은 집주인은 겁에 질려 온몸을 부들부들 떨었다. 결국 주인이 신부와 함께 떠나든지 광동까지 책임지고 보내든지 하라고 강요했다. 신부가 광동으로 확실히 돌아갔다는 걸 강서성 관리들이 확인하는 증명서까지 요구했다. 집주인은 가난한 사람으로 집을 비울 수가 없다고 사정했고, 그래서 당장 신부를 자기네 집에서 내쫓아 강서로 가는 배를 태우겠다는 각서를 쓰는 조건으로 그의 사정은 받아들여졌다. 그가 한 약속은 이튿날 배를 조달하여 신부를 떠나게 한 것으로 인정되었다.[432]

462. 리치가 강서로 돌아가기 위해 남경을 떠나다

신부에게 닥친 이런 엄청난 일은 예상과는 전혀 다른 것이어서, 매우 슬프고 혼란스러웠다. 며칠 전에 긴밀한 우정을 보이며 많은 일을 의논했던 친구들[433]도 서대임에 대해 마음이 몹시 상했다. 그들은 하나같이 서대임을 비난하기 시작했고, 그의 부족함과 인색함을 탓했다. 신부에게는 그를 방문하러 간 것이 잘못이었다고 했다. 그의 말을 무시하라며 그냥 남경에 남아 있거나 잠시 다른 곳에 가 있으면 자기들이 남경으로 올 수 있는 마땅한 방법을 찾아보겠다고 했다.

이런 모든 상황을 보며, 신부는 이번에 남경에 머무르는 것은 주님의 뜻이 아니라고 생각했다. 만약 서대임의 명령을 무시하면 다른 더 나쁜 일이 생길지도 모른다고 생각했다. 결국 남경에서 그리 멀지 않은 강서

---

432 서대임에 관한 이 부분에 관해서는 다음을 보라. NN.1384, 1411.
433 당연히 유오(劉五) 외에도 의사의 아들 주지번(朱之蕃), 그의 부친인 의사가 있었다. Cf. NN.457, 1338. Cf. N.457, 본서, p.441, 주(註) 418.

로 가기로 했고, 그곳에서 잘 아는 친구들을 통해 남경으로 다시 들어올 수 있는 길을 찾아보기로 했다. 그리고 일이 어떻게 진행되는지 새로운 소식은 나중에 전하기로 했다.[434]

신부는 강서로 향하는 배에 올랐고,[435] 가면서 그동안 자신이 당한 많은 어려운 일과 그 결과에 대해 매우 낙심했다. 지금까지의 모든 계획이 물거품이 된 것 같아 몹시 슬펐다.

463. 리치가 꿈 혹은 예시 속에서 남경과 북경에서 일어날 천주의 계시를 보다

강서의 도읍[436]에 있으면서도 신부는 매일 해야 할 일에 대해 많은 생각을 했다. 그런 중에 잠이 들었는데 꿈속에서 낯선 한 사람이 나타나 리치의 계획에 대해 말했다. "그대는 이곳에서 이 왕국의 옛 종교를 소멸시키고, 다른 새로운 것을 세울 계획인가?" 이 시기에 신부는 자신을 돌아보고 있었고, 우리의 거룩한 율법의 씨앗을 뿌리는 일에 대해서는 아무에게도 말하지 않았다.[437] "이 일을 알고 계신 당신은 하느님이신가요, 마귀인가요?" 그가 대답했다. "나는 마귀가 아니라, 하느님이니라." 신부는 즉시 몹시 만나고 싶어 하던 사람을 만난 것처럼, 그의 발아래 엎드려 하소연하였다. "주님, 그렇다면 주님께서는 제 계획을 알고 계시는데, 어찌하여 저를 도와주지 않으십니까?" 말을 마치고 그의 발 앞에 엎드려

---

434 Cf. NN.1385-1386.
435 1595년 6월 16일이다. Cf. N.1371.
436 남창(南昌) 근처다. 꿈은 1595년 6월 28일, 하루 이틀 전이다. 꿈이 실현되기 전, 그해 리치는 꿈에 주목했고 이미 언급한 바 있다. Cf. NN.1371, 1414.
437 Cf. N.458.

눈물을 흘렸다. 그러자 주님은 그를 위로하시며 장차 두 수도에서 그를 도와주실 거라고 말씀하셨다.[438] 후에 주님의 말씀대로, 신부는 황궁이 있는 [두] 도시에 쉽고 확실하게[439] 누구의 방해도 받지 않고 원하는 방식 대로 들어갔다.

꿈에서 깨어나 보니 울었던 탓에 눈은 아직도 젖어 있었다. 상황이 완전히 뒤바뀐 지난 시간을 돌아보며 여전히 우울해 있는 동료[440]에게 바로 꿈 이야기를 했다. 그는 동료를 위로하며 이것은 꿈 그 이상의 것이라고 확신했다.[441]

꿈은 몇 년 후에 모두 실현되었고, 북경으로 들어갈 때는 꿈에서 보았던 것처럼 남경의 성문을 들어가는 것과 비슷한 방식으로, 편안하게 들어가 체류하며 확실하게 거주지를 마련하였다. 그 후, 두 번째 북경 입성 시에도 인간적인 모든 희망을 넘어서 들어갔고, 먼저 마련한 집에 머무는 동안 황궁에서 사람을 보내 북경에 두 번째 집을 마련할 수 있게 도와주었다. 동시에 황궁에서 일하는 고관들의 사랑을 받았다.

이후 두 지역의 황궁에서 우리는 하느님의 도움을 많이 받았고, 나중에 보겠지만, 좋은 많은 그리스도인을 얻었다.

---

438 이 문장은 1537년 로마 근교 스토르타의 작은 성당에서 주님이 성 이냐시오에게 "내가 로마에서 너와 함께 있겠다"라고 계시하신 것과 같다.

439 즉, 자유롭고 안전하게.

440 예수회 지원자 도미니코 종명인(鍾鳴仁) 페르난데즈다. Cf. NN.354, 1294, 1347; Bartoli[1], II, c.71, p.145.

441 아마도 어떤 계시?

464. 1595년 6월 28일, 남창에 도착하다

남경에서 강서까지 여행하는 동안 신부는 같은 성에 사는 한 사람과 사귀게 되었는데,[442] 그는 남창에 친구가 많았다. 신부는 그에게 도시로 들어가 며칠 머무르며 쉬고 싶다고 말했고, 그는 매우 기뻐하며 자기 친구의 여관방에서 지내라고 권했다. 육지에 도착하자마자 그는 즉시 내려서 친구의 집으로 갔고, 사람을 보내 신부의 짐들을 지고 오도록 했다. 그런 다음 가마를 보내 신부를 모셔 오도록 했다. 다음 날 그곳에서 신부는 성 베드로와 바오로 대축일 미사를 봉헌했다.[443] 신부는 감사기도와 함께 교회의 두 반석이 이곳에서의 일을 잘 이끌어 주기를 간절히 청했다.[444]

---

442 강서 총독의 기패(旗牌, 수문장)였다. Cf. N.1339.

443 그러니까 리치가 남창에 도착한 것은 1595년 6월 28일이다. Cf. NN.1386, 1415.

444 바르톨리(Bartoli[1])는 이 "꿈 혹은 그보다 더한 것"을 언급한 다음, 리치가 매우 큰 확신을 가진 한 문서에 주목하게 한다. 이 문서는 찾지 못했다. 다만 그가 문서를 인용한 내용을 보면, "관리들의 적지 않은 횡포를 겪으며 신부들은 서로를 위로하며 말했다. '마음을 단단히 가지십시오. 하느님의 약속을 믿으세요. 여러분은 이제부터 관리들이 더는 우리를 착취하고 고통에 빠지지 않도록 황궁의 최고 사법부[部]의 상서(尙書)들과 각로(閣老)들이 우리의 친구가 되어 우리를 존중하게 될 것입니다.' 그리고 모든 것은 말한 대로 이루어졌다"(II, c.71, p.146). 트리고(pp.428-429) 역시 비슷한 몇 가지를 언급했는데, 그것은 종명인(鍾鳴仁)의 말을 인용하여, 리치가 1589-1595년 소주에 있을 때, 이런 예견 또는 추측을 했다는 것이다.

제11장

남창 지역 통감이 거주하는 강서의 도읍에
어떻게 거주지를 마련하게 되었는지에 대해

(1595년 7월부터 9월까지)

○ 강서의 도읍 남창에 관한 묘사
○ 리치가 총독의 주치의 왕계루를 방문하다
○ 리치가 도시의 관리와 황족들과 함께 식사하다
○ 물리학 기기들로 사람들의 환심을 사다
○ 리치의 특이한 기억술이 엄청난 찬사를 받다
○ 리치가 친구들의 조언으로 도심에서 성벽 근처 외곽으로 이사하다
○ 관리들이 리치에 대해 동요하다
○ 육만해(陸萬陔) 총독이 리치에 관한 정보를 듣고, 추방할 거라고 협박하다
○ 리치가 총독을 만나 남창 체류 허가를 받아내다
○ 리치와 총독 간의 정중한 거래
○ 리치를 향한 관리들의 배려

465. 강서의 도읍 남창에 관한 묘사

남창南昌[445]이라고 부르는 이 도시는 중국에서, 많은 문인을 배출했고,

---

[445] 남창(南昌)에 관한 묘사는 NN.450, 1341-1346, 1385, 1413, 1456을 보라. 구태소(瞿太

그래서 정부에 필요한 관리들을 많이 배출한 도시로 유명하다.[446] 광동廣
東의 도읍[447]처럼 사통팔달이지만 상인들로 북적이지 않아서 사람이나
자연이나 소박하고, 작은 것에 만족하며 살아가고 있었다. 성벽 안에는
두세 개의 호수가 있었다. 사람들은 자비롭고, 금욕적인 생활에 익숙해
있었다.[448] 문인 중에는 단체를 만들어 특정한 날을 정해 덕행을 실천하
려고 하는 사람들도 있었다. 겉으로 보기에는 매우 절도가 있는 것으로
보이지만, 가톨릭 신앙의 참된 길을 모르기 때문에 모두 목자 없는 양 떼
처럼 보였다.

466. 리치가 총독의 주치의 왕계루를 방문하다

리치는 남창에 온 이후,[449] 며칠 동안 집 밖 출입을 하지 않은 가운
데[450] 이 도시에 체류하기 위한 절차에 하느님의 도움을 청했다. 그리고

素)가 리치를 위해 좋게 말하고 조언하며 준비한 도시다. Cf. NN.1347, 1350, 1385,
1413, 1460.

[446] 1595년 시험에서 진사가 된 사람 중에 7-8명이 남창 출신이다. Cf. NN.1346, 1457. 진
사 명단을 새긴 돌기둥(1595)에 그 이름들이 새겨져 있다. 그들은 등사룡(鄧士龍), 이
광조(李光祖), 위시응(魏時應), 조국기(趙國琦), 유일욱(劉一煜), 유일경(劉一燥), 유일
광(劉一爌)이다. 마지막 세 사람은 한 형제들로 추정된다. 이 사람들은 강서성의 도읍
에서 태어났고, 다른 5명은 남창 행정구역에 속하는 여러 작은 고을에서 태어났다. 그
리고 또 다른 7명도 강서성의 여러 지역에서 태어났다. 남창은 3년마다 95명의 수재를
배출했다. Cf. N.1537.

[447] 광동의 도읍은 광주(廣州)다.

[448] Cf. NN.190, 397.

[449] 리치가 남창에 들어올 때는 여권이나 별다른 소개의 편지도 보여 주지 않아도 됐고
(N.1386), "아무도 의심하지 않았다"(N.1416). 도시의 남서쪽으로 들어왔는데, 그곳의
지명은 남포(南浦)라고 한다. 리치의 『교우론(交友論)』(PCLC, IV, f.1a) 시작 부분에
서 언급하고 있다. Cf. Tavola XVII.

[450] "한 달간 임대했다"(N.1461). 당시에 리치는 "도시의 관리들 중" 한 사람의 집에 머물
고 있었다. 집은 남경에서 남창으로 오던 배 안에서 사귄 강서 총독의 기패(旗牌)가 찾

하인들을 통해 광동에서 알고 지내던 사람들을 수소문했다. 도움을 받을 수 있을까 싶어서였다. 도시가 크고 사람이 많아서 아무도 찾을 수가 없었다. 상황이 이렇게 되자, 석 시랑[451]의 주치의 왕계루王繼樓를 찾아가기로 했다. 그는 석 시랑에 대해서 잘 알고 있었고, 석 시랑을 위해 강서江西까지 온 적이 있는 사람이었다.[452]

의사는 꽤 알려진 사람으로, 의술을 통해 그 지역 모든 관리들을 친구로 두고 있었기에 총독보다도 더 유명했다. 그는 붙임성이 있고 예의가 발라 인간관계가 아주 좋았다. 그는 총독에게 다른 왕국에서 한 외국인이 올 터인데, 그 사람은 자기의 절친한 친구 석 시랑과 함께 온 사람으로 지금 총독을 방문하고자 한다고 알렸다. 총독은 매우 반겼고, 직접 눈으로 보고는 더욱 놀라워했다. 자신과 다른 모습일 거라고는 전혀 생각하지 못했을 뿐 아니라 중국의 예법과 서적에 대해서 그토록 잘 알고 있을 거라고는 더욱 예상하지 못했기 때문이다.

[마태오 리치] 신부는 도시로 진출하기 위해 관리들과 교류하며 자신을 낮추는 게 중국인들에게는 얼마나 보잘것없는 일인지, 외적인 게 얼마나 중요한지를 터득했다. 그래서 모든 하인조차 긴 옷을 입는다는 걸 알았

아 준 것이다. 거기에 머무는 동안 선교사[리치]에게 더 적합한 다른 집을 찾기로 했다 (N.1340). 그곳에 있는 동안 리치는 "미열과 가래"(N.1418)에 시달리며 "앓았다" (N.1462). 집주인은 좋은 사람이었고, 선교사를 최고의 예로써 대했다. 깊은 우정을 나눈 친구로 간주했고 위대한 학자라며 "애정을 보이고" 자랑스러워했다(N.1347). Cf. N.1462.

451 N.451에서는 석 시랑의 주치의가 아니라 총독의 주치의라고 말하고 있는 반면에, 이곳에서는 석 시랑의 주치의라고 말하고 있다. 우리에게 혼란을 줄 수 있는 대목이다.

452 여전히 리치는 Chansi라고 쓰고, 델리야는 Kiangsi라고 쓰고 있다. Cf. NN.451, 1348. 의사는 리치를 점심 식사에 초대했고, 그 자리에 "황족들도 몇 명" 초대하여 함께 식사했다(N.1389). Cf. 1417.

다. 신부도 비단옷을 입고 문인들이 쓰는 모자를 썼다. 서양의 신부들이 수단에 모자를 쓰는 것과 비슷했다. 이런 사람을 여기에서는 소동파蘇東坡[453]라고 부르고, 최고로 높은 사람 대접을 받는다. 이렇게 중국의 예법에 맞게 차리고 가마를 타고 도시로 들어갔다. 그래야 신부에게 맞는 대접을 해 주기 때문이다. 그래야 사람들이 그동안 화상和尙으로 있었던 기억을 지울 수 있고 우리가 원하는바, 우리의 이미지를 만들어 나갈 수 있기 때문이다.

의사는 신부로부터 유럽에서 가지고 온 선물을 하나 받았고, 그것을 친구들에게 자랑하고 보여 주었다. 그러자 매우 이상한 사람이 그 도시에 왔다는 소문이 삽시간에 퍼졌다.[454]

467. 리치가 도시의 관리와 황족들과 함께 식사하다

그 도시에는 많은 황족이 국가의 녹을 받으며 살고 있었는데, 그들은 대부분의 시간을 좋은 집과 정원에서 보내고, 화려한 옷을 찾는 것 외에

---

453 유명한 시인 소식(蘇軾) 혹은 소동파(蘇東坡, 1037-1101)의 이름에서 유래한다. Cf. *BD*, N.1785.

454 중국인들은 외국인의 "풍채와 수염 난 얼굴 등"을 보고 매우 놀랐을 뿐 아니라, "중국의 문학을 모두 알고 있는 것"에 놀라움을 금치 못했다(N.1395). Cf. NN.1466, 1529. 거기에 더해 리치가 연금술사라는 거짓 정보까지(NN.1396, 1470) 나돌았고, 이는 그의 놀라운 기억력(Cf. 본서, p.455, 주(註) 462)과 학문적인 지식 때문이기도 했다(NN.1421, 1467). 리치의 저서 『기인십편(畸人十篇)』 서문에서 이지조(李之藻) 박사는 사람들이 리치를 기이한 사람이라고 생각한 것은 그의 놀라운 학문과 덕행(博聞有道術之人) 때문이라고 했다(*PCLC*, II, f.1b). 같은 작품의 서문을 쓴 왕가직(王家稙)도 같은 말을 했다(*PCLC*, II, f.3a-b). 주병모(周炳謨) 역시 같은 책의 서문에서 리치에게서 가장 기이하다고 생각했던 것은 죽음을 두려워하지 않는다는 것이라고 고백하였다. 왜냐하면 그는 하늘[천주]을 섬기기 때문이라는 것이다(大者不怖死 … 信天也)(*PCLC*, II, f.1a).

딱히 하는 일이 없었다.[455] 그중 두 사람이 왕이라는 칭호와 직위를 갖고 있었는데[456] 한 사람은 건안왕建安王이라고 하고, 다른 한 사람은 낙안왕樂安王이라고 불렀다.[457]

의사[458]는 즉시 예를 갖추어 신부를 자기 집에 초대했고,[459] 신부를 보고 싶어 하거나 그와 대화하고 싶어 한 몇몇 황족들과 문인들을 초대하였다. 그 자리에서 신부는 그곳 도시에서 살고 싶다는 뜻을 전하며 어떤 식으로든 그들의 호감을 얻으려고 했다. 사람들은 모두 신부가 남는 걸 환영했다. 의사는 신부가 그곳에 자리를 잡고 싶어 하는 것이 사실인지 믿을 수 없어 하면서도 그에게 그것은 매우 좋은 기회라고 일러 주었다. 그 도시에서 잘 알게 된 석 시랑에게는 신부에 대해 잘 이야기하면서 거짓말을 약간 보태어 광동의 날씨가 신부의 건강에 좋지 않기 때문에, 남창에서 살 수 있도록 해 달라고 편지를 썼다.

468. 물리학 기기들로 사람들의 환심을 사다

신부는 사람들의 환심을 사는 방법을 모색했고, 찾아오는 많은 사람과 대화하기 시작했다.[460] 그들이 한 번도 들어 본 적이 없는 수학적인 것들에 대해 말하기도 했고, 해시계를 만들어 보여 주기도 했다. 그것을 통해

---

455 황족들에 관해서는 NN.81, 118, 165, 1345, 1390, 1417, 1473, 1531을 보라.

456 왕자, 王이라고 하는 편이 나을 것이다. Cf. NN.1345, 1417.

457 건안(Kienan)과 낙안(Loan)을 다스렸다.

458 왕계루(王繼樓)다. Cf. NN.451, 466, 1348, 1352, 1417.

459 이 초대는 1595년 8월 29일 이전에 있었고(NN.1348, 1349), 이때도 모든 사람이 리치의 기억력에 놀라움을 금치 못했다. Cf. N.1357.

460 리치는 1595년 같은 해에 경약(經略)이라는 이름의 요동(遼東) 지역군(軍) 총독을 알게 되었다. 그를 통해서 그의 친척인 다른 두 명의 문인들과도 사귀었다. Cf. N.1351.

중국의 것보다는 훨씬 더 정확한 시간을 알 수 있다는 것도 알려 주었다.[461]

469. 리치의 특이한 기억술이 엄청난 찬사를 받다

그러나 사람들을 가장 놀라게 한 것은 신부의 기억술이었다. 학자들은 신부가 하는 여러 가지 물리적인 실험을 보기 위해 찾아왔고, 그들은 신부에게 기억술을 통해 전혀 연관이 없는 많은 문자와 단어를 적어 보라고 주문하기도 했다. 그리고 한 번만 읽고, 같은 순서로 다시 거꾸로 읊어 보라고 했다. 어떤 사람은 그 기술을 가르쳐 달라고도 했다. 리치의 기억술은 많은 사람의 찬사와 호감을 받았다.[462]

470. 리치가 친구들의 조언으로 도심에서 성벽 근처 외곽으로 이사하다

그즈음 신부는 소주韶州에서 관리를 지냈고 신부와 잘 알고 지내던 신분이 아주 높은 한 사람을 만났다. 신부에게 매우 친절했던 사람으로, 그 도시에서도 신분이 높아 신부에게 몇몇 유력인사를 소개해 주겠다고 했

---

461 Cf. NN.44, 480.

462 이런 경험은 1595년 8월 29일 이전에도 있었다(N.1357). 남창의 수재들과 식사를 하는 자리였는데, 같은 인물 왕계루(王繼樓)가 초대한 것으로 보인다(N.467). 그의 이런 놀라운 기억술은 관련이 없는 400 혹은 500개의 문자를 한 번만 보고 순서대로, 또 거꾸로 암기할 정도였는데, 이는 중국에서 그의 사도직이 성공하는 원인이 되었다. Cf. NN.475, 1421, 1467, 1529. 이지조(李之藻)는 『기인십편(畸人十篇)』 서문에서 "책 한 권을 보면, 그것을 그대로, 그리고 거꾸로 정확하게 암기할 줄을 알았다. 卷經目能逆順誦精"고 했다(PCLC, II, f.1b).

[그림 20] 남창(南昌)시 지도

• *Annali della Prefettura di Nanchang*(『동치남창부지(同治南昌府志)』)(1677).

다.[463] 그러나 알아본 결과, 아무도 그런 위험한 일을 맡으려고 하지 않았다. 그런 중에 그가 북경으로 다른 직무를 맡아 떠나게 되자 자기 친척인 어떤 수재秀才에게 신부를 부탁했다. 신부도 [상류사회에] 아는 사람이 적은 의사 왕계루를 통하는 것보다는 이춘화를 통하는 것이 더 확실하다고 생각했고, 그 수재에게 자신을 의탁했다. 수재는 신부가 남경 행정관의 별다른 허가서 없이 그곳에 머물 수 있게 하려고 했다. 그래서 도심에 있던 집에서 나와 성 밖에 있는 자기네 집 근처로 옮기라고 했다.[464]

471. 관리들이 리치에 대해 동요하다

신부에 대한 소문은 이미 남창에 파다했고 이름도 알려질 대로 알려져 그를 보겠다고 찾아오는 사람이 많았다.[465] 그런데 거처를 다른 곳으로 옮기게 되어 다시는 볼 수 없게 되었다.[466] 상황이 이렇게 되니 여러 가지 유언비어가 나돌기 시작했고,[467] 신부가 중국에 온 것을 두려워하기까지 했다. 소문은 남창의 총독과 모든 행정관의 귀에까지 들어갔고, 신부가 머물렀던 모든 곳이 조사 대상이 되었다. 그리고 왜 이곳에 왔는지,

---

463 Cf. N.1392. 의심할 여지 없이 이춘화(李春和)다. 그는 남경에서 태어났고, 1588년 소주(韶州)에서 동지(同知)를 지냈다. Cf. *Annali della Prefettura di Shiuchow*, c.4, f.9b. 이 사람과 강서 총독 기패(旗牌)를 혼동하지는 않는다(Bernard², I, p.231, N.15). Cf. N.1339.
464 임대한 집이다. Cf. N.473.
465 많은 사람이 "미친 듯이"(N.1393) 신부를 보러 왔고, 병에 걸려 "미열과 가래"에 시달려도 쉴 시간조차 주지 않았다(N.1418).
466 당시 리치는 "자기가 신부와 친하다고 자랑하는 한 사람의 집"(N.1462)에 머물고 있었고, 그것은 다른 사람들에게 적대감을 불러일으키는 계기가 되었다.
467 늘 겪던 일이었다. 왜냐하면 중국의 법이 외국인들의 입국을 금하고 있었기 때문이다. Cf. N.1419.

어디에서 왔는지를 물었다.

472. 육만해(陸萬陔) 총독이 리치에 관한 정보를 얻고, 추방할 거라고 협박하다

총독은 성이 육[陸萬陔][468]이라는 사람인데 어디 출신인지는 모르지만, 광동廣東에 있을 때부터 신부에 대한 소문을 익히 듣고 동정하는 마음을 갖고 있던 터였다. 그래서 그 외국인에 관한 소식을 들었을 때, 몇 가지 특징적인 것들로 인해 즉시 신부라는 것을 감지했다. 이 일로 한 무관武官을 불러 신부가 있는 성벽 바깥 지역을 잘 감시하라며[469] 그 외국인이 남창에서 무슨 일을 하는지 알아 오라고 명했다. 그에게 무례한 행동이나 방해가 되지 않도록 주의시키고, 다음 날 조사 결과를 보고하라고 했다.

473.

그 착한 관리[470]는 신부에게 방문증을 지참한 하인 한 명을 보내어 "총

---

468 성은 육(陸)이고, 이름은 만해(萬陔)며, 호는 천단(天溥) 또는 중학(仲鶴)이다. 중학이라는 호가 *Annali Generali del Kwangsi*, c.32, p.1b와 Aleni[1], f.2b에 실려 있고, 리치의 『교우론(交友論)』[1599] 서문에서 구태소(瞿太素)가 언급하기도 한다. 절강(浙江)의 가흥(嘉興)에서 가까운 평호(平湖) 지역 한 기술공의 가정에서 태어났다. 1568년에 진사가 되어 우검도어사(右檢都御史)에 임명되었고, 1579년에 광서(廣西) 지역 오주(梧州)에서 지부(知府)를 지냈으며, 산시(山西)의 좌포정(左布政)을 지냈다. 그리고 끝으로 1593년 8월 28일, 강서(江西)의 총독(巡撫)이 되어 리치를 알게 되었다. 1598년 9월 1일, 건강상의 이유로 공직에서 물러났다. 『연감(*Annali*)』에는 그의 행적과 공익에 대한 열정을 칭송하며, 식사와 잠을 잊을 만큼 일에 몰두하여 과로사할 지경이 되었다고 적고 있다. Cf. *Annali Generali del Kiangsi*, c.13, f.6b; c.127, f.49a; Homueilien, p.44, N.43. NN.1462-1463, 1484, 1528을 보라.
469 "이곳에서는 고위 행정관에 해당하는 최고 경찰관"(NN.1393, 1419)이다. 더 구체적으로는 "병사들을 통솔하는 지휘관"(N.1462)이다. 우리 서방의 경찰서장에 해당한다.

독이 저에게 명하기를 신부님이 어떤 사람인지, 왜 여기에 왔는지를 알아보라고 해서 제가 신부님을 만나러 가려고 합니다. 총독은 몇 가지 일로 직접 오지 못하게 되었습니다. 그러나 신부님이 관청으로 오셔서 이야기를 나눌 수 있기를 바라고 있습니다. 가능하시다면, 총독께 모두 말씀드리겠습니다"라고 전했다.

신부는 이 말을 듣고 매우 기뻐하며, 그의 물음에 대해 모두 글로 답장을 썼다. "오랫동안 광동廣東에 있는 두 도시 조경肇慶과 소주韶州에서 살았고, 두 달 전 석 시랑石侍郎과 함께 남창에 왔습니다. 석 시랑이 준 통행증으로 남경을 방문했습니다. 그리고 돌아왔더니 불행한 일이 생겨 이곳에서 잠시 기력을 회복한 다음 광동으로 가려고 합니다."

신부를 도와주던 친구[471]와 집주인은 총독이 신부에 관해 물어보고 조사하고 있다는 말에 몹시 두려워하며 리치에게 당장 나가 달라고 했다. 그들은 그날 밤에 어두운 틈을 타서 신부를 집 밖으로 내쫓으며 짐들을 길에 내동댕이쳤다. 총독의 의도를 알고 신부를 감시하던 관리의 눈을 피해 두려운 대상이 되는 사람을 제거하려고 한 것이다. 그러자 신부의 하인들도 힘으로 맞서려고 했다. 아침까지 겨우 버티고 난 뒤, 신부는 짐들을 원래의 자리로 다시 갖다 두라고 했다.[472]

474. 리치가 총독을 만나 남창 체류 허가를 받아 내다

총독은 자기가 생각했던바, 신부의 기억술을 보고 크게 반기며, 병사

---

470 리치를 감시하라는 임무를 맡은 군관(N.472)이다.
471 N.470에서 말한 바로 그 수재 이춘화다.
472 Cf. N.1353.

를 보내 신부를 관저로 모시고 오라고 명했다. 직접 보고 싶었던 것이다. 신부는 또다시 일어나게 될 일들에 대해 의구심과 두려움을 갖고, 거기에 머물게 된 경위에 대해 몇 가지 구실을 찾았다. 할 수만 있다면 그의 손에서 도망가고 싶었다.[473]

총독의 접견실로 들어가자,[474] 총독은 접견실 한가운데로 나오며 매우 밝은 얼굴로 신부를 환대해 주었다. 신부가 중국의 예법대로 무릎을 꿇으려고 하자 그냥 서 있으라고 했다. 그런 다음 가까이 오라며, 신부의 문장과 덕행에 대한 명성을 익히 들어서 알고 있던 터라 오래전부터 몹시 만나고 싶었다고 했다. 이제 아무것도 의심하지 않으며, 신부의 표정과 인품을 통해 그의 선함을 알 수 있다고도 했다.

신부는 전혀 기대하지 않았던 만큼, 거의 정신을 잃을 지경이었다. 이런 극찬을 받을 만하다고는 생각하지 않았지만, 자신을 이렇게 좋게 봐주는 것에 기쁘기는 했다. 모든 것이 하느님의 섭리이고, 낮춤으로써 높아진다는 걸 깨닫게 해 주시는 걸로 생각했다. 이 모든 말에 뭐라 대답할 길이 없을 때, 중국에서는 한마디로 '과찬이십니다'라는 뜻의 "별말씀을요(當不起)!"를 여러 번 반복한다. 신부가 얼굴까지 붉어지는 것을 보자, 총독은 자기가 잘못 보지 않았다고 확신했다.

그 뒤에 총독은 석 시랑과의 여행에 관해 물었고, 여행 중에 일어난 사건에 대해 이미 들은 것과 모두 일치한다고 했다. 총독은 또 남경에서 누구와 이야기를 나누었는지도 물었다. 신부는 서대임徐大任[475]을 만났다고

---

473 Cf. Bartoli[1], II, c.77, pp.155-158.
474 총독을 접견한 것은 4명의 관리가 리치의 집을 방문한 다음 날 이었다(N.1462).
475 Cf. N.459, 본서, p.442, 주(註) 423.

했다. 그러나 서대임이 자신을 얼마나 소홀하게 대했는지는 말하지 않았다. 총독은 신부가 자신의 친구이자 좋은 사람으로 알려진 서대임과 같은 사람을 만나 대화를 나눈 것에 대해 아주 기뻐했다. 한 시간을 넘게 여러 가지 이야기를 나누었고, 말끝에 총독은 신부에게 어디로 가고 싶으냐고 물었다. 신부는 광동으로 돌아갈 거라고 대답했다. 그러자 총독은 "(광동보다) 훨씬 크고 좋은 이 도시[남창]에 머무르는 것이 좋지 않겠습니까?" 하고 물었고, 신부는 즉시 총독이 허락해 준다면 정말 이곳에 남고 싶다고 했다. 총독이 말했다. "이곳에 남으시오. 내가 환영하오."[476]

475. 리치와 총독 간의 정중한 거래

이로써 신부는 기쁜 마음으로 관저를 나왔다. 그때 의사[477]가 여느 때처럼 총독을 방문하여[478] 신부가 이곳에 남기를 바란다며, 천문현상이 기록된 해시계를 제작할 줄 알고, 책의 한 장章을 한 번만 보고도 송두리째 암기하는 기억술을 가지고 있다고 했다.[479] 그리고 하늘을 여러 가지 색상으로 볼 수 있는 매우 귀중한 프리즘과 유럽에서 가져온 책들과 그 속에 담긴 진기한 것들에 대해서도 말했다.

이에 총독은 신부에게 그 시계를 하나 만들어 주고,[480] 유럽의 기억술

---

476 Cf. NN.1354, 1393, 1419, 1462. 1595년 10월 28일, 리치는 여전히 남창 체류 허가를 받지 못하고 있었다. Cf. N.1419.

477 왕계루다. Cf. NN.451, 466, 1348, 1352, 1417.

478 '방문'의 주체는 의사다. 그가 총독을 찾아온 것이다.

479 Cf. N.469.

480 1595년 10월 25일, 리치는 시계를 만들어 총독에게 주었다. "하늘이 그려진 바탕에 15분 단위로 표시를 하고 중국어로 쓴 몇 가지 경구문까지 넣었다." "흑석(黑石)을 깎아서 넣은 것은 이곳[남창]에서는 매우 귀한 것이다"(N.1423). 시계의 다리에 기록된 남

을 중국어로 써 달라고 요청했다.[481] 직무상 밖으로 나가서 배울 수 없어 관저 안에서만 사는 세 자녀에게 가르치고 싶다는 것이다.[482]

프리즘과 다른 것들도 자기 식구들에게 보여 주고 싶어 했다. 하지만 신부가 막상 그것들을 주려고 하자 받지 않으려고 했다. 왕계루가 그것은 뇌물이 아니라, 신부가 몹시 주고 싶어 하는 선물이라고 강조했지만, 여전히 받지 않았다. 그는 이렇게 말했다. 오래전에 어떤 신심 깊은 사람이 매우 값비싼 보석을 하나 가지고 있었다. 어느 날 덕망 있는 한 귀족이 그의 집을 방문했고, 그는 그 보석을 선물했다. 귀족은 보석을 받자마자 즉시 돌려주며 말하기를 "이 보석은 영원히 그대의 것이오. 만약 덕이 있는 사람이 아니라면 그대는 그것을 주지 않았을 것이오. 그러나 정말 덕이 있는 사람이라면 그대가 그것을 준다고 해도 받지 않을 것이오." 총독은 "이렇게" 말하며, "당신들의 친구 마태오 리치의 이 보석에 대해서도 같은 말을 하고 싶소"라고 했다.

———

창의 위도가 29도라는 것은 그다지 신빙성이 없다. 그래서 총독은 1595년 11월 초에 다른 사람에게 위도 32도라고 알려진 절강(浙江)의 평호(平湖)를 측정하라고 명했다. Cf. N.1463. 총독을 위해 만든 이 시계와 건안왕(建安王)(N.480)을 위해 만든 시계는 중국인들에게 리치가 "지식의 괴물", "최고 수학자며 자연철학자"(N.1468), "또 한 명의 톨로메오"(N.1397; cf. N.1421)라고 불리는 계기가 되었다. "크게 웃을 일"(N.1468)이 아닐 수 없었다. 이 해시계들을 리치는 1595년 "여러 사람에게 나누어 주기 위해 인쇄하도록 했고"(N.1423, cf. N.1463), "돌로 표시한 모든 것을 종이에" 연판으로 찍었다(N.40). "글자와 선은 하얗게, 나머지는 모두 까맣게 나오게 하는"(N.1469) 방식이었다.

481 Cf. 469, 1357, 1421. 1595년 11월 4일 이전까지 몇 명을 가르치기 시작했다(N.1479). 그러나 얼마 지나지 않아서 총독 육만해(陸萬陔)에게 그것을 글로 써서 주었다(N.490).

482 총독의 자녀들은 관저 밖으로 나갈 수가 없었다. 중국의 관습에 따르면, "관리가 직무를 보는 동안 그의 자녀들은 결코 밖으로 나가 다른 아이들과 어울려서는 안 되기"(N.115) 때문이다. Cf. N.1523.

476. 리치를 향한 관리들의 배려

그즈음 신부는 남창의 모든 관리들을 방문했고,[483] 그들은 하나같이 신부를 환대해 주었다. 그중에는 광동에서 알았던 사람들도 있었고, 그들은 다른 사람들에게 신부를 소개해 주기도 했다.

477.

이런 일이 있고 난 뒤에 신부는 의사에게 좋은 선물을 했고, 의사는 자기도 신부에게 뭔가 해 주어야 한다는 의무감에서 도움이 될 만한 일이라면 무엇이건 찾아서 했으며, [자기가 알고 있는] 모든 사람에게 신부를 소개해 주었다.[484] 그가 모든 관리들의 관저로 들어갈 때마다 신부에 대해 말을 했고 모든 사람이 신부에게 호감을 느끼게 했다.

그 덕분에 짧은 시간 안에, 또 총독이 신부에게 베푼 호의 덕분에, 그 도시에 있던 지체 높은 사람치고 예를 갖추어 신부를 방문하고 싶어 하지 않는 사람이 없었다.[485]

---

483 리치는 포정사(布政司), 안찰사(按察司), 제학(提學), 지부(知府)와 지현(知縣)을 방문했다. Cf. NN.1355, 1418, 1464. 그러나 이들의 집을 방문하기 전에 "매우 성대하게 예를 갖추어 4대 요직"(N.1462)의 집을 먼저 방문했다. 모든 방문에서 리치는 최고의 대접을 받았다(NN.1464, 1476). 선교사들은 방문 중에 식사할 수가 없다. 왜냐하면 정오 또는 한 시간 후에라도(N.1425) 밤에 하는 것과 마찬가지로 성무일도를 바쳐야 하기 때문이다(N.1465). 점심 식사 초대가 자주 있었다. 그러나 일주일에 두세 차례 혹은 같은 날 두 차례 정도만 허용했다(NN.1425, 1477).

484 리치에 관해 "그 도시의 총독과 모든 주요 인사들이 저마다 한마디씩 하는 것"만이 아니라, 신부가 세를 얻어 사는 "잘 알려지지 않은 지역"(N.1420)에까지 찾아가게 했다. 그곳은 의사 왕계루의 집으로 리치에게 "거실과 방 세 개를" 세주었고, 신부는 집을 매입할 때까지 그곳에 있었다(N.1394; cf. NN.1420, 1461). 1595년 11월 4일에도 신부는 여전히 왕계루의 집 한쪽에 세 들어 살고 있었다(N.1478).

485 Cf. NN.1356, 1365.

✝

제12장

황가(皇家)의 두 친족과 리치가 어떻게 친구가 되었는지에 대해, 남경에서 그들에게 한 설교

(1595년 8월 20일경부터 10월까지)

○ 리치가 두 황족의 초대를 받다

○ 리치와 건재(乾齋), 건안왕(建安王)과의 정중한 관계; 선물 교환

○ 중국어로 번역한 유럽식 지구본을 건안왕에게 선물하다

○ 리치가 자신의 첫 중국어 저서『교우론』을 선물하다

○ 그 외 건안왕과 리치의 친분

○ 리치와 장본청(章本淸)의 우정

○ 선의의 거짓말조차 하지 않으려는 리치에 대해 온 중국이 이상하리만치 호감을 느끼다

478. 리치가 두 황족의 초대를 받다

[중국의] 황제에게는 많은 직계 친척들이 있었는데, 그중 가장 예를 갖추어 마태오 신부를 방문하고 많은 연회를 베풀어 주었던[486] 두 사람은

---

486 이 황족 중 한 사람의 아들이 구태소(瞿太素)의 딸과 결혼하여 1595년 8월 29일 이전, 리치의 집으로 세 차례 방문했었다. Cf. NN.1364, 2751; Cf. N.366, 주(註).

왕王이라는 직함을 가지고 있는 사람들이었다. 건안왕建安王과 낙안왕樂安
王으로,[487] 신부와 자주 만나서 대화를 나누고 우정을 쌓고 싶어 했다. 그
들은 현지 관리들과도 교류가 없었고, 다른 특별한 사람을 만나는 것도
아니어서 각자 비중 있는 사람을 뽑아 선물을 보내며 자기네 궁을 방문
해 줄 것을 신부에게 요청했다. 그들은 각자 넓은 땅에 화려한 저택을 짓
고, 아름다운 정원과 예쁜 책상과 의자를 갖춘 방들과 문들이 있는 집에
서 살며 많은 하인을 부리고 있었다.

479. 리치와 건재(乾齋), 건안왕(建安王)과의 정중한 관계; 선물 교환

그들 중 리치 신부에게 가장 먼저 예를 갖추고, 점차 깊은 우정을 나눈
사람은 건안왕으로 이름은 건재乾齋[488]였다. 그는 리치를 초대하여 접견

---

487 리치는 건안왕(建安王)의 이름에 대한 정보는 제공하면서(N.479) 낙안왕(樂安王)에
대한 정보는 주지 않고 있다. 단간왕(端簡王)의 맏아들 다경(多㷖)이 아닐까 싶다. 낙
안왕은 1561년에 왕이 되었고, 만력(萬曆) 황제 밑에서 사망했다. Cf. *Storia dei Mim*,
c.102. 건안왕은 1595년 10월 24일 이전부터 리치를 직접 방문하여 값비싼 비단 두 필
과 "매우 아름답게" "공을 들인 비단 신발", 그리고 풍경화가 담긴 "책을 한 권" 선물했
다. 책에 나오는 이미지는 자신이 리치 신부와 이야기하는 장면을 그려 넣은 것인데,
거기에는 두 사람의 정중한 대화 장면과 외국인을 칭송하는 내용도 기록되었다. 리치
역시 다른 방식으로 응답을 했는데, 성인들의 초상화와 덕행을 권장하는 아름다운 문
구들을 중국어로 써넣었다. 리치가 쓴 『교우론(交友論)』의 초판본과 유사하다(1400,
1422). Cf. N.1474.
488 이 왕의 중국어 이름 건재(乾齋)는 로마의 비토리오 에마누엘레 도서관에 소장된 중국
어 판본 『교우론(交友論)』에서는 찾아볼 수가 없다. 이 책에는 처음부터 이렇게 적혀
있다. "건안왕, 즉 건재 박사에게 답변한 교우론에 관한 이야기(答建安王 即乾齋子 友
論)." 이 소제목은 로마의 그레고리안 대학교 고문서실, t. 292, ff.189-200에 소장된 이
탈리아어본 사본에 적혀 있는 것과 정확하게 일치한다. "마체라타 출신 예수회의 마태
오 리치 신부가 건안왕 건재의 우정에 대한 답변서. 리치가 직접 중국어를 이탈리아어

실에서 곤룡포에 관冠을 쓰고 맞이한 후, 자리에 앉게 하여 차茶[489]를 대
접했다. 차를 대접하는 것은 집 밖에서 만나는 사람들과 나누는 첫 번째
인사 예절이라고 언급한 적이 있다.[490] 신부는 유럽에서 가져온 여러 가
지 물건들을 선물로 전했다.[491] 중국인들이 가장 진귀하게 생각하는 물
건들이었다.

480.

리치는 중국에서 쉽게 구할 수 있는 흑석으로 낮과 밤의 크기에 맞추
어 하늘이 표시된[492] 해시계[493]를 하나 만들었다. 해의 길이에 따라 시간
을 나타내고, 1년 24절기도 처음과 중간에 넣었다.[494] 중국에서는 주야

로 번역함." 즉 리치가 직접 번역한 이 책은 비토리오 에마누엘레 소장본의 유사 사례
로 짐작된다. Cf. N.482, 본서, p.469, 주(註) 500.

　명사(明史, *Storia dei Mim*), c.102에서는 이 왕에 대해서 이렇게 말한다. "소정왕(昭
靖王)의 장남으로 다절(多㸅)이라는 이름의 강의왕(康懿王)은 1573년에 건안의 왕이
되었고 1601년에 사망했다." 따라서 이 사람의 신분에 관해서는 의심의 여지가 없다.
리치는 그를 만나기 위해 남창(南昌)까지 갈 만큼 그를 아꼈고, "어려움도 감수
할"(N.1475) 정도로 보인다.

489 여기에서는 차만 대접하지만(N.126), 이후 적어도 세 번에 걸쳐서 점심식사 초대가 있
었다(N.1475). 가장 먼저 초대한 점심식사는 1595년 8월 15일에서 20일 사이에 있었
다. Cf. N.1366.

490 Cf. NN.32, 126.

491 무엇보다도 리치가 그에게 선물한 것은 동(銅)에 그린 유화(NN.1366, 1401) 혹은 "청
동에 얇게 그린 그림"(N.1475)으로 성 로렌조나 성 스테파노일 가능성이 크다. 지구본
과 사분의(四分儀)도 함께 주었다(N.1476).

492 중국의 1년은 24절기로 나뉜다. D'Elia[1], N.67.

493 돌로 만든 이 해시계는 리치가 1595년 10월 25일경 왕에게 주었다(NN.1423, 1476).
왕은 붉은 돌로 받침대를 만들어 [이 해시계를] 자신의 정원에 두었다(N.1476). 리치는
1596년에도 여러 개를 만들었는데(N.1492) 다른 성(省)에 보내기 위해서였다
(N.1506). 1597년에도 만들었고, 거기에는 예수의 이름을 새겨 넣기도 했다(N.1541).

494 "시계에는 하늘과 사분이 표시되고, 중국어로 쓴 좋은 몇 가지 경구까지 넣었다"

평분선이 들어간 해시계 외에는 한 번도 보지 못했던 것이라, 이것을 어디에 두어야 하는지조차 알지 못했다. 온 세계가 36도 똑같은 극의 높이에 있다고 생각한 것이다.[495] 그들은 대단히 기뻐하며 매우 귀한 거로 생각했다.

건안왕은 더욱 애정을 보였고, 신부에게 깊은 우정과 배려를 아끼지 않았다. 이에 신부 역시 중국어로 쓴 지구본[496]과 혼천의를 하나 선물했다. 아울러 몇 가지 성화[497]와 프리즘과 유럽에서 가져온 여러 가지 물건들을 주었다. 그는 놀라움을 금치 못했고, 그에 상응하는 만큼의 물건들

(N.1423). 리치는 이 기회를 이용하여 "여러 사람에게 선물하기 위해 그것을 많이 인쇄하도록" 하기도 했다(N.1423). Cf. NN.1469, 1506. 중국인들도 그것을 수없이 반복하여 인쇄했는데, 아마도 연판 인쇄를 한 것으로 보인다(NN.1423, 1469). 리치의 해시계와 지구본들이 대표적이다(N.1401).

495 Cf. NN.44, 362, 468, 1397, 1421, 1463, 1506. 이 방위가 원(元)나라 때 남경과 북경의 천문기구로 잰 것들이었다. Cf. N.543.

496 1595년 10월 25일경, 리치는 "시계와 지구본을 각각 두 개씩 만들어" 하나는 총독 육만해(陸萬陔)에게 주고(N.475), 다른 하나는 건안왕에게 주었다(N.1423). 그때 리치는 건안왕에게 기하학적인 사분의(四分儀)도 같이 선물했는데, 그것에 대한 건안왕의 칭찬과 칭송은 끝이 없었다(N.1476).

497 1595년 8월 20일쯤(8월 29일 자 편지에서 "며칠 전에"라고 쓰고 있으므로), 리치는 건재 왕에게 이미 보여 준 바 있는 매우 아름다운 〈성모 마리아 성화〉를 동판(銅板)에 유화(N.1366)로 그려, 또 "청동에 얇게 그림을 그려서"(N.1475) 선물로 주었다. 예술적으로도 매우 가치가 있는 것으로서, 1590년 5월 25일 이전, 아마도 1586년 일본의 부관구장으로 있던 코엘료 신부가 리치 신부에게 보내 준 것으로 보인다. "후안 니콜라오 신부가 그린 매우 아름답고 큰 〈구세주 성화〉"(N.286)와 함께 주었다. 니콜라오 학파의 첫 성화 작품이기도 했다[Cf. N.286, 주(註)]. 거기에는 성 스테파노보다는 (N.1366) 기도하는 성 로렌조(NN.1401, 1423, 1475)가 그려졌을 것으로 추정된다. 두 성화를 다르게 생각하지 않는 것 같다. 하나는 8월 29일 이전 날짜가 적힌 성 스테파노이고(N.1366), 다른 하나는 10월 28일 며칠 전으로 날짜가 적힌 성 로렌조(N.1423)인데, 유사한 문장에서 똑같이 다루고 있기 때문이다. 건안왕은 흑단 목재로 성화의 틀을 만들고 주변에 많은 보석과 금과 은으로 장식을 하여 한 번 보라고 리치의 집으로 보냈다.

을 답례로 보내 주었다. 항상 보내 주던 비단과 은銀은 물론, 많은 먹을거리도 보내 주었다. 그리고 그것들을 매번 크게 예를 갖추어서 해 주었다.

481. 중국어로 번역한 유럽식 지구본을 건안왕에게 선물하다

그러나 건안왕이 가장 좋아한 선물은 두 권의 책으로, 매우 단단하고 예쁜 일본 종이를 유럽식으로 제본한 것이다. 한 권은 "천문지리에 관한 묘사"라는 제목의 책인데, 별도의 페이지에 유럽, 아시아, 아프리카, 아메리카와 마젤란 지역,[498] 네 가지 원소와 아홉 개 행성의 이미지가 있고 중국에서는 한 번도 보지 못한 수학적인 것들이 있었다. 모두 중국어로 정확하게 기록한 것이었다.[499]

---

498 마젤란 지역, 곧 오스트레일리아 땅에 해당하는 지역으로, 리치의 〈세계지도〉에서는 남아메리카의 남쪽에서 아프리카 남쪽까지 전체 남부 지역을 말한다. 리치도 자신의 첫 번째 〈세계지도〉(1584)의 '읽어 두기'에서 이렇게 쓰고 있다. "마젤란 지역은 남쪽 전체를 일컫는다. 남극이 솟아오른 것 외에는 (아무것도) 보이지 않지만, 북극은 계속해서 감춰져 있습니다. 나는 그 경계에 대해서 말할 수가 없습니다. 왜냐하면 아직 진단된 바가 없기 때문입니다. 다만 북쪽 부분을 자바섬 일대와 마젤란 해협까지로 한정을 지을 수 있겠습니다"(D'Elia[1], 그림 3-4, DF f). 리치도 오스트레일리아 땅에 대해 명기할 때, 그 이름을 이렇게 언급하였다. "마젤란은 한 포르투갈 사람의 이름으로 60년 전(1484-1520)에 이 좁은 해협을 지나 이곳에 도착했습니다. 그래서 유럽의 학자들은 바다와 육지 사이의 이 좁은 해협의 이름에 그의 이름을 붙여 주었습니다"(D'Elia[1], 그림 9-10, D g).

499 텍스트에서 말하는 이 모든 일이 1595년도 중후반 강서(江西)의 도읍 남창에서 일어났고, 리치는 건재(乾齋)에게 "유럽의 방식으로 제본한 책을 두 권" 주려고 했다. 당시 유럽에서는 두꺼운 종이나 얇은 나무판을 겉표지로 쓰고 "견고하고 예쁜 일본의 종이"를 내지로 쓰고 있었다. 그중 "한 권"은 지도책이고 다른 한 권은 "라틴어-중국어로 쓴" 『교우론』을 처음으로 중국어로 필사한 것이다. 다시 말해서 라틴어 혹은 이탈리아어를 중국의 문자로 옮겨 적은 것이다. "책들"이라고 부르는 것은 모두 필사한 것은 아니지만, 그가 덧붙인 것처럼, "나중에 중국어로만 인쇄"를 했기 때문이다. 그러면서도 앞서 한 것까지 필사한 책으로 간주한다. 여기에서 말하는 것은 세계지도와 다섯 대륙을 모두 중국어로 쓴 완전한 지도책을 말하는 것이 아니다. 유럽어로 쓴 지도책으로 몇 개의 큰 도시만 중국어로 명기하고 일본의 종이로 겉표지를 썼다. 다시 말해서 리치는

482. 리치가 자신의 첫 중국어 저서 『교우론』을 선물하다

또 다른 한 권은 『교우론交友論』[500]으로, 건안왕이 신부에게 유럽에서

인쇄한 지도 위에 번역을 추가하고자 한 것이다. 가령, 지도의 제목과 관련하여 주요 지명과 사대 원소 및 아홉 행성의 이미지를 넣은 것이다. Cf. N.598. 여기에서는 1584년에 나온 중국의 〈세계지도〉와 관련한 추측은 제외하고, 1595년의 지도책 판본만 이야기하고 있다. 리치가 직접 쓴 1596년 10월 13일 자 글에는 그때까지 중국에서 〈세계지도〉는 하나만 제작했다고 적고 있다. "이미 많은 해가 지났지만, 지도는 하나만 만들었습니다." 나머지는 "알려지지도 않았고 인쇄도 형편없었습니다." 그 이유는 제작자가 누군지도 모른 채 간행되었기 때문이다(N.1515). 세 번째 〈세계지도〉 판본 (1602)의 서문에서 그는 자신이 1596년 10월 13일 이후에 제작한 판본에 대해서 완전히 외면하고 있다. 같은 〈세계지도〉의 서문에서 이지조(李之藻)가 외면하고 있는 것과 같다. Cf. D'Elia[1], 그림 12-13 ad b; 그림 17-18 DF d. 그러므로 Bernard[2](I, p.257)가 1596년 10월 13일 이후 건안왕으로부터 새로운 출판 제의를 받았다는 것은 아무런 근거가 없는 견해라고 볼 수 있다.

500 이와 관련하여, 우리의 첫 중국학자의 손에 의해 중국어로 쓴 첫 번째 저술은 텍스트에서도 감지되듯이 리치가 썼지만, 그가 인쇄하지는 않았다(NN.1513, 1558). 제목은 『교우론(交友論)』이다. 즉, '우정에 관한 논의'인 것이다. 간략한 서문에서 리치는 1595년 남창에 와서 건안왕이 점심식사에 초대했고, 그의 요청에 따라서 유럽의 학자들은 교우관계에 대해 뭐라고 이야기했는지 말해 달라고 해서 쓴다고 밝히고 있다. 76개의 짧은 경구들은 대부분 한 문장으로 된 것이고, 나중에 24개 문장을 추가하여 모두 100개의 경구로 채웠다. 1601년 2월 9일, 풍응경(馮應京)이 『교우론』 서문에서 말하고 있듯이 문장은 모두 100개다(友論凡百章). 날짜는 마지막 문장 바로 뒤에 만력이십삼년세차을미삼월망일(萬曆二十三年歲次乙未三月望日)이라고 적혀 있다. 즉, 1595년 4월 24일인데, 이것은 확실히 잘못된 것이다. 왜냐하면 리치는 1595년 6월 28일 이전에는 건안왕을 알 수가 없었기 때문이다(N.464). 이것은 아마도 十一이라고 가로로 써야 하는 것을 세로로 쓰는 바람에 三이라고 잘못 표기한 걸로 보인다. 따라서 음력 3월 15일은 —수용할 수 없는— 양력 4월 24일이 된 것이다. 그러나 음력으로 11월 15일은 1595년 11월 16일이 되기에 여기에서 연대기 순으로 기록을 하는 리치의 입장에서도 수용할 수 있는 날짜가 되는 셈이다. 8월 20일경 두 개의 그림을 선물한 것에 대해 언급한 이후, 약 3개월이 지난 다음에 이 책을 선물한 것을 말하는 것이다. 책을 11월 4일에 썼다는 점을 고려할 때, 이 말이 더 정확한 셈이고(NN.1475, 1476), 1595년 말 선물했다는 것도 믿을 만한 이야기다(N.1513).

1595년 리치가 남창에서 쓴 이 작품(N.1558)은 텍스트에서도 말하고 있듯이 "유럽어와 중국어로" 쓴 것이다. 즉, 중국어와 이탈리아어 혹은 라틴어에서 옮겨 적은 것이다. 그리고 1595년 말 이전에 리치가 건안왕에게 선물했고(N.1513), 그의 친구들이 여

는 교우관계가 어떠해야 하냐고 묻고 그에 대해 신부가 대답하는 형식이

러 번 베껴 적었다(N.1513). 그해는 물론(N.482) 이듬해에도 10월 13일 이전까지 (N.1513) 계속해서 사본이 나왔고, (1596년 10월 13일 이후) 건안왕의 친구 중 한 사람이 리치의 허락 없이 리치의 이름으로 남창이 아니라, 강서의 영도(甯都)에서 출판을 해 버렸다(N.1513). 1599년 남경에서 발간된 또 다른 판본은(N.1558) 아마도 리치의 요청에 따라 구태소[(瞿太素)(Cf. N.310, 본서, p.335, 주(註) 97.]가 발간했을 것이다. 그가 서문에서 1599년 1월 27일 자로 밝히고 있기 때문이다(萬曆巳亥正月穀旦友人舊虁序). 2년 후인 1601년, 북경에서 풍응경이 리치에게 말하지 않은 채, 자신은 호북(湖北)에 있으면서 1601년 2월 9일 자로 아름다운 문장으로 서문까지 추가하여 재판(再版)하도록 하였다(明萬曆辛丑春正月人日 … 敬書千楚臬司之明德堂). 이 목판본의 형식은 나중에 저자가 신부들에게 양도하였다(N.626). 1603년에서 1608년 사이, 이지조(李之藻)는 절강(浙江)에서 또 다른 판본을 감수하였다(N.632).

타키 벤투리(Tacchi Venturi, II, p.545, N.3)도 이와 관련하여 언급한 바 있음에도 불구하고, 1595년도 판본에 대해서는 아무도 알지 못한다. 프랑스 파리 전집(Courant, N.3371)은 1601년 이전에는 나올 수 없음에도 불구하고, 1601년에 나온 풍응경의 서문이 담긴 사본이 들어 있다. 로마의 비토리오 에마누엘레 도서관의 사본은 풍응경의 서문이 들어 있는 만큼 알려진 것 중 가장 오래된 것으로(1601?), 1601년 이전의 것일 수는 없다. 왜냐하면 이것 역시 처음과 끝이 알려진 판본과는 다르고, 가장 오래된 느낌이 있기 때문이다. 책은 이렇게 시작된다. "답건안왕 즉건재자 우론(答建安王 卽乾齋子 友論)"[그러나 가장자리에는 교우론(交友論)이라고 쓰여 있다.] 혹은 "건안왕, 곧 철학자 건재에게 한 우정에 관한 답변." 그리고 저자에 대해 "대서양야소회사이마두술(大西洋耶穌會士利瑪竇述)", 즉 "예수회 학자 서방의 거사 마태오 리치 씀"이라고 적혀 있다. 중국에서 "예수회"라는 표현은 여기에서 처음 등장하는 것 같다. 마지막 부분도 주목할 만하다. 만력이십삼년세차을미삼월망일 대서양수사리마두집(萬曆二十三年歲次乙未三月望日 大西洋修士利瑪竇集), 즉 "1595년 4월 24일, 서방의 위대한 수도승 마태오 리치 집대성"이라고 적혀 있다. 이 판본은 강서의 길안에서 한 것으로, 첫 페이지 가장자리에 "길안부팽기사[吉安府彭奇寫, 길안(吉安)의 팽기가 옮겨 적었음]"이라고 적혀 있다. 풍응경의 서문 f.2 가장자리에는 "임천부상각(臨川府相刻)과 같음"이라고 적혀 있다. 만약 이 임천부가 조선(Corea)이 아니라면 이 사본의 날짜는 훨씬 나중에 나온 것으로 보아야 하고, 강서의 임천현(臨川縣)이어야 한다.

이 소책자는 자주 "여러 성(省)에서 인쇄, 재(再)인쇄"(N.706)를 거듭하였다. 바티칸 도서관에는 여러 판본이 소장되어 있다(Borgia Cinese, 324, 10: 512, 4: Racc. GeN.Or., III, 223, 9).

리치가 포르투갈인 안드레아 데보라(Andrea d'Evora, *Sententiae et exempla, Ex probatissimis quibusque scriptoribus collecta, & per locos communes digesta*)의 작품에 협조한 것 같지는 않다. 그러나 다섯 번째 판본의 사본(파리, 1590)이 아직도 북

다. 신부는 유럽의 철학자, 성인, 그리고 모든 선조와 당대의 저술가들이 쓴 기록에서 뽑은 답변을 모두 정리하여 편찬하였다. 이 작품은 지금까지도 중국인들을 놀라게 하고 있다. 이 책은 유럽의 언어[501]와 중국어를

경 예수회 옛 도서관, 지금은 라자로회(BP)에 보관되어 있다. 제목과 전반적인 주제가 일치하지만, 리치의 짧은 경구들은 때로 상반된 주장을 보여 주기도 하는데, 키케로의 논의에는 별 관심이 없는 것처럼 여겨진다.

1599년 8월 14일, 리치는 자신의 저서 사본 하나를 로마에 보내면서(N.1566) "이탈리아어본"(N.1558)도 한 권 보내 주겠다고 약속하였다. 실제로 리치가 쓴 번역본 사본은 교황청립 그레고리안 대학교 고문서실에 보관되어 있는데(t. 292, pp.189-200), 리치가 보냈다던 그것일 가능성이 크다. 그러나 『천학초함(*PCLC. Prima Collezione di Libri Cristiani*, 天學初函)』(역자주: 북경, 1630)이 만들어지기 이전의 판본을 수정하여 추가한 것은 확실하다. 다행히 벤투리(Tacchi Venturi)가 잘 관찰한바, 리치의 문장은 2세기가 넘게 출판되지 않다가 1825년에야 *Dell'Amicitia, ‖ brave trattato ‖ del p. Matteo Ricci ‖ della Compagnia di Gesù ‖ pubblicato per cura di Michele Ferrucci ‖ in occasione della bene augurate nozze del sig. Marchese ‖ Domenico Ricci Petrocchini ‖ colla signora contessa ‖ Elisa Graziani ‖ ambo di Macerata, Pesaro. ‖ Tipografia di Annesio Nobili, ‖ 1825.* 라는 제목으로 빛을 보았다. 리치가 직접 보낸 편지 다음에 제목이 있다. *Risposta ‖ del ‖ p. Matteo Ricci ‖ da Macerata ‖ della Compagnia di Gesù ‖ intorno all'amicizia ‖ al Re Chiengan Chienzai ‖ tradotta dalla lingia cinese in italiano ‖ dal medesimo autore.*

중국에서 책의 성공은 대단했다. "『교우론』은 저는 물론 지금까지 우리가 일구어 온 유럽에 가장 큰 공신력을 가져다준 책입니다"라고 리치는 1599년 8월 14일 자 편지에서 적고 있다(N.1558).

501 여러 차례에 걸쳐 리치는 자신이 중국인들을 위해 한 일들에 대해 "우리의 편지에서" 언급하고 있다. 확실한 것은 리치가 이 일들을 음성화하거나 이탈리아어나 라틴어 혹은 로마자로 기록하지 않았다는 것이다. 그러면 중국인들은 전혀 알아들을 수 없었을 것이기 때문이다. 베르나르드(Bernard² I, p.263; cf. *Ibid.*, II, p.22)는 리치의 텍스트에서 "romanisation"이라는 말을 잘못 전하고 있는데, 개인적인 해석으로 보인다. 포르투갈어를 로마자화하는 경우 1606년의 표기는 오늘날과 매우 다르다. Cf. N.570. 그러나 불교가 중국에 전래되던 때부터 중국인들은 중국 문자로 표기된 산스크리트어 책들을 알고 있었다. 음성은 대략 산스크리트어지만 표현은 중국 문자로 하고 있었기 때문이다. 8세기 초, 인도 사람 슈바카라(Subhakara)는 중국인들에게 산스크리트어로 쓴 진언(眞言) 혹은 탄트라(tantra)라고 하는 미신을 암송하는 법과 신주(神咒) 혹은 만트라(mantra)라는 주문을 가르쳤다. 대단히 이해할 수 없는 문구지만 매우 귀중하게

대했다. Cf. Wieger, *HC*, pp.536, 538. 리치는 의심의 여지 없이 이런 사례를 "우리의 편지에서" 언급하는 것이다.

분명한 것은 일곱 성사를 그의 『천주교요(天主敎要)』(ff. 12a-14a)에서 언급하고 있는 점이다. 이와 관련하여 리치는 1605년 5월 9일 자 편지에서 "유럽어로 된 일곱 가지 성사의 이름들을 음성화했습니다"라고 적고 있다(N.1585). 포르투갈어를 토대로 리치가 쓴 일곱 가지 '교회의 성사(*Ecclesiae sacramenta, Uocolésiia sacolamomtuo*, 阨格勒西亞撒格辣孟多)'들을 여기에 적어 보면, ① 세례성사(patisemo 報弟斯摩), ② 견진성사(comfeiöllmazam, 共斐兒瑪藏), ③ 성체성사(commomniam, 共蒙仰), ④ 고백성사(pénitemziia, 白尼登濟亞), ⑤ 병자성사(uosetelemo uomzam, 阨斯得肋㢈翁藏), ⑥ 신품성사(oölltem[=ortem], 阿兒等), ⑦ 혼인성사(matilimonieu, 瑪地利摩紐).

흥미로운 것은 세례성사 양식을 중국어로 쓴 것인데, 유일하게 리치의 『천주교요』(f. 14a-b)에서만 그 사례를 볼 수 있다. 이것은 로마의 인류복음화성 고문서고에서 필자[델리야]가 직접 찾은 것이다. 리치가 1605년에 직접 주석을 달아서 포르투갈인 보좌신부 조반니 알바레즈(Giovanni Alvarez)에게 보낸 것으로 추정된다.

세례양식 [Formola del patisemo]

報弟斯摩 (= 세례성사) 경언(經言):

Meu, Uo-ngo te pa - ti - zo in no - mi - no
某　阨裒德拔弟作引諸米搃
N.　E - go te ba-(p)ti-zo in no - mi - ne

Pa - té - li - se　uo - té Fei - li - i　uo - té
罷德利斯厄德費離意厄德
Pa- ti - ri - s　e - t　Fi - li - i　e - t

Se - pei - li - tu - se　Sam - co - ti, Ia - mom
斯彼利都斯三隔弟亞孟
S- pi - ri - tu - s　San - c - ti.　A - men.

라틴어에서 중국어로 표기하여 정확하게 이해하기 위해서는 중국어에는 r이 없어서 l로 대체한다는 것과 그것들이 단음절이기 때문에 자음 c, p, t, s를 발음할 수 없고 하나의 모음만으로는 지탱할 수 없다는 것을 알아야 한다. 이런 '미숙한' 양식은 1611년에 나온 중국인들이 알아들을 수 있는 양식으로 대체되지도 않았다. 트리고가 1612년 8월에 쓴 연차보고서에서 1611년에 일어난 일들에 대해 언급하면서 리치의 세례 양식과 다른 새로운 세례 양식의 번역 소식을 전하고 있다(ARSI, *Jap.-Sin.*, 113, ff.152b-153a). Cf. N.930. 론고바르도 역시 1612년 10월 15일 남창에서 이미 사망한 순찰사 파시오에게 쓴 편지에서 세례 양식을 중국어로 번역했다고 말하고 있다. 라틴어를 음차하여 쓴 다른 양식은 지역에 따라서 다르게 발음해야 하고, 세례성사에 대한 의구심을 유발하거나 성사 자체의 효력에 문제가 생길 수 있다고 보았다(ARSI, *Jap.-Sin.*, 113, f.270). 따라서 리치 시대 전부는 어떤 의미에서는 세례 지원자들에게 양식을 알아듣게 함으로써 세례성사의 효력을 확실하게 하는 데 전념한 것으로 보인다. Cf.

함께 써서 독자들의 호기심을 더욱 불러일으켰지만, 후에 감주贛州 성省
의 한 도시에 사는 신부의 친구 지현知縣이 중국어로만 인쇄했다.[502] 그
리고 더 후에는 북경과 절강浙江[503]에서, 다른 여러 성에서도 여러 차례
모든 문인 학자들의 찬사를 받으며 인쇄를 거듭했다. 당시에 벌써 매우
권위 있는 책으로 알려지기 시작했다.[504]

이 책은 리치가 중국어로 쓴 첫 작품이 되었고, 많은 친구를 얻는 계기
가 되었으며, 많은 지체 높은 사람들로부터 인정받는 기회가 되기도 했다.

483. 그 외 건안왕과 리치의 친분

이후에도 건안왕은 신부와 자주 만나고 싶어 했고, 자기 집에 초대했
으며, 신부가 방문할 때마다 상을 차려 내왔다.[505] 신부를 대신하여 가마
꾼들의 비용을 지불하기도 했고, 신부의 하인들에게도 돈을 주곤 했다.

D'Elia, *De primigenia forma baptismi signis sinensibus expressa in Periodica de re
morali, canonica et liturgica*, Roma, 1938, pp.340-348.
    이런 종류의 또 다른 음차 사례는 1603-1604년경 론고바르도가 사망예식과 매장 기
도문들을 라틴에서 중국어로 쓴 데서 나타났다. 이후 지금까지 이런 사례들은 더는
없었다. Cf. N.666. 1800년경에 나온 이런 종류의 사례들은 *AMCL*, II, ff.54-59에 나타
나는바, 교회 밖에서 포르투갈어 단어들에서 상당히 많이 나왔다.

502 아마도 광동(廣東), 영덕(英德)의 지현(知縣)으로 있던 소대용(蘇大用)일 것이다. 그러
나 그는 1592년 이후에는 이 직무를 수행하지 않고 있었다. 그는 강서(江西)의 감주
(贛州)에서 태어났다.

503 북경에서는 1601년에 풍응경(馮應敬)이 재인쇄를 했고(N.626), 절강(浙江)에서는 이
지조(李之藻)가 했다(N.632).

504 여기에서 리치는 아마도 자신의 절친한 친구 왕순암(王順菴)이 『왕긍당(王肯堂)』에서
언급한 『울강재필진(鬱岡齋筆塵)』을 암시하는 것 같다. 1602년 발간한 이 책에서 저
자는 서방의 위대함에 대해 칭송했고, 『교우론』에서 사십여 문장을 골라 인용하기도
했다. 그것들은 리치 선생이 보내 준 것에서 뽑은 거라고도 했다(利君遺余交友論一編,
有味哉)(ristampa della Biblioteca Nazionale di Pechino 1930, c.3, ff.10b-12a).

505 Cf. N.1505.

이것은 그만큼 신부의 방문을 반긴다는 뜻이다. 그와의 우정은 그가 살아 있을 때뿐 아니라,[506] 이후 그의 아들과도 이어졌다.[507]

484. 리치와 장본청(章本淸)의 우정

신부는 현지의 관리들인 문인들은 물론 여러 고관과도 교류했는데, 그들은 리치를 모든 사람이 따라야 할 참된 계명을 지키며 사는 사람이라고 소개했다.[508] 그들의 수장으로 성은 장章이고 이름은 두진斗津[509]이라

---

506 1595년 10월 28일부터 리치는 이 사람에 대해 "이 왕은 그리스도인이 되고 싶어 합니다. 제 생각에는 가능할 것 같습니다"(N.1424). 그리고 그해 11월 4일 자 편지에서 "그에 대해 말씀드리면, 그는 하느님의 나라에서 멀리 있지 않습니다"(N.1476).

507 이 장남의 이름은 모룡(謀墉)이다. 1603년에 건안의 왕이 되었다. Cf. *Storia dei Mim*, c.102.

508 Cf. NN.556, 1398, 1491.

509 그는 성이 장(章)이고 이름이 본청(本淸)이며 호가 황(潢), 두진(斗津)이다. 통상 장박아(章博雅), "대단히 박식한 장(章)"이라고 불렸다(NN.1358-1360). 그는 명사(明史, *Storie dei Mim*)에 따르면, 1608년 82세의 나이로 사망했다. 따라서 그의 출생 연도는 중국식 계산에 따라 1527년이 되어야 한다. 그의 고향은 남창이고, Chão를 주(州)라고 번역하는 베르나르드(Bernard[2] I, pp.236-237)와는 달리, 리치는 특정 사람의 경우 성(姓)으로 쓴다(N.1358). 리치가 그를 공식적으로 "박사"라고 하지는 않지만, 지금의 호북(湖北), 동호시(東湖市)의 차선당(此洗堂)에서 많은 제자를 가르쳤다는 걸 강조하고 있다. 1592년 유명한 백록동서원(白鹿洞書院)의 원장으로 선출되었다. 서원의 역사는 10세기 중반으로 거슬러 올라가고, 이름은 강서(江西)의 성자현(星子縣) 동굴에서 유래하였다. 9세기, 그곳에서 한 마리 백(白) 사슴이 두 형제를 따르며 공부를 독려했다고 한다. 1585년에 나온(Seccu, p.2817) 『도서편(圖書編)』(c. 29, ff.33a-35b)에는 리치의 첫 번째 세계지도인 〈여자산해전도(輿地山海全圖)〉에 대해 언급하고 있다. 리치의 문장으로 '여자대서[양]부해입중국(予自大西[洋]浮海入中國)'이라고 적고 있다. D'Elia[1], Tavole III-VI, DF, liN.4, 중국어본에서 읽을 수 있다. Cf. *ibid.*, N.46.

'자연스럽게 그리스도인'의 심성을 갖춘 사람 같았다. 그에 대해서는 고향 사람들조차 "어릴 때부터 노인이 될 때까지 부적합한 말이나 행동을 하지 않은 것은 물론, 부적절한 친구도 사귀지 않았고, 부적합한 책도 결코 읽지 않았다(自少迄老, 口無非禮之言, 身無非禮之行, 交無非禮之友, 目無非禮之書)(*Storia dei Mim*, c.283: 明史, 卷171). 그래서 백성들은 그가 사망한 후에, 그에게 "문덕(文德)", 즉 '덕망 있는 학자'라

는 사람이 있었는데, 당시 나이가 일흔에 이른 노인[510]이었다. 그와 그의 친구들은 우리의 친구 구태소瞿太素[511]로부터 신부에 대해 많은 이야기를 들었다. 구태소는 그 지역에서 오래 살았고, 우리의 학문과 덕행을 널리 알렸다. 신부는 그들이 알고 있는 것과는 달리, 그들을 만족시킬 수 없을까 봐 크게 걱정하였다.[512]

그들은 대부분의 사람 앞에서는 매우 거만했지만, 신부 앞에서는 매우 겸손하고 예의 바른 자세를 보였고, 신부가 그들의 책에 대해 해박한 것을 보며 크게 즐거워하였다.[513] 그리고 고전에서 우리의 성교회에 대해 언급하는 것들을 찾아내려고 하였다.[514]

는 칭호를 헌정하였다. Cf. *Annali della Prefettura di Namchang*, c.43, f.19a-b; *Storia dei Min*, c.283 in fine; 모덕기(毛德琦)가 쓰고 다시 주비란(周非蘭)이 새로 출판한 *Annali dell'Accademia della grotta del cervo bianco*[『백록동서원(白鹿洞書院)』], vol. V, f.4a. 그러므로 리치와 '긴밀한 우정'을 나눈 것이 놀라운 일이 아니고, 리치가 보기에 개종에서 그리 멀리 있지 않은 것처럼 보였다(N.1472). 그는 육만해(陸萬垓)(본서, p.458, 주(註) 468) 총독이 리치에 관한 정보를 얻고자 했을 때, 자기 주치의 왕계루(王繼樓)(N.451)에게 자신이 외국에 관해 구태소(瞿太素)로부터 들었던바, 모두 좋게 이야기해 주었다. 그래서 남창에 체류할 수 있는 허가증을 받을 수 있게 해 주었다(NN.1352, 1394, 1420, 1462). 호감이 가는 이 문인에 대해서는 다음의 항목을 보라. NN.1358-1360, 1460.

510 1595년 리치가 편지를 쓸 때 "나이가 일흔에 이른" 노인이었다(N.1359). 그는 1608년 82세로 사망했다. 따라서 1595년에는 중국 나이로 만 68세였다.

511 Cf. N.359, 본서, p.335, 주(註) 97.

512 Cf. NN.1350, 1358, 1385, 1413, 1420.

513 잘 인식하고 있었다. 왕순암(王順菴)은 가령, 앞서 언급한 『왕긍당(王肯堂)』에서 분명 리치는 중국의 언어와 문학에 해박하다고 말한 바 있다(利君 … 素熟于中土語言文字)(*Ibid.*, c.3, f.10b).

514 리치는 그리스도교의 진리를 말할 때, 중국의 고전들을 능숙하게 인용하곤 하였다. Cf. NN.176, 1358, 1360, 1467. 성 바오로가 아테네의 아레오파고스에서 한 것과 같았다(사도, 17장 23-28절).

485. 선의의 거짓말조차 하지 않으려는 리치에 대해 온 중국이 이상하리만치 호감을 느끼다

그 시기에 매우 사소한 일로 신부가 크게 신용을 얻는 일이 발생했다. 매일 많은 사람이 신부의 집을 방문했고, 예법상 한 사람도 거부당했다고 생각하지 않도록 하느라 그들의 집을 일일이 답방문해야 했다. 병이 들어도 단 하루도 쉴 수 없을 정도였다. 그때 장두진章斗津이 한 가지 조언을 했다. 사람들이 신부를 찾아오면 누군가 대문 앞에 있다가 지금 신부가 집에 없다고 말하라는 것이다. 그러나 신부는 그렇게 할 수 없다며, 그것은 거짓말을 하는 거라고 했다. 친절한 철학자는 웃으며 "이것이 거짓말이라는 말입니까?" 하고 물었다. 신부는 우리 고향에서는 거짓말하는 것이 매우 나쁜 일일뿐더러, 특히 수도자와 다른 사람을 가르치는 일을 하는 사람은 예외 없이 결코 거짓말을 해서는 안 된다고 했다. 또한 다른 사람들로부터 존경을 받는 사람도 거짓말을 해서는 안 된다고 했다.

그 신사는 이런 좋은 습관을 칭찬하지 않을 수 없다고 했다. 지성인으로서 그리스도교 신앙의 순수함을 깨닫기 시작한 것이다. 그는 이 이야기를 널리 전했고, 중국에서 거짓말을 하지 않는다는 건 기적이나 다를 바가 없는데 신부는 그것을 하지 않는다는 소문이 널리 퍼졌다. 어느 날, 그가 자기 지인들에게 말하기를 "우리도 거짓말을 하지 않는 그런 단계에 이른다면 얼마나 좋겠습니까"라고 하였다.[515]

---

515 Cf. NN.1481, 1491, 1514; Bartoli[1], II, c.87, pp.175-177. 이런 사실은 많은 물의를 빚었다. 리치도 1595년의 편지에서 장두진(章斗津)에 대해 자주 언급했지만, 그해 11월 4일까지는 아무런 말을 하지 않았다(N.1481). 따라서 이 일과 관련하여 10월 28일까지는 말이 없다가, 1595년 11월 4일에야 처음 이야기가 나왔다고 볼 수 있다. 리치에 대해서는 엽대산(葉臺山)의 시(詩)에까지 등장할 정도였다. "[유럽의 선교사들은] 덕망이 있어, 거짓말조차 허락하지 않는구나(淑詭良不拎)"(N.533).

[그림 21] 교우론(交友論)

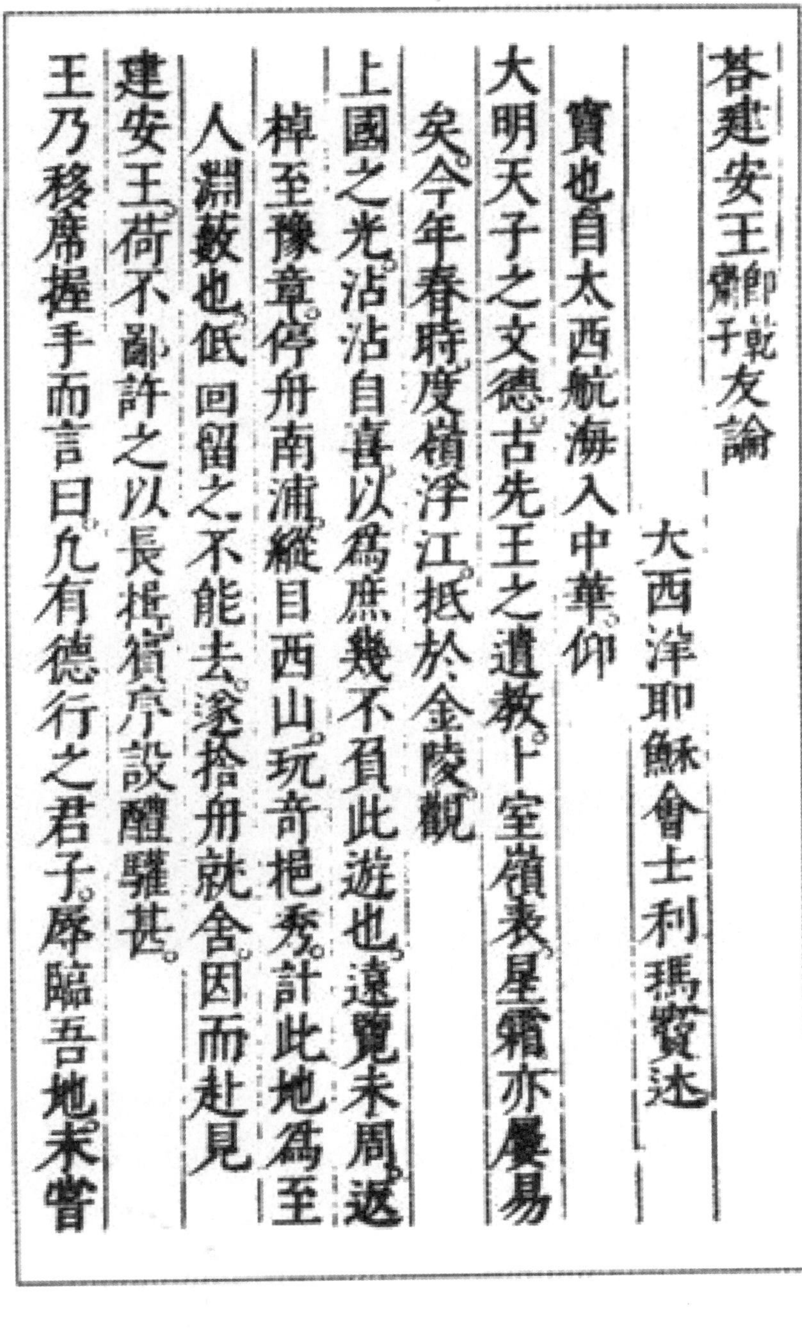

答建安王 節乾友論

大西洋耶穌會士利瑪竇述

寶也自太西航海入中華。仰

大明天子之文德古先王之遺教卜室嶺表星霜亦屢易

矣今年春時度嶺浮江抵於金陵觀

上國之光沾沾自喜以爲庶幾不貢此遊也遠覽未周返

棹至豫章停舟南浦縱目西山玩奇挹秀。計此地爲至

人淵藪也低回留之不能去遂搭舟就舍因而赴見

建安王荷不鄙許之以長揖賓序設醴驩甚。

王乃移席握手而言曰凡有德行之君子。辱臨吾地未嘗

✝

제13장

교섭이 성공한 사실을
어떻게 알렸는지에 대해, 두아르테
데 산데 신부가 조반니 소에이로 신부를
남창으로 보내고 거기서 우리가
집을 어떻게 매입할 수 있었는지에 대해
(1595년 12월부터 1596년 7월까지)

───~◦~───

- 1595년 12월 24일 소에이로와 황명사가 남창에 도착하다
- 신부들이 연금술을 한다고 남창에 소문이 퍼지다
- 총독과 선물을 교환하고 남창에 집을 매입하기 위해 첫 활동을 하다
- 남창 지부 왕좌(王佐)의 거부
- 리치가 총독 육만해와 『서국기법』으로 화해하다
- 남창에서 집을 매입할 수 있도록 구두로 허락을 받아 내다
- 일부의 반대에도 불구하고 집을 매입하다; 황제의 감찰관을 방문하다
- 리치의 교리서 『천주실의』
- 리치와 현지인 스승이 새로 온 선교사들에게 가르친 중국어와 중국어 문체 강의

486. 1595년 12월 24일 소에이로와 황명사가 남창에 도착하다

마태오 신부는 시작이 좋은 것을 보면서 마카오에 있는 두아르테 데

산데Duarte de Sande 신부에게 모든 것을 말하고 인력과 돈을 지원해 달라고 요청했다.[516] 그래서 조반니 소에이로Giovanni Soeiro 신부[517]를 남창南昌

---

516 Cf. N.1367. 1595년 10월, 리치 신부는 신부와 수사 각 한 명의 중국 내 통행증을 지참한 하인 한 명을 소주와 마카오로 보냈다(N.1480).

517 조반니 소에이로 신부는 포르투갈의 코임브라 교구 몬테모로벨호(Montemoro-velho)에서 1566년에 태어나 코임브라 예수회에 1584년에 입회하였다. 그는 다 로챠(da Rocha), 데 페트리스(De Petris)를 포함한 31명의 선교사 중 한 사람으로 로마를 방문하고 귀국하는 일본인 사절단을 동행하여 1586년 4월 13일 리스본에서 출발했다. 그해 8월 31일부터 이듬해 3월 15일까지 모잠비크에 머물다가 1587년 5월 29일 고아(Goa)에 도착했다(ARSI, Goa, 28, f.9v). 고아에서 철학을 공부했다. 그에 관한 소식은 1590년 6월 23일 이전에 리치의 귀에 들어갔고, (리치는) 소에이로와 그의 동료 다 로챠를 인도에서 마카오로 불렀다. 그들은 1591년 7-8월 마카오에 도착했다. 1593년 1월 1일 자 카탈로그에는 이렇게 적혀 있다. "코임브라 교구 몬테모르 엘 베이요 출신의 포르투갈인 후안 소에이로, 27세, 능력은 보통, 예수회 입회 9년 차. 인문학과 신학 1년을 마쳤고, 중국 파견을 기다리고 있음. 그래서 중국선교에 가장 필요한 중국어를 배우는 중"(ARSI, Jap.-Sin., 25, f.33v). 그의 자질에 관해서는 그해 카탈로그에 추가 작성된 부분이 있다. "판단력이 신중하고, 공부한 것에 대해서는 잘 알며, 덕망이 있고 신심이 깊음. 너무 섬세하여 주저하는 부분이 있으며, 때로는 공격적인 면도 있음"(ARSI, Jap.-Sin., 25, f.40v). 그는 1594년에도 여전히 마카오에서 신학을 공부하고 있었다(N.426). 아마도 이듬해에 사제서품을 받은 것으로 보인다. 아무튼 1595년 12월 24일에는 이미 사제가 되어 남창(南昌)에 도착했다(NN.486, 4064). 허약한 체력에도 불구하고 그는 남창에서 10년 넘게 많은 성공적인 일을 했다. 리치의 지도하에 계속해서 사서(四書)와 오경(五經)을 읽으며 중국어 공부도 했다. 중국어를 충분히 알아들을 수 있게 되자, 리치는 그에게 중국인 스승을 붙여 주어 중국어 구어체와 어법을 익히도록 했다(N.494). 1598년 6월 25일, 리치가 남경과 북경으로 가기 위해 남창을 떠날 때, 소에이로와 다 로챠만 남겨 두었다(N.506). 둘 다 중국어 공부에 열중하고 있었기 때문이다(N.567). 그러나 얼마 못 가, 1600년 5월 19일, 남경에서 다 로챠 신부를 부르는 바람에 다 로챠마저 남창을 떠나야 했다(N.574). 남창에는 거의 소에이로 혼자 있었다. 1604년 에마누엘 디아즈 어른 신부가 소주, 남창, 남경 등 세 수도원의 원장으로 올 때까지 말이다(NN.702, 748). 그의 일상은 "후에 폐병으로 이어질 정도로 중병"(N.741)을 앓았음에도 불구하고, 사도직 활동은 만족할 만큼 결실을 가져왔다. 백여 명 정도 되는 남창의 신심 깊은 신자들을 배출한 것이다(NN.741-747, 4200). 이런 결실은 디아즈 신부의 도착으로 배로 늘었고, 1605년 12월 초 그리스도인의 숫자는 200명 가까이 되었다. 중국인 신자들 가운데는 많은 학자가 있었고, 황족과 귀족들도 있었다(NN.748-751). 그러나 그의 병은 "폐병으로 이어져 피를 토했고"(N.853), 1606

으로 보내고, 그 편에 소주韶州에는 프란체스코 마르티네스Francesco Martines, 黃明沙 수사[518]를 보내라고 명했다. 경제적인 지원과 관련하여, 이

년 4월 모든 사도직에서 물러나 1년가량 침대에 누워 지내다가(N.4200), 1607년 5월 마카오로 보내졌다(N.853). 그곳에서 그해 9월 아니면 10월 2일에 사망한 것으로 보인다. 이 사망 날짜는 1607년 10월 5일에 작성한 1606-1607년도 연차보고서를 통해 추론한 것이다. 그달(1607년 10월) 18일 자 추가 글 서두에 "앞서 쓴 보고서에 이어서"라고 쓴 다음에 "남창 수도원에 있던 후안 소에이로 신부가 마카오 콜레지움에서 10월 2일 사망했다는 소식이 있습니다"라고 쓰여 있다. 문맥상 10월 2일은 남창에 사망 소식이 전해진 것으로, 마카오에서 남창까지 소식을 전하기에 보름이라는 시간은 너무 짧은 것도 같다. 따라서 왜 편지를 쓴 5일이 아니라 2일이라는 날짜가 나온 건지도 의문이다. 잊어버린 것일까? 그럴 수도 있다. 어쨌든 그로 인해 바르톨리(Bartoli[1], II, c.240, p.459)가 해석한 날짜, 10월 2일이 소에이로의 사망 일자가 되었다.

리치는 소에이로 선교사에 대해 칭찬을 아끼지 않고 있다. 금욕적인 삶은 물론, "겸손, 순명, 인내 및 수도자적인 가난"의 모델이라고 말하며, "남경 수도원의 생활비는 항상 매우 부족했지만, 그는 결코 투정하는 법이 없었습니다"라고 기록했다. 그래서 리치는 "모든 사람이 그들 두고 성인"이라고 한 것에 주목하였다. 남창의 많은 그리스도인은 그의 사망에 대해 "얼마간 조의 기간을 갖기를 원했고"(N.854), 10월 18일 자, 1606-1607년 연차보고서에서 조의와 장례에 대한 신자들의 구체적인 바람을 언급하고 있다. 그는 25×16cm의 13 ff.『천주성교약언(天主聖教約言)』의 저자이기도 했다. 이 책은 ARSI, Jap.-Sin., I, 110에 있다. 바르톨리에 의하면(Bartoli[1], II, c.240, p.459), 소에이로는 이 책을 "거의 생애 마지막 시기에 썼다"라고 한다. 그렇다면 1606-1607년 병이 깊은 중에 썼고, "니콜로 론고바르도 신부가 그것을 소주에서 1607년 이전도 1610년 이후도 아닌 시점에서 인쇄"했다고 볼 수 있다. 첫 페이지에 "그리스도교에 관한 소에이로의 질의 요약문, 天主聖教蘇如漢先生約言或問約言"이라고 적힌 것을 볼 수 있다. (이미 출판된) 1603년 리치의『천주실의(天主實意)』를 시사하는 것 같다.

한편,『천주실의』는 아담(亞黨)과 에와(厄襪)를 창조한 하느님에 대해서, 세 가지 혼, 생혼(生魂), 각혼(覺魂), 영혼(靈魂)에 대해서, 벌에 대해서, 구원을 위해 하느님을 알아야 할 필요성과 그분이 마련한 종교와 실천에 대해서, 그리고 십계명과 믿음에 대해서, 세례를 받아야 하는 것에 대해서 이야기하고 있다. 십계명에 대한 설명, 사랑의 이중적인 개념, 세례의 필요성에 대한 설명도 있다.

십계명과 관련해서는 1605년에 나온 리치의『천주교요(天主敎要)』도 있다. 결국 리치의 전체 작품 중 예수회 공식 인준으로 보이는 것은 이 두 작품이다.『천주교요』는 피스터(Pfister)의 말(p.57)에 의하면 1601년에 준비한 것으로 보인다.

518 1591년 1월 1일, 소주에서 입회한 첫 중국인 예수회원 중 한 사람이다.

사업을 위해 스페인의 국왕에게 강력하게 요청할 수가 없어서 매우 쪼들리고 있었다.[519] 그해 말까지 버틸 수 있는 생활비와 집 한 채의 임대료만 겨우 지급할 수 있는 50두카토만 리치 신부 앞으로 도달했다.

마태오 신부는 남창의 관리[520]가 써 준 허가증을 가지고 광동으로 왔고, 그곳에 남기 위해 신부 한 명도 동행하였다. 이렇게 두 사람은 남웅南雄의 여러 신자의 도움으로 매령산梅嶺山[521]을 무사히 통과하여, 1595년 바로 그해 성탄 전날에 [남창에] 도착했다.[522]

---

519 200 크루사도스와 스페인의 국왕이 중국선교를 위해 내놓은 비용은 소주에 있는 4명 선교사의 생활비의 절반을 겨우 넘을 정도에 불과했다. 스페인의 국왕이 인도 총독에게 주기로 한 돈은 1589년에도 전혀 지급되지 않았다. 이유는 아마도 국왕에게 있다기보다, 믈라카에 대한 무관심을 이 비용을 지급함으로써 돌려 보려는 것으로 해석된다. 1582년 믈라카의 주교 리베이로 가이오(Rubeiro Gaio)가 그레고리오 13세 교황에게 보낸 편지에 "이 지역에서 활동하는 교회의 모든 일꾼에게 지급하는 국왕의 월급은 공적인 라인을 통해서 정상적으로 지불하기는 하지만, 자기들에게 이로운 기회를 이용하여 저열한 방식으로 지급되고 있습니다"(*BDM*, 1938-1939 XXXI, p.587)라고 적혀 있기 때문이다. 1593년 1월 1일, 발리냐노는 총장에게 3년 반 동안 중국의 신부들은 약속한 비용을 전혀 받지 못하고 있다는 편지를 썼다. "사망하는 일부 후원자가 신부들에게 약간의 유산을 남기지 않았더라면, 신부들이 어떻게 살았을지 정말 막막합니다"(*ARSI, Jap.-Sin.*, 12, ff.40-42). 리치도 1595년 10월 7일 자 편지에서 같은 말을 하고 있다(N.1370). 그래서 1595년 12월 6일, 발리냐노는 인도의 부관구장인 카브랄 총장에게 매우 섭섭하다는 내용의 편지를 썼다. 이유는 그가 오르무스라는 후원자로부터 1만 파라도스(약 3백만 레이; cf. Dalgado, pp.175-177)의 돈을 받고도 가장 가난한 선교지 세 곳 중 하나인 중국을 완전히 잊어버렸기 때문이다. 그 바람에, 발리냐노는 중국의 신부들이 진 빚을 갚고 그해 생활을 하기 위해서 600파라도스의 빚을 또 내야 했던 것이다(*ARSI, Jap.-Sin.*, 12, f.328a; cf. N.2679). 1596년 12월 3일, 발리냐노는 총장에게 국왕이 중국선교를 위해 지급하기로 한 연간 500 두카토의 비용을 달라고 하면서 비용이 지급되지 않으면 중국 내륙에 있는 신부들을 마카오로 불러야 한다고 협박하기도 했다(*ARSI, Jap.-SiN.,* 13, ff.37-38). Cf. N.2694.

520 이 허가증을 써 준 남창의 관리는 의사 왕계루(王繼樓)(N.1369)다. 그에 관해서는 NN.451, 466, 1348, 1352, 1359를 보라.

521 Cf. N.402.

522 Cf. N.2669. 며칠 후인 1596년 1월 1일, 리치 신부는 남창에 있는 "우리 집 작은 경당"

[그림 22] 리치의 수도서원 자필서 및 서명(1596년 1월 1일)

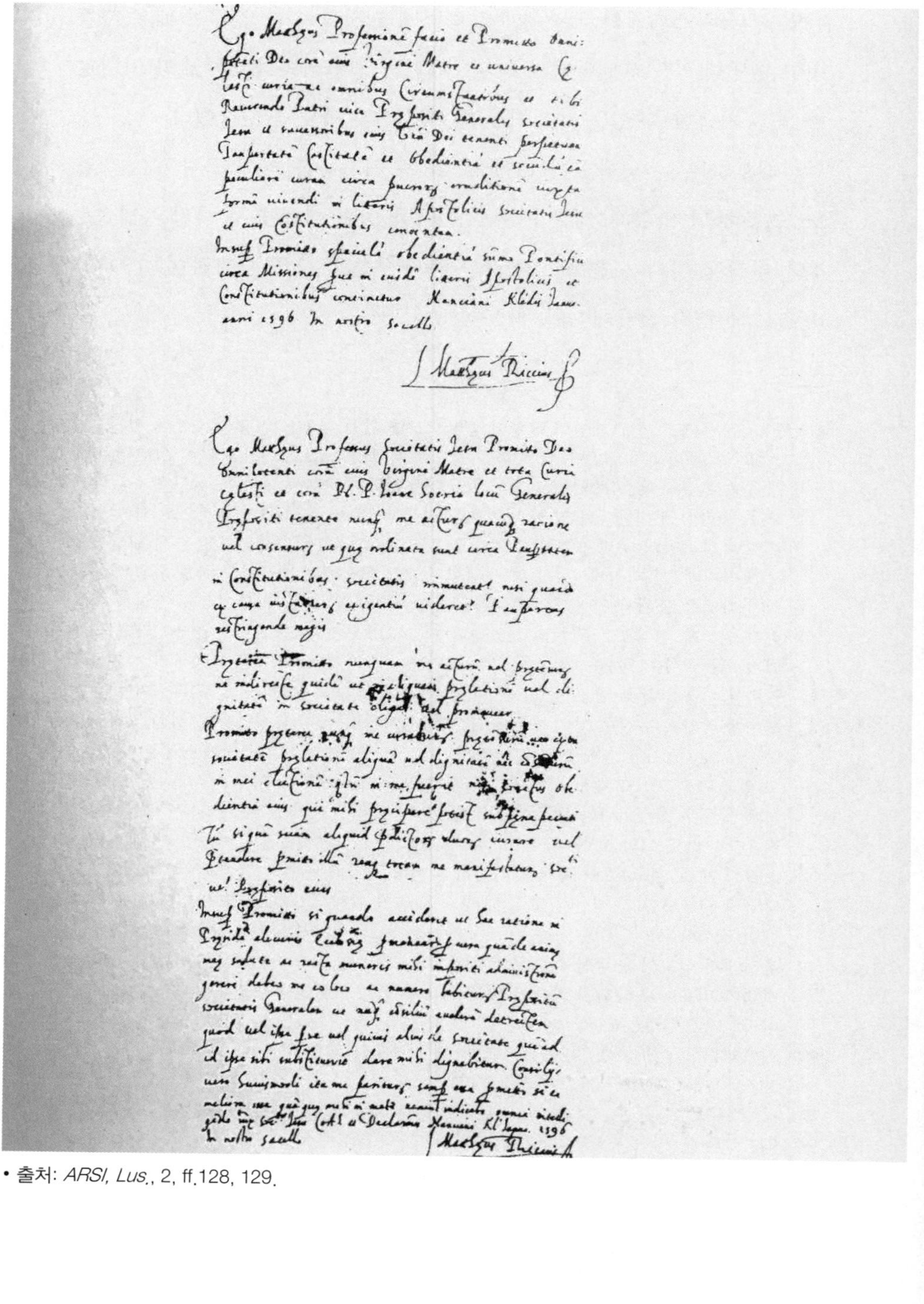

• 출처: *ARSI, Lus.*, 2, ff.128, 129.

487. 신부들이 연금술을 한다고 남창에 소문이 퍼지다

소에이로 신부가 남창에 도착했지만, 환영식은 전혀 할 수가 없었다. 벌써 그곳 신부들에 관한 여러 가지 [나쁜] 소문이 번지고 있었기 때문이다. 신부들은 외국인들이었고, 뭔가 나쁜 의도를 가지고 중국에 입국했을 수 있다고 생각하는 사람들이 더러 있었다.[523] 게다가 남창은 은銀을 만든다는 연금술로 소문이 자자해 많은 사람이 몰려와 가산을 탕진하고 구걸하며 사는 사람이 많은 곳이었다.[524] 사람들은 신부들이 오래전에 연금술의 대가들로부터 기술을 전수받았고,[525] 의사 왕계루王繼樓[526]에게도 그것을 가르쳐 주었다고 생각했다.[527] 그래서 왕계루가 신부들을 자기 집에 모셨고, 중국에 체류하는 것을 도와주고 있다는 것이다. 많은 사람이 그를 시기하여 좋지 않게 보고 있었다. 그것은 신부들에게도 나쁜 영향을 미쳤다.

488. 총독과 선물을 교환하고 남창에 집을 매입하기 위해 첫 활동을 하다

마태오 신부는 체류 문제를 확실히 하고 싶었다. 그로 인해 더 이상의 위험한 일을 당하지 않도록 관의 허락을 청하기 위해 자기가 직접 만든

에서 소에이로의 집전으로 4대 서원을 했다. 리치가 직접 서명한 서원 문서는 지금도 *ARSI, Lus.*, 2 ff.128, 129에 보관되어 있다. [그림 18(Tavola XVIII)]을 보라.

523 Cf. NN.116, 166.
524 Cf. N.169.
525 Cf. NN.295, 362, 396, 524, 1470.
526 리치는 Guanchileu로 쓰고 델리야는 Uamchileu로 쓰고 있다. Cf. NN.451, 466; 1348, 1352, 1359.
527 가르침을 주었다는 주체는 논리상 리치 신부다.

평면형 해시계와 그와 비슷한 두 개의 다른 선물[528]과 지구본 한 개, 주야평분의 한 개,[529] 그리고 몇 가지 선물을 더 챙겨서 총독을 방문했다. 총독에게 집을 매입할 수 있도록 허가증을 써 달라는 요청과 함께, 신부들이 남창에서 쫓겨나지 않고 정착해서 살도록 허락해 달라고 했다. 총독은 신부가 가져온 선물들을 모두 기쁘게 받고 신부에게 여러 차례 고맙다는 인사를 하는 한편, 그도 선물을 하나 준비했다고 했다. 선물은 그 성(省)에서 체류할 수 있는 허가증이었다. 중국의 관례에 따라 통감에게 물어 상황을 알아본 뒤에 허가증을 만들어 신부에게 전해 준 것이다.

489. 남창 지부 왕좌(王佐)의 거부

통감은 왕王[530]이라는 성을 가진 사람으로 대단히 좋은 문인이지만 겁

---

528 Cf. N.475. 다른 두 개의 '돌로 만든 시계'는 1596년 10월 10일경 남창의 지부에게 준 것이다(N.1515). 그 사람의 이름과 생애에 관한 언급은 바로 이어지는 각주 왕좌(王佐)에 관한 내용을 참조하라.

529 클라비우스의 『격언집(Gnomica)』 제8책 6장(Opera mathematica, IV, pp.546-552)의 제목은 〈사분의에서 시간 설명에 관하여(De horarum descriptione in quadrante)〉다.

530 1596년 남창의 지부는 성이 왕(王)이고 이름이 좌(佐)인 사람이었다. 호는 익경(翼卿)과 태몽(泰蒙)이었다. 그는 절강(浙江)의 영파(甯波)에서 태어났다(N.491). 1583년에 진사가 되었고, 1593년부터 남창의 지부로 있었다. 중국 자료에 따르면, 그곳에서 그는 대단히 엄격한 사람으로 정평이 나 있었는데, 그의 부하들조차 그에 관해 입을 다물 정도였다고 한다. 그때 리치 신부를 알았고, 신부는 '통감'이라고 부르기도 했는데, 리치에게 '통감'은 곧 '지부'로 인식하고 있었기 때문이다(cf. NN.230, 863). 후에 독학부사(督學副使), 삼정(參政), 안찰사(按察使), 우포정사(右布政使)까지 승진을 거듭하며 변함없는 명성을 누렸다(cf. NN.863, 875). 1607년 광동(廣東)에서 "또 다른 승진을 했다"(N.875). 1613년 강서(江西)의 시민관으로 임명되어 20년이 넘게 여러 요직을 거치며 그 지역 백성들에게 큰 힘이 되어 주었다. 리치에게 있어, 그는 "대단히 인간적이고 큰 후원자"였고, "매우 좋은 사람"(N.489)이었다. 편지에서 리치는 중국 자료들을 인용하여 "매우 인간적이고 관대한 후원자, 심인후택(深仁厚澤)"이라고 말하고 있다. 마지막으로 그는 공부(工部)에서 시랑(侍郎)이 되었다. Cf. *Annali Generali del*

이 많은 사람이었다. 신부들이 남창에 거주하는 것이 자기에게 혹시 해로운 일이 되지나 않을까 두려워했다. 그래서 일단 도시에서 멀리 떨어진 바깥쪽에 있는 장소 한 곳을 신부에게 주려고 했다. 그곳은 사당이 있는 곳이어서 신부가 받을 수 없었다. 다시 옛날의 화상和尙[531]으로 돌아가는 게 싫었다. 그러자 통감은 마태오 신부에게 매우 차가운 어투로 허가증을 발급해 줄 수 없다고 했다.

통감의 이런 태도는 그동안 남창에서 호의적이던 모든 것이 신부로부터 등을 돌리게 만드는 계기가 되었다. 통감을 통해서 얻었던 모든 것이 통감 외에는 아무도 해 줄 수 없는 것이었기 때문에 신부의 처지에서는 그가 원하는 대로 해야 했다. 통감은 자기 관저에서는 허가증을 써 줄 수 없다고 했다. 그래서 신부는 통감과 같은 고향 사람이면서[532] 그의 친구기도 한 총독에게 직접 통감의 대답을 전할 수밖에 없었다.

490. 리치가 총독 육만해와 『서국기법』으로 화해하다

리치는 그런 상황이 되자, 『서국기법西國記法』을 가지고 다시 총독을 찾았다. 이 책은 총독의 자녀들을 위해 만든 것이었다.[533] 후에 중국의 여러 지방으로 퍼져 나갔고,[534] 많은 사람이 우리에게 요청했다. 해마의

Kiangsi, c.127, f.52b.

531 Cf. NN.431, 466.
532 육만해(陸萬陔)는 통감과 같은 절강(浙江) 출신이다. Cf. N.472, 본서, p.458, 주(註) 468.
533 Cf. N.475.
534 리치가 아직 이탈리아에 있을 때, 말하자면 학창 시절에 함께 공부하던 렐료 파시오네이(Lelio Passionei)를 위해 기억술(memoria locale)에 관한 소책자를 하나 만들었다. 리치는 그것을 중국에 가지고 왔다. Cf. N.1529. 1595년 8월 29일 이전, 남창의 수재

제13장____교섭이 성공한 사실을 어떻게 알렸는지에 대해, 두아르테 데 산데 신부가 …   **485**

이齒로 극점을 표시하여 만든 지구본은 총독을 매우 기쁘게 했고, 극의 별들을 통해 밤의 시간대를 알 수 있는 시계도 함께 주었다. 총독은 선물들에 크게 만족하며 평소보다 더 반갑게 맞아 주었다. 집을 매입하기 위한 허가증에 대해 말하자 아직 통감의 허락이 떨어지지 않았다며, 꼭 받아서 주겠다고 약속했다.

들과 함께 점심식사 하던 중(N.1357) 리치가 그들에게 서로 연관이 없는 글자들을 많이 적어 보라고 하고, 한 번 그것을 읽은 다음, 순서대로 또 거꾸로 읊었다. 모두 깜짝 놀랐다. 이런 놀라운 기억술은 400 혹은 500글자를 한 번만 읽고 모두 외우는 것이었다. 문인들 사이에서 유명해지게 된 계기가 되었다. Cf. NN.469, 475, 1421, 1467, 1529. 이후 그들은 리치에게 기억술에 관한 글을 써 달라고 요청했다. 강서의 총독 육만해는 그것을 중국어로 번역해 달라고 요청하기도 했다(N.1529). 1596년 10월 13일(N.1508), 아니 어쩌면 그해 6월 28일(NN.490-491)에 리치는 총독의 자녀들을 위해 [기억술에 관한 책을 써서] 그에게 선물했다(NN.475, 490). 총독은 그 책을 읽고 이렇게 밝혔다. "이 개념들이야말로 암기의 진정한 규칙이로구나. 허나 이것들을 활용할 수 있으려면 대단히 좋은 기억력을 갖고 있어야 하는구나"(N.1508).
  이 책의 중국어 번역의 제목은 『서국기법(西國記法)』, 즉 '서방 [국가들의] 기억 방법론'이다. 여기에서 '서국(西國)'은 항상 책의 가장자리에 별도로 표기했다. 책의 사본은 조금 시간이 흐른 후, 에마누엘레 디아즈(1622년) 관구장 시절에 바뇨니와 삼비아시가 손을 본 것이 로마의 비토리오 에마누엘레 도서관(72. c.471), 바티칸 도서관(보르쟈 중국관, 324, 4: Racc. GeN. Or., III, 227, 7)과 예수회 로마 고문서고(*ARSI, Jap.-Sin.*, II, 10), 파리 국립도서관(Courant, N.5656)에 한 부씩 소장되어 있다. 이 판본들은 1625년 이후 산서(山西)의 장주(絳州) 출신 만학(晚學) 그리스도인 주정한(朱鼎澣)이 감수한 것이다. 소책자의 크기는 ff.3+1+31의 25.5×16㎝로 수많은 암기 방법을 조언하고 있어 마치 프란체스코 파니가롤라(Francesco Panigarola)가 쓴 『기억술에 관해서』(Macerata 시립도서관, ms. 5. I. E. 12)라는 제목의 책에서 영감을 얻은 것 같다. 파니가롤라는 밀라노에서 태어난 뛰어난 기억력의 소유자로 유명한 설교자였다. 1587년 아스티(Asti)의 주교가 되었다. Cf. Didot, *Nouvelle biographie générale*, XXXVIII, Parigi, 1862, pp.134-135. 주정한(朱鼎澣)은 서문에서 리치의 이런 놀라운 기억술은 그의 묘비에도 새겨질 정도라고 밝히고 있다(先生墓中誌云: 先生於六經, 一包目, 能催挽顚倒背誦).

491. 남창에서 집을 매입할 수 있도록 구두로 허락을 받아 내다

통감[535]과 이 문제를 상의하던 중, 그는 리치에게 허가증을 굳이 서면으로 받을 필요 없이 구두로도 충분히 허가받을 수 있다고 했다. 이에 총독은 신부에게 사람을 보내 전하기를 자기가 남창의 모든 관리와 이야기를 나눈 결과, 허가증과 그것을 서면 작성한 공문이 굳이 필요하지는 않다는 것이었다.[536] 따라서 신부가 원하는 대로 집을 매입해도 된다는 것이다. 그 점에 대해서는 아무도 방해하지 않을 것이고 손해를 끼치지도 않을 거라고 했다.

이런 결정에 대한 최종 응답을 들어 보려고 신부는 통감의 관저로 갔다. 통감은 총독이 말한 것과 같은 말을 했다. 이곳에 얼마든지 체류할 수가 있고, 집이건 땅이건 매입할 수 있으며, 신부가 소유권자가 될 수 있다고 했다. 그러면서 돌로 만든 두 개의 해시계를 요구했다. 하나는 자기 고향 절강浙江, Cechiano의 영파寧波, Ninpo에 보내고, 다른 하나는 강서江西, Chiansi에 보내고 싶다는 것이다.[537] 신부는 바로 만들어서 갖다주었다. 통감은 그 보답으로 많은 은전銀錢을 주었는데, 신부는 그것을 거절할 수가 없었다.

통감의 승인에 따라 우리는 더 안전하게 체류할 수 있게 되었고, 경험상, 때에 따라서는 허가증이 오히려 더 곤란하게 만들 수도 있다는 것을 알았다. 허가증을 발급한 관리가 모든 책임을 전적으로 져야 하고, 어떤

---

535 왕좌(王佐)다. Cf. N.489, 본서, p.484, 주(註) 530.
536 Cf. N.870.
537 리치와 달리 델리야는 Chekiang(절강[浙江])의 Ningpo(영파[寧波])와 Kiangsi(강서[江西])라고 표기하며 재설명을 하고 있다.

위험이나 두려운 일이 생기면 또 다른 불행한 일이 닥치기 전에 그가 먼
저 나서서 우리를 쫓아내야 할 것이기 때문이다. 그러나 허가증이 없으
면 관리는 전혀 거리낌 없이 각자 우리에게 호의적으로 대해 줄 것이다.
이런 이유로 우리도 허가증을 신청해서 공포심을 야기하기보다는 지금
시기에는 서로에 대한 신뢰를 쌓는 게 더 나을 수도 있다고 판단했다. 중
국인들은 신뢰를 중요하게 생각하기 때문이다.

492. 일부의 반대에도 불구하고 집을 매입하다; 황제의 감찰관
을 방문하다

신부들이 걱정하는 가장 큰 어려움은 임대할 만한 마땅한 집을 찾을
수 없을지도 모른다는 것이었다. 그 도시에서는 아주 작은 집 외에 좋은
집을 찾기란 쉽지 않은 일이었기 때문이다. 아직 집을 매입할 만한 돈도
없었다. 지금처럼 관리들이 호의적일 때 집을 사 두는 것이 좋기는 할 것
이다. 나중에 또 다른 방해 요소가 생길지도 모르기 때문이다. 그러던 중
에 매매로 나온 집이 하나 있었다. 통감의 관저에서 가깝고 도시의 성벽
안에 있어 매우 편리하고 위치도 좋았다.[538] 가격 역시 60냥이면 족했다.

신부는 그해 집세로 보내온 50냥[539]에 조금만 보태면 그 기회를 잡을
수도 있을 것 같았다. 집을 사는 것이 여러 면에서 편리했기 때문에 우선

---

538 집은 도시의 성벽 안에 있었고(N.1520; cf. N.1489), 베르나르드에 의하면(Bernard²,
  I, p.247, N.50) 건덕관(建德觀)이라고 하는 이름의 거리에 있었던 것으로 보이지만 정
  확한 자료는 없다. 1598년 10월 18일 론고바르도가 인용한 구태소(瞿太素)의 편지에
  따르면, 지부의 관저 소속으로 있었거나(N.492), 그 근처에 있었거나(N.1489) 한 것으
  로 보인다. Cf. N.2746; 그림 17.
539 Cf. N.486.

그것을 사고, 나중에 더 필요하면 큰 것으로 옮겨 갈 수도 있었다. 이에 신부는 즉시 집을 사서, 바로 입주하여 짐을 풀었다.[540]

이웃 사람들은 누가 집을 샀는지, 집에 누가 들어와서 사는지 아무도 몰랐다. 가끔 일어날 수도 있는 사람들의 소요에 시간을 주지 않기 위해 조용히 신속하게 이사를 했기 때문이다. 그러나 같은 길에 살던 사람들은 이 사실을 바로 알아챘고, 다른 나라에서 온 외국인들에게 그곳을 허락했다고 통감[541]을 찾아가 항의했다. 통감은 우리에 대해 변호를 잘 해 주었다. "내가 마태오 신부에 대해 알아보니 그가 광동에 온 지 20년이 넘었고,[542] 누구에게도 폐를 끼친 적이 없소. 그는 좋은 사람이니 이곳에 머물게 내버려 두시오. 총독도 그가 이곳에 살도록 허락해 주었소"라고 말했다. 그들은 아무 말도 못 하고 돌아갔다.

그곳에 있던 많은 황족과 찰원察院이 신부와 신부를 자기 집에 모셨다는 이유로 의사[543]를 고소할 수도 있었다. 우리는 그 점에 대해 안심할 수가 없어 그들을 방문하려고 문의하였다. 찰원으로부터 먼저 응답이 왔다. 그는 그저 마태오 신부를 보고 싶다고 했다. 신부는 그를 만나러 갔다. 그는 우리나라[유럽]에 대해 많은 것을 물었고 대접도 융숭했다. 신부도 크게 만족했고 안심했다.

집을 매입한 뒤, 마태오 신부는 도시의 모든 관리들을 일일이 방문하

---

540 집 매매는 성 베드로와 바오로 사도 대축일 전야에 마무리되었다. 리치가 남창에 온지 정확하게 1년이 지난 후였다(N.1521, cf. N.1489). 그리고 바로 다음 날, 신부들은 새집으로 이사했다.

541 왕좌(王佐)다. Cf. N.489, 본서, p.484, 주(註) 530.

542 1583년 9월 10일부터 1595년 4월 18일까지, 아직 12년도 지나지 않았다.

543 왕계루(王繼樓)다. Cf. NN.451, 466, 487, 1348, 1352, 1359.

여 유럽에서 가져온 선물들을 주었다. 마카오에서 보내온 것들이었다. 하지만 그 양이 너무 적어서, 선물을 주면서도 조심스러웠다. 바라는 만큼 못 줄까 염려되기도 했고, 혹여 안 주느니만 못할까 우려되기도 해서다.

아무튼 남창은 광동과는 여러 면에서 매우 다른 지역이었다.

493. 리치의 교리서『천주실의』

그 시기에 마태오 신부는『천주실의天主實義』를 집필했는데, 이전의 것보다 훨씬 많은 양을 인쇄하였다.[544]『천주실록』은 내용이 짧을 뿐만 아니라 당시에 신부들을 승려와 비슷하다고 하여 화상和尙이라고 불렀다.[545] 그래서 그 판版을 없애도록 명했다. 우리는 이미 오래전부터 그 책을 사용하지 않았고 아무에게도 주지 않았다. 우리는『천주실의』를 그곳[남경]에서 완전히 새로 만들어 필사하여 모든 수도원에 보냈고, 나중에 이야기하겠지만, 그것을 인쇄하였다.[546]

---

544 '교리서'는 이전에 루지에리가 만든『천주실록(天主實錄)』이다. 이 책은 1584년 11월 25일과 29일 사이에 인쇄되었다. Cf. N.253, 본서, p.462, 주(註) 601; p.410, 주(註) 304.

545 루지에리의 '교리서'에서는 신부들을 승(僧), '중'이라고 불렀고, 문어체에서는 화상(和尙)이라고 썼다. Cf. N.187, 주(註); N.429, 주(註).

546 리치의 '교리서'『천주실의(天主實義)』의 집필은 발리냐노의 권고로 1593년부터 시작되었다. 그해 11월 15일, 데 산데가 아콰비바에게 보낸 편지에 루지에리의 '교리서', 『천주실록(天主實錄)』이 문인들 사이에서 크게 성공을 거두고, 1596년까지 인쇄를 거듭하며 일본과 조선에까지 알려졌음에도 불구하고(N.2677), 발리냐노는 호교론적이고 우상 종교[역주_ 여기에서는 불교를 일컬음]를 배척하는 내용을 담은 더 보완된 교리서 집필을 원했다고 적고 있다. Cf. N.2631. 그리고 얼마 지나지 않은 그해 12월 10일, 발리냐노의 이런 바람을 입증하는 리치의 메모장이 발견되었다. 사실 순찰사 신부는 리치에게『사서(四書)』를 라틴어로 번역할 것을 주문하기도 했다. "우리에게 가장 필요한 새 '교리서'를 중국어로 써 주시기 바랍니다. 먼저 집필했으나 우리가 바라던만큼 성공적이지 못한『천주실록(天主實錄)』과는 다른 것이어야 합니다"(N.1272).

494. 리치와 현지인 스승이 새로 온 선교사들에게 가르친 중국어와 중국어 문체 강의

리치는 또 동료 조반니 소에이로를 위해 『사서四書』와 중국의 전통적인 '가르침'인 『경經』 중 하나도 번역했다.[547] 그리고 언어 학습을 위해 신부의 설교를 들으러 매일 수도원으로 오던 사람 중 하나를 골라 중국어 스승으로 삼고 발음을 들을 수 있도록 했다. 학생들은 마카오의 수도원에서 생활하던 선교사들이었다.[548] 이렇게 현지인이 직접 읽고 말하는 것을 듣게 함으로써[549] 중국어 문자와 언어를 습득하도록 했다.[550]

1592년 10월 24일 이전까지 사용해 온(N.429) 『천주실록(天主實錄)』에서 언급하고 있던 '승(僧)'이라는 이름은 오히려 선교에 장애가 되어 더는 쓰지 않고 있었다. 2년 후인 1594년 10월 12일, 리치는 첫 번째 중국어 저서 『교우론(交友論)』을 집필함으로써 중국어로 저술하는 연습을 하였다. "오로지 이성에 따른 자연법을 근간으로 우리의 신앙에 대해 말하는 책을 한 권 쓰기 시작했습니다"(N.1283). 1595년 '교리서'는 이미 "상당 부분" 진척이 되었고, 저자가 집필에 몰두할 수 있도록 "모두 조용히" 했다(N.1512). 1596년 10월, 리치는 몇 개의 장(章)을 읽어 준 중국인 친구들에게 한 번 더 읽어 달라고 요청한 다음, 늦지 않게 인쇄에 넘겼다(N.1512). 1596년 12월 16일, 발리냐노는 리치가 또 다른 '교리서'를 집필하고 있다는 것을 알렸다. "[로마에 있는] 미켈레 루지에리 신부님이 한 것보다 균형 있고 정돈된 것입니다"(N.2701). 그러나 이 책은 그때 출판되지 않았고, 1603년에야 비로소 출판되었다(N.709). 더 뒤에서 이야기하기로 하겠다.

547 Cf. N.61.
548 이 학생들은 두 명인데(N.1498; cf. NN.1489, 1520), 마카오에서 태어나 남창으로 왔다. "제자라는 이름으로 예수회 입회를 목적으로 온 걸로 보인다"(N.4082).
549 이 과정은 리치가 채택한 방법으로 새 선교사들의 중국어 학습을 위해 만들었다(N.424). 먼저 리치가 직접 『사서(四書)』와 『오경(五經)』 중 하나를 설명하고, 그 과정에서 관어(官語)라고 하는 만다린어를 가르쳤다. 그런 다음 중국인 교사를 붙여 발음과 문장 구성을 공부하게 했다. 이런 방식은 무조건 말만 하는 것만이 아니라, 중국어로 읽고 쓸 수 있는 능력을 키우는 것이었다.
550 리치가 말하는 '문자'는 중국어 글자이고, '언어'는 만다린어(官語)다. Cf. NN.50-53.

제14장

소주에서 라자로 카타네오 신부가
겪은 큰 봉변과 니콜로 론고바르도 신부와
요안 데 로챠 신부의 입국

(1596년 9월 ?부터 1597년 12월 말까지)

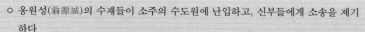

> ○ 옹원성(翁源城)의 수재들이 소주의 수도원에 난입하고, 신부들에게 소송을 제기
>   하다
> ○ 교회의 일꾼 두 명이 매질을 당하고 종명인 수사가 하루 동안 구속되다
> ○ 소주의 성당을 허물다. 종명인 수사가 남창으로 가다
> ○ 판결을 파기하고 신부들의 명예가 회복되다
> ○ 요안(후안) 데 로챠 신부와 니콜로 론고바르도 신부가 소주에 도착하다

495. 옹원성(翁源城)의 수재들이 소주의 수도원에 난입하고, 신부
들에게 소송을 제기하다

그 시기에 소주韶州 수도원에 있던 카타네오 신부[551]는 중국 문자와 언어를 공부하며 더 나은 선교사업을 위해 고민하고 있었다. 마태오 신부

---

551 Cf. N.426, 본서, p.403, 주(註) 295.

는 남창南昌에서 관리들을 방문했고, 그때마다 문인의 복장으로 갖추어 입고 갔다.[552] 하는 일도 상당히 성과를 올리고 있었다. 그렇지만 소주 부근 옹원翁源[553]시의 일부 수재秀才들이 대단히 무례하여 큰 피해를 주었다.

어느 해 늦은 밤,[554] 술에 취한 사람들[수재들]이 수도원으로 들어오려고 하다가 못 들어오게 되자 강제로 들어오려고 지붕에 많은 돌을 던지기 시작했다.

우리 집의 하인들이 거리로 나갔지만 계속해서 난동을 부리다가 수도원에서 멀지 않은 강변에 세워 둔 그들의 배로 달아났다. 그들은 친구들과 동네 사람들을 충동질하여 수도원으로 쳐들어와 다시 크게 한바탕 소란을 피웠다. 우리 하인들도 막아 보려고 했으나 워낙 인원이 많아서 힘들었다. 부상자 중에는 신부가 집 문을 열어 주지 않아서 생긴 일이라고 했다. 양쪽 모두 많은 부상자가 나왔는데 우리 쪽이 더 심했다. 신부는 부상자들을 치료하고 다른 사람들은 달래서 집으로 보냈다.

다음 날, 우리 하인들에게 얻어맞은 수재들이 분노를 삭이지 못하고, 또 우리가 자기들을 상대로 통감에게 고발이라도 할까 두려워 먼저 뭉쳤다. 그들은 군중을 선동하여 큰 무리를 이끌고 우리 때문에 크게 다쳤다고 거짓말하며 도시 한복판에서 고래고래 소리를 질렀다. 우리를 처벌해야 한다고도 했다. 외국인들이 자기들을 해코지했다며 관에서 심판해 달

---

552 문인들의 복장으로, 예복(禮服)이다. Cf. NN.125, 429.
553 옹원(翁源)은 소주(韶州)의 행정구역이다. Cf. N.346, 본서, p.315, 주(註) 63.
554 이 사건은 1596년 11월 4일 이전에 일어났다. 왜냐하면 그때는 세바스티아노 종명인 (鍾鳴仁) 페르난데즈 수사가 남창(南昌)에 있었고(NN.2676, 4082), 텍스트에서 말하는 것처럼 소주에 머물고 있지 않았기 때문이다(NN.496-497).

라고 요구했다.[555]

496. 교회 일꾼 두 명이 매질을 당하고 종명인 수사가 하루 동안 구속되다

처음 두 명의 관리는 우리가 다른 사람에게 이유 없이 무례하게 대하거나 나쁜 짓을 하는 사람들이 아니라는 알기 때문에 그들의 소송을 받아들이지 않으려고 했다.

제삼자로 있던 한 사람만[556] 오래전에 우리가 태엽 시계를 선물해 주기를 원했던지, 아니면 자기네 집에 시계를 두고 가기를 원했던지, 아무튼 그 일로 불화가 생긴 적이 있었는데, 그는 이번 기회를 이용하여 복수하려고 했다. 그는 고소장을 받고 우리 집으로 사람을 보내 하인 두 명을 자기 법정으로 나오게 한 다음, 수재들 앞에서 양측의 말을 다 들어 보려고 하지도 잘잘못을 따지지도 않고 다짜고짜 곤장부터 잔인하게 때렸다. 바스티아노 페르디난도鍾鳴仁 수사[557]가 그들을 보호하고 중재하고 도와주기 위해 달려갔고, 판사가 그를 호의적으로 대하는 것을 보면서 수재들은 우리의 페르디난도 수사를 지목했고, 동정흠은 수사를 붙잡아 법관에게 넘기며 다른 누구보다도 그가 수재들에게 큰 상해를 입혔다고 했다. 그러자 관리는 수사에게 곤장을 치고, 칼을 씌웠다. 칼은 한쪽 팔 반정도 크기의 긴 사각형의 나무로 된 것인데, 중간에 어른 머리 하나 들어

---

555 Cf. Bartoli[1], II, c.90, pp.180-181.
556 아마도 복건 출신의 거인(擧人, 석사) 동정흠(董廷欽)인 것 같다. Cf. *Annali della Prefettura di Shiuchow*, c.4, f.10a.
557 세바스티아노 페르난데즈 종명인(鍾鳴仁)은 1591년 1월 1일 예수회에 입회한 두 명의 중국인 수사 중 한 명이다. Cf. N.354.

갈 정도의 구멍이 있어 그곳을 통해 열었다 닫았다 할 수 있게 만들어진 형틀이다. 그 구멍으로 머리만 내놓고 혼자서는 먹을 수도 마실 수도 없다.[558] 그런 다음, 종일 관가 대문 앞에 세워 두고, 죄목이 적힌 종이를 그 앞에 붙였는데 "수재들에게 몽둥이를 휘둘렀기 때문"이라는 것이다. 이런 형태의 벌은 중국에서는 매우 흔한 것이다.

그런 뒤, 바로 사람들을 모두 집으로 돌려보내고 더는 소송을 진행하지 않았지만, 우리의 명예는 크게 훼손되었다. 이런 일은 얼마든지 일어날 수 있고, 관리들도 별로 도움을 주지 않았지만, 그렇다고 해서 우리도 똑같이 하겠다는 생각은 전혀 없었다. 하인들은 모두 크게 충격을 받았다. 수재들은 돌을 던지고 많은 무례한 짓을 했음에도 불구하고 행운을 얻은 셈이었다.[559]

497. 소주 성당을 허물다. 종명인 수사가 남창으로 가다

이 일로 카타네오 신부는 많은 사람이 우리 집을 무단으로 들어와 강탈하다시피 하는 것을 보면서 중국에서는 사당이나 교회에 이렇게 들어오는 게 자연스러운 일이고, 그에 대해 아무도 저지하지 않는다는 걸 알

---

558 고문 기구의 이름은 '칼(canga, 枷)'이다. 두 쪽으로 된 사각형의 긴 나무에, 중앙에는 목에 맞게 구멍이 뚫려 있다. 이것을 목에 걸면 죄인은 혼자서는 누울 수도 먹을 수도 없다. 그렇게 고통을 주는 것이다. '칼, canga'이라는 용어가 가장 먼저 언급된 것은 1636년이다. ganga라는 말을 중국어 chia로 표기하면서 알려진 것으로 보인다. Cf. Dalgado, pp.203-204. Canga는 영어의 pillory나 오래전 이탈리아의 berlina 또는 gogna(죄인의 몸에 씌우는 칼)에 해당한다. 이런 것들과의 차이점은 유럽의 것은 gogna에 죄인을 묶어 두는 데 반해, 중국의 것은 죄인이 그것을 들고 다닌다. 칼 위에는 종이에 죄목과 형벌 기간 및 죄인의 이름을 적어서 붙였다. Musso, p.592, 172-174 그림을 보라; 같은 책, pp.547-548.

559 Cf. Bartoli[1], II, c.91, pp.181-183.

았다.[560] 이에 우리는 화상和尙이라는 이름을 완전히 지우고 이곳에 있는 성당을 허물기로 했다. 그리고 집에 있는 물건 중 유럽에서 가져온 것들을 모두 치웠다. 그것들을 보러 온다며 그것 때문에 우리에게 나쁜 짓들을 하기 때문이다. 그리고 그 관리가 우리를 얼마나 부당하고 불공평하게 대우했는지를 보여 주고 싶었다. 이로써 조금은 조용해졌지만, 그것으로 모든 번민이 사라진 것은 아니었다.

그 일이 있고 난 뒤, 카타네오 신부는 행복해 보이지 않는 바스티아노 수사를 남창으로 보내 그곳에 머물도록 했다. 그리고 마태오 신부에게 그를 대신하여 프란체스코 왕명사黃明沙 수사[561]를 보내 달라고 했다.

498. 판결을 파기하고 신부들의 명예가 회복되다

며칠 후, 외부에서 몇몇 관리들이 와서 우리와 우리 집에 있는 유럽의 물건들을 보고 싶어 했다. 소주韶州의 관리들이 동행하여 함께 우리 집을 방문했을 때, 성당 건물은 허물어져 있었고,[562] 집에는 아무것도 없었다. 모두 매우 놀랐고, 그 탓은 우리를 부당하게 대우한 제삼자[563]에게 돌아갔다. 동정흠은 자기도 술 취한 수재들에게 속았다며 자신의 잘못을 인정했고 신부에게 용서를 구했다. 그는 신부와 다른 관리들을 광효사光孝寺[564]로 초대하여 잔치를 벌였고, 그 자리에서 그는 카타네오 신부의 인품에 경의를 표하며 큰 존중과 예의를 다했다.

---

560 Cf. N.2687.
561 왕명사(黃明沙) 마르티네즈다. Cf. N.354.
562 여기에서 spianata라는 표현은 '완전히 허물어졌다'라는 뜻이다.
563 Cf. N.496, 본서, p.494, 주(註) 556.
564 Cf. NN.345, 361, 405.

그즈음에 광동의 병비도兵備道565가 소주韶州를 지나가게 되었고, 신부를 찾아 우리 집을 방문했다. 가까이 앉기를 청하며 매우 정중하게 지나간 나쁜 일은 잊어 달라고 했다.

동정홈이 자기가 한 일을 반성하며 이 일로 승진에 지장이 있을까 봐 두려워하고 있다는 것이다. 그리고는 우리 집 대문에 방을 붙여 지난 일에 대해 상세히 적었다. 모든 잘못은 수재들에게 있지, 신부들에게 있지 않다며 미안하다고 했다. 그리고 신부와 신부의 집에 아무도 무례한 짓을 해서는 안 된다고 명했다. 만약 이를 위반할 시, 엄한 처벌을 할 것이라고 적었다.

499. 요안 데 로챠566 신부와 니콜로 론고바르도 신부가 소주에 도착하다

카타네오 신부는 1597년까지 소주韶州에 혼자 있었다. 조반니 데 로카 Giovanni de Rocca 신부567가 마카오에서 요양 중이어서 중국으로 파견하기

---

565 Cf. N.312, 본서, p.269, 주(註) 529.
566 **역주_** 마태오 리치는 포르투갈 출신의 이 선교사의 이름을 여러 가지로 표기하고 있다. 요안, 조반니, 주앙, 후안 등이고, 성도 로챠 혹은 로카로 부르고 있다. 모두 같은 인물이다.
567 조반니 다 로챠(Giovanni da Rocha) 신부는 1565년 포르투갈의 브라가 교구 프리스코스의 성 야고보(Sant'Iago de Priscos)에서 태어났다. 1583년에 예수회에 입회하였다. 1586년 4월 13일 리스본에서 출발한 31명의 선교사 중 한 사람으로, 로마를 방문하고 귀국하는 일본인 사절단과 함께 1587년 5월 29일에 고아에 도착하였다(Cf. N.486, 본서, p.479, 주(註) 517.). 다 로챠 청년은 고아에서 철학을 공부한 후, 1590년 (N.355) 마카오에서 부르자 이듬해인 1591년 7-8월 그곳에 도착하여 2년간 신학을 공부하였다(NN.426, 2732). 중국으로 파견된 선교사로서 사제서품은 언제 받았는지 알 수 없다. 1593년 1월 1일 자 카탈로그는 그를 신부라고 부르고 다음과 같은 정보를 주고 있다. "후안 다 로챠(Joan da Rocha) 신부, 브라가 교구의 산티아고 데 프리스코스

에는 건강이 위태롭다고 생각했다. 또 다른 이유는 발리냐노 신부가 인

출신의 포르투갈인, 27세, 능력 보통. 인문학과 신학 1년을 마치고 중국으로 파견. 중국선교를 위한 현지어 학습 능력이 매우 우수함"(ARSI, Jap.-Sin., 25, f.33v). 그러나 그의 건강이 1597년 7월 이전에 중국 내륙으로 들어가는 걸 허락하지 않았고 (N.4081), 카타네오 신부가 병이 들어 마카오로 돌아가게 되자, 다 로챠는 그를 대신하여 소주로 들어갔다. "집에서 조용히 은거하며 성사만 집행하도록"(N.499)한 것이다. 이후 그는 발리냐노의 명에 따라 소주를 떠나야 했으나 마카오로 돌아가고 싶지 않다며 고집을 부렸다(N.500). 결국 소주에 1598년 6월 말까지 있다가 동료 카타네오와 함께 소주를 떠나 6월 23일 남창에 도착했다(N.504). 남창에서도(N.506) 계속해서 중국어 공부에 열중했다(N.567). 1600년 5월 19일 리치가 북경으로 가기 위해 남경을 떠나자, 다 로챠는 남창 수도원에서 남경으로 갔다(N.567). 1603년 1월, 다 로챠는 남경에서 서광계(徐光啓)의 방문을 받고 위안으로 삼았다. 그에게 경당을 보여 주고 "거기에 모셔진 아기를 안은 성모 성화 앞에서 경배했다"(N.682). 그때부터 서광계의 개종이 시작되었고 얼마 지나지 않은 아마도 2월 초순쯤 바오로라는 이름으로 세례를 받았다(N.682). 2년 후인 1605년 3월 25일, 다 로챠는 또 다른 큰 위안을 얻었는데, 리치의 첫 중국인 친구 중 한 사람인 구태소(瞿太素)가 이냐시오라는 이름으로 세례를 받은 것이다(N.755). 다 로챠는 남경에 머무는 기간 내내 "관리들과 우정을 돈독하게 유지하는 한편 다른 새로운 친구들을 사귀는 데도 열중했다"(N.759). 그 후 1609년 1월, 남창 수도원의 원장이 되었고(N.911) 그곳에 1616년 말 첫 박해가 있을 때까지 머물렀다. 박해가 있자 다 로챠는 강서(江西)의 건창(建昌)으로 피신했다가, 후에 복건(福建)의 장주(漳州)로, 그다음엔 강소(江蘇)의 가정(嘉定)으로 가서 첫 성당을 짓고 마지막에는 절강(浙江)의 항주(杭州)로 갔다. 항주에서 중국선교의 부관구장으로 임명된 지 몇 개월 지나지 않은 1623년 3월 23일에 세상을 떠났다(어떤 이들은 7월 21일이라고도 한다).

다 로챠 신부는 중국 선교사로 있는 동안 두 권의 책을 중국어로 번역했는데, '교리서'와 '묵주기도 방법'이다. '교리서'는 1619년 『천주성교계몽(天主聖教啓蒙)』이라는 제목으로 출판했다. 이 책은 ff.69에 있는 마르코 호세(Marco Jorge, 1571 사망) 신부의 유명한 '교리서' 제13장에서 교리, 성사, 십계명에 관해 설명하고 있는 것을 번역한 것이다. 십자가와 관련하여, 제2장(f.3b)에서 그는 "모든 그리스도인(基利斯當)은 오로지 그리스도의 십자가를 경배해야 합니다. 왜냐하면 그분은 우리 죄인들의 죄를 사해 주기 위해 또 악마의 노예로부터 우리를 해방시켜 주기 위해 십자가의 고통을 받으셨기 때문입니다." 이 '교리서'로 보이는 유일한 보존본이 ARSI, Jap.-Sin., 1, 43에 있다. 이 책과 함께 또 다른 작품 ff.30이 한 묶음으로 제본되어 있는데 원래는 32줄로 제목이 '묵주기도 방법'인 『송념주규정(誦念珠規程)』이다. 책은 표지가 없어 저자가 누군지, 언제 출판되었는지 알 수 없을 뿐 아니라, 서문도 없다. 그런데도 책은 다 로챠의 작품 외에 다른 것일 수가 없다. '묵주기도 방법'은 그가 사망(1623년)하기 전에 출

도에 있는 동안 총장 신부가 그를 동인도 지역의 순찰사직에서 물러나 중국과 일본에 국한하여 순찰사로 임명했기 때문에 아직 이쪽 지역[소주] 으로는 누구를 보내야 할지 알 수가 없었다.[568]

그즈음에 카타네오 신부는 매우 심각한 병을 앓고 있었고, 어쩔 수 없이 마카오로 돌아가 치료를 받아야 했다.[569] 마카오에 있던 신부들은 조반니 데 로챠 신부를 소주로 보내[570] 집에서 조용히 은거하며 성사만 집

판했고, 거의 비슷한 시기(1619년) 또는 조금 후(1620년경)에 '교리서'가 나온 걸로 추정된다. 작품은 14쪽, 원래는 15쪽의 목판인쇄본으로 희귀본이라 이제야 빛을 보게 되었다. 이 책은 장식이 독보적인 것으로, 중국의 환경이라는 분위기에 중국인이 아닌 인물들이 이국적인 얼굴을 하고 중국의 옷을 입고 등장한다. 예술가[삽화를 그린 화가]는 동기창(董其昌, 1555-1636)이거나 그의 학파에 속하는 한 사람으로 추정된다. 이 예술가는 지롤라모 나달 신부의 *Ad notationes et Meditationes in Evangelia quae in Sacrosancto Missae Sacrificio toto anno leguntur*, Anversa를 1595년 자신의 목판화에 매우 지혜롭게 부분적으로 인용하여 삽입하였다. 다시 말해서 예술적 언어로 새로 번역한 것이다. 다 로챠의 목판인쇄본에도 나달의 이 원자료를 인용하고 있다. *Le origini dell'arte cristiana cinese*, Roma, Reale Accademia d'Italia, 1939. Cf. Pereira-Rodrigues, VI, p.326.

568 1595년 9월 22일, 발리냐노는 동인도 지역 순찰사 직무에서 물러났고, 니콜로 피멘타(Nicolò Pimenta) 신부가 뒤를 이었다(NN.501, 2696, 2713). 그러나 일본과 중국의 순찰사 직무는 그대로 유지되었다. 1596년 12월 15일, 고아에서 파비오 데 파비(Fabio de Fabj) 신부에게 쓴 편지를 보라. *ARSI, Jap.-Sin.*, 13, ff.44-45. 이 편지에서 그는 소주의 두 선교사에 대해 목소리를 높여 말하고 있다. "마태오 리치와 라자로 카타네오 신부는 중국 내륙에 있습니다. 그곳에서 올해 계획한 많은 일을 하고 있습니다"(*ibid.*, f.45a). 이 계획에 대한 첫 번째 정보는 1595년 1월 17일 로마에서 시작되어 고아로 알려졌는데, 그것은 발리냐노 신부에게가 아니라 인도의 부관구장 카브랄 신부에게 1595년 9월 22일에 먼저 도달하였다. 전임 순찰사로서는 매우 굴욕적인 상황이 아닐 수 없었을 것이다. Cf. *ARSI, Jap.-Sin.*, 12, ff.298-301, 323-324. 다른 한편, 피멘타 신부는 1596년 고아에 오지 않았다.

569 카타네오는 다 로챠 신부를 만나러 광주로 갔다. 거기에서 말라리아에 걸렸고, 7월 20일 마카오로 귀환하는 발리냐노 신부를 마중하러 14일 마카오로 갔다. 마카오에 몇 달간 머물렀다(NN.2714, 4081). 즉 11월 말까지 마카오에 있었다. 그런 다음, 본문에서 말하는 것처럼 12월 28일, 론고바르도를 안내하여 소주로 갔다.

행하도록 했다.

발리냐노 신부는 인도에서 돌아와[571] 이 선교의 과업에 니콜라오 론고바르도 신부를 임명했다.[572] 그는 시칠리아에서 인도로 온 후 곧바로 카

---

[570] 그가 소주로 간 것은 "일본에 계절풍이 불던 시기"였다. 즉, 1597년 7월이었다 (N.4081).

[571] 그가 고아를 출발한 것은 1597년 4월 23일이었고, 마카오에 도착한 것은 7월 20일이었다(N.2799). 그곳에는 8명의 예수회원이 있었는데, 그중 에마누엘 디아즈, 선장, 디에고 판토하, 니콜로 론고바르도(*ARSI, Jap.-Sin.*, 13, ff.65, 74, 86; N.2713)도 함께 있었다. 1598년 7월 16일, 일본으로 출발할 때까지 꼬박 1년을 그곳에서 보냈다. 일본에는 그해 8월 5일에 도착했다(*ARSI, Jap.-Sin.*, 13, ff.143-144, 185-186, 214).

[572] 니콜로 론고바르도(Nicoló Longobardo) —그는 이렇게 자신의 성을 적었다— 신부는 시칠리아의 칼타지로네(Caltagirone)에서 1565년 한 귀족 가문에서 태어났다 (Bartoli1, II, c.167, p.328). 적어도 두 명의 형제가 있어 1592년경에도 그중 한 명이 온 가족을 부양하고 있었고, 하나 있는 여동생은 수도자가 되었다. 그는 1582년에 예수회에 입회하여 2년간 문학, 3년간 철학을 공부하고, 개인교습을 포함하여 2년간의 신학 과정을 마쳤다(*ARSI, Jap.-Sin.*, 134, f.301). 1592년경, 어쩌면 그보다 먼저 그는 해외선교를 신청했고, 카스텔피다르도의 바르톨로메오 리치 관구장 신부(1542년생)는 1592년 총장에게 그를 이렇게 소개했다. "제가 보기에 니콜로 론고바르도는 건강하고 열정과 열의가 있습니다. 올해가 신학 과정 첫해지만 그것으로 충분하리라고 봅니다"(*Archivio di "Gesú" di Roma, fondo gesuitico*, Indipeti, Italia, vol. I). 사제가 된 다음, 그는 1596년 4월 10일 인도의 새 순찰사 니콜로 피멘타 신부와 다른 17명의 선교사와 함께 리스본에서 출발했다. 거기에는 카를로 스피놀라 신부, 디에고 판토하 신부, 지롤라모 데 안젤리스 수사 등이 있었고, 이들은 세 대의 배에 나누어 타고 갔다. 그중 한 대에는 8명의 승객이 타고 있었다. 그 배에는 데 안젤리스와 스피놀라도 타고 있었는데, 브라질 연안에서 두 사람을 잃고 포르투갈로 되돌아갔다. 다른 배들은 1596년 10월 24일이나 25일, 고아에 도착했다(*ARSI, Goa*, 14, f.319a; N.2798). 하지만 항해 중에 다시 두 명의 신부를 잃었고, 그래서 무사히 도착한 인원은 전체 8명에 불과했다(NN.2798, 4081). 론고바르도 역시 항해 중에 심하게 앓았고, 12일간 의식을 잃고 "정신 착란" 증상까지 보여 병자성사를 받았다(N.2798). 그는 살세테섬으로 보내져 론툴리의 살바토레 성당에서 일했고, 조금 시간이 흐른 뒤, 베르나의 성 십자가 성당으로 옮겨 일하기도 했다. 1597년 4월 23일, 판토하, 디아즈, 론고바르도를 포함하여 발리냐노가 이끄는 9명 중 7명이 고아를 출발하여 코친(4월 27일)과 플라카(6월 16일)를 거쳐 7월 20일 마카오에 도착했다(N.2798). '태양이 떠오르는 나라[일본]'를 향해 배를 기다리는 동안 론고바르도에게 중국으로 가라는 명령이 떨어졌다. 원래 일본으로 가

타네오 신부와 함께 소주로 입국하였다.

기로 했다가 병든 로챠를 대신하여 중국으로 파견된 것이다(NN.2718, 2915, 4081).
1597년 11월쯤 광주에서 열리는 박람회에 참석했고, 12월 19일 세바스티아노 종명인
과 마카오로 귀환하던 카타네오와 함께(N.499) 광주에서 출발하여 그달 28일 소주에
도착했다(NN.2729, 2799, 2813, 2916). 이듬해 11월 2일, 소주에 온 지 일 년이 채 안
되었지만 이미 그에게 사도직이 주어졌고(N.2086), 결과는 농촌 지역임에도 불구하고
매우 성공적이었다(Bartoli1, II, cc.167-184, pp.328-358: c.216, pp.417-421). 많은 비
방과(Bartoli1, II, cc.228-229, pp.437-440) 심각한 위험들도 있었다. 1599년 11월 12
일, 카타네오가 집전하는 미사에서 종신서원을 하였다(ARSI, Lus., 19, f.123). 1605년
5월 9일부터 리치는 그를 "이쪽 일대 지역[역주_ 중국]의 위대한 일꾼 …이자 글을 잘
베껴 쓰는 사람"(N.1572)이라고 평했다. 이듬해에 리치는 총장에게 론고바르도와 관
련하여 "4대 서원을 하도록 허락"해 달라고 청했다. 그때까지 신학 과정이 끝나지 않
다가 이제 끝내고, 중국선교를 위해서는 "과분할 정도의 지식"을 갖춘 것은 물론 '열정
과 신중함, 거기에 겸손한 자질까지' 모든 면에서 중국선교의 원장으로도 적합하다고
보았다(N.1721). 실제로 1610년 5월 11일, 리치가 세상을 떠나면서 자신의 후임자 겸
중국선교의 원장으로 그를 임명하였다(N.966). 이에 론고바르도는 1611년 소주를 출
발하여 북경으로 들어가 9월 혹은 10월에 도착했다(N.995). 북경에서 리치의 장례를
주관하고 책란(柵欄) 공동묘지를 설립했다. 그는 1622년 6월 말까지 중국선교의 원장
으로 있었다. 이후 다 로챠 신부가 원장으로 임명되었고, 1623년에 사망했다. 론고바
르도가 원장으로 있는 동안 중국에서 첫 번째 박해가 1616년에 일어났고, 비텔레스키
의 허락으로 1617년 12월 24일, 항주(杭州)의 성벽 밖에 있는 양정균(楊廷筠) 미켈레
박사의 소성당에서 당시 항주 수도원의 원장으로 카타네오 신부의 집전으로 4대 서원
을 했다(ARSI, Lus., 4, ff.101, 103). 그의 서원서약서에는 카타네오 신부의 서명이 있
다. 이듬해에 중국의 부관구가 일본 관구에서 분리되었다. 심최(沈㴶)의 박해로 인해
1616년 북경을 떠나야 했다. 다시 북경으로 돌아온 것은 1622년이다. 이후 다시 사도
직에 복귀하여 1634년 70세의 나이에도 "여전히 30세 청년처럼 주님의 포도밭에서 일
하고 있습니다"라고 당시 원장이 로마에 편지를 쓸 정도였다(Bartoli1, IV, c.195,
p.391). 1637년 산둥(山東)으로 가서 제남(齊南)에 그리스도교를 설립하였다
(Bartoli1, IV, c.208, pp.420-423). 1639년에도 그는 계속해서 왕성하게 선교사로 활동
했다(Bartoli1, IV, c.254, p.513). 1655년 12월 11일, 북경에서 사망했다. 오래되지 않
은 그의 묘비에는 1654년에 사망했다고 기록되어 있는데, 이는 1559년에 태어났다고
하는 것처럼 명백한 오류다. 그는 1565년에 태어났다. 이것은 론고바르도가 직접
1621년 프리무스 카탈로그(Primus Catalogus)에서 적고 있다(ARSI, Jap.-Sin., 134,
f.301). 거기에는 "65년생"이라고 적혀 있다. 사망한 연도도 믿지 않을 이유가 없다. 그
의 묘비에는 "중국 의례들을 크게 거부함(plirimum improbavit ritus sinenses)"이라고
적혀 있어 어떤 저의가 있는 것처럼 보인다(Planchet, Le Cimetière et les auvres

500.

조반니 데 로챠 신부의 건강과 관련한 정보는 소주에서 마카오로 돌아와 얼마간 더 요양하라는 명이 있었다. 그러나 데 로챠 신부는 마카오보다는 중국이 훨씬 낫다고 생각했고, 자신의 첫 소임지를 떠나 마카오로 가게 되는 것에 매우 섭섭해 했다. 그래서 다시 돌아가 소주에서 봉사하기를 희망했고, 그 점을 발리냐노 신부에게 고집스레 요청했다. 그 덕분에 그는 다시 소주로 돌아가 먼저 와 있던 다른 두 명의 신부[573]와 함께 셋이 거주하게 되었다.

---

catholiques de Chala, Pechino, 1928, p.230). 초창기 예수회 선교사들치고 아무도 그의 옆에 묻힌 사람이 없다. 론고바르도가 리치가 사망하자마자 하느님의 중국어 이름들과 함께 전례에 관한 상반된 견해를 피력했기 때문으로 파악된다. Cf. Bartoli1, I, cc.119, 121-122, pp.196-197, 199-203.

　　론고바르도는 여러 권의 중국어 저서를 남겼다. 책의 목록은 Pfister, pp.64-66에 있다. 이 책의 N.666과 본서 1권, p.474, 주(註) 630에도 있다.

573　카타네오와 론고바르도 신부다.

저자 소개

마태오 리치(Matteo Ricci, 중국명 利瑪竇, 1552-1610)

이탈리아 마르케주 마체라타에서 태어나 예수회에서 운영하는 학교에서 공부했
고, 로마로 가서 현(現) 로마대학교 전신인 콜레지움 로마눔에서 당대 최고의 과
학자며 교황청 학술원장으로 있던 예수회 소속 아나스타시우스 키르허 교수 밑에
서 수학과 물리학을 전공했다.

예수회에 입회하여 신학을 공부하던 중 아시아 선교사로 발탁되어 고아, 코친을
거쳐 당시 동인도지역 예수회 순찰사 알렉산드로 발리냐노의 명으로 아시아선교
의 베이스캠프인 마카오에서 중국선교를 준비했다. 중국어와 중국문화에 관한 체
계적인 공부를 했고, 중국 내륙으로 파견되어 발리냐노가 수립한 "적응주의 선교
정책"을 실천했다.

1610년 5월 11일 북경에서 58세의 일기로 생을 마감하기까지 28년간 중국인 리마
두로 살았다. 그가 보여준 삶을 통한 대화의 방식은 '긍정적인 타자 형상'으로 각
인되었고, 학문을 매개로 한 대화는 동서양 문명의 가교가 되었다. 도덕과 이성,
양심에 초점을 맞춘 인문 서적과 실생활에 도움을 주는 실천학문으로서 과학 기술
서의 도입이 그것이었다. 르네상스 시대 유럽에서 꽃을 피운 예술(藝術)도 대화의
수단으로 활용했다. 그 덕분에 절벽으로 표현되던 폐쇄적인 중국 사회에서 대화
가 가능한 길을 찾아 동서양 화해를 모색한 방법은 역사의 현시성을 극명하게 보
여주는 사례가 되었다.

역자 소개

김혜경(金惠卿, 세레나)

로마에서 선교신학을 전공하였다. 가톨릭대, 서강대, 성신여대 등에서 강의했고, 현
재 부산가톨릭대 연구교수로 있다. 연구과제와 관련하여, 이탈리아에 머물며 피렌
체대학교에서 미술사학을 공부하고 있다.

저서로 『예수회의 적응주의 선교』(2013년 가톨릭학술상 수상), 『인류의 꽃이 된 도
시, 피렌체』(2017년 세종우수교양도서), 『모든 길은 로마로』(2024년), 『세계평화개
념사: 인류의 평화, 그 거대 담론의 역사』(공저: 서울대학교 평화통일연구원 편) 등
전공 및 일반교양 도서가 10여 편 있고, 『사랑만이 우리를 구원할 수 있습니다』(프

란체스코 교황 저), 『바티칸 박물관, 시대를 초월한 감동』(2023) 등 약 20편의 역서가 있다.

「마태오 리치의 적응주의 선교와 서학서 중심의 문서선교의 상관성에 관한 고찰」(『선교신학』 제27집, 2011), 「실천하는 영성가 요한 바오로 2세의 평화의 관점에서 본 가난의 문제」(『인간연구』 제21호., 2011), 「선교사들이 직면한 토착언어 문제: 선교역사를 통해 보는 몇 가지 사례」(『신학전망』, 2015), 「왜란 시기 예수회 선교사들의 일본과 조선 인식—순찰사 알렉산드로 발리냐노의 일본 방문을 중심으로」(『교회사연구』 49호, 2016), 「마태오 리치의 세계지도에 대한 선교신학적 고찰」(『신학전망』 제198호, 2017), 「발리냐노의 덴쇼소년사절단(天正遣欧少年使節)의 유럽 순방과 선교 영향」(『선교신학』 제52집, 2018) 등 다수의 논문이 있다.